imaginist

想象另一种可能

理
想
国

imaginist

赵林 著

共塑

西方文化精神的演变

上

Reason and Faith

民主与建设出版社
·北京·

图书在版编目（CIP）数据

共塑：西方文化精神的演变 / 赵林著. -- 北京：民主与建设出版社，2023.10
ISBN 978-7-5139-4336-9

Ⅰ. ①共… Ⅱ. ①赵… Ⅲ. ①西方文化—文化史②哲学史—西方国家 Ⅳ. ① K500.3 ② B5

中国国家版本馆 CIP 数据核字（2023）第 162187 号

共塑：西方文化精神的演变

GONGSU XIFANG WENHUA JINGSHEN DE YANBIAN

著　　者　赵　林
责任编辑　王　颂
特约编辑　孔胜楠
封面设计　高　熹
内文制作　陈基胜
出版发行　民主与建设出版社有限责任公司
电　　话　（010）59417747　59419778
社　　址　北京市海淀区西三环中路 10 号望海楼 E 座 7 层
邮　　编　100142
印　　刷　山东临沂新华印刷物流集团有限责任公司
版　　次　2023 年 10 月第 1 版
印　　次　2023 年 10 月第 1 次印刷
开　　本　960 毫米 ×1270 毫米　1/16
印　　张　53.75
字　　数　647 千字
书　　号　ISBN 978-7-5139-4336-9
定　　价　142.00 元（上、下）

注：如有印、装质量问题，请与出版社联系。

导　言

广义的基督教信仰（Christian faith）之于西方文化的关系，就像儒家伦理之于中国文化的关系一样，可谓是深入骨髓、贯通经脉。自从公元380年罗马皇帝狄奥多西一世把基督教国教化之后，尤其是公元800年查理大帝在基督教信仰的基础上以“君权神授”的形式重建罗马帝国之后，西方文明就成了“基督教文明”。其情形正如同自从汉武帝“罢黜百家，独尊儒术”之后，尤其是隋唐时代以儒家思想为根据来开科取士打通朝野之后，中国文明就成了“儒家文明”。因此，诚如人们要想真正把握中国文化的传统与演进就必须梳理儒家思想的来龙去脉一样，如果想系统地认识西方文化的精神根基和变革历程，就必须深入了解基督教信仰的发展演变。

从历史后果来看，基督教信仰对西方文化的影响甚至要比儒家伦理对中国文化的影响更加深入和广泛，它不仅体现为一些外在性的节庆礼仪（如西方人至今奉守的圣诞节、复活节等公众节日，西方国家领导人手按《圣经》宣誓就职等仪式）、纪元方式（如从西方推广到全世界的以耶稣诞生之年为元年的公历，以上帝创世为根据的星期制等）、公共建筑（如西方随处可见的教堂）和公众活动（如教会团契和忏悔祈祷等），而且深入融化到西方经济、政治和文化的精神血脉中，形成了深沉的罪孽意识、契约精神、诚信原则、自由与平等观念、家庭伦理、天国理想等。更重要的是，从产生伊始，基督教就不仅仅是一种精神性的宗教信仰，而且是一个实体性的社会组织，即教会。这个教会组织在罗马帝国时期经历了从小到大、从弱到强的发展历程，形成了与罗马帝国分庭抗礼的二元权力格局。尤其是到了罗马帝国瓦解之后，基督教会——在中世纪的西欧表现为罗马大公教会即天主教会——在分崩离析的西欧封建社会里扮演了不可替代的重要角色，极大地影响了西方文化发展演变的历程。到了宗教改革时代，随着教会本身的分裂和各种新教教派的建立，一系列始料未及的社会变化和新生事物如同洪水猛兽一般从中世纪信仰的炼狱中冲决而出，一个经历了深层的文化变革和现代转型的基督教文明蜕掉了旧蛹体，得以涅槃新生。

在基督教文化的发展演变过程中，有一对基本矛盾始终如影随形地萦绕其间，这就是理性与信仰的张力。作为一种抚慰弱势群体破碎心灵的彼岸福音，基督教最初是建立在与古典文明——希腊罗马文明——的理性哲学和功利价值观相对立的狂热信仰之上的，它用纯洁的圣爱和神秘的奇迹营造了一种浪漫理想，与弱肉强食、冷漠无情的现实社会形成了鲜明的对照。但是随着基督教信仰的处境不断改善，教会地位不断提高，这种原初的信仰精神和浪漫理想也日益受到权力、利益和物欲的腐蚀，变得面目全非。随着中世纪罗马天主教会全面控制了西欧社会的经济、政治和文化权力，神职人员的实践活动也越来越背离了基督教的精神本质，从而使基督教信仰蜕变为一种虚假的形式，充满了唯利是图的实用理性色彩。宗教改革运动试图重振信仰，回归本色，但是得到强化的信仰成为一把双刃剑，它既砍向了信仰蜕化的罗马天主教会，也刺向了大梦初甦的科学理性精神。于是，在浓郁的基督教文化氛围中，新兴的理性精神如何在其与传统宗教信仰的张力关系中发展壮大，构成了西方启蒙时代的重要精神内涵，由此也决定了西方文化现代转型的历史命运。

本书的基本宗旨是要从基督教文化发展演变的历史过程中来揭示理性与信仰的张力关系，将思想的演进置于具体的历史处境中，从而深刻地揭示西方启蒙运动的文化背景和精神脉络。全书由上、下两卷组成，上卷“信仰的传统”从历史视野论述了基督教信仰的文化渊源和发展历程，包括基督教与古典文化——希伯来文化、希腊文化和罗马文化——的复杂联系，基督教信仰对中世纪西方社会的深刻影响，以及宗教改革运动所开启的西方文化现代转型历程。下卷“理性的启蒙”则从哲学角度分析了英、法、德等国启蒙思想的演进逻辑和文化特点，重点阐释了德国启蒙时代的两位重要思想家康德和黑格尔的宗教哲学思想[1]，他们都把理性与信仰、知识与宗教的关系作为哲学关注的根本问题[2]，但却得出了大相径庭的结论。

康德在《实践理性批判》的结论中有一段大家耳熟能详的名言：“有两样东西，人们越是经常持久地对之凝神思索，它们就越是使内心充满常新而日增的惊奇和敬畏：我头上的星空和我心中的道德

1 本书第六部“黑格尔的思辨神学”是在本人早年的博士论文《黑格尔的宗教哲学》的基础上提炼修订而成。该著作（初版于 1996 年由武汉大学出版社出版）目前在世面上已绝版，现以精练的方式汇入本书，正好与康德的宗教哲学形成鲜明对照，从而更全面地展现了德国启蒙思想的发展历程。

2 从康德到黑格尔的德国古典哲学始终被两个重要问题所萦绕，一个是思维与存在的关系问题，另一个则是理性与信仰的关系问题。前者是狭义的哲学问题，主要表现在知识论领域，具有显性的特点；后者则属于广义的哲学（以及神学）问题，涉及德国哲学乃至整个近代西方哲学的精神内核，但却处于一种隐性状态，必须深入挖掘才能发现。相对而言，理性与信仰的关系问题比思维与存在的关系问题更具有根本性，它关涉到西方基督教文化的核心与命脉。

律。”[1]“头上的星空”象征着一个恢宏无涯而又井然有序的自然世界，它是科学理性的探索对象；“心中的道德律”则昭示着某种超越有限生存的终极目的和理想境界，从而成为一种符合实践理性（道德）法则的宗教信仰的坚实根基。在全球化的当今时代，对于大多数西方人来说，科学理性是指导他们在自然界和社会中安身处世的重要手段，而基督教信仰仍然是他们内心深处安魂立命的幽静净土。

1 康德,《实践理性批判》，邓晓芒译，杨祖陶校，人民出版社，2003，第220页。

目 录

［上］

［下］

下 卷　理性的启蒙

上卷

信仰的传统

第一部

基督教与古典文化

从公元前 4 世纪到公元后 4 世纪的数百年时间，是西方文化史上一个重要的历史时期。公元前 334 年，亚历山大大帝率领马其顿大军越过达达尼尔海峡，迅速征服了亚洲和北非的大片土地，并且把灿烂辉煌的希腊文化带到了东方。到公元前 323 年亚历山大因病去世时，他的东征活动事实上已经开启了希腊化时代的序幕。

“希腊化”这个概念表示希腊文化随着亚历山大的军事征服而向东方扩展的运动，“希腊化这个名称来自‘希勒斯’（Hellas 意即希腊），意即类希腊（Greek-like）；它表示在纪元前 323 年与纪元前 2 至 1 世纪罗马征服东地中海这段时间，所形成的各国制度和文化都出自亚历山大帝国”。[1] 但是，希腊化时代同时也是东西方文化双向接触和交流的过程，在希腊文化大规模地向东方传播的表象背后，东方的文化也反向地传播到希腊以及后来的罗马，并在希腊–罗马世界结出了硕果。

1 布林顿、克里斯多夫、吴尔夫，《西洋文化史》（第一卷），刘景辉译，台湾学生书局，1984，第 137 页。

在那些源自东方却发扬光大于西方的文化中，最重要的莫过于基督教了。基督教于公元 1 世纪上半叶从希腊化时代的犹太教中脱颖而出，由耶稣的门徒带到外邦人（希腊–罗马人）中来传播。在最初传播的几个世纪里，基督教在罗马帝国统治者的暴戾迫害下受尽了屈辱和苦难，但是基督教会却在逆境中逐渐生长起来。在经受了数百年的苦难历程之后，基督教终于在罗马帝国获得了合法性，并且取代了流传千年之久的希腊罗马多神教而成为罗马的国教。这一段时间就是新兴的基督教在东西方文化的交汇中氤氲化生的阶段，而分别构成基督教的“双亲”的，就是所谓的“两希”文化，即希伯来文化和希腊文化。罗素认为，基督教的来源主要有三个：它的圣教历史和道德观念来自犹太教，它的神学或哲学观念来自希腊（主要来自柏拉图与新柏拉图主义），它的教会法和政府观念间接地来自罗马。[1] 希伯来文化、希腊文化和罗马文化，这三种不同的文化传统与基督教有着密切的联系，前两者构成了基督教赖以形成的思想源泉，后者则构成了基督教得以发展的历史背景。

1　罗素，《西方哲学史》（上卷），何兆武、李约瑟译，商务印书馆，1963，第 19 页。

第 1 章　基督教与犹太教

犹太教的罪孽感与选民意识

作为一种高级宗教，基督教最初是从犹太教中发展出来的，因此它在许多方面保持了犹太教的特点，尤其是在圣教历史、罪孽感和选民意识等方面，更是打上了浓厚的犹太教或者希伯来文化的烙印。但是，基督教从本质精神上来说又是与犹太教截然不同的，这种差别首先表现在基督教已经具有了一套真正的神学理论或宗教形而上学（这一点得益于希腊唯心主义哲学），它超越了犹太教的社会解放的现实理想，成为一种关于灵魂得救的彼岸福音。其次，基督教虽然接受了犹太教的一些重要律法（如摩西“十诫”等），但却并不拘泥于外在的律法和仪文，而是更侧重于内在的信仰和道德。此外，基督教在外邦人中的传播使它摆脱了犹太教狭隘的民族主义藩篱，从而在日后逐渐发展壮大为一个普世性的宗教。这些实质的和形式的差别使得基督教虽然源自犹太教，但是在以后的发展过程中却逐渐演变为一个完全不同于犹太教的新宗教，甚至在相当长的历史时期里还培养了一种敌视犹太教的偏激态度。

古代犹太人或以色列人是一个苦难深重的民族，由于他们生活的地区处于地中海东岸，四周大国林立，因此犹太人长期以来一直处于外族人的统治和奴役之下。据记载，犹太人的祖先希伯来人大约在公元前14世纪上半叶越过幼发拉底河来到巴勒斯坦（迦南地）[1]，与当地的迦南人逐渐融合，形成农耕的以色列部落。公元前13世纪末叶，埃及法老梅尼普塔征服了巴勒斯坦，并刻下碑文炫耀战功："以色列已化为废墟，但它的种族并未灭绝。"这是以色列第一次见于历史文献。梅尼普塔把大批犹太人作为奴隶掳到埃及去充当苦役，不久以后在被掳的犹太人中产生了一位先知人物摩西，他率领犹太人逃出了埃及，并在西奈山上接受了上帝颁布的十条诫命和诸多律法。摩西代表全体犹太人承诺，将世世代代崇拜"唯一真神"雅赫威[2]，谨守"十诫"和律法；上帝则承诺帮助犹太人脱离苦海，获得解放，并将犹太人作为自己唯一的选民。

逃出埃及之后，犹太人的苦难并没有结束。公元前12世纪，非利士人入主巴勒斯坦，犹太人再次沦为阶下囚。一百多年以后，犹太人在扫罗、大卫和所罗门等三王的领导之下终于打败了非利士人，形成了统一的民族国家。然而，好景不长，随着公元前930年所罗门王去世，统一的以色列王朝分裂成北部的以色列国和南部的犹太国，从此以后战乱迭起，国力日衰。公元前722年，亚述人攻陷以色列国首都撒玛利亚，掳走大批以色列人。公元前586年，巴比伦王尼布甲尼撒占领犹太国首都耶路撒冷，毁坏犹太教圣殿，将大部分犹太百姓掳到巴比伦去做劳役，此即历史上

1 "希伯来人"（Hebrew）一词的原义即"从河那边来的人"。

2 "雅赫威"（YHWH）即希伯来文《圣经》中犹太教"唯一真神"的名字，因犹太教不许妄称神的名，故而希伯来文对其上帝只记辅音不记元音，该名字的原始读法已失传，后世人们将其读作"雅赫威"（Yahweh）。当基督教脱离犹太教的母体开始到希腊–罗马世界传播之后，按照希腊语发音则将该词读为"耶和华"（Yehowah）。

著名的“巴比伦之囚”时期。

公元前539年，波斯帝国战胜巴比伦，开始了对巴勒斯坦的两百年统治，史称“波斯统治时期”。在此期间，波斯人释放了一批“巴比伦之囚”，让他们回到巴勒斯坦重建家园。在民间宗教领袖“先知”们的号召下，犹太人于公元前516年重建了犹太教圣殿。公元前333年，马其顿王亚历山大大帝击败波斯，入主巴勒斯坦。亚历山大死后，他的三位部将分别在希腊本土、小亚细亚、西亚以及埃及建立了三个希腊人统治的王国，即马其顿王国、塞琉西王国和托勒密王国，而犹太人则处于塞琉西王国的统治之下。公元前165年，犹太人终于在玛喀比兄弟的领导下推翻了塞琉西王国的统治，重建了以色列国。然而曾几何时，以色列国又沦为新崛起的罗马帝国的附庸，隶属于罗马帝国属下的叙利亚行省。基督教就是在罗马帝国治下的这一时期从犹太教中分离出来的，而耶稣本人则是被罗马帝国派驻叙利亚行省的总督彼拉多钉死在十字架上的。

一方面，一千多年遭受奴役的苦难现实状态使得犹太人产生了一种强烈的不幸意识和罪孽感；另一方面，顽强的民族自尊心和残酷的现实磨难又使犹太人产生了一种优越的选民意识，并把自己遭受的深重苦难解释为上帝对其民族的一种历史考验。犹太人确信，在世界所有民族中，唯有他们才是上帝的选民，但是由于他们自身的罪过（祖先和族人对上帝的种种不虔敬行为），所以上帝只有在使他们受尽磨难之后才会降福于他们。这种强烈的选民意识与深重的罪孽感形成了一种相互砥砺的关系——现实生活越是苦难，就越能激发起犹太人的选民意识；而选民意识越是强烈，就越能促使犹太人反省自己的罪孽，更加严格地恪守律法，并在深切的忏悔中期盼着上帝早日实现他的承诺。由于这种相互砥砺的罪孽感和选民意识，犹太人对他们信仰的“唯一真神”充满了热望和虔敬，并且因此而成为地中海地区最早信仰一神教的民族，而“唯一真神”则成为犹太民族经历和超越苦难命运的幕后导演者。这种具有苦难情结和排他性特点的一神教信仰，使得犹太教呈现出与欢愉明朗的希腊多神教迥然不同的精神特质。

犹太人所具有的这种罪孽感充分体现了希伯来文化与希腊-罗马文化之间的重大差别。对于自由自在地生活在爱琴海畔的希腊人来说，是很难理解犹太民族的苦难命运和罪孽意识的。即使是以不可知的“命运”作为主题的希腊悲剧，在人们心中激起的也更多是一种客观的敬畏感，而不是一种主观的罪孽感。亚里士多德认为，悲剧通过激起人们内心的怜悯和恐惧而实现情绪的净化和升华，从而使人体验到一种崇高感。但是，这种出于对命运的敬畏而产生的崇高感完全不同于犹太民族在现实的苦难中所产生的罪孽感，它毋宁说更具有一种审美的或艺术的特点，而非一种宗教的感受。罗马人就更是与这种罪孽感相隔膜了，对于这个不断通过征服和奴役来给其他民族制造苦难的暴戾民族来说，从来就没有体验过什么罪孽感。罪孽的感受往往源自一种无望的现实境况，正是因为现实生活充满了苦难和绝望，人们才会一方面营造出辉煌的宗教理想，另一方面产生出深重的罪孽感。犹太教作为一个苦难民族的信仰，自然充满了强烈的宗教渴望和深重的罪孽感；而当基督教最初在罗马帝国境内传播时，同样也是作为一个受奴役的群体（无产者和奴隶）的信仰，而且受到了罗马帝国统治者的公开迫害，因此基督教也明显地继承了犹太教的罪孽感。在后来的历史发展过程中，无论是在蛮族大入侵的“黑暗时代”，还是在贫穷闭塞且灾难频繁的中世纪，西欧人都长期生活在一种苦难的境遇中，一种世界末日将临的恐慌使这种罪孽感达到了无以复加的强度。即使到了基督教已经实现了现代化转型的今天，罪孽感以及相应的忏悔意识仍然构成了基督徒灵性生活的根本，而原罪与救赎理论则构成了传统基督教神学理论的基础与核心。

与罪孽感一样，犹太人的那种先验的选民意识也是希腊人和罗马人所缺乏的。希腊人虽然自我感觉良好，但他们并不认为自己与其他民族相比具有什么得天独厚之处，他们更多地把自己的文化优势归因于后天的环境和人为的努力。在希腊化时代，亚历山大以及希腊的统治者们虽然把希腊文化作为东方各文化的“公分母”来加以推广，但是他们并不需要依凭一位神灵来说明自己的文化优越性，因为他们在现实生活中本来就是强者。至于罗马人，更是把武力原则作为自己是地中海世界的统治者的充分根据，他们不是因为自己所信奉的神灵而成为世界的主人，恰恰相反，罗马万神殿中的诸神只是由于罗马人的赫赫武功而获得荣耀的。但是犹太人却在苦难的境遇中培养了一种强烈的选民意识，这种选民意识具有一种先验性的特点。按照犹太教的说法，犹太人生来就具有与其他民族相区别的优越性，其原因就是由于上帝早就拣选了犹太人作为他的选民。摩西对犹太人说道：“耶和华但喜悦你的列祖，爱他们，从万民中拣选他们的后裔，就是你们，像今日一样。”[1] 而其他民族终究都会被上帝所抛弃，尽管他们现在还在得意扬扬地逞威风。这种从苦难的境遇和深重的罪孽感中培养出来的选民意识，同样也构成了使基督教与犹太教一脉相承的重要精神纽带。按照基督教的观点，教会就是承载上帝选民的“诺亚方舟”。所不同的是，基督教的选民意识不再局限于一个民族，而是体现为一个超民族、超阶级的大公教会。基督的救恩不受种族、地区和等级的限制，他将普度万民，但是仍须

1 《圣经 · 申命记》，第 10 章，第 15 节。本书所引《圣经》文字均依据中英文对照的简体字《新标点和合本》，以下引文不再做说明。

以教会为限。“置身于有形的和统一的公教会之外，就等于置身于诺亚的方舟之外并葬身于洪水之中；‘教会之外别无拯救’。”[1]

犹太教的律法主义

古代犹太人的相互联系的罪孽感和选民意识在犹太教最早的经典“摩西五经”或“律法书”中就明显地表露出来[2]。据《圣经》所载，上帝在创世之后，曾许诺犹太人的祖先亚伯拉罕子孙后代繁荣昌盛，上帝对亚伯兰（亚伯拉罕原初之名）说：“你向天观看，数算众星，能数得过来吗？……你的后裔将要如此。”[3]亚伯拉罕是一个义人，他虔信上帝，他的子孙中也有许多义人，因此上帝拣选犹太人作为自己的羔羊，承诺将永远保佑他们。上帝对亚伯拉罕说：“我要与你并你世世代代的后裔坚立我的约，做永远的约，是要做你和你后裔的神。我要将你现在寄居的地，就是迦南全地，赐给你和你的后裔永远为业，我也必做他们的神。”[4]然而，亚伯拉罕也有一些不肖子孙，他们老是忤逆上帝的意愿，对上帝不虔敬，致使上帝发怒，称其为“硬着颈项的百姓”。因此，赏罚分明的上帝必先使犹太人遭受一番磨难，才会领他们去那“美好宽阔流奶与蜜之地”。上帝曾对亚伯拉罕预言：“你的后裔必寄居别人的地，又服事那地的人。那地的人要苦待他们四百年。并且他们所要服事的那国，我要惩罚，后

1 约翰·麦克曼勒斯主编，《牛津基督教史》，张景龙、沙辰等译，贵州人民出版社，1995，第 37 页。

2 “摩西五经”或“律法书”即《旧约》中的《创世记》《出埃及记》《利未记》《民数记》《申命记》，约于公元前 6 世纪年前编集而成，它们记载了犹太教的基本律法。

3 《圣经·创世记》，第 15 章，第 5 节。

4 《圣经·创世记》，第 17 章，第 7—8 节。上帝与亚伯拉罕所立之约即为“旧约”，它的范围只涉及犹太民族；后来耶稣在十字架上与上帝重新立约，是为“新约”，它的范围则扩及一切信仰耶稣的人，不分民族和阶级。

来他们必带着许多财物从那里出来。"[1]四百年以后，摩西果然应了上帝的预言，引导犹太人逃出埃及，并在西奈山与上帝重申"旧约"，接受了上帝订立的十条诫命和许多律法。然而，在去往"流奶与蜜之地"的途中，犹太人仍旧恶习不改，屡屡表现出对上帝的不虔敬行为，例如，崇拜上帝之外的神、敬拜偶像、对引导他们逃出埃及的摩西发怨言等，致使上帝几次欲置犹太人于死地，多亏摩西苦苦哀求，才幸免于难。但是，犹太人却为此付出了惨重的代价，逃出埃及之后并没有过上幸福安逸的生活，而是一次又一次地沦丧家园，寄人篱下，千百年来一直过着苦难的生活。

《旧约》所记载的犹太人的圣教历史是一部充满负罪感的苦难史，祖先和族人对上帝的不虔敬始终像梦魇一般笼罩在犹太人头上，形成了一种深重的罪孽感（这种深重的罪孽感后来深深地影响了基督教，并且形成了关于"原罪"的神学理论）。这种罪孽感是对苦难现实的一种心理慰藉，也是对德行的最大鼓励。摩西在何烈山对犹太人重申诫命时强调："我今日所吩咐的一切诫命，你们要谨守遵行，好叫你们存活，人数增多，且进去得耶和华向你们列祖起誓应许的那地。你也要记念耶和华你的神在旷野引导你这四十年，是要苦炼你、试验你，要知道你心内如何，肯守他的诫命不肯。"[2]因此，严格地遵行犹太教的诫命和律法，就成为犹太人脱离苦海、进入那"美好宽阔流奶与蜜之地"的前提条件。

犹太教的律法主要有三部，分别记载于"摩西五经"的《出埃及记》《利未记》与《申命记》中。其中，《出埃及记》的第21—23章是现存最古老的犹太法典，它的前言和中心思想就是第20章

1 《圣经·创世记》，第15章，第13—14节。
2 《圣经·申命记》，第8章，第1—2节。

的“摩西十诫”。《申命记》第12—26章是一个比摩西律法较宽容的改革提纲，除了重申一神崇拜和《出埃及记》中已有的律法外，还提出一些新的律例典章。《利未记》则记载了祭司法典，确定祭祀供奉、节日礼仪和某些经济生活方面的律法。据统计，犹太律法学者注释成文律法的口头传述一共有248条命令和365条禁令。这些命令和禁令都非常细致，而且往往带有原始宗教的禁忌色彩。下面略举几例：

打父母的，必要把他治死。拐带人口，或是把人卖了，或是留在他手下，必要把他治死。咒骂父母的，必要把他治死。[1]

人若使他邻居的身体有残疾，他怎样行，也要照样向他行，以伤还伤，以眼还眼，以牙还牙。[2]

若遇见人与有丈夫的妇人行淫，就要将奸夫淫妇一并治死。这样，就把那恶从以色列中除掉。[3]

地里首先初熟之物要送到耶和华你神的殿。不可用山羊羔母的奶煮山羊羔。[4]

你们不可吃带血的物。不可用法术，也不可观兆。头的周围不可剃（周围或作两鬓），胡须的周围也不可损坏。[5]

1 《圣经·出埃及记》，第21章，第15—17节。
2 《圣经·利未记》，第24章，第19—20节。
3 《圣经·申命记》，第22章，第22节。
4 《圣经·出埃及记》，第23章，第19节。
5 《圣经·利未记》，第19章，第26—27节。

> 若献一只羊羔为供物，必在耶和华面前献上，并要按手在供物的头上，宰于会幕前。亚伦的子孙要把血洒在坛的周围。从平安祭中，将火祭献给耶和华，其中的脂油和整肥尾巴都要在靠近脊骨处取下，并要把盖脏的脂油和脏上所有的脂油，两个腰子和腰子上的脂油，就是靠腰两旁的脂油，并肝上的网子和腰子，一概取下。祭司要在坛上焚烧，是献给耶和华为食物的火祭。[1]

此外，在饮食起居方面也有许多繁文缛节，例如，明文规定在走兽中只有蹄分两瓣并且反刍的动物才能吃，在江海中只有有翅有鳞的活物才能吃，凡是地上的爬行之物（如蛇、蜥蜴之类）都当被视为可憎的且不能吃，等等。如此烦琐的律法禁令竟然多达几百条，对于犹太人来说确实苛刻至极，无怪乎他们的祖先和族人难以谨守，从而招致了一次又一次的天罚。

犹太教的律法虽然繁缛不堪，但是所有律法的要义都体现在“摩西十诫”中。“摩西十诫”包括：第一，崇拜唯一的上帝而不可拜别的神；第二，不可制造和敬拜偶像；第三，不可妄称上帝的名；第四，须守安息日为圣日；第五，须孝敬父母；第六，不可杀人；第七，不可奸淫；第八，不可偷盗；第九，不可做假见证陷害人；第十，不可贪恋别人的妻子和财物。从以上诫命的内容来看，第一条至第四条反映的是一些最基本的宗教信仰，第五条至第十条反映的则是一些最基本的道德规范和法律规范，这些最基本的宗教信仰和道德法律规范构成了犹太教的核心和基础。然而，在漫长的历史过程中，这些基本的信仰和规范却演化为一套繁文缛节式的律法体系。

1 《圣经 · 利未记》，第 3 章，第 7—11 节。

"律法以十诫为起点，但是律法要一直细化为规则，直至涵盖生活中的每一个细节、每一个行动、每一个思想。它规定了真正的崇拜的每一个程序和达致虔诚的每一个步骤。"[1]

基督教与犹太教的"母子"关系

基督教最初是从犹太教的弥赛亚理想中生长出来的。公元前586年，新巴比伦国王尼布甲尼撒二世占领犹太国首都耶路撒冷，将大批犹太人掳往巴比伦。在被囚期间，犹太教的祭司们企盼着一个复国救主来拯救苦难深重的犹太人，他们把这个救主称为"受膏者"[2]，希伯来文为"māšīyaḥ"，音译为"弥赛亚"。公元前4世纪以后，在塞琉西王国和罗马帝国相继统治期间，犹太人中间关于弥赛亚将至的预言流传甚广。处于奴役状态中的犹太人普遍相信，上帝雅赫威将指派一位弥赛亚或复国救主到人间来解救他们，帮助他们摆脱外族人的统治，并使他们过上一千年的幸福生活（即所谓"千禧年"）。当时犹太教内部已经发生了分裂，出现了一些在宗教态度和观点方面互不相同的派别，例如，代表祭司贵族的撒都该派（Sadducess）、代表中产阶级和宗教知识分子的法利赛派（Pharisees，即"隔离者"，《新约》中称他们为"文士"或"律法师"，他们是反对新兴的基督教和迫害耶稣的中坚力量）、代表农民和牧民的艾赛尼派（Essenes，即"虔敬派"）、代表激进思想的吉洛特派（Zealots，即"热诚者"），等等。正是在关于弥赛亚将临的预言的影响下，公元1世纪初，一个犹太教的小支派把加利利的拿撒勒人耶稣认作弥赛亚

1　布鲁斯·雪莱，《基督教会史》（第二版），刘平译，北京大学出版社，2004，第15页。
2　古代犹太人拥立君王时，要在受封者头上涂抹羊油，"受膏者"即君王。

（即希腊语中的“基督”[1]），他们在与正统派的斗争中逐渐脱离犹太教，形成了基督教的雏形。

人类今天所采用的公历纪元，亦称基督纪元，是以耶稣的出生之年作为元年来计算的[2]。据福音书记载，耶稣是拿撒勒城的一个木匠约瑟的儿子，但是他的母亲玛利亚并没有与约瑟同房，她始终是一个童贞女，因此耶稣实际上是上帝的“道”或“逻各斯”在肉身中的显现。耶稣出生前，拿撒勒人的宗教领袖施洗者约翰就曾预言：“但那在我以后来的，能力比我更大，我就是给他提鞋，也不配，他要用圣灵与火给你们施洗。”[3]耶稣长大后，由于他的仁爱和大能，以及他所宣扬的天国福音，赢得了越来越多的信徒的拥戴，同时也引起了犹太教中颇有势力的法利赛人的强烈不满和罗马统治者的敌视。在法利赛人等保守的犹太宗教人士看来，耶稣所宣扬的福音与犹太教的律法相悖逆，因此他们视他为正统宗教的反叛者；而对于当时占领以色列的罗马统治者来说，耶稣及其信徒们则是一些具有潜在威胁的社会革命家和动乱分子。公元 33 年，犹太教祭司和法利赛人向叙利亚行省的罗马总督彼拉多告发了耶稣，指控耶稣试图煽动叛乱。由于其门徒犹大的出卖，耶稣遭到逮捕，并被以“犹太人的王”之罪名钉死在十字架上。据说耶稣在死后的第三天复活了，并在受

1 “受膏者”或“救主”在希腊文中写为“Christós”，在拉丁文中写为“Christus”，英文则为“Christ”，中文音译为“基利斯督”，简称“基督”。因此，基督就是弥赛亚，二者分别是“受膏者”或“救主”一词在希伯来语和希腊语中的不同发音而已。但是从概念内涵上来看，在普世性的基督教中，作为基督的耶稣已经不再是犹太人的复国救主，而是普遍意义上的救世主。

2 以耶稣的诞生之年为公元元年，是由罗马修道士小狄奥尼修斯于公元 525 年确定的。从此以后，在教会的支持下，公历纪元开始取代儒略历在基督教世界中广泛使用。但是根据现代学者们的考证，耶稣出生的年代应该在公元前 8—前 4 年之间，理由是犹太的希律王死于公元前 4 年，而这位国王临死前不久，因听到东方博士关于刚出生的耶稣将会成为犹太人的王的预言，杀死了伯利恒的所有两岁以下的婴儿。参见：《圣经 · 马太福音》，第 2 章，第 1—16 节。

3 《圣经 · 马太福音》，第 3 章，第 11 节。

难七个星期之后的五旬节以圣灵的方式向信徒们显现。耶稣教导他的门徒们："你们往普天下去，传福音给万民听。信而受洗的必然得救，不信的必被定罪。"[1]因此，耶稣的门徒就遵循他的指示，将耶稣在十字架上受难、从死里复活以及圣灵降临的福音传播到犹太人以外的地区，即外邦人生活的地方。正是通过这些门徒的传教活动，一个新兴的宗教即基督教才摆脱了犹太教的狭隘民族性和地域范围，扩散到罗马帝国的各个角落，逐渐发展成为一种普世性的宗教。

关于耶稣其人的历史真实性问题，一直为西方学术界争论不休。在罗马帝国时期和漫长的中世纪，虔信的基督徒们根据《圣经》四大福音书的记载，对耶稣的生平及其神迹坚信不疑。但是到了18世纪，由于受近代理性精神的影响，一些具有反宗教倾向的启蒙思想家开始对《圣经》的真实性和合理性进行批判性考察，从而开创了一种"高等批判"（Higher Criticism）的传统。德国的莱马鲁斯（Hermann Samuel Reimarus）和法国的伏尔泰（Voltaire）等人都对《圣经》中的一些矛盾现象进行了揭露，并且对耶稣生平中的一些神秘现象进行了理性主义的批判。这些启蒙思想家力图说明：耶稣只不过是一个道德高尚的教师，而不是一个行奇迹的宗教先知或神。1840年，德国青年黑格尔派学者布鲁诺·鲍威尔（Bruno Bauer）发表了一系列论著，公开否认耶稣其人的历史真实性，认为基督耶稣只是福音书作者们杜撰出来的一个神话人物，是公元2世纪犹太、希腊、罗马等地神学的一个人格化的崇拜对象。这种极端化的批判结果后来又遭到了更加慎重的学者们的反批判，他们认为，虽然《圣经》中关于耶稣生平的记载夹杂了一些荒诞不经的奇迹，但是福

1 《圣经·马可福音》，第16章，第15—16节。

音书和“保罗书信”等大量公元1世纪的文献至少说明了耶稣这个人物的历史真实性；而小普林尼、塔西佗等非基督教的罗马作家也在其论著中多次谈及基督教，为耶稣其人的存在提供了一些间接的证据。关于童贞女玛利亚感受圣灵而生耶稣、关于耶稣施行奇迹，以及关于耶稣死而复活等说法虽然属于信仰的范围，但是耶稣作为一个为民众解除病痛、对犹太教进行改革、鼓动犹太人民反抗罗马人的统治并且最终被罗马总督钉死在十字架上的殉道者，却是有着大量历史证据的支持的，而且与健全的理性不相冲突。驱除《圣经》以及历代传说笼罩在耶稣头上的神圣光环，我们可以看到一个具有革新思想和高尚道德的犹太教改革派领袖的形象。因此，“对《圣经》的‘高等批判’流行了两个世纪之后，基督的一生，他的品格和教义，仍然赢得人们理智上的认识；同时在西方人的历史上，占有最具影响力的地位”。[1]

最初的基督教团体是由一批犹太人组成的，这些犹太人包括耶稣的母亲玛利亚，耶稣的门徒彼得、雅各、约翰、西门等人，以及曾经迫害耶稣门徒、后来却在圣灵感召下虔心向主的法利赛人保罗。这些最早传播耶稣福音的人后来就被称为使徒，而他们生活和传教的时代则被叫作使徒时代。耶稣受难和复活之后，彼得、保罗等人就将基督耶稣的福音传播到叙利亚的大马士革、安提阿、大数以及埃及、塞浦路斯、希腊等地（当时这些地区都处于罗马帝国的统治下），公元42年前后，彼得、保罗等人又相继来到罗马传教。在这些使徒的努力下，最初的一批基督教会在上述地区建立起来，彼得本人后来也被尊为罗马教会的第一任主教。在叙利亚的省会安提阿，

1 威尔·杜兰，《世界文明史：恺撒与基督》（下册），台湾幼狮文化公司译，东方出版社，1999，第734页。

耶稣的追随者第一次获得了“基督徒”（希腊语为“Christianoi”）的名称。这个名称最初源于教会的反对者们用来讽刺耶稣追随者的一个贬义词，意指基督徒们是一些“献身于受膏者的人”。不久以后，当罗马帝国统治者开始迫害基督徒时，他们就按照这个名称的含义把那些自称为基督徒的人像耶稣一样钉在十字架上。但是，这个与苦难和屈辱联系在一起的名称，很快就被耶稣的信仰者们欣然接受了。犹太人的苦难命运与罪孽意识，也随着耶稣被钉十字架的悲惨遭遇而进一步得以深化。因此，在圣灵的洗礼下进行悔改，通过十字架的苦难历程而使罪得赦免，这就成为早期基督教福音的最重要的内涵。正是在这种福音精神的感召下，彼得、保罗等使徒在约公元 64 年被罗马暴君尼禄钉死在十字架上，成为继耶稣之后基督教会的第一批殉道者和圣徒。在公元 313 年罗马皇帝君士坦丁颁布《米兰敕令》、承认基督教为合法宗教之前，早期教会的基督徒们在十字架理想和圣徒榜样的感召之下，掀起了一次又一次为主殉道的高潮。

在早期基督教的信仰传播和理论奠基的过程中，保罗发挥了至关重要的作用。这位曾经迫害过耶稣门徒的法利赛人，在一次去往大马士革的路上受到圣灵的感召，从此幡然猛醒、洗心革面，全心全意地信仰和传扬基督教的福音。保罗不仅从小接受了犹太教的严格训练，而且深通希腊语言和文化，此外也具有罗马公民的身份。这种跨文化的优越背景使他得以在广阔的希腊–罗马世界中得心应手地传播基督教信仰。为了让耶稣的教导和圣灵的福音在万民中发扬光大，保罗不辞辛苦地奔走于耶路撒冷和小亚细亚、希腊、罗马的各教会之间，为最初的基督徒们解答各种神学问题，并极力使脱胎于犹太教的新兴基督教能够适应于希腊–罗马社会的文化环境。在传教过程中，保罗给各地教会和信徒们写了大量的书信，这些书信后来都被编入《圣经》中，成为《新约》的重要组成部分[1]。在这些书信中，保罗广泛涉及了信仰、神学、伦理等诸多方面的问题，为基督教的教义、教规奠定了最初的理论基础。正是由于保罗的贡献，早期基督教逐渐摆脱了犹太教的直观性和狭隘性，从一种社会解放的理想演变为灵魂得救的福音。

基督教的信仰主义

基督教与犹太教的重要差异就表现在信仰主义与律法主义之间。如果说犹太教的基础是以禁忌为核心的律法，那么基督教的基础则是以爱为核心的信仰。“基督徒认为，耶稣的王国是一种充满爱和宽恕的兄弟情谊。他们认为，如果耶稣建立了某种社团，那么这种社团就是一种无形社团，一种道德或属灵团体，而非一种由礼仪和信条组成的制度。”[2]基督教也尊重律法，但是同时却强调，律法的实质在于信仰。一方面，耶稣明确地表示：“我实在告诉你们，就是到天地都废去了，律法的一点一画也不能废去，都要成全。”[3]另一方面，他却教导信徒要超出律法，不要拘泥于此，因为“人称义是因着信，不在乎遵行律法”[4]。从四大福音书中可以看到，耶稣与法利赛人之间的一个重大冲突就在于是否应该拘泥于律法。在守安息日、行割礼、洁净等问题上，耶稣与法利赛人发生了严重的分歧，这些分歧的实

1 “保罗书信”包括《圣经 · 新约》中的《罗马书》、《哥林多书》（前、后卷）、《加拉太书》、《以弗所书》、《腓立比书》、《歌罗西书》、《帖撒罗尼迦书》（前、后卷）、《提摩太书》（前、后卷）、《提多书》、《腓利门书》和《希伯来书》，共14卷，构成了《圣经 · 新约》的主要篇章。近世的许多学者认为，在这些书信中有一些是他人假托保罗之名所作，并非保罗本人的作品。

2 布鲁斯 · 雪莱，《基督教会史》（第二版），2004，第4页。

3 《圣经 · 马太福音》，第5章，第18节。

4 《圣经 · 罗马书》，第3章，第28节。

质就在于，基督教已经从律法走向了信仰，从外在的仪文走向内心的虔敬。

基督教既然脱胎于犹太教，因此基督教在原则上对“摩西十诫”也表示尊重。但是在一些具体问题上，基督教却采取了更加灵活的做法，它注重于内在的信仰，而不像犹太教那样拘泥于外在的仪文。例如对于“须孝敬父母”一条，基督教就进行了从宽解释，耶稣对信徒们说：“听了神之道而遵行的人，就是我的母亲、我的弟兄了。”[1]在对待安息日的态度上，基督教也与犹太教迥然而异，它强调安息日应当以人为本，而不是相反。按照“摩西十诫”的规定，安息日（即星期日）这一天不可以做任何事情：“当记念安息日，守为圣日。六日要劳碌做你一切的工，但第七日是向耶和华你神当守的安息日。这一日你和你的儿女、仆婢、牲畜，并你城里寄居的客旅，无论何工都不可做，因为六日之内，耶和华造天、地、海和其中的万物，第七日便安息，所以耶和华赐福与安息日，定为圣日。”[2]在基督教产生之初，犹太教的宗教知识分子法利赛人就曾经指责耶稣在安息日为人治病，犯了诫命。而耶稣的回答则是：“你们中间谁有一只羊，当安息日掉在坑里，不把它抓住拉上来呢？人比羊何等贵重呢！所以，在安息日做善事是可以的。”[3]“安息日是为人设立的，人不是为安息日设立的。所以人子也是安息日的主。”[4]这些思想恰恰表明，基督教对“摩西十诫”进行了一种以人为本、以信仰为本的重新解释。

割礼制度本来是犹太教世代相袭的一种仪式，《创世记》中记载了行割礼的由来。上帝对犹太人的祖先亚伯拉罕说：“你们都要受割

1 《圣经·路加福音》，第 8 章，第 21 节。
2 《圣经·出埃及记》，第 20 章，第 8—11 节。
3 《圣经·马太福音》，第 12 章，第 11—12 节。
4 《圣经·马可福音》，第 2 章，第 27—28 节。

礼。这是我与你们立约的证据。你们世世代代的男子，无论是家里生的，是在你后裔之外用银子从外人买的，生下来第八日，都要受割礼……这样，我的约就立在你们肉体上做永远的约。但不受割礼的男子，必从民中剪除，因他背了我的约。”[1] 所谓行割礼，就是在男婴出生之后的第八天，将其生殖器上的包皮割掉。在犹太人看来，割礼就是犹太教信仰在肉体上留下的标记。因此，犹太人世代遵行这种习俗，不敢有违。由于四周其他民族都不行割礼，只有犹太人这样做，久而久之，犹太人竟然以此而自诩，认为其他民族都是肮脏的，唯独自己是洁净的。这样一来，行割礼就成了犹太民族作为上帝选民的一种确证，以区别于其他未行割礼的不洁民族。因此之故，行割礼的制度引起了周围各族人的反感和憎恶，在塞琉西王朝和罗马帝国统辖以色列期间，统治者都曾三令五申要求废除这种习俗。例如，公元前 2 世纪中叶，塞琉西王朝的安提阿古四世通令废止割礼，将那些给自己孩子行割礼的妇女以及她们的孩子一同处死，没收他们的家产。但是，犹太人却仍然坚持悄悄地行割礼，屡禁不绝。当基督教产生之后，这种割礼习俗极大地阻碍了基督教向犹太民族以外人群的传播，因此基督教就放弃了这种传统习俗。在耶稣看来，洁净与不洁净的区别并不在于肉体上的标记，而在于内心的虔诚。“外面肉身的割礼，也不是真割礼……真割礼也是心里的，在乎灵，不在乎仪文。”[2] 这种审时度势的态度，使基督教得以突破犹太教狭隘的地域性和民族性，在外邦人中迅速传播，从而发展壮大为一种普世性的宗教。

诸如此类的变革还有许多。例如，关于禁食与洁净的问题，按

1 《圣经 · 创世记》，第 17 章，第 11—14 节。
2 《圣经 · 罗马书》，第 2 章，第 28—29 节。

照犹太教律法，有许多东西被视为污秽之物而不得食用。《利未记》中规定了犹太人不许食用的种种不洁之物，塞琉西王朝的安提阿古四世也曾通令犹太人废除有关禁食的律法，强制他们用猪肉来献祭。但是，犹太人宁死也不愿为不洁的肉类所玷污。到了基督教那里，对于食物的禁忌也取消了，在耶稣看来，吃什么东西都与精神的虔信无关。重要的不在于嘴里吃什么，而在于心里想什么。法利赛人曾指责耶稣的门徒不洗手就吃饭，触犯了洁净的律例，耶稣回答道："岂不知凡入口的，是运到肚子里，又落在茅厕里吗？唯独出口的，是从心里发出来的，这才污秽人。因为从心里发出来的，有恶念、凶杀、奸淫、苟合、偷盗、妄证、谤渎。这都是污秽人的。至于不洗手吃饭，那却不污秽人。"[1]

在基督教的信仰中，包含着一种道德主义的内涵，其核心是一种爱的精神。这种以爱为核心的道德主义与犹太教的律法主义也有明显的分歧。犹太人由于世世代代受外族的奴役，所以形成了一种强烈的复仇心理，表现出一种以恶制恶的思想倾向。犹太教的上帝告诫摩西，对敌人要采取"以命偿命，以眼还眼，以牙还牙，以手还手，以脚还脚，以烙还烙，以伤还伤，以打还打"[2]的态度，他也曾向摩西许诺要剪除与犹太人为敌的埃及人、亚摩利人、赫人、比利洗人、迦南人、耶布斯人。然而，基督教的耶稣却鼓励人们以善待恶、以友爱来回报仇恨，不仅要爱朋友，而且要爱敌人。耶稣在著名的"山上训众"中说道："你们听见有话说：'以眼还眼，以牙还牙。'只是我告诉你们：不要与恶人作对。有人打你的右脸，连左脸也转过来由他打……你们听见有话说：'当爱你的邻居，恨你的仇

1 《圣经·马太福音》，第 15 章，第 17—20 节。
2 《圣经·出埃及记》，第 21 章，第 23—25 节。

敌。’只是我告诉你们：要爱你们的仇敌，为那逼迫你们的祷告。”[1]这种以德报怨的仁爱精神正是基督教在最初几个世纪里得以发展壮大的重要原因，当早期基督教的信仰者们在罗马帝国的屠刀之下前赴后继地殉道时，他们充分展现了这种仁爱精神的巨大感召力和圣洁美感。但是当基督教后来在中世纪成为唯我独尊的排他性的宗教信仰时，罗马教会就将这种仁爱精神抛之于九霄云外，转而走向了一种专制的暴虐。

另一方面，在基督教信仰的道德主义内涵中，一开始就包含了某种天国情调或唯灵主义的成分，这种过于理想化的成分使得基督教与犹太教相比，明显地具有一种不近人情的禁欲主义色彩。例如，在男女问题上，犹太教虽然明令禁止淫乱，但却从来未曾提倡禁欲，而且鼓励人们“要繁殖和增多”。然而，在基督教中，禁欲被树立为一种崇高的德行。在《马太福音》中，耶稣暗示门徒，像他这样“为天国的缘故自阉”的德行“不是人都能领受的，唯独赐给谁，谁才能领受”。[2]耶稣本人就是一个独身主义的典范，他的门徒彼得、保罗等人也是如此，按照基督教唯灵主义的观点，一个人要想让自己的灵魂升入天国，就必须放弃肉体的快乐。这种唯灵主义在后来的修道运动中发展到极端，导致了一种反人道的禁欲主义生活态度。在中世纪的天主教会里，神职人员和修士、修女们都被要求终身不娶或终身不嫁，结果造成了像薄伽丘在《十日谈》中所揭露的那些虚伪行径。同样，在贫富问题上，犹太教采取一种劝人安于现状的态度，贫穷固然为上帝所愉悦，但富裕也不是邪恶，而是对正义的奖励。富人应该对穷人施予有分寸的援助，但不必过分。而基督教

1 《圣经·马太福音》，第 5 章，第 38—44 节。
2 《圣经·马太福音》，第 19 章，第 11 节。

却把贫穷与富裕截然对立起来，贫穷是一种美德，富裕却是罪恶的象征。《马可福音》中讲了这样一个故事，一个富有的人来请教耶稣，问他如何能够获得新生。耶稣说到了一些戒律，这人说他都遵行了，当耶稣说到要他变卖财产分给穷人时，这个人就面有难色地走开了。于是耶稣就对他的门徒们说道："倚靠钱财的人进神的国是何等的难哪！骆驼穿过针的眼，比财主进神的国还容易呢。"[1] 基督教最初在罗马帝国传播时，其主要的信仰者都是一些无权无势的贫穷大众，因此造成了基督教对财富的一种贬抑态度，而对贫穷加以赞扬。中世纪的教会甚至把贫穷与贞洁、顺从一起列为神职人员必须恪守的三大信誓。13 世纪出现的托钵僧团，也刻意地标榜赤贫，不置恒产，以此来表示信仰的坚定。但是，这种抑富赞贫的理论在中世纪却产生了适得其反的实践后果——教士阶层竟然成为中世纪社会中最富有的人群。正是理论与实践之间的巨大反差，导致了中世纪基督教社会的各种弊端。

相比而言，犹太教的律法主义具有外在性和强制性的特点，它是通过一种否定的方式即惩罚来规范人的行为的，注重的是人们的外在行为及其后果；基督教的信仰主义则基于人们内心的道德自觉，它通过一种肯定的方式即道德反省来协调人的行为，更加侧重于内在的动机。对于基督教来说，仅仅在外在行为上遵行律法是不够的，更重要的在于内心的信仰或纯正的动机。基督教认为上帝的国就在信者的心中，"在信的人，凡事都能"。[2] 律法和诫命固然要遵行，但这并不是最重要的，最重要的是信仰，是对上帝的爱戴之心。在基督教中，有两条诫命是最大的："你要尽心、尽性、尽意、尽力爱主

1 《圣经 · 马可福音》，第 10 章，第 24—25 节。
2 《圣经 · 马可福音》，第 9 章，第 23 节。

你的神。其次就是说：‘要爱人如己。’再没有比这两条诫命更大的了。”[1] 这两条诫命构成基督教的真义和精髓，其他一切教义和教规都是在此基础上发展出来的。尽心、尽性、尽意、尽力地爱上帝，就是要人执着于宗教信仰，超越世俗的物质世界；爱人如己则是宣扬一种平等的理想，传播一种世界大同的福音。早期基督教正是凭借着这两条诫命在罗马帝国险恶的环境下发展壮大，完成了对希伯来文化和希腊文化的改造，逐渐成长为一种具有深厚理论基础和广泛信众的普世性宗教。

“末世论”与“救赎说”

从弥赛亚运动的“末世论”到基督“救赎说”的发展，是基督教最终摆脱犹太教，成为一种独立的世界性宗教的重大标志。公元前4世纪，当犹太人处于塞琉西王朝的统治之下时，民间盛传弥赛亚将临的预言。一些自命为“先知”的人宣布，上帝所指派的那位弥赛亚（复国救主）就要来临，他将把公义带到人间，使上帝的选民犹太人获福，帮助他们最终摆脱外族人的统治。按照这种预言，生活在塞琉西王朝和其后的罗马帝国的统治之下的犹太人普遍相信，他们的苦难世纪就要到头了，弥赛亚将会给他们带来一千年的幸福生活（“千禧年”）。这种“末世论”的信念反映了犹太民族强烈的不幸意识和期盼解放的迫切心理。当时，在中下层犹太人中，屡次掀起了弥赛亚运动，反对塞琉西王朝和罗马帝国的统治。这种关于苦难的世纪即将结束、人间天国（“千禧年”）即将来临的“末世论”理想，成为推动犹太人追求社会解放的巨大精神动力。

1 《圣经·马可福音》，第12章，第30—31节。

基督教既然源于犹太教，那么它也难免会受到弥赛亚主义“末世论”的影响。事实上，基督徒们始终坚定不移地相信耶稣就是“弥赛亚”（即希腊文中的“基督”）。在以犹太人为主要成分的初期基督教中，关于末世的苦难即将结束、人间天国或“千禧年”即将来临的信念也是非常强烈的。信徒们普遍相信，上帝的国不久就要降临在这个悲惨的世界上，使受苦受难的人脱离灾难，让他们在肉体上和精神上都获得解放。但是，随着公元1世纪外邦人基督教的崛起，弥赛亚主义的“末世论”逐渐被基督的“救赎说”取代。“千禧年”的理想消失了，上帝的国不再在这个世界上出现，而是在另一个世界即彼岸世界中存在，或者在信者的心中存在。进入天国的也不再是具有身体的人，而是超脱了肉体的精神。耶稣作为弥赛亚，并没有把上帝的国带到人世间来，而是把信仰者的灵魂带到了上帝的国中间去。这一“来”一“去”的区别，表明了基督教与犹太教的重要差异，即社会解放理想与灵魂得救福音之间的差异。

根据《新约》福音书的记载，耶稣被他的门徒们认作弥赛亚或基督，但是控制犹太教权力的法利赛人却不予承认，反而对耶稣进行了攻击。法利赛人认为，按照先知们的预言，弥赛亚来临将会给犹太人带来一千年的幸福生活，然而那个叫作耶稣的人并没有带来上帝的国，因此他只是一个摇唇鼓舌的骗子。从法利赛人对待耶稣的态度中，我们可以清楚地看到基督教与犹太教关于上帝之国的不同理解。《路加福音》记述道：“法利赛人问：‘神的国几时来到？’耶稣回答说：‘神的国来到，不是眼所能见的。人也不得说：看哪，在这里，看哪，在那里；因为神的国就在你们心里。’”[1]后来，当法利赛人向罗马总督彼拉多指控耶稣企图做“犹太人的王”，在面对彼

1 《圣经·路加福音》，第17章，第20—21节。

拉多的审问时，耶稣明确地表示："我的国不属这世界；我的国若属这世界，我的臣仆必要争战，使我不至于被交给犹太人；只是我的国不属这世界。"[1]由此可见，耶稣并没有像犹太教先知所预言的弥赛亚那样，把上帝的国直接带到人间来。但是，他却通过自己的身教言传和所行奇迹，昭示了一种关于上帝之国的福音，只是这上帝之国只能在另一个世界中实现。在这一点上，耶稣本人就做出了表率。当耶稣被钉在十字架上时，法利赛人还幸灾乐祸地嘲笑道："他救了别人，不能救自己。以色列的王基督，现在可以从十字架上下来，叫我们看见，就信了。"[2]然而，耶稣并没有从十字架上走下来，而是把自己作为祭品牺牲在十字架上。不过在死后的第三天，耶稣却复活了，从而昭示了死而复活的福音。这是关于上帝之国的一种全新观念，现在，上帝的国已经不在人间实现了，而是被搬到了肉体死后灵魂才能进去的彼岸。所有信仰基督耶稣的人，都有可能像耶稣一样死而复活，众人的灵魂由于对基督的信仰而获得了救赎的福音。

这种关于死而复活的"救赎说"使得基督教具有了一种超越的浪漫色彩。犹太教弥赛亚主义的"末世论"是一种关于肉体获救的理想，它使人们期待不久将至的人间幸福，上帝之国在人们活着的时候就可以在这个世界上实现。因此犹太教的"末世论"只是传播了一种社会解放的理想，而基督教的"救赎说"却由于死而复活的灵魂得救而宣扬了一种宗教福音。犹太教期盼社会解放的"末世论"理想在现实社会中屡遭挫折，数百年来都无法实现，久而久之，就会成为一种空洞的理想，失去感召力。基督教的"救赎说"却通过耶稣的受难和复活而传播了一种灵魂获救的福音，它告诉人们，真

1 《圣经 · 约翰福音》，第 18 章，第 36 节。
2 《圣经 · 马可福音》，第 15 章，第 31—32 节。

正的幸福不在此生此世实现，而是在肉体死后的精神王国中。基督已经通过自我牺牲和死而复活的业迹，救赎了人类祖先亚当、夏娃所犯的原罪。因此，人们只要在心中信基督、信上帝，人人都可以像基督一样在彼岸的天国中获得灵魂的永生。“基督已经从死里复活，成为睡了之人初熟的果子。死既是因一人而来，死人复活也是因一人而来。在亚当里众人都死了。照样，在基督里众人也都要复活。”[1]这样一来，基督的救赎就与亚当的原罪联系在一起，成为一对相反相成的重要神学范畴。“救赎说”使基督教获得了一种唯灵主义的特点，使它具有了犹太教所缺少的形而上学成分，从而由一种单纯的宗教迷信转向了一种具有深刻理论基础的宗教神学（当然，这一点得益于希腊哲学）。

在早期基督教中，存在着观点对立的两派，即犹太人基督教和外邦人基督教（主要代表人物就是保罗）。前者还带有犹太教的深刻烙印，具有低级宗教的朴素性；后者则已摆脱了犹太教的影响，成为一种形而上学的神学。保罗为后来整个基督教的发展奠定了重要的理论基础，以至于许多神学家认为，保罗才是基督教的真正创始人，他创立了一个以基督耶稣的救赎为中心的普世性宗教。犹太人基督教与外邦人基督教之间的思想差异，在《新约》福音书中可见一斑。在《新约》的前三部福音书即《马太福音》《马可福音》和《路加福音》中，还带有犹太人基督教的明显痕迹，这三部福音书因其基本观点相同而被称为“同观福音”（synoptic gospels），又译为“共观福音”、“对观福音”或“符类福音”）。第四福音书即《约翰福音》和“保罗书信”则代表着外邦人基督教或保罗派的观点，它们与“同观福音”之间有着很明显的思想差异。在“同观福音”中，

1 《圣经 · 哥林多前书》，第 15 章，第 20—22 节。

耶稣是一个历史人物，是基督教的教祖。在《约翰福音》中，耶稣却成为道成肉身的上帝之子，成为神和灵本身。“基督教对耶稣本质的观念来自《约翰福音》之处无疑多于其他福音；但另一方面，约翰对耶稣的描绘对于历史学家理解耶稣相对来说提供了更少的东西。”[1] 正是由于它更少地具有历史成分，更多地具有宗教色彩，《约翰福音》（以及“保罗书信”）才构成了基督教的思想基础，对后世的西方文化产生了重大的影响。

“同观福音”与《约翰福音》的一个显著差别体现在对待犹太人的不同态度上。在“同观福音”中，耶稣对罗马总督彼拉多承认自己是犹太人的王，敌视和迫害耶稣的只是犹太人中的祭司和法利赛人。然而在《约翰福音》中，耶稣不再承认自己是犹太人的王，而是明确宣称：“我的国不属这世界。”迫害耶稣的也成了整个犹太人。基督教本是从犹太教中脱颖而出的，但是当基督教开始在外邦人中发展时，就逐渐培养出一种敌视犹太人的思想倾向。保罗在给帖撒罗尼迦人的信中写道：“这犹太人杀了主耶稣和先知，又把我们赶出去。他们不得神的喜悦，且与众人为敌。不许我们传道给外邦人，使外邦人得救，常常充满自己的罪恶。神的忿怒临在他们身上，已经到了极处。”[2] 随着基督教在希腊–罗马世界中的发展，犹太人基督教开始被当作一种异端，遭到由外邦人为主流的正统派的排斥，基督教的中心也日益从西亚和小亚细亚转移到了罗马。到了公元 1 世纪末叶以后，基督教与犹太教彻底分道扬镳，一些激进的基督徒试图完全割断基督教的犹太教根源，将《旧约》从《圣经》中删除。但是这种极端的做法遭到了基督教会的否定，因为否定了《旧约》

1　汉弗雷·卡本特，《耶稣》，张晓明译，工人出版社，1985，第 36 页。

2　《圣经·帖撒罗尼迦前书》，第 2 章，第 15—16 节。

或犹太教传统将使基督教成为无源之水、无本之木。没有亚当所犯的原罪作为前因，基督的救赎也就毫无根据；没有犹太先祖先烈的事迹和预言，基督教的出现也就失去了历史依据。但是，虽然犹太教的经典以一种被改造的形式保留在基督教的《圣经》里，由外邦人构成的基督教世界对于犹太人的仇恨却深深地埋藏下来，以致在后世酿成了基督徒迫害犹太人的一幕幕惨剧。罗素指出："基督徒对同时代的犹太人早就抱着敌对态度。公认的见解是上帝曾和先祖、先知等圣者讲过话，预言基督的来临；但基督降世后犹太人却不承认他，因此须把他们视为恶者。此外基督废弃了摩西的律法，代之以爱上帝和爱邻居两条诫命；而犹太人又执拗地未予以承认。所以一旦基督教变为国教，反闪族主义，以其中世纪的形式，在名义上便成为基督徒热诚的表现。"[1]

"同观福音"与《约翰福音》之间最重要的差别就在于，基督由犹太人始祖亚伯拉罕的后裔变成了上帝之子，变成了灵。在《马太福音》中，耶稣是亚伯拉罕的第 42 代孙；在《路加福音》中，天使加百利奉上帝的旨意向童贞女玛利亚传达了圣灵受胎的福音，不久后耶稣降生人间。关于童贞女受胎的故事，虽然已经包含了神秘的色彩，但是这种神秘主义只是一种粗浅的神秘主义，我们在许多东方民族（包括中国）的神话中都可以找到类似的故事。但是在《约翰福音》中，我们却可以看到柏拉图式的形而上学思想：

> 太初有道，道与神同在，道就是神。这道太初与神同在。万物是藉着他造的；凡被造的，没有一样不是藉着他造的。生命在他里头，这生命就是人的光。

1　罗素，《西方哲学史》（上卷），1963，第 403 页。

道成了肉身，住在我们中间，充充满满地有恩典，有真理。我们也见过他的荣光，正是父独生子的荣光。[1]

《约翰福音》开篇处的这段文字表明，《约翰福音》已经开始用一种希腊哲学的方式来表述基督教思想。这种“逻各斯–肉身基督论”（Logos-flesh Christology）的表达方式意味着，基督教已经与犹太教传统分道扬镳，而打上了深深的希腊思想烙印。美国《新国际新约神学辞典》主编科林·布朗（Colin Brown）评论道：“约翰努力向希腊世界解释救赎的时候，他自觉地设法诉诸希腊的精神。”[2]使徒约翰的这种做法，就像更早时候的那位用柏拉图主义来重新解读《旧约》经典的犹太人斐洛一样，表现了一种把希伯来传统希腊化的倾向。《约翰福音》中所说的“道”（the Word）就是希腊哲学中的“逻各斯”，这是一种灵性的实体。而基督耶稣的道成肉身—十字架受难—死而复活的整个历程，则表现了这灵性实体的沉沦与复归的“苦肉计”，表现了罪得赦免的上帝恩典。基督耶稣既然是道成肉身，是上帝自身在历史中的呈现，那么他的死而复活也就向深陷于罪之中的世人昭示了一种灵魂得救的福音。人们若在心中信基督，背起自己的十字架跟随基督，就能与基督一样进入灵的天国，获得永生。基督的救赎说到底是对信者的救赎、对灵的救赎。作为上帝子，作为道，基督与上帝同在。对上帝的信仰变成了对基督救赎的信仰，“信子就是信父”。这种上帝与基督相同一的观点，后来在基督教的历届大公会议上得到确认，发展成为“三位一体”的教义。著名的基督教学者罗伯逊（Archibald Robertson）在谈到《约翰福音》和

1 《圣经·约翰福音》，第 1 章，第 1—4、14 节。

2 科林·布朗，《基督教与西方思想》（卷一），查常平译，北京大学出版社，2005，第 51 页。

"保罗书信"中的唯灵主义倾向时指出:"保罗派的基督是'上帝子',而不是'人子'。保罗派的'天国'不是'有血气者'王国,不是现世的王国,而是由于一个奇迹而从物质中解放出来的众神灵的王国。"[1]

随着基督教在希腊–罗马世界中的不断传播,具有唯灵主义和形而上学特点的"救赎说"逐渐取代了期盼社会解放的"末世论"[2]。基督徒的身份既然已经由犹太人转变为外邦人,因此他们对犹太人的社会解放和"千禧年"理想就不再感兴趣。在思想上,基督教开始越来越多地受到希腊哲学的影响,把眼光从此岸的人转向了彼岸的灵。具有现实革命意义的弥赛亚运动在保罗派或外邦人基督教那里被改造为一种关于灵魂得救的福音。这种灵魂救赎理论把彼岸与此岸对立起来,把灵魂与肉体相分离,从而使一种灵肉对立的二元论成为基督教的理论基础。19 世纪德国著名诗人、思想家海涅(Heinrich Heine)对这种灵肉对立的二元论描述道:

> 邪恶的撒旦和善良的基督对立着,基督代表精神世界,撒旦代表物质世界;我们的灵魂属于精神世界,肉体属于物质世界;从而,整个现象世界,即自然,根本是恶的;撒旦,这黑暗的主宰者,就想用它来引诱我们堕落;因此,必须谢绝人生中一切感性快乐,对我们的肉体,这个撒旦的采邑,加以折磨,这样才能使灵魂越加庄严地升到光明的天国,升到基督光辉灿烂的国度。[3]

1 罗迫逊,《基督教的起源》,宋桂煌译,生活 · 读书 · 新知三联书店,1958,第 153 页。

2 当然,基督教后来也发展出自己的末世论,然而那却是关于灵魂如何面对现实苦难的末世论,而不是犹太教的那种期盼社会解放的末世论。

3 亨利希 · 海涅,《论德国宗教和哲学的历史》,海安译,商务印书馆,1974,第 16 页。

这种灵肉对立的二元论是基督教吸收希腊哲学，尤其是柏拉图哲学所导致的结果，它也对基督教在希腊-罗马世界中的最初传播和理论建构产生了重要的影响。

第 2 章　基督教神学与希腊哲学

基督教唯灵主义的思想渊源

早期基督教的基本特征表现为一种具有超越倾向的唯灵主义精神，这种唯灵主义精神最初以朴素直观的形式表现在希腊民间神秘祭——奥尔弗斯教（Orphism）——的轮回转世说中，然后在毕达哥拉斯、苏格拉底和柏拉图等人的哲学中得到理论上的提炼和表述，并通过斐洛的“隐喻”神学和普罗提诺（Plotinus）的神秘主义最终汇入基督教，成为一套系统化的宗教形而上学体系。

在希腊城邦制度的全盛时期，与各城邦所大力推崇的崇高典雅的奥林匹斯宗教相对立[1]，在希腊民间流行着一种带有原始粗鄙特点

1　奥林匹斯宗教是对居住在希腊北部奥林匹斯山上、以宙斯为首的希腊诸神的崇拜形式。据希腊游吟诗人赫西俄德（Hesiod）的《神谱》（*Theogony*）所载，奥林匹斯诸神是继更加古老的提坦神族之后崛起的新兴神族，他们包括新一代的神王宙斯和他的兄弟姐妹如海神波赛冬、冥王哈得斯、天后赫拉、农神得墨忒耳等，以及宙斯与许多女神结合所生的儿女如太阳神阿波罗、战神阿瑞斯、智慧之神雅典娜、爱与美之神阿佛洛狄忒等。在希腊城邦制度的全盛时期，希腊各城邦都信奉奥林匹斯神族，每个城邦都选择奥林匹斯神族中的某位神作为自己的城邦保护者，全希腊四年一届的奥林匹亚竞技会以及各种文艺、体育活动都是为了纪念和崇拜奥林匹斯诸神而举行的。

的、下里巴人式的狂欢秘祭，这就是对酒神狄奥尼索斯（Dionysus）的崇拜。酒神祭是希腊人的一种自我放纵的肉体迷狂，酒神的崇拜者们在这种神秘的祭祀活动中喝得酩酊大醉，并且在狂歌欢舞和性欲宣泄中达到一种酣畅淋漓的顶峰体验。在这种原始粗野的神秘祭祀活动中，逐渐产生出庄严肃穆的希腊悲剧和谐谑轻佻的希腊喜剧，并且以一种改革的形式衍生出奥尔弗斯教。在希腊神话传说中，奥尔弗斯（Orpheus）是一个天才的歌手，据说他的琴声能够感动花草鸟兽。按照希腊民间的说法，奥尔弗斯由于追求宁静和秩序，拒绝参加酒神的狂欢秘祭，因此被酒神的狂女们撕成碎片。与热情狂放的酒神狄奥尼索斯不同，奥尔弗斯是一个沉静忧郁的歌手，他用自己的音乐昭示了一种宁静安谧的秩序。奥尔弗斯的追随者们向往一种灵魂的迷狂状态，用沉思冥想的精神陶醉来取代酒神崇拜的肉体放纵。在音乐和冥思中实现精神迷狂和灵魂永生，这就是奥尔弗斯教所向往的至高境界。可以说，奥尔弗斯教是西方最早的禁欲主义宗教，该教派的信徒相信灵魂的轮回转世，严禁杀生和食肉，因为他们认为在动物身上附有人的灵魂。入教者必须奉行一种净洗礼，并且要严守教规，这样才能达到灵魂的“纯洁”。与强调灵肉和谐的奥林匹斯宗教不同，奥尔弗斯教表现了一种灵魂与肉体相对立的思想，以及灵魂轮回转世直至永生的观念。按照奥尔弗斯教的教义，一个人此生的德行将决定他来世的生活，苦行的有德者仍将转世为人，经过几番轮回，最终上升为神，来到星辰上的永恒归宿地；而纵欲的恶徒则将转生为禽兽，如此每况愈下，最终沦入地狱。古代文化研究者汤姆逊（G. Thomson）根据散见于柏拉图著作中的有关片段，对奥尔弗斯教的教义描述道：

按照奥尔弗斯派的教义，人生就是赎救提坦神族罪行的一种忏悔。人的不朽部分被禁锢在他的凡体之中；灵魂被幽禁在他的肉体之中。肉体是灵魂的坟墓……人生是死亡的演习。只有通过死亡，灵魂才能从它的禁锢之中解脱出来，才能从它身体的罪恶之中得到解救。生就是死，死就是生。死亡之后，灵魂要受审判……灵魂在世上经过三世之后，不受肉体玷污，就被永远开释，去和天上的快乐神灵共同交游。[1]

奥尔弗斯神秘祭构成了原始粗野的狄奥尼索斯崇拜向玄奥深邃的希腊哲学过渡的重要中介。希腊第一位具有形而上学倾向的哲学家毕达哥拉斯（Pythagoras，鼎盛年约在公元前530年）就深受奥尔弗斯教的影响。罗素认为，“毕达哥拉斯主义是奥尔弗斯教内部的一种改良运动”[2]；研究希腊宗教的英国专家简·艾伦·赫丽生（Jane Ellen Harrison）断定，“毕达哥拉斯把原汁原味的俄耳甫斯教（即奥尔弗斯教——引者注）仪式从克里特带到了意大利”[3]。德国著名哲学史家策勒尔（Eduard Zeller）在谈到毕达哥拉斯学派对奥尔弗斯教的继承和发展时说道：“毕达哥拉斯学派的特点正在于一种特殊的生活方式。就像‘奥尔弗斯的生活’一样，他们的目标也是从生死轮回中解脱出来，再度进入最终的神的极乐世界。通往极乐世界之路，即解脱之路，在这里是基本相同的：从肉欲中净化，超脱人世。在这种净化的方法中，我们可以看到奥尔弗斯教派与毕达哥拉斯学派之间有一种区别，奥尔弗斯教派的纯宗教仪式的特点

1 汤姆逊，《古代哲学家》，何子恒译，生活·读书·新知三联书店，1963，第268—269页。

2 罗素，《西方哲学史》（上卷），1963，第58页。

3 简·艾伦·赫丽生，《希腊宗教研究导论》，谢世坚译，广西师范大学出版社，2006，第546页。

在这里被理智化和道德化了。”[1]

这种“理智化”的改造意味着毕达哥拉斯学派更加注重通过一种科学（尤其是数学）和音乐的途径来净化灵魂，以实现灵魂对肉体的超脱。毕达哥拉斯的“数”本原说表现了一种神秘主义的思想，尤其是他关于数字的象征性意义（例如 1 代表理智、2 代表意见、4 和 9 代表公正、5 代表婚姻、8 代表爱情和友谊、10 代表和谐等），以及具体事物是对抽象的“数”的摹仿的观点（这种观点后来在柏拉图那里得到了进一步的阐发），都明显地表达了某种“背后的东西”的神秘思想。这种背后的、并不直接出场的东西（“数”），正如同时期开始兴盛的希腊悲剧所大力渲染的神秘“命运”一样，决定着那些出场的具体事物。与这种神秘主义的哲学思想相对应，毕达哥拉斯学派也特别强调灵魂在不同的肉体之间轮回的观点，该学派的一个重要禁忌就是不许杀生，因为他们相信死者的灵魂可能暂时栖居于动物的身体之中。据记载，毕达哥拉斯本人就曾经阻止人们打一条狗，原因是他从这条狗的叫声中听出了他的一位亡友的声音。

黑格尔认为，毕达哥拉斯主义第一次把真正实在的东西（“实体”）理解为抽象的思想范畴，而不再是感性的物质，这样就“形成了实在论哲学到理智哲学的过渡”[2]。罗素则认为，毕达哥拉斯主义的“数”本原说的一个重要后果就是使人们相信存在着一个超感官的世界，它在思想和感官之间造成了一种分离，这种分离导致了后世形而上学中的种种谬误：

> 我相信，数学是我们信仰永恒的与严格的真理的主要根源，

1　E. 策勒尔，《古希腊哲学史纲》，翁绍军译，山东人民出版社，2007，第 33—34 页。

2　黑格尔，《哲学史讲演录》（第一卷），贺麟、王太庆译，商务印书馆，1959，第 217—218 页。

也是信仰有一个超感的可知的世界的主要根源。

> 人们根据数学便设想思想是高于感官的，直觉是高于观察的。如果感官世界与数学不符，那么感官世界就更糟糕了……结果所得的种种启示就成了形而上学与知识论中许多错误的根源。[1]

如果说奥尔弗斯教的特点在于用音乐中所体验到的宁静来取代酒神祭的肉体迷狂，那么毕达哥拉斯主义则把这种音乐的沉静上升为更加抽象的哲学思辨，从而开创了一种神秘主义思辨的源流。“历史上神秘主义的宗教信徒往往以哲学思辨为修行途径，毕达哥拉斯派可以说是神秘主义思辨的始祖。”[2] 正是通过毕达哥拉斯主义的中介，奥尔弗斯教的具有宗教迷狂色彩的灵肉对立思想被引入希腊哲学中，并且在苏格拉底和柏拉图的思想中被进一步理智化和发扬光大。

毕达哥拉斯主义关于思想的对象（或“背后的东西”）与感官的对象相分离的思想，到了赫拉克利特和巴门尼德那里就演变为思想与感官的直接对立。赫拉克利特（Heraclitus，鼎盛年约在公元前 495 年）与巴门尼德（Parmenides，鼎盛年约在公元前 475 年）虽然在哲学上一直被看作相互对立的思想家，但是他们的思想却有着明显的共通之处，那就是关于“背后的东西”与“在场的东西”相对立。在赫拉克利特那里，这种对立表现在“逻各斯”与火及万物之间，“赫拉克利特说（神就是）永恒的流转着的火，命运就是那循着相反

1　罗素，《西方哲学史》（上卷），1963，第 64、61—62 页。
2　赵敦华，《西方哲学通史》（第一卷），北京大学出版社，1996，第 21 页。

的途程创生万物的‘逻各斯’”[1]。在巴门尼德那里，这种对立则表现在“存在”与“非存在”之间，这就是关于“存在者存在，非存在不存在”的著名观点。赫拉克利特与巴门尼德的区别仅仅在于，赫拉克利特不仅指出了逻各斯与万物的对立，而且注意到它们之间的同一，而巴门尼德却只是片面地强调“存在”与“非存在”的对立。

赫拉克利特提出的“逻各斯”（logos）概念构成了希腊哲学的一个核心范畴，它是对希腊悲剧朦胧的“命运”意象和毕达哥拉斯主义神秘的“数”概念进一步抽象化的结果。在后来的希腊哲学中，“逻各斯”概念以不同的名称——巴门尼德的“存在”、柏拉图的“理念”、亚里士多德的“实体”等——不断地得以再现，成为一个贯穿于希腊哲学尤其是希腊形而上学的基本概念。在基督教开始从希腊哲学中汲取理论资源时，“逻各斯”概念同样也成为联系上帝与世人的一个重要中介，成为“道成肉身”神学理论的思想依据。赫拉克利特把“逻各斯”说成是一种贯穿于宇宙实体的“以太的物体”，是“创生世界的种子”，这种思想后来通过斯多葛学派的“种子理性”（logoispermatikoi）的中介，深深地影响了奥古斯丁关于上帝创世的“种质论”。

在赫拉克利特和巴门尼德那里明确地表现出来的思想与感官相对立的观点，到了苏格拉底和柏拉图那里，又进一步演化为灵魂与肉体的对立，从而为希腊哲学向基督教信仰的过渡奠定了重要的思想基础。苏格拉底（Socrates，前469—前399）由于公开宣扬一种唯灵主义的神学思想而被雅典城邦处以死刑，在四百年以前预演了耶稣殉道的悲剧。苏格拉底被信奉奥林匹斯宗教的雅典人处死的罪

1　北京大学哲学系外国哲学史教研室编译，《古希腊罗马哲学》，商务印书馆，1961，第17页。

名之一，就是他不信传统的神而试图引进新神。这个新神与奥林匹斯诸神不同之处就在于，它是一个“灵异”，正是这个“灵异”鼓励苏格拉底孜孜不倦地去探寻各种知识，去“追求好的生活更甚于生活本身”，并且鼓励他对死亡采取一种超然的态度。这种唯“灵”主义的殉道精神使苏格拉底成为西方文化史上最伟大的思想圣徒和道德典范，即使在后来的基督徒眼里，苏格拉底之死的重要性也仅次于耶稣受难。苏格拉底在面对死亡时阐述了许多关于灵肉关系的思想，这些思想构成了基督教神学的重要思想来源。鼓励苏格拉底坦然赴死的那个“灵”与基督教所宣扬的“三位一体”的上帝如出一辙，公元 2 世纪的希腊教父查士丁明确表示：“鼓舞着苏格拉底的理性（即‘道’），自那时以后便化为人形，托生于耶稣基督。所以，基督徒是与苏格拉底及柏拉图崇拜同一个上帝。”[1]

苏格拉底的唯灵主义殉道精神是通过其弟子柏拉图（Plato，前 427—前 347）的哲学而得以发扬光大的。柏拉图哲学是古希腊形而上学思想发展的重要里程碑，同时也构成了基督教神学理论的主要来源。柏拉图在他的一系列对话录中借苏格拉底之口表达了一套关于理念世界与感觉世界相对立的哲学理论，并且把这种对立归结为灵魂与肉体的对立。柏拉图认为，可感觉的现象世界是虚幻的世界，它只是唯一真实的世界即理念世界的摹本或影子。按照这种理论，在任何感性的具体存在物后面，都有一种更真实、更原始的一般存在，前者只是由于摹仿和分有了后者才得以存在。柏拉图明确地表示：“一个东西之所以存在，除掉是由于‘分有’它所‘分有’的特殊的实体之外，还会由于什么别的途径……凡事物要成为二，就必

1 罗伯逊，《基督教的起源》，1958，第 252 页。

须‘分有’‘二’，要成为一就必须‘分有’‘一’。”[1] 这种理念本体论后来在基督教神学中，就转化为众信徒由于对基督的信仰和分享圣灵而获救的救赎理论，此外也成为中世纪经院哲学中的实在论的理论来源。

基于这种理念世界与感觉世界二元对立的哲学思想，柏拉图在神学观点上必然宣扬一种鄙夷肉体的灵魂不朽论。既然感觉世界是不真实的、不可靠的，那么肉体快乐和现世生活当然也就是不值得留恋的过眼云烟，是囚禁灵魂的牢笼。灵魂或精神只有摆脱了肉体的束缚之后，才能达到纯粹的理念世界，实现对真理的认识。肉体具有双重的罪恶，它一方面用粗俗的欲望来引诱暂居于它之中的灵魂堕落，另一方面又构成了妨碍灵魂认识真理的“歪曲的媒介”。由此就说明了苏格拉底为什么会对死亡采取一种视死如归的超然态度——正是由于怀着坚定的唯灵主义信念，苏格拉底才以一种常人不可理解的欢欣之情慨然赴死。可见，死亡并不是一件痛苦的事，从某种意义上来说倒是一件值得庆幸的事情。在灵魂不朽的问题上，柏拉图虽然深受奥尔弗斯教和毕达哥拉斯主义的影响，但是他却超越了朴素直观的“轮回转世说”，发展出一种唯灵主义的“灵魂不朽说”，即灵魂可以彻底摆脱肉体的羁绊而上升到纯粹的灵性世界（理念世界）。柏拉图认为，栖居于肉体之中的灵魂本身就是一种堕落的结果，在此之前，灵魂是居住在理念世界中的。在理念世界中，某些灵魂由于未能用理性来控制欲望，所以堕入凡尘，附着于肉体中。堕落的灵魂如果愿意悔过自新——这种悔过自新的途径就是不断地回忆或学习——它终究还能经过几次转世而重返纯粹的理念世界，与神灵为伍。柏拉图这种关于灵魂堕落和复归的观点，后来经过斐

1　北京大学哲学系外国哲学史教研室编译，《古希腊罗马哲学》，1961，第 178 页。

洛等人的重新诠释，成为基督教神学关于原罪与救赎理论的重要思想基础。

柏拉图对基督教的最重要的影响在于，他提出了一种系统化的理念世界与感觉世界、灵魂与肉体相对立的二元论，这种二元论后来成为基督教神学最基本的内容。天国高于俗国，来世优于现世，这本是许多宗教的共同信条。但是认为现世只是天国的一个“叛逆的省份”，人只有在对这个“叛逆的省份”再次叛逆后才能进入天国；认为肉体只是灵魂的魔沼，灵魂只有在摆脱和唾弃这个魔沼后才能获得永福，这种思想则是柏拉图哲学和基督教神学的核心所在。这种通过灵魂的堕落和复归（即原罪与救赎）而表现出来的灵肉对立思想，在理论上极大地助长了一种唯灵主义的宗教信仰，在实践上则导致了一种禁欲主义的生活态度。从这种意义上说，柏拉图哲学无论是在理论上还是在实践上都对基督教产生了极其深刻的影响。

至于古希腊哲学的集大成者亚里士多德（Aristotle，前 384—前 322），其哲学思想对于早期基督教的影响甚微，这是因为与柏拉图哲学相比，亚里士多德哲学带有太多的理性成分。当基督教刚刚开始在希腊罗马文化环境中生长的时候，作为一种受压制的弱势群体的宗教信仰，基督教更多地侧重于狂热的信仰而不是理性的思辨。虽然基督教神学的建构需要从资源深厚的希腊哲学中汲取精神养料，但是只有那些具有超越色彩和神秘倾向的哲学思想才能与基督教的唯灵主义信仰相契合，而过分强烈的理性因素总是难免会导致哲学上的怀疑主义和神学上的异端思想（这就是早期拉丁教父们要坚持认为“哲学导致异端”“耶路撒冷与雅典有何关系”的重要原因）。只是当基督教已经成为欧洲主流的乃至独断的宗教信仰之后，已经初具规模的基督教神学才开始从神秘的柏拉图主义转向审慎的亚里士多德主义。中世纪的神学家们借助于亚里士多德的形式逻辑和形式与质料学说来对基督教神学进行剔精究微的体系化改造，最终形成了博大精深且烦琐晦涩的经院哲学。

柏拉图哲学具有一种狂热的神秘主义特点，这种特点后来也深深地渗透于基督教神学理论中。柏拉图哲学通过罗马时期新柏拉图主义的中介，构成了早期基督教神学的理论基础，这是与早期基督教苦难的生存处境和狂热的精神氛围直接相关的。但是，如果说柏拉图哲学构成了基督教神学的基本内容（只是采取了基督教信仰的概念术语），那么亚里士多德主义系统化的形式逻辑和形而上学理论就为基督教神学提供了重要的论证形式。柏拉图主义为基督教神学提供了信仰的内涵，亚里士多德主义则为它提供了理性的论证。没有柏拉图主义，基督教神学就会变成一种烦琐的教条主义；没有亚里士多德主义，基督教神学就会流于空泛的神秘主义。在基督教发展的早期阶段，从使徒时代到教父时代（1—10 世纪），柏拉图主义明显地占了上风。但是到了 11 世纪以后，尤其是在经院哲学中，亚里士多德主义的影响则后来居上。在整个中世纪的基督教思想氛围中，这两种力量之间始终存在着一种无形的张力。海涅对此评论道：

> 柏拉图和亚里士多德！这不仅是两种体系而且是两种不同人性的典型，它们自远古以来，就披着各种不同的外衣，或多或少地互相敌对着。特别是经过整个中世纪，一直到今天为止，斗争还是这样进行着，而这场斗争也是基督教教会史的最根本的内容。即使在另外一种名义下，问题总还是关系到柏拉图和亚里士多德。狂信的、神秘的、柏拉图式性质的人们从他们的内心深处显示出基督教的观念以及其相应的象征。实践的、善于整理的、亚里士多德性质的人们从这些观念和象征中建立起一种牢固的体系、一种教义和一个教派。教会终于包含了这两

> 种性质的人们，一派大多盘踞在教士阶层中，另一派则大多盘踞在修道院中，但他们相互之间却进行着不断的斗争。在新教教会中也有同样的斗争，这就是虔诚派与正统派的纷争。这在某种形式上类似天主教的神秘主义者同教条主义者的纷争。新教的虔诚派是没有想象力的神秘主义者，而新教的正统派则是没有灵魂的教条主义者。[1]

柏拉图主义与亚里士多德主义之间的这条错综复杂却始终存在的分界线贯穿于整个基督教神学思想史中，从某种意义上来说，甚至也贯穿于整个西方哲学史中。我们可以概括地把柏拉图主义称为浪漫主义，把亚里士多德主义称为理性主义，二者在不同历史时期以不同形态表现出来的激烈冲突，构成了西方思想史的重要内容。罗素分别用“热情”和“审慎”这两个词来表示柏拉图主义和亚里士多德主义的特征，他认为：“审慎对热情的冲突是一场贯穿着全部历史的冲突。”[2]

斯多葛主义与新柏拉图主义的影响

柏拉图哲学无疑具有一种神秘主义性质，但是这种性质在柏拉图本人的哲学中仍然处于隐性状态，到了罗马时期的新柏拉图主义中，才被充分发掘出来，成为一种显性标志。事实上，柏拉图主义也正是通过新柏拉图主义的中介才与基督教神学联系起来。在基督教神学最初建构的时代，柏拉图主义的神秘玄奥的形而上学已经与

1　亨利希·海涅，《论德国宗教和哲学的历史》，1974，第63页。
2　罗素，《西方哲学史》（上卷），1963，第39页。

斯多葛主义的阴郁悲观的人生哲学联系在一起了，二者的合流在很大程度上要归功于罗马共和国末期的著名思想家西塞罗。发轫于希腊化时期却盛行于罗马时期的斯多葛主义不仅从赫拉克利特那里继承了“逻各斯”理论，而且从柏拉图笔下的苏格拉底那里沿袭了灵魂与肉体相对立的思想。前者对于基督教的“三位一体”“道成肉身”等重要神学理论的奠定产生了深刻影响，后者却对于基督教唯灵主义信仰和灵修实践（修道运动）产生了重要启迪。

斯多葛学派的特点是把赫拉克利特的“火”和“逻各斯”等概念神秘化，从中发展出一种关于“世界理性”的泛神论思想。他们把火说成是一种有灵魂的东西，而把“逻各斯”说成是“神圣的”火的理性，即“世界理性”，也把它叫作神或宙斯。在斯多葛主义者看来，世界是一个和谐有序的整体，万物都受着严格的必然性规律的支配，这规律就是由神或“逻各斯”决定的，它构成了万物必须服从的“天道”或“命运”。每个人的理性都是“世界理性”的一点火花，它们具有同构性，因此每一个人都可以借助理性而认识到自然规律和客观真理。在伦理学上，斯多葛主义者认为，主要的善就是顺应自然、遵循法律（自然法）、服从普遍的世界理性和既定秩序，这样才能够真正地实现自由。罗马帝国时期的斯多葛主义者进一步把伦理学推向了消极悲观的方面，认为人生在世应当完全服从理性的指导，对于一切快乐、欲望、恐惧和悲哀都应该采取清心寡欲、无动于衷的态度。曾经担任过罗马暴君尼禄的老师和大臣的塞涅卡（Seneca，约前 4—65）公然提出了“顺应自然、服从命运”的观点，认为“服从神就是自由”，他的一句名言就是：“愿意的人，被命运领着走；不愿意的人，被命运拖着走。”塞涅卡虽然不是一个基督徒，但是他的思想却与《圣经 · 新约》的思想极为相似（布鲁诺 · 鲍威尔认为，《圣经 · 新约 · 使徒行传》中的许多文字都是抄袭了塞涅卡），以至早期的教父们把他称为“天生的基督徒”，甚至还伪造了塞涅卡与保罗之间的通信。

塞涅卡对基督教的最重要的理论贡献可以归结为两点：第一，他在人对上帝的责任和人对国家的责任之间做出了明确的区分，认为后者应该服从于前者。他把帝王说成是国家的生命和民众的父亲，但却认为帝王是神的镜子，帝王的统治应该遵循神的旨意，王权应该服从于神权。这种观点后来对基督教会解释上帝王国和恺撒王国的关系具有很重要的影响，最终发展成为中世纪基督教社会权威性的“君权神授”理论。第二，塞涅卡建立了一种神学目的论来支撑禁欲主义的伦理学，用灵魂不灭的信仰来加强柏拉图主义的灵肉对立观点。他把宇宙的秩序说成是神的智慧安排，服从宇宙秩序和道德法则就是对神的意志的服从。一个有道德的人就应该过一种内在的灵性生活，奉行恬淡寡欲的禁欲主义（尽管他本人不断地利用职权敛聚财富而成为罗马帝国的巨富），这样才能使灵魂与神合为一体，达到至善的境界。塞涅卡的这种具有神学维度的伦理学思想，无疑极大地鼓励了基督教的禁欲主义理论和实践。因此，恩格斯把塞涅卡说成是基督教的“叔父”，而把生活在同时期（公元1世纪）的那个希腊化的犹太人斐洛称为“基督教的真正父亲”。

在希腊化世界中，可能没有一个人比斐洛对基督教产生过更大的影响了。斐洛（Philo，约前20—约50）生活在希腊化世界的中心——埃及的亚历山大里亚，他是一个深通希腊文化的犹太人。由于深受在希腊化世界盛行的柏拉图主义的影响，斐洛决心用深邃的希腊哲学来改造直观的犹太教，使它成为一种具有形而上学根基的宗教信仰。像当时许多希腊化的犹太人一样，他用隐喻的方式来解释犹太教经典，从而使《圣经·旧约》从一部纪实性较强的历史典籍变成了一部具有深刻哲理的寓言启示。按照这种寓意解经法，斐洛把《圣经·创世记》解释成一部关于“理性”堕落和重归纯洁的精神发展史。不仅对于《创世记》，而且对于整个《旧约》，斐洛都试图将其提高到希腊哲学的思辨水平，其结果就使希腊哲学的神秘主义与希伯来宗教的圣教历史巧妙地结合起来。黑格尔指出，斐洛的寓意解经法力图从直观的犹太历史传说中读出思辨的哲学内涵，“在摩西身上，他找到了柏拉图”。著名的希腊哲学史专家策勒尔认为，斐洛的做法代表了犹太-希腊哲学的折中主义和宗教调和主义，并且是向着神秘主义的一种过渡。他说道：“斐洛的体系看来与其说是真正的哲学，不如说是犹太神学与希腊神秘主义的混合。然而，他很快就被他的犹太同胞和同道所遗忘，而在另一方面，他成了新柏拉图主义的先驱，并在精心制定基督教会的教义方面起了相当大的影响。”[1]

斐洛对基督教的重大贡献在于，他建构了基督教的基本教义——“道成肉身”——的理论雏形。斐洛从希腊哲学的“逻各斯”概念出发，认为上帝在创造物质世界之前，在他的“逻各斯”或理性中就已经存在着一个无形的世界（理念），就好像一个城市的设计蓝图早已存在于设计者的头脑中一样。他说道：“当神想要创造这个可见世界时，他首先完美地构成了这个理智世界，以便于在他创造物质世界时可以使用这个完全像神的、非物质的原型。物质世界，作为后发生的创造物，为前者的摹本。”[2] 从这种观点中，我们可以看出明显的柏拉图理念论痕迹，它对后来基督教教父派的上帝创世说也产生了深刻的影响。

斐洛在不同的论著中分别把“逻各斯”称为“创造者和受造物

1 E. 策勒尔，《古希腊哲学史纲》，2007，第 280 页。

2 斐洛，《论〈创世记〉· 寓意的解释》，王晓朝、戴伟清译，香港汉语基督教文化研究所，1998，第 22—23 页。

之间的纽带”“上帝之子”“作为圣言的大祭司”等，在下面这些文字中，我们可以看到基督教“道成肉身”教义的理论原型：

> 创造了万物的那位父亲将处于把受造物和创造者分开的分界线上的特权作为一件精美的礼物赐给他的逻各斯，赐给在地位上老资格的他的首要使者。(《谁是神物的后裔》)
>
> 那些具有对太一的真知识的人，被恰当地称为“上帝之子”……但是，即使没有一个人配享上帝之子的称谓，也要让逻各斯极力争取到上帝之子（First-born）这个位置，他在众天使中间保持长者地位，仿佛是具有多个名称的大天使。(《论语言的混乱》)
>
> 那位祭司长不是人，而是圣言……自有永有的他之圣言是万物存在的保证，并使万物结合在一起，形成整体，使它们不致被松散和分离。(《论飞跃与发现》)[1]

在《旧约》中出现的犹太人的上帝和先祖、先知都是感性直观的，并不具有抽象神秘的色彩，斐洛通过把希腊哲学中的“逻各斯”概念和理念论思想引入《旧约》，使犹太教的上帝、先祖、先知具有了形而上学的性质。上帝的“圣言”即神秘的“逻各斯”或“道”，而整个世界无非是“逻各斯”或“道”的显现，即“道成肉身”。由此可见，《新约 · 约翰福音》中的“太初有道……道成了肉身，住在我们中间”之类的表述，显然是受了斐洛思想的影响。斐洛的寓意解经法主要是为了把犹太教与希腊哲学结合起来，而不是像同时代

1　罗纳尔德 · 威廉逊，《希腊化世界中的犹太人——斐洛思想引论》，徐开来、林庆华译，华夏出版社，2007，第 130、136、148 页。

或稍晚些时候的使徒和教父那样给基督教信仰奠定神学根基。斐洛有意识地从柏拉图的理念论和斯多葛主义的“世界理性”等思想中来发掘“逻各斯”的神学意义，以此来解释犹太教的《旧约》。但是，他把“逻各斯”或“道”作为上帝与受造物的中介和世界原型的观点，与《约翰福音》中的“道与上帝同在，道就是上帝”的观点之间，仍然存在着神学上的重大差异。正因为如此，在后来确立起来的基督教神学中，作为上帝与世界之中保的深邃玄奥的“逻各斯”概念就逐渐被淡化了，柏拉图主义和斯多葛主义的那种“神—理念或逻各斯—世界”的哲学模型，也被基督教的“圣父—圣子—圣灵”的神学模型所取代。

在寓意解经的过程中，斐洛还提出了另一些对基督教教义有重要影响的观点。例如，当他用隐喻方式解释《旧约》时表述关于“原罪”和“救赎”的思想。他把亚当的堕落说成是“理性”的堕落，这种堕落只有通过“理性”的重归纯洁——通过禁欲、启发和自然的神恩等方法——才能解救。这种观点与基督教关于亚当犯“原罪”、基督行“救赎”的理论具有内在的一致性，《新约 · 哥林多前书》明确表示：“在亚当里众人都死了。照样，在基督里众人也都要复活。”[1] 斐洛还谈到过童贞女受“道”感应的问题，他说：“‘逻各斯’，大祭司，只能娶永不变为妇人的处女为妻子，这是令人难以相信的，可是事实相反，在她与丈夫的关系中并没有由少女变为妇人。”[2] 这种思想与东方原始宗教中关于处女受神感应而怀孕的传说共同构成了基督教中童贞女玛利亚受圣灵感应而生基督的原型。此外，斐洛还反对犹太教以献祭和牺牲来换取神恩的做法，强调真正的虔

1 《圣经 · 哥林多前书》，第 15 章，第 22 节。

2 转引自：沙利 · 安什林，《宗教的起源》，杨永等译，生活 · 读书 · 新知三联书店，1964，第 170 页。

诚在于内心的纯洁和信仰。所以恩格斯认为，基督教的那些最本质的思想观念，如原罪、逻各斯、“不是用牺牲而是把自己的心奉献给神的忏悔”等，都已经包含在斐洛把犹太教与希腊哲学相调和的努力中[1]。

但是，斐洛本人毕竟不是一个基督徒，虽然他所生活的时代是基督教开始从以色列传播到希腊罗马世界的时候，但他与早期基督教的代表人物——彼得、保罗等使徒——没有任何直接的交往，甚至可能完全不知道后者正在从事的工作。尽管如此，早期基督教的传播者和《新约》的作者们显然都受到了斐洛所代表的寓意解经法的影响，而希腊的教父们——查士丁、克莱门特、奥利金等——更是如此。当然，受斐洛思想影响最深的还是要数罗马帝国时期的新柏拉图主义，从这种意义上说，斐洛构成了柏拉图（以及斯多葛主义）与普罗提诺之间的一个不可或缺的理论中介，他通常被说成是新柏拉图主义的思想先驱。

新柏拉图主义的思想代表是生活在公元3世纪的普罗提诺（Plotinus，约204—270），罗素把他称为“古代伟大哲学家中的最后一个人”。普罗提诺生活的时代恰恰处于被英国历史学家爱德华·吉本（Edward Gibbon）称为“黄金时代”的安东尼王朝刚刚结束，而戴克里先和君士坦丁的新秩序尚未建立的那一段混乱时期。此时的罗马帝国已经显示出衰亡的迹象，罗马人纷纷像希腊化时期的人们一样堕入声色犬马的奢靡之中，罗马帝国的政权也陷入一片频繁更迭的混乱中。面对着悲惨的现实状态，普罗提诺像一个真正的柏拉图主义者那样，把眼光投注于现象背后的唯一真实的理念世界，沉

1 马克思、恩格斯，《马克思恩格斯全集》（第十九卷），中共中央马克思恩格斯列宁斯大林著作编译局编译，人民出版社，1963，第328—329页。

迷于真与善的超感官的永恒之域。他的做法就像同时期遭受罗马帝国统治者残酷迫害的基督徒一样（虽然普罗提诺并不是基督徒），以一种充满希望的信念来面对苦难的现实。

普罗提诺的形而上学建立在太一、奴斯和灵魂这三个概念的神秘统一之上，三者的关系就如同基督教三位一体的圣父、圣子和圣灵的关系一样。“太一”是一个比较模糊的概念，它有时也被称为“神”，但却是一种无形无象、更加原始和神秘意义上的“神”。太一既是存在，又是非存在，它是包含着“有”的“无”。总之，太一是一个无法定义的概念，它既是一个绝对的肯定词，又是一个绝对的否定词——它什么都是同时又什么都不是。从这种意义上来说，太一表述了“上帝”这个概念的真实含义，“上帝”就其本性而言应该是一个不可限定的绝对抽象者。真正意义上的“上帝”应该既是一，又是多；既是自身，又不是自身。在这方面，普罗提诺哲学中的“太一”概念显然要比基督教中的“上帝”更加玄奥和神秘。

比“太一”低一等的存在就是“奴斯”（nous，或精神、心智），它是对太一进行规定的结果。他本人认为，奴斯是太一的影子，或者说是具有某种定形的太一。相比而言，普罗提诺所说的“奴斯”相当于斐洛哲学中的“逻各斯”，但是普罗提诺却认为太一与奴斯的先后关系不是时间上的，而是逻辑上的，这样一来，二者的关系就更接近于基督教神学中的圣父与圣子的关系了。普罗提诺把奴斯称作太一的“影子”，并且认为这“影子”与太一本身乃是同一个东西，奴斯可以被看作太一从自身发出并照亮自身的光明。

奴斯是体现为一的太一，它是一种整体性的精神、一般的精神，当它分化为多时就产生出诸多的“灵魂”。这些灵魂居住于它们所创造的物质世界中，每一种生物或非生物都有自己的灵魂，每个灵魂都通过与奴斯的联系而分有太一。众多的灵魂与单一的奴斯相结合，就达到了至高无上的不可定义的太一。这样一种关系，与基督教“三位一体”教义关于圣父、圣子和圣灵关系的表述几乎是同出一辙。在一个基督徒看来，普罗提诺的太一就是上帝，奴斯就是圣子基督，灵魂则是渗透于每个信徒的信仰之中的圣灵。太一通过自我规定而呈现为奴斯，这就是上帝的“道成肉身”；奴斯通过分化为灵魂而与太一重新达到合一，这就是基督复活和在信仰中（以及宗教社团中）实现的灵魂救赎。与斐洛的情况不同，在普罗提诺生活的时代，基督教已经成为一种很流行的宗教信仰，虽然它还受到罗马统治者的迫害，但是基督教的教会组织和神学建构已经蓬蓬勃勃地开展起来了。普罗提诺虽然不是基督徒，但却对基督教的思想有所了解。据他的朋友和门生波菲利记载，著名的希腊教父奥利金与普罗提诺师出同门，都是新柏拉图主义创始人安莫纽·萨卡斯（Ammonius Saccas，175—242）的学生，奥利金有一次还意外地出现在普罗提诺的课堂上，弄得后者“面有赧色”[1]。当普罗提诺在创立关于太一、努斯、灵魂的哲学体系时，基督教的教父们也已经开始建构“三位一体”的神学教义了。因此，我们很难说二者到底是谁影响了谁，但是它们之间显然具有某种思想上的同构性。正因为如此，后来的奥古斯丁认为，如果普罗提诺再晚生一点，只需“改动几个字句，就是一个基督徒了”。

希腊哲学与基督教信仰之间的张力

公元1世纪上半叶，当基督教从西亚传入希腊罗马世界时，它

1 参见：安东尼·肯尼，《牛津西方哲学史》，韩东晖译，中国人民大学出版社，2006，第49—50页。

必须面对比希伯来文化具有更高发展水平的希腊–拉丁文化。为了能够在文明的希腊罗马世界中传播基督教的福音，保罗等使徒采用了在地中海东部地区通用的希腊语，并且参照斐洛等人的做法，借鉴影响广泛的希腊哲学来解释基督的福音。但是，保罗等人的目的毕竟是传播新兴的基督教福音，而不是发扬光大希腊哲学，因此在如何处理基督教信仰与希腊哲学的关系上，保罗以及稍后的教父们都面临着一种挑战。虽然基督教神学的建构在很大程度上借鉴了希腊哲学思想，但是在基督教信仰与希腊哲学之间始终存在着无形的张力。这种张力使得基督教一方面潜移默化地接受了希腊哲学的许多思想（尤其是柏拉图主义和斯多葛主义的思想），另一方面却为了信仰的缘故而极力排斥具有太多理性色彩的希腊哲学。当保罗在希腊罗马世界中传教时，他常常借用柏拉图和斯多葛主义的哲学语言，他也承认在希腊哲学中包含着深刻的真理，但是这一切都无法取代耶稣在死而复活的福音中所昭示的至高真理。“在保罗看来，理性的思考是重要的。没有它，非信徒和信徒都会面临灾难。哲学可以被使用，但不能代替信仰和门徒训练。哲学对保罗和其他《新约》作者而言，就像对后世其他许多伟大的基督徒一样，是一个好的仆人。”[1]

在公元 64 年尼禄皇帝开始对基督徒进行公开迫害之后，彼得、保罗等使徒纷纷殉道，基督教传播的使徒时代随之结束，教父时代则接踵而至。与出身于犹太人的使徒不同，教父们通常都是地道的外邦人，即希腊人、罗马人等。这种身份使得他们在调和“两希”文化方面比使徒更加得心应手。那些既具有深厚的希腊文化教养，又具有坚定的基督教信仰的教父们，在继承使徒遗愿继续传播基督

---

1 科林 · 布朗，《基督教与西方思想》（卷一），2005，第 54 页。

教福音的同时，也开始有意识地借用希腊哲学来为基督教神学进行理论奠基。在公元313年《米兰敕令》颁布、基督教在罗马帝国获得合法性之前，教父们的主要职责就是为处于受迫害状态的基督教信仰进行辩护，这种艰巨的护教工作使得他们在吸取希腊哲学因子的同时，不得不经常强调基督教信仰对于希腊哲学的优越性。他们一方面将深刻的希腊哲学思想引入基督教的基本信条和教义中，使基督教从一种朴素的信仰上升为一套深奥的神学；另一方面则力图说明基督教信仰与希腊哲学之间的差异甚至对立，从而凸显出基督教信仰的超越性和至高无上性。

在从公元64年到313年的大迫害时代，对于随时准备以身殉道的基督徒来说，信仰显然是比知识更加重要的东西。因此，当教父们在为基督教神学进行理论奠基的时候，他们不仅有甄别地从柏拉图主义、亚里士多德主义、斯多葛主义等异教哲学中选择了一些符合基督教信仰的成分，而且对希腊哲学进行了一种神秘化的改造，使其得以成为基督教信仰的"好仆人"。也就是说，教父们不仅使基督教"希腊化"，而且使希腊哲学"基督教化"了。对于早期教父如克莱门特、德尔图良、奥利金等人来说，最高的真知并不是一种希腊式的思辨理性，而是一种与获得救赎相联系的神秘的精神实践。"这个知识不是一种依照论证与分析的理论，而是参预到上帝之中。它不是epistēmē（认识），即科学知识，它是gnōsis（知识，真知），即神秘的参预的知识。它不是自由的思辨的gnōsis（知识），而是参预于教会的会众之中，也参预到上帝之中。"[1]简言之，这种真知是与狂热的基督教信仰密切相关的，而不是哲学家在书斋

1 保罗·蒂利希，《基督教思想史》，尹大贻译，香港汉语基督教文化研究所，2000，第107页。

中所进行的冷静思辨。

这种关于 gnōsis 的思想源于诺斯替教的神秘主义。现代教义史专家哈纳克（Carl Gustav Adolf von Harnack）认为，诺斯替主义（Gnosticism）是基督教的“急性希腊化”，而正统神学的较为缓慢和较有节制的教义奠基过程则是基督教的“慢性希腊化”。诺斯替教是希腊罗马时期流传于地中海地区的一支秘传宗教，公元之初该教的一些派别接受了新兴的基督教思想，成为基督教最原始的支派之一[1]。诺斯替教派的许多观点与斐洛的思想非常相似（有些学者认为，斐洛本人就属于诺斯替教派），只是比后者更加玄奥神秘，带有显著的文化杂糅特点。神学家亨利·查德韦克（Henry Chadwick）认为，诺斯替主义是一个融汇了东西方各种宗教和哲学的大杂烩：

> 诺斯替主义者宣称他们能揭示出上帝的神秘启示，并把它和来源于各种宗教传统里的神话与礼仪结合在一起。诺斯替主义又是（而且目前仍然是）由多种成分杂凑而成的神智论。在其思想体系中，秘教、东方神秘主义不但与占星术、巫术、犹太教传统哲学相糅合，还吸收了带有悲观情调的、关于人的真正家园并非寓于有形世界之中的柏拉图学说，尤其掺进了基督教中关于基督救赎的认识和理解。另外，精神与物质、心灵与肉体的二元论，以及有着强烈影响的决定论或前定论，也在该思想体系中融为一体。[2]

1 即“基督教诺斯替派”，该教派在公元 2 世纪曾盛极一时，后来因其过分浓郁的灵化色彩——主张“基督幻影说”和试图割断基督教的《旧约》传统——而被基督教正统派贬为异端。

2 约翰·麦克曼勒斯主编，《牛津基督教史》，1995，第 41 页。

诺斯替教派的世界观最初是在东方（印度和波斯）宗教的氤氲之下化生而成的，该教派最主要的思想是精神与物质、灵魂与肉体、光明与黑暗相对立的二元论，以及关于灵魂超度的理论。在诺斯替教派的神秘主义世界观中，已经具备了基督教神学的主要教义的理论雏形。虽然诺斯替教派后来由于过分强烈的神秘倾向而被基督教会斥为异端，但是它却对早期教父的思想产生了重要的影响，帮助他们用一种神秘主义的方式完成了对希腊哲学的基督教化改造。

早期教父的主要使命是护教，护教包括两个方面的工作：一是反驳希腊罗马世界的非基督教思想家们对基督教的诽谤和攻击；二是谴责基督教内部的种种异端思想，捍卫“正确的信仰”。在进行上述两个方面的工作时，早期教父们一面汲取深刻的希腊形而上学思想来加强基督教信仰的理论底蕴，另一面却对当时流行的各种希腊哲学流派——伊壁鸠鲁主义、斯多葛主义、怀疑主义甚至新柏拉图主义——进行批判，力图说明基督教是高于一切希腊哲学的真正哲学。早期教父们对于希腊哲学的态度，可以分为对立的两派：一派主张用“基督教哲学”来包摄、容涵希腊哲学，在二者之间寻求同一性，持这种观点的大多是具有深厚哲学修养的希腊教父，如查士丁、克莱门特、奥利金等人；另一派则主张用基督教信仰来彻底否定和对抗希腊哲学，该派人士多为信仰狂热的拉丁教父，如德尔图良、拉克唐修等。然而，无论是哪一派，实际上都自觉或不自觉地汲取了大量的希腊哲学成分，从而为基督教神学奠定了坚实的理论基础。此外还有一点也是共同的，那就是两派都认为基督教要比希腊哲学高明得多。

著名的希腊护教士殉道者查士丁（Justin，约 100—约 165）第一次提出了“基督教哲学”这个概念，他认为，希腊的一切哲学都是指向基督教哲学这一最终目标的。他在《护教篇》中对希腊哲学的“逻各斯”（或“道”）概念进行了基督教化的阐发，认为基督就是“逻各斯”或“道”。在基督化为人形即“道成肉身”之前，“逻各斯”就体现为宇宙的理性规律，它已经被一些智慧的希腊哲人所意识到。查士丁写道:“我们知道基督是神的首生，我们也宣告他是神的道，是各个种族的人共同拥有的。就算是被人视为无神论者，凡按照‘道’生活的，都是基督徒，例如苏格拉底、赫拉克利特，及希腊人中像他们一样的人。”[1]他认为，鼓舞苏格拉底去死的那个“灵异”后来就化身为基督，因此苏格拉底和柏拉图与基督徒所崇拜的是同一个上帝。差别仅仅在于，苏格拉底等希腊哲学家只是“部分地”认识了“道”，他们只看到了“道”所启示的真理，并未见到“道”本身;只有当“道成肉身”，化作基督之后，基督徒们才能“完全地”认识“道”。因此，相对于希腊哲学而言，基督教才是真正的哲学，只有它才能认识到绝对的真理。查士丁这种力图用希腊哲学的“逻各斯”概念来说明基督身份的做法，使他成为“逻各斯–肉身基督论”的重要代表，并深深地影响了后来的亚历山大里亚学派的神学家们。

公元前2世纪以后，埃及的亚历山大里亚就成为希腊文化的中心。在罗马帝国时期，亚历山大里亚不仅是学园派哲学和诺替斯主义盛行的重镇，斐洛和新柏拉图主义创始人安莫纽·萨卡斯以及普罗提诺等人都先后在这里生活和工作，而且是基督教神学生长的沃土。“欧洲神学是2世纪护教学家们调和基督教与希腊诺斯替派哲学，在亚历山大城的诲道学校中孕育出来的，这是欧洲思想史的奇特的序曲。”[2]亚历山大里亚学派的神学家们继承了诺斯替主义、新

1 麦葛福编，《基督教神学原典菁华》，杨长慧译，台湾校园书房出版社，1998，第16页。
2 弗里德里希·希尔，《欧洲思想史》，赵复三译，广西师范大学出版社，2007，第4页。

柏拉图主义和查士丁等希腊教父的思想传统，致力于把深邃的希腊哲学与狂热的基督教信仰结合起来，其代表人物就是公元2—3世纪的两位著名教父克莱门特（Clement，约150—约215）和奥利金（Origen，约185—约253）。克莱门特在《劝勉希腊人》等著作中一方面对希腊多神教进行了猛烈的批判，认为那是一种落伍的低级迷信，充满了淫乱和愚昧的色彩；另一方面却从柏拉图的哲学和希伯来的先知书中发掘出关于上帝救赎的伟大计划，号召希腊人远离邪灵而追随基督。他在《杂记》中详细地论述了基督教信仰与希腊哲学的关系，认为在耶稣降临之前，上帝正是通过哲学而让希腊人领悟到他的救赎计划的。“可能神首先并直接地将哲学赐给希腊人，直到主呼召希腊人的时候为止。因为哲学正如同‘教师’（epaidagōgei）一样，将希腊人带到基督里面，正如律法将希伯来人带到基督里面一样。哲学是一种准备，为人铺路，直到在基督里得到完全为止。”[1]与他的神学对手德尔图良强调“哲学导致异端”的观点针锋相对，克莱门特坚持认为哲学可以帮助基督教来对抗异端，对逻辑和辩证法弃之不用恰恰才是致使心智混乱的重要原因。克莱门特与查士丁一样强调“逻各斯”或“道”的重要性，他甚至认为理想的基督徒应该是一个“真正的诺斯替主义者”，即完全听从“道”的指导而效法神。

克莱门特的思想通过他的学生奥利金而得以系统化，并且发展出一套具有异端嫌疑的神学理论。在致力于调和基督教信仰与希腊哲学这方面，奥利金堪称早期教父中最重要的思想家。虽然奥利金的父亲就是在罗马帝国逼迫基督教会的活动中殉道而死的（据说奥利金曾极力鼓励其父宁死也不要背叛基督教信仰），而且奥利金本

1　麦葛福编，《基督教神学原典菁华》，1998，第17页。

人从年轻时候起就表现出极其热忱的信仰和严苛的禁欲主义倾向，但是这些都并不妨碍他对希腊哲学的深厚感情。奥利金曾对罗马异教哲学家塞尔修斯（Celsus）把基督教说成是无知与迷信的宗教的观点进行了系统的驳斥，他认为基督教提供了一种希腊哲学无法提供的拯救知识，因此基督教超越了一切哲学而成为一种“神圣的哲学”。但是，在奥利金对基督教教义（如三位一体、基督位格等）的奠基和解释中，却充满了希腊唯心主义和诺斯替主义的灵化观点，明显表现出斐洛的寓意释经法和新柏拉图主义哲学的深刻影响。奥利金曾经明确地表示，哲学与几何学、音乐、文法等一样，都不过是“神学的婢女”，然而后世仍然有不少人认为他是一个把理性置于信仰之上的基督教理性主义者。著名教会史家沃尔克（Williston Walker）评论道：

> 长期以来用希腊化思想解释基督教真理的工作到奥利金手中终于最后完成。他使基督教体系具有他那个时代的最充分的科学地位，那时的科学几乎全部包含在哲学和伦理学之中。他的哲学观点基本上是柏拉图主义和斯多葛主义的，但明显地倾向于当时正在兴起的新柏拉图主义……他刻意探索这种种哲学原理与《圣经》的协调一致……在此基础上奥利金建立起他的庞大的神学体系——信仰之上再加上知识，用这种方法去解释基督教。[1]

奥利金由于坚持用希腊语写作，并且继承和发扬了查士丁、克

1 威利斯顿·沃尔克，《基督教会史》，孙善玲等译，中国社会科学出版社，1991，第93—95页。

莱门特等人的注重哲学和理性的思想传统，因此他的思想在西方教会中一直不受主流神学的欢迎。他关于基督教教义的一些观点，如灵魂先存论[1]、次位论[2]、赎价论[3]等，后来都被正统教会斥为异端。尽管如此，他的思想仍然潜移默化地影响了基督教世界中的许多重要人物。神学教授罗杰·奥尔森（Roger Olson）认为，“几乎所有正统大公教会定罪的异端，最终都怪罪到他的头上”，不仅如此，“连许多最伟大的正统英雄，也深受奥利金及其教导的影响”。[4]奥地利历史学家弗里德里希·希尔（Friedrich Heer）把奥利金称为“希腊文化自由探索精神的代表”，认为他开创的那种“以智力去爱神”（amor dei intellectualis）的做法与中世纪德国神秘主义者埃克哈特以及近代泛神论者斯宾诺莎是一脉相承的。

与希腊教父们力图把基督教信仰与希腊哲学相协调的做法形成鲜明对比，拉丁教父表现出一种用基督教信仰来彻底否定希腊哲学的倾向，力图使基督教与一切哲学划清界限。著名的拉丁教父德尔图良（Tertullian，155—220）认为，基督教是上帝的福音，而哲学则是“魔鬼的学说”，它以一种歪曲的方式来解释上帝的旨意。各种与正统基督教相对立的异端思想，都是由哲学教唆出来的，因此应该彻底抛弃一切哲学，以纯洁基督教信仰。在《论禁止异端》一文中，德尔图良激愤地写下了这段文字：

1　灵魂先存论（pre-existentialism），即认为上帝创造的世界起初都是灵，但是灵后来却沉沦于肉体之中；而耶稣道成肉身之后才使得肉体逐渐被灵所吸收，世界向着上帝的纯粹灵性复归。

2　次位论（subordinationism），即认为圣父在本质上高于圣子，圣子在本质上高于圣灵。

3　赎价论（ransom theory），即认为耶稣被钉十字架是上帝偿还给魔鬼的赎价，耶稣之死只是一个障眼法，欺骗了魔鬼。

4　罗杰·奥尔森，《基督教神学思想史》，吴瑞诚、徐成德译，北京大学出版社，2003，第92—93页。

> 雅典和耶路撒冷有什么相干？学园与教会有什么相和之处？异教徒与基督徒有什么相干？我们的教导来源于“所罗门廊”。所罗门本人曾教导说：应当以“单纯的心”寻求耶和华。所有试图将斯多葛主义、柏拉图主义和辩证法与基督教信仰混杂在一起的努力，都给我滚蛋！在拥有基督耶稣后，我们不需要出于好奇的争论；在享有福音后，我们不需要质疑！有了信仰，我们不要其他更多的信念。[1]

正是这位激进的拉丁护教士，在论述上帝的儿子被钉十字架和死而复活的问题时，表达了一个在西方哲学史上著名的观点：“正因为其荒谬，所以我才相信。”德尔图良这句话的意思是说，由于人类理性的狭隘性和局限性，所以根本不可能洞见上帝的奥秘。要想认识无限的本质或上帝，人类唯一可以依靠的手段只有信仰。理性是人类制定的准则，信仰却是基督制定的准则，如果基督教的教义（三位一体、死而复活等）在理性看来是荒谬的和不可能的，这恰恰说明了理性自身的局限性。在这里，应该受到指责的不是奥秘的教义，而是理性本身，因为理性太狭窄，无法容纳博大精深的基督教真理，正如同一个狭小的器皿无法装下汪洋大海一样。

另一位著名的拉丁教父拉克唐修（Lactantius，约250—约325）认为，希腊哲学表面上鼓吹善和美德，实际上却滋生出种种罪恶的行径——伊壁鸠鲁主义“倡导最可耻的快乐”，助长了人们及时行乐的堕落之风；毕达哥拉斯主义和斯多葛主义关于不朽的灵魂在不同肉体中轮回转世的观点，鼓励了自杀的倾向；柏拉图的理想国貌似平等，实际上他的废弃婚姻和财产的建议却取消了贞洁和正义的

1 转引自：科林·布朗，《基督教与西方思想》（卷一），2005，第68页。

美德，导致了通奸、纵欲和纷争（“没有比许多男人共有一个女人更会引起激烈冲突的原因了”）。至于一直被奉为希腊哲学和道德之典范的苏格拉底，虽然比一般人都要聪明得多，但是他的许多行为仍然是愚蠢的，例如他临死前还念念不忘要向医神埃斯库拉庇乌斯（Aesculapius）献上一只公鸡，这种低级的迷信“不是极端无聊的标志吗？”。拉克唐修把罗马社会中盛行的各种奢靡放荡现象都归咎于希腊哲学，并且通过揭露罗马人的腐化堕落行径来反衬出基督徒的崇高道德境界。拉克唐修和德尔图良一样认为，“哲学家的教导远远地偏离了真理”，真正的智慧只存在于关于上帝的宗教信仰之中。他明确地表述了哲学与宗教之间的对立：

> 所有哲学家终生都在探索，然而却不能考察、把握、获得它（指真正的智慧——引者注），因为他们或是维护一种腐败的宗教，或是完全取消宗教。因此，让他们全都走吧，他们不指导人的生活，而是使之陷入混乱。他们不能教导自己，又能拿什么来教别人呢？他们又能教育谁呢？病人能治病吗？盲人能指路吗？因此，让我们这些尊敬智慧的人自己来探讨这个主题……
>
> 瞧！天上有一个声音在教导真理，向我们展示一道比太阳还要明亮的光芒……我们在推翻一切伪宗教、驳斥所有习惯上或可能用来保护这些宗教的论证、证明了哲学体系是虚假的以后，现在必须走向真正的宗教和智慧。[1]

希腊教父与拉丁教父之间的这种思想分歧——它尤其典型地表

1 拉克唐修，《神圣原理》，王晓朝译，香港道风书社，2005，第 229—230 页。

现在克莱门特与德尔图良关于希腊哲学的对立态度上——最终由于政治、文化等多方面的原因而逐渐淡化。奥利金等人的观点虽然被大公会议斥为异端，但是在东派教会中却流传甚广，影响了阿利乌、阿塔那修斯等许多重要的神学家；然而在西派教会，德尔图良等拉丁教父的观点却明显占了上风。随着罗马帝国在政治上一分为二以及日耳曼蛮族对西罗马帝国的入侵，西派教会与东派教会也日益分道扬镳、渐行渐远。希腊哲学在西派教会范围（即西欧社会）内的影响也越来越小，希腊哲学的一些重要概念，例如“逻各斯”“世界理性”等，在基督教教义中逐渐淡化。基督教开始创造出一套自己独特的神学术语，圣父、圣子、圣灵的“三位一体”理论取代了上帝、逻各斯、耶稣之间的辩证关系。虽然从表面上看，羽翼丰满的基督教会越来越有意识地排斥希腊哲学，然而后者的思想内涵却已经在基督教生长的最初几个世纪里无形地融入基督教神学中，熔铸成了基督教神学的精髓魂魄。基督教与希腊哲学的关系就如同它与犹太教的关系一样，甚嚣尘上的排犹主义并不能斩断基督教与犹太教之间密切的血脉关系，同样，鼓噪一时的反异教呼声也无法消除基督教与希腊哲学之间内在的精神联系。

基督教神学的理论奠基

希腊哲学对早期基督教的影响，主要体现在基督教教义的建构方面。由于早期基督教会在罗马帝国环境中所面临的生存困境，使得狂热的信仰成为教会得以生存和发展的最重要的精神支柱，相比之下，思辨的理性倒显得无关宏旨了。此外，护教的需要也使教父们有意识地宣扬基督教信仰对于希腊哲学的优越性甚至否定性，努力培养一种重信仰、轻理性和重实践、轻理论的思想倾向。最初的基督教教义和神学理论，正是在这样一种超理性甚至反理性的狂热精神氛围中奠定的，所以它带有明显的神秘化特点。

早在公元2世纪，在使徒传教和《新约》篇章的基础上，就形成了最初的教义雏形，后经教父们的进一步修改完善，逐渐形成了被希腊教会和罗马教会共同信奉的《使徒信经》。该信经简洁地表述了基督教关于三位一体、道成肉身、死而复活、圣灵身体（教会）等基本信仰。基督教信仰在罗马帝国获得合法地位之后，经过公元4—5世纪的历次基督教大公会议的教义之争，又相继形成了《尼西亚信经》《卡尔西顿信经》《阿塔那修斯信经》等文献，它们与《使徒信经》共同组成了古代大公教会的四大信经，确立了关于"三位一体""基督神人二性"等正统教义。这些教义涉及上帝论、基督论、救赎论等许多重要的神学问题，它们的一个显著特点在于，强调基督教真理是一种超理性的奥秘，只有通过信仰的途径才能把握。尽管四大信经对这些基本的神学问题都做出了权威性的回答，但是它们并没有一劳永逸地结束基督教会内部的教义之争。事实上，在整个中世纪，基督教神学始终无法摆脱烦琐晦涩的教义分歧。这种教义之争的根源正是由于问题本身所具有的神秘性、模糊性和不可理解性。为了说明基督教神学教义的超理性特点，下面简单地对上帝论、基督论和救赎论等基本教义做一点介绍。

关于上帝论的基本教义就是"三位一体"（Trinity）理论，它无疑是基督教的最重要的教义之一。由于上帝构成了整个基督教信仰的基石，因此说明上帝的实质就成为基督教神学的首要任务。但是另一方面，上帝由于其超越性的特点，又无法完全被我们的理性所理解（德尔图良主义）。这种试图说明上帝的实质却又无法用理性方式来加以表述的尴尬状况，典型地表现在“三位一体”教义中。按照“三位一体”教义，上帝被说成是一个实体（one ousia）和三个位格（three hypostases）的和谐统一，但是这二者之间到底是一种什么关系，却是永远无法说清楚的“奥秘”。因此，“三位一体”教义只能用一种似是而非的神秘方式来加以表述。该理论的重要奠基者德尔图良在《驳普拉克西亚》一文中这样解释道：

> 通过实质的合一，全部合为一体；这个整体又一分为三，这个奥秘的划分仍然是严守的秘密。这三者按着顺序是：父、子、圣灵。但是，所谓一分为三，并不是从实质上而是从形式上，不是从能力上而是从现象上。因为他们是同一实体、同一本质、同一能力。因为上帝是一位，只是以父、子、圣灵为名被认为有这些等级、形式和面貌。[1]

对于“一体”与“三位”之间这种玄奥关系的理解，稍不留神就会流于异端。如果过于强调上帝的同一性，把父、子和圣灵理解为同一个位格之神的三个不同角色或面具，就会导致“形态论”（modalism）或“神格唯一论”（sabellianism）的异端；如果过分强调父、子、圣灵的区别，从而把上帝当作三个彼此分离的实体，就会导致“三神论”（tritheism）的异端。此外，如果像奥利金和阿利乌等人那样坚持次位论的观点，认为圣子在本质上附属并低于圣父，圣灵在本质上附属并低于圣父和圣子，同样也会被正统教会斥为异端。只有像德尔图良这样模棱两可、含糊其辞的表述，才是对“三位一体”教义的精辟理解（与其说是理解，不如说是信仰）！早

1 转引自：威利斯顿·沃尔克，《基督教会史》，1991，第81—82页。

期基督教神学的重要奠基者奥古斯丁也深谙此中的奥妙，他在谈及“三位一体”教义时说道：“我们相信父、子、圣灵是一神，是宇宙万物的创造者及统治者，‘父’不是‘子’，也不是‘圣灵’；‘圣灵’不是‘父’，也不是‘子’；三位一体是相互关联的三个位格，是有相等本质的合一。我们应当尝试去明白这个真理，但愿我们所愿意去明白的这位神能帮助我们明白他。”[1] 连奥古斯丁这样的大思想家都承认只能“尝试去明白这个真理”，并且求助于上帝的帮助，更何况一般的凡夫俗子！在经过历次大公会议的教义之争而最终确立的《尼西亚信经》中，正统教会以一种毋庸置疑的权威方式宣布了“三位一体”的真理：

> 我信独一上帝，全能的父，创造天地和有形无形万物的主。
>
> 我信独一主基督耶稣，上帝的独生子，在万世以前为父所生，**出于神而为神**，出于光而为光，出于真神而为真神，受生而非被造，与父一体，万物都是藉着他造的……
>
> 我信圣灵，赐生命的主，从父**和子**出来，与父、子同受敬拜，同受尊荣，他曾藉众先知说话。[2]

由此可见，“三位一体”教义对于基督徒来说，始终都是只能信仰、无法理解的神圣奥秘。对于这样的神圣奥秘，最好的方式就是严守《尼西亚信经》的权威信条，不要去寻求理解，否则就可能导致异端。因为诚如德尔图良指出的，我们的理性过于狭小，根本无法理解像汪洋大海一样广阔的神圣奥秘。当代美国神学家帕利坎

---

1 麦葛福编，《基督教神学原典菁华》，1998，第 132 页。

2 尼科斯选编，《历代基督教信条》，汤清译，香港基督教文艺出版社，1999，第 20—21 页。引文中的黑体字样为西方教会后来增加而东方教会没有的文字。

(Jaroslav Pelikan)对正统教会的“三位一体”信条评论道:“这一信条已成为教会的正式训导，它除了提供使人困惑的谜以外，还为学者提供了其思考不得越此雷池一步的界线。在特定的意义上，‘神学家’就是指在三位一体信条框架内为基督神性辩护的人。”[1] 至此我们就可以明白，为什么拉丁教父要坚持认为哲学(和理性)是滋生异端的根源。

基督论是关于基督本性的理论，具体地说，即关于基督身上的神性与人性之关系的理论。基督论与上帝论是不可分割地联系在一起的，基督作为圣子虽然是上帝的一个位格，但是他却同等地具有神性和人性这两种截然不同的本性。对于这个问题的理解，就如同对于“三位一体”教义的理解一样令人困惑。关于基督的神性与人性之关系的神学分歧，早在尼西亚公会议之前就已经在罗马帝国境内的不同教会中存在了。公元313年《米兰敕令》颁布以后，获得了合法地位的基督教会面临着一个统一教义的历史使命[2]，因此基督论问题与上帝论问题一样就成为各教派争论的焦点。关于基督二性论的公开辩论最初是在亚历山大里亚教会的神父阿利乌与主教亚历山大之间展开的，但是它很快就把帝国境内的各教会都卷入一场激烈的教义争论之中。从公元325年的尼西亚公会议开始，历经君士坦丁堡公会议(381)、以弗所公会议(431)和卡尔西顿公会议(451)，教会先后谴责了阿利乌派(Arianism)、阿波利拿里派(Apollinarianism)、聂斯脱利派(Nestorianism)和一性论派

1 帕利坎,《基督教传统——大公传统的形成》，翁绍军译，香港道风书社，2002，第316页。

2 在统一教义的神学问题背后，实际上还隐藏着一个更加现实的教会政治问题，即在罗马帝国境内的诸多各自为政的地方教会中尤其是在东派教会和西派教会中，谁是基督教会的牧首的问题。

（Monophysism）等异端思想[1]，最终形成了“基督神人二性结合而互不混淆”的正统教义。在《卡尔西顿信经》中，不仅谴责了“分裂”基督两种本性的聂斯脱利主义，而且谴责了“混淆”基督两种本性的优迪克派（Eutychianism），形成了基督神人二性论的经典教义：

> 我们跟随圣教父，同心合意教人宣认同一位子，我们的主基督耶稣，是神性完全人性亦完全者；
>
> 他真是上帝，也真是人，具有理性的灵魂，也具有身体；
>
> 按神性说，他与父同体，按人性说，他与我们同体，在凡事上与我们一样，只是没有罪；
>
> 按神性说，在万世之先，为父所生，按人性说，在晚近时日，为求拯救我们，由上帝之母，童女玛利亚所生；
>
> 是同一基督，是子，是主，是独生的，具有二性，不相混乱，不相交换，不能分开，不能离散；
>
> 二性的区别不因联合而消失，各性的特点反得以保存，会合于一个位格，一个实质之内，而并非分离成为两个位格，却是同一位子，独生的，道上帝，主基督耶稣。[2]

1 阿利乌派由亚历山大里亚神父阿利乌创立，主张基督是上帝的受造者，并不具有完全的神性，只具有完全的人性。阿波利拿里派由叙利亚老底嘉主教阿波利拿里创立，主张基督是以神性的逻各斯为其心灵，只具有神性而无完全的人性。聂斯脱利派（又称“二性二位论”）由君士坦丁堡主教聂斯脱利创立，主张基督具有神和人这两种本性，但是二者并不联合成一个统一的位格，而是分别形成神、人两个不同的位格。一性论派为君士坦丁堡隐修院长优迪克（Eutyches）等人所倡导，认为基督的人性已经完全融入神性之中，故而只有一个本性，即神性。

2 尼科斯选编，《历代基督教信条》，1999，第 24—25 页。《卡尔西顿信经》关于基督二性“不相混乱、不相交换、不能分开、不能离散”（Without confusing the two natures; Without transmuting one nature into the other; Without dividing them into two separate categories; Without contrasting them according to area or function）的表述，就是著名的“四道围墙”。

这样一段正统教会的经典性文字，按照正常的理性来看，却是无论如何也无法理解的。神性与人性既然是截然不同的两种本性，那么基督耶稣要么具有完全的人性，要么具有完全的神性，要么就有两位不同的耶稣，一位具有完全的神性，另一位具有完全的人性。然而，上述这些可以被理性所理解的观点却纷纷被教会斥为异端（阿利乌异端、阿波利拿里异端、聂斯脱利异端等）。大公会议最终确立的正统教义告诉人们，同一位基督同时具有两种相互对立的本性（而且是“完全的”！），这两种本性既不相互混淆，又不相互分离，这种奇妙的关系真是匪夷所思！然而，“正因为其荒谬，所以我才相信”。《卡尔西顿信经》所确立的“基督神人二性”教义正是由于具有高深莫测的神秘性，因而才成为不容置疑的信仰。奥尔森对于《卡尔西顿信经》的“四道围墙”评论道：“卡尔西顿定义所说的是，只要你不逾越这些围墙，你就可以用许多种方式，表达道成肉身的奥秘。这个定义所做的一切就是，保护与表达这个奥秘，但它对于奥秘本身，并不做任何解释。”[1]

除了上帝论和基督论之外，救赎论构成了教父派神学关注的第三个重要问题。可以说，关于原罪与救赎——这二者不可分割地联系在一起——的理论构成了基督教神学的核心内容，因为它直接关系到人的生存与希望。从生存论的角度来说，甚至连上帝论和基督论都是以原罪–救赎理论作为核心的，离开了罪的救赎，上帝的实质和基督的本性都将成为一些与人的生活状况漠不相关的纯粹形而上学。

在原罪与救赎理论上，基督教神学思想巨擘奥古斯丁（Augustinus，354—430）的神秘主义决定论起到了重要的奠基作用。罪恶问题是奥古斯丁一生关注的焦点，早年信奉摩尼教的奥古斯丁曾经把罪恶

1　罗杰·奥尔森，《基督教神学思想史》，2003，第 244 页。

看作与善良同样具有本质性的实体。在皈依基督教之后，他改变了早年的观点，认为只有善才是本质和实体，它的根源就是上帝，而罪恶只不过是“善的缺乏”或“本体的缺乏”。上帝作为至善，是一切善的根源，上帝并没有在世间和人身上创造罪恶。但是人的自由意志（free will）却引诱人背离上帝而自甘堕落，因此，罪恶的最初原因是人（亚当和夏娃）滥用了自由意志。

公元 5 世纪初，奥古斯丁针对不列颠修道士帕拉纠在“原罪”问题上的自由意志说，进一步阐述了神秘主义决定论的原罪观和预定论（predestination）。帕拉纠（Pelagius，354—418）及其追随者们否认“原罪”的决定论意义，认为亚当滥用自由意志所犯的罪过只能由亚当本人负责，而不应该由他的后代来承担恶果；尽管有许多人由于后天的原因而堕落，但是从本性上来说，人类完全有可能不犯罪，而且人也完全可以仅凭着自己的自由意志来解除自身的罪恶。面对着帕拉纠派的自由意志说，奥古斯丁一方面大力渲染“原罪”的决定论特点，认为亚当的堕落已经通过一种神秘的遗传作用而使其子孙的本性“受到罪恶的污染”；另一方面则强调上帝恩典对于救赎的决定性意义。奥古斯丁指出，人的“原罪”和必死命运——“死是罪的工价”——虽然是由于亚当滥用自由意志所致，但是人却不能通过自由意志来解除罪恶。因为自从“原罪”产生之后，人的意志就已经被罪恶所控制，它已经不再是真正意义上的“自由”意志了。这就如同一个人自杀固然是出于自愿，但是他一旦死了，就不可能再恢复生命。在这种情况下，只能依靠上帝的恩典（Grace of God）才能使一部分人的意志重新获得自由向善的能力，摆脱必死的惩罚而获得灵魂的永生。奥古斯丁在《上帝之城》一书中这样写道：

> 上帝是本性的创造者，而肯定不是邪恶的创造者，他把人造得正直。然而，人由于拥有自己的自由意志而堕落，受到公正的谴责，生下有缺陷的、受谴责的子女。我们所有人都在那一个人中，因为我们全都是那个人的后代，而那个人受到女人的诱惑而堕落犯罪，这个女人是在他们犯罪前从这个男人中造出来的。我们作为个人生活的具体形式还没有造出来分配给我们，但已经有某种能遗传给我们的精液的本性存在。当这种本性受到罪恶的污染，被死亡的锁链束缚，受到公义的谴责时，人就不能在其他任何境况下出生了。就这样，从滥用自由意志开始，产生了所有的灾难，人类在从他那堕落的根源开始的一系列灾难的引导下，就像从腐烂的树根开始一样，甚至走向第二次死亡的毁灭。第二次死亡没有终点，只有那些得到上帝恩典的人才能幸免。[1]

奥古斯丁在这种决定论的原罪论基础上进一步提出了决定论的救赎理论。他认为，上帝在创世之初就已经根据他自己的理由——这理由是人类无法理解的“奥秘”——预定了哪些人将被拯救，并且通过基督代替人类受难和死而复活的奇迹把他的救恩昭示给人们。拯救体现了上帝的仁慈，因为它是上帝白白赐予的恩典；至于那些未被上帝拣选的人，他们应该为始祖所犯的“原罪”承受惩罚，而惩罚则体现了上帝的公义。作为上帝预定和拣选的印证，上帝把信仰和德行赋予我们，然后使我们因信仰而称义，因德行而蒙恩。看起来得救似乎是我们主观努力的结果，实际上上帝是在幕后操纵一切结局的导演。可见，并不是由于我们具有信仰和功德而被上帝所

1 奥古斯丁，《上帝之城》（中册），王晓朝译，香港道风书社，2004，第 184 页。

拣选——上帝作为全知、全能的创造主绝不会因为我们的所作所为而改变他的预先拣选——而是由于我们被上帝拣选所以才被赋予了信仰和功德。奥古斯丁说道:“按公义论，世人都该被定罪……假若他们都被定罪，受该得的刑罚，无疑，这是按着公义而行的。所以，凡靠着恩典得蒙拯救的人，不得称为功劳的器皿，而是称为‘怜悯的器皿’。这是谁的怜悯呢？岂不是上帝的吗？他差遣耶稣到世界来拯救罪人。这些罪人，是他所预知，所预定，所选召，并称他之为义，使之得荣耀的。”[1]

这种具有强烈决定论色彩的“预定论”，使得基督教的救赎论像上帝论和基督论一样，笼罩着一种超理性的信仰主义气氛。一个人（亚当）的一次堕落，就决定了全人类万劫不复的“原罪”；同样，一个神–人（耶稣）的一次救赎，又使所有被拣选的人从罪和死中复活。这种形而上学意义上的原罪和救赎，对于一般信徒来说，具有完全不可理喻的神秘性，只有通过信仰才能领受。它同样也贬抑了自由意志和实践理性的作用，罪恶的本性使人不可能自由地向善，因此人只能在无尽的期盼中等待着上帝恩典的降临。诚如康德后来批评的，这种“祈求神恩的宗教”使得“人或者谄媚上帝，认为上帝能够（通过赦免他的罪责）使他永远幸福，而他自己却没有必要成为一个更善的人。或者，如果这在他看来不可能的话，认为上帝能够把他变成为更善的人，而他自己则除了为此而祈祷之外，没有必要为此再做什么”。[2]至于亚当的一次堕落为什么就会造成人类的永罪？上帝依据什么预定了一部分人将得拯救？这些都是神圣的“奥秘”，只能

1 奥古斯丁,《论本性与恩典》，5 章，出自:《奥古斯丁选集》，香港基督教文艺出版社，1986。

2 康德,《单纯理性限度内的宗教》，李秋零译，中国人民大学出版社，2003，正文第 41 页。

在虔诚的信仰中服膺其结果，无法用理性来追问其根据。

从上述这些基本教义的特点来看，在早期基督教神学中，柏拉图主义和新柏拉图主义的影响随处可见。柏拉图主义的形而上学与基督教信仰相结合的结果，使得最初确立的基督教教义打上了深深的神秘主义烙印，表现出一种超理性甚至反理性的思想倾向。到了日耳曼蛮族摧毁西罗马帝国之后，这种超理性的信仰更由于希腊理性精神的凋敝和罗马天主教会的思想专制而得以加强。这种推崇神秘启示、贬抑理性知识的基调，后来构成了中世纪基督教哲学中的奥古斯丁主义传统。一直到中世纪中期，奥古斯丁主义都在基督教神学中占有主流地位。直到 13 世纪受到亚里士多德–托马斯主义的挑战之后，奥古斯丁主义才开始渐落下风。但是在 13 世纪以后方济各修会的神学家和经院哲学的唯名论者中，奥古斯丁的神秘主义传统仍然以一种更新的形式得以传承，并且通过德国神秘主义者如埃克哈特大师、陶勒尔等人，对路德和加尔文的神学思想产生了极其深刻的影响。

通过对基督教的文化传统和思想渊源的历史追溯，我们可以看到，基督教这种文化现象绝非突兀产生的，在它之中已经内在地包含了许多异教或异质文化的成分，这些成分既有希腊的，也有东方的。美国史学家布林顿（Clarence Crane Brinton）等人在谈到基督教得以修成正果的原因时指出:“基督教之所以成功不仅是因为它本身能抵挡异教崇拜的尘世妥协精神和粗鄙低劣，而且因为它容纳大量的异教，简言之，因为它绝不是一个崭新的宗教……基督教的不朽和复活的观念与埃及、希腊和希伯来的观念有关；希腊与罗马的哲学，特别是神秘的新柏拉图学派，对已有发展的基督教贡献良多。”[1]

1 布林顿、克里斯多夫、吴尔夫，《西洋文化史》（第一卷），1984，第 247 页。

这种兼收并蓄和多元混合所造成的文化上的“杂交优势”，是基督教得以在希腊罗马世界中发展壮大并且最终取得全面胜利的重要原因。但是，尽管基督教具有文化上的“杂交优势”，它在罗马帝国境内的最初发展历程却浸透了血与泪的苦难印迹。

第 3 章　罗马帝国时期的基督教

基督徒的鲜血与教会的种子

希腊文化的繁盛是建立在小国寡民的城邦制度之上的，长期以来奉行的分离主义政治原则和自由主义生活态度，使得希腊人对于建立一个幅员辽阔的大帝国缺乏兴趣。但是希波战争改变了希腊人的分离主义原则，使得各城邦开始向着帝国主义的方向发展。公元前 431 年爆发的伯罗奔尼撒战争致使希腊两个最强大的城邦——雅典和斯巴达——两败俱伤，到了公元前 4 世纪以后，希腊各城邦更是陷入了不断爆发的争霸战中。这种鹬蚌相争的结果最终使北方的马其顿人坐收渔人之利，将纷争不已的希腊各城邦统一为一个王国。随着城邦制度的衰落和希腊统一运动的推进，亚历山大大帝在其父腓力二世开创的马其顿王国的基础上，开始把兵锋推向东方的土地，创建了一个地跨欧亚大陆的超级帝国，并揭开了希腊化时代（即希腊文化向东方扩散）的序幕。但是，亚历山大帝国在政治上只是昙花一现，随着亚历山大本人的英年早逝，他所创建的松散帝国很快也就土崩瓦解了。尽管亚历山大所开创的希腊化时代并没有随着亚历山大帝国的瓦解而终结，希腊的语言、哲学、戏剧、竞技活动等在其后的几百年间在埃及、小亚细亚、西亚等地区蓬勃发展，但是在政治和宗教方面，广大的希腊化地区仍然处于一片混乱之中。希腊化时代只是在文化上为一个普世化时代的来临做了必要的准备，而一个真正普世化的世界帝国，却是由恺撒–奥古斯都时代的罗马人创建的。

公元前 31 年，屋大维 · 奥古斯都战胜了劲敌安东尼，统一了罗马的东西部，并将托勒密王朝治下的埃及并入罗马版图，从此实际上开启了罗马帝国的历史（尽管屋大维本人在执政的 44 年间一直故作谦虚地自称为“共和国第一公民”）。到了公元 1 世纪末和 2 世纪初的图拉真时代，罗马帝国的疆域达到了极盛状态，其领土东起美索不达米亚和亚美尼亚，西迄西班牙和不列颠，南自埃及和北非，北至莱茵河和达西亚（今罗马尼亚），成为一个地跨亚非欧三大洲的名副其实的大帝国。就在罗马人忙于在政治上实现建立世界帝国的伟大抱负时，基督教的使徒们也正在耶稣关于“传道给外邦人”的教导感召下，走出以色列的狭隘范围，要把上帝的福音“传遍全地”。从某种意义上来说，罗马帝国的征服者和基督教的传道者都在从事着同样的工作，那就是建立一个普世性的王国。二者的差别仅仅在于，这个王国的统治者究竟是“恺撒”还是上帝，到底是依凭刀剑还是依靠信仰。公元 2 世纪下半叶，一位基督教护教士萨迪斯的麦利都（Melito of Sardis）这样对罗马皇帝奥勒留说道：

> 我们的哲学首先在野蛮人中发展起来，但是在你的先祖奥古斯都统治的伟大时期，它这朵花蕾在你的国家绽放，而且对于你的帝国来说，它是一个好兆头，因为从此刻起，罗马人的权力将伟大而璀璨。你现在成了他那愉快的继承者，而且你的

孩子也将如此，前提是你保护这与帝国一同成长并以奥古斯都为始的哲学。[1]

罗马人用武力统一了地中海世界，但是他们并没有也不可能用武力来把罗马帝国境内的各个民族和各种文化统一起来。这个更加具有本质性的统一工作只能交给基督教会来完成。然而，尽管基督教会与罗马帝国都被历史选择来承担同一个伟大使命，它们二者之间的关系却形同水火。不仅是在基督教最初传入罗马帝国的那几百年间，而且即使是在基督教在罗马帝国获得了合法化和国教化地位之后，上帝与“恺撒”之间的明争暗斗仍然是无法调和的。这种紧张关系一直延续到中世纪和近代早期，在长达一千多年的时间里，教俗之争构成了一条贯穿西欧历史的红线。当麦利都在基督教传播的第二个世纪里向奥勒留皇帝说出上述那番话时，他的本意是想让这位酷爱哲学的罗马贤君改变对基督徒的迫害政策，将基督教接纳为罗马的国教。但是基督教会的苦难历史在奥勒留当政的时代（161—180 年在位）可以说是刚刚开始不久，更加严峻的考验还在后面。

基督教在罗马帝国传播的最初三个世纪里，充满了血与泪的悲惨记忆。从公元 64 年尼禄皇帝第一次公开迫害基督徒，到公元 313 年君士坦丁皇帝颁布承认基督教为合法宗教的《米兰敕令》，在 250 年的时间里，基督徒遭受了罗马官方多次大规模的迫害，以及罗马一般民众数不胜数的欺凌、侮辱和歧视。公元 2—3 世纪的拉丁教父德尔图良说道：“基督徒的鲜血成为教会的种子。”这句话尽管有些夸

1 沃格林，《政治观念史稿（卷一）：希腊化、罗马和早期基督教》，谢华育译，华东师范大学出版社，2007，第 189 页。

张，但是也大体上反映了大迫害时代的情况。基督教最初的发展史就是一部可歌可泣的殉道史。虽然教会在中世纪成为至高无上的权力机构以后变得越来越专横跋扈和不宽容，开始大规模地迫害所谓“异端”，但是它最初却是在罗马帝国的残酷镇压之下顽强地生长起来的。在最初的那几个世纪里，当手无寸铁的基督徒们面对着罗马统治者的残酷迫害时，他们为了坚持信仰而前赴后继地走向十字架，表现出一种视死如归的殉道精神。

基督教最初传入罗马帝国的时间是在公元 1 世纪上半叶，据早期教会圣徒杰罗姆的推算，使徒彼得大约是在公元 42 年来到罗马传道。在罗马作家苏维托尼乌斯的《罗马十二帝王传》中，记载了克劳狄皇帝下令驱逐犹太人的事情，原因是犹太人“在基督耶稣的蛊惑下不断地制造骚乱”[1]。克劳狄在公元41—54年当政，美国著名文化史专家威尔·杜兰（Will Durant）由此推断道：“我们必须假定罗马的基督教团体，是在大约公元 52 年以前某些年代成立的，来符合罗马王下达的指令。”[2] 在“保罗书信”中，也曾提到这一时期基督徒及其团体在罗马的传教事迹。

基督教刚刚传入希腊罗马世界时，信仰者多为居住在罗马帝国境内的犹太人，它并没有引起沉溺于物欲之中的罗马人的太多关注。在当时的罗马人眼里，基督教只不过是一种来自东方的愚昧迷信，他们往往把它与犹太教混为一谈。公元 1 世纪的罗马帝国，幅员辽

1　苏维托尼乌斯，《罗马十二帝王传》，张竹明等译，商务印书馆，1995，第 209 页。根据学术界的一般观念，耶稣应死于提贝里乌斯当政的公元 30 年前后，因此苏维托尼乌斯所载克劳狄时代犹太人受耶稣蛊惑一事显然有失实之处。不过，我们可以把苏维托尼乌斯的这句话理解为犹太人受耶稣精神而非耶稣本人的“蛊惑”。但是从这段记载中至少可以看到，基督教（彼得派的犹太人基督教）在克劳狄统治时期已经在罗马产生了影响。

2　威尔·杜兰，《世界文明史：恺撒与基督》（下册），1999，第 730 页。

阔，文化混杂，东方各种稀奇古怪的宗教信仰随着巨大的物质财富一起源源不断地涌入罗马帝国，令罗马人目不暇接。对于功利主义的罗马人来说，这些外来宗教只要不威胁罗马帝国的政治统治，不危害罗马人的物质利益，他们通常都采取一种听之任之的态度，并不干涉。但是不久以后，基督徒所奉行的种种奇怪信条和仪式（如聚众祈祷、领取圣餐等）开始激起罗马人的反感和厌恶，尤其是他们拒绝敬拜皇帝的偶像和罗马人世代尊崇的神明，有些基督徒甚至拒绝履行一些必要的义务如服兵役等，这就极大地触犯了罗马人的传统观念。但是，罗马人对基督徒的迫害最初还是出于政治方面的考虑，美国史学家布林顿等人写道："基督徒所认为的'迫害'对罗马统治者而言，仅是他们维护公共秩序的责任，防止一些在他们看来似乎是一群叛徒或胡闹的疯子的男男女女……最初几个世纪的基督徒对有教养的希腊人与罗马人而言，是任性的与粗鄙的狂信者；对一般人民而言，他们是危险的怪物，这却是实实在在。"[1]

罗马帝国对基督徒的第一次大规模迫害发生在尼禄当政时期。公元 64 年，罗马城遭受了一场火灾的袭击，大火持续了六天。据罗马历史学家塔西佗（Tacitus，约 56—120）所述，在罗马的十四个市区中，只有四个区还是完整的，其余的区不是在大火中沦为废墟，就是残败不全。许多迹象表明，这场大火是尼禄皇帝自己指使人放的，目的是要在废墟上建造一座新的宫殿。据说当大火吞噬着罗马城时，尼禄却登上了他的私人舞台［罗马历史学家狄奥·卡西乌斯（Dio Cassius）说登上了皇宫的屋顶］，大声唱起《特洛伊的毁灭》悲剧中关于特洛伊城被焚的台词。但是当罗马人民觉察到这场大火

1　布林顿、克里斯多夫、吴尔夫，《西洋文化史》（第一卷），1984，第 239 页。

是受人指使的时候，尼禄为了推卸责任，就把令罗马人颇为反感的基督徒当作了替罪羊。塔西佗写道：

> 尼禄为了辟谣，便找到了这样一类人作为替身的罪犯，用各种残酷至极的手段惩罚他们，这些人都因作恶多端而受到憎恶，群众则把这些人称为基督徒。他们的创始人基督，在提贝里乌斯当政时期便被皇帝的代理官彭提乌斯·彼拉图斯处死了。这种有害的迷信虽一时受到抑制，但是不久在犹太即这一灾害的发源地，而且在首都本城（世界上所有可怕的或可耻的事情都集中在这里，并且十分猖獗）再度流行起来。
>
> 起初，尼禄把那些自己承认为基督徒的人都逮捕起来。继而根据他们的揭发，又有大量的人被判了罪，这与其说是因为他们放火，不如说是由于他们对人类的憎恨。他们在临死时还遭到讪笑：他们被披上了野兽的皮，然后被狗撕裂而死；或是他们被钉上十字架，而在天黑下来的时候就被点着当作黑夜照明的灯火。[1]

在这次大迫害活动中，著名的使徒彼得、保罗等人均先后以身殉道。一批批被指控为基督徒的人，被送上了十字架，或者被驱赶到罗马斗兽场中任狮子、老虎等猛兽撕咬。尼禄对基督徒的虐杀开启了罗马帝国迫害基督徒的序幕，虽然在罗马帝国境内流行着许多东方宗教，但是唯独基督徒由于坚持一种孤芳自赏的选民意识和一些与众不同的行为方式，因此遭到了罗马人的蔑视和嫉恨。这种嫉恨使得罗马人很容易把诸如火灾、瘟疫、饥荒甚至战争失利等罪责

1　塔西佗，《编年史》（下册），王以铸、崔妙因译，商务印书馆，1981，第 541—542 页。

都归咎于基督徒，这样就使基督教会在罗马社会中成为一个居心叵测的邪恶团体。

在塔西佗时代的罗马人看来，基督徒无疑是一些具有反人类倾向的狂热分子，这种误解长期存在于罗马帝国统治者和一般公民之中，成为一种普遍的共识。早期教会团体的宗教活动被罗马人误解为邪门歪道的妖术和伤风败俗的恶行，“对圣餐中基督临在说的误解导致人相信对基督徒食人肉的指控；深夜举行秘密的宗教仪式又使人相信他们放荡纵欲”[1]。由于罗马民众对基督徒的种种乖戾行为的厌恶，促成了帝国政府对基督徒最初的迫害。但是，当那些被指控犯有种种罪行的基督徒被带上法庭时，法官却发现他们在道德品性和遵纪守法方面似乎并没有什么可以挑剔的疵点。据历史学家吉本记载，当基督徒被带上法庭时，他们声称自己立下了庄严的誓言，绝不犯偷窃、抢劫、通奸、做伪证、诈骗等扰乱社会公众和私人安宁的罪行，也绝不可能搞任何违法的政治阴谋。德尔图良曾经自豪地宣称，除了宗教方面的原因之外，基督徒很少会死于刽子手的刀斧之下。[2] 面对不愿屈服的基督徒，比提尼亚行省的总督小普林尼感到十分为难，于是在公元 110 年给罗马皇帝图拉真写了一封信。在信中，他问道，难道仅仅凭着一些匿名告密者的指控，或者仅仅因为一个人承认他自己是基督徒，就应该给予他惩罚吗？小普林尼对审讯的结果陈述道：

> 无论如何，他们只承认他们全部的罪行或是他们的错误在于他们在天明之前于某一固定地方聚会的习惯，在此一聚会中，

1 威利斯顿 · 沃尔克，《基督教会史》，1991，第 55—56 页。

2 爱德华 · 吉本，《罗马帝国衰亡史》（上册），黄宜思、黄雨石译，商务印书馆，1997，第 265—266 页。

他们对基督唱赞美诗，好像对神一般，而且以庄严神圣的誓言限制自己，不做一切不道德的行为，更不会犯任何欺诈、窃盗或私通之罪，从不会撒谎，也不会在要求说实话时否认真实；在聚会之后，他们通常分离开来，不久又重聚在一块共同进膳——这只是一种很平常很简单的餐食……我仅能发现它只不过是一种卑鄙的和过分的迷信。[1]

以宽宏大量和善良淳朴而著称的罗马皇帝图拉真对小普林尼这封信的反应态度是比较温和的，他认为，对于基督徒不必过分苛求，更不可仅仅凭着一封匿名的告密信就定一个人的罪。对于一个身份确定的基督徒，只要他愿意通过向罗马诸神献祭的方式而公开表示放弃基督教信仰，就不必追究他以前的罪过。只有那些坚持不崇拜罗马神明而恪守基督教信仰的人，才是有罪的。然而，图拉真皇帝的这种宽容态度对于一个虔诚的基督徒来说，恰恰成为一种严峻的考验，因为基督教信仰的一个基本前提就是，除了上帝之外绝不敬拜其他神明，更反对任何形式的偶像崇拜。如果说在遵纪守法方面基督徒能够做得让罗马统治者无可挑剔，那是因为他们受着上帝诫命和基督教道德的约束；然而，在信仰方面，真正的基督徒却是绝不肯妥协的，这样他们就只能以生命去殉道了。

需要说明的是，尽管基督教会后来一再渲染罗马帝国迫害基督徒的残酷性以及基督徒们面对迫害时的坚贞不屈，但是，这种迫害在罗马帝国时期并非始终都是血腥残暴的。根据吉本、沃尔克等历史学家的记载，在公元 3 世纪中叶以前，罗马帝国对基督徒的迫害规模并不算大，迫害的主要原因也不是宗教方面的，而是出于地方

1　参见：布林顿、克里斯多夫、吴尔夫，《西洋文化史》（第一卷），1984，第 242 页。

官员们维护秩序的需要。当然，一般罗马民众对于基督徒行为举止的反感与厌恶，也是致使罗马统治者迫害基督徒的重要原因之一。基督教会作为一个与世俗社会格格不入的特殊群体，基督徒对家庭生活和国家义务的轻视，以及他们面对死亡威胁时的不屈态度，这一切都令罗马人异常惶惑和憎恶。吉本写道：

> 他们的阴沉、严峻的神态，他们对正当谋生活动和各种人生乐趣的厌恶，加上他们经常散布的大难即将临头的预言，使得异教徒们不免忧心忡忡，担心这个新教派定会带来某种危害，而由于对这一切完全感到玄妙莫测，因而也更加感到可怕。普林尼曾说过，“不管他们的行为的宗旨是什么，只凭着他们的桀骜不驯的态度就理当受到惩罚。”[1]

自从尼禄开始对基督徒进行公开迫害之后，后继的罗马统治者们并没有把这种迫害活动一以贯之地推行下去，他们中间的一些人，如涅尔瓦、图拉真等“贤帝”为了表示对尼禄暴行的反感和显示自己的宽宏善良，还对基督徒采取了赦免罪过、发还财产的怀柔措施。当马可·奥勒留登上皇位以后，这位斯多葛主义的哲学家皇帝出于对希腊哲学的热爱，一度对基督教会进行了较为严厉的惩罚，但是其酷烈程度也远远不能与尼禄时代相比，而且这些迫害政策很快就由于他儿子康茂德的继位而改变。在其后的几十年间，基督教会一直在罗马帝国时松时紧的歧视政策下顽强地求发展。可以说，一直到公元3世纪中叶为止，迫害基督徒的活动都是时断时续和规模较小的。

1　爱德华·吉本，《罗马帝国衰亡史》（上册），1997，第312页。

但是，到了公元250年以后，德基乌斯、瓦勒良等罗马皇帝出于对败象已现的罗马帝国和传统宗教的保护，开始对日益壮大的基督教会大开杀戒，掀起了迫害基督徒的高潮。他们用酷刑、监狱和恐吓来迫使基督徒向罗马诸神的偶像献祭，禁止教徒们聚会，没收教会财产和墓地，一些主教和神父被处以极刑，平信徒则遭到凌辱、流放和财产充公的惩罚。面对罗马统治者的新一轮大迫害，许多基督徒为了坚持信仰而以身殉道，其中最著名的有迦太基主教西普里安（Cyprian，约210—258）、希腊教父奥利金等人。由于耶稣本人以及彼得、保罗等使徒早年都是死于罗马人的十字架之上，因此虔诚的基督徒们坚信，为信仰而殉道是灵魂上升天国的捷径，十字架是验证信仰的神圣场所。这种信念一时间在教会内部煽起了一股近乎疯狂的为主献身的热情，努米底亚（今阿尔及利亚境内）的狂热信徒们甚至用“但愿你赢得殉道者的桂冠”一语来相互致意。殉道者的周年纪念日（在教会内称为“生日”）被信徒们铭记在心，由此产生了最初的教会年历。有些狂热的基督徒渴望着殉道，甚至不惜通过砸碎罗马人的神像等方式来激怒罗马人，这种挑衅行为又进一步引发了罗马统治者更加残酷的报复。

这一轮残酷的大迫害持续了10年之久。随着公元260年罗马皇帝瓦勒良在战争中被波斯人俘获，罗马帝国陷入了分裂和混乱状态，皇帝成为雇佣军将领手中的傀儡，走马灯似的不断变换。在这种情况下，自身难保的罗马统治者们再也顾不上去迫害基督徒了，于是基督教会获得了长达40年之久的和平发展时期。在这段时间里，基督教会逐渐羽翼丰满，加入教会的人数迅速增长。信仰者的身份也发生了变化，不再局限于早年那些弱势群体，而是向着军队、政府和贵族阶层蔓延。

但是另一方面，基督教的迅猛发展和狂热情绪也引起了罗马异教群众的极大不安，他们决心要起来捍卫沿袭了千年之久的传统宗教信仰，保护他们世代尊崇的神灵。受罗马民众这种忧虑情绪的影响，以及对连续发生的宫廷纵火案原因的猜忌，罗马皇帝戴克里先于公元 303 年放弃了以前的宽容政策，开始对基督教会进行最后一次大规模迫害。他一连发布了四道敕令，拆毁教堂，没收教产，用酷刑强迫神职人员献祭，并对军队和宫廷中的基督徒进行大清洗。然而，此时的基督教已经声势壮大，远非昔日可比，而且在罗马民众和上层人士中赢得了普遍的同情。因此，戴克里先的迫害政策并没有持续多久，更不可能从根本上消灭基督教。公元 305 年，看破政坛风云变幻的戴克里先急流勇退，回到亚得里亚海滨的宫邸去潜心务农，把罗马帝国交给了他所开创的四帝（两位“奥古斯都”和两位“恺撒”）共同治理。继戴克里先出任帝国西部“奥古斯都”的是君士坦提乌斯，这位天性仁慈的皇帝对基督教转而采取宽容政策。不久以后，君士坦提乌斯去世，他的儿子君士坦丁开始执掌罗马帝国西部大权。出于政治上和军事上的考虑，君士坦丁彻底改变了对基督教的敌视政策，基督徒的苦难日子终于到头了。

从《米兰敕令》到大公会议

君士坦丁是一位行伍出身的皇帝，公元 306 年，他被高卢的军队推举为“恺撒”（副皇帝），次年又继其父而获得了“奥古斯都”（皇帝）的头衔。戴克里先退隐后，地域广阔的罗马帝国进一步陷入了分裂状态，一时间同时存在着 6 位“奥古斯都”。君士坦丁与罗马帝国东部的“奥古斯都”利西尼乌斯联手，经过几年征战，先后剿灭了其他几位“奥古斯都”。在君士坦丁的军队中，基督徒战士为数众多，君士坦丁的母亲也是一位虔诚的基督徒。在 312 年的一次关键性战斗中，君士坦丁命令他的士兵们打出了一面写有“C”字（基督“Christ”的第一个字母）和十字架的旗帜，结果此役大获全胜。入主罗马后，君士坦丁成为西罗马帝国的统治者。公元313年，君士坦丁在米兰与东罗马帝国皇帝利西尼乌斯共同颁发了一个敕令，即著名的《米兰敕令》（又称《宽容敕令》）。该敕令第一次以罗马帝国的名义承认基督教为合法宗教，基督徒享有与罗马帝国境内其他宗教信仰者一样的信仰自由权利；敕令还发还了在戴克里先的迫害活动中被没收的教会财产。《米兰敕令》标志着基督教在遭受了250年的迫害之后，终于在罗马帝国获得了扬眉吐气的合法地位。

在《米兰敕令》签署后不久，罗马帝国东西部的两位皇帝之间的矛盾逐渐变得白热化，利西尼乌斯在亚洲和埃及重新开始迫害基督徒，而君士坦丁则抓住机会大力援助东部的基督徒，怂恿他们反抗利西尼乌斯的统治。公元324年，君士坦丁战胜利西尼乌斯，成为整个罗马帝国唯一的统治者。此后他更是大张旗鼓地扶持基督教，任用信仰基督教的官员，毫不掩饰地表现出对基督教的好感。君士坦丁对于基督教的扶持最初并非出于宗教信仰，而是由于政治和军事方面的考虑。在长期的戎马生涯中，他深切地认识到基督徒的忠诚、纪律、顺从和忍耐精神，这与信奉多神教的罗马人的散漫、腐化和麻木不仁形成了鲜明的对比。君士坦丁希望以一个强有力的君主专制来结束长期分裂混乱的政治局面，他相信一种新兴的宗教信仰将有助于实现他的政治理想，所以他力图把上帝与恺撒统一起来。“罗马帝国只有一个皇帝，一部法律，一切自由民只有一种公民身份，因此也应该只有一种宗教。”[1]这种信念使君士坦丁对基督教格外偏爱，他赋予教会团体以极大的独立权力，捐资建造教堂，

1 威利斯顿·沃尔克，《基督教会史》，1991，第130页。

豁免教会赋税，甚至违背《米兰敕令》关于信仰自由的原则，压制其他宗教的活动，想用基督教来取代已经形同虚设的罗马多神教的国教地位（虽然这件事直到半个世纪以后才被另一位罗马皇帝狄奥多西完成）：

尽管君士坦丁在尼西亚公会议召开之际尚未受洗，但人们并不怀疑他对基督教事业的支持。他在济济一堂的与会主教面前公开称自己为“处理俗世事务的主教”——负责掌管教外的事情；并希望教会合一，能够免遭异端的侵扰。在324年的内战期间，他声言自己发动的军事战役是为了抵御堕落的异端分子而采取的十字军行动……君士坦丁也认识到，多神教祭祀所拜的是些邪神，故会殃及其统治。330年，他在博斯普鲁斯海峡的拜占廷建立了他的东方新都——“君士坦丁之城”。在这里，他所规划的“新罗马”教会的神职人员为其主持了落成仪式。[1]

在经历了难以计数的磨难和迫害之后，基督教终于在日益衰朽的罗马帝国中发展壮大起来。到了君士坦丁时代，基督教的天国理想对于那些在精神上陷入百无聊赖状态的罗马人来说，早已不再是先前几个世纪的谵妄迷信，而是一种具有强大感召力的真实理想；而基督徒的高尚品德也与罗马社会的骄奢淫逸形成了鲜明的对比，从而赢得了越来越多民众的敬仰。面对罗马帝国的暴戾，基督教通过以柔克刚的方式无形地扩大着自己的影响，使得信仰的火种越烧越旺，从犹太人和罗马下层民众中逐渐扩散到上流社会，这种顽强的生命力恰恰表明了它本身的价值所在。这一切事实都使君士坦丁

1　约翰·麦克曼勒斯主编，《牛津基督教史》，1995，第56—57页。

皇帝意识到，要想重振恺撒–奥古斯都开创的帝国大业，基督教或许能够成为中兴罗马帝国的精神根基。

当然，基督教从备受磨难的“邪教”走向合法化地位，主要还是由于它自身的原因。吉本把基督教在罗马帝国的成功归结为五个方面的原因，这就是：第一，基督徒从犹太人那里继承来的狂热宗教信仰，这种信仰使他们坚定不移地相信，基督教会是罗马这个堕落世界中唯一的诺亚方舟，基督徒是上帝喜悦的选民，基督耶稣则是把他们从罪恶中拯救出来的救主。第二，关于来世生活的大力渲染，与希腊罗马多神教所关注的现世生活不同，基督教极力宣扬一种美好的天国理想，它把犹太教的弥赛亚理想从人间搬到了天上，并且由于早期基督教所面对的苦难现实处境而进一步强化了这种唯灵主义理想的精神感召力。第三，原始基督教会经常会夸耀自己拥有一种神奇的法力，使徒及其弟子们自称具有通达神意、预言凶吉、治病驱魔和起死回生的能力，这种特异功能对于处在信仰迷狂状态中的信徒——原始教会的信徒大多是缺乏知识教养的下层民众——来说，往往具有很大的可信度。第四，早期基督徒所具有的崇高道德品性，在面对物质利诱和情欲冲动时他们所表现出来的自我克制，尤其是面对死亡时表现出来的视死如归的殉道精神，对于这一点，即使是迫害基督徒的罗马地方官员们也不得不承认，这与罗马社会的腐败堕落状况形成了鲜明的对比。第五，基督教会内部的团结与纪律，早期教会内部采取一种共同协商和友好互助的长老制度，每个教会都是一个自由平等的独立团体，彼此之间不存在从属关系（到了公元3世纪，联合性的地方宗教会议和主教在制定教规和纪律方面的权力才开始加强，逐渐取代了早期教会内部信徒们平等的立法权力）。这个具有高度自治性的独立王国就像一个怪胎一样，在罗马帝国的机体中悄悄地生长，不断地吞噬着罗马帝国的精血，终于把不可战胜的罗马帝国送进了历史的墓冢。[1]

正是上述这些原因使得基督教在经历了几百年的严酷迫害之后，仍然顽强地在罗马帝国中成长起来。当君士坦丁皇帝颁布《米兰敕令》和决心扶持基督教时，他显然看到了基督教所具有的朝气蓬勃的生命力和焕然一新的精神面貌，但是他却没有意识到基督教与罗马帝国之间存在着无法调和的深刻矛盾——上帝之国虽然借助恺撒之国作为发展的机体，但是它却注定了要成为罗马帝国的断命毒鸩。

不过，君士坦丁一厢情愿地要把二者结合起来的善良动机，至少在当时为基督教的长足发展创造了良好的条件。当基督教会再也不用为自己的生存权利而奋斗时，它就开始面临着两个全新的问题：一是如何把彼此独立的各个教会团体在思想上和组织上统一起来，以顺应合法化的处境和君士坦丁皇帝重振罗马帝国的政治理想；二是如何在顺境中保持早期基督教的信仰和美德，以避免与邪恶的异教文化环境同流合污。这两个新问题，前者导致了基督教大公会议的召开，后者推动了修道运动的蓬勃开展。

罗马帝国幅员辽阔，文化繁杂，从帝国的东部到西部，生活着很多不同的民族，存在着殊异的文化背景。当罗马征服者们用武力把这些异质的民族统一为一个大帝国时，他们并没有也不可能将它们在文化和宗教方面完全统一起来。虽然希腊罗马多神教成为官方推崇的国家宗教，希腊语和拉丁语在帝国的东部和西部成为流行的语言，但是在罗马帝国的广阔疆域中如火如荼地发展并且真正具有普世性特点的文化统一体，唯有新兴的基督教。在《米兰敕令》颁布之前，基督教长期处于地下状态，再加上罗马帝国版图太大，因

1 参见：爱德华·吉本，《罗马帝国衰亡史》（上册），1997，第十五章“基督教成长的五大原因”。吉本认为，基督教的成长是致使罗马帝国断命的主要原因之一，基督教与蛮族内外联手，共同摧毁了不可一世的罗马帝国。

此各地的教会不可能在罗马全境范围内进行太多的思想沟通和组织联系，只能满足于各自为政的闭塞状态。一旦基督教会获得了合法地位，并且受到了皇帝的大力支持，于是统一思想和统一组织的问题就被提到了日程上来。既然基督徒信仰的神灵只有一个，而教会被看作基督和圣灵的身体，那么上帝设在人间的教会当然也应该具有统一的组织机构，基督教的信仰也必须有一些被所有信徒共同接受的教义。基督教世界最初的几次大公会议，正是为了顺应这种时代要求而召开的。这些大公会议表面上是为了维护教义的正统性，消除“异端”思想，实际上，在烦琐的教义之争背后隐藏着一个更具有实质性意义的问题，那就是各教会之间的组织关系和权力归属。经过一系列大公会议的争论，罗马帝国境内的各教会在教义问题上基本达成了共识（虽然东方教会与西方教会在教义的理解方面仍然存在着一些细微的分歧），但是在组织方面却造成了严重的分裂。这种分裂一直延续到中世纪，最终导致了1054年东西教会（即东正教会与罗马天主教会）的公开决裂。

基督教合法化以后，教会内部的教义之争最初发生在宗教信仰最狂热，同时也最富于哲学思辨精神的亚历山大里亚教会。该教会的主教亚历山大与神父阿利乌就耶稣的本性问题展开了激烈的争论，这场发端于亚历山大里亚教会内部的教义之争，很快就在已经公开登上罗马文化大雅之堂的各个教会尤其是东部各教会之间蔓延开来，激起了神学辩论的轩然大波。从基督教内部来说，这场争论对于确立正统教义，从而维护教会在思想上的统一性，是绝对必要的。但是在尚未信仰基督教的君士坦丁皇帝看来，这种烦琐抽象的神学争论是极其无聊的，而且在政治上也不利于罗马帝国的统一大业。于是，他给东部教会的辩论双方写了一封劝解信，在信中，他这样写道：

> 我一心想要统一各种的信念，使人民皆奉一神；因为确信，假如我能引导人们在这件事上联合起来，公共事务的处理将相当地容易。但是，天啊！我听说你们间的争论更甚于近来在非洲所发生的。追究其原因，竟是这般微小，根本不值得如此剧烈地争辩。[1]

但是君士坦丁温和的劝解并没有奏效，这场关于耶稣的神性与人性之关系的争论仍然在教会中激烈地进行着。除了关于耶稣本性的神学争论之外，此前不久发生的多纳图派分裂事件也令君士坦丁颇伤脑筋[2]。为了尽快解决这种麻烦的教义争端和教派分裂，君士坦丁于公元 325 年在帝国东部的一个小镇尼西亚，以罗马皇帝的身份主持召开了帝国全境内的基督教会主教会议。尼西亚会议成为基督教世界的第一次大公会议，与会的各教会主教达 300 多人，其中绝大多数来自东部教会，西部教会的代表只有 6 名。会议的费用全部由皇帝承担，尽管君士坦丁本人是会议中唯一一个非基督徒，他仍然受到了参会主教们的热烈欢迎和高度崇敬。会议经过激烈的争辩和皇帝的最终裁决，确定了圣子与圣父“本体同一”、耶稣“受生而非被造”的正统教义。阿利乌派的观点被会议谴责为异端，禁止该派信徒在罗马帝国境内传教。遭到沉重打击的阿利乌派追随者们不得不离开罗马帝国，来到边境之外的日耳曼蛮族地区继续传播他们

1 威尔·杜兰，《世界文明史：恺撒与基督》（下册），1999，第 867 页。

2 在罗马皇帝戴克里先对基督徒的最后一次大迫害活动中，一些信仰不够坚定的主教和信徒受逼迫而背叛了教会，到了君士坦丁对基督教会采取扶持政策之后，一些曾经脱离教会的人又重新回到了教会。对于这些背叛者，北非的多纳图派（Donatism，因 313 年出任主教的多纳图而得名）坚决主张将其革出教会。这种过分严格的态度遭到了其他教派人士的反对，多纳图派也在宗教会议上受到了谴责。君士坦丁皇帝出面封闭了多纳图派的教堂，驱逐了其主教，不料此举却进一步激起了多纳图派的抗议，该派在北非的信仰者一时间骤然剧增。

的信仰。这个在当时看来是迫于无奈的举动，后来却对日耳曼蛮族的皈依产生了重要的影响。

尼西亚公会议确立了“父子同体”等基本教义，但是它并没有从根本上杜绝基督教会内部的分歧和分裂。在此后的50多年间，基督教各教会在一些罗马皇帝的支持下又召开了好几次会议，但是这些会议的基调都与尼西亚公会议相冲突，具有反对“三位一体”教义的嫌疑，因此遭到了后来的教会领袖们的否认。迄今为止被基督教各派（包括天主教、东正教和新教）所承认的早期基督教大公会议一共有4次，即尼西亚公会议（325）、君士坦丁堡公会议（381）、以弗所公会议（431）和卡尔西顿公会议（451）。在这些大公会议中，正统教会先后谴责了阿利乌派、阿波利拿里派、聂斯脱利派和一性论派等异端思想，形成了《尼西亚信经》《卡尔西顿信经》等重要文献，确立了“三位一体”和“基督神人二性”的正统教义，并且树立了大公会议在基督教世界中的权威地位。

公元337年，君士坦丁在临终之前终于接受了基督教的洗礼，成为罗马帝国第一位基督教皇帝。他被安葬在罗马帝国新首都君士坦丁堡的十二使徒纪念碑旁，成为与这些使徒并驾齐驱的第十三位使徒。君士坦丁死后，他的三个儿子再度瓜分了罗马帝国，混乱局面又重新出现。公元361年，“叛教者”朱利安攫取了罗马帝国的统治权，这位皇帝对古代希腊文化充满了敬佩之情，却对君士坦丁父子大力扶持的基督教深恶痛绝。在他执政期间，基督教再一次受到压制。所幸朱利安仅仅执政两年就去世了，此后继任的罗马皇帝均为基督徒。公元380年，狄奥多西皇帝发布了一道敕令，要求全体罗马人民“遵守神圣使徒彼得带给罗马人的信仰”。此后的10多年间，狄奥多西下令拆毁帝国境内所有的异教庙宇和多神教神像，将基督教置于至高无上的独尊地位。

经过几百年艰苦卓绝的奋斗，基督教终于从一个备受摧残的地下“邪教”发展成为罗马帝国的国教。与此相反，曾经不可一世的罗马帝国却逐渐病入膏肓，不得不借助那个曾经被凶残的暴君尼禄肆意蹂躏、被严肃的历史学家塔西佗斥为“有害的迷信”的基督教来维护岌岌可危的统治。“恺撒”与上帝之间的这场旷日持久的较量，终于以上帝的全面胜利而告终。“在那个巨大的机体或外遭强敌入侵，或内部缓慢腐败的情况下，一种纯洁、低级的宗教却于不知不觉中深入人心，在沉静和隐蔽中逐渐成长，因遭到反对而精力倍增，终于在朱庇特神庙的废墟上竖起了胜利的十字架的旗帜。”[1]

基督教与异教文化[2]

当暴君尼禄把刚刚来到希腊罗马世界传教的基督徒当作替罪羊钉死在十字架上时，他无论如何也不会想到，这个逆来顺受的宗教会在几百年以后成为罗马人普遍皈依的国教。这个源于犹太的至柔至阴的基督教，在强悍无比的罗马帝国的腹中悄悄地发展，最后竟然成为不可战胜的罗马帝国的断命毒鸩。海涅俏皮地说道：

> 那个被谋害的犹太，把它的唯灵主义奉送给罗马人的时候，是不是想向它那得胜的敌人报复，就像从前陈陶尔那样，临死时狡猾地把一件浸渍过自己鲜血的有毒致命的长袍交给朱庇特的儿子？真是这样，罗马帝国、各国人民中的赫库勒斯，被犹太的毒药慢慢害死，结果头盔铠甲都从他那衰朽的躯体上脱落，

1 爱德华·吉本，《罗马帝国衰亡史》(上册)，1997，第233页。

2 对于基督教来说，异教文化泛指一切非基督教的文化，包括在罗马帝国流行了一千年之久的希腊罗马文化。

他那声振四方的激战呼号日益低微，变成了僧侣的喃喃祈祷和阉人的颤声嘟囔。[1]

但是，当基督教最初在罗马帝国传播时，它既不想取代多神教而成为罗马的国教，也不想推翻罗马帝国的统治而在人间建立上帝之国。它的使命只是呼召更多的信仰者远离这个邪恶的现实世界，乘坐教会的“诺亚方舟”驶向彼岸的上帝之国。早期的基督徒对于任何世俗的目标都缺乏兴趣，他们的目光完全投向了天国。在这种理想主义价值观的激励下，基督徒面对罗马帝国的迫害往往采取一种逆来顺受的态度。而且按照基督教的理论，人的生命是上帝赋予的，只有上帝才有权力剥夺一个人的生命，因此教会反对任何形式的自杀行为，自杀的灵魂不能进入天国。在这样的情况下，教徒们为信仰而殉道，就成为告别苦难人生、走向永恒天国的一条捷径。

艰难的逆境加强了基督徒从犹太教母体中沿袭下来的“选民”意识，教会最初就是这种强烈的优越意识的产物，它成为这个罪恶世界的汪洋大海中唯一承载希望的“诺亚方舟”。在基督徒看来，这个世界充斥着各种邪恶和罪孽，它用金钱、权势和肉欲来压制灵魂的德性，把魔鬼撒旦及其在现实世界中的形形色色的化身——被罗马人当作偶像而崇拜的希腊罗马诸神——置于上帝的权威之上。美丽多姿的希腊罗马文化在基督徒眼里不过是魔鬼的惑人心智的幻象，“在神父们的笔下，阿波罗和缪斯是地狱精灵的喉舌；荷马和维吉尔则是它的最出色的奴仆；而充满他们的天才作品并使之生动有力的

1 亨利希·海涅，《论浪漫派》，张玉书译，人民文学出版社，1979，第 7—8 页。陈陶尔是希腊神话中半人半马的怪物，被朱庇特（即宙斯）之子、大英雄赫库勒斯所杀。临死时，陈陶尔劝说赫库勒斯之妻黛阿耐拉用他的鲜血提炼一种可使丈夫永远爱她的油膏，这油膏其实是毒药。黛阿耐拉把它涂在白袍上献给丈夫，赫库勒斯因此中毒而死。

美丽的神话，则注定只能用以歌颂魔鬼的光荣业绩，甚至在希腊和罗马的普通语言中，也充斥着许多大家熟悉的亵渎的用语，一个粗心的基督徒也可能一不小心脱口而出，或者听见了也不在意”。[1]因此，基督徒的神圣使命就是从根本上唾弃这个堕落的邪恶世界。

这样一来，基督徒所面对的就不仅仅是罗马帝国统治者的迫害，而且有更加难以对付的、如同汪洋大海一般广阔的异教文化。一个真正的基督徒，不仅要勇敢地直面罗马暴君的刀斧，而且应该与异教文化彻底决裂。在君士坦丁时代之前，当基督徒同时面临着来自这两个方面的严峻挑战时，他只能用坚定的信仰来与之抗衡，心中怀着一种神圣的孤傲，并且使自己尽可能地陶醉在对未来胜利的想象中。德尔图良曾经向趾高气扬的异教徒们大声宣称：

> 你们喜爱热闹场面，那就等候那最庞大的热闹场面，世界末日最后的永恒审判的到来吧。当我们看到那么多骄傲的君王和出自幻想的神灵呻吟在最底层的黑暗的深渊之中，那么多曾经迫害过上帝的名声的长官消熔在比他们用以焚烧基督徒的更为猛烈的火焰之中，那么多明智的哲学家和他们受其愚弄的门徒一起在炽热的烈火中面红耳赤，那么多著名的诗人在基督的而不是在密诺斯的法庭上战栗，那么多的悲剧家显然都更善于表达他们自己的痛苦，那么多舞蹈家——等等的时候，我将会多么快慰，如何大笑，如何欢乐，如何狂喜啊。[2]

---

1 爱德华·吉本，《罗马帝国衰亡史》（上册），1997，第 249 页。吉本在这句话后面加了一段注解：“德尔图良的偶像崇拜。如果一个异教朋友（也许在打喷嚏的时候）按一般的习惯说一声“朱庇特保佑你”，一个基督徒便应该对这把朱庇特视为神灵的说法表示抗议。

2 爱德华·吉本，《罗马帝国衰亡史》（上册），1997，第 258 页。密诺斯是希腊神话中的阴间判官。

在德尔图良的时代，基督徒们把应对刀斧威胁和抵御异教文化侵蚀的工作合二为一，于是殉道就成为最好的应战方式，它既可以使虔诚的信仰经受十字架的考验，又可以使摆脱了肉体的灵魂一劳永逸地免遭异教文化的污染。但是到了君士坦丁时代以后，基督徒的敌人就不再包括手持利剑的“恺撒”，而只剩下像尘埃一样包围着他们的无形的异教文化。到了公元4世纪末，随着基督教的合法化和国教化，基督徒已经在罗马人口中占有多数。《米兰敕令》颁布以后，教会的领袖们不再为基督教会的生存问题担忧，而是为基督教会的纯洁问题深感忧虑。“希波城主教奥古斯丁忧心忡忡地看到，成群的‘伪基督徒’在社会压力和法律的强制下涌入他的教会。皈依皇帝的宗教能够使一个人在世俗社会中获得较多的机会，在君士坦丁之后近百年的时间里，基督徒的身份可以成为获取官职、权势和财富的敲门砖。但到5世纪30年代，基督教变成大多数有教养的罗马城市居民的宗教，除了极少数例外，占统治地位的上流人士全是基督徒。”[1] 对于唯利是图的罗马人来说，神坛上供奉的到底是朱庇特还是基督耶稣，这本身是无足轻重的，重要的是遮蔽在神坛帷幕背后的实际利益。因此，合法化和国教化以后的基督教会所面临的一个严峻考验，就是当有教养却腐败成性的罗马人纷纷向基督教会聚拢的时候，如何保持一个基督徒的纯正信仰和高尚道德境界？

面对这种新时代的环境，大多数基督徒都缺乏思想准备。当许多虔诚的信徒正准备像早期教会的那些圣徒一样去殉道时，他们却惊奇地发现，周围的整个环境和气氛都发生了根本性的变化——基督教由一个备受迫害的“邪教”变成了一个人人趋之若鹜的时髦事物，这个时代再也不需要殉道者了。这种富有戏剧性的变化，使得

1　约翰·麦克曼勒斯主编，《牛津基督教史》，1995，第60—61页。

神职人员和一般信徒一时间不知道该如何应对。他们已经习惯于在逆境中做一个好基督徒，但是对于“在一个时兴基督教的社会里做一个真正的基督徒意味着什么？”这样的问题，他们却缺乏认真的思考。另一方面，虽然罗马帝国已经不再构成对基督教会的威胁，但是基督徒们却仍然无时无刻不处于广义的异教文化的包围之中。朱庇特的神殿虽然被摧毁了，但是希腊罗马文化的阴影却无处不在。基督徒所在的那个社会的公共教育、文学语言、建筑风格乃至庆典仪式，无一不沾染了浓厚的异教色彩。虽然基督徒在原则问题（如偶像崇拜）上采取了坚决不妥协的态度，但是他们却无法抵制日常生活习惯的侵袭。因此，当罗马人在信仰方面向基督教表示屈服的时候，基督徒也正在潜移默化地与世俗的异教文化同流合污。基督教的唯灵主义信仰已经“毒害”了强大的罗马帝国，现在轮到基督徒被四处泛滥的异教文化所腐蚀的时候了。公元 4 世纪，基督徒以公民的身份参加罗马的传统庆典活动，使用希腊语和拉丁语来传播福音，沿用罗马的艺术来装饰教堂和石棺，在生活方式上与异教徒并无实质性的区别。而且在政治生活方面，尽管罗马帝国已经到了日薄西山的地步，但是在一般基督徒眼里，它的政治形式仍然被当作基督教社会的有效模式。君士坦丁等基督教皇帝的怀柔政策也使基督徒们改变了对“恺撒”的敌对态度，开始对他们感恩戴德。

但是，从纯正的信仰角度来看，这些与世俗社会同流合污的做法都是与基督教的理想背道而驰的。因此，面对着这种无形、却是巨大的文化挑战，基督教会的首要任务就是把斗争的矛头从有形的多神教转向无形的异教文化，从魔鬼的形形色色的化身（朱庇特、阿波罗等神祇）转向滋生魔鬼的文化土壤。如何与汪洋大海一般泛滥的异教文化彻底决裂？这就是基督教会在取得合法地位和统治地位之后，严肃的主教们思考的主要问题。

公元 410 年，一支日耳曼蛮族维西哥特人（Visigoths，或称西哥特人）劫掠了罗马城，使这座千年不朽之城蒙受了巨大的耻辱。一些顽固的异教徒认为，这是朱庇特对背叛多神教而改信基督教的罗马人的惩罚。为了回答这种无稽的责难，希波主教奥古斯丁于 413—427 年写成了《上帝之城》一书。在这本书中，奥古斯丁反驳了异教徒的指责，指出罗马人自从抢劫了萨宾妇女以后就成为一个邪恶的民族，因此罗马城的浩劫完全是罗马人咎由自取，怨不得基督教。而且从哥特人饶恕了那些躲藏在教堂中的避难者——尽管这些避难者中有许多“敌视基督之名的人”——这个事实中可以看出，蛮族的残酷行为恰恰体现了上帝的天意，“因为上帝常常凭借严厉的惩罚来纠正堕落的人性”。奥古斯丁指出，自从人类祖先亚当、夏娃因犯罪而被贬人间之后，现实世界就被划分为两座城：一座是“上帝之城”，它是上帝的“选民”即预定得救的基督徒的社会，是灵魂忏悔的净土。这是一座永恒之城，在现世中代表着它的就是基督教会（教会本身并不是“上帝之城”，而只是它在尘世间的象征）。另一座是“世俗之城”，它是撒旦的领域，是肉体淫乱的渊薮。这座魔鬼之城是注定要毁灭的，它在现世中表现为异教徒的社会。这两座城并非两个泾渭分明的社会群体，它们在现实中是交织、混合在一起的，实际上它们只是对待同一个现实世界的两种截然对立的生活态度。“上帝之城”与“世俗之城”共同存在于人世间，它们的进程“从头到尾都混杂在一起”，直到最后的审判中才被分开。这两座城在现实世界中的区别只在于它们分别代表了两种截然相反的信仰、希望和爱：

> 所以两座城是被两种爱创造的：一种是属地之爱，从自爱一直延伸到轻视上帝；一种是属天之爱，从爱上帝一直延伸

> 到轻视自我。因此，一座城在它自身中得荣耀，另一座城在主里面得荣耀；一座城向凡人寻求荣耀，另一座城在上帝那里找到了它的最高荣耀，这是良心的见证。一座城因它自身的荣耀而高高地抬起头，而另一座城对它的上帝说："你是我的荣耀，又是叫我抬起头来的。"[1]

由此可见，两座城的对立不过是两种人性倾向的对立，是自私之心与爱主之心之间的对立。在个人身上，它体现为肉体与灵魂之间的冲突；在现实社会中，它则体现为以巴比伦（或罗马）为象征的异教文化与以耶路撒冷为象征的基督教信仰之间的对峙。在这种内在的对立中，人性的历史和人类的历史说到底就是"上帝之城"与"世俗之城"相分离并且最终战胜后者的历史。因此，对于基督徒来说，放弃现世的感性生活并不意味着失去任何有价值的东西，摆脱肉体的诱惑这个撒旦的陷阱恰恰意味着向天国的接近。这条通向"上帝之城"的荣耀之路，正是建筑在深沉的忏悔和禁欲的磨难之上的，它的实质就是灵魂对肉体的彻底唾弃，宗教生活对世俗生活的绝对凌越，以及基督教信仰对异教文化的全盘否定。

奥古斯丁的《上帝之城》虽然旨在回应异教徒对基督教的攻击，但是它也极大地鼓舞了基督教世界中已经出现的禁欲主义修道运动（奥古斯丁本人在修道方面也堪称典范）。既然"上帝之城"与"世俗之城"共存于同一个现实世界之中，那么如何自觉地与"世俗之城"划清界限，就成为每个真正的基督徒都必须认真思考的问题。当基督教与罗马帝国相对立时，这条界线是比较清晰的，基督徒视死如归的殉道行为表现了与"世俗之城"一刀两断的价值取向。但

1　奥古斯丁，《上帝之城》（中册），2004，第 267 页。

是当基督教与罗马帝国握手言和时，这条界线就变得模糊不清了。奥古斯丁在这本书里正是要告诉“上帝之城”的向往者们，当基督教处于顺境时应该如何与异教文化保持距离。

当“殉道”一词在罗马帝国已经不再表现为直接的献身行为时，它就采取了另一种表现形式，那就是与物欲横流的世俗社会和堕落邪恶的异教文化彻底决裂的禁欲生活。在这种表现形式中，殉道者的对手由手执利剑的罗马统治者变成了在自身中蠢蠢欲动的肉体欲望。“抵抗肉体诱惑的人也是殉道者”，这句话在君士坦丁时代以后的教会中颇为流行。这种把自身的肉体当作魔鬼的陷阱的观点，驱使许多力图保持纯洁信仰和崇高德性的基督徒远离喧嚣的凡尘，隐遁到人迹罕至的荒郊野外，去过一种自我反省和自我折磨的孤独生活，结果就产生了倡导独身和禁欲的基督教修道运动[1]。另一些狂热的基督徒（其中不乏在历次大公会议上被斥为异端的虔诚信仰者）则肩负着沉重的使命感，远离人欲横流的罗马世界，走向蛮荒的化外之地和遥远的东方国度去传播上帝的福音。

修道运动的发轫

关于修道运动产生的原因，教会和学界一直存在着各种不同的解释。除了基督教处境改变以后一些虔诚的信徒要与堕落的异教文化彻底决裂的要求之外，基督教会内部日益出现的纪律松懈和信仰虚假化也是促使修道运动产生的重要原因之一。这似乎是一条铁定的规律，即任何一种宗教团体或政治团体，当它处于逆境中时，往往都能通过理想的因素来激发起成员们的献身精神和崇高情怀；但

1 “修道制度”一词的希腊语为“monachos”，意即“孤独的生活”。

是，一旦它时来运转，登上了权力的舞台，其成员就很难在信仰和道德方面保持洁身自好了。早在公元3世纪后半叶的长期和平时期，处境好转的基督教会内部就开始滋生出腐败现象，一些富有的主教把持了教会的大权，使教会从一个平等互助的民众社团转变为一个等级制的官僚机构。再加上大量势利的罗马人纷纷加入教会，造成了教会内部鱼目混珠、良莠不齐的情况。这样就使得一部分严肃的基督徒产生了独善其身的愿望：

> 由于在260—303年的和平时期以及君士坦丁皈依基督教后，大批人涌入教会，教会道德状况随之降低，这导致一些严肃的基督徒更加看重禁欲生活。为教殉道的事已不再有，禁欲主义便成为基督徒可能达到的最高造诣。在这个世界上，违背基督教道德的事随处可见，最好避而远之。古人把沉思冥想的实践看得比积极的德行更值得尊重。而更重要的是，公共崇拜中的形式主义日渐增加，在3世纪末进一步发展，这导致个人较自由地接近上帝的愿望的产生。[1]

如果说大公会议的召开表现了基督教会顺应合法化处境的一种积极姿态，那么修道运动则表现了虔诚的基督徒们应对顺境的一种消极姿态。当大多数主教和信徒们都利用皇帝支持的大好时机来扩张教会势力和争夺权力资源时，另一些对教会内部日益显露出来的腐败现象忧心忡忡的虔诚基督徒却选择了一条退出主流教会的个人隐修之路。

除了上述原因之外，还有一些研究者认为，修道运动是埃及文

1　威利斯顿·沃尔克，《基督教会史》，1991，第157页。

化的特殊产物。他们指出，当罗马帝国压制基督教时，埃及的基督徒表现出最狂热的殉道精神；而当罗马帝国开始善待基督教时，埃及的信徒们则选择了一种不合作的修道生活方式。因此，修道运动可以看作埃及民族主义抵制希腊罗马文化的一种另类尝试。[1]这种观点当然具有一定的说服力，因为修道运动不仅最初源于埃及，而且在埃及发展到非常繁盛的状况。但是，修道运动虽然发轫于埃及（这主要应该归因于埃及基督徒一向具有的虔诚而狂热的宗教信仰），却很快就在整个罗马帝国境内蔓延开来，并且在中世纪的天主教会和东正教会中不断地变化和更新。这个事实充分说明，修道运动主要不是埃及土著文化主动对抗希腊罗马文化的结果，而是纯洁性受到侵蚀的基督教信仰面对异教文化和内部腐败而采取的一种消极应战姿态，它的基本宗旨乃是为了维护基督教信仰的纯洁性。在这场产生于公元 3 世纪的清修苦行活动中，虔诚的基督徒们为了上帝的缘故而折磨自己的肉体，以独身、清贫、禁欲和脱离尘世的沉思冥想来与骄奢淫逸的罗马生活方式相抗衡。

按照教会史的一般说法，修道运动的创始人是埃及的安东尼（Antonius，约 251—约 356），他在 20 岁时因有感于耶稣让财主变卖财产分给穷人的劝勉[2]，弃家来到尼罗河畔的沙漠荒冢中进行个人隐修。在几十年的隐修生活中，他克制情欲，靠着对上帝的坚强信念抵御了魔鬼的种种诱惑。由于他的表率作用，引起了越来越多基督徒的效法，一些人追随安东尼来到尼罗河河畔的沙漠和墓穴中，建立了隐修者的社区。这些人和安东尼一样过着离群索居的孤独生活，通过折磨自己的肉体和克制情欲来磨砺对上帝的信心，他们的理想

1 参见：田明，《罗马–拜占廷时代的埃及：基督教史研究》，天津人民出版社，2009，第 110—111 页。

2 参见：《圣经 · 马太福音》，第 19 章，第 16—21 节。

就是做一个为天国缘故而舍弃一切尘世快乐的上帝仆从。但是安东尼的榜样也助长了一种苦行竞争的风气，修道方式变得越来越极端，隐修者们竞相通过残酷的自我折磨来表现自己信仰的坚定，提升精神境界的灵修活动也日益流于挑战生命极限的身体大比拼。

公元318—323年，另一位修道士帕科米乌斯在埃及南部的塔本尼希建立了第一座基督教修道院，从而把个人隐修发展为集体修道。帕科米乌斯（Pachomius，约292—348）不仅把修道的场所从荒僻的沙漠搬回到有人居住的乡村，用有组织的修道院制度取代了个人隐修的苦行竞争，而且为修道院制定了194条院规。按照这些院规，生活在修道院里的修道士们每天早晚要参加两次祈祷会，朗诵赞美诗和研读《圣经》，经常还要听修道院院长和神父讲解教义。修道士每时每刻都要真诚地忏悔自己的罪过，终日反省沉思、以泪洗面，以极其谦卑的姿态来面对上帝。他们每天只吃两顿节约餐，食物由修道院统一供应，虽然清苦，却比像野兽一般在荒漠中挣扎的个人隐修者要有保障得多。除了祈祷之类的宗教活动之外，帕科米乌斯还鼓励修道士们从事农业劳动，从而使修道院在经济上能够自给自足。由于修道院建立在乡村附近，它也为周围的村民们提供一些慈善性的帮助，如救济穷人、照顾孤寡、医治病人、安抚亡灵等。久而久之，修道院也和教堂一样，成为基督徒与上帝进行沟通的重要场所。出于对自己妹妹灵魂的关爱，帕科米乌斯还为决心终身侍奉上帝的妇女们创办了一所女修道院。到348年去世时为止，他已经在埃及建立了10座修道院。

修道运动最初是由亚历山大里亚教会的主教阿塔那修斯（Athanasius，约296—373）介绍到西方来的，这位一生中因为教义之争而多次遭到流放的教父不仅本人曾在埃及的修道院里避过难，而且他所撰写的《圣安东尼传》一书使西方教会得以了解和效法埃及的修道运动。西方教会的三位著名教父圣杰罗姆、圣安布罗斯和圣奥古斯丁更是以其典范性的身教言传，为修道主义在西方基督教社会中的广泛传播奠定了基础。尤其是杰罗姆（Jerome，约 342—420），他不仅是《通俗拉丁文本圣经》（*Vulgate*）的翻译者（这个文本长期以来一直为罗马天主教会所使用），而且为修道主义进行了理论上的论证。杰罗姆早年曾在叙利亚的荒野中隐居，在“交织着眼泪、呻吟与精神恍惚的状态”中过着“严格的忏悔生活”。复出后则大力宣扬独身主义和修道理想，吸引了许多信徒加入修道运动的行列。杰罗姆对于修道运动的重要意义并不在于他本人的身体力行，而在于他以一套禁欲主义的理论影响了罗马一些有身份的贵族妇女，她们甚至追随他远涉千里来到伯利恒的修道院中终生修道。罗素在《西方哲学史》中援引了杰罗姆写给罗马贵妇葆拉和她的女儿尤斯特修慕的一封信，在信中，杰罗姆表述了他本人对修道主义的独特理解。他把童贞解释为对上帝的特殊奉献，把修女称为“基督的新妇”，而把修女的母亲称作“神的岳母”，他用西塞罗式的优美文风向那位纯洁的少女尤斯特修慕描述了修道生活的无穷乐趣：

> 希望闺房的秘密永远守护着你；让新郎永远和你在内心中嬉戏；你祈祷吗？那时你就在和新郎谈话；你读经吗？那时他就和你交谈。当你睡觉的时候，他将从后面来到并把手放入门孔，这时你的心将为他感动；并会惊醒起来同时说出，“我害了相思病。”于是他会回答说：“我的妹妹，我的新妇，你是一座圈起来的花园，一泓闭锁的泉水和一道密闭的喷泉。”[1]

1　罗素，《西方哲学史》（上卷），1963，第 422 页。

西方早期修道运动最著名的代表人物当推本尼狄克（Benedictus，或译本笃、边奈狄克特，约 480—550），他出生于意大利斯波莱托的一个贵族家庭，早年也曾因为接受罗马古典文学的教育而沉溺于奢靡的生活。20 岁左右时受到上帝的感召，放弃了富足奢靡的生活，独身来到罗马附近的一个荒僻洞穴中进行隐修，达数年之久。在荒野中，他以兽皮遮体，以野果充饥，过着野蛮人一般简陋的生活。据大格利高里在其《对话集》中记载，魔鬼曾不止一次地企图引诱他堕落，但是都被上帝的这位忠实仆人成功地抵御了。有一次：

> 恶魔使他忆起从前见过的一个女人，这个回忆在上帝仆人的灵魂中，唤起了强烈的淫念。它有增无已，几致使他屈服于享乐，并兴起了离开荒野的念头。然而在上帝恩惠帮助下，他突然清醒过来了；当他看到附近长着许多茂密的荆棘和丛生的荨麻时，他立即脱下衣服，投身在内翻滚了许久，以致当他爬起来之后，他已可怜地弄得全身皮开肉绽：他就这样借着肉体的创伤医治了灵魂的创伤。[1]

公元 530 年，已经在个人隐修活动中修成正果的本尼狄克在意大利的卡西诺山上建立了自己的修道院，并为该院起草了著名的“本尼狄克会规”。这个会规总结了本尼狄克本人数十年修道的经验，同时也展现了他对人性的深刻理解和非凡的组织规划才能。该会规在一定程度上遏制了修道士们愈演愈烈的苦行竞争，使修道院成为以修道和农业劳动双重活动为主的封闭性社团，成为“基督战士的自给自足的永久性要塞”。本尼狄克修道院的修道士们必须严格地遵

1　罗素，《西方哲学史》（上卷），1963，第 466 页。

守会规，宣誓保持贫穷、贞洁和顺从，甘心过清苦而勤勉的生活。他们每天要做七次祈祷，要不断地流泪叹息，向上帝忏悔自己的邪念和罪过。修道士不许发怒和说笑，不许贪图享乐。他们在心理上要保持绝对的谦卑，在行为上要勤修苦行，守斋戒食，并努力从事农业生产，因为“懒惰是灵魂的仇敌”。在蛮族大入侵的动乱时代，本尼狄克修道院为决心终身侍奉上帝的人们提供了修心养性的良好场所，它的影响很快也从意大利扩展到其他地区。

在西方教会中推广本尼狄克会规的一位重要人物，就是与安布罗斯、杰罗姆、奥古斯丁并称为拉丁教会四大博士的大格利高里（Gregory the Great，约 540—604）。这位在公元 590 年出乎自己意料而被选为罗马教皇的教父，不仅是一位具有非凡管理能力的教会领袖，而且是获得教皇职位的第一位隐修士。在其执掌西方教会大权期间，大格利高里一方面要在东罗马帝国和伦巴第蛮族的双重压力之下极力维护罗马的独立性，使罗马教会在西罗马帝国灭亡之后承担起西方世界领导者的重任；另一方面则积极地引导入主西欧的各个蛮族王国皈依大公教会，改造他们以前已经接受的阿利乌派异端信仰。为了完成后一使命，大格利高里按照本尼狄克会规组建了许多修道社团，并将它们推广到蛮族控制的广大地区。“他建立修道社团，赐给他们特许状，可以管理欧洲的大片土地，目的是透过这些社团，在整个欧洲建立坚强的基督教据点……从大格利高里以后，所有天主教的修道院，都是某种形式的圣本尼迪克修道主义。”[1] 由于大格利高里等人的大力推动，本尼狄克修道制度不久就由罗马扩散到英国、德国和法国的广大地区。到了查理大帝时代（公元 9 世纪

1　罗杰·奥尔森，《基督教神学思想史》，2003，第 303 页。奥尔森甚至认为，大格利高里所采取的一系列维护西方教会权威的措施使他无意间成为奠定罗马天主教传统、造成天主教与东正教（以及后来的新教）相分裂的“主要始作俑者”。

初），本尼狄克修道院已经在欧洲各地普遍建立起来，成为中世纪早期最重要的修道团体。从世俗的角度来看，本尼狄克修道院无疑构成了基督教禁欲主义的坚强堡垒，极大地压抑了人性；但是另一方面，修道院也发扬了农艺，维持和复兴了学术，这一点尤其是在蛮族大入侵的“黑暗时代”显得更为重要。一位基督教史专家评价道：“本尼狄克隐修院在往后几个世纪中间对文明所做的贡献是难以估量的。在黑暗时代，它们保持了学问的灯光长明不熄。在它们的图书馆里，保存了我们今天所有的古代罗马和早期基督教拉丁文文献。隐修院的学校培养的不仅是修士和教士，也有世俗人家的子弟。条顿民族接受基督教和文明，在很大程度上应归功于它们。”[1]

修道运动的产生固然有其重要的现实原因，但是它的根基却早已埋藏在基督教的唯灵主义理想和禁欲主义价值取向中。使徒保罗在《罗马书》《加拉太书》等书信中多次谈到“肢体的律”与“心中的律”交战、“情欲与圣灵相争”的情况[2]，作为基督教神学重要思想基础的斯多葛主义也具有强烈的禁欲主义色彩。当基督教尚处在罗马帝国的迫害之下时，虔诚的基督徒可以通过走向十字架的殉道方式来表现自己对天国理想的坚定信念；然而到了基督教已经被罗马帝国所接受时，“为天国的缘故而自阉”的禁欲主义就成为一个基督徒表现纯真信仰的最高方式了。因此，在罗马帝国的最后一两个世纪里，主动要求与邪恶的异教文化和教会腐败相决裂的基督徒们，就纷纷采取了修道运动这种极端的做法。虽然在安东尼、杰罗姆、本尼狄克等修道者的身上，我们可以看到令人肃然起敬的坚定信仰和克制精神，但是这种自我摧毁的禁欲主义价值观却极大地悖逆了

1　G. F. 穆尔，《基督教简史》，郭舜平等译，商务印书馆，1981，第 116 页。
2　参见：《圣经 · 罗马书》，第 7 章，第 23 节；《圣经 · 加拉太书》，第 5 章，第 17 节。

人类的本性。在灵魂与肉体、“上帝之城”与“世俗之城”二元对立的神学思想影响下，偏激的修道士们把整个现实世界都视为魔鬼的泥沼。高雅优美的异教艺术、科学和哲学遭到了谴责，丰富多姿的世俗文化被蒙上了一片阴森晦暗的罪孽氛围，甚至连五彩缤纷的光华之色，也可能是魔鬼精心设计的一种诱惑。奥古斯丁在《忏悔录》中描写了自己是如何对情色之欲、口腹之欲、芬芳的诱惑以及声音之娱好进行了坚决的抵御，最后他开始忏悔“双目的享受”：

> 我的眼睛喜欢看美丽的形象、鲜艳的色彩……每天，只要我醒着，它们便挑逗我，不让我有片刻的安宁……不论我在哪里，彩色之王、光华灿烂浸润我们所睹的一切，即使我另有所思，也不断用各种形色向我倾注而抚摩着我。它具有极大的渗透力，如果突然消失，我便渴望追求，如果长期绝迹，我的心灵便感到悒悒不乐。
>
> ……我拒绝了眸子的诱惑，不让它们阻碍我的双足走你（指上帝——引者注）的道路；我向你睁开了无形的眼睛，盼望你把我双足从罗网中解脱出来。[1]

另一位修道生活的典范圣杰罗姆在给尤斯特修慕的信中描写了他早年是如何杜绝了肉体的享乐欲望，但却难以抵御西塞罗和普劳图斯（罗马喜剧作家）作品的诱惑，以至把这些异教徒的著作随身带到了修道的荒野中。他写道，在一次热病中，基督在他的梦中显现，指责他不是一个基督徒，而是一个西塞罗的信徒，并且对他处以鞭挞的惩罚。这位圣徒终于醒悟过来，他在梦中喊道：“主！如果

1　奥古斯丁，《忏悔录》，周士良译，商务印书馆，1963，第10卷，第34节。

我再持有世俗的书籍，或如果我再阅读这类东西，我便是自绝于我主了。”幡然猛醒的杰罗姆把西塞罗的著作付之一炬，从此以后再也不阅读任何古典作家的作品了。

这种极力诋毁一切感性之美和世俗享乐的禁欲主义倾向，正是在基督教悲凄苦难的罪孽意识和空灵幽邃的唯灵主义精神土壤中孕育的，并在基督教修道运动中被推向了疯狂的极端。海涅指出，基督教用罪孽意识和唯灵主义的圣水浇灌出了一朵禁欲主义的苦难之花，“这朵花绝不难看，只是鬼气森然，看它一眼甚至会在我们心灵深处引起一阵恐怖的快感，就像是从痛苦中滋生出来的那种痉挛性的甘美的感觉似的。在这点上，这朵花正是基督教最合适的象征，基督教最可怕的魅力正好是在痛苦的极乐之中”。[1]

这种“痛苦的极乐”感受，这种在苦难中升华、在屈辱中荣耀和向死而生的吊诡特点，正是基督教最富于精神感召力的地方。认识到这一点，我们才会明白，那个拿撒勒人耶稣所创立的小教派，何以竟然能够在几百年的时间里席卷了整个罗马帝国！

1　亨利希·海涅，《论浪漫派》，1979，第5页。

第二部

基督教信仰笼罩下的中世纪社会

罗马帝国在对基督教进行了数百年的逼迫之后，由于双方力量对比的明显逆转，不得不承认了基督教的合法地位。但是，基督教与罗马帝国的妥协只是暂时的，上帝与恺撒之间的本质矛盾注定了基督教的真正发展只能建立在罗马帝国的尸体之上。公元 5 世纪日耳曼蛮族对罗马帝国的大入侵，客观上为基督教的大发展扫清了世俗的障碍。当不可一世的罗马帝国和辉煌灿烂的古典文化被来自北方的蛮族夷为一片废墟时，基督教会就成为蛮荒世界中唯一幸存的文明教师，它义无反顾地承担起传承古代文化火种和教化蛮族的历史重任。由于蛮族的皈依，基督教的影响从地中海世界的希腊罗马文化圈扩展到阿尔卑斯山以北的日耳曼文化圈，罗马教会在把上帝的福音向北方传播的同时，也创造了一种与古典文明迥然不同的新文明，这就是基督教文明。

在中世纪，基督教文明深刻地影响了西欧社会的经济、政治和文化生活，以至我们可以恰如其分地把中世纪西欧文化称之为“上帝的文化”。中世纪世俗王权的积弱不振和封建社会的闭塞状况，恰恰为罗马教会在人世间建立上帝之城的宏伟理想提供了良好的机遇；

但是另一方面，罗马帝国的不散阴魂也在不时地激励着那些雄心勃勃的日耳曼王侯，这样就导致了教会与王权之间旷日持久的冲突。“教会所争取的，首先是独立于世俗权力之外，然后是凌驾于它们之上，这种斗争可以说是中世纪历史的主要动力。”[1] 在这场漫长而复杂的斗争中，教会手中虽然没有一兵一卒，但是它却掌握着世间所有俗人包括国王和诸侯的灵魂进入天国的钥匙，这种精神上的优势使得教会在 14 世纪以前的教俗之争中日益占据了上风。随着政治、经济实力的增强，罗马天主教会对中世纪西欧文化生活的影响也达到了无以复加的程度。这种无处不在的影响既推动了中世纪的文化复兴，促进了大学的兴起和中世纪学术、文艺的繁荣，也导致了教会对精神生活的全面控制，造成了铁板一块的思想专制格局。到了 14 世纪以后，随着法兰西、英格兰等民族国家的崛起以及教会内部腐败状况的加深，中世纪基督教文明的内在矛盾日益明显地暴露出来，罗马天主教会也从权力的巅峰跌落下来，开始面临着来自各方面的改革压力。于是，一种崭新的文化形态就在基督教文明的母腹中呼之欲出了。

1 G. F. 穆尔，《基督教简史》，1981，第 164 页。

第 4 章　日耳曼人的入侵与皈依

古代日耳曼人的基本状况

美国著名文化史专家威尔·杜兰在谈到基督教与罗马帝国的冲突时，诙谐地说道："恺撒与基督在斗技场上对势，胜利终属于基督。"[1] 经过几百年不屈不挠的发展，基督教从西亚的一个小教派逐渐成长为席卷整个罗马帝国的国教，以一种潜移默化的方式战胜了不可一世的罗马帝国和高雅奢靡的希腊罗马文化。公元 4 世纪基督教的合法化与国教化可以看作罗马帝国统治者迫于形势而不得不向基督教做出的妥协，但是基督教与异教文化之间的无形较量却并没有因此而结束，反而由于基督教会处境的改善而变得更加突出了。从根本上说，基督教的理想是与希腊罗马文化格格不入甚至截然对立的，因此与罗马帝国的暂时妥协并没有使基督教会感到轻松，反而加深了它的文化忧虑感。只要基督教会还必须继续仰承罗马帝国的鼻息，教会领袖和虔诚的基督徒们就会感到一种宗教上的屈辱，因

1　威尔·杜兰，《世界文明史：恺撒与基督》（下册），1999，第 859 页。

为“恺撒”在权势上仍然凌驾于上帝之上。只有当罗马帝国这座“世俗之城”被彻底毁灭了，上帝的仆人才能够真正地扬眉吐气。基督教会的这个愿望由于日耳曼蛮族的中介而成为现实——公元5世纪，日耳曼人的大入侵摧毁了西罗马帝国，从而一劳永逸地为教会消除了那个高高在上的“恺撒王国”。

基督徒们把日耳曼人称为“上帝的鞭子”，认为他们对罗马帝国的入侵体现了上帝惩罚邪恶的旨意。黑格尔也曾经不无夸张地认为："日耳曼各民族的使命不是别的，乃是要做基督教原则的使者。”“日耳曼人注定要做基督教原则的负荷者，注定要实现那个‘观念’作为绝对地‘合理的’目标。”[1]事实上，日耳曼民族之所以能够承担起基督教的原则，并非由于这个民族“命定”如此，而是历史机缘和后天教化的结果。但是从客观的角度来看，公元5世纪的日耳曼蛮族大入侵，为基督教会扫除了罗马帝国这个强劲的世俗对头，从而使基督教能够在一片文化废墟上无所羁绊地发展。在西罗马帝国灭亡之后的那几个黑暗世纪里，古典世界中硕果仅存的基督教会俨然以文明教师的姿态，通过以柔克刚的方式完成了对日耳曼蛮族的信仰传播和文明教化，从而最终实现了整个欧洲的基督教化。

古代日耳曼人（亦称条顿人）是一个庞大的部落集团，它由许多不同的部族组成，其中包括哥特人、汪达尔人、勃艮第人、撒克逊人、朱特人、盎格鲁人、法兰克人、苏维汇人、图林根人、查提人（黑森人）、伦巴第人以及斯堪的纳维亚半岛上的喜列维昂人等；他们使用的语言有哥特语、法兰克语、夫利斯–撒克逊语、高地日耳曼语等。“日耳曼人”（Germans）这个名称最初是由一位希腊历史学家波希多尼使用的，他在大约公元前80年时用这个称呼来指称罗

1　黑格尔，《历史哲学》，王造时译，生活·读书·新知三联书店，1956，第387、399页。

马北部边境以外的那些野蛮人。后来，恺撒在《高卢战记》中也开始使用这个名称，但是当时广泛分布在从莱茵河到维斯杜拉河、从多瑙河到波罗的海之间的广大地区的日耳曼各部落显然并不知道他们叫作“日耳曼人”，他们彼此之间语言风俗各不相同，甚至互不相知。按照罗马历史学家塔西佗的说法，是罗马境内的高卢人最先把莱茵河东岸的那些民族称为“日耳曼人”，后来那些民族自己也接受了这个称呼。从词源上看，“日耳曼人”一词可能来源于凯尔特语，意指“拿矛的人”；但是在拉丁语中，“Germanus”是一个形容词，表示“同父母所生的”之意，由“germen”（“子孙”）一词衍生而来。由此可见，恺撒时代的罗马人认为日耳曼人与他们自己有着某种血缘关系。

古代日耳曼人居住的地域北濒波罗的海，南至多瑙河，东起维斯杜拉河，西达莱茵河。公元1世纪上半叶，罗马百科全书式作家、《博物志》一书的作者老普林尼根据自己深入日耳曼人各部落的亲身经历，把日耳曼部落分为五大支，即温底尔族部落（哥特人）、印格伏尼安部落（盎格鲁人、撒克逊人等）、易斯卡伏尼安部落（法兰克人）、赫米诺尼安部落（苏维汇人、查提人等）以及与达克人接壤的倍基尼安人和巴斯泰尔人形成的部落。恩格斯后来在《论日耳曼人的古代历史》一文中，用语言学的考证来为老普林尼的划分提供支持，并且在五个部落之外又增加了居住在斯堪的纳维亚半岛的喜列维昂部落，但却把倍基尼安人和巴斯泰尔人合并到哥特部落中。

根据恩格斯的描述，温底尔族部落位于整个日耳曼地区的最东端，包括汪达尔山（厉森山脉）、奥得河与直抵维斯杜拉河彼岸的波罗的海之间的地区，主要包括三个部族，即汪达尔人、勃艮第人和哥特人，都使用哥特语，因此又称为哥特部落。印格伏尼安部落地处辛布兰半岛和易北河与爱姆斯河之间的沿海地带，包括夫利斯人

（辛布兰半岛的辛布兰人）、考赛人、撒克逊人、朱特人、盎格鲁人和凯鲁斯奇人，使用的是夫利斯–撒克逊语。紧靠莱茵河居住的是易斯卡伏尼安部落，包括苏干部尔人、乌比人、卡马维人、布鲁克忒人、邓克忒赖人、攸西配特人，他们大多都使用法兰克语，因而该部落又被称为法兰克人。这个部落由于分布在莱茵河沿岸，西有高卢人和罗马人的压力，东受赫米诺尼安部落的查提人和苏维汇人的限制，它的许多部族都曾隶属于罗马帝国。莱茵河以西的部分被划为罗马行省，当地一些部族都充当罗马莱茵河防线的雇佣军。罗马帝国即使是在最强盛的时期，对日耳曼蛮族的进攻也没有超越易北河，因此罗马帝国的主要同盟者和一部分对手也都是易斯卡伏尼安部落的人（法兰克人）。正因为如此，罗马人对该部落的情况要比对其他部落了解得更加详细。对于远在波罗的海沿岸的哥特部落和斯堪的纳维亚的喜列维昂部落，由于兵锋未及，罗马人对其情况几乎一无所知（公元 1 世纪以后，哥特人开始向南迁到罗马尼亚和黑海西北岸，分裂为东哥特和西哥特两个部分）。在多瑙河北岸居住的是赫米诺尼安部落，该部落的东部、西部和北部分别与哥特部落、易斯卡伏尼安部落、印格伏尼安部落毗邻。赫米诺尼安部落包括苏维汇人（包括阿勒曼尼–斯瓦比亚人、伦巴第人、马科曼奈人）、赫蒙都利人（图林根人）、查提人（黑森人）、巴达维尔人等，主要使用高地日耳曼语。苏维汇人曾经是罗马帝国的劲敌，公元 1 世纪时，马科曼奈人的领袖玛洛波都斯组成了最强大的日耳曼部落联盟，得到了巴达维尔人、伦巴第人等部族的支持，拥有阵容强大的步兵和骑兵，足以与罗马帝国相抗衡。最后一个部落是斯堪的纳维亚半岛的喜列维昂部落，该部落远离罗马世界，与中欧其他日耳曼部落的联系也不密切，在语言学上属于夫利斯语支。

关于日耳曼人的起源问题，学术界可能没有人能够说得清楚。

人们除了根据语言学的分类把他们归于操持印欧语系（或雅利安语系）的民族，以及知道他们在身体形态上与南欧的民族很不相同之外[1]，对于他们的最初情况知之甚少。此外，我们也不知道日耳曼人与其他印欧语系民族——希腊人、罗马人、高卢人、凯尔特人、斯拉夫人等——是否存在着某种渊源关系。早在公元前 1000 年前后，日耳曼人就生活在波罗的海地区和斯堪的纳维亚半岛周围。有学者推测道："从一些与雾气及北方微弱的阳光有关联的线索中，诸如动植物的名称或是金色的深浅上，我们推测出日耳曼人的发源地大约是波罗的海沿岸。"[2]后来由于某种不可知的原因，这个部落集团中的一些人群跟随在高卢人的迁徙浪潮之后，来到莱茵河和多瑙河流域。这个迁徙过程在公元前 4 世纪以前就已经开始了，一直到恺撒的时代还没有结束。在与强大的罗马帝国对峙了数百年后，由于受到匈奴人的逼迫和罗马帝国财富的诱惑，一支支日耳曼蛮族越过了莱茵河和多瑙河，最终造成了罗马帝国的覆灭。

罗马人对日耳曼人的最初记载，见于恺撒的《高卢战记》，在该书第 6 卷第 21—23 节中，恺撒描述了他所知道的日耳曼人的生活习惯和性格特征。据恺撒的观察，日耳曼人是一些没有文化的野蛮人，他们信仰最基本的自然神祇，如日神、月神和火神等，他们全部的生活只有狩猎和战争。从孩童时代开始，日耳曼人就养成了能够吃苦耐劳的坚忍性格。他们对农耕不感兴趣，食物以乳酪和肉类为主，所占土地每年都要由部落首领重新分配，目的是为了防止人们把"作战的热情转移到务劳上去"，从而滋生爱财之心和引起贫富分化。

1 据塔西佗描写："他们都有着凶暴的蓝眼睛、金黄色的头发、高大的身躯。"（参见：塔西佗，《阿古利可拉传 · 日耳曼尼亚志》，马雍、傅正元译，商务印书馆，1959，第 57 页。）这种身体特征显然不同于南欧那些身材较矮小、黑发的土居民族。

2 布林顿、克里斯多夫、吴尔夫，《西洋文化史》（第二卷），刘景辉译，台湾学生书局，1987，第 6 页。

在日耳曼人看来，只有不断进行的劫掠行为，才能保持淳朴的美德和受人尊重的地位：

> 他们的各邦，认为能蹂躏自己的边境，使本国外围有一圈愈大愈好的荒地包围着，是一件最最光荣的事情。他们以为邻人被逐出自己的土地，再也没人敢靠近他们居住，是勇敢的表示……抢劫事件如果是在各国自己的疆界以外做的，就不以为耻。他们辩解说：这样做是为了训练青年们，使他们免于懒惰。[1]

恺撒对于日耳曼人的描述是非常笼统而模糊的，事实上，他在征战过程中所接触到的仅仅只是居住在莱茵河西岸狭长地带（即所谓“上、下日耳曼尼亚”地区）的日耳曼人，这些日耳曼人在公元前 58 年恺撒征服高卢时就已经臣服于罗马帝国了。在恺撒时代的罗马人眼里，莱茵河以东、多瑙河以北的广大地区（即所谓“大日耳曼尼亚”）是一片尚未开化的蛮荒之地，他们对那里的情况几乎一无所知。

关于日耳曼人的社会状况和生活习惯，塔西佗在《日耳曼尼亚志》中有过很生动的描述。迄今为止，塔西佗的这部小册子仍然是研究古代日耳曼人生活状态的最权威的资料。从这本书中，我们可以看到，在塔西佗生活的公元 1 世纪，日耳曼诸部落中就已经出现了奴隶制的萌芽。虽然大多数日耳曼部落仍然过着半游牧的生活，但是他们无论在经济制度方面，还是在社会制度方面，都较恺撒的时代有了很大变化。这些变化主要应归功于罗马帝国的影响。

由于受长期游牧生活的影响，日耳曼人没有城市，住宅互不相

1　恺撒，《高卢战记》，任炳湘译，商务印书馆，1979，第 143 页。

连，人们追逐水草而居。各个日耳曼部落由于所处地域不同，接受罗马文明世界的影响程度也各异，所以不同部落之间的生活习惯和社会经济制度也互有差别。与罗马帝国接壤的那些日耳曼部落，如法兰克人，由于长期与罗马人打交道，其文明程度远比波罗的海地区的日耳曼部落要高得多，有些地区甚至已经开始使用罗马的货币，一些日耳曼人也来到罗马军队中充当雇佣军。然而，那些靠近波罗的海地区的日耳曼部落，如汪达尔人，则要落后得多。有的日耳曼部落已经逐渐适应了定居的农耕生活，塔西佗提到，在斯维比海东岸居住的伊斯替夷人在种植谷物方面比其他的日耳曼人更能吃苦耐劳；但是日耳曼的另一分支——查提人却对农耕毫不感兴趣，“他们没有居室、没有田地、没有职业；他们任意游荡，游荡到哪里，就由哪里的主人款待他们。他们挥霍旁人的财产，亦如轻视自己的财产一样，直到年老体衰，才失去当年的豪气”。[1]

总之，日耳曼人的生活习惯是豪放而懒散的，在和平时期他们把大部分时间花在狩猎和吃喝享乐上。他们宁愿游手好闲地消磨时光，也不愿去从事任何能取得预期效果的有计划的工作。他们把一切变故都当作偶然发生的事情，因此他们对待生活采取一种随遇而安的乐观主义态度。但是另一方面，他们天生的剽悍性格和躁动不安的游徙本性又不断地刺激他们去开拓新的生存空间。蒙昧使他们安于现世的粗鄙生活，同时又启迪了他们的原始野性，激发了他们的尚武精神。“他们有着极矛盾的性情：既贪于安逸，又不耐于宁静。”[2] 所以，尽管从事农耕可以大大地改善他们的生活条件，定居可以使他们避免自然界和人类社会的种种危险，但是游牧的习性却使

1 塔西佗，《阿古利可拉传 · 日耳曼尼亚志》，1959，第 57、71 页。
2 同上，第 63 页。

他们宁可选择更为恶劣的生活方式。“他们觉得与其去忍受耕种田地的辛苦和营造建筑的艰难，与其把自己和旁人的命运悬置于希望和恐惧之间，那倒不如他们这样生活之既安且乐了。”[1]

如同一切粗犷的游牧民族一样，日耳曼人也把战争和抢掠当作生活中的常事。迁移居住地的必然结果就是战争，而战争的目的就是劫掠。崇尚武力几乎是一切“蛮族”的共同特点，频繁发生的战争使得勇敢和强壮成为一个人继续生存的必要前提。在日耳曼人眼里，掠夺是强者的权利，战利品是对胜利者的一种公平的报偿，而孱弱和怯懦在日耳曼诸部落的习惯法中则被视为最大的耻辱和罪过。武器是荣誉的象征，因此在日耳曼人那里，兵器总是不离手。军事将领的推举不像国王或酋长那样依凭出身，而是以勇气和武力为标准。日耳曼地区出产的马匹并不优良，远远比不过高卢人的马，日耳曼人的骑术也不高明，所以日耳曼人并不像别的游牧民族那样以骑兵为战斗主力（虽然有的部落如邓克忒赖人的骑兵具有很强的战斗力），而是以步兵为主。他们的步兵阵形往往是按照各个家庭和血缘关系来排列，这样更能激发起战斗勇气，因为站在身边的就是自己最亲爱的人。日耳曼人在战斗时不讲究战术，往往凭个人的意气，乱杀乱砍一气。但是，在有些部落如查提人那里，步兵已经具有了可以与罗马军队相媲美的军事素质和严明纪律，能够进行大规模的战役了。

正是由于经常进行劫掠性战争，造成了日耳曼人轻视农耕。塔西佗写道：“这些恩典的财源都是从战争和劫掠中得来的。要想劝他们像向敌人挑战和赢得创伤那样地去耕种土地和等待一年的收成，那是很困难的。而且他们还觉得：可以用流血的方式获取的东西，

1　塔西佗，《阿古利可拉传·日耳曼尼亚志》，1959，第 80 页。

如果以流汗的方式得之，未免太文弱无能了。”[1]在古代日耳曼社会中，流血可以给一个人带来荣誉和财富，流汗却只能使他受到别人的耻笑，这种自由放任的生活习性造就了日耳曼人剽悍勇武的性格。从公元前 1 世纪到公元后 5 世纪，以尚武而著称的罗马人，在莱茵河和多瑙河一线面对的就是这样一些凶猛强悍的野蛮民族。

日耳曼蛮族与罗马帝国

根据塔西佗的记载，早在罗马纪元 640 年（即公元前 113 年），日耳曼部落中沿北海居住的辛布兰人就曾向高卢移民，并大举入侵罗马。此后一直到图拉真第二次任执政官（公元 97 年）的 200 多年间，罗马帝国与日耳曼蛮族之间的战火始终未能真正平息过。塔西佗认为，在这段时间里，日耳曼人对罗马社会所构成的威胁远远超过了萨姆尼特人、迦太基人、西班牙人、高卢人乃至帕提亚人。塔西佗是公元 2 世纪初去世的，如果他能够多活几个世纪，他就会更加清楚地看到日耳曼蛮族对于罗马帝国来说意味着什么。日耳曼蛮族与基督教一样，在塔西佗的著作中充其量只是作为罗马历史的一种无关紧要的点缀。但是在几个世纪以后，正是这两个因素最终导致了不可一世的罗马帝国的覆灭。

公元前 58 年，恺撒远征高卢，莱茵河西岸的日耳曼人抵挡不住罗马军队的强大攻势，不得不对罗马俯首称臣。到了罗马帝国时期，莱茵河和多瑙河构成了罗马的北部疆界，莱茵河与多瑙河沿岸地区的日耳曼部族都受到了罗马帝国的保护。在塔西佗的时代，居住在莱茵河右岸濒临北海的巴达维尔人和马提雅契人还曾经是罗马帝国

1　塔西佗，《阿古利可拉传 · 日耳曼尼亚志》，1959，第 62—63 页。

的忠实盟友，他们不用向罗马帝国纳税进贡，只须为罗马的辅助部队提供兵源。巴达维尔人一向以勇猛著称，罗马皇帝的侍卫中有许多巴达维尔人。公元 1 世纪末，他们居住的地区被合并于罗马帝国，成为罗马帝国的一个行省。与巴达维尔人相邻的夫利斯人不承担为罗马帝国提供兵源的义务，但却必须向罗马缴纳贡税，并长期受到罗马长官的监督。这些部落虽然也曾举行过反对罗马统治的起义，但却未能最终摆脱罗马的控制，一直到蛮族大入侵的时代，才改变了对罗马的隶属关系。赫米诺尼安部落的赫蒙都利人是所有日耳曼人中因效忠罗马而获准进入罗马境内的里西亚行省经营贸易的唯一部族，他们被罗马人安置在多瑙河沿岸，为罗马帝国构成了一道防御外族进犯的屏障。

恩格斯写道："自恺撒时代以来，罗马人和日耳曼人对峙在莱茵河上，从奥古斯都征服了勒威亚、诺里克和班诺尼亚以后，双方又对峙在多瑙河两岸。"[1] 罗马帝国在奥古斯都时代处于强盛状态，它在莱茵河沿岸配置了 8 个军团（1 个罗马军团由 4500 名战士组成），由奥古斯都的继子杜鲁萨统率。杜鲁萨对日耳曼尼亚发起了几次进攻，第一次是在公元前 11 年，他从莱茵河三角洲上游渡河，征服了攸西配特人和苏干布尔人的部分地区；第二年，杜鲁萨又发动了另一次进攻，他率部渡过莱茵河和立贝河，利用苏干布尔人与查提人的矛盾对这两个部族进行了打击。公元前 9 年，杜鲁萨再次进攻苏干布尔人和查提人的地区，并把战火一直推进到苏维汇人的地方，从而把整个莱茵河以东的易斯卡伏尼安部落都纳入罗马帝国的势力范围内。杜鲁萨接着又向威塞尔河以北的凯鲁斯奇人地区进军，一直打到易北河才退兵。尽管在进军的途中遭到了日耳曼人的顽强反抗，

1 马克思、恩格斯，《马克思恩格斯全集》（第十九卷），1963，第 493 页。

但是就军队推进的纵深程度和战果而言，罗马人仍然能以胜利者的身份而自慰。

精明善战的杜鲁萨死于这次征战的班师途中，他的继任者提庇留乌斯后来又对易北河以西的日耳曼人地区发动了几次进攻。提庇留乌斯交替使用武力征服和挑拨离间的手法，使得这个地区的各日耳曼部族相继就范。他强迫4万苏干布尔人迁徙，以便使这一支最富有战斗力的日耳曼部族不再对罗马帝国构成威胁。公元4年，提庇留乌斯被奥古斯都收为养子，同年和次年，他又向日耳曼尼亚发起了两次进攻，征服了布鲁克忒人，击败了凯鲁斯奇人和住在威塞尔河入海口地区的考赛人。至此，易北河以西的日耳曼诸部族几乎都遭到了罗马军团的打击。但是，罗马的兵锋从未逾越过易北河，对于易北河以东幅员广阔的哥特部落，奥古斯都时代的罗马人可能完全是陌生的。

公元6年，提庇留乌斯向多瑙河北岸的马科曼奈人发起进攻。当时马科曼奈人正处在杰出首领玛洛波都斯的领导之下。玛洛波都斯在罗马受过教育，深谙罗马战术。他拥有的70000步兵和4000骑兵都是按照罗马军队的规范建立起来的。他组织了强大的部落联盟，得到伦巴第等部族的支持。提庇留乌斯集结了12个军团，并以多瑙河沿岸被征服的各日耳曼部族作为后备力量，准备向马科曼奈人大举进犯。但是战端未开，内乱先起，多瑙河南岸的两个罗马行省达尔马提亚和潘诺尼亚发生了当地部族的起义，提庇留乌斯不得不匆忙与玛洛波都斯签订了和约，回过头来镇压罗马境内的起义。镇压持续了3年，起义被平息了，但罗马军队元气大伤，再无力顾及马科曼奈人了。

到此为止，罗马帝国虽然未能完全征服易北河以西的全部日耳曼人领土，但至少在鲁尔河以北直到易北河的广大地区站稳了脚跟。

这一地区的巴达维尔人和夫利斯人都是罗马的忠实盟友，攸西配特人、布鲁克忒人、考赛人、凯鲁斯奇人、伦巴第人都慑于罗马军威，俯首称臣。鲁尔河以南的苏干布尔人、邓克忒赖人和查提人也在罗马的控制之下。在莱茵河上游的东岸和多瑙河北岸地区，虽然与马科曼奈人处于对峙状态，但是由于玛洛波都斯并不想主动进犯罗马帝国，因此罗马人仍然保持着一定的势力范围。在提庇留乌斯担任日耳曼尼亚的罗马军队统帅期间，罗马帝国对日耳曼尼亚的控制可以说是处于鼎盛状态。

接任提庇留乌斯治理日耳曼尼亚的是瓦鲁斯，这是一个极度腐化的罗马人，虚荣而贪婪。在他曾经担任总督的叙利亚，人们这样评价他："他来时，他贫穷而叙利亚富足；他去时，他富足而叙利亚贫穷。"瓦鲁斯对军事毫不通晓，却一味沉迷于烦琐细苛的罗马诉讼程序，他想把罗马文明社会的那套繁文缛节的法律强加给野蛮质朴的日耳曼社会，其结果必定会引起日耳曼人的强烈反抗。公元9年，凯鲁斯奇人在阿尔米尼乌斯的领导下爆发了起义，阿尔米尼乌斯曾在罗马军队中服役过，他既是一个杰出的军事统帅，又是一个优秀的政治家，他起义的目的是摧毁罗马人在莱茵河东岸的统治。瓦鲁斯获悉起义消息后，带领3个罗马军团匆忙赶来镇压，行至立贝河北段的条陶堡森林时，遭到阿尔米尼乌斯的伏击，罗马军队溃败，3个军团被全歼，瓦鲁斯本人也自杀身死。消息传到罗马，奥古斯都悲愤至极，大声疾呼："瓦鲁斯，还我三个军团！"当时罗马处于恐怖的气氛中，罗马人深恐阿尔米尼乌斯越过莱茵河进犯罗马。在罗马帝国北境，玛洛波都斯也趁机率部越过多瑙河，解放了被罗马人镇压下去的潘诺尼亚人。

提庇留乌斯不得不匆忙赶到莱茵河地区来收拾残局，终于使罗马人担心的事情——日耳曼人大举入侵罗马帝国——未能发生。事实上，当时的日耳曼人只是想摆脱罗马人的统治，并不想也无力主动进犯罗马帝国。奥古斯都死后，提庇留乌斯继任罗马皇帝，他指派杜鲁萨之子泽曼尼卡斯又对日耳曼尼亚发动了3次进攻，但是每一次都未能取得实质性的战果。公元16年，泽曼尼卡斯被提庇留乌斯召回罗马，罗马人深入日耳曼尼亚内地的远征，从此便告以结束。公元1世纪的罗马人虽然在莱茵河和多瑙河沿岸地区建立了上、下日耳曼两个行省，但是奥古斯都皇帝的征服日耳曼各部落、建立大日耳曼行省的梦想却永远破灭了。1世纪末叶，罗马人在莱茵河东岸建立了防御性的界墙，这意味着罗马人已经放弃了主动进攻的姿态，开始在日耳曼人面前采取守势了。

此后，罗马帝国对付日耳曼人的主要手段已经从武力征服变为挑拨离间，其目的在于使日耳曼各部族之间互相牵制、互相削弱。塔西佗表达了这种思想："我默祷：如果这些部落不能对我们保持友好，但愿他们彼此仇视起来；因为我们帝国的隆运已经衰替，幸运所能赐给我们恩典也就无过于敌人的内讧了。"[1]在罗马的唆使之下，两个最强大的日耳曼部族——马科曼奈人和凯鲁斯奇人——之间发生了激烈的战争，玛洛波都斯战败，阿尔米尼乌斯的实力也大受挫折，而罗马却从中渔利，在相当长的一段时间内保证了莱茵河和多瑙河疆界的平安无事。

以后罗马帝国和日耳曼蛮族的历史基本上是独立发展的，其间也偶有冲突和渗透。公元167年，马科曼奈人、伦巴第人、汪达尔人等日耳曼部族联合起来侵入罗马的潘诺尼亚行省，罗马皇帝马可·奥勒留组织了四次军事行动才打败了入侵的日耳曼人。到了公元3世纪以后，随着罗马帝国的日益衰落，战斗力锐减的罗马军团

1 塔西佗,《阿古利可拉传·日耳曼尼亚志》, 1959，第72页。

再也无暇顾及莱茵河、多瑙河彼岸的事情。新崛起的哥特人和汪达尔人虽然不断地对罗马边境地区进行攻略，但是对于绝大多数日耳曼蛮族来说，罗马帝国仍然是光芒四射和不可战胜的。许多日耳曼人来到罗马帝国境内谋求生计，充当雇佣军，学习罗马人的军事和政治。此时的罗马帝国已经成为军队手中的玩物，罗马公民们已经在巨大财富和享乐主义的腐蚀下养得脑满肠肥，再也不愿为祖国而流血牺牲了。在这种情况下，蒙昧而剽悍的日耳曼人就成为罗马雇佣军的主力。据统计，到公元 400 年，罗马军队中已经有 30%~50% 的士兵是日耳曼人。这些对于罗马帝国缺乏任何忠诚、仅仅是出于利益才加入军队的蛮族雇佣兵，只为那些能够给他们带来切实好处的将领或皇帝们打仗。他们表面上是罗马帝国的保护者，实际上已经成为随时都可能颠覆罗马帝国的巨大隐患。

到了公元 4 世纪，以匈奴人为首的游牧民族对农耕世界的大冲击浪潮从东方涌过来。在骁勇善战的匈奴人大举西进的压力之下，大批的哥特人从黑海西北岸退守到多瑙河河畔。当时的罗马历史学家阿米安 · 马尔策林描写道：

> 这种惊人的消息传到哥特人其他部落那里，他们听到说一种从前没有听说过的一种人，不知从地球的何处，如高山上的暴风雪般地骤然来临，碰到他们的东西都遭到抢夺破坏，这时候，这些哥特人大部分都因饥寒交迫，疲惫不堪，遂叛离了阿塔那里克，企图逃到这些野蛮人不知道的地方，重新安家。[1]

1 阿米安 · 马尔策林，《历史》，转引自：周一良、吴于廑主编，《世界通史资料选辑》（中古部分），商务印书馆，1974，第 10 页。

为了逃避匈奴人的打击，西哥特部族派出代表与罗马帝国皇帝瓦伦斯商谈，表示愿意遵守罗马的法律，并且在战时为罗马帝国提供兵源。公元 376 年，苦于兵源匮乏的罗马皇帝接受了哥特人的请求，准许他们渡过多瑙河，定居于罗马帝国管辖的色雷斯地区。但是不久以后，罗马官吏的腐败和苛政激怒了野性未泯的西哥特人，致使他们起兵反抗，从而从罗马帝国的戍边者变成了日耳曼蛮族入侵罗马帝国的先头部队。公元 378 年，在阿德里亚堡战役中，哥特人围歼了罗马军队，罗马皇帝瓦伦斯也在战斗中被杀死。马尔策林对阿德里亚堡惨败评论道："虽然罗马在以前也曾交过厄运，受过欺骗，在战争中遭遇失败，虽然希腊人在他们的挽歌中也曾经哀悼过不少的国殇，但是像这次损失这样的惨重，在以前的历史记载中，除了坎尼之战以外，还没有见过。"[1] 罗马帝国从此一蹶不振，从鱼肉四邻的侵略者变成了任人宰割的盘中餐。匈奴人和日耳曼人对罗马帝国轮番攻略的序幕也由此拉开。

公元 407—410 年，西哥特人在其首领阿拉里克的率领下，三次围攻了西罗马帝国的首都罗马城。[2] 第一次，阿拉里克在获得了大量赎金后退兵；第二次，他在罗马扶持了一个傀儡皇帝；第三次，即公元 410 年，哥特人在罗马奴隶的里应外合下，攻陷了这座千年来屹立不动的"永恒之城"。"在罗马建城 1163 年之后，这座曾经征服并养育了人类中极大一部分的帝国之都终于暴露在日耳曼和西徐亚

1 阿米安·马尔策林，《历史》，转引自：周一良、吴于廑主编，《世界通史资料选辑》（中古部分），1974，第 18 页。

2 公元 3 世纪后半叶，罗马帝国陷入了严重的分裂状态。后来虽经戴克里先、君士坦丁等皇帝的努力，实现了罗马帝国的统一，但是君士坦丁死后，罗马帝国再度分裂为东西两大部分。公元 394 年，东罗马帝国皇帝狄奥多西击败了西罗马帝国统治者马克西米乌斯父子，最后一次统一了罗马帝国。但是第二年狄奥多西皇帝去世，罗马帝国被他的两个儿子瓜分，从此以后，罗马帝国再也没有统一过。西罗马帝国不久以后就毁于日耳曼蛮族的大入侵，而东罗马帝国在苟延残喘了一千年之后，于 1453 年被土耳其人摧毁。

部落狂暴的蹂躏之下了。”[1] 阿拉里克的部下对罗马城进行了几天的大肆劫掠，然后弃城而去，把进攻的矛头转向了高卢和西班牙。公元455 年，以“文化破坏者”而著称的汪达尔人再度攻陷罗马，对这座古老的城市进行烧杀劫掠达 14 天之久。西罗马帝国在日耳曼蛮族的轮番摧残之下，已经进入气息奄奄的濒危状态。

公元 418 年，西哥特人以法国西南部的图卢兹为首都，在罗马帝国境内建立了第一个蛮族王国——西哥特王国。不久以后，一支支日耳曼蛮族纷纷在西罗马帝国的疆域里建立起自己的独立王国。公元 476 年，蛮族雇佣军将领奥多亚克废黜了西罗马帝国的末代皇帝小罗慕洛斯 · 奥古斯都，并把西罗马帝国的徽标转让给东罗马帝国，此举标志着西罗马帝国的正式灭亡。不久以后，东哥特人入侵意大利，杀死奥多亚克，建立了东哥特王国。在高卢，法兰克人征服了早些时候入侵的西哥特人，在首领克洛维的统治下建立起法兰克王国。其他蛮族部族也在罗马帝国的各地建立了政权——西哥特人和苏维汇人瓜分了西班牙和葡萄牙，勃艮第人占领了瑞士和法国东南部，汪达尔人控制了北非，盎格鲁人和撒克逊人在不列颠建立了政权，阿勒曼尼人则在西罗马帝国境外的德国地区形成了自己的王国。到了 6 世纪，东罗马帝国皇帝查士丁尼虽然曾一度收复了意大利、西班牙和北非，但是他死以后，西哥特人又重新夺取了伊比利亚半岛，新从北方涌来的伦巴第人则取代东哥特人占领了大部分意大利。公元 7 世纪，随着阿拉伯帝国的崛起，北非和西班牙相继被阿拉伯人吞并，但是日耳曼人在西欧建立的那些蛮族王国却得以延续，后来逐渐分化演变为中世纪大大小小的封建王国。

---

1 爱德华 · 吉本，《罗马帝国衰亡史》（下册），黄宜思、黄雨石译，商务印书馆，1997，第 35 页。

日耳曼人最初的信仰教化

日耳曼蛮族的大入侵及其对罗马帝国的瓜分，给西方社会带来了巨大的浩劫，使得辉煌灿烂的希腊罗马文明转瞬之间变成了一片文化废墟。蛮族的入侵活动断断续续进行了一个多世纪之久，到了公元 6 世纪晚期，整个西欧社会都陷入一片混乱和黑暗中。西方学术界通常把公元 5—8 世纪称为“黑暗时代”，也就是说，西方文明在这一段时间里似乎又倒退到文明出现之前的蛮荒状态。一个学者对当时的社会情况描述道：

> 当时的日常生活，就体育、智育和德育来说水平的确都是很低的。人们常说，六至七世纪的欧洲又回到了野蛮状态，但那并不说明情况的真实性。更正确的是说罗马帝国的文明已落到极端腐败的状态。野蛮状态是雏形的社会秩序，在它的范围之内还是有秩序的；但是欧洲的情况在支离破碎的政局下是一种社会混乱。它的风气不是茅屋乡村的风气，而是贫民窟的风气。在野蛮人的茅屋乡村里，野蛮人知道他是属于一个社团的，生活和行动有所约束；在贫民窟里，个人既不知道有更大的集体，也不知道自己的行动同这集体的关系。[1]

在这种普遍的混乱和分裂状态下，当辉煌的古典文化完全被淹没在蛮族入侵者的蒙昧而粗野的习俗中时，基督教会作为古典社会中唯一存留下来的政治-文化统一体，义无反顾地承担起它的神圣使命——对狂暴的日耳曼蛮族进行以柔克刚的改造和教化。在这个时

1　赫 · 乔 · 韦尔斯，《世界史纲》，吴文藻等译，人民出版社，1982，第 600 页。

候，罗马教会所面临的问题已经不再是如何抵制一个比它更加文明的异教文化，而是如何同化一个比它落后得多的蛮族文化。“如果说基督教在罗马世界中的基本态势是学习的话，那么在日耳曼西方的基本态势就是教导别人，它传授给日耳曼人的正是它过去从罗马人那里学来的东西。”[1] 对于这个新的历史使命，罗马教会是既乐意又完全胜任的。

公元 5—7 世纪，由于蛮族入侵而导致的人口大规模流动，严重地破坏了与环境相称的卫生条件，结果引发了瘟疫的大流行。这些流行病不仅夺去了成千上万人的生命，而且对欧洲的政治格局产生了重大的影响。例如，452 年北意大利暴发的热病在客观上挫伤了来势汹汹的匈奴军队的锐利兵锋，使得罗马在经受了日耳曼蛮族的劫掠之后避免了遭受阿提拉的匈奴军队的进一步摧残；然而，565 年在意大利蔓延的黑死病却大大地削弱了抵御伦巴第人入侵的东罗马帝国军队的力量，从而使得伦巴第人顺利入主意大利，建立了伦巴第王国。据吉本所言，543 年，君士坦丁堡的瘟疫每天都要夺去 1 万人的生命。在不列颠，从 664 年到 683 年的 20 年间，先后有四次大瘟疫摧折了数以万计的生命。总之，在这几个世纪里，各种流行病不断地袭击意大利、西班牙、高卢、不列颠和东罗马帝国。许多城市在战乱和瘟疫的双重打击之下成为空无一人的墓场，在一些地区，庄稼和葡萄都烂在地里无人收获。与瘟疫同行的还有灾荒和饥饿，以及一些奇异的天象示警，如彗星、地震等。这一切天灾人祸都发生在被夷为废墟的罗马帝国的土地上，对于蒙昧无知的蛮族入侵者来说，无疑是一种可怕的征兆。面对着被毁坏的灿烂辉煌的古典文明废墟，日耳曼蛮族虽然愚钝，但是在内心深处也会产生一种不安

1　约翰·麦克曼勒斯主编，《牛津基督教史》，1995，第 60 页。

的“罪孽”意识。尤其是当他们面对基督教会的悔罪劝诫和那些令人震惊的宗教圣像的时候，内心中的神圣感就会油然而生，从而对自己的狂暴行为产生一种莫名的恐惧。西哥特人的领袖阿拉里克曾在攻克罗马城以后放纵部下对这座千年名城进行了抢劫，但是他却告诫士兵们不要滥杀无辜和破坏教堂神圣之地。吉本记载了哥特人劫掠罗马城时的一件事情，从这里我们可以看到，即使是野蛮人，对于神圣事物仍然具有敬畏之心：

> 当那些野蛮人在城中四处寻找抢劫目标时，一位终生为祭坛献身的老处女的破旧的住所被一位强悍的哥特人撞开了。他说话尽管语气温和，但却要求她立即交出她所有的金银，他完全想不到，她竟二话没说便带他到了一个堆满各种用最珍贵的材料、最上乘的工艺制成的贵重餐具的金光闪闪的地窖。野蛮人看着自己所获得的财宝惊喜万分，但这时下面的一席庄严的忠告却使他呆住了：“这些，”她说，“都是奉献给圣彼得的圣器：如果你敢触动它们，你的渎圣的罪行将使你的良心永远不得安宁。至于我，我并不想强留下我无力保护的东西。”这位哥特队长怀着恭敬之心，把他发现宝藏的事报告国王，因而得到阿拉里克的一项严格命令，所有奉献给神的餐具和饰物都必须立即分毫无损地送往圣徒的教堂。从或许是基里那尔小丘的尽头直到梵蒂冈的遥远地带，众多的哥特部队排成作战的阵式，穿行在各主要街道上，用闪光的兵刃保卫着大队大队在头上高高顶着金银圣器的教徒，一时间野蛮人的军事口令声和赞美诗的歌声响成一片。[1]

1 爱德华·吉本，《罗马帝国衰亡史》(下册)，1997，第35—36页。

日耳曼蛮族的敬神之心不仅源自他们愚钝淳朴的本性——任何野蛮民族都天生具有对神圣事物的敬畏之心——而且与基督教传教士的后天教化有关。早在大举入侵罗马帝国之前，一些日耳曼部族就已经通过与罗马人的和平交往而接触到基督教信仰。公元 264 年，西哥特人曾袭击了卡帕多西亚并俘获了一些罗马人，这些战俘中的一些基督教信徒很可能把基督教信仰的种子带给了蛮族。因此到了 3 世纪末叶，在西哥特人居住的地区已经出现了最初的教会组织。在修道运动蓬勃开展的时期，罗马帝国境内的一些虔诚的基督徒为了抵御异教文化的奢靡风气，也自愿地深入日耳曼人生息的蛮荒之地来传播上帝的福音。他们的本意原来是为了磨炼自己的信仰和意志，结果却使基督教信仰在一些日耳曼部族中扎下根来。尼西亚公会议之后，遭到贬抑的阿利乌派信仰被禁止在罗马帝国境内传播，于是阿利乌的追随者们不得不越过多瑙河，到广大的日耳曼地区去传教。作为这种传教活动的结果，最初是西哥特人，继而是东哥特人、汪达尔人、苏维汇人以及一些较远的日耳曼部族如勃艮第人、伦巴第人等，都在入侵罗马帝国之前相继皈依了阿利乌派的基督教会。

著名的教会史家沃尔克写道:“事实上，基督教渗透得极其广泛，如果他们推迟两个世纪入侵的话，那么所有日耳曼人都将作为基督徒进入帝国，这看来并非不可能。事实上，只有离西哥特人最远的日耳曼部落没受到他们影响，这些部落在德国西北部，其中最主要的是法兰克人和撒克逊人，他们入侵罗马帝国时占压倒多数的人仍信奉异教……日耳曼人侵入帝国时，其中大部分人对基督教不抱敌意，这是极其重要的。如果西罗马帝国早一个世纪陷落（这是可能的），那么基督教的遭遇就会完全不同。”[1] 阿利乌派信仰虽然被罗马

1 威利斯顿 · 沃尔克,《基督教会史》, 1991，第 150 页。

正统教会斥为异端，但是它却在引导日耳曼蛮族皈依基督教方面，功不可没。从宗教的角度来看，当时入侵罗马帝国的日耳曼蛮族大多是信仰阿利乌派基督教，而拉丁民族则奉行大公教会的信仰。二者在教士制度、圣事礼仪等方面大致相似，只是在玄奥的神学教义上有所区别，这些区别对于没有教养的日耳曼人来说是无足轻重的。因此，在入侵西罗马帝国之后不久，那些蛮族部族除了占据北非的汪达尔人之外，其他的都先后出于政治和文化方面的原因而接受了罗马公教会的正统信仰，放弃了阿利乌派的信仰。可以说，日耳曼蛮族虽然最初是通过阿利乌派这个“异端”教师而被引入基督教信仰圣殿的，但是后来却是通过对罗马公教会的皈依而开始了文明教化的过程。

蛮族大入侵之后，西罗马帝国崩溃了，它的一切艺术、思想、道德和制度也都随之瓦解，只有基督教会没有遭受到厄难，它用神圣的基督信仰制伏了桀骜不驯的北方蛮子。自从蛮族雇佣军首领奥多亚克废黜了西罗马帝国末代皇帝小罗慕洛斯以后，一直到公元800年查理受教皇利奥三世加冕而称帝为止，在这三百多年的时间里，西欧范围内始终没有皇帝。奥多亚克以及后来取代他的东哥特人首领提奥多里克尽管统治着意大利，但是他们和统治着西班牙的西哥特人一样，在名义上仍然臣属于君士坦丁堡的罗马皇帝（事实上，自从君士坦丁大帝的时代开始，罗马帝国的重心就已经东移至君士坦丁堡了）。对于那个庞大的、死而不僵的罗马帝国，各自为政的蛮族入侵者们并没有取而代之的政治野心，他们入侵罗马帝国的原因一方面是迫于匈奴人等亚欧游牧民族的挤压，另一方面则是出于对罗马帝国财富的觊觎。因此，一旦各支日耳曼人进入帝国境内，他们就在所占领的富庶土地上心满意足地定居下来，不再谋求进一步的发展，这也是东罗马帝国能够继续存在下去的重要原因之一。在组建和管理一个庞大的帝国方面，日耳曼民族是不能与拉丁民族相提并论的，在他们的文化素质中似乎缺乏一种优秀的组织能力。这一点在整个中世纪都可以充分地得到证明——查理帝国不过是昙花一现；神圣罗马帝国更是一个徒有虚名的空架子，皇帝只不过是诸侯们手中的傀儡。伏尔泰曾经尖刻地嘲讽神圣罗马帝国“既不神圣，亦非罗马，更谈不上是一个帝国”。即使是到了马丁·路德宗教改革之后的近代，德国仍然长期处于四分五裂的积弱不振状态。一直到19世纪下半叶，当“铁血宰相”俾斯麦用强力完成了德意志的统一之后，德国在政治上才最终摆脱了分散落后的状况。

当日耳曼人摧毁了西罗马帝国之后，在西欧的土地上就出现了许多各自为政的蛮族王国，这些国家又进一步分割为更小的诸侯国和骑士领地，从而使西欧陷入了一种名副其实的“封建”状态。从6世纪到13世纪，西欧虽然也曾出现过法兰克人建立的墨洛温王朝、加洛林王朝和萨克森人建立的神圣罗马帝国，但是除了少数强权君主（如查理大帝、奥托一世、腓特烈一世等）的统治时期之外，日耳曼人所经营的世俗权力在绝大部分时间里都处于一种分散和缺乏效率的状态。罗马帝国统治时期的那种大一统局面和万国来朝的博大胸怀再也看不到了，欧洲被分割成一个个自给自足的狭小的封建领地。这种封闭而鄙陋的状况虽然不利于经济和政治的发展，但是它却为罗马教会的全面控制提供了最合适的土壤。“西方的损失在规模庞大的政府与组织方面表现得最为明显。黑暗时代期间，虽有查理帝国昙花一现，但仍然显示出此一时期的人们无力组织一个庞大的政府来治理一个广大而复杂的政治或经济社会。只有罗马公教能超越这种早期国家或省区间的狭小界限，可以在广大的人民当中，维持一个有效的组织。”[1] 在这种分散而彼此闭塞的封建社会中，帝国

1　布林顿、克里斯多夫、吴尔夫，《西洋文化史》（第二卷），1987，第4页。

的权威逐渐被教会的权威取代，恺撒的王国让位于上帝的王国。“上帝之城”只能建立在“世俗之城”的废墟之上，正是由于人间的帝国崩溃了，人们才普遍地把目光投向了天国。在一个没有世俗首领——皇帝——的世界里，天国在此世中的代理人——教皇和主教们——理所当然地就成了至高无上的统治者：

> 公元500年之后，西欧的基督徒中有更多的人已不再是罗马皇帝的臣民。到600年，罗马皇帝的权力只在意大利半岛的若干地区还得到承认。即使在半岛上，到了下一个世纪，这种权力也变得微弱而无效了。在居住着日耳曼人并受到日耳曼国王统治的地区，新的政府形态和新的政治制度往往与古老的罗马传统并存，大多数人的生活视野更狭窄了，曾维系着各个相距遥远的省份的那种广泛联系渐趋淡薄。地方神职人员和军人阶层中的上层人士逐渐形成紧密结合的小规模集团，这些集团代表着狭隘的利益和局部的忠诚，有时还带有强烈的地方自豪感。在这样一个世界中，代表地方世俗统治者的教权和军权凌驾于政府官员之上，许多城市，特别是罗马的政权逐渐转移到主教手中。6世纪末，一个法兰克国王抱怨说，所有的财富都归属主教了，王室政府财政收入锐减，城市中主教们的权力正在取代王权。只有主教才有资格和财力去实施原本由地方贵族负责的工作，诸如建造新运河、保障用水供应、维修防御工事等。他们也承担起举办慈善事业这类传统任务，包括赈济贫民、安置难民和救赎俘虏。[1]

1　约翰·麦克曼勒斯主编,《牛津基督教史》, 1995, 第78页。

罗马帝国的瓦解为罗马教会的大发展提供了良好的机遇，对于虔诚的基督徒来说，蛮族对罗马帝国的入侵恰恰为他们对那些异教徒进行洗礼提供了一次机会。现在教会的领袖们再也不用为如何去迎合皇帝的爱好而绞尽脑汁了，他们只需要用上帝的神圣权威来慑服和教化那些粗野却淳朴的日耳曼蛮族。另一方面，混乱而分散的蛮族王国和封建状态也为基督教的广泛传播创造了合适的土壤，罗马教会的思想专制和至高权力正是在一种封闭的经济、混乱的政治和蒙昧的文化状况中逐渐确立起来的。在一片充满了蒙昧气息的“文化荒漠”中，教会组织如同雨后春笋一般茂盛地生长起来。如果说在文明开化的希腊罗马世界中，基督教会曾经被有教养的人们看作一个狂热而迷信的团体，那么在粗俗不堪的日耳曼蛮族王国里，基督教会则充当了一个文明教师的角色，它不仅成为在莠草一般蔓延的蛮族世界中传承古典文化火种的唯一接力手，而且成为将各个不同民族融合起来的重要黏合剂。哈佛大学宗教史专家穆尔（George Foot Moore）教授写道：“条顿民族的公教化，不完全是政治影响造成的。公教会是古代拉丁文化——语言、文学、科学和艺术——的主要继承者，当那些新来的人企图占有这一高度发达的文化时，公教会教士就成了他们天然的教师。宗教上的统一反过来又大大促进了同化的过程，不仅使罗马化居民与日耳曼入侵者混为一体，而且使异教的高卢人和伊比利亚人也在这时期大批加入罗马教会。”[1]就此而言，基督教会既是从内部摧毁古典文化的“特洛伊木马”，又是保留了古典文化种子的“诺亚方舟”。可以说，如果没有基督教会在古典文明与蛮族王国之间进行的文化传承活动，欧洲文明的延续和发展是不可想象的。虽然中世纪的教会从古典文化的种

1 G. F. 穆尔，《基督教简史》，1981，第 149 页。

子中孵化出了一些形态诡谲的变异产品，但是它那别具一格的天国理想、深入人心的罪孽观念、庄严肃穆的教堂文化以及清纯脱凡的赞美诗歌，却是引导日耳曼蛮族告别暴戾和蒙昧，走向文明和教化的重要向导。

日耳曼各族皈依罗马天主教会的历程

日耳曼蛮族对罗马大公教会或天主教会的皈依是在大入侵以后的“黑暗时代”里逐渐完成的，通过持续不断的努力，罗马教会的正统信仰终于在一个又一个的蛮族王国里取得了全面胜利，阿利乌派的基督教则被完全逐出了西欧的范围。在入侵西罗马帝国的各个日耳曼部族中，法兰克人是少数在入侵之前没有接受阿利乌派信仰的异教民族之一（另一个重要的异教民族是入侵不列颠的盎格鲁-撒克逊人），正是这种在基督教信仰方面的单纯状态使他们成为最早皈依罗马公教会的民族。由于法兰克人建立的蛮族王国不仅持续的时间最长，而且势力最为强盛，因此法克兰人对罗马公教会的皈依就在很大程度上影响了其他蛮族王国，从而使它们纷纷接受了罗马教会的正统信仰。著名中世纪史专家汤普逊（James Westfall Thompson）对法兰克王国的这种特殊历史地位评论道：

> 法兰克社会果然是残暴粗野的，但它具有一种刚直性、一种力量、一种生活力、一种纯粹性，而这些都是西哥特人和东哥特人所没有的……法兰克国家不仅是注定要成为所有日耳曼族中的最持久的、最有势力的国家；也是注定要成为最有建设性的国家，是在罗马帝国废墟上建立一个新欧洲的新生和团结的力量。所有其他日耳曼王国，是太脆弱、太易破碎，不能维

> 持久远。只有法兰克人连同教会，才是注定要完成这古代世界和中世纪世界间的过渡工作的。[1]

法兰克人在入侵西罗马帝国之前，长期生活在莱茵河东岸地区，与罗马帝国打过数百年的交道，受罗马文化的影响也较深。在蛮族大入侵的时代浪潮中，法兰克人趁着西罗马帝国的虚弱而越过莱茵河，侵入高卢。公元 486 年，法兰克人在墨洛温家族及其首领克洛维（Clovis，481—511 年在位）的统率下统一了高卢和低地国家[2]，建立了法兰克王国。在以后的数百年间，虽然其他的蛮族王国都在经历了各种变故之后走向了衰落，但是唯有法兰克王国却始终保持着政治上的独立性，并且日益强盛起来。法兰克王国之所以能够在诸多蛮族王国中一枝独秀，一个重要原因就在于，这个王国的缔造者克洛维带领他的部族在所有蛮族入侵者中率先皈依了罗马正统的基督教会，从而使得他和他的继承者们的统治对于信奉正统基督教的罗马人民来说，具有了毋庸置疑的合法性。在入侵之前，法兰克人并没有像哥特人、汪达尔人等部族那样接受阿利乌派基督教，而是仍然坚持日耳曼人的原始宗教信仰。侵入高卢后，法兰克人越来越多地感受到罗马公教会的影响，因为居住在高卢地区的原罗马帝国公民和一部分高卢人明显地抵制阿利乌派教义，坚持罗马正统教会的信仰。为了赢得当地人民的支持，战胜其他的蛮族竞争者，克洛维决定皈依罗马公教会。据说在公元 496 年与另一支日耳曼部族阿勒曼尼人的战斗中，克洛维的军队处于劣势，面临着全军覆灭的危险。这位法兰克人首领举目向天，立下誓言：如果上帝能够帮助他

1 汤普逊，《中世纪经济社会史》（上册），耿淡如译，商务印书馆，1961，第 255 页。

2 “低地国家”（Low Countries）包括今天的荷兰、比利时、卢森堡和法国北部阿图瓦地区的一部分。

战胜强敌，使他亲身体验到那些传教士所宣称的神奇力量，那么他一定会皈依上帝。奇迹果然发生了，克洛维的部队绝地逢生，战胜了阿勒曼尼人。496年的圣诞节，克洛维兑现了自己的承诺，率领3000多名士兵在兰斯的教堂集体受洗，正式加入了基督教会，从而使法兰克人成为第一支皈依罗马公教会的蛮族部族。都尔主教格雷戈里（Sanctus Gregorius Turonensis）对当时的情形描写道：

> 街道上挂满了色彩缤纷的帐幕，阴凉蔽日，所有的教堂里装饰着白色的帷帘，浸礼堂布置得整整齐齐，香烟氤氲，香烛生辉，整个这所举行洗礼的教堂里充满了神圣的芳香。这时。国王首先请求主教给他施洗。他好像是一位新的君士坦丁，移步前行走向圣水，去清洗往日的麻风病，去用这种清新的流水湔洗从早年带来的污迹……于是，国王承认了三位一体的全能上帝，以圣父、圣子和圣灵的名义受了洗礼，并用圣脂涂上基督的十字架的符号。他的军队有三千多人领了洗。[1]

克洛维皈依正统基督教之后，得到了罗马教会和基督徒们的全力支持，从而使他在对其他蛮族部落和蛮族王国的战争中不断取得胜利。在这些战斗中，克洛维一方面拓展法兰克王国的领土，另一方面则强迫被征服地区的日耳曼人——他们绝大多数都是阿利乌派基督教的信奉者——改信正统基督教。公元511年，克洛维下令召开了奥尔良宗教会议，会议将宗教法规提高到与国家法律具有同等的权威性，用基督教堂取代了法兰克人传统神庙的神圣地位，并且

1 格雷戈里，《法兰克人史》，寿纪瑜、戚国淦译，商务印书馆，1981，第86—87页。有一种传说认为，罗马主教西尔维斯特曾为君士坦丁皇帝施洗，并且治好了他的麻风病。

制定了教堂避难法。不久以后，基督教就成为全体法兰克人都必须信奉的国教，教会的财产和各种特权受到了国王的庇护。在以后的数百年间，主教的权力不断上升，教会的势力范围不断扩展，逐渐发展成为一支举足轻重的政治力量，开始觊觎世俗统治权。这种养虎为患的后果最终在后来的主教授职权之争中充分暴露出来，为贯穿于整个中世纪历史的教俗之争埋下了伏笔。

在法兰克人的影响下，原来信奉阿利乌派的其他蛮族部落也纷纷改奉正统派基督教。勃艮第人于517年放弃阿利乌派的宗教思想，并于532年被克洛维之子征服而合并入法兰克王国。587年，西哥特国王雷克雷德宣布改信正统派基督教（在此之前，克洛维已经通过507年的武耶战役将西哥特人在比利牛斯山以北的大部分土地兼并到法兰克王国之中）。在信奉阿利乌派的宗教思想方面表现得最为顽固的当数汪达尔人，他们在439年攻占迦太基之后，公开宣称支持阿利乌派信仰，并以武力镇压信奉罗马天主教的正统教会。但是，他们建立的汪达尔王国不久以后就在查士丁尼重建罗马帝国的反攻活动中被消灭了，北非又重新回到了正统教会的控制下。另一个信奉阿利乌派异端的蛮族国家——东哥特王国的命运也与汪达尔王国相同，成为查士丁尼复辟活动的牺牲品。至于后来进入意大利的伦巴第人，也于590—660年逐渐皈依了罗马天主教会。因此到了7世纪中叶以后，罗马公教会（罗马天主教会）的正统基督教信仰在意大利、高卢和西班牙等地区已经一劳永逸地得到了确立。

基督教在不列颠的传教事业似乎要更加艰难一些。尽管早在君士坦丁皈依基督教之前，不列颠诸岛就已经有了一些零星的传教活动，但是当盎格鲁–撒克逊人入侵不列颠之后，基督教的微弱火花就完全泯灭在异教的洪流之中。基督教对不列颠的真正渗透是在5世纪中叶以后，传教活动最初是从爱尔兰开始的。许多教会史家都把基督教在不列颠的传播事业与爱尔兰的凯尔特族修道士的工作联系在一起，这些土生土长的修道士培养了一种具有爱尔兰文化特色的基督教信仰，并且建立了一种以修道院作为基本单位的教区体制。这种“爱尔兰式”的教会组织形式（或称为“古不列颠”教会）后来被爱尔兰热情的传教士们带到苏格兰和英格兰，对入侵的日耳曼蛮族产生了重要的影响。在苏格兰，最初的基督教机构大体上都是修道院式的，不设主教管区，神职人员均须受制于修道院院长。在英格兰，稍晚进入的罗马教会传教士与土著的“古不列颠”教会修道士在一些细节问题上发生了分歧，如复活节的日期、修道士的发式、洗礼仪式的程序以及教区体制的内容和形式等。但是在这些表面性的分歧背后，一个实质性的问题无非就是要确立不列颠教会的正统性，使不列颠教会与意大利、高卢等地的教会一样纳入罗马公教会的组织体制之中。经过一段时间的明争暗斗，到了 663 年，在由英格兰国王奥斯维主持召开的惠特比宗教会议上，“古不列颠”教会遭到了约克主教威尔弗雷德等人的反对，罗马教会的正统性终于在英格兰基督徒中得到了确认。到了 8 世纪初，爱尔兰和苏格兰也相继承认了罗马教会的至高无上的权威地位，从而使不列颠教会成为罗马天主教会的一个组成部分。教会史家沃尔克在总结正统基督教在不列颠的获胜历程时说道：“这两股传教的潮流结合起来大大推进了英格兰的基督教。如果说罗马教会的传教工作贡献的是制度，那么古不列颠教会给予的则是传教热情和对学术的热爱。”[1]

除了意大利、高卢、西班牙、不列颠等地之外，在原来并不属于罗马帝国管辖范围的大日耳曼尼亚，基督教的传教活动也由于蛮族入侵的反作用力而得以推进。德国北部的萨克森人曾一度坚持原

1 威利斯顿 · 沃尔克，《基督教会史》，1991，第 231 页。

始宗教信仰，拒绝接受基督教。查理大帝在772年至803年，多次对萨克森人发动战争，并对那些坚持异教信仰者处以死刑，终于使萨克森人归化，将基督教信仰向东扩展到易北河畔。在此后的三百年里，斯堪的纳维亚各民族，以及摩拉维亚、波希米亚和匈牙利等地区，也都相继皈依了罗马天主教会。自公元5世纪蛮族大入侵开始，到查理称帝的时代（800年），基督教不仅驯化了在西罗马帝国版图上建立起来的各个蛮族王国，而且将其影响范围远远地推进到莱茵河、多瑙河以外的广大蛮荒地区。教会的工作也由单纯地传播天国的福音，进而拓展为广泛地参与西欧社会的政治、经济和文化生活，从而建构起一个全新的文明形态——基督教文明。“基督教试图建立一个统一的国度，其中每个行动都受到这个新宗教的影响。在北欧，从爱尔兰到高卢北部地区，从大不列颠到弗里西亚，基督教逐渐发展壮大。在每个国家中，主教和牧师都参与了政治制度的巩固与新文化的创造。正如历史学家马罗（H. I. Marrou）所说，“这种‘对西方灵魂的艰苦改造’为基督教进入欧洲历史舞台扫清了障碍。”[1]

在西派教会的范围内[2]，在正统基督教信仰的传播和罗马教会的统一化过程中，最令罗马主教们头痛的就是北非教会（迦太基教会）问题。虽然在东、西派教会的对峙中，北非教会大体上应该划

1 罗伯特·福西耶主编，《剑桥插图中世纪史（350—950年）》，陈志强等译，山东画报出版社，2006，第92页。

2 西派教会指古代基督教分布在欧洲西部和北非西部（迦太基）的教会，与它相对的则是分布在欧洲东部、亚洲西部和北非东部（埃及）的东派教会。西派教会在经典、教父著作和礼仪中主要使用拉丁文，东派教会则以希腊文为教会的正式语言。东西两派之间的文化差异是在基督教产生后的历史过程中逐渐形成的，但是它的根源却可以追溯到希腊文化与罗马文化之间的差异。到了罗马帝国设立东、西二都后，两派之间的分化日益加剧，西都罗马成为西派教会的中心，东都君士坦丁堡则成为东派教会的中心。西罗马帝国崩溃以后，东派教会以君士坦丁堡宗主教（或称牧首）为首，西派教会以罗马主教（后改称教皇）为首，双方长期在“谁是基督教会的牧首”这个问题以及一些教义问题上争执不休，最终导致了1054年东西教会大分裂。此后，东派教会的大部分形成正教（Orthodoxy），即东正教；西派教会的西欧部分则形成公教（Catholicism），即罗马天主教。

归于西派教会的范围，但是由于历史文化传统方面的原因，北非教会在组织上和思想上曾经显示出某种既不同于君士坦丁堡教会也不同于罗马教会的独立性。此外，由于汪达尔人的入侵曾一度使得北非成为阿利乌派异端的据点，拉丁正统派基督教的势力受到了极大的打击。虽然汪达尔王国覆灭之后，北非教会又重新回到正统派基督教的立场上，但是它却始终以一种希腊式的理性精神与狂热而专断的罗马教会相抗衡，使得罗马主教们大伤其神。正当罗马主教们对北非教会的问题感到束手无策时，一次意外的浩劫使罗马天主教会彻底摆脱了这个既无法医治又不能割除的“痈疽”——公元7世纪，新崛起的伊斯兰教在其迅猛扩张的过程中征服了北非。从此以后，迦太基和埃及一样，脱离了基督教的势力范围，投入伊斯兰教的怀抱中。对于当时正在努力改造日耳曼蛮族的罗马教会来说，北非的沦陷并非像表面上显示的那样糟糕。北非从基督教世界中的退出，使得罗马教会从此以后可以专心致志地经营西欧的事务，而不必因牵挂过分广阔的世界而分散精力。此外，减少了北非教会这个爱闹独立的部属，也无形中加强了罗马教会在西方宗教生活中的权威性。就此而言，北非的陷落未尝不是一件值得庆幸的事。关于北非的失陷对于西方基督教世界的重要意义，英国基督教思想史学者罗伯特·马库斯（Robert Markus）这样写道：

> 如果我们从西欧和北欧的角度来观察地中海世界，我们所能看到的不过是北非退出了拉丁基督教世界，因而很难把握这一事件的波及范围。然而，哪怕仅仅注意到了这一点，也可以看出基督教王国发生了一种根本性的变化，这种变化既是地域上的，更是精神上的。7世纪，北非在伊斯兰教进攻的狂潮之前就隐退了，远不只是使拉丁教会失去了最富有理性的一部分。

> 北非教会长期坚持自治的传统，它因此而成为一支使教皇和皇帝都不得不认真对付的力量。对西欧教会来说，摆脱了非洲教会意味着消除了长期动荡不安的隐患。看来罗马已经成为宗教上的唯一的权威和西方野蛮王国的中心。当罗马还仅仅是几个大教区之一时，教会整天处于紧张状态之中。现在，西欧教会可以将那种紧张弃置脑后了。随着与东方教会的日渐疏远和迦太基的衰落，罗马成了各个新兴民族无可争议的教师和霸主，新兴民族唯有听从其指导。皮雷纳无疑是正确的，他认为穆罕默德是中世纪西方基督教王国的创造者。[1]

至此，一切可能滋生异教文化隐患的危险策源地——希腊、亚洲和北非——都退出了西方基督教世界，罗马教会从此可以为所欲为地摆弄那些缺乏教养和理性精神的北方蛮族了。在经历了“黑暗时代”的文化阵痛之后，随着日耳曼蛮族广泛地皈依正统的基督教信仰，罗马公教会的教义成为西欧所有人民必须奉守的正统信仰，罗马天主教廷成为西欧各国教会应该服从的最高领导机构。与此相应，罗马教会所使用的拉丁文——这也是基督教会从古典文化中继承下来的重要遗产——也就成为所有信奉罗马天主教地区通行的唯一文明语言，至于各种蛮族的语言——德语、英语、斯堪的纳维亚语等，则完全不能登大雅之堂。虽然在各个蛮族王国和封建领地中仍然可以用不同的地方语言来表达日常事务，但是所有的《圣经》文本和教会文件都是用拉丁文写成的。由于《圣经》和教会文件关系到人们的灵魂，而日常事务只涉及肉体方面的问题，因此拉丁文就与罗马教会一样，具有了一种属灵的性质。在中世纪，那些缺乏

1　约翰 · 麦克曼勒斯主编,《牛津基督教史》, 1995, 第 83 页。

教养的日耳曼民众以及粗野蛮横的王公贵胄，都被排斥在高雅的精神生活之外，他们只有通过那些懂得拉丁语的神职人员的中介，才能聆听到上帝的声音。

基督教对日耳曼蛮族的教化既消除了罗马人与日耳曼人之间的深刻鸿沟，在宗教信仰上将二者统一起来；同时又造成了一种新的文化隔阂，把上帝的仆人分成了在精神素质方面差别显著的两类人。教会一方面用信仰洗涤了蛮族的野性，使他们心悦诚服地匍匐在上帝的祭坛之下；另一方面又通过文化（尤其是拉丁文和神学）把西欧人民分成了泾渭分明的两个群体，即懂拉丁文的有教养者和蒙昧无知的蛮族。在中世纪，这种文化上的区别既体现在南方拉丁民族与北方日耳曼民族之间，也体现在神职人员与一般平信徒之间。在政治层面，它则集中地体现在罗马教会与日耳曼王侯的关系上。相对于各个蛮族王国，包括“黑暗时代”以后建立起来的查理帝国和神圣罗马帝国，罗马天主教会不仅在宗教信仰上具有权威性，而且在文化上也拥有毋庸置疑的优越性。这种宗教权威性和文化优越性使得罗马天主教会在整个中世纪都试图凌驾于日耳曼人的世俗王国之上，并且把奥古斯丁关于“上帝之城”与“世俗之城”的对立演绎为罗马教权与条顿王权之间的明争暗斗，从而使教俗之争成为贯穿整个中世纪社会历史的一条主线。

第 5 章　西欧封建社会的经济与政治

封建制度与修道院经济

“封建制度”（Feudal system）究竟是起源于罗马社会，还是日耳曼人从原始森林里带来的一种制度？这个问题在学术界中始终争论不休，难有定论。研究西欧封建社会的著名学者马克·布洛赫（Marc Bloch）认为，在封建制度的起源问题上陷入“罗马还是‘日耳曼森林’”的两难推论中是没有意义的，这种做法就像以往的生理学家臆想精子中有一个完全成形的胎儿一样幼稚。事实上，中世纪西欧的封建制度是罗马、日耳曼以及其他各种因素（如北欧诺曼人）相互作用、氤氲化生的结果。“在这个混合体中，日耳曼传统中混杂着罗马遗产，也掺杂着曾被罗马征服但其民族习惯未被完全泯灭的人民所留下的遗产。”[1]

封建制度最初产生于社会动荡期间那些孤立无助的人们寻求保护以及那些拥有权力的人们确立统治的一种社会需要，它既表

1　马克·布洛赫，《封建社会》（上卷），张绪山译，商务印书馆，2004，第 254 页。

现了旧有的定居者对抗入侵者的一种防卫反应，也反映了新来的征服者重新划分势力范围的一种权力要求。在日耳曼人入侵期间，意大利和高卢的城市面临着巨大的威胁，罗马、米兰等城市不止一次地遭到洗劫。由于帝国本身已经岌岌可危，无力保护这些城市，在这种情况下，贵族们纷纷迁入自己的乡村别墅，让庄客、士兵、佃农和奴隶们居住在四周，形成了一个狭小而坚固的军事堡垒，以用于自我防范。由于罗马帝国的崩溃，这种最初只是为了应急的社会组织形式就被固定了下来，成为在经济上自给自足、在政治上和军事上拥有相当大的独立权力的社会基本单元。另一方面，当蛮族完成了对罗马帝国的瓜分和蚕食之后，军事首领将占领的土地作为“采邑”（fief）赏赐给那些愿意效忠于自己的附庸（通常被称为某人的“人”），以换取后者在军事上和经济上的支持；而这些附庸往往又有自己的附庸（即自己的“人”）。这样就形成了一种新型的人际关系，它构成了中世纪封建制度的重要基础。布洛赫写道：

> 那时的国家和家族均不再能够提供有力的保护。乡村共同体的力量仅能勉强维持自己内部的秩序，而城镇共同体几乎还不存在。孱弱不堪的人们到处都感到需要接受势力更强大者的庇护；而有势力的人除非以说服方式或强迫手段获得其依附者的支持，也不能保持其威望或财产，甚至不能保证其自身的安全。一方面，一些人急切寻求庇护者；另一方面，一些人通常以暴力手段僭取权力。弱小和强大的概念总是相对的，所以在很多情况下，同一个人一身兼二任：他既是更强大之人的依附者，同时又是更弱小之人的保护者。于是，一种脉络纵横交错地贯穿于社会各阶层的庞大的人际关系体

系开始形成。[1]

到了公元8世纪以后，这种由“宗主”（suzerain）或“领主”（lord）与“封臣”（vassal）之间层层相袭的附庸关系，就逐渐取代了大一统的罗马帝国的社会组织和人际关系，成为西欧社会的基本形态。封建领主（往往是国王或大贵族）把采邑以及采邑上的经济、政治、司法权力赏赐给封臣，作为回报，封臣必须对领主宣誓效忠，并且对他尽一定的义务。这些义务包括为领主提供军事上的援助、经济上的捐资以及道义上的忠诚。当然，领主也有义务保护封臣的安全和各项权利。就此而言，“封建制度是一个人对一个上级的人的一种经济上的臣服与军事上的效忠，以便换取经济上的组织与军事上的保护”[2]。那些从领主那里获得采邑封地并且具有世袭权利的附庸就构成了中世纪大大小小的贵族，他们或沿用罗马帝国和查理帝国时期的一些旧官职称谓，被叫作公爵、伯爵或侯爵[3]；或按照古日耳曼语被称为“男爵”，即表示某人的“人”或“附庸”[4]。这些贵族有义务为其封建领主提供军事上的效劳，他们通过“骑士授予礼”被赋予了佩带武器的特权。因此，一个贵族通常也是一名骑马仗剑的骑士（那些拥有自己的军事附庸或武装扈从的大贵族往往被叫作

1　马克·布洛赫，《封建社会》（上卷），2004，第253—254页。

2　威尔·杜兰，《世界文明史：信仰的时代》（中册），台湾幼狮文化公司译，东方出版社，1999，第773页。

3　公爵（duke），源于拉丁文“dux”（统帅），原为罗马行省军事长官的称号。在法兰克王国中，公爵最初为国家官吏，在封建时代成为国王之下最大的封建领主，领有公国，近代王权结束了封建状态之后，公爵成为贵族的最高爵位。伯爵（count，英国为earl），源于拉丁文“comitem”（郡守），最初为罗马帝国皇帝任命的具有财政、司法和军事权力的行政官吏，在封建社会中成为割据一方的封建领主，近代也成为一种贵族爵位。侯爵（marquis），源于日耳曼语“mark”（边区），原为查理帝国具有全权的边区长官，封建时代为独立的大封建领主，近代则成为介于公爵与伯爵之间的贵族爵位。

4　男爵（baron）和子爵（vicomte，英国为viscount，即副伯爵）在近代都成为低于公、侯、伯爵的较小贵族爵位。

"方旗骑士"，而那些地位较低的小贵族则被叫作"低级骑士"），他的天职就是作为军事附庸而为其领主作战，尽管他本人也可能是拥有万顷良田的大封建领主。

"领主"与"封臣"之间的关系是相对而言的，国王作为最大的封建领主，把他名下的土地作为采邑分封给他的主要附庸或陪臣（即国王的"人"），后者又逐渐形成了自己的附庸，并且把自己的封地进一步分封给这些附庸。这样，就形成了层层分封的封建制度。虽然在名义上所有的附庸都是从国王及其代理人那里获得封地，但是每个封臣一旦得到了一块采邑，他同时也就获得了由国王所赐予的"豁免权"。"豁免权是指世俗贵族或教会贵族的领地不受国王代理人的管辖。它的必然结果是贵族本人成为行使公共权威的真正独立的领主，他只在名义上服从国王的统治。"[1] 这样一来，封建领主实际上在自己的采邑内就拥有了绝对的经济、政治统辖权。到了 11 世纪以后，一些大封建领主，如法国的阿奎丹公国、诺曼底公国以及德国的萨克森公国、巴伐利亚公国的诸侯们，其拥有的权力甚至超过了国王和神圣罗马帝国皇帝，而一些大权旁落的国王往往会带着一批宫廷随从到各个封地中"乞讨"为生。

"依附于他人的'人'并非仅见于以军事效忠制为典型特征的上层社会。在下层社会，依附关系的自然背景见于一种比附庸制古老得多且在附庸制消亡后还存在了很长时间的构造物。这个构造物就是庄园（seigneurie）。"[2] 庄园构成了西欧封建社会的最基本的经济单位，而那些在庄园中从事生产劳动、处于整个封建依附关系最底层的"人"，就是农奴。这些农奴绝大多数都是由丧失了土地而不得不

1 爱德华·麦克诺尔·伯恩斯、菲利普·李·拉尔夫，《世界文明史》（第二卷），罗经国等译，商务印书馆，1987，第 8 页。

2 马克·布洛赫，《封建社会》（上卷），2004，第 387 页。

依附于封建领主的自由民沦落所致，也有一些是从以前的奴隶转化而来。与罗马帝国中的奴隶不同，农奴的人身权利具有一定的法律保障。按照基督教的观点，农奴作为人也具有灵魂，因此他们在上帝面前与封建领主是平等的，领主无权随意剥夺他们的生命。农奴与领主之间的关系靠一种“庄园契约”来维系。这种契约规定了农奴必须承担种类繁多的义务，向领主提供各种税金、劳役、兵役乃至出让某些基本的人权（如“初夜权”等）[1]；而领主的职责则是为农奴提供军事上和法律上的保护，并且允许农奴耕种他的土地。庄园中还有一些地位相对自由的劳动者，他们主要是具有某种专业技能的人，如铁匠、鞋匠、纺织工和酿酒师等，为人们提供日常生活的必需品。庄园的规模虽然不大，但是在经济上却完全是自给自足的。汤普逊根据查理大帝的《庄园敕令》对法兰克王国的庄园生活描写道：

> 一个法兰克贵族在大庄园住宅内的生活，果然是粗陋的，但并不有别于十七世纪和十八世纪美国弗吉尼亚的大农场主的庄园住宅生活。差不多一切生活必需品都是就地生产出来的。制服装用的羊毛，剪割、清洗、梳刷、纺织都是在庄园宅邸内进行的。兽皮由农奴鞋匠来硝制并制成鞋子。兽肉是用盐腌、火熏、醋渍的。各种家庭和农业工艺都是由庄园上的农奴来做的——制鞋匠、硝皮工、染工、织布工、铁匠、制车轮匠和木工。但应注意，没有说及在领地内存在着什么市场，就是说，商业还未曾高度发展。[2]

1 威尔·杜兰列举了农奴必须承担的17种义务，从这些义务中可以看到农奴的繁重经济负担和悲惨生活状况。详见：威尔·杜兰，《世界文明史：信仰的时代》（中册），1999，第776—778页。

2 汤普逊，《中世纪经济社会史》（上册），1961，第287—288页。

这种“小而全”的庄园构成了西欧封建社会的基本经济单元，人们在一种高度闭塞的环境中度过一生，除了为封建领主打仗之外，很少离开庄园与外界发生联系。封建社会的这种分散而闭塞的经济结构，很难支撑起一个像罗马帝国那样强盛的世俗王国，但是它却为基督教会的精神统一提供了便利条件。虽然人们活着的时候分散在不同的庄园领地中，但是他们死后都必须面对同一个审判者。在彼此隔绝的封建采邑之上，有一个统一的教会，所有的灵魂——从国王一直到农奴——要想进入天国，都必须从教会那里获得通行证。这种精神上的特权使得教会得以理直气壮地插手经济生活，从而逐渐从苦难灵魂的精神抚慰者转变为巧取豪夺的财富拥有者。

早在6世纪，基督教会就根据《圣经》中关于农牧产品的十分之一“属于上帝”的说法，向信教民众征收什一税。585年召开的马康宗教会议做出决议，凡拒绝缴纳什一税者，将受到驱逐出教的处分。779年，查理大帝在一项敕令中将缴纳什一税规定为法兰克王国每一个居民应尽的基本义务：“按照上帝的意旨，我命令每人都将自己的财产和劳动的十分之一捐纳给教会和教士。所有贵族、自由人或半自由人，都应从来自上帝的，拿出一部分还给上帝。”[1] 除了强行规定向教会缴纳什一税之外，查理还将大片新征服的土地分配给修道院和教会，连最偏僻的教区里的传教士，也分得了一套完整的住宅和一些农奴。在遗嘱中，查理大帝又把自己所有财产的三分之二分给了法兰克王国境内21个教区的大主教。由于皇帝本人的表率作用，西欧其他一些大大小小的封建领主为了取悦上帝，也纷纷把自己属下的庄园捐赠给教会或修道院。由于获得了大量的“赐地”，再加上对自由民土地的变本加厉的兼并，教会的经济实力不断增长。

1 周一良、吴于廑主编，《世界通史资料选辑》（中古部分），1981，第34—35页。

尤其是修道院经济，在接受国王“赐地”和兼并自由农民土地的过程中迅速膨胀，占据了大量的田地、森林、牧场、磨坊和葡萄园。

到了10世纪，修道院已经发展成为西欧最大的庄园主，寺院经济基本上控制了整个西欧经济的命脉。许多大修道院占有成千上万处庄园，而且在不断地扩张。虽然世俗的统治者偶尔也会由于各种原因而剥夺修道院的田产，但是这种损失很快就会通过兼并和捐赠而得到补偿。汤普逊列举了一些具体数据来说明11、12世纪修道院经济的规模：

> 秃头查理曾赐给阿微纳寺院一千一百五十处庄园来维持四十个尼姑和二十个牧师的生活。1023年，亨利二世曾剥夺圣特累甫的马克息民寺院六千六百五十六处庄园，而它依然是富裕的。到1030年时，它有一千处以上的庄园，分散在一百四十处地方上。到了12世纪，佛尔达寺院，在它被剥夺之后，又已逐渐获得了这样多的庄园，它在萨克森有三千处庄园，在条麟吉亚有三千处，在窝姆斯周围的莱茵兰有三千处，在巴伐利亚和斯瓦比亚有三千处。圣乌尔里希寺院，确被认为是很穷的，尚有二百零三处庄园；在每一处庄园上，有一至六所村庄。[1]

修道院经济的崛起，最初是由世俗统治者——国王、贵族等人推动的，因为建造寺院在当时是一种有利可图的投资形式。在宗教气氛笼罩着整个世俗生活的特定背景下，寺院一旦建成，就可获得大量善男信女的捐资，而寺院的建造者们则可以从这些新增加的进

1　汤普逊，《中世纪经济社会史》（下册），耿淡如译，商务印书馆，1963，第210页。

款中分得一部分好处，更何况修建寺院也是一种为上帝所喜悦的善举。在许多寺院中，实际的权力已经被那些以修道士自居的贵族子弟控制，这种情况在法国尤其明显。由于国王和大贵族们的慷慨赠予以及大量农奴和低级委身者的涌入——对于这些依附者来说，附庸于教会或修道院的土地既可以在此生得到一种较稳定的保护，又有希望在来世获得“基督所赋予的永恒自由”——一些修道院和高级教士所拥有的田产已经足以与任何世俗封建领主相媲美。随着土地财富的增长，教会和修道院的风纪也开始变得松懈和败坏。尽管修道士们极力以基督教的三大信誓——贫穷、贞洁、服从——来进行自我约束，早期修道规则的制定者（如本尼狄克）和一些修道运动的改革者也多次强调亲身参加农业劳动的重要，“但他们总是遇到同样的基本难题：从事物质劳动就会占用沉思或礼拜的时间……因此，修士们和祭司们必须——用拉蒙·鲁尔（Ramon Llull）描述骑士的话来说——靠别人的‘辛苦劳作’过活”[1]。这样一来，修道士们也就和骑士或贵族一样，成为封建社会的寄生阶层，修道生活逐渐丧失了它的苦行、禁欲和自我磨炼的本义，成为暴发致富的便捷途径。修道运动的倡导者们曾经成功地抵制了罗马帝国的物质诱惑，然而，当他们的衣钵继承者们在中世纪面对着迅猛增长的庄园田产和物质诱惑时，杰罗姆、本尼狄克等人倡导的修道精神就荡然无存了。吉本转述了一位本尼狄克修道院院长关于遵守信誓的坦率表白：“我那清贫的誓言每年给我带来十万克郎；我那服从的誓言把我提升到一个君主般的地位。”[2] 布洛赫引用了一句在中世纪流传甚广的大主教自白：“只要不用做弥撒，做兰斯大主教是一件多么美妙的事啊！”

1 马克·布洛赫，《封建社会》（下卷），李增洪等译，商务印书馆，2004，第 566 页。
2 参见：罗素，《西方哲学史》（上卷），1963，第 464 页。

从加洛林时代开始，在教会和修道院里也不断兴起改革的呼声，这一方面是为了纯洁教风、维护教会团体的神圣性，另一方面也是出于与世俗权力做斗争的需要（关于这方面的问题，将在稍后论述）。但是，这些改革的要求总是一再在世俗利益的诱惑下流于失败，新的修道团体不断地涌现出来，然而新的腐败堕落也同样层出不穷。不过在客观上，修道运动的这种自我净化过程也促进了一些新经济现象的产生。

公元 910 年，阿奎丹公爵威廉在法国中部的克吕尼创建了克吕尼派修道会（Cluniac Order），该修道团体决心重振“本尼狄克教规”，整饬修道制度，革除愈演愈烈的教俗同流合污现象。克吕尼派修道院的势力在 11 世纪后半叶达到极盛状态，其修士达 1 万人之多，在西欧建有 300 多座修道院。但是，克吕尼派从来就是一个不愿意从事艰苦的体力劳动的修道团体，它的成员们绝大多数来自贵族阶层，他们以讲究艳服美食和华丽庙宇而闻名于世。到了 11 世纪末，在反对克吕尼派修道院的奢靡作风的呼声中又兴起了息斯特西安修道会（Cistercian Order，一译西多修会）。这个新兴的修道团体把艰苦的农业劳动当作修道的首要任务，号召修道士们到偏远地区去进行垦荒活动。在它的倡导下，那些受罗马时代修道先辈的坚忍精神鼓舞的修道士们，远离庄园密集的封建领地，来到人迹罕至的穷乡僻壤，在荒原、森林和沼泽中开拓出大量的耕地，使烟笼雾瘴的蛮荒之地变成了牧场和良田。西欧一些新兴的经济、政治中心，如佛兰德斯、法里西亚等，都是这种垦荒活动的结果。人们对这些息斯特西安派修道士的卓越贡献赞美道：

> 给这些僧侣们一块赤裸裸的沼地或一所荒僻的森林；经过几年之后，将可看到：那里不仅有着美丽教堂，而且有着建造

在教堂周围的人们住所。

> 他们变荒地为良田；他们种植树木；他们改进河道；他们使荆棘丛生的地方生长谷物；草地上，他们的牛群密布；高地上，他们的羊群遍地。[1]

息斯特西安派修道会的开疆拓土运动对于推动中世纪经济发展产生了重要作用，但是另一方面，它也极大地加速了中世纪的土地兼并过程。由于凭借特殊的政治地位而取得了经营磨坊的专利权，息斯特西安派修道院实际上控制了周围地区的农作物种植。到了12世纪末叶以后，息斯特西安派修道院已经发展成为一般世俗贵族难以匹敌的大封建领主，拥有难以计数的田产和财物。此外，息斯特西安派修道院在建立市场、发展商业贸易和银行贷款等方面也发挥了重要的作用。修道院不仅建立和垄断了许多庄园市场，而且把商业活动的范围扩展到西欧以外的地区，并为陆路贸易和海路贸易组织了大量的运输工具、货栈、商队和护卫人员。由修道院中发展出来的抵押和放贷事业，成为中世纪银行的前身，促进了货币经济的发展。为了适应不断增长的经济生活的需要，息斯特西安派修道院建立起严密集中的生产组织、经营管理和财务制度，以农业、手工业、商业一体化的庄园经济取代了本尼狄克派修道院和克吕尼派修道院的单纯的农业经营，为中世纪经济生活的繁荣奠定了重要基础。

但是，人性的弱点使得历史总是不断地重复。到了13世纪，息斯特西安派修道士也和其他修道团体一样无可挽救地堕落了。对财富的贪婪、对奢侈生活的向往，以及好逸恶劳的懒惰等习性使息斯特西安派的修道士们再也不愿意到穷乡僻壤去进行艰苦的劳作，而

1 汤普逊，《中世纪经济社会史》（下册），1963，第218页。

是聚集在人口稠密、土地肥沃的地区，使用种种卑劣手段来抢夺自由农的耕地和牧场。在这种情形下，一场新的修道改革运动就由 13 世纪崛起的两个托钵僧团[1]——方济各修会（Franciscan Order，一译法兰西斯会）和多明我修会（Dominican Order，一译多米尼克会）发起。这两个新兴的修道团体主要从平民而不是从贵族中吸收成员，修士们彼此以“兄弟”相称，倡导一种平等精神。针对息斯特西安派修道士广置田产、聚敛财富的做法，托钵僧们标榜赤贫，不置恒产。他们衣衫褴褛，跣足垢面，以沿街乞讨的方式来宣扬上帝的福音。托钵僧团既不像本尼狄克派那样强调与世隔绝的苦修苦行，也不像息斯特西安派那样注重农业劳作，而是集中在一些人口稠密的城市里，通过乞食宣道的方式深入日益壮大的市民阶层中，并在推动大学教育和慈善事业等方面做出了重要贡献（当然他们也成为臭名昭著的宗教裁判所的中坚力量）。

汤普逊认为，托钵僧团的兴起反映了中世纪欧洲促使封建制度垮台的经济和社会革命的要求，尤其是反映了城市平民和处于萌芽状态中的资产阶级的经济利益，因此它是属于城市的而非属于农村的，在精神和组织上是民主的而非贵族的。托钵僧简朴的生活方式和平易近人的态度使他们受到了城市居民和大学生的爱戴，同时也引起了生活糜烂的高级僧侣和封建领主的切齿痛恨。但是，托钵僧团很快就像息斯特西安派修道士一样，在物质利益的引诱下走上了衰朽和腐化的道路。“托钵僧对于财产和留恋产业的轻蔑态度，不久成为一个伪君子的态度；他们变成哀鸣的谄谀者和狡诈的行乞者，他们为了勒索经费，使用了有问题的方法，并迅速沉溺于贪财的深

1 “托钵僧”（friars）一词来自拉丁文的“fratres”，意即兄弟。

渊里。他们追求遗产，叫卖赦罪符，因而变为臭名远扬。”[1]而16世纪马丁·路德发起的宗教改革运动，其直接的导火索就是多明我会修道士台彻尔推销赎罪券的卑劣活动。

宝剑与牧杖

分散闭塞的封建社会虽然为基督教的精神统治提供了便利条件，但是它的现实状况与基督教的理想之间却存在着巨大的分歧。中世纪西欧封建社会具有两个基本特点：其一是建立在附庸制之上的封建等级制度，它表现为由国王、大小贵族和一般农民（农奴）所组成的金字塔型社会结构；其二是以封闭的庄园经济为基础的高度分散的社会权力体系，它表现为彼此独立的诸侯王国与封建领地。与封建社会的这两个基本特点相反，基督教的崇高理想则是追求在上帝面前的灵魂平等和建立统一的基督王国。基督教的这两个理想，第一点（即追求人人平等）主要是停留在理论上，教会在现实社会中未必能够坚持，尤其是当它处于至高无上的统治地位时更是如此；但是第二点（即建立统一的基督王国）却是罗马教会梦寐以求的，在整个中世纪它都始终在为实现这个理想而不懈地努力。就此而言，教会虽然在积弱不振的封建社会中获得了扬眉吐气的机会，摆脱了罗马时代受制于强权皇帝的窝囊处境，但是它却始终保持着一种与世俗政治格格不入的宗教理想，试图用大一统的基督王国来超越分散隔绝的封建状态。封建社会是一种暂时的社会形态，而基督教会却始终坚持认为自己具有超越一切时代的永恒性，它并非产生于封建时代，因此也绝不会使自己的理想完全淹没在封建社会的泥沼之中。

1　汤普逊，《中世纪经济社会史》（下册），1963，第259页。

然而，教会的这个宏伟理想却由于受到中世纪现实状况的影响而难以实现，而且它本身也难免在巨大的经济、政治压力之下向封建社会做出妥协。基督教会虽然在名义上是上帝设在人间的一个代表机构，但是它毕竟是由一个个有血有肉的神职人员所组成，在封建社会的人际关系网络中，这些个人也必须作为封建意义上的“人”依附于一定的权势者。换言之，远在梵蒂冈的罗马天主教廷不可能养活西欧土地上成千上万个教士和修道士，他们必须从自己所在的封建领地中获取生活的来源。因此他们就不得不依附于某个封建领主，向后者表示效忠甚至行臣服礼[1]，以便从他那里获得军事保护与生活资料（田产和财物）。但是这样一来，他们作为教会人士的神圣职责就难免与他们作为封建附庸的世俗义务发生矛盾。如何解决这个矛盾，就成为令罗马教会颇为头痛的问题。尽管历次宗教会议三令五申地禁止神职人员向世俗领主宣誓效忠，但是出于现实利益方面的考虑，教士们仍然毫不犹豫地寻求俗界的保护者，并且往往把对国王和领主的忠诚置于对上帝的忠诚之上。另一方面，国王和诸侯们也愿意豢养一批唯命是从的主教和修道院院长，以便用上帝的名义来慑服那些不听话的部属，以及与罗马天主教廷分庭抗礼。

事实上，自从基督教在罗马帝国获得合法地位以来，皇帝直接任命主教的做法就取代了由一般教士选举主教的旧传统。蛮族王国建立之后，由世俗统治者来指定主教和修道院院长的做法更是普遍存在，在加洛林王朝时代，这几乎已经成为人们公认的惯例。这样的做法对于双方都是有利可图的——教士们可以得到封建领主大量

1 臣服礼（德文为“Mannschaft”）是西欧封建社会中表示终生效忠的一种仪式，效忠者跪地两手合掌置于接受效忠者的双手之中，宣誓承认自己是后者的“人”；而接受效忠者则轻吻前者的唇，表示他的接纳和友谊。这种仪式就确定了二者之间终生的臣服契约关系，接受效忠者通常被称为“领主”，效忠者则被称为领主的“人”、“附庸”、“委身之人”或“爪牙之徒”。

的物质馈赠，而国王和诸侯们则由于教士的效忠而在灵魂归宿的问题上获得了保证。但是对于羽翼日益丰满、矢志要实现基督王国理想的罗马天主教会来说，这种做法却是相当危险的，因为它将把主教和修道院院长们从上帝的仆人转变为国王的仆人。布洛赫写道：

> 国王和诸侯习惯于要求他们提名的主教或修道院院长向自己行臣服礼；乡村领主有时也要求教区祭司行臣服礼。但是，从严格意义上，臣服礼是一种服从仪式，而且是很受人尊重的仪式。通过臣服礼，精神权威的代表对世俗权威的从属关系不仅被赫然展现出来，而且得到强化，因为两种正式仪式——臣服礼和授职礼——的结合，造成高级教士职位同化于附庸采邑的危险性。[1]

这种日益增强的危险性使得罗马教会必须奋起捍卫自己的正当权利，这样就导致了中世纪愈演愈烈的教俗之争。双方冲突的焦点就在于，任命教区主教的权力（授职权或册封权）到底属于罗马教会，还是属于世俗君主？而潜藏在这个现实问题背后的一个更加具有实质性的问题则是：君主权力的合法性根源究竟何在？君主应该像基督教理想所期望的那样服从上帝及其人间代表罗马教会，还是应该像罗马帝国时期以及拜占廷的情形那样凌驾于教会之上？

中世纪这场旷日持久的教俗之争既是罗马帝国时期上帝与恺撒冲突的一种继续，也是大入侵之后日耳曼蛮族王国与拉丁文明世界之间的一场新较量。罗素认为，这种冲突不仅是一场“教士与俗人的冲突”，而且是“地中海世界与北方蛮族之间的冲突的重演”，“教

1　马克·布洛赫，《封建社会》（下卷），2004，第 571 页。

会的统一就是罗马帝国统一的反响”；而另一方面，“世俗权力则掌握在条顿血统的王侯们的手中，他们企图极力保持他们从日耳曼森林里所带出来的种种制度”。[1]在中世纪早期，当蛮族大入侵的尘埃初定之时，教俗双方还试图同舟共济，相互借助。一旦罗马天主教会完成了对日耳曼蛮族的改造工作并在西欧范围内确立了专断性的精神统治之后，它就开始要求摆脱世俗王权的控制并凌越于其上了。

西罗马帝国崩溃以后，从公元496年法兰克国王克洛维皈依罗马教会到格利高里七世登上教皇宝座（1073年）的这一段时间，是罗马教会在对蛮族进行文明教化的同时悄悄地积蓄力量的时期。到了“黑暗时代”的末期（8世纪末叶），罗马天主教会已经在西欧大陆和不列颠确立了稳固的精神统治地位。如果说在墨洛温王朝时代的教会还在法兰克王国的卵翼下小心翼翼地发展，教会的权限和财产均处于世俗政权的控制之下，那么当矮子丕平（Pepin the Short，741—768年在位）建立了加洛林王朝以后，教会就逐渐变得羽翼丰满了。公元751年，篡夺了墨洛温家族统治权的丕平在苏瓦松登基时，邀请本尼狄克派修会的卜尼法斯主教为他举行了敷圣油礼，第一次把世俗权力的更替与神圣的宗教仪式联系起来。不久以后，教皇斯蒂芬二世又亲自为丕平加冕，以上帝的名义确认了丕平统治的合法性，从而用上帝“拣选”国王的新形式取代了以往由各部落首领推举国王的旧传统。为了感谢教皇对自己篡位行为的支持，丕平帮助教皇从伦巴第人手中夺回了拉文纳总督区，并以“赠献”的名义将该地区交还给罗马教皇。从此以后，“丕平赠土”就成为“教皇国”（即教皇的世俗权力）的奠基地。这是中世纪世俗王权与罗马教会之间的第一笔政治交易，它为教俗权力以后的相互勾结和明争暗

1　罗素，《西方哲学史》（上卷），1963，第16页。

斗开了先河。著名教会史家沃尔克评价道:“这笔交易在当时看起来平淡无奇，但其影响极其深远。因为由此可得出结论：王位的授予和废黜都属于教皇的职权范围。这一件事的重要性当时虽未看出，但在西方重建帝国——神圣罗马帝国以及教皇和该帝国间的相互利用相互斗争皆孕育其中，而这构成了整个中世纪史的非常庞大的一部分。”[1]

丕平死后，其子查理（Charlemagne，768—800 年为法兰克国王，800—814 年为罗马帝国皇帝）继承王位，此时的法兰克王国已控制了意大利、高卢和日耳曼等地区，其疆域与前西罗马帝国比起来也不遑多让了。查理一直与罗马教皇保持着非常友好的关系，在 796 年写给罗马教皇利奥三世的一封信中，他明确地划分了双方应承担的职责:“我的天职是用武力保卫教会，使它不受异教徒的攻击蹂躏，在教会内部确保教会的纯正信仰。而圣父，你的职责则是用祈祷支持我的武力”。[2] 三年以后，当一批罗马贵族阴谋迫害利奥教皇时，查理亲率部属进入罗马为教皇解除厄难，将那些谋反者绳之以法。为了表示对这位雄才大略的虔诚国王的感谢，公元 800 年圣诞节那天，在罗马的圣彼得教堂里，“教皇召集附近地方的所有愿意来的人，当着他们之面，也当着不可战胜的查理的全体骑士之面，宣布查理为皇帝和罗马教会的保护人”。[3] 自从公元 476 年西罗马帝国的最后一位皇帝被废黜以来，西欧一直处于群龙无首的混乱状态中，蛮族首领们画地为牢，却始终缺乏一个统一的领导者。三百多年以后，在前西罗马帝国的范围内终于又有了一位可以与君士坦丁堡的

1 威利斯顿 · 沃尔克,《基督教会史》, 1991，第 235 页。

2 《日耳曼史记：通信汇编》第 4 卷，转引自：杨真,《基督教史纲》(上册)，生活 · 读书 · 新知三联书店，1979，第 153 页。

3 艾因哈德、圣高尔修道院僧侣,《查理大帝传》，戚国淦译，商务印书馆，1979，第 59 页。

东罗马皇帝平起平坐的皇帝了，而且这位新的罗马皇帝同时也被教皇封为罗马教会的保护者。从此以后，由罗马教皇给世俗统治者行加冕礼，就成为皇帝和国王们权力合法性的神圣根据（即君权神授）：

> 教皇给这位皇帝的加冕，便被解释为天上的权力高于世俗权力的象征：教皇运用他的神权把帝国从希腊人手中收回，授予法兰克国王。但当时人并没有赋予这件事以如此重大的意义，或从它得出这样的结论。不过这个先例还是重要的。按照《旧约》中的范例，给国王行敷圣油礼，这是从宗教上给这种继承，或者篡位，披上一种神圣的外衣。教皇为皇帝行加冕礼，日益被认为是表示承认诸侯们的选举为合法。[1]

但是在当时，被利奥三世授予皇帝称号的查理仍然高踞于教皇和罗马教会之上。他既然已经是罗马人的皇帝了，那么理所当然地就应该像君士坦丁大帝一样，具有召集和主持宗教会议、任命主教和制定宗教法规的权力。在中世纪的教俗冲突中，罗马教皇更希望面对一些比较软弱的对手，而一旦遇到像查理大帝这样的强权人物，教皇就只能委曲求全了。因此，在查理帝国时期，罗马教廷仍然需要仰承帝国的鼻息，教会的存在也必须以效忠皇帝为前提。但是查理死后，他的继承者们软弱无能，帝国陷入分裂。公元 843 年，查理的三个孙子通过《凡尔登条约》将查理帝国一分为三[2]，于是教会

1 G. F. 穆尔，《基督教简史》，1981，第 165 页。

2 《凡尔登条约》把统一的查理帝国三分为莱茵河以东日耳曼人居住的东法兰克王国，从意大利到莱茵河的中法兰克王国，以及以高卢为中心的西法兰克王国，这三个王国后来分别成为德意志、意大利和法兰西的雏形。

就趁机试图摆脱对世俗权力的依附关系和从属地位。在858—867年出任教皇的尼古拉一世以奥古斯丁“上帝之城”的理想为依据，认为教会权力高于一切世俗权力。他提出，罗马教廷是彼得首创的教会，因此具有高于其他一切教会的权威性，只有罗马教廷的首脑即教皇才有权力召开宗教会议，其他任何人——包括皇帝和地方主教——都不拥有这种权力。他还利用不久前出现的伪造的《艾西多尔文献》大做文章，试图说明教皇具有对西罗马帝国的世俗统治权。该文献谎称收集了一封君士坦丁皇帝致当时的罗马主教西尔维斯特的信件，在信中君士坦丁宣称：为了感谢基督教会对他的拯救，他决定把罗马之外的4个宗主教区——安提阿、亚历山大里亚、君士坦丁堡和耶路撒冷——的一切信仰事务的宗教管辖权，以及“罗马城和所有意大利的或整个西部地区的行省、地区和各城市”的世俗统治权均授予西尔维斯特及其继承者。这就是教会史上著名的“君士坦丁赠礼”，它从理论上确认了宗教事务的独立性以及罗马主教（教皇）对于原罗马帝国西半部的世俗统治权。由于该文献盗用了罗马帝国皇帝君士坦丁的名义，所以尼古拉一世以及后来的教皇们在运用该文献与世俗王权做斗争时，就显得非常得心应手、理直气壮。“君士坦丁赠礼”在以后相当长的时间里都成为罗马教会对付世俗王权的撒手锏，直到文艺复兴时期才被意大利人文主义者洛伦佐·瓦拉（Lorenzo Valla）揭穿为一场骗局。

公元962年，德意志萨克森王朝的奥托一世（Otto Ⅰ，936—962年为东法兰克国王，962—973年为神圣罗马帝国皇帝）用武力统一了从查理帝国分裂出来的东法兰克王国（德意志）和中法兰克王国的大部（意大利北部），在罗马被教皇约翰十二世加冕为皇帝，从而创立了神圣罗马帝国。在神圣罗马帝国最初的几位强势皇帝当政期间（从奥托一世到亨利三世），罗马天主教会就如同在查理大帝时代一样，不得不看皇帝的脸色行事。但是到了 11 世纪中叶以后，双方的力量对比就开始发生逆转——神圣罗马帝国由于内部的封建分裂状态越来越不像一个帝国，而罗马教会却涌现出一批要求革除教会腐败和加强教会权力的铁腕人物，如格利高里七世等人。在这些教会强硬派人士看来，教会内部存在的教士娶妻纳妾和买卖圣职等腐败行为，归根到底都是由于教士依附于世俗王权所致，正是世俗君主利用册封主教的权力助长了教士们的腐败。因此，必须把这种权力从君主们的手中夺回来。这种强硬观点必然促使罗马天主教会与神圣罗马帝国之间的矛盾趋于白热化。

公元 1046 年，神圣罗马帝国皇帝亨利三世在赴罗马举行加冕仪式的途中，主持召开了苏特里宗教会议。在这次会议上，他以反腐败为由，解除了罗马教皇格利高里六世的职务，并任命一位德国主教取而代之。这一事件成为教俗之争公开化的导火线。20 多年后，当教会的强硬派人物希尔德布兰德登上教皇宝座（即格利高里七世，Gregory Ⅶ，1073—1085 年在位）之后，就开始在大刀阔斧地推行教会改革的同时，寻机报这一箭之仇。这位被他的同伴们称为“圣洁的撒旦”的铁腕教皇极力提高教权对于王权的优势地位，他把教皇说成是由上帝封立的普世最高统治者，是教皇和神圣的教会把世俗权力交给了国王，因此国王必须服从教皇。他在 1075 年发布的《教皇敕令》中极力鼓吹“唯有教皇一人具有任免主教的权力”“一切君主应亲吻教皇的脚”“教皇有权废黜皇帝”“教皇永不受审判”等观点，他还根据《圣经 · 诗篇》中的“太阳还存，月亮还在，人要敬畏你，直到万代”的诗句[1]，把教会和帝国分别比作太阳和月亮，月亮的光是来自太阳，所以教皇的权力是至高无上的和不容亵渎的。

1 《圣经 · 诗篇》，第 72 章，第 5 节。

当格利高里七世为争夺帝国境内的主教册封权而与神圣罗马帝国皇帝亨利四世发生冲突时，他以革除教籍和废黜皇位对后者相威胁，并以种种阴谋手段离间德意志的贵族和主教们，迫使亨利四世不得不在众叛亲离的情况下负荆请罪，承认了罗马教会的至高无上地位。虽然不久以后亨利四世卷土重来，赶走了格利高里七世并另立新教皇，但是罗马教会的实力已经是今非昔比，足以与神圣罗马帝国一较高下了。

在随后的几十年间，教俗之争几经起伏，双方互有胜负。公元1122年，罗马教皇与帝国皇帝签订了《沃尔姆斯宗教协定》。按照该协定，神圣罗马帝国皇帝亨利五世放弃了帝国境内的主教册封权，交出了象征宗教权力的权戒和牧杖，而教皇卡利克斯特斯二世则承认皇帝拥有世俗册封权，并承诺德意志境内主教和修道院院长的选举仍须受皇帝的莅临监督。《沃尔姆斯宗教协定》是教俗双方妥协的结果，它表明教会已经拥有了与世俗王权分庭抗礼的实力，“教会即使没有凌驾于国家之上，至少也同世俗权力处于平起平坐的地位了”[1]。

12世纪以后，随着教会势力的日益增长，教俗之争越来越触及背后的实质问题，那就是世俗君主的权力到底是来自上帝，还是来自教皇和罗马教会？在中世纪的西欧，由于人人都是基督徒，因此没有人敢否认君主的权力也是来源于上帝。但是问题的关键在于，这权力到底是上帝直接赋予君主的，还是上帝通过教会而授予君主的？罗马天主教会根据《路加福音》中的“两把刀”字句[2]，认为上帝把神权和王权这两把刀剑都交给了彼得的教会，教皇在为君主加冕时把王权这把刀剑授予后者，但是他却保留着随时收回这把刀剑

1　威利斯顿·沃尔克，《基督教会史》，1991，第270页。

2　《圣经·路加福音》，第22章，第38节：“他们说：‘主啊，请看！这里有两把刀。’耶稣说：‘够了。’”

的权力。按照这种观点，皇帝是从教皇手中而不是从上帝手中得到帝国的，因此他应该是教会的奴仆，而不是它的兄弟。但是神圣罗马帝国的皇帝们却不这样认为，他们坚持说自己的权力来自上帝本身，教会只是受上帝之托而代行加冕之事，因此君主与教会之间并不存在什么恩惠关系。1157 年，当罗马教皇哈德良四世提醒神圣罗马帝国皇帝红胡子腓特烈一世（Frederick Ⅰ，1155—1190 年在位），应该对教皇为他加冕之事感恩戴德时，这位傲慢的皇帝这样回答道：

> 我们国王和皇帝的权力是通过诸侯的选举，由上帝亲自授予的，上帝通过圣子基督的受难，使世界受两把必要的剑的统治，同时，使徒彼得向世人宣讲的教义是："敬畏上帝，尊敬君王"，因此任何人，凡是说我们的皇权系来自教皇的恩赐（pro beneficio，指封建制意义上的采邑）的，都违背了神的旨意和彼得的教导，是犯了谎骗之罪。[1]

正是这位强势的腓特烈皇帝，第一次明确地把"神圣"二字加到了"罗马帝国"的前面，以表示自己的帝国与罗马教会一样都是神圣的。自从格利高里七世以来，罗马教会一直独占和垄断着"神圣"，而把国王和诸侯的权力归于"世俗"一边，从而造成了神圣对世俗的优越性。"为了对付这一其害不小于侮辱的污蔑，腓特烈或他的顾问们开始在公开的文献中使用'神圣帝国'一词，企图肯定他的政府的神圣体制和宗教职责。"[2] 这种做法导致了后来其他一些世俗国家（如法国、英国、西班牙等）的效法，这些国家的统治者们纷

1 G. F. 穆尔，《基督教简史》，1981，第 172 页。

2 詹姆斯 · 布赖斯，《神圣罗马帝国》，孙秉莹等译，商务印书馆，1998，第 175—176 页。

纷都把自己称为“最虔诚的天主教国王”或“信仰的保卫者”，从而表明自己权力的神圣性。

但是，在神圣罗马帝国中，像红胡子腓特烈一世这样的强权人物毕竟只是极少数，这是由于德意志严重的封建状态使得神圣罗马帝国在绝大多数时间里根本就不像是一个真正的帝国（18 世纪的大文豪伏尔泰因此嘲笑神圣罗马帝国既不“神圣”，亦非“罗马”，更称不上是一个“帝国”）。到了 13 世纪，罗马教会的力量越来越强大，而神圣罗马帝国却在意大利诸城市的独立精神、法兰西的民族主义和罗马教会的神圣霸权的多重打击之下日益衰落。英诺森三世（Innocent Ⅲ，1198—1216 年在位）大力鼓吹王权来自教权、教皇永不受审判等观点，他宣称：“彼得的继承人是基督的代职人（Vicar of Christ）：他已经作为神人之间的中介被建立起来，他低于神但高于人；少于神但多于人；他将审判所有的人，而不被任何人审判。”[1] 他利用神圣罗马帝国分裂的政治局面，翻手为云，覆手为雨，把皇帝的废立玩弄于股掌之间；在法兰西和英格兰，这位野心勃勃的教皇也取得了空前的控制权，从而使罗马教会的世俗权力达到了顶峰。英诺森三世死后，他的继承者们继续卓有成效地与控制神圣罗马帝国皇位的霍亨斯陶芬王朝（Hohenstaufen Dynasty）进行较量。1268 年，受到教皇克莱门特四世绝罚的霍亨斯陶芬家族的末代统治者康拉丁被支持教会的安茹的查理（他是法王路易九世的兄弟）击败并斩首，霍亨斯陶芬家族对神圣罗马帝国的统治也随之告终。从此德意志陷入了更加深重的分裂混乱状态，帝国皇帝成为德意志七大诸侯摆弄的傀儡，再也无力与罗马教皇相抗衡了。自从奥托一世在查理大帝的基业上重建帝国（962 年）以来，三百多年来神圣罗马帝国

1 参见：布鲁斯·雪莱，《基督教会史》（第二版），2004，第 204 页。

一直构成了罗马天主教廷的强劲对手，但是现在它却一蹶不振地衰落下去了，这只曾经不可一世的雄狮变成了罗马教皇手中驯服的巴儿狗。到了卜尼法斯八世登上教皇宝座（1294 年）之后，这位野心勃勃的老人竟然以皇帝自居。在 1300 年举行的百年庆典的大赦仪式上，这位专横跋扈的罗马天主教皇坐在君士坦丁皇帝的宝座上接受群众的朝拜，他头戴皇冠，胸挂十字架，手中的牧杖与腰间的宝剑同时熠熠生辉，并且高声叫喊道："我是恺撒！我是皇帝！"

至此，罗马教会不仅已经与世俗王权平起平坐，而且反倒凌越其上了。然而，当教会开始越来越多地涉足于世俗权力时，它就与自己的神圣职责渐行渐远了。当教会在权力方面达到巅峰状态时，它自身的腐败也同样达到了触目惊心的程度。在这种情况下，一种盛极而衰的结果也就在所难免了。中世纪晚期的伟大诗人但丁对教会专权的情况嘲讽道：

造成了善良世界的罗马向来有
两个太阳，把两条道路照得通明：
人世的道路，和上帝的道路。
其中一个把另一个消灭了；
宝剑和牧杖连接在一起了；
这样两个合在一起必然走上邪道。
……
罗马的教会，
由于把两种权力在自身上混在一起，
跌入泥坑，玷污自己和所负的人。[1]

1 但丁，《神曲：炼狱篇》，朱维基译，上海译文出版社，1984，127—128 页。

东西方教会大分裂与十字军东征

在论述大权独揽的罗马天主教会在中世纪所造成的腐败堕落现象之前，还有一些重要事件需要首先考察一下，这些事件反映了教会势力的兴衰荣辱，它们包括发生在11—13世纪的东西方教会大分裂和十字军东征运动，以及发生在14—15世纪的“阿维尼翁之囚”和西方教会大分裂。前者反映了罗马天主教会势力日益臻于巅峰状态，后者则表现了它由盛转衰的过程。

在希腊世界与罗马世界之间，早就存在着根深蒂固的文化差异，这种差异并没有因为罗马人对希腊的政治统治和文化模仿而消除，反而成为导致罗马帝国分裂的重要原因之一。基督教在罗马帝国获得合法地位之后，这种深刻的文化差异也造成了东西派教会在理论上的分歧和组织上的对立。虽然君士坦丁皇帝希望罗马帝国境内的基督教能够形成统一的理论体系和教会组织，然而事与愿违，自尼西亚会议以来的几次基督教大公会议不仅没有结束东西派教会之间的理论分歧（这种理论分歧可以追溯到希腊教父与拉丁教父的思想差异上），反而使双方陷入了更加复杂的权力角逐的激流中。在历次大公会议上遭到谴责的异端观点——阿利乌派、阿波利拿里派、聂斯脱利派以及一性论派等——几乎都来自东派教会（这与东派教会更多地继承了希腊教父的理性精神有关），这样就使得双方之间的成见更加难以消弥。到了公元7世纪以后，由于阿拉伯帝国的穆斯林对埃及、叙利亚和小亚细亚东部地区的攻占，原来属于东派教会范围内的亚历山大里亚教会、耶路撒冷教会、安提阿教会纷纷从基督教世界中剥离出去，其影响力日益衰微，于是东西派教会之间的对峙就直接表现为君士坦丁堡教会与罗马教会之间的对立。“西方众教会越来越把罗马的主教视为所有基督教的超级主教；东方教会则尊崇君士坦丁堡（皇帝与宗主教）为基督教世界的中心，这个因素使大公教会产生张力，在卡尔西顿大会之后数个世纪中，这张力因为诸多因素而越来越恶化。”[1]

狄奥多西皇帝死后罗马帝国的再度分裂以及不久以后发生的蛮族大入侵，使得希腊世界与罗马世界之间的距离越来越大——西罗马帝国沦于蛮族之手，在经历了三百多年的“黑暗时代”之后分裂为许多封建王国；东罗马帝国却仍然在形式上保持着一个统一的帝国政府，并在后来的近千年时间里构成了西欧封建社会与东方阿拉伯帝国（以及突厥帝国）之间的一个重要的中间地带。从公元 4 世纪开始，自从君士坦丁大帝在欧亚大陆接壤处建立了君士坦丁堡并迁都于此之后，罗马帝国的政治和文化重心就开始向东方转移（在经济上，希腊世界始终都要明显地领先于罗马世界）。在后来的几百年间，由于免遭蛮族入侵的劫难，所以东方的繁荣状况一直比较稳定地延续下来。在中世纪，君士坦丁堡不仅保存了较多的古典文化遗产，而且因为地处欧亚大陆的枢纽而成为东西方文化交流的重镇，其城市规模和繁华程度也堪与中国唐朝首都长安和阿拉伯帝国首都巴格达相媲美。公元 11 世纪，当罗马天主教会忙于对入侵的日耳曼蛮族以及斯堪的纳维亚、匈牙利、波希米亚等地区的人民传播大公教会的信仰时，君士坦丁堡的传教士们也同样卓有成效地使野蛮的保加利亚人、塞尔维亚人、罗马尼亚人以及更加遥远的俄罗斯人相继皈依了希腊正教会。“正是在同一个时期里，东欧民族进入了基督教民族的社会，并形成了从波罗的海地区延伸到黑海，从易北河延伸到顿河和伏尔

1　罗杰 · 奥尔森，《基督教神学思想史》，2003，第 265 页。

加河上游的第二个欧洲基督教世界。”[1] 随着这种彼此独立却同步进行的宗教扩张活动的推进，东西方的两个基督教会——罗马公教会（Catholicism，即天主教）与希腊正教会（Orthodoxy，即东正教）——之间必然会在权力方面发生激烈的较量；而教会之间的这种权力之争又与东西方的两个帝国——从古代延续下来的东罗马帝国与新建立的查理帝国及神圣罗马帝国——之间的名分之争纠缠在一起，从而使得希腊世界与罗马世界之间的旷日持久的文化抵牾变得更加深刻和复杂。

虽然希腊世界无论是在历史传统还是在文化水平上都要明显地优于罗马世界，而且东罗马帝国流行的官方语言也是更加高雅的希腊语，但是君士坦丁堡的统治者们仍然习惯于称自己为罗马人，因为他们的帝国是从君士坦丁大帝时代延续下来的未曾中断过的正统罗马帝国，他们一脉相承地保存着罗马皇帝的头衔、礼仪和帝国的行政体制。在东罗马帝国皇帝的眼里，查理大帝和奥托一世等人的加冕乃是一种邪恶的僭越行为，这些日耳曼世界的野蛮人既缺少罗马皇帝的高贵血统，而且罗马教会也无权给帝国皇帝举行加冕仪式。在东罗马帝国，君士坦丁堡教会始终都是帝国政府的顺从“女仆”，君士坦丁堡大主教（相当于罗马教皇）不仅不具有给皇帝加冕的权力，而且他本人还要仰赖于皇帝的任命。

西方的情况则完全不同，“黑暗时代”长达三百多年的帝位空缺使罗马教会得以自由发展、一脉独大，对于入侵蛮族的信仰教化又使得教会可以借上帝的名义凌驾于世俗王权之上，从而在 8 世纪以后拥有了给帝国皇帝加冕的特权。另一方面，“西罗马君主们有两件

1　克里斯托弗·道森，《宗教与西方文化的兴起》，长川某译，四川人民出版社，1989，第 109 页。

法宝来对抗东罗马人所依赖的正统性和连续性。罗马城在他们这儿，使徒法座在他们这儿。叙述查理加冕的编年史家们恰恰要触及这一事实，'他掌握着罗马，罗马是帝国之母，恺撒们总是惯于登基于彼'，而且置帝冕于其额者乃彼得之后任"[1]。公元800年，当教皇利奥三世在罗马为查理进行帝位加冕时，西欧世界的显贵人士都认为，现在皇帝的名义终于又从希腊人手中转回到罗马人手里，查理大帝也俨然以"罗马人的皇帝"之名而登基，而且这权力还由于得到了彼得后继者（罗马教皇）的确认而获得了神圣性。同样的看法也表现在后来奥托一世的加冕活动中，奥托所建立的帝国后来甚至还冠以"神圣罗马帝国"之名。

然而，罗马城和彼得法座对于东罗马帝国皇帝和君士坦丁堡教会来说，并不具有任何合法性和神圣性。在中世纪，拜占廷的希腊人坚持自己在政治上和文化上的正统性，罗马教会则强调自己在宗教神学上的正确性。公元968—969年，伦巴第主教柳特普兰德代表神圣罗马帝国皇帝奥托二世出使东罗马帝国，与东罗马帝国皇帝尼基弗鲁斯二世发生了一场关于希腊人和"西方人"孰优孰劣的争论。柳特普兰德的观点是，"希腊人培养了各种异端，而西方人消灭了它们"。然而在拜占廷的希腊皇帝看来，所谓"西方人"只不过是一些缺乏教养的野蛮人罢了。有趣的是，尽管双方在争论中各执一词，但是他们都坚持认为只有自己才是真正的罗马人。争论进行到最后，理屈词穷的柳特普兰德主教终于被尼基弗鲁斯皇帝以罗马帝系正宗传人自居并且指责自己不是罗马人而是伦巴第人的傲慢态度激怒了，于是他转而对所谓的"罗马人"进行了一番狗血淋头的痛斥：

1　詹姆斯·布赖斯，《神圣罗马帝国》，1998，第295页。

这是一件在历史上臭名远扬的事实，这就是指罗马人所奉为始祖的罗慕路斯是一个杀死兄弟的人，是一个娼妓的儿子——我是指非婚生子，他建立了一个罪犯逋逃薮来收容债务者、逃奴、杀人犯以及其他罪大恶极的犯人。他包庇了这些罪犯，搜罗了一大群犯人，称他们为罗马人。这就是你们的皇帝或者如你们称为‘世界的王’的奉为祖先的优秀的贵族。但是我们——我用“我们”一词来指伦巴第人、撒克逊人、法兰西人、洛林人、巴伐利亚人、斯瓦比亚人、勃艮第人——我们鄙视罗马人到这种程度，以至我们对敌人发怒时，我们只要叫他们一声“罗马人”就够了，因为照我们的说法，这一个坏称呼包括一切卑贱、懦怯、贪婪、颓废、虚伪以及其他各种恶行的全部而无遗。[1]

上述一切文化上和政治上的分歧都是导致11世纪东西方教会大分裂的重要原因，但是直接的原因还是宗教方面的，主要表现为对某些神学教义的不同理解和关于教会优先权的争论。神学教义方面的分歧集中在关于圣灵的出处问题上，即圣灵到底是出自圣父和圣子，还是仅仅出自圣父？经过历次大公会议所确认并被东西方教会共同接受的《尼西亚信经》的有关经文，在西方教会和东方教会的表述中有着微妙的差异——在“我信圣灵，赐生命的主，从父和子出来”这段经文中，是否加上“和子”字句，就成为双方分歧的焦点。这种纯粹神学方面的争论本来也无伤大雅，但是当它与东西方教会的优先权问题联系在一起时，情况就不同了，因为它关系到罗

1 《柳特普兰德的君士坦丁堡出使记》第12章，转引自：汤因比，《历史研究》(下册)，曹未风等译，上海人民出版社，1964，第238页。

马教会与君士坦丁堡教会究竟何者在教义问题上具有最后的决定权。随着时间的推移，这种实质性的较量在教义和教仪等方面引起了越来越多的分歧，再加上东西方两个帝国之间的明争暗斗，终于酿成了东西方教会的大分裂。

公元 1054 年，在君士坦丁堡大主教色路拉里乌的授意之下，东派教会指责罗马教会使用无酵面饼祝圣圣体，认为此举亵渎了基督教的圣餐礼仪。罗马教皇利奥九世指派红衣主教洪贝尔前往君士坦丁堡进行解释与协商，结果遭到冷遇。洪贝尔一怒之下，即以罗马教皇的名义宣布对色路拉里乌实行绝罚。后者则针锋相对，立即召开宗教会议，宣布革除罗马教皇及其使臣的教籍，并自立为东部教会之首。从此以后，东西方教会就断绝了往来，正式分裂为希腊正教会（东正教）和罗马公教会（天主教）。由此可见，虽然导致东西方教会大分裂的直接原因是一件鸡毛蒜皮的小事，但是冰冻三尺非一日之寒，双方的矛盾已经酝酿了几百年之久，甚至在基督教产生之前的希腊文化与拉丁文化的差异中就可以寻找到最初的源头。至此，君士坦丁堡教会就连同东罗马帝国一起，与西方社会分道扬镳，从而与东方（以及南方）伊斯兰教世界和西方天主教世界形成了一种三足鼎立的关系。

东西方教会大分裂使得野心勃勃的罗马教皇们深感愤慨，同时也为罗马天主教会干预东方事务提供了一个借口。当精明强干的格利高里七世执掌教权后，他曾多次派出使臣前往君士坦丁堡，希望能够弥合二者之间的裂痕。而君士坦丁堡方面在 1071 年以后也由于面临着塞尔柱突厥人的扩张威胁，以及朝觐之路的阻断等新问题，需要寻求西方天主教社会的支持（毕竟大家都是基督徒，血浓于水）。在这种情况下，就产生了基督教世界联合攻击伊斯兰教世界的十字军（Crusade）东征运动。

耶稣蒙难和复活之地耶路撒冷在基督徒心中一直是一个光辉的圣地，由于朝觐圣地被教会确定为重要的赎罪方式之一，所以到耶路撒冷来朝拜圣寝的西方基督徒（包括罗马和君士坦丁堡的基督徒）络绎不绝。公元 638 年，耶路撒冷虽然被阿拉伯帝国的穆斯林所占领，但是一直到 11 世纪中叶为止，阿拉伯帝国对于西方基督徒的朝觐圣地活动基本上采取了一种较为宽容的态度，并未予以过多的干预和阻挠。然而，自从 1071 年耶路撒冷落入凶悍的塞尔柱突厥人之手以后，西方基督徒的朝觐活动就开始受到突厥穆斯林的禁止，圣地也遭到了异教徒的破坏和亵渎。格利高里七世在位时就曾经策划组织十字军东征之事，但是该计划由于格利高里七世与亨利四世之间的主教册封权之争而被搁置，直到乌尔班二世任教皇时才开始付诸实施。1095 年，乌尔班二世（Urban Ⅱ，1088—1099 年在位）在法国东部克勒芒宗教大会上的演说词成为十字军东征运动的总动员令：

上帝的众子们啊……你们必须去援救那些住在东方的兄弟们，因为他们正迫切地期望你们的援助，而且时刻在祈求你们的援助。正如你们中间很多人都已经知道，突厥人（波斯人的一支）[1] 已向他们发动进攻……正在上帝的国度中大肆蹂躏。如果你们容许他们这样继续下去而不加以干涉和遏止，那他们会更猖獗地伸展魔掌，加在更多的上帝的忠仆身上。

由于这个缘故，我现在恳求你们，勖勉你们；不，不是我，乃是主在恳求，主在勖勉；我只是作为基督的使者向你们勖勉，

1 当时西方关于突厥人之来源不甚了然，因其来自东方，故以之为“波斯人的一支”。——原文注

督促一切等级的人，骑士、步兵、富人、穷人，都必须迅速起来，及时地给予基督徒以援救，将这个邪恶的种族从我们兄弟的土地上消灭干净！[1]

在这篇著名的演讲中，乌尔班二世号召曾经因私事而“与自己的兄弟和亲朋争斗不休”的基督徒们联合起来，共同去与那些“不信上帝的人”进行战斗。他甚至呼吁强盗和穷人们到异教徒的国土中去“获取永恒的酬劳”，并且承诺，只要他们为了上帝的事业而牺牲，他们的一切罪愆立即就会得到赦免。

教皇的号召和赎罪承诺极大地激励了成千上万名虔诚而蒙昧的基督徒，首批十字军于1096年在“穷汉”瓦尔特和“隐士”彼得的率领下从法国出发，这群乌合之众一路上杀人放火、打家劫舍，在匈牙利和巴尔干半岛就遭到当地居民的残酷报复，到达君士坦丁堡时已经人数寥寥。后来他们与贵族们率领的十字军主力部队会合在一起，终于在1099年7月15日攻占了耶路撒冷。入城之后，虔诚的基督徒们表现出穷凶极恶的野蛮本性，对居民进行了惨无人道的屠杀和劫掠。当时亲临其境的弗尔舍·沙特尔在《耶路撒冷史》中记载了这些暴行：

如果你站在那里的话，你的脚直至大腿上，全染着死人的鲜血。还有什么可说？他们中谁也不能保持生命。妇女与幼孩，均不得幸免。

你们可看到……我们骑士的侍从和比较穷的步兵，由于知道萨拉森人的狡猾，怎样剖开了死人的肚皮，要取出他们生时

1 周一良、吴于廑主编，《世界通史资料选辑》（中古部分），1964，第151—152页。

所吞下的金币……为了这个，他们若干天里把尸体堆积起来，然后烧为灰烬，以便容易地找到这黄金。[1]

第一次十字军东征是历次十字军中唯一在军事上取得圆满成功的一次，基督教的胜利者们参照西方的封建制度在东方土地上建立了一些拉丁王国，并把它们交给新组建的基督教骑士团——圣殿骑士团（Templars）、圣约翰骑士团（Knights of St. John）、条顿骑士团（Teutonic Knights）等——领有。那些身穿十字架披风的骑士把日耳曼的武士精神与基督教的修道制度结合在一起，在东方土地上修建了一些坚固的城堡，作为基督教拉丁王国防范穆斯林卷土重来的军事要塞。但是，就在第一次十字军东征结束后不久，当大批基督徒带着劫掠来的财富满载而归时，穆斯林又开始威胁和逐渐蚕食骑士团设在东方的那些拉丁据点，于是基督教世界不得不再度组织了一次次不成功的十字军东征。第二次十字军东征活动在息斯特西安修会的著名修道士圣伯尔纳的倡导下，由法王路易七世和神圣罗马帝国皇帝康拉德三世联合发动，但是他们的军队在大马士革却遭受了军事上的惨败。第三次十字军东征由神圣罗马帝国皇帝红胡子腓特烈一世、法王腓力二世和英王理查一世（狮心王）共同发起，结果腓特烈一世在小亚细亚被淹死，而腓力二世和理查一世原本就是死对头，二人在东征过程中彼此掣肘，终致第三次东征活动中途流产。1202年，在教皇英诺森三世的鼓动下发起了第四次十字军东征，一支由法国人、德国人和威尼斯人共同组成的基督教军队，在准备对亚洲的穆斯林发起进攻时突然改变了方向，演变为对富庶的君士坦丁堡的抢劫。十字军在蹂躏、劫掠了君士坦丁堡之后，又在该城建

1　周一良、吴于廑主编，《世界通史资料选辑》（中古部分），1964，第157页。

立了一个短命的拉丁帝国。这件事情使得东西方教会和帝国之间本来就已经非常紧张的关系更加雪上加霜，进一步加深了希腊东正教徒对于西方天主教徒的轻蔑与仇恨。

“十字军的好战精神与意大利城邦的经济帝国主义结合起来，在拜占廷世界造成了一种强烈的宗教的和爱国的抵抗精神。这样，似乎标志着西方基督教世界胜利发展的顶峰的君士坦丁堡拉丁帝国的建立，对基督教统一和东欧文化统一的事业，是一个致命的打击。”[1] 更加令人啼笑皆非的是，在第四次十字军和第五次十字军之间，西方天主教世界还组织了一支少年十字军，这支毫无战斗力的童子军刚刚到达地中海，其中的一些人就被商人们拐卖到埃及和东方沦为奴隶。由于与君士坦丁堡交恶，同时也由于西方已经无力撼动小亚细亚和西亚的强大的伊斯兰教势力，所以最后几次十字军进攻的目标已经由亚洲转向了埃及和突尼斯，基督徒的战斗力也随着宗教热情的下降而大大削弱。1291 年，西方天主教世界设在东方的最后一个拉丁王国亚克城落入穆斯林之手，喧闹一时的十字军东征从此偃旗息鼓。

18 世纪法国思想家霍尔巴赫认为，十字军东征是罗马天主教会处心积虑地组织的一场祸水东引运动，它“是根据教皇的命令组织的神圣远征，其目的是把欧洲从大量的虔信坏蛋手中解放出来，这些坏蛋为了获得上天对他们在本国所犯罪行的宽恕，便不顾一切地走到异邦去犯新的罪行”[2]。对于贫穷蒙昧的西欧天主教徒来说，在神圣的名义下到东方去进行劫掠活动无疑是一件极有诱惑性的事情，更何况这样做还能够得到教皇的赦罪承诺；对于世俗国王和贵族骑

1 克里斯托弗 · 道森,《宗教与西方文化的兴起》, 1989，第 132 页。

2 保尔 · 霍尔巴赫,《袖珍神学》，单志澄、周以宁译，商务印书馆，1972，第 85 页。

士们来说，去东方建立拉丁王国和骑士领地同样是一件有利可图的好事，东方美丽的传说、辽阔的土地和富庶的资源都令他们心驰神往；而对于罗马天主教会来说，十字军东征不仅可以收复被异教徒占领的圣地，也可以将闹独立的君士坦丁堡教会重新统一到罗马教会的旗帜下，而且可以向西欧一切世俗王侯充分显示罗马教会在精神上和政治上的巨大感召力，使之心悦诚服地匍匐在教会的权杖之下，真可谓是一箭三雕！更有甚者，十字军运动使得罗马教会在使用武力对付不同意见者方面获得了一种新的合法性，它既然可以派遣十字军去讨伐东方异教徒，也同样可以运用十字军来对付西欧内部的宗教异端和那些不听话的国王诸侯。事实上，十字军运动在西欧社会中并没有因为最后一个东方拉丁王国的陷落而结束，它不断地在罗马教会讨伐异端的活动中阴魂再现。后世的人们不仅在堂吉诃德式的骑士精神中可以看到十字军理想的余晖，甚至连葡萄牙王子亨利在 15 世纪所发起的航海探险活动，也是在十字军的旗帜感召下进行的[1]。

西欧教俗各界的利益似乎都在十字军东征这场罪恶的运动中得到了满足，神圣的目标与世俗的目标和谐地结合在一起。正是这种利益驱策下的默契，促使西欧社会各阶层携起手来，在罗马天主教会的神圣旗帜指引下，对东方发起了一场骇人听闻的犯罪活动。虽然从结果上来看，持续了两个世纪之久的十字军东征并没有实现西方教俗双方共同期盼的目标，它不仅没有最终收复圣地耶路撒冷，

1 道森在谈到亨利王子的海外探险活动时这样写道：“航海者亨利是中世纪与近代之间过渡时期的典型人物之一。他是最后一位十字军战士和第一位征服者……他仍然是一个彻头彻尾中世纪的人物：一位效法圣路易模式的十字军运动的亲王，虔诚、纯洁而节欲；而且他是作为一个军事组织——基督会（Order of Christ）——的首领，是在十字军的旗帜下进行他所有的探险和殖民活动的。”出自：克里斯托弗 · 道森，《宗教与西方文化的兴起》，1989，第 268—269 页。

使基督徒在穆斯林面前丢尽了脸面，而且极大地加深了天主教世界与东正教世界之间的历史仇隙，使得一百多年后君士坦丁堡失陷于土耳其人之手时（1453 年），大多数东正教徒宁愿忍受穆斯林的统治也不愿回归西欧社会。但是，这场运动对于罗马天主教会来说却意义重大，它标志着教皇（教宗）的权力达到了空前绝后的巅峰状态。正如教会史专家布鲁斯 · 雪莱（Bruce L. Shelley）所指出的：

> 或许最有意义的结果是十字军给教宗制增加了光彩。不仅教宗——乌尔班二世发起了第一次十字军东征，而且在整个十字军时期教宗们都积极推动新的远征。是他们，而不是皇帝，竭力联合基督教世界反对伊斯兰世界。圣地上新军事修会、新主教以及君士坦丁堡的修会和主教都曾一度受到教宗的保护和帮助。圣战就是使联合东西方教会的教宗制获得普世治权。[1]

"阿维尼翁之囚"与西方教会大分裂

经过旷日持久的教俗之争，以及通过策划和领导十字军东征运动，罗马天主教会的权力在 13 世纪达到了顶峰。1198—1216 年出任教皇的英诺森三世表现出比格利高里七世更加高明的政治手腕，他不仅像后者一样把教皇和国王分别比作太阳和月亮，认为月亮的光辉来自太阳，因此国王的权力来自教皇，而且利用教皇身份对世俗王侯们频繁地使用绝罚和停圣事的权力。在宗教氛围浓郁的中世纪天主教社会，绝罚（excommunication，亦称破门、逐出教会）是教皇对俗人实施的一种极严厉的惩罚，受到绝罚者不仅此生被革出教

1　布鲁斯 · 雪莱，《基督教会史》（第二版），2004，第 212—213 页。

会，成为不受上帝保护因而人人得以攻之的对象，而且在死后也将永沦地狱；停圣事（interdict，亦称禁教令）则是针对整个国家而进行的一种惩罚，即由教皇谕令某个国家中的所有教会，停止举行除洗礼和临终忏悔之外的一切宗教圣事，这样就会激起该国民众和贵族对于国王的强烈愤慨和反抗。在任职不足二十年的时间里，英诺森三世先后 85 次运用停圣事或者以此相威胁，迫使那些不听话的国王和诸侯就范。在神圣罗马帝国，他翻手为云，覆手为雨，先是帮助不伦瑞克的奥托与另一位选帝侯腓力争夺皇位，然后又用绝罚和废黜来对付试图反水的奥托，将霍亨斯陶芬王室的腓特烈二世推上皇帝宝座，而后者则承诺尊重教皇的权力并为他发动一场新的十字军东征。在英国，英诺森三世在选举坎特伯雷大主教的问题上与英王约翰发生了冲突，他动用了绝罚和停圣事等一切手段，并怂恿英王的死对头、法国国王腓力二世出兵对英格兰发动圣战，最终迫使约翰就范，不仅接受了英诺森三世指定的坎特伯雷大主教，而且向教皇使节履行了效忠礼。在法国，这位叱咤风云的教皇同样使用停圣事的方式，逼迫强悍的法王腓力二世重新将已经离婚的妻子、丹麦的英格博格接纳为王后。通过这一系列事例，英诺森三世向西欧天主教世界的民众表明，罗马教会和教皇的权力已经无可争议地凌驾于世俗王权之上。

然而，就在教皇权力达到顶峰时，一场深刻的危机也正在悄然酝酿。毕竟罗马教会只是上帝派驻人间的一个属灵的机构，它过多地染指世俗权力必然会迷失自己的本分，这种获得了权力却丢失了灵魂的做法将会激起世俗权贵和一般民众的普遍反感。就在罗马教廷取得了对神圣罗马帝国的决定性胜利从而陶醉在建立神权王国的迷梦中时，法国和英国却在民族主义和中央集权的双重力量推动下悄悄地崛起。

按照从罗马时代沿袭下来的惯例，罗马帝国皇帝的地位无可争议地要高于各国国王，这种惯例也由于封建时代的附庸制度而得到强化。自从奥托一世以来，神圣罗马帝国的疆域主要包括德意志和意大利北部地区。西法兰克王国（即法国）和意大利南部诸城市虽然极力维护自己的独立性，但是仍然要承认帝国的优先地位。至于英国、丹麦、波兰、匈牙利等国，都曾先后与神圣罗马帝国有过臣属关系。可以说，在中世纪的西欧，神圣罗马帝国毋庸置疑地被视为古罗马帝国的继承者，并且为了这种继承关系的正统性而与古罗马帝国的另一个孑遗拜占廷帝国争执不休。在神圣罗马帝国创建的最初两百年间，即从奥托一世一直到红胡子腓特烈一世当政（1152—1190）的时候，神圣罗马帝国在西欧各国君主眼里仍然具有不可亵渎的权威性，正因为如此，它才构成了与罗马天主教廷争权夺利的主要对手。但是从 13 世纪开始，神圣罗马帝国就一蹶不振地衰落下去了，它的位置由日益崛起的法国和英国所替代。自从 10 世纪末叶卡佩王朝建立之后，法兰西的国王们就开始处心积虑地加强王权，削弱封建诸侯的势力。而英国的做法则是通过协调王权与贵族权利而实现双赢结局，1215 年由国王被迫签署的《大宪章》（Great Charter）确立了权利和法律的至高地位[1]，这种“王在法下”的原则不仅推动了一百年后英国国会的出现，而且使贵族与国王之

1 《大宪章》最重要的意义就在于将法律的地位提高到国王之上，例如，它的第 39 条表述为：“在未根据法律由其同等人审判之前，任何人不得被处以监禁、剥夺财产（如剥夺土地），宣布不受法律保护、流放等毁灭性惩罚。国王也不得在未履行上述程序前对之不利。”第 40 条表述为：“权利和正义无价，国王不得拒绝任何人的权利及正义诉求，并迅速给予执行。”它还初步表达了在法律面前人人平等的思想，例如，第 60 条表述为：“前面提到的所有习惯法和权利，只要它们属于我们，就应通过我们适用于我们的臣民，由教士及俗人，一体遵守，并通过他们由其各自的附庸所遵守。”（以上条文均转引自：迈克尔 · V. C. 亚历山大，《英国早期历史中的三次危机》，林达丰译，北京大学出版社，2008，第 100—101 页。）

间形成了一种彼此依赖、共存共荣的关系，从而极大地促进了英格兰民族精神的觉醒。当德意志神圣罗马帝国为了维持一个庞大的帝国烂摊子而四处出击并与罗马教会斗得焦头烂额时，法兰西与英格兰的统治者们却在一门心思地经营自己的集权制度和民族国家。英国历史学家詹姆斯·布赖斯（James Bryce）对西欧这三个主要国家的情况对比道：

> 法国的国王们一个一个地征服了几乎不承认早期卡佩王朝诸王的大封建领主。英国的国王们业已并吞了威尔士、坎布里安以及爱尔兰部分地区，业已获得很大的，虽然不是无限的权威，对全国各个角落都能行使毫无疑问的权力。英法两国君主获得成功，是由于集中了他们个人全部的精力于一个单一的目的，由于各种策略的巧妙运用，以此使他们个人的、司法的、立法的封建权力能够约束附庸。与此同时，德意志君主的积极努力本需要用来驯服凶悍的贵族们，并维持其居住着许多语言、风俗皆不同的种族的广大领土的秩序，他们却与伦巴德诸城以及南意大利的诺曼人进行斗争，并且在整整两个世纪之内成为罗马教皇凶恶的敌人。[1]

在13世纪初，当英国国内的贵族们由于国王无节制地征税以及其他权利问题而与约翰处于剑拔弩张的对立状态时，教皇英诺森三世却旗帜鲜明地站在了已经向罗马教廷表示效忠的国王约翰一边。约翰之所以敢于在贵族们的压力下一再拖延签署《大宪章》，就是仗着有教皇在背后为他撑腰。就贵族党这边来说，他们起草《大宪章》

1　詹姆斯·布赖斯，《神圣罗马帝国》，1998，第188—189页。

的目的并非像后世某些学者所夸大其词的那样是为了建立君主立宪政体，而只是为了在英国确立一种君主与贵族和衷共济的中央集权制度。“贵族们不过希望在约翰的有生之年，不论将持续多久，于平等的状态下和国王相安无事。并要求约翰和他的继承人，以令贵族感到放心的方式，合法自律地行使王权。”[1]然而，英诺森三世却在他的教皇谕令中，坚持认为《大宪章》侵害了国王的权利和荣誉，公开予以诅咒，并且威胁要对那些捍卫《大宪章》的贵族实施绝罚。尽管有国王和教皇的共同反对，《大宪章》最终还是在经历了一场激烈内战和进行了一些删改让步之后被约翰的继承者发布了。这场较量的结果虽然看起来似乎是双方——英国的贵族党与国王和教皇同盟——打了个平手，但是英诺森三世的至上意志却在英国碰了一个软钉子，王党最终也倒向了贵族党一边，双方共同联合成一个以强大王权为中心的利益共同体，并逐渐在英国民众中间培养了一种“英格兰属于英格兰人”的民族意识。

如果说英国人远在海峡彼岸发布的《大宪章》只是轻微地拂了教皇的面子，那么法国人接下来所干的事情就足以让教皇和罗马教廷威风扫地了。就在奥托一世用武力建立了神圣罗马帝国不久，西法兰克王国开始了卡佩王朝（Capetian Dynasty，987—1328）的统治。在10世纪，弱小的卡佩王朝根本无法与强大的神圣罗马帝国相提并论，当时王室的领地仅限于塞纳河畔的巴黎周边地区，与一般的封建领主难分伯仲。但是在此后的两百多年时间里，法国卡佩王朝呈现出一种与神圣罗马帝国正好相反的发展趋势，该王朝的一些野心勃勃的国王前赴后继地从事着缓慢而坚定的扩张活动，不断扩大王室领地和加强国王权力。到了13世纪，法兰西的国王们已经

1　迈克尔·V.C. 亚历山大，《英国早期历史中的三次危机》，2008，第95页。

将王室政府的控制力从巴黎周围的狭小区域扩展到许多大封臣的领地中，同时把法国各封建领地的行政、司法、铸币和军事权力逐渐集中于中央政府。尤其是在“美男子”腓力四世统治期间（1285—1314），更是大力地扩张王权和发展民族国家，削弱封建贵族的政治权力，并且当仁不让地坐上了由于神圣罗马帝国的衰弱而空置出来的欧洲王权第一把交椅，开始公然与罗马教会相抗衡。

虽然法兰西王国与神圣罗马帝国一样，也是在日耳曼人建立的法兰克蛮族王国的基础上发展起来的，但是它的前身却是罗马帝国治下的高卢，因此法国人与意大利人一样沿袭了大量的拉丁文化因素，与神圣罗马帝国质朴愚昧的德意志人有着很大的文化差异。当精于算计的罗马教皇与虔诚而野蛮的德国王侯相对峙时，教皇赢得了最终的胜利。然而，到了 13 世纪以后，当罗马教皇开始把法国人当作角逐权力的主要对手时，他就遇上了一些与自己同样具有文明的拉丁文化因子，同样以一种实用主义态度来对待信仰和同样精于算计的险恶敌人。尤其令教皇们头痛的是，这些法国对手具有双重的邪恶禀性：一方面，他们像那些蛮横粗野的德国王侯一样动辄就要诉诸武力，却又不具有德国人的那种易于用上帝的名义相慑服的质朴本性；另一方面，他们和罗马教皇一样擅长于玩弄阴谋诡计，却又不具有后者“君子动口不动手”的尔雅风度。这些令人棘手的法国人把德国人的野蛮恶习和意大利人的文明恶习熔于一炉，因此当罗马教皇面对着这样的“双料恶棍”时，就不可避免地落于下风了。

罗马教皇与法国国王交手的第一个回合，就以惨败而告终。事情缘起于英法之间旷日持久的战争，当时英国和法国两位精明强干的国王爱德华一世和腓力四世为了筹集军费，不约而同地想到了同一个主意，那就是向国内富有的神职人员征税。但是在罗马教皇看来，只有罗马教廷才具有向神职人员征税的资格和权力，因为神职人员的财产属于上帝而不是君主。1296年，年纪老迈却野心勃勃的卜尼法斯八世发布了教皇谕令，威胁英、法两位君主不得向其国内的教士征税，否则将对之处以绝罚。面对教皇的恐吓，爱德华一世利用天高皇帝远的地理优势，以法律为武器与卜尼法斯相抗衡，颁布法令要对那些拒绝纳税的英国神职人员处以没收财产的惩罚；法王腓力则针锋相对，以禁止法国贵金属和钱币向意大利出口相要挟，通过切断罗马教廷主要税收来源的方式来迫使教皇让步。在两位国王的强硬姿态面前，卜尼法斯八世不得不暂时妥协，对英、法向神职人员征税之事采取睁一只眼、闭一只眼的态度。

但是，1300年举行的百年大赦活动又让这位耽于幻想的教皇被荣耀冲昏了头脑，他踌躇满志地想把恺撒的宝剑和教皇的牧杖集于一身，像以前的英诺森三世那样将世俗君王玩弄于股掌之间。1301年，当法王腓力四世因叛逆罪而囚禁了一名法国主教时，卜尼法斯八世就下决心要好好地教训一下这位喜欢滋生是非的国王。他命令腓力立即释放那位主教，并且废除了早些时候授予腓力对教会土地征税的特许权。桀骜不驯的腓力四世于1302年在法国第一次召开了由教士、贵族和平民代表组成的三级会议，呼吁法国人民与自己站在一起。与会人士一致赞同腓力的立场，反对罗马教皇充当法国的太上皇，腓力的一位大臣有恃无恐地坦言："我们主子的剑是用钢铁铸成的，教皇的剑则是用语言做成的。"面对法王的钢铁之剑，卜尼法斯八世发布了著名的教谕《唯一神圣》，他援引天主教神学权威托马斯·阿奎那的观点，宣称"任何人要想得救都必须服从罗马教皇"。在这种情况下，具有"双料恶棍"禀性的腓力决定让这位年迈智昏的教皇尝一尝法国人的厉害，他派遣了一群无赖之徒去意大利，准备把教皇绑架到法国来，以便指控其选举为非法。这群绑架者冲到了躲在意大利阿纳尼镇避暑的教皇面前，凶猛地恫吓他，虽然并没真正地对他实施绑架，但是体弱力衰的卜尼法斯八世还是在遭受了一番惊吓和羞辱之后，很快就抑郁地死去了。当时的人们在评价这位心比天高的教皇时揶揄地说道："他像狐狸一样悄无声息地来到世上，像狮子一样君临天下，像狗一样死去。"

卜尼法斯八世死后，他的继任者本尼狄克十一世仅仅在位了一年多就去世了。于是腓力四世趁着罗马教廷群龙无首的大好时机，暗中策划和推选出一位法国波尔多大主教继任教皇，即克莱门特五世，并且把教廷从罗马迁至法国的飞地阿维尼翁（Avignon）。自克莱门特五世以来的连续七位教皇，都是法国人，都以阿维尼翁作为教廷所在地，这就是教会史上著名的"阿维尼翁之囚"时期（1305—1377）。

"阿维尼翁之囚"是教会在中世纪所遭受的最沉重的打击和最难堪的耻辱，在长达70多年的时间里，教廷处于法国国王的控制之下，成为法国与其他国家进行政治交易的一个筹码。更为严重的是，罗马教廷的神圣性由此而名声扫地，教会的普世权威也受到了严峻的挑战：

> 将教宗制移到阿维尼翁不仅仅是地理位置问题。在欧洲人的思维中，罗马，这座永恒之城，不仅仅代表着建立在圣彼得之上的教会使徒统绪这个观念，而且代表着西方的共性即罗马统治权（imperium）这一概念。另一方面，阿维尼翁被法兰西王国包围着，仅仅是由一个渴望权力的法兰西民族所操纵的工具。[1]

1　布鲁斯·雪莱，《基督教会史》（第二版），2004，第246页。

从理论上来说，既然法国人可以把教廷控制在自己手里，那么德国人、英国人以及其他各国人也都可以效法，这样一来就为两百年以后民族教会的出现埋下了伏笔。由此可见，“阿维尼翁之囚”不仅是法国人的一个恶作剧，它标志着罗马教会的普世权威开始受到世人的质疑，这是教皇权力由盛变衰的重要转折点。

1377 年，教皇格利高里十一世将教廷重新迁回罗马，但是第二年他就死去了。继任者乌尔班六世想实行教廷改革，以消除法国势力的影响，结果却遭到了全体枢机主教的反对，他们宣布乌尔班六世的当选无效，另推举日内瓦的罗伯特为教皇，即克莱门特七世。这位新当选的教皇与枢机主教团一起重返阿维尼翁，乌尔班六世则在罗马重新组建枢机主教团，与阿维尼翁的教廷相对抗。于是，继“阿维尼翁之囚”以后又出现了 40 年之久的西方教会大分裂。在这段时间中，西欧同时存在两个甚至三个教皇[1]，他们相互攻讦，各行其是。教皇之间的教务之争又与欧洲各国的政治斗争搅和在一起，意大利北部和中部、德国大部分、斯堪的纳维亚诸国和英国承认罗马教皇，法国、西班牙、苏格兰、那不勒斯、西西里和德国部分地区则拥护阿维尼翁教皇。“两位教皇滥用职权，尤其是滥增捐税以维持两个教廷的开支，使欧洲蒙受耻辱，备受痛苦煎熬。尤为严重的是，有形教会只有一个的这种感情大受伤害。在民众的心目中，教皇的权威一落千丈。”[2]这种教会大分裂的局面一直到 1417 年才结束，康斯坦茨宗教会议废黜了并立的

1　1409 年，红衣主教们在意大利的比萨召开了一次公会议，会上废黜了两位相互对峙的教皇，选举出一位新教皇亚历山大五世。但是被比萨公会议废黜的两位教皇及其追随者都不接受会议的结果，于是西欧就出现了三位教皇并立的滑稽局面。

2　威利斯顿 · 沃尔克，《基督教会史》，1991，第 339 页。

三个教皇，选出了新教皇马丁五世。分裂的状态虽然结束了，但是罗马教会却已经是元气大伤，教皇再也无力与法国这样强大的君主专制政权相抗衡了。

在“阿维尼翁之囚”和西方教会大分裂期间，在教会内部也出现了一种对教皇不利的主张，这种主张得到了世俗王权的大力支持，这就是公会议主义（conciliarism）理论，即主张把宗教会议的权威置于教皇之上。1326 年，由于“异端”思想而遭到阿维尼翁教皇谴责的巴黎大学教授马尔西里奥（Marsilius of Padua，约 1270—约 1342）把自己的一部著作《和平保卫者》献给两年后加冕为神圣罗马帝国皇帝的路易四世，该书表述了教会一切权力的基础是全体信徒而非教皇、公会议的权威高于所有教会成员包括教皇、《圣经》是教会中的唯一权威等观点。这些观点深受反对阿维尼翁教廷的路易皇帝的喜爱，而且得到了路易麾下另一位思想巨擘奥卡姆的威廉（William of Ockham，1285—1347）的积极附和，稍晚一些时候的英国宗教改革家威克里夫（John Wyclif，约 1331—1384）也表达了同样的思想。公会议主义的主张反映了教皇权威的下降和教会民主精神的增长，同时也意味着民族国家实力的日益壮大。1414 年召开的康斯坦茨宗教会议就体现了这种公会议主义精神，这次公会议不仅有主教参加，而且包括世俗代表，德意志、法兰西、英格兰、西班牙等每个国家的代表都在教皇选举中拥有一票。新选举出来的教皇马丁五世本身就是这种公会议主义的结果，虽然这位教皇当选以后很快就翻脸不认人，转而用教皇的权威来反对公会议主义，但是公会议主义已经在目睹了“阿维尼翁之囚”和教会大分裂等一系列丑闻的西欧人民心中埋下了根基，并且为不久以后民族教会的崛起和新教改革奠定了重要的理论基础。

圣洁之所与罪恶之壑

在蛮族大入侵所造成的长达数百年的“黑暗时代”里，基督教会曾经卓有成效地保留和传承了古典文化的火种，缓慢而持续地完成了对日耳曼蛮族的最初的文明教化。教会所扮演的文明教师角色由于借助了上帝的权威，因此在整个世俗世界面前显示出一种优越的神圣性。依据这种神圣性，罗马天主教会在中世纪逐渐把自己的优势地位从宗教信仰层面和知识层面扩展到经济生活和政治生活领域，从而日益凌驾于世俗王权之上，成为欧洲社会的绝对主宰。众所周知，缺乏制约的权力必将会导致腐败的滋生，当罗马天主教会掌握了越来越大的社会权力时，它就不可避免地在权力的腐蚀之下走向堕落的深渊。布鲁斯·雪莱在论述基督教会在中世纪一千年里的历史作用和发展演化时，这样写道：

> 当野蛮人摧毁了西罗马帝国时，正是基督教会将被称为欧洲的新秩序整合起来。教会在法治、追求知识和文化表现形式上占据主导地位。这个基本概念就是基督教王国，它将帝国和教会联合起来。它始自 8 世纪的查理曼大帝统治时代，但是教宗慢慢地肩负起越来越大的权力，最终英诺森三世教导欧洲认教宗为世界统治者。但是，其后的数世纪看到的是教宗被权力腐化，日益激进的改革家们则呼吁变革。[1]

从理论上说，教会原本是上帝设在人间的一个属灵团体，它的职责就是引导人们通过对基督的信仰而赎清罪愆。就此而言，教会

1　布鲁斯·雪莱,《基督教会史》(第二版)，2004，第 179 页。

不应该过多地染指世俗事务，只应该关注信徒的灵性生活。当基督教最初在罗马帝国传播时，备受迫害的基督教会倒是能够恪守自己的本分，仅仅只在属灵的领域中发挥自己的作用，切实做到“恺撒的归恺撒，上帝的归上帝”。然而到了中世纪，当教会在世俗权力的诱惑下越来越热衷于建立人间神国的理想时，它就开始面临着一个尴尬的难题：“教会要为圣城而赢得这个世界，为了这个目的，它在人世间是好战的，这意味着一个教会必须处理世俗事务像它处理精神事务一样，而且必须在人世间把自己组织成为一个机构。教会为了在逆境中奉行上帝的事业，不得不在它的灵妙的裸体上覆以粗劣的机构外皮，这层外皮和精神的本质是不相符合的。”[1] 为了追逐属世的利益，教会越来越不顾自己的属灵本分；教会的组织机构越庞大、世俗权力越强大，它就离自己的神圣职责越遥远。罗马天主教会的这种背离自己天职或本分的做法，既是导致中世纪愈演愈烈的教俗之争的根本原因，也是酿成西欧社会中各种触目惊心的罪恶现象的主要根源。黑格尔愤怒地指出：“这种对峙之所以存在，还是由于那个主管‘神圣的东西’的教会竟然自己沉溺在各种各样的世俗性中——这种世俗性，更因为一切感情都假托了宗教的神圣，所以越发显得可鄙。”[2] 中世纪西欧社会既然是一个名副其实的基督教社会，罗马天主教会既然有效地控制着这个社会的精神生活、经济生活和政治生活，那么这个社会的一切弊病从根本上说都只能归咎于教会自身的堕落、腐败和虚伪。

中世纪罗马天主教会的堕落除了表现在与世俗君主争夺政治权力的活动之外，还突出地表现在另外两个方面：一是通过各种虚假

1 汤因比，《历史研究》（下册），1964，第 138 页。

2 黑格尔，《历史哲学》，1956，第 390 页。

的赎罪方式来大肆搜刮钱财，二是屡禁不绝的买卖圣职和纳妾行为。这两种行径都极大地背离了基督教的信仰和教会的天职，从而酿成了中世纪最引人注目的腐败现象。

在闭塞、蒙昧和天主教信仰一统天下的中世纪西欧社会，赎罪的问题无疑成为人生在世所关注的首要问题。一个人活着就是为了在基督的帮助下赎清罪孽，从而为死后的另一种生活准备灵性的资粮。按照基督教信仰和《圣经》的说法，上帝为了拯救世人的罪孽而把自己的独生子基督奉献出来，让他被人钉死在十字架上。基督之死已经赎了世人的罪，人们只要信仰他，像他一样去生活，就可以像他一样从死中复活。但是上帝出于某种我们不得而知的原因——这原因无疑属于奥秘——决定了我们中间只有一部分人将得到拯救，另一部分人却仍然要为亚当的原罪遭受惩罚（奥古斯丁的预定论）。这种救赎恩典的权柄掌握在上帝手中，但是在现实社会中，罗马天主教会却宣称自己可以代表上帝来行使这种权力。随着社会地位的提高和权力的增长，教会在救赎问题上越来越明显地背离了圣奥古斯丁的具有浓厚决定论色彩的恩典理论，转向了突出教会救赎权力的善功得救论。

这种理论主张，一个人得救的根据在于他是否按照教会的要求去做，是否去践行罗马教皇和教会所认可的那些“善功”。这样一来，就把一个人得救的根据从上帝的恩典转变为个人的所谓“善功”，而什么行为具有“善功”的意义，全然由教会说了算。于是，教会就具有了决定一个人最终是上天堂还是下地狱的绝对权力，并且制定了一系列形式化和虚假的赎罪方式——购买圣徒遗物、向教会捐赠财产、参加十字军圣战、购买赎罪券等——来为自己捞取政治上和经济上的利益。教会的神职人员向蒙昧无知的信徒们宣称，这些行为都具有赎偿罪愆的“善功”意义，一个人只要愿意悔改，并且做出这些“善功”，他的灵魂就可以罪得赦免，从而在此生结束之后进入极乐的天国。在知识水准和道德状况都十分糟糕的中世纪西欧社会，这种侧重于自由意志或“善功”的救赎理论对于一般信徒和教会双方来说都是一道方便法门——一般信徒可以通过为教会效劳或捐赠的方式来弥补信心的不足和道德的松懈，使自己在不断犯罪的情况下依然能够顺利地进入天国；而教会则既充分显示了自己在拯救灵魂方面的无上权柄和宽厚仁慈，也获得了大量的钱财和田产。

认罪、悔罪、赎罪的意识与活动，构成了基督教信仰的基本前提和重要内容，但是它的手段和形式却随着时代的发展而大不相同。在早期基督教会中，有罪的人往往要当着众教徒的面进行公开忏悔。“悔罪的人要难堪地公开认罪，因禁食而形容憔悴，身穿麻布衣服，匍匐在会场门口，含泪请求恕罪，并恳求信徒们代他祈祷。”[1] 一般情况下，这种公开的忏悔活动要持续几个月甚至几年的时间。但是到了 5 世纪以后，当众公开忏悔的制度被教会改为由负罪者向神父私下悔罪，这样就为花钱赎罪提供了便利条件。公元 7 世纪，罗马教会制定了对苦行赎罪的折算制度，例如把几年的斋戒苦行折算为多少次的祷告和唱诗，或者缴纳一定的济贫物质和罚金，从而使负罪灵魂的金钱交易活动获得了合法性。

除了密室忏悔和苦行折算之外，抢占和朝拜圣徒陵墓、购买圣徒遗物以及向教会捐赠财产，都成为中世纪教会所确认的有效赎罪方式。由于圣徒墓地和遗物的确认权掌握在教会手中，这样就为主教和神职人员们提供了一条生财之道，形成了一种荒唐透顶的赎罪方式。“由朝拜圣地发展到神职人员发掘‘圣徒’墓，出卖所谓‘钉

---

1 爱德华 · 吉本，《罗马帝国衰亡史》（上册），1997，第 285 页。

死耶稣的十字架’以及各种‘圣徒遗物’。起初出卖所谓‘圣徒’的沾血的衣服，还有据称沾过圣徒血的海绵出卖，以后又出卖所谓圣徒的骨骸、头发之类。”[1] 每一件圣徒遗物的赎罪功能均由教会确定，它们所具有的赎罪年限从几十年到数百年不等，出售的价格也各不相同。到中世纪后期，出售具有赎罪功效的圣徒遗物的活动达到了惊人的规模，其数量之多和品种之杂也达到了荒谬绝伦的程度。例如，迈因兹大主教宣称自己拥有 42 具圣徒的整尸体和 9000 件圣徒遗物，在这些圣徒遗物中，据说有耶稣被钉十字架时流下的汗珠、童贞女玛利亚哺乳耶稣的乳汁、耶稣睡过的稻草、耶稣进耶路撒冷时所骑驴子的驴腿、最后晚餐的餐桌木板以及上帝创造亚当时用剩的泥块！文艺复兴时期的意大利作家马苏奇奥在揭露方济各会修道僧的欺诈丑行时指出：“他们欺骗、偷盗和私通，而当他们用尽了一切手段之后，他们装成圣徒假造奇迹，这一个拿出了圣维桑的袈裟，另一个拿出了圣伯尔纳丁的手迹，第三个拿出了圣卡比斯特朗诺的驴缰绳。”[2] 总之，各种千奇百怪、荒唐至极的圣徒遗物充斥着基督教社会。只要神职人员愿意，任何东西都可以被指定为圣徒遗物，而它们的实际功能无非是从有罪的平信徒手中骗取钱财而已。

从出售圣徒遗物的卑劣行径中又演化出更加邪恶的兜售赎罪券活动。13 世纪，英国方济各会修道士亚历山大提出了一种“善功圣库”理论，该理论认为，基督的一滴血就足以救赎全人类的罪孽，罗马帝国时期的那些圣徒们也以自己的殉道业绩创造了远超过救赎他们本人灵魂所需的额外“善功”。基督剩余的血和圣徒们超额的善功由教会掌握，每一个有罪的基督徒都可以向教会购买圣徒剩余

1 杨真，《基督教史纲》(上册)，1979，第 121 页。

2 雅各布 · 布克哈特，《意大利文艺复兴时期的文化》，何新译，商务印书馆，1979，第 450 页。

的“善功”，从而使其灵魂免受地狱或炼狱之苦。赎罪券就是罗马教会以“善功圣库”中的圣徒善功作为抵押而公开发行的一种专门证券，它的券面价值依所赎罪过的性质和轻重程度而不同。教皇约翰二十二世（1316—1334 年在位）最先制定了各种罪行赎买的价目表，后来又经他的后继者们修订完善，在 14 世纪以后的西欧社会中广泛流行。这些价目表如同法律条文一样规定得非常具体细致，现列举数条如下：

> 谁若杀害了父母、兄弟、姊妹、妻子或其他任何一个亲属，只要缴纳 5—7 枚土耳其金币，便可洗清罪恶。
>
> 如果一人同时同案参与谋杀数人，只要缴纳 131 枚利维尔、14 个苏和 6 个杰尼叶，就可免予任何惩罚。
>
> 谁若杀害了妻子，并想另娶，要是缴纳 8 枚土耳其银币、2 枚杜卡特，便可获准。
>
> 鸡奸罪和兽奸罪赎价定为 131 枚和 219 枚利维尔。
>
> 凡血亲相奸者，缴纳 4 枚土耳其银币即予以赦宥。[1]

赎罪券的公开发行和兜售意味着神恩可以像商品一样自由买卖，这样就无形中鼓励了人们的犯罪行为和教会的敛财欲望。教会成为发放天国债券的大银行家，平信徒成为这些债券的认购者，金钱成为灵魂进入天国的通行证，上帝则成为见利忘义的天国守门人。据说有人曾经询问英诺森八世的枢机主教，为什么犯罪的人不受到上帝的惩戒？这位主教大人直言不讳地回答：“上帝不愿让罪人死去，

1　参见：约 · 阿 · 克雷维列夫，《宗教史》（上卷），王先睿、冯加方等译，《中国社会科学出版社，1984，第 225—226 页。利维尔是法国旧时的银币，苏和杰尼叶是法国旧时的辅币，杜卡特是古代威尼斯金币。

宁愿让他们活着出钱。”1476年，教皇西克塔斯四世的上谕宣称，赎罪券将为死者颁发大赦，这样就使赎罪券的赎罪效力从活人扩大到死人。因此当16世纪多明我会修道士台彻尔在德国境内兜售赎罪券时，竟然像推销伪劣产品的奸商一样厚颜无耻地吹嘘：“当投入钱箱中的银币叮当一响，炼狱中的灵魂立即就升入天堂。”正是这种卑鄙无耻的赎罪券兜售活动，成为激起马丁·路德发动宗教改革运动的直接导火索。

霍尔巴赫在《袖珍神学》中以尖刻的嘲讽笔调对赎罪券做了注释：“这是教皇和主教为了某种奖赏而发的作恶许可证。由于赦免，不许可的和犯罪的行为就成了合法的，甚至是值得表彰的，因为赦罪费充实了天父和他的钱柜。”[1]在这种荒唐离奇的赎罪方式中，基督教的唯灵主义精神遭到了最粗暴的玷污。耶稣曾经说过：“有钱财的人进神的国，是何等的难哪！骆驼穿过针的眼，比财主进神的国还容易呢。”[2]然而在中世纪，有钱财的人将最容易进入“上帝的国”；至于穷人，由于没有钱财，就只能通过参加十字军圣战来赎罪了。

从发自良心的自我折磨和公开忏悔，到形式化的朝拜圣墓和购买圣徒遗物，再到兜售赎罪券的赤裸裸的金钱交易，赎罪方式的变化意味着基督教信仰和道德的沦丧与虚伪化，罗马教会也日益由上帝的灵魂拯救地沦为魔鬼的欲望交易所。

利欲熏心的罗马天主教会不仅肆无忌惮地推销赎罪券，而且毫无廉耻地买卖教会圣职。早期基督教会的主教、长老、执事等神职人员都是由教会信众推选产生的，崇高的德行和自我牺牲精

1　保尔·霍尔巴赫，《袖珍神学》，1972，第77页。
2　《圣经·路加福音》，第18章，第24—25节。

神成为他们出任圣职的必要条件。《十二使徒遗训》指出:“你们要委派监督和执事,他们应该是不辜负主,性格温顺,不贪钱财又真实可靠的人。”早期教会的许多神职人员确实具有出众的美德,他们在俭朴节欲、克己奉公和以身殉道等方面均堪称典范,其中一些人后来都被教会奉为圣徒。然而,教会既然是上帝设在人间的一个机构,当它久居地上时,就难免要受到种种世俗罪恶的污染。随着教会的羽翼日益丰满,主教、神父等职位也逐渐从由平信徒推选改变为由上级教职(教皇、大主教等)任命。在天主教信仰一统天下的中世纪西欧社会,神职人员由于具有决定平信徒是否得救的巨大属灵权力,因此他们的社会地位不仅高于一般的平民百姓,甚至也凌驾于王公贵胄之上。[1]在这种情况下,教会中大大小小的教职——从教皇、红衣主教、大主教到一般教区的主教、神父等——就成为人人趋之若鹜的肥缺和美差。那些高级的教职如罗马教皇和大主教们,不仅利用权力来兼并土地和兜售赎罪券,而且把神圣的教职也纳入金钱交易的范围内。教皇作为天主教会的最高领袖,名正言顺地成为全教会所有圣职的合法卖主(在 11 世纪以前,这种特权是由教皇和国王共同分享的)。其他神职人员则一手从教皇那里买到较高级的教职,另一手则卖出自己辖区内的较低级教职。这种买卖关系层层相袭,最低级的神职人员则利用自己手中的属灵权力向平信徒搜刮勒索。一位主教大人直言不讳地说道:“我付出黄金,而当了主教;只要我按照自己分内的权限行事,我也不怕捞不回这笔款项。我任命一个祭司,于是我收到黄金;我安插一个执事,于是我收到一堆白银,

1 一直到近代资产阶级革命之前,穿“黑袍”的教士阶层都是西欧社会的最高等级,即所谓的“第一等级”,穿“红袍”的贵族阶层属于“第二等级”,而一般的平民百姓即所谓“无套裤汉”则属于“第三等级”。

看吧，我付出的黄金，现在又重新返回了我的钱囊。”由此可见，“当一个人买到了高级圣职以后，他自然要急于收回为此而付出的代价，于是这人对属世事物的关心势将超过他对于精神事务方面的关心”。[1]

神职人员结婚和纳妾的现象也构成了教会道德的一大问题，这种现象表明，那些发誓终身侍奉上帝的主教和神父们仍然忘不了享受人间的男女之欢。在中世纪，一个人要想成为神职人员，除了受教育等因素的限制之外，还必须发誓终身侍奉上帝。从使徒时代开始，教会就鼓励教士尽可能采取独身的生活方式，但是并未强行规定神职人员不许婚娶。耶稣曾经对门徒们表示，并非所有人都可以不娶妻子，只有那些从上帝那里领受到特恩的人，才能“为天国的缘故自阉”。[2]保罗也明确地表示：“我说男不近女倒好。但要免淫乱的事，男子当各有自己的妻子，女子也当各有自己的丈夫。”“论到童身的人，我没有主的命令，但我既蒙主怜恤能做忠心的人，就把自己的意见告诉你们。因现今的艰难，据我看来，人不如守素安常才好。你有妻子缠着呢，就不要求脱离；你没有妻子缠着呢，就不要求妻子。你若娶妻，并不是犯罪。”[3]虽然早期基督教并未要求神职人员都采取禁欲独身的做法，但是由于耶稣和保罗都明确区分了两种不同的生活方式，因此一位誓愿终身侍奉上帝的人当然应该立场坚定地奉行禁欲独身的原则。于是到了中世纪，贞洁或者独身就成为修道士和神职人员的基本要求之一。托马斯·阿奎那认为，肉体的交媾和婚娶将会“牵制心灵”，使人沉溺于放纵肉欲的快乐和照顾妻儿的挂虑中，从而“阻止灵魂完全向往天主的意愿”，因此“永久

1　罗素，《西方哲学史》（上卷），1963，第500—501页。

2　参见：《圣经·马太福音》，第19章，第10—12节。

3　《圣经·哥林多前书》，第7章，第1—2、25—28节。

的节欲”与“自愿的贫穷”一样成为维持修会完善身份的必要条件之一。[1]

然而，人毕竟是血肉之躯，罗马教会虽然把贞洁作为神职人员必须遵守的誓愿之一，但是这种誓愿能否真正做到，那却是另外一回事。由于中世纪神职人员已经不再由教会信众推选产生，而是通过金钱交易的方式获得，因此那些神职人员在克制肉体欲望方面的自我约束能力远远不能与早期教会人士相比，他们关于独身或贞洁的誓愿也就成为一句虚假的空话。随着教会权势的增长，一些神职人员无视教会的要求而公然结婚；另一些人虽然在表面上依然保持着独身的姿态，实际上却采取了一种变通方式，那就是纳妾（包养情妇），这样就既可以继续保持独身的美誉，又能够尽享男女之间的快乐。到了10世纪以后，神职人员结婚纳妾已成为一种公开甚至时髦的现象，“维罗纳的主教拉特列（Ratherius，10世纪）报告道：实际上他教区中所有的神父都已结婚，到11世纪初，世俗教士中独身生活已经是微乎其微……庞尼菲斯主教向教皇撒迦利亚抱怨主教职都被‘贪婪的凡人及淫乱的教士把持住’。某些执事保有‘四五个情妇’”[2]。11世纪的教皇本尼狄克九世为了结婚甚至不惜辞去教皇职位，其情形颇类似于“不爱江山爱美人”的英王爱德华八世。但是精明的本尼狄克九世并没有白白地辞去教皇职位，而是把这一职位以1000磅黄金的价格卖给了继任的格利高里六世，从而既得到了美人，又赚取了钱财。

中世纪的一些改革派教皇，如11世纪的利奥九世和格利高里七

1 圣多玛斯·阿奎那，《神学大全》（第十二册），胡安德译，台湾碧岳书社，2008，第222—223页（第二集第二部第一八六题第四节：“修会的完善是否需要永久的节欲”）。中国天主教会一般习用“圣多玛斯”之译名。

2 威尔·杜兰，《世界文明史：信仰的时代》（中册），1999，第759页。

世等人，都曾试图在教会范围内发起一场道德纯洁化运动，其目的就是要杜绝买卖圣职和神职人员结婚纳妾的现象。格里高里七世为了防止教会财产外流，曾经专门下达了禁止神职人员（包括那些封建领主僧侣）娶妻的谕令。这些改革运动虽然取得了一些表面上的成效，但是一旦改革派教皇死去之后，买卖圣职和神职人员结婚纳妾的现象又死灰复燃，而且愈演愈烈。以致到了阿维尼翁教廷时期，教会已经成为一个公开买卖圣职的自由市场，各种实缺和候补的圣职均可以标价出售，教皇则巧立名目收取种种“任命费”“授牧杖费”等。在结婚纳妾方面，也由偷鸡摸狗的苟且之事走向了肆无忌惮的放纵淫乱，许多神职人员的私生子由于教皇和教会“施恩”而获得合法权利，并且子承父业，成为新一代的主教和神父。修道院不仅成为拥有大量田产的庄园主，而且成为神职人员寻欢作乐的淫乱之窝。14 世纪爆发的英法百年战争和肆虐欧洲的黑死病使大量男人丧生，许多失去依靠的妇女为生计所迫到修道院当修女。结果，女修道院就成为神职人员的半公开的妓院，各种伤风败俗之事层出不穷。1512 年，方济各会修道僧多玛 · 慕纳在讲道中揭露，在女修道院中，孩子生得最多的修女就当上了院长。马苏奇奥披露了修女与修士正式结婚和秘密私通的情况，他这样写道：

> 我不是一次而是好几次在场，一切都是我亲眼所见。那些修女们以后生出了漂亮的小修士，或者用其他方法防止产生这种结果。如果任何人斥责我说谎，那就请他好好地去搜索一下修女院，他将在那里找到和在希律王时代的伯利恒一样多的小尸体。[1]

1 雅各布 · 布克哈特，《意大利文艺复兴时期的文化》，1979，第 451 页。伯利恒是耶稣出生地，当时的统治者希律王听说刚刚降生的耶稣将成为犹太人的王而深感不安，遂下令将伯利恒城内和周围地区所有两岁以下的男孩尽数杀死。参见：《圣经 · 马太福音》，第 2 章。

罗马教会的神圣职责原本是引导悔罪灵魂摆脱世间的罪孽和苦难，神职人员作为上帝派驻人间的灵性代理人，理应成为纯正信仰和崇高道德的楷模。然而，随着中世纪教会权势的日益膨胀，神职人员在权力的腐蚀下越来越背离了自己的神圣天职，罗马教会由引导灵魂上升天国的神圣梯阶堕落为滋生各种腐败现象的罪恶渊薮。15 世纪末叶意大利的宗教改革家萨伏那洛拉在揭露教皇和主教的虚伪时指出，在罗马，每一个神圣的教职甚至连基督的血也可以用来换钱；而城中的妓女更是泛滥成灾，竟达 1 万多名。罗马教会这个圣洁之地已经堕落成为人间最肮脏腐臭的地方。文艺复兴时期的文学巨擘薄伽丘在《十日谈》里无情地揭露了神职人员满口的拯救灵魂高调，背地里却极尽蝇营狗苟之事的伪善行径，人文主义的旗手彼特拉克则愤怒地把罗马天主教会斥为“全世界的臭水沟”。

托钵僧团与宗教裁判所

在中世纪，一个人要想跻身于作为社会“第一等级”的神职人员之列，就必须先进入修道院成为一名修道士。而修道士不仅要恪守贫穷和贞洁的誓愿，而且要发愿向上级教会尤其是罗马教皇表示绝对的服从。服从与贫穷、贞洁一样，成为一个人决定终身侍奉上帝、进入修道院时所必须严守的三大誓愿。然而，在中世纪的神职人员中，贫穷和贞洁的誓愿已经日益流于虚假，而从服从的誓愿中则产生了 13 世纪的托钵僧团和令人谈虎色变的宗教裁判所。

12 世纪以后，随着十字军东征活动的开展，东西方之间的文化交流日益频繁，一些以往不为闭塞的天主教世界所了解的思想观念开始传入欧洲；同时由于大学的兴起，欧洲的知识也出现了明显的复兴趋势，这些因素都极大地加强了所谓“异端”思想出现的可能性。虽然罗马教会在十字军东征活动中充分展现了自己在欧洲教俗事务中的领导能力，但是在新思想的刺激下，一些离心因素也在不断增长。在这种情形下，12、13 世纪相继出现了一些被罗马教会斥为“异端”的教派和人物，其中最著名的当数卡塔尔派（Catharism，又名“清洁派”）和华尔多派（Waldenses，因该派创始人彼得·华尔多而得名）。另一方面，知识和学术的复兴也使权力日益膨胀的罗马教会开始注重神学研究和教会法建设，13 世纪出现了被称为天主教神学理论台柱的经院哲学家托马斯·阿奎那，他撰写的《神学大全》和《反异教大全》从神学、哲学、法学、伦理学等多方位为罗马教会的专制统治和反对异端奠定了重要的理论基础。在 13 世纪也出现了一些以“法学家教皇”而著称的教会领导者，如英诺森三世、格利高里九世、英诺森四世等人，他们都极力想通过建立和健全教会法规来加强罗马教会的专制权力。这些处于权力巅峰并且深通法规的教皇们相继颁布了一系列旨在铲除异端的教皇谕令和教会法令，并且指使新成立的多明我修会和方济各修会组建了臭名昭著的宗教裁判所。

卡塔尔派是一支源于波斯摩尼教的古老教派，严格地说它并不属于基督教的范围，它所主张的善恶二元论与基督教的上帝创世论是格格不入的。但是在中世纪，卡塔尔派由于大力倡导精神纯洁，反对天主教神职人员沉溺于肉体享乐而背弃灵性理想的堕落倾向，因而赢得了西欧下层民众的广泛支持。13 世纪初，该派在法国和意大利等地建立了自己的主教区，与天主教的教区相对抗。在追随者最为集中的法国南部图卢兹的阿尔比地区，该派信徒亦被称为阿尔比派（Albigenses）。华尔多派也是在法国下层民众中出现的一个教派，最初被称为“里昂穷人派”，它与阿尔比派一样谴责罗马天主教会的腐败现象，主张简化教会组织和仪式，试图用《圣经》来取代教皇和神职人员的权威地位。面对着这些挑战，大权在握的罗马教皇英诺森三世联合法国国王组织了一支新的十字军，对法国南部的阿尔比派进行了无情的讨伐。英诺森三世公开宣称，异端乃是对上帝的叛逆，其罪行远过于背叛国王，因此对于异端者不仅要使用革除教籍的“精神之剑”，而且要对他们的肉体使用“铁剑”。这位教皇还向参加讨伐阿尔比派异端的十字军战士承诺，他们将会得到如同讨伐东方异教徒（穆斯林）一样的赎罪报偿。在教俗双方的共同镇压下，阿尔比派受到了沉重的打击，成千上万的信徒惨遭杀戮，剩余的力量流散到波希米亚、波兰等地；华尔多派也转入地下，后来成为宗教改革运动的先驱之一。

阿尔比派等异端虽然遭到了镇压，但是教皇和罗马教廷却产生了一种提心吊胆的危机感。“到了 13 世纪，教会显然已经感到那使人痛苦的怀疑可能很快会摧毁它的整个权力机构而焦躁不安。它没有了灵魂上的宁静。它到处搜索异端，就像传说中的胆小的老妇在睡觉以前到床下和碗橱里搜索窃盗一样。”[1] 这种惶恐不安的感觉使罗马教廷决心建立一个镇压异端的常设性机构。在 1215 年的拉特兰公会议上，英诺森三世和与会的教俗人士讨论了根绝异端和改组旧僧团的问题，为建构宗教裁判所制定了最初的蓝图。1220 年，教皇洪诺留三世通令，由新成立的多明我修会主持异端审判法庭，直属教皇领导，不受地方主教管辖。1223 年，这位教皇又为方济各修会确定了新的会规，大力扩充其组织，使方济各修会与多明我修会一样成为绝对服从教皇和镇压异端的生力军。1231 年，教皇格利高里九世发布了《绝罚敕令》，为惩罚异端提供了详细的立法依据。该敕令规定，教会将对阿尔比派、华尔多派及其他异端分子进行绝罚，摧

1　赫 · 乔 · 韦尔斯,《世界史纲》, 1982，第 738 页。

毁其房屋家产，并将这些异端分子交给世俗政权加以惩处。它甚至还规定了对未受惩罚的已死异端分子予以掘墓焚尸，令其死无葬身之地。1252年，英诺森四世颁布了从组织上批准建立宗教裁判所和准许使用体刑的教皇通谕《论连根拔除》，明文规定宗教法庭可以使用酷刑折磨来迫使嫌犯招供，并对已认定的异端分子处以火刑，同时还规定了讨伐异端者与远征圣城者享有同等的优惠特权。英诺森四世的这个教皇通谕后来经过亚历山大四世、乌尔班四世等后继者的进一步修订，最后被卜尼法斯八世编纂进教会法典，成为宗教裁判所的主要法律依据。13世纪的神学权威托马斯·阿奎那也从理论上说明了对异端分子处于死刑的必要性：

> 关于异端教徒……他们有罪：因此，不仅应该以绝罚把他们逐出教会，而且应该用死刑，把他们与世界隔绝。因为败坏那保存灵魂生命的信德，远比伪造维持现世生命的钱币更为严重。所以，如果伪造钱币，以及其他为非作歹的人，立即可由政府当局公正处死，那么异端教徒一经证实犯有异端，就更有理由不仅可以处以绝罚，甚至于也可以合理地处以死刑。[1]

13世纪中叶以后，宗教裁判所在意大利、法国、德意志、西班牙（阿拉贡）等地区纷纷建立，成为凌驾于地方主教和世俗领主之上、仅仅服从于教皇和罗马教廷的“神圣”法庭。教皇授予宗教法庭的审判官以广泛的权力，他们可以根据匿名指控而审判任何社会地位的人，自由处理被没收的异端分子财产。他们既是检察官也是

1 圣多玛斯·阿奎那，《神学大全》（第七册），胡安德译，台湾碧岳书社，2008，第177页（第二集第二部第十一题第三节：“是否应该容忍异端教徒”）。不过阿奎那紧接着也表示，对于那些愿意悔改的异端分子，教会还是应该予以宽容。

法官，一切审判程序都是秘密进行的，在审判过程中可以任意使用酷刑和诱供。对于那些不肯认罪的顽固分子，就以异端之名（交给世俗政权）处以死刑；对于那些愿意悔改者，则要求其告发新的嫌疑者，从而在更大范围内搜捕异端。在通常的情况下，由于被指控者既不知道是谁指控了自己，也不知道自己被指控的罪名是什么，因此整个审判过程充满了一种神秘恐怖的气氛。这种神秘恐怖的气氛，以及各种残酷的体刑——它们包括灌水刑、火煎刑、倒吊刑、车轮刑、拉肢刑和一种类似于老虎凳的夹板酷刑——往往迫使被指控者只能顺着老练阴毒的审判官们预先设计好了的审讯结果来提供供词。这样一来，整个审讯过程实际上就成为一场精心编织的阴谋，而宗教裁判所则成为一座吃人不吐骨头的魔窟。

宗教裁判所无疑是从罗马天主教会飞扬跋扈的宗教专制中滋生出来的一个怪胎，它构成了中世纪基督教文化的最暴戾野蛮的一面。教会的职责本应是劝导，然而它却选择了火刑架。尽管一些教会人士把宗教裁判所的起源追溯到上帝和基督[1]，但是基督教的真正精神却是和平主义的和非暴力的。在早期教会中，洋溢着一种自由宽容的气氛，信徒之间、教会之间均可以就教义和教仪问题展开讨论，而无须担心因此受到惩罚。保罗曾经责备哥林多教会中激烈争吵的场面，由此可见宗教方面的分歧在当时的教会中是很普遍的现象，而解决分歧的途径则是平等自由的讨论。即使是在尼西亚公会议之后，对于诺斯替派、多纳图派、阿利乌派、聂斯脱利派、一性论派、帕拉纠派等早期异端，教会施加的惩罚也仅限于精神方面，最重的惩罚不过是革除教籍，并没有危及这些异端教徒的生命和财产。相

1　比如，16 世纪西西里的宗教裁判员帕拉莫以《圣经》为根据来证明亚当和夏娃是最初的异端分子，上帝本人是第一任宗教裁判员；教皇庇护九世的密友马里诺 · 马里尼认为，基督是宗教裁判所的创造者和立法者。

形之下，中世纪异端分子的遭遇则要悲惨得多。在中世纪早期，教会和世俗统治者就曾以极刑处死过意大利、法国和德国境内的一些异端者，但是那时对异端的迫害尚未形成规模，只是零星地发生，也没有出现专门性的审判机构。自从 13 世纪建立了宗教裁判所以后，罗马教会对于所谓“异端”的迫害就变得体制化和变本加厉了。那些具有革新思想和反对教皇淫威的宗教派别与人士，被宗教裁判所任意地判为“异端”，然后投入熊熊燃烧的烈火之中“连根拔除”。1415 年 7 月 6 日，著名的宗教改革先驱、捷克布拉格查理大学校长扬·胡斯（Jan Hus，1369—1415）因为改革教会的主张而被宗教裁判所扣上“异端”罪名，处以火刑，研究者对行刑时的血腥场面描写道：

> 胡斯先被绑在火刑柱上，在他脚踝、膝盖上下、髋部、腰部及手臂捆绑上粗绳；然后用一条锁链勒住他的脖子。继而木柴直堆至他的下巴。要点火时，发现他的脸朝向东方，就强把他的身体扭转使其朝西。接着火被点着。当他被烧死，火焰已熄灭后，他的身体被撕成碎片，骨头被一块块敲碎。剩下的碎块和肝脏扔进另一个柴堆，继续焚烧。整个过程结束后，胡斯的骨灰被撒进河流让其漂散。[1]

主持宗教裁判所异端审判活动的两大托钵僧团——多明我修会和方济各修会——最初也是一些锐意革除教会腐败、立志献身贫穷的修道团体，这两个修会的创始人多明我·古兹曼（Domingo de Guzmán，1170—1221）和阿西西的方济各（Francis of Assisi，约

1　参见：爱德华·伯曼，《宗教裁判所——异端之锤》，何开松译，辽宁教育出版社，2001，第 66 页。

1181—1226）最初都是站在穷人立场上大力宣扬安贫、节欲的生活态度，通过乞食宣道的方式来弘扬基督教的唯灵主义理想。在12、13世纪，面对着罗马教会的腐败，在民间出现了许多立志献身于贫穷女神（Lady Poverty）的宗教改革家[1]，但是由于他们在服从神还是服从人（教皇）这个问题上的态度不一样，因此彼此的命运迥然而异。12世纪意大利布雷西亚城的修道院院长阿诺德（Arnold of Brescia，约1090—1155），由于反对教会染指世俗权力和财产，主张回到贫穷、圣洁的早期教会状况，并且试图推翻教皇的统治，最后被罗马教会以异端之名处以火刑，挫骨扬灰。另一位大力宣扬贫穷圣洁的改革者、华尔多派领袖彼得·华尔多（Peter Waldo，约1140—约1205），也由于坚持《使徒行传》中“顺从神，不顺从人”的观点[2]，主张用《圣经》的权威来取代教皇的权威，拒绝向教会权势低头，因而多次遭到教皇和大主教们的绝罚。但是同样宣扬贫穷的多明我和方济各却要幸运得多，他们由于向教皇表示绝对的服从，因此被罗马教会接纳，并授予他们的团体（尤其是多明我修会）以审判异端的全权。由此可见，一个人或一个宗教团体是不是异端，关键在于其是否服从教皇和罗马教会的权威。“什么是异端？在12世纪，异端是指受洗的人否认基督教信仰中所启示的任何一条真理。这些真理之一就是教会与神任命教宗作为基督教身体之首是统一的。由此，不服从业已建立起来的权威就是异端。”[3]说到底，所谓“异端”

1 当时的西欧社会中流行着一则关于方济各寻找贫穷女神的故事。按照这个故事，贫穷女神最初与亚当一起生活在天堂，亚当犯罪之后她成为无家可归的流浪女。接着耶稣拣选了她，使她成为修道士所热爱的对象；但是后来修道士们却被她的敌人贪婪（Avarice）所控制，变得富有和腐化。方济各找到了这位贫穷女神，娶她为新娘，并把她带到民众中间，大力宣扬贫穷圣洁的理想。

2 《圣经·使徒行传》，第5章，第29节：“彼得和众使徒回答说：‘顺从神，不顺从人，是应当的。’”

3 布鲁斯·雪莱，《基督教会史》（第二版），2004，第229页。

就是对教皇和罗马教廷的不服从，而残酷镇压“异端”的宗教裁判所及其主持者多明我修会和方济各修会，则是罗马教廷的驯服工具，是“罗马教会常备的使徒军队”（黑格尔语）和“真正信仰的警犬”（房龙语）。

多明我修会的徽标就是一头口衔熊熊燃烧的火炬的狗，象征着火刑和流血。它的创始人多明我的毕生抱负就是要为教会彻底消除异端而建立一个战斗教会（Church Militant）：“圣多明我在阿拉贡和郎格多克为同异端运动战斗而奉献了他的一生，他感到有成立一个比旧式宗教修会更易操纵和受到更高教育的新型组织的必要，这个修会能够通过有能力的导师的讲道和知识训练，把自己的全部精力投入与异端的斗争中去……他的目标在于缔造一个为教会服务的团体工具。”[1] 国内研究宗教裁判所的学者董进泉先生认为：“多明我的特点是对教廷的愚忠，属于那种为了‘神圣事业’而不惜犯任何罪行的冷酷的狂热分子。”[2] 多明我修会主要通过推广教育而在城市的上层社会中进行活动，而方济各修会则更多地在平民阶层中乞食宣道，其会员互称“兄弟”。这两个修会在镇压异端的活动中最初都标榜赤贫，以托钵行乞的方式来宣扬基督教的教义，并对那些同样倡导贫穷的阿尔比派、华尔多派以及其他异端分子予以坚决打击。在主持宗教裁判所的过程中，那些以贫穷而自诩的托钵修士——虽然他们很快就像以前的修道士一样走向了贪婪和腐败——在绝对效忠于罗马教皇的旗帜下，表现出对人性欲望和世俗幸福的刻骨仇恨。他们既然能够披发跣足，乞食为生，抛弃一切正常的物质享乐，为了神圣的理想而甘愿自我折磨，那么在他们阴暗的心灵

1 克里斯托弗 · 道森，《宗教与西方文化的兴起》，1989，第 245 页。
2 董进泉，《西方文化与宗教裁判所》，上海社会科学院出版社，2004，第 50—51 页。

中必定已经泯灭了所有的人性良知。因此当这些面色阴沉、铁石心肠的修道士们把这种变态的折磨从自身转向他人时，必然会表现出一种令人毛骨悚然的暴戾凶残和冷酷无情。威尔·杜兰指出："较之1227年到1492年欧洲对异端的迫害，则纪元初3个世纪中罗马人对待基督徒的迫害，可谓温和而人道些了。"[1]在残酷迫害异端分子的活动中，宗教裁判所使自己变成了一座令人不寒而栗的人间地狱，而那些发誓绝对服从罗马教皇的修道士们则是一群杀人不眨眼的冷血魔王。

罗马教会在13世纪建立宗教裁判所的最初动机是为了消除宗教上的异端分子，但是到了1300年以后，宗教裁判所的打击目标就转向了一些曾经合法的宗教团体，如圣殿骑士团和小兄弟会；积极推动宗教裁判所工作的不再仅限于罗马教会，世俗国王们也开始参与其中。"阿维尼翁之囚"时期，法国国王腓力四世操纵宗教裁判所对在十字军东征过程中兴起的圣殿骑士团进行了审判，所指控的罪名是该团体成员宣讲异端、不敬上帝和道德败坏。1312年，这个在西欧首屈一指的富裕宗教团体被教皇克莱门五世下令解散，它的巨大财富则被腓力四世没收以充实国库。如果说圣殿骑士团之所以被腓力四世指控为异端是由于它聚敛了太多的财富，那么从方济各修会中分裂出来的"属灵派"或"小兄弟会"则由于坚持方济各的清贫理想而遭到了日益堕落的罗马教会的嫉恨。1317年，教皇约翰二十二世发布通谕将"小兄弟会"斥为异端[2]，在此后的两百年间，

1 威尔·杜兰，《世界文明史：信仰的时代》(中册)，1999，第1092页。

2 事实上，早在方济各的修道团体被罗马教皇接纳之后，方济各本人就意识到自己无法引导日益壮大的修会继续坚持清贫的理想，所以他把已经纳入教会体制内的修道会交给自己的助手来管理，他本人则选择了继续过清贫生活的独善其身方式。方济各死后，他的修会不久就分裂为允许修道士拥有财产的"住院派"(Conventuals)和坚持乞食守贫道路的"属灵派"(Spirituals)。教皇约翰二十二世支持住院派，却对坚持清贫理想的属灵派进行了镇压。后者就逐渐脱离方济各修会，形成了独立的"小兄弟会"(Fraticelli)。

大约有 15000 多名坚持清贫理想的小兄弟会成员被宗教裁判所处决。从这些事例中，我们可以看到，宗教裁判所的产生和发展不仅仅是出于宗教方面的考虑，而且与教俗各界的政治、经济利益复杂地纠缠在一起。

中世纪宗教裁判所除了迫害宗教上和政治上的异端之外，还有一桩更加臭名远扬的恶行，那就是对所谓“巫士”尤其是“女巫”的血腥摧残。19 世纪的理性主义研究者们认为，“巫术”实际上是中世纪宗教裁判所杜撰出来的一个概念，它的意思是指一些子虚乌有的荒诞事件，如半夜参加魔鬼的假面舞会并与魔鬼淫乱、夜间飞行、掀起风暴、吃人肉、榨取儿童骨髓以熬制害人的药膏，以及各种匪夷所思的妖术等。1319 年，教皇约翰二十二世第一次明确下谕将巫士与异端分子相提并论，要求宗教裁判所对其进行审判；到了 15 世纪，西欧宗教社会迫害巫术的活动变得更加频繁和残酷。1431 年，宗教裁判所对法国民族女英雄冉 · 达克（Jeanne d’Arc，约 1412—1431，即圣女贞德）的审判就是一个典型事例，达克最后被宗教法庭以女巫和异端的双重罪名处以火刑。15 世纪末叶出版的《女巫之锤》（*Malleus Maleficarum*）一书更是为宗教裁判所公开迫害女巫的活动确立了具体的实施细则，该书作者是当时最著名的魔鬼学专家、多明我会修士、宗教裁判所审判员施普林格和英斯季托里斯，他们认定女巫是“魔鬼与妇女交配所生，因此天生就沉湎于巫术之中”。[1]《女巫之锤》旨在说明巫术是魔鬼借助于妇女而施展的一种蛊惑阴谋，从而就把巫术与异端联系在一起。而且在具体的细节方面，“《女巫之锤》旨在向人们精确说明女巫们在干什么，怎样制止她们。它首先让巫术的存在成为

1　J. 施普林格、H. 英斯季托里斯，《女巫之锤》，转引自：董进泉，《西方文化与宗教裁判所》，2004，第 109 页。

事实，确立它们的异端性质；然后澄清女巫和魔鬼所做的主要恶行；最后制定对女巫依法起诉，对其定罪并判处徒刑的正式规定”。[1]

随着迫害巫术活动的疯狂开展，越来越多的妇女——她们通常是一些寡妇、老处女等孤立无助和脱离了男性直接控制的弱势人群——被指控为女巫。她们的罪名千奇百怪，如半夜三更骑着扫帚或纺锤穿过烟囱去赶赴魔鬼聚会，亲吻魔鬼——它通常被描述为一个浑身散发着臭味的山羊或大蟾蜍——的尾巴或嘴唇，分食婴儿的心脏和肝脏，与魔鬼纵欲滥交等。一个人一旦被宗教裁判所指控为“女巫”，等待着她的就只有酷刑和死亡，任何申辩都是无济于事的，反而会成为有罪的直接证据。17 世纪的一位耶稣会修士弗里德里希 · 什佩在对几百名受过维尔茨堡宗教裁判所拷问的“女巫”进行了调查之后总结道：

> 如果被告过着不道德的生活，那么这当然证明她同魔鬼有来往；而如果她虔诚而举止端庄，那么她显然是伪装，以便用自己的虔诚来转移人们对她同魔鬼来往和晚上参加狂欢晚会的怀疑。如果她在审问时显得害怕，那么她显然是有罪的：良心使她露出马脚。如果她相信自己无罪，保持镇静，那么她无疑是有罪的，因为法官认为，女巫惯于恬不知耻地撒谎。如果她对向她提出的控告辩白，这证明她有罪；而如果她由于对她提出的诬告极端可怕而恐惧绝望，垂头丧气，缄默不语，这已经是她有罪的直接证据……如果一个不幸的妇女在行刑时因痛苦不堪而骨碌碌地转动眼睛，对于法官来说，这意味着她正用眼睛来寻找她的魔鬼；而

1 安吉洛（Anglo），《证据权威》（*Evident Authority*），转引自：爱德华 · 伯曼，《宗教裁判所——异端之锤》，2001，第 132 页。

如果她眼神呆滞，木然不动，这意味着她看见了自己的魔鬼，并正在看着他。如果她发现有力量挺得住酷刑，这意味着魔鬼使她支撑得住，因此必须更严厉地折磨她；如果她忍受不住，在刑罚下断了气，这意味着魔鬼让她死去，以使她不招认，不泄露秘密。[1]

总之，无论被告如何表现，她都是有罪的。更加荒谬绝伦的是，为了验证被告是不是女巫，将其投入水中，如果沉入水底，则不予追究；如果浮出水面，那必定是“女巫”无疑，因而处以火刑。宗教裁判所在迫害女巫方面所表现出来的残忍和野蛮，堪称人类有史以来最令人毛骨悚然的一幕。中世纪罗马教会开启的这场暴虐活动一直持续到近代早期，到了宗教改革运动发生之后，这股血腥而野蛮的女巫迫害浪潮又从罗马天主教会扩散到新教各教派中。虽然路德教、加尔文教等新教教徒被罗马天主教会的宗教裁判所当作异端分子而予以镇压，但是路德、加尔文的信徒们却像天主教宗教裁判所的审判员一样坚信女巫们犯有与魔鬼私通的罪行，因此同样无情地对那些可怜的妇女们进行迫害。在 16、17 世纪，西欧社会（主要是天主教社会，此外也有新教社会）出现了一个迫害女巫的高潮，爱德华 · 伯曼根据可靠资料推算，在这个时期的巫术审判活动中死去的人数在 20 万—100 万之间，其中主要是妇女。[2]

除了镇压所谓“异端”和“巫士”之外，宗教裁判所还对犹太人和摩尔人（主要是西班牙宗教裁判所）、宗教改革家和新教徒，以及具有新兴科学思想的人物（如布鲁诺、伽利略等）进行了残酷的迫害。16 世纪中叶，教皇还在罗马建立了最高异端裁判所，颁布了

1　H. 斯佩兰斯基，《巫师和巫术》，转引自：董进泉，《黑暗与愚昧的守护神——宗教裁判所》，浙江人民出版社，1988，第 150—151 页。

2　参见：爱德华 · 伯曼，《宗教裁判所——异端之锤》，2001，第 185 页。

禁书目录，对伊拉斯谟、薄伽丘、马基雅维利、萨伏那洛拉、路德、哥白尼、开普勒等人文主义者、宗教改革家和自然科学家的著作予以禁止和销毁。尽管近代宽容精神和理性主义日益壮大，但是宗教裁判所的权威和影响一直延续到20世纪初期才最后衰落。[1]

可以说，到了中世纪后期，整个罗马天主教社会已经陷入了一种自我分裂的深刻矛盾中：一方面是教士们纵情声色的恣睢放纵，另一方面是修道士们迫害异端的疯狂暴行。当脑满肠肥的教皇和主教们把罗马教会变成了“淫乱的巴比伦”时，面色阴沉的托钵僧们则把宗教裁判所变成了燃烧着硫黄之火的可怕地狱。双方尽管在表现形式上相互对立，但是在背离基督教的唯灵主义理想与和平主义精神的道路上却走得同样远，共同谱写了一部中世纪基督教文化的伪善奏鸣曲。基督教的信仰理想原本具有玉洁冰清、崇高典雅的色调，然而罗马天主教会的现实行径却充满了卑污龌龊和暴戾恣睢的特点。理想与现实、理论与实践之间的这种尖锐矛盾导致了中世纪社会道德的普遍沦丧，黑格尔愤怒地斥责道：

> 这样一来，“贞洁”、“安贫”和“服从”这三种信誓，结果却都变到和它们本意恰相反对的东西，它们使一切道德流于堕落。“教会”不再是一个精神的权力，而是一个教会的权力；世俗的世界对于教会的关系是没有精神、没有意志、没有识见的关系。结果是，我们到处看到罪恶、无良心、无耻和一种纷乱的局面，这时期的全部历史便是这种局面的明白写照。[2]

1 18世纪西欧大多数国家撤销了宗教裁判所，西班牙和葡萄牙到19世纪才撤销。1908年，教皇庇护十世把罗马最高异端裁判所改名为“圣职部”，主要职能是审查和公布“禁书目录”，以及革除违禁教徒的教籍。

2 黑格尔，《历史哲学》，1956，第427页。

第 6 章　西欧中世纪的文化

中世纪的文艺复兴

虽然罗马教会的世俗权力与信仰、道德水准之间呈现出一种相反变化的趋势，但是教会对于中世纪社会精神生活的全面控制却在客观上推动了欧洲文化的复兴。至少从“黑暗时代”末期的情况来看，正是教会保存的古典文化火种直接导致了公元 9 世纪的“加洛林王朝文艺复兴”。同样也是由于教会的积极倡导——虽然其动机只是为了强化自己对于欧洲教俗社会的统治——才使得“12 世纪文艺复兴”成为可能，并且有力地促进了欧洲大学的兴起、经院哲学的繁荣以及基督教文学艺术的发展。

尽管一些西方学者如爱德华·吉本、孟德斯鸠等人认为，致使罗马帝国断命的毒瘤是源于东方的纵欲主义和基督教，但是最终摧毁西罗马帝国庞大躯干的毕竟是野蛮的日耳曼蛮族。且不论基督教在罗马帝国的躯体中是否曾经起到了毒瘤的作用，但是至少在蛮族入侵所造成的“黑暗时代”里，基督教会无可争议地扮演了一个文化接力手的角色，它或多或少地保存和传承了——即使是以一种扭曲的形式——古典文化的火种。如果说汪达尔人这样的蛮族可以恰如其分地被称为“文化破坏者”，那么罗马天主教会及其信仰坚定的传教士们则无疑可以被称为“文化拯救者”。正是他们在那几个动荡不安的世纪里，持续不断地对日耳曼蛮族进行信仰改造和文明教化，才使西欧摆脱了“黑暗时代”的噩梦，开始走上一条文化复苏的道路。前面已经指出，日耳曼蛮族最初的文明教化过程是与其皈依罗马大公教会（天主教会）的过程同步的，他们一开始接受的文明化的世界观和价值观都是基督教式的。[1]这些剽悍的蛮族曾经将一个果实熟透乃至腐烂的古典文明践踏成一片废墟，但是他们很快就在基督教空灵幽邃的忏悔词和赞美诗的感召下为一个新文明的诞生而顶礼膜拜。从某种意义上说，日耳曼入侵者与罗马天主教会之间似乎存在着一种精神上的默契，前者摧毁了庞大的罗马帝国，后者则在那个“利维坦”[2]怪兽的尸体之上建造了一个基督教文明。“在西方，正是在蛮族入侵所造成的物质损失最严重的地区里出现了新的发展。教会的精神源泉并未受到帝国覆亡的严重损害。事实上，在某些方面，它们还得到了加强，因为现在教会用它自己的精神传统统一了罗马文化的社会传统，并因而在一个既需要社会领袖又需要宗教领袖的社会中起着双重作用。”[3]

公元800年，查理帝国的建立标志着“黑暗时代”的结束，西

1 对野蛮民族的这种文明教化工作并没有随着“黑暗时代”的结束而停止，一直到11世纪，教会还在卓有成效地改造着不断涌入欧洲基督教社会的萨拉森人、匈牙利人、诺曼人等，用上帝的救赎呼召和超自然的惩罚威慑来制服那些野蛮入侵者。可以说，前罗马帝国统治范围之外的几乎所有欧洲民族，最初都是听着基督教的安魂曲开始摆脱野蛮状态，逐渐走向文明社会的。

2 “利维坦”（Leviathan）是《圣经·以赛亚书》中描写的一个象征着邪恶的巨大海兽，在17世纪英国著名哲学家霍布斯的巨著《利维坦》中，“利维坦”一词意指国家是一个起源于人的自私本性、具有邪恶本质的庞然大物。

3 克里斯托弗·道森，《宗教与西方文化的兴起》，1989，第24—25页。

方文化开始逐渐恢复元气，并且曾一度出现了所谓的“加洛林王朝文艺复兴”。虽然这种“文艺复兴”的征象仅仅只是针对蛮族入侵的那几个蒙昧世纪而言的，它的水平完全无法与古典时期的文化相比，但是它毕竟意味着西欧社会在经历了一场蛮族大入侵的浩劫之后，终于开始恢复文明的元气了。这场由查理大帝强制推行的“文艺复兴”运动的内容仅限于保存“圣诗篇、乐谱、赞歌、年与季的计算及文法等”最基本的知识，编写传统的经文抄本，鼓励建立教会学校和提高神职人员的知识水平等。为了使法兰克王国摆脱“黑暗时代”的动乱和蒙昧状态，查理大帝努力发扬光大教会和修道院中所保留的古典文化火种，积极推动教育事业。他从欧洲各地网罗了一批有学问的人才，让他们主持法兰克宫廷和教会学校的学术复兴工作：

> 加罗林王朝时期，法兰克教会以复兴学术著称。查理大帝的宫廷罗致了各地的学者文人，如保罗·狄亚科奴斯[1]和奥尔良的西奥多尔夫[2]，而约克郡人阿尔昆[3]的地位，可说相当于今天的教育部部长。主教和隐修院院长得负责主持主教大堂和隐修院的学校；宫廷学校则在阿尔昆主持下，培养大批青年贵族。这种文化复兴取得了成果，因此，在第九世纪，法兰克教会的学术和文化活动，在所有教会中居于首位。[4]

1 中世纪法兰克王国的历史学家，著有《伦巴德史》等书。——原文注

2 出生于西班牙的哥特人，曾由查理大帝封为奥尔良主教，在查理大帝宫廷中的学术地位仅次于阿尔昆。——原文注

3 阿尔昆（约 735—804），英国神学家和学者。曾应查理大帝之聘，前往亚亨，负责法兰克王国的教育和宗教工作，对加罗林王朝的文化发展发生了巨大影响。——原文注

4 G. F. 穆尔，《基督教简史》，1981，第 150 页。

当然，“加洛林王朝文艺复兴”的历史作用是非常有限的，它只不过是把在“黑暗时代”饱受蹂躏的早期教会文献、古代经典著作以及文明优雅的拉丁语从濒于湮灭的状态中部分地保存下来而已，但却谈不上任何真正意义上的文化创造活动。美国当代历史学家霍莱斯特（C. Warren Hollister）强调：“‘加洛林文艺复兴’一词很容易引起误解，查理曼时代没有产生纯正深奥的思潮，缺少创新的哲学或神学体系，也没有托马斯·阿奎那或列奥纳多·达·芬奇，如果我们按照通常字义上的概念，探求‘文艺复兴’，必将感到失望。加洛林时代，学术水平提高极少而退化甚多：应从无知的深渊中挽救欧洲大陆文化以免湮没的角度，来看待这一问题。”[1]

尽管“加洛林王朝文艺复兴”只是把人们从普遍的文盲状态提高到小学生的水平，但是这种初级的启蒙却为基督教对西欧社会的进一步教化奠定了重要的基础。由于拉丁语是罗马教会的官方语言，中世纪西欧流行的圣经文本、教会文献以及教堂礼仪都是使用拉丁文，而查理大帝推动的这场文化复兴运动则使得拉丁语在法兰克宫廷和上流社会中受到重视，这样就使基督教对于西欧封建贵族的教化工作能够更加顺利地进行。据历史资料记载，查理大帝一直在努力学习拉丁语，他的拉丁语说得几乎与本族语言一样好，但是他却始终未能学会用这种复杂的语言来进行写作。[2]

在日耳曼蛮族依照丛林原则确立统治地位的“黑暗时代”，以拉丁语为标志的古典文化几乎被摧残殆尽，文明与野蛮的关系直接表现为衰落的拉丁民族与暴戾的日耳曼民族之间的冲突。但是“加洛林王朝文艺复兴”却使拉丁语在日耳曼人的世界——尤其是法兰克

1 C. 沃伦·霍莱斯特，《欧洲中世纪简史》，陶松寿译，商务印书馆，1988，第 92 页。

2 参见：艾因哈德、圣高尔修道院僧侣，《查理大帝传》，1979，第 28 页。

上流社会——受到了重视，查理大帝本人努力学习拉丁语和各种知识的做法也为手下那些粗野的贵族们做出了表率，这样就使文明的因子在日耳曼社会的机体中缓慢地生长起来。从此以后，文明与野蛮之间的关系不再简单地表现为拉丁世界遭受日耳曼蛮族蹂躏的悲惨故事，而是表现为用拉丁语来发布上帝旨意的基督教会对缺乏教养的普罗大众的教化历程。文明对野蛮的这种最初的教化工作，除了依靠那些不辞辛劳地深入蛮族传播上帝福音的传教士之外，就是在查理大帝的宫廷里进行的。现在，保存文明火种的地方已经不再像“黑暗时代”那样仅限于与世隔绝的修道院，而是逐渐扩展到法兰克的上流社会中。

随着查理帝国的分裂瓦解，“加洛林王朝文艺复兴”很快就成为过眼云烟。虽然西欧社会已经不可能再度退回到“黑暗时代”的蒙昧中，但是随之而来的公元10世纪却被著名中世纪史研究专家哈斯金斯（Charles Homer Haskins）称为“一个混乱和‘拳头法’的时代”。一些新的蛮族如诺曼人、马扎尔人等开始涌入西欧，对刚刚安定下来的社会秩序进行了破坏，但是不久以后也像他们的蛮族前辈一样皈依了基督教。“在英格兰、诺曼底和爱尔兰的基督教的地域上，海盗征服者通常在他们定居的时候就成为基督徒。”[1] 在这个蛮族入侵和宗教皈依的双重奏中，欧洲文化复兴的步伐并没有停滞不前，而是在基督教信仰的感召下缓慢地向前推进。英国的阿尔弗莱德国王（Alfred the Great，849—899）在顽强抵抗北方海盗入侵的同时，一直胸怀着将《圣经》等基督教文献翻译为英语的抱负，并在他生活的最后几年里将此计划付诸实施。虽然由于受到英国知识匮乏、资料不足等现实条件的限制，阿尔弗莱德的文化复兴理想并没有取

1 克里斯托弗·道森，《宗教与西方文化的兴起》，1989，第93页。

得令人满意的效果，但是这项活动无疑构成了从查理大帝发轫以来西欧一系列文艺复兴活动中的重要环节。

公元962年，德意志神圣罗马帝国建立之后，萨克森王朝的奥托诸帝（从奥托一世到奥托三世）趁着法国和意大利遭受新的蛮族入侵而文化衰落之际，模仿法国以修道院和主教座堂作为传承知识的中心，招徕意大利的文法学家和神学家，努力提高德国的智性水平。但是，这场“奥托文艺复兴”与阿尔弗莱德国王所推动的英国文化复兴活动一样，不过是昙花一现，并没有产生持久的历史效应。到了11世纪，逐渐恢复元气的意大利和法国的风头又明显地盖过了德国和英国，成为西欧文艺复兴的主角。在意大利，南方的萨莱诺成为“欧洲首屈一指的医学中心”，北方的博洛尼亚则成为罗马法研究的重镇。“如果说意大利是法律和医学的摇篮，这一时期的法国则在自由七艺方面占有优势，并在哲学、神学、拉丁诗歌方面取得了杰出成就，不用说方言韵文了。”[1] 而所有这些文化复兴运动，都是在基督教信仰的旗帜下进行的。

在整个中世纪，从封建贵族到平民百姓都把基督教信仰当作至高无上的真理来加以维护，基督教的理念和价值是当时人们能够受到的唯一教养。大家在内心中都对上帝创世、亚当堕落（“原罪”）、基督救赎、末日审判等基督教信条深信不疑，而且确确实实对燃烧着硫黄之火的地狱景象怀着深深的恐惧，对光明圣洁的天国理想怀着无限的憧憬。从国家的行政事务到个人的日常生活，事无巨细均打上了基督教信仰的深深烙印。中世纪史学家科林·莫里斯（Colin Morries）对此论述道：

1　查尔斯·霍默·哈斯金斯，《12世纪文艺复兴》，夏继果译，上海人民出版社，2005，第16页。

> 在幅员辽阔的欧洲大陆，多数人自幼就受洗，他们对有别于自身的其他崇拜模式一无所知。因此，他们的宗教在本质上具有崇拜性——认为教会通过祷求所获得的受到上帝护佑的权力高于一切。对于基督教来说，只有在上帝的干预下，人类的日常事务才能得以进行——政府依靠以上帝名义宣誓就职的国王行使职权；社会公义得到记载着上帝决定的神裁法的保证；人们治愈疾患有赖于教会圣徒或行医者所赋予的力量和法术；修道士和神父的职责是向上帝祈求，而平信徒的责任则是通过慷慨解囊来维持他们的生活。[1]

这种凌驾一切、控制一切的基督教信仰是与贫穷困顿的经济状况和愚昧无知的文化素质相适应的，在“黑暗时代”结束以后的好几个世纪里，西欧的人们并没有完全从蒙昧状态中摆脱出来。他们的物质生活条件恶劣，经常忍饥挨饿、缺医少药；精神生活方面更是糟糕，知识贫乏、目光短浅。他们既不知道希腊罗马时代的辉煌景象，也不了解大唐帝国和阿拉伯帝国的繁荣状况，只是在基督教信仰的笼罩之下日复一日地过着单调乏味的生活。“他们习惯艰苦的生活，习惯暴力与动乱。在他们的哲学中，没有任何成分可以促使他们期望过一种与过去真正不同的生活。”[2] 中世纪的人们缺乏一种关于社会进步的观念，对于他们来说，只有一种情况可以彻底改变世代相袭的生活方式，那就是基督教信仰所展现的天国景象；至于现实生活，同样也像基督教所宣扬的那样，是一个充满了苦难与罪孽的无底深渊。

1　约翰·麦克曼勒斯主编，《牛津基督教史》，1995，第 168 页。

2　布林顿、克里斯多夫、吴尔夫，《西洋文化史》（第三卷），刘景辉译，台湾学生书局，1986，第 311 页。

这种无望的现世生活一方面使人们热切地渴望着彼岸的幸福，另一方面也使人们无奈地苦中作乐。在这两个方面，基督教都扮演了一个至关重要的角色。教会和修道院一方面通过忏悔和祷告来引导人们的灵魂超越苦难的现实生活，向往光明圣洁的彼岸世界，另一方面也使得宗教活动成为平淡无味的现实生活中的唯一调味品。一直到12世纪以前，西欧封建社会的一般民众和大多数骑士、贵族都是没有受过教育的文盲，唯一有教养的阶层是教会里的教士们（在“加洛林王朝文艺复兴”以后也包括各国宫廷中一小批受过教育的专业人士如医生、诗人等），而他们所受的教育基本上都是宗教方面的。因此，中世纪人们的精神生活远不如今天这样丰富多彩，他们的全部精神生活都与宗教活动密切相关。对于终日劳作的普通人来说，参加定期举行的各种宗教活动是松弛、缓解疲乏的身体和紧张的神经的一副最有效的润滑剂。在彼此封闭的庄园社会中，修道院和教堂成为人们进行交流和集会的主要场所。那些宗教性的集会活动（包括各种宗教圣事和节庆典礼）虽然充满了庄严肃穆的气氛和阴郁悲凄的情调，但是在严肃的宗教活动之余往往附带有一些娱乐性的插曲，比如演出宗教剧和举行节庆游行等。尽管这些娱乐性的插曲粗俗不堪，但是它们却成为中世纪社会生活中最主要的甚至是唯一的娱乐活动，成为同样粗俗不堪的庄园农民和贵族、骑士们的情感调节器和精神抚慰所。汤普逊对于修道院和教堂在中世纪精神生活中所扮演的这种重要角色评价道：

在中世纪时代，寺院是“独一的消息总汇，也是王公贵族在来到他们庄园时的唯一消遣场所。如果没有寺院，乡村生活，在人们尤其是在劳动人们看来，将是一种凄凉的生活；就是，单纯而无希望的苦役、没有节日庆祝活动的斋期、没有娱乐或假日的工作这一回可悲的事”。在收获之后，在中世纪寺院里，常有一大群变戏法者、音乐师和有趣的游荡者来打破乡村里的沉闷单调的生活。当庄稼和果实收集之后，寺院和修道院常常是集会和演戏的场所；僧侣们演出神剧或神秘剧，而角力比赛和粗俗游戏使庄园农民获得娱乐。[1]

在中世纪，基督教会成为历史舞台上的唯一提琴手，它所演奏的那种交织着深重苦难和圣洁希望的微妙旋律，既反映了现实社会中人们的巨大的精神苦恼，也表现出人们对于理想世界的充满浪漫情调的奇思异想。基督教的天国理想美妙绝伦，然而现实生活却苦难深重，二者之间的强烈反差营造了一种被海涅称之为“痛苦的极乐”的诡异的浪漫主义精神氛围，这种精神氛围典型地表现在中世纪的文学艺术作品如骑士文学和哥特式建筑中。

11 世纪下半叶开始的主教册封权之争和十字军东征标志着罗马天主教会在西欧社会的领导权力日益加强，在这种情况下，教会对于欧洲文化的影响力也越来越大。随着大一统的基督王国（罗马教会）对分散闭塞的封建社会的凌越和控制，一个统一的基督教文化也逐渐形成。当教会在权力的腐蚀下开始走向堕落的时候，这种权力同样也在客观上促进了基督教文化的繁荣。从加洛林王朝时期就已经开始萌芽的文化复兴运动经过一波三折的坎坷历程之后，终于酿成了 12 世纪的文艺复兴。哈斯金斯指出，12 世纪文艺复兴完全不同于加洛林王朝文艺复兴，它并非一个宫廷或王朝的成果，而是在西欧许多国家里共同发生的一场运动。在这一时期，意大利的功劳主要在于法学建设和希腊文献翻译，法国以新出现的巴黎大学为中

1 汤普逊，《中世纪经济社会史》（下册），1963，第 259—260 页。

心，在经院哲学、方言诗歌以及哥特式艺术等方面都具有核心地位。英国和德国主要是传播了法国和意大利的文化，而“西班牙的作用是充当与穆罕默德世界的学问之间的首要纽带”。[1] 这场在西欧各国同时出现的文艺复兴运动显然与一个统一而有力的教会的领导有关。在 12 世纪，西欧范围内已经出现了一种明显的文化复兴迹象，它一方面表现为知识中心从地处僻壤的修道院向人口相对密集的主教座堂、宫廷、市镇的转移，尤其是大学教育的兴起；另一方面则表现为东方异教文化对西欧社会的影响，其结果就是拉丁古典文化和希腊学术（科学与哲学）在西欧知识界的回潮和升温。

在中世纪早期，与世隔绝的修道院成为在蒙昧与野蛮的海洋里保留残存知识的“诺亚方舟”。这些远离凡尘的修道院是虔诚的修道士们与上帝进行灵性交流的场所，但是在战火纷飞的动荡年代里，它们也无意中成为保留古典文化遗产的地方。修道院往往都拥有一个小规模的图书馆，里面除了拉丁文本的《圣经》和早期教父的神学手稿之外，还藏有拉丁古典作家西塞罗、维吉尔、奥维德、塔西佗等人的著作抄本。有些修道院为了传授神学还建立了培养修士或修女的学校，鼓励他们阅读和抄写这些文本。在这方面最杰出的修道院要数意大利本尼狄克派的蒙特 · 卡西诺修道院、贝克修道院，以及英国的威斯敏斯特修道院等。到 12 世纪初期，蒙特 · 卡西诺修道院的藏书已经有 70 多种，而贝克修道院更是达到了 164 种，这在当时是一个惊人的数字。但是这些与世隔绝的修道院从 12 世纪开始就走向了没落，它们的知识中心地位逐渐被地处城区的主教座堂取代。这些新崛起的主教座堂拥有自己的图书馆、学校、档案馆，收藏有古代作家的著作抄本和当时神职人员的记事档案，其中最活跃

1　查尔斯 · 霍默 · 哈斯金斯，《12 世纪文艺复兴》，2005，第 6 页。

的主教座堂包括法国的沙特尔、奥尔良、兰斯和巴黎，英国的坎特伯雷以及西班牙的托莱多，但是意大利和德国却由于陷入了严重的政治纷争和分裂状态而表现平平。城区主教座堂取代乡村修道院而成为西欧知识中心，这种现象与同时或稍后产生的大学以及托钵僧团一样，表明了欧洲经济、政治和文化中心开始从乡村向城市转移，而所有这些变化都与罗马教会的权力增长密切相关。与此同时，宫廷文化也发展到更高的水平，哈斯金斯记载道：

> 大约1155年，萨马坎德（Samarcand）的一个叫尼扎米（Nizami）的诗人宣称，一个合理地建立起来的宫廷应当具备四种受过教育的人：国务秘书、诗人、占星家和医生，因为“没有称职的秘书，国王的工作无法进行；没有雄辩的诗人，他们的成就和胜利就不会名垂千古；他们的冒险除非在精明的占星家选定的良辰吉日进行，否则不会成功；而作为一切幸福和行动之根本的健康，只有在医术高明并且值得信赖的医生的照顾下才能保证”。[1]

12世纪西欧宫廷中的贵族们已经不是查理大帝时期的那些粗通文墨的封建领主，更不是“黑暗时代”茹毛饮血的蛮族武士，他们已经学会了欣赏各种高雅的艺术，宫廷也成为诗人、演员、历史学家（他们通常是记载国王各种事迹的私人秘书）甚至哲学家的麇集之所。每逢盛大庆典，这些贵族除了像他们的蛮族祖先一样狂吃滥饮和骑马斗剑之外，也会像今天的文明人一样安安静静地坐在宫廷舞台前，欣赏游吟诗人吟诵的浪漫诗歌和走方艺人上演的传奇故事。

1　查尔斯·霍默·哈斯金斯，《12世纪文艺复兴》，2005，第39—40页。

总之，12 世纪的西欧社会已经从一次次蛮族入侵造成的野蛮蒙昧状态中复苏过来。拉丁语作为一种文明的语言，由于教会的大力推动而在西欧上流社会中逐渐普及，法学也由于教会法规建设和权力强化的需要而得以振兴。另一方面，由于十字军东征和西班牙的中介作用，被阿拉伯人保存完好的希腊学术开始流入西欧，其规模虽然不能与 1453 年君士坦丁堡失陷后的情况相比，但是至少也有力地刺激了正处于知识复兴过程中的基督教社会，推动了经院哲学以及几何学、天文学、医学的发展。“在 1100 年和 1200 年之间，新的知识开始大量传入欧洲，这些知识是由意大利和西西里传入，但主要是通过西班牙的阿拉伯学者。这些知识包括亚里士多德、欧几里得、托勒密以及希腊医生的著作，新算术，以及在黑暗时代一直处于湮灭无闻状态的罗马法文本。”[1] 除这些学术方面的恩泽之外，那种发轫于伊斯兰教文化的罗曼蒂克情调，也给西欧方兴未艾的骑士文学注入了强大的生命力，使它成为中世纪基督教社会中堪与哥特式建筑相媲美的一朵文艺奇葩。

在 12 世纪文艺复兴中，对后世影响最大的事件莫过于大学的兴起。这个最初是教会为了培育虔诚而有学问的神学卫道士而建立的教育机构，后来竟然演变成为孕育自由思想和科学精神的温床。

大学的兴起

在西欧，大学的出现是 12 世纪文艺复兴的结果，它同时也反过来极大地加速了欧洲文化的复兴与更新。在古希腊城邦，虽然存在着一些传授学问的教育机构，如柏拉图学园、亚里士多德学派的吕

1 查尔斯·霍默·哈斯金斯，《大学的兴起》，梅义征译，上海三联书店，2007，第 3 页。

克昂等，但是这些机构都是私人性质的，所讲授的也只是某一个学派的思想观点。在罗马帝国时期，已经出现了一些专科性质的法律学校和医学学校，但是尚未形成现代大学（university）的多学科体系和学院制度，也缺乏固定的课程规范和学位设置。到了蛮族大入侵以后的“黑暗时代”，罗马帝国的教育机构也与它的行政管理体系一样，彻底遭到了破坏。基督教会虽然保存了古典文化的火种，但是在公元5—8世纪，教会对蛮族进行文明教化的工作仅仅局限于传播基督教信仰，并未将世俗知识纳入它的教育范围之内。到了“加洛林王朝文艺复兴”时期，查理大帝开始鼓励教会扩大教育内容的范围，从此以后，修道院和主教座堂所设立的附属学校才逐渐承担起世俗知识的教育职责。

公元9世纪，在文化程度相对发达的意大利，已经出现了研究罗马法的专科学校，如帕维亚、罗马、拉文纳等地的学校。在其后的两个世纪里，米兰、里昂、维罗纳、曼图亚等地也出现了一些专科学校，其中最重要的当数萨莱诺的医学学校和博洛尼亚的法律学校，它们在不久以后发展成为欧洲南部最早的大学，就如同巴黎的主教座堂学校后来演变成为欧洲北部最早的大学一样。

11世纪末或12世纪初，在意大利的博洛尼亚产生了第一个由专科学校合并而成的多学科综合学校（studium generale），这种学校被称为“大学”（Universitas）。在博洛尼亚，“大学”最初是指一个可以雇请教师的学生法人团体，来自外地或外国的学生为了与当地的各种社团或行会组织更好地打交道而组建了这种行会性质的法人社团，它的职责就是聘用专业人士或教师来传授相关知识，以及更加有效地与所在城镇居民就房屋租金、书本价格等问题进行讨价还价。与“大学”相对应的则是由教师们组成的法人团体，它通常被称为“学院”（college），它的职责当然就是通过传授专业知识而获取相应的经济报酬。加入教师社团是需要具备某种学术资格的，这种从教资格证书（licentia docendi）后来就成为学位证书的雏形。从这两类团体中发展出了欧洲的大学教育机构，“大学”一词的内涵以后逐渐演变为“教师团体向学生团体传授知识”的学术机构，而“学院”则成为按照教师的专业领域而设置的基本教学单位，并且与教会、王室以及各种社会团体捐资修建的宿舍等固定建筑物联系在一起。例如，巴黎大学最初就是由四个学院组成，它们分别是人文学院、教会法学院、医学院和神学院。在中世纪，“大学”通常只是一个举行入学考试和授予学位的机构，而“学院”才是真正实施教育的实体，课程设置、教师编制以及校舍建筑都属于学院的权限范围。受巴黎大学四大学院设置的影响——巴黎大学和博洛尼亚大学分别构成了欧洲北部和南部的“大学之母”——中世纪北部欧洲的大学基本上采取了学院制度，这种制度对于英国牛津大学和剑桥大学的影响尤其深远。

12 世纪在欧洲已经出现了萨莱诺、博洛尼亚、巴黎、蒙彼利埃、牛津等最初的大学，它们成为欧洲智性因素迅速生长的温床。大学的产生无疑是中世纪西欧社会对人类文明的重要贡献，它从根本上改变了人们受教育的方式。哈斯金斯在谈到 12 世纪的学术复兴与教育机构变革的关系时指出：

> 12 世纪不仅是学术复兴的时期，而且是新学术机构建立的时期，特别是高等教育机构建立的时期。该时期从修道院和主教座堂学校开始，以早期大学的出现告终。我们可以这样说，该时期使高等教育制度化，或者至少可以说决定了这一发展方向。在 1100 年，“学校追随老师”，而到 1200 年则是老师追随学校。同时，正是由于新学术的复兴，该时期创造了一种更高

> 级的教育方式。在 11 世纪末，学问几乎完全局限于传统课程中的自由七艺，而在 12 世纪，除了三艺和四艺外，又增加了新逻辑、新数学和新天文学，与此同时还形成了法律、医学和神学三种职业机构。此前，大学还不曾存在过，原因在于西欧没有足够的知识积淀可资成为其存在的理由，随着这一时期知识的增长，大学自然而然地产生了。知识革命和机构革命是同时发生的。[1]

大学使高等教育变得规范化和制度化，将保存在修道院和主教座堂中的知识火种发扬光大，并且为几个世纪以后欧洲发生的一系列重大文化变革活动——文艺复兴、宗教改革和科学革命——培养了人才。但是，在最初产生的那几个世纪里，大学却是在基督教会的精心呵护下成长起来的。教会对早期大学的影响主要表现在如下几个方面。第一，许多大学都是从修道院和主教座堂学校发展而来的，以作为欧洲“大学之母”的巴黎大学为例，它的前身就是巴黎圣母院的主教座堂学校和圣维克托的教规学校。12 世纪初，著名的辩证法大师、经院哲学家阿伯拉尔就曾在巴黎圣母院主教座堂学校学习和执教，他曾一度师从过的老师尚佩的威廉则在圣维克托的教规学校讲学。第二，早期的大学没有固定的教学场所，通常都是在教师宿舍或学生租住处流动性地上课，而教会和修道院则慷慨地提供了厅堂作为固定性的教学场所，因此许多学院最初都是围绕着一座教堂或修道院而形成的。一直到今天，在欧洲的许多著名大学，我们仍然可以看到那些历史悠久的学院都是以古老的教堂为中心的。第三，早期大学的管理者一般都是教堂或修道院的神职人

1 查尔斯·霍默·哈斯金斯，《12 世纪文艺复兴》，2005，第 295 页。

员，教师通常是地位较低的教士（到12世纪以后，这些教师本身就是从大学里培养出来的）。大学教育奉行“有教无类”原则，学生成分复杂，既有教会的助祭、司铎等低级神职人员，也有平头百姓。但是，一般的贵族子弟却很少接受大学教育，他们从小就学习战争和狩猎的技巧，对于宗教和世俗方面的知识都缺乏兴趣。教会扶持大学的目的，是为了造就一批既有虔诚信仰又有深厚学问的神职人员，以便加强教会力量，与世俗王权相抗衡。因此它不仅培养了许多满腹经纶的学者——阿伯拉尔、大阿尔伯特、托马斯·阿奎那、波拿文都拉、邓斯·司各特等著名神学家都忝列其中[1]——占据大学的高头讲台，而且大力资助贫苦学生进入大学读书。第三次拉特兰会议（1179年）就明文规定：“为了使穷孩子不被剥夺读书与进修的机会，应该在每一座教会教堂拨出一笔足够的圣俸给专业教师，让他免费教授同一教堂的办事员和穷苦的学生。”[2]如果说在中世纪早期，修道院只是被动地保存了残缺不全的知识，那么到了大学出现之后，教会则开始主动地把大学作为弘扬学术和培育接班人的重要堡垒。

最初的大学课程主要包括从中世纪早期教育中沿袭下来的所谓“自由七艺”，即文法、修辞、逻辑［这三艺（trivium）被叫作“初阶部分”］和数学、几何、音乐、天文［这四艺（quadrivium）被叫

1　哈斯金斯在《大学的兴起》一书中写道：“当时，神学家和哲学家中最有名的都是大学教授，比如，托马斯·阿奎那、阿尔伯图斯（Albertus Magnus）、圣波拿文都拉（Bonaventure）以及一大批伟大的医学家，他们如天使般纯洁善良，如磐石般坚强，不可战胜；他们学识渊博，兴趣广泛。虽然他们要么是多明我会的修道士，要么属于圣方济各会的修士，但这些都不能使他们完全脱离现实世界。”（参见：查尔斯·霍默·哈斯金斯，《大学的兴起》，2007，第32页。）阿尔伯图斯即托马斯·阿奎那的老师大阿尔伯特（Albert the Great，约1200—1280），波拿文都拉（1221—1274）是圣方济各修会的总会长。

2　参见：威尔·杜兰，《世界文明史：信仰的时代》（下册），台湾幼狮文化公司译，东方出版社，1999，第1273页。

作“高阶部分”，]。拉丁文是教学的通用语言，也是学生们必须掌握的基本工具。在“初阶部分”中，文法不仅研究语法结构，而且更重视写作艺术，入门教材通常是《圣经》中的《诗篇》和其他篇章，然后是早期基督教教父们的作品，最后则是古典的拉丁文学（如西塞罗、维吉尔、贺拉斯、奥维德等人的作品）。修辞学教授讲演的艺术，逻辑学则主要研究形式逻辑的三段论法。12 世纪文艺复兴以后，被阿拉伯人保存的希腊学术重新流入西欧基督教社会，亚里士多德的逻辑学著作、欧几里得的几何原本以及托勒密的天文学思想一度使西方人眼界大开，形成了新逻辑学、新数学和新天文学，极大地补充了早期七艺的贫乏内容。而在大学的七艺中，最受重视的莫过于逻辑了，因为无论是神学或哲学，还是法律甚至医学，都需要逻辑这种基本的思维工具。

一个学生掌握了“七艺”之后，就可以去学习更加高深的专业知识，如法律、医学、神学或哲学（当时二者是不分的）等。法律在中世纪的大学中是一门非常实用和显赫的学问，因为日益庞大的教会组织需要大量受过良好训练的教会法学者，不断崛起的世俗王权同样也需要有学问的法学家，以便更有成效地与精通法律的教会争权夺利。大学法律教育的主要课程是学习查士丁尼主持编纂的《民法大全》，我们可以看到，中世纪那些著名的经院哲学家往往也都是精通法律的人，可见法律在当时大学中的普及程度要比今天更加广泛。医学院学生主要学习由阿拉伯学者译介的古希腊罗马医生希波克拉底、盖伦等人的医术，稍后也学习伊斯兰教医学家和哲学家阿维森纳（Avicenna，980—1037）的医学著作，此外也包括中世纪基督教社会中的那些类似于巫术的医学技能。神学则以《圣经》文本为主要研究对象，辅之以古代教父的神学经典以及亚里士多德等希腊哲学家的著作。

学生在大学里学习四年或者五年的时间，通过答辩（由回答教授委员会的问题和进行公开辩论两部分组成），就可以获得学士学位，出任助教。如果他还想进一步深造，在继续苦读几年之后就可以获得法学硕士或者神学、医学博士学位[1]，获得由教会颁发的学位证书。凭着这个证书，他就可以在基督教世界的任何一所大学里任教了。

我们在前面已经指出，与中世纪分散的封建制度相对立，罗马天主教会的政治理想是建立一个统一的基督王国。在彼此闭塞的各个封建采邑中，都建立了大大小小听命于罗马教廷的教会和修道院，当那些地方主义的封建势力纷纷深陷于蒙昧状态时，唯有在精神上保持着统一的基督教会保存着知识的火种。在中世纪早期，知识的传播主要是通过修道院之间的宗教联系来实现的。在广阔无边的野蛮荒漠中，那些修道院不过是一点点微不足道的绿洲，以它们为中心的知识传播工作只是偶尔的和零星的，往往是借助于来去匆匆的教会人士或商旅过客来进行。自从大学出现以后，它就取代了修道院而成为传播知识的主力。由于大学一般都建立在人口相对集中的城镇，其教师和学生又具有很大的流动性，而且受到罗马教会——13 世纪以后又开始受到迅猛崛起的民族国家——的大力扶持，因此它在人才培养和知识传播方面的效果远非与世隔绝的修道院可比。“中世纪大学在传播知识方面具有十分重要的地位。从其确切的定义来讲，普遍性的教育是对各个国家的求学者开放的，教授和学生可以带着书本、笔记和头脑中的知识自由地从一个学校转到另一个学校。这些条件保证了相隔遥远的学术机构之间能够很容易地进行交

1　在中世纪，硕士（master）和博士（doctor）是针对不同专业而设置的学位，并非不同的学位等级。

流，同时也便于受教育的阶层快速地传播知识。”[1]

可以说，自从 12 世纪以后，知识的复兴和大学的发展就成为两种新兴的普遍性力量，与以封建采邑为代表的地方主义势力形成了鲜明的对照。由于大学的迅速扩展——到 15 世纪时，大学已经如同雨后春笋一般覆盖了欧洲几乎所有较大的城镇——以及教师与学生的自由流动，知识的传播和学术的发展完全打破了封建制度所形成的壁垒，使得整个西欧——无论是拉丁语世界还是日耳曼语世界——在智性因素方面联结成为一个整体。这种情况就像中世纪后期商业兴起以后，很快就打破了庄园农业所造成的闭塞状态，使整个欧洲在经济上联结为一个整体一样。就此而言，大学的兴起实际上完成了罗马教会长期以来梦寐以求的理想，只不过它实现的是一个知识上的统一王国，而不是政治上的统一王国罢了。

就精神气质而言，大学是与罗马教会相一致的，它们在中世纪都代表了一种普遍性的理想，都试图超越封建社会所造成的分散闭塞状态。正因为如此，大学在产生之初确实受到了教会的多方保护。当不同国家和地区的学生来到大学之后，他们往往由于风俗习惯方面的差异以及年轻人的放荡不羁而与当地居民发生冲突，这些冲突有时候会酿成非常恶劣的后果。[2] 为了保护异国他乡的学生不受当地势力的迫害，世俗统治者和教会都颁发了一些特许状，赋予大学师生免受世俗司法审判的特权。1200 年，法国国王腓力二世为了处

1　哈斯金斯，《中世纪观念的传播》，出自：查尔斯 · 霍默 · 哈斯金斯，《大学的兴起》，2007，第 92 页。

2　哈斯金斯在《大学的兴起》第三章“中世纪的学生”中记载了当时学生惹是生非、酗酒斗殴的各种荒唐行为。其中一件颇有意思的事件是，1209 年，牛津大学的一群学生与当地居民斗殴，杀死了一位无辜妇女，国王大怒之下绞死了几位学生，于是一大批学生和教师集体离开牛津出走，其中一些人在剑桥镇建立了普通研究班，剑桥大学正是在此基础上产生的。

理大学师生与当地居民的冲突而对巴黎大学颁布了首个王室特许状（这件事通常被看作巴黎大学正式成立的标志），不久以后教皇也明确认可大学具有自我管理的权利，1231年由于类似冲突以及随后发生的学生罢课风潮，教皇又授予大学更多的特许权利。这些权利包括学生的司法豁免权，教师和学生有权“制定章程和条例，规范讲座和研讨的方式与时间、着装”等；同时也明确规定，只有那些按照学校规定经常到校听课的学生才能享受豁免权利。

虽然大学在精神气质方面与罗马教会有某种默契之处，但是就法权利益而言，大学却更加接近于世俗王权。大学与世俗国家一样，要求对于教会的独立性，尤其是学术方面的独立性，这种独立性主要表现为知识探索方面的自由权利。这种独立性要求使得大学一旦羽翼丰满，就开始寻求摆脱教会的控制；另一方面，从13世纪开始，世俗国家也极力地拉拢大学，试图利用大学的知识来加强王权。于是，大学就成为教会与王权相互争夺的一个香饽饽。由于大学最突出的特点就是知识和自由，而这二者不仅都要求独立性，而且加在一起很容易导致思想上的“异端”。这样一来，大学就逐渐成长为独立于教会和王权之外的第三种势力，教皇和国王在某种程度上都奈何不了它了。“到了13世纪，学者的事业已被公认为是中古社会组织中的重要一环。中古社会对政府的职务、教士的职务与学者的职务有各种不同的名称，政府的职务称作‘政务’（imperium），教士的职务称作‘教务’（sacerdotium），学者的职务称作‘学务’（studium）。学者的地位与官吏、教士鼎足而三了。”[1] 当时在欧洲流行着这样一句话：“意大利人有教皇，德意志人有帝国，法兰西人有学问。”自从公元843年的《凡尔登条约》把查理帝国一分为三以

1 布林顿、克里斯多夫、吴尔夫，《西洋文化史》（第三卷），1986，第268页。

后，在东法兰克王国（德意志的雏形）的土地上产生了神圣罗马帝国，中法兰克王国（意大利的雏形）长期成为罗马天主教廷的藩篱附庸，而西法兰克王国（法兰西的雏形）则滋生了欧洲“大学之母”和“中世纪世界最早的教师之城”（巴黎）。当教会与帝国在长期的较量中斗得两败俱伤时，大学却开始阒然而有力地崛起，并且很快就超过前两者而成为欧洲社会生活中的主角。从这种意义上来说，14 世纪法兰西的崛起以及“阿维尼翁之囚”事件，也可以看作“学问”与“教皇”和“帝国”分庭抗礼的结果。

在中世纪的全盛时期（12、13 世纪），在意大利、法国和英国的几乎每一座较大城镇都建立了大学，其中法国的巴黎大学和英国的牛津大学成为全欧洲最著名的大学。中世纪经院哲学的最著名的哲学家们，如阿伯拉尔、托马斯·阿奎那、波拿文都拉等人，都曾在巴黎大学的课堂上讲学；而牛津大学则为欧洲培养出了中世纪最杰出的实验科学家罗吉尔·培根、著名唯名论者邓斯·司各特、奥卡姆的威廉和宗教改革运动的伟大先驱威克里夫。

13 世纪托钵僧团的出现进一步推动了欧洲大学的发展，虽然方济各修会和多明我修会构成了罗马教廷镇压异端运动和组建宗教裁判所的中坚力量，但是它们也为促进欧洲的大学教育做出了一定的贡献。上述那些著名的经院哲学家们都分属于这两个托钵僧团，他们既是当时最具有权威性的思想巨擘，也是活跃在欧洲各大学讲坛上的博学之士。从 1217 年开始，这些多明我修会和方济各修会的经院哲学家们就被罗马教会派往巴黎大学、博洛尼亚大学、牛津大学等重要学校，并且参与了一些新兴大学的创建工作，极大地传播和扩展了知识。1225 年，教皇亚历山大四世在支持托钵僧团的通谕《好像树木的生命》一文中明确表示：“巴黎各学校的科学在教会中，好像生命树在地上乐园那样，是灵魂之殿堂中一盏光芒四射的明灯……正是在巴黎，因原罪而残废、因无知而盲瞎的人类，才通过神圣科学发出的真正光明的知识，恢复了自己的视力和美貌。”[1] 由于罗马教廷对大学教育的重视，直接推动了欧洲文化的全面复兴，使其最终摆脱了蛮族入侵造成的蒙昧阴影，并且非常吊诡地为欧洲近代的文化变革奠定了坚实基础。

尽管欧洲的大学最初是从教会的母体中产生的，但是它后来却成为孕育、传播新思想的温床。当初罗马教廷和托钵僧团扶持大学的一个重要原因在于，它们相信推广教育是对抗异端的有力手段。然而到了13世纪以后，欧洲几乎所有的异端思想都是在大学中茁壮成长起来的。无论是彼特拉克、伊拉斯谟等人文主义者，威克里夫、胡斯、马丁·路德等宗教改革家，还是哥白尼、布鲁诺、塞尔维特等具有新思想的科学家，都是从欧洲的大学中汲取最初的精神养料的，有些人甚至把大学当作反对教会的坚固堡垒。随着民族国家的崛起，法兰西、英格兰的王室政府也利用大学作为与罗马教廷相抗衡的重要工具，从大学教授那里获取反对教会干预的法律依据。说到底，大学所具有的知识和自由这两个基本特点注定了大学将成为滋生“异端”思想的热土和反抗罗马教会专制的先锋。除此之外，大学还在世俗国家和罗马教会中培养了一种新兴的理性精神。威尔·杜兰对于大学在西方文化中的重要历史作用评价道：

> 大学制造了一批缔造法国君主政治的能干的行政人员和律师；一些领导基督教进入理性之海的哲人；以及一些敢用欧洲方式思考的教皇。大学使得西方人的智慧更为敏锐，产生了一

1 克里斯托弗·道森，《宗教与西方文化的兴起》，1989，第226—227页。

种哲学的语言，使得学习成为值得尊重的活动，并结束了胜利的野蛮人智慧发展的青春期。[1]

基督教神学与经院哲学

在西欧中世纪的知识体系中，基督教神学占有至高无上的地位。教皇格利高里九世在1228年发布的教谕中明确表示，神学精英应该主宰西欧大学的一切机构，指引它们走上正确的道路，就如同灵魂统治肉体一样。中世纪的一切知识学问，虽然在各自学科体系内具有一定程度的独立性，但是其最终结论都不得与基督教神学的正统教义相抵触。中世纪的法学、自然科学、医学以及其他各种学术都必须服从神学的要求，而哲学由于在内容方面与神学有着不可分割的联系，其屈从身份就更加明显。事实上，哲学在中世纪基督教世界里始终未能获得独立的地位，它所讨论的问题或者本身就是神学教义，或者直接关系到信仰问题。在这种情况下，哲学不过是侍奉神学的“婢女”和诠释教义的“喉舌”而已。但是尽管如此，中世纪也曾一度出现过基督教哲学的兴盛。

基督教的一些基本信条，如“上帝存在”“三位一体”“死而复活”“原罪与救赎”等，最初都是建立在虔诚的信仰之上。在使徒时代和教父时代，基督教的护教士们一般都反对对这些信条进行理性的论证，他们认为狭隘的理性是无法理解上帝的无限奥秘的，这方面最典型的例子就是德尔图良的观点——“正因为其荒谬，所以我才相信”。在基督教发展的早期阶段，面对着罗马帝国的残酷迫害，信仰作为一种实践性的生命体验，并不需要太多的理论支撑。正因

1　威尔·杜兰，《世界文明史：信仰的时代》(下册)，1999，第1294页。

为这样，教父派的神学家们都比较强调信仰对于理性的超越性和否定性，不是主张用信仰来统摄理性（如克莱门特等希腊教父），就是主张用信仰来反对理性（如德尔图良等拉丁教父）。这种重信仰而贬理性的态度与当时艰难的护教处境有关，其实质就是要凸显出基督教信仰对于希腊罗马文化的优越性。《米兰敕令》颁布以后，基督教虽然获得了合法地位，但是历届大公会议的教义之争（以及隐藏在背后的权力之争）却使更加富于理性精神的东派教会观点落了下风，最终形成了从《尼西亚信经》到《卡尔西顿信经》的那些具有神秘性特点的正统教义（如上帝论的“三位一体”奥秘、基督论的“四道围墙”等）。到了蛮族大入侵以后的“黑暗时代”，希腊文化的理性精神更是在西欧的土地上荡然无存。面对着蒙昧未开的蛮族入侵者，基督教会对其进行文明教化工作的唯一工具就是信仰。蛮族既不懂得深邃的希腊哲学，也对玄奥的基督教神学缺乏兴趣。因此一直到11世纪之前，基督教神学在理论方面始终处于较低的水平，充其量不过是沿袭罗马时代的教父思想衣钵而已，很少有新的理论建树。至于哲学的状况，就更加惨不忍睹了，在安瑟尔谟之前的五六百年间，西欧能够数得出来的“哲学家”——如果还能够使用这个称呼的话——寥寥无几。其中最著名的那些人物，例如最早对共相问题进行哲学讨论的波爱修（Boethius，约477—524）、被后人称为“中世纪哲学之父”的爱留根纳（Eriugena，约800—约877）等，如果与之前的教父和之后的经院哲学家相比，在思想方面无疑都要黯然失色。

由于大公会议的分歧和蛮族入侵的结果，辉煌的希腊文化在“黑暗时代”的西欧土地上几乎丧失殆尽，但是它却在同时期的东方社会中结出了硕果。公元7世纪以后，随着埃及和北非被阿拉伯帝国的穆斯林征服，这块保留希腊文化因素最多的地域从基督教世界转入伊斯兰教世界，希腊学术尤其是博大精深的亚里士多德哲学也开始在阿伯拉人中间得以传承和发扬光大。到了 11 世纪末开始的十字军东征运动，西欧基督徒在对东方穆斯林进行武力征伐的同时，也在客观上推动了阿拉伯世界所保存的希腊文化向西欧社会的回归，从而激发了 12 世纪的文艺复兴。事实上，12 世纪西欧文艺复兴的主要内涵就是通过阿拉伯世界的中介而复活了希腊学术，这个工作是借助于对阿拉伯文的希腊著作进行大量翻译和注释而实现的。哈斯金斯指出："到 1200 年或者稍后，西欧已经接受了阿拉伯人的自然科学和哲学，并因此接受了大部分希腊文化。其间的一百年，或者说从 1125 年起的一个世纪中，欧几里得、托勒密以及阿拉伯人的数学和天文学，盖伦、希波克拉底和阿维森那的医学，充满着亚里士多德智慧的丰富的百科全书，纷纷走进西欧。有些东西今天被叫作希腊和阿拉伯炼金术，许多被叫作阿拉伯占星术，其中的科学精神是显而易见的。"[1] 在对希腊学术的这种复兴活动中，尤其引人注目的是作为希腊哲学与科学之集大成者的亚里士多德体系在西欧思想界的迅猛升温。

在基督教神学建构的最初阶段，柏拉图主义无疑占有绝对的优势，柏拉图哲学所具有的浪漫色彩使得它比较容易与侧重虔诚信仰的新生基督教相吻合，而逻辑严密、思想精邃的亚里士多德主义则由于具有太浓郁的理性色彩而令护教时代的基督徒们望而却步。但是，当基督教会已经在西欧社会中确立了绝对的统治地位之后，护教传道的时代主题就开始让位于教义建设的时代主题。因此在 11 世纪以后，罗马教会无论是在神学、哲学还是教会法方面，都感觉到了进行理论建构的迫切需要。在这种情况下，亚里士多德的博大精

1　查尔斯 · 霍默 · 哈斯金斯，《12 世纪文艺复兴》，2005，第 244 页。

深的思想体系开始受到西欧知识人士越来越多的关注。通过阿拉伯人的中介，西方人惊奇地发现，亚里士多德不仅仅是一个杰出的逻辑学家，而且更是一个百科全书式的“哲学家之王”，他的思想体系比早期受到崇拜的柏拉图主义要丰富、深刻得多！尤其是亚里士多德建立在严密逻辑演绎之上的形而上学体系，以及他对天上地下各种知识的条分缕析的梳理，都极大地符合了罗马教会建构一套无所不包的神学体系的理论需要。在 12 世纪之前，西方人所能接触到的亚里士多德著作，只有被波爱修翻译的《工具篇》中的几篇文章，主要是《范畴篇》和《解释篇》两文（即所谓“旧逻辑”）。到了 12 世纪以后，亚里士多德的其他逻辑学著作（如《前分析篇》《后分析篇》《论题篇》《辩谬篇》等“新逻辑”）以及《物理学》《形而上学》《伦理学》《政治学》《诗学》等相继被翻译成拉丁文。到了中世纪基督教文化全盛的 13 世纪，亚里士多德的辩证法和形而上学，与先前流行的逻辑学一起，共同构成了基督教神学的重要理论依据。而作为异教徒的亚里士多德的哲学体系，也成为教会管理下的西欧大学的必修课程。正是在亚里士多德主义的刺激下，经院哲学这朵基督教神学的奇葩开始绽放：

> 俗语说，枯木逢春又发芽。基督教神学的创造力，经过长久苦旱的熬炼后，终于在 11 世纪苦尽甘来，因为西方教会对于神与救恩的理智思想，开始绽放出一株崭新的花朵。经院哲学派的神学（这个思想上的复兴，通常以此为名），崛起于在欧洲所创立之崇尚改革的修道院，而在巴黎和牛津等新成立的大学里面盛行起来。[1]

1　罗杰·奥尔森，《基督教神学思想史》，2003，第 333 页。

顾名思义，“经院哲学”（scholasticism）当然是“经院学者”（scholastics）的哲学，这个概念源于拉丁文的“学校”（schola），可见经院哲学是一种在大学里生长起来的哲学。由于大学本身最初就是教会扶持的结果，因此经院哲学无疑也是在教会的呵护之下发展起来的。经院哲学产生于11世纪，一直持续到17世纪才最终消亡。它严格地说来并不是一种独立的学说体系，而是一种思想方法，其基本特点就是运用理性的证据来强化基督教的神学教义。就其注重运用理性来论证信仰的对象而言，经院哲学是与此前教父哲学用信仰来排斥理性的基本倾向针锋相对的。如果说早期教会在面对生存逆境时必须强调信仰的至上性和排他性，因此对理性多有贬抑，那么当罗马教会已经高枕无忧地坐稳了江山时，它就需要援引理性来为信仰进行论证了。在这种情况下，教父时代的“信仰排斥理解”就转变为经院哲学的“信仰寻求理解”，哲学也由神学的险恶敌人（拉丁教父的观点）转变为神学的忠实仆人。

最先明确表达了“信仰寻求理解”（fides quaerens intellectum）这一观点的人，就是11世纪的安瑟尔谟（Anselmus，约1033—1109）。这位担任过英国坎特伯雷大主教的意大利神学家，一反以往神学家贬抑理性的传统态度，极力强调理性对于神学教义的重要意义。他认为，信仰虽然是由《圣经》作为依据，由上帝颁布在我们心中的，但是人却有责任运用理性来为信仰进行论证，从而说服那些无神论者皈依上帝。在安瑟尔谟看来，仅仅满足于启示的信仰乃是人性的懒惰，上帝是不会拯救那些单靠信仰来领悟他的福音的懒虫和傻瓜的。安瑟尔谟明确地表示，他绝不会用自己的理解力来挑战关于上帝的信仰，他是在先有了信仰的前提下再进行理解的；但是如果仅仅停留在信仰上也是不够的，“基督徒应该由信仰进展到理性”。他说道：“当我们在信仰上有了根基之后，如果我们对所相信的不努力追求进一步的理解，就未免是一大缺陷。"[1]因此，他试图对过去一直被基督徒们当作信仰而接受的那些基本信条进行理性的论证。在这方面，安瑟尔谟最著名的尝试就是关于"上帝存在"这一信条的理性证明，该证明通常被叫作关于上帝存在的"本体论证明"（ontological argument），它的特点是从上帝的概念中直接推论出上帝的存在。这个证明的逻辑过程概括如下：

> 大前提：上帝是一个无与伦比地完美的东西。
>
> 小前提：一个无与伦比地完美的东西是不能仅仅存在于思想之中的（否则就会有一个更加完美的东西，它不仅存在于思想之中，而且存在于思想之外）。
>
> 结论：因此，上帝存在（即在思想之外客观地存在）。[2]

安瑟尔谟的这个本体论证明，当时就遭到了一位法国修道士高尼罗的质疑，在后来的西方哲学史上也多次受到康德、罗素等人的批判。但是这个证明的重要意义并不在于它是否有效地证明了上帝的存在，而在于它开创了一种新的方法，即用理性的方式来证明基督教的信条，而不再是一味地盲目信仰。这个看起来捉襟见肘的神学证明表达了一种良好的愿望，那就是寻求信仰与理性的统一。这是一种与以往迥然不同的神学态度，它开启了一种新的时代氛围，标志着理性精神的抬头。在本体论证明

1 安瑟尔谟，《神何故化身为人》，出自：金陵神学院托事部，《中世纪基督教思想家文选》，香港基督教辅侨出版社，1962，第 208 页。

2 具体的论证内容可参见：安瑟尔谟，《上帝存在论》，出自：金陵神学院托事部，《中世纪基督教思想家文选》，1962，第 182—183 页。

中，以往仅仅依赖信仰而得以确立的“上帝存在”这个基本信条，现在却成为有待证明的东西。尽管本体论证明就像后来的其他神学证明一样，只是在理性上虚晃一枪，最终还是回到信仰中——它的结论早在证明之前就已经确定了——但是这种“虚假的”努力毕竟开创了一种新的方向，而整个经院哲学就沿着这个新方向发展下去。从此以后，理性就成为信仰的重要依据，逻辑推论成为神学教义的重要的甚至是必不可少的手段。可以说，那个在六七百年以后的启蒙运动中公开地对宗教蒙昧进行激烈批判的理性精神，最初正是在经院哲学的这种羞答答的神学证明中孕育的。

安瑟尔谟的本体论证明在中世纪神学中的重要意义在于，它构成了从基督教神学的柏拉图主义传统向亚里士多德主义传统转化的过渡环节。在安瑟尔谟之前，基督教神学建立在超理性的狂热信仰之上；在他之后，神学开始寻求逻辑论证。正是由于安瑟尔谟在基督教神学发展史上的这种承前启后的重要地位，他被后世人们称为“最后一个教父和第一个经院哲学家”。

另一位重要的早期经院哲学家是法国的阿伯拉尔（Abaelard，约1079—1142），这位曾经因为与自己女学生之间的浪漫爱情而惨遭阉刑的教会神学家，以其影响深远的辩证法而与安瑟尔谟共同成为中世纪经院哲学的重要奠基者。与安瑟尔谟的“信仰寻求理解”观点不同，阿伯拉尔主张更加激进的“理解导致信仰”观点。阿伯拉尔的老师之一洛色林（Roscellinus，约1050—约1125）由于主张极端唯名论思想而被安瑟尔谟指控为三神论，受到1092年索松宗教会议的谴责；而阿伯拉尔一生中则多次受到正统教会的谴责与迫害。阿伯拉尔最重要的贡献在于创立了一种具有强烈怀疑精神和批判意识的辩证法，这种辩证法的特点在于，针对一些重大的神学或伦理学论题，选取古代教父们的正反两方面的观点，通过相互对照来展现其矛盾。在其名著《是与否》一书中，阿伯拉尔列举了156个论题，如“信仰是否需要理性的支持”“上帝是否只有一个”“上帝是否万能”“婚姻对于任何人是否都是合法的”等，是与否两方面的观点都可以在早期基督教思想家的著作中找到证据。虽然阿伯拉尔本人并不对这些对照结果发表自己的看法，但是在这里已经昭示了一种辩证态度和批判立场，使人们对以往视为权威的观点产生了怀疑。如果说安瑟尔谟试图在信仰的权威下来加强理性的作用，那么阿伯拉尔实际上已经暗中在用理性的武器（辩证法）来挑战信仰的权威了。

十字军东征运动使得大量的亚里士多德著作译本重返西欧，从而推进了经院哲学的进一步发展。穆尔指出：“经院派神学新时代的开始，是由于经院哲学家们通过译本——先是阿拉伯文的，后来是希腊文的——读到了亚里士多德的科学和哲学著作，以及穆斯林和犹太的亚里士多德学派哲学家，尤其是阿维森纳、阿威罗伊和迈蒙尼德的著作。”[1] 亚里士多德思想的大量涌入使得罗马教会不得不重新考虑基督教神学的哲学根据问题。在1210年的巴黎大主教会议和1215年教皇使节的指令中，都还曾明文禁止在巴黎大学中讲授亚里士多德的自然哲学和形而上学，然而到了13世纪中叶，亚里士多德学说就已经在西欧学术界占据了主导地位。“到1255年，巴黎大学

1 G. F. 穆尔，《基督教简史》，1981，第184—185页。阿维森纳（Avicenna，980—1037），原名伊本·西拿（Ibn Sīnā），阿拉伯著名医学家和科学家，在哲学上深受亚里士多德质料与形式学说的影响，是阿拉伯亚里士多德学派的主要代表之一。阿威罗伊（Averroes，1126—1198），原名伊本·路世德（Ibn Rushd），出生于西班牙的阿拉伯思想家，以继承和发扬亚里士多德哲学而著称，并在阿维森纳思想的基础上发挥了哲学与宗教的“双重真理”学说。迈蒙尼德（Maimonides，约1135—1204），原名摩西·本·迈蒙（Moses ben Maimon），犹太著名哲学家，致力于协调旧约圣经与亚里士多德哲学。

规定，要取得文学硕士学位，必修新亚里士多德主义的所有内容。”[1]正是由于亚里士多德学说与基督教信仰的相互融通，才产生了中世纪最重要的神学理论体系——托马斯主义。

多明我修会的托马斯·阿奎那（Thomas Aquinas，1225—1274）无疑是中世纪西欧社会最伟大的哲学家和神学家，他创立了一套博大精深、包罗万象的基督教思想体系，其代表作就是《反异教大全》（又称《哲学大全》）和《神学大全》。前者的主要内容是运用基督徒和异教徒共同认可的理性来证明基督教信仰；后者则运用亚里士多德学说和经院式的烦琐论证方法（即当时意义的辩证法），将基督教的全部信条——从上帝、天使、人性一直到魔鬼——编纂成一个庞大的神学体系。说到对基督教神学的贡献，除了奥古斯丁之外，无人可以与阿奎那相媲美。他的《神学大全》在天主教会中长期以来一直与《圣经》和教皇谕令相并列，成为最重要的文献之一。1323年，罗马天主教会将阿奎那封为圣徒，并赐予“天使博士”的称号；1879年，教皇利奥十三世还在他的教皇通谕《永恒的归宿》中把阿奎那神学尊为天主教神学的典范。

阿奎那之所以具有如此重要的地位，不仅在于他把整个基督教信仰、伦理、法律以及自然知识汇集为一个井然有序的思想大全，而且由于他为基督教信仰提供了一套审慎严谨的理性证据，使神学与哲学有机地结合起来。而后面这一点，正是托马斯主义不同于早期基督教神学支柱奥古斯丁主义的地方。如果说奥古斯丁主义的哲学基础是柏拉图主义，那么托马斯主义的哲学基础则是亚里士多德主义；如果说奥古斯丁主义较为强调信仰对理性、神学对哲学的超越性，那么托马斯主义则更加强调二者之间的同一性。在神学与哲

1　查尔斯·霍默·哈斯金斯，《12世纪文艺复兴》，2005，第280页。

学、天启与理性的关系上，阿奎那虽然坚持“神学高于哲学，哲学是神学的奴仆”这一传统观点，但是他却像他的老师大阿尔伯特一样反对阿威罗伊主义的“双重真理”学说，认为在哲学真理与神学真理之间并不存在矛盾，二者是殊途同归的。在阿奎那看来，哲学与神学所面对的是同样的对象，二者的区别仅仅在于研究方式不同——哲学通过理性的途径来认识上帝、创世、原罪、救赎等对象，神学则通过天启的方式来认识这些对象。基督教的某些真理，如上帝存在、灵魂不死等，既是天启的，也可以通过理性来证明；而另一些真理，如三位一体、道成肉身等，却是超理性的奥秘，只能诉诸天启和教会的权威。他把可以通过理性来认识的部分归于自然神学（或理性神学），而把只能诉诸天启和权威的部分归于教理神学。在前者所获得的“理性真理”与后者所获得的“天启真理”之间并不存在着相互抵牾的矛盾，差别只在于后者的范围更广泛、更容易被一般心灵所认识罢了。

阿奎那试图调和信仰与理性之关系的典型例证，就是他关于上帝存在的五个证明，即著名的“圣托马斯五路证明”。与安瑟尔谟一样，阿奎那坚持用理性来论证上帝的存在；但是不同于安瑟尔谟，阿奎那不是用思辨的方式从上帝的概念中直接分析出上帝的存在，而是依据经验理性，从自然世界中溯寻出上帝存在的证据。阿奎那的这些证明可以分为宇宙论证明（cosmological argument）和目的论证明（teleological argument）两类，它们都是从经验事物出发，其逻辑论证过程可以概括如下：

论证一：从自然界的推动–受动系列推出一个“不动的推动者”；

论证二：从自然界的因果系列推出一个“第一因”；

论证三：从自然界的偶然–必然系列推出一个“绝对必然的存在者”；

论证四：依据自然界的优越等级性原则推出一个“最完美的存在者”；

（以上四个是宇宙论证明，下面则是目的论证明）

论证五：根据自然界的和谐性推出一个有目的的宇宙“设计者”。[1]

阿奎那的这些证明都可以在亚里士多德学说——包括亚里士多德本人以及阿拉伯、犹太等地的亚里士多德诠释者的著作——中找到原形，他像亚里士多德一样从经验的大地出发，然后跃升到形而上学的天空。但是与亚里士多德不同的地方在于，阿奎那在进行论证之前就已经知道了结论，因此整个论证过程仅仅只是为了突出一种理性论证形式罢了。罗素对此评论道：“阿奎那没有什么真正的哲学精神。他不像柏拉图笔下的苏格拉底那样，始终不懈地追逐着议论。他并不是在探究那些事先不能预知结论的问题。他在还没有开始哲学思索以前，早已知道了这个真理；这也就是在天主教信仰中所公布的真理……给预先下的结论去找论据，不是哲学，而是一种诡辩。”[2] 但是，与安瑟尔谟的证明一样，托马斯五路证明的重要意义并不在于它们是否能够论证出上帝的存在，而在于它们表达了一种用理性来证明信仰的愿望，这种愿望相对于早期基督教神学而言无疑是一种进步。

1 关于托马斯·阿奎那这五个证明的具体内容，请参见：圣多玛斯·阿奎那，《神学大全》（第一册），周克勤、高旭东等译，第一集第二题第三节，台湾碧岳书社，2008，第28—30页。中国天主教会一般习用“圣多玛斯”之译名。

2 罗素，《西方哲学史》（上卷），1963，第562页。

阿奎那所推进的亚里士多德主义固然为中世纪基督教神学提供了新的理论基础，但是它也引起了另一些经院哲学家的反对，他们认为，这种过分借重于理性的做法会架空基督教信仰。这些反对者主要来自方济各修会的神学家，其中最重要的人物有波拿文都拉、罗吉尔·培根（Roger Bacon，约1219—约1292）、邓斯·司各特（Duns Scotus，约1265—1308）、奥卡姆的威廉，以及与阿奎那同一师门、同属多明我修会的德国神学家埃克哈特（Eckhart，约1260—约1328）等人。他们各自的神学观点虽然不尽相同，但是在反对托马斯主义运用理性来论证信仰这一点上却是态度一致的。波文拿都拉认为，信仰无须也不可能由理性来加以论证；罗吉尔·培根指责阿奎那误解和滥用了亚里士多德主义；邓斯·司各特认为，上帝的意志高于他的理性，因此关于上帝存在和本质的一切理性证明都是徒劳无益的；奥卡姆的威廉严格地将知识与信仰、哲学与神学划分为两个彼此独立、互不相干的领域，坚决反对用人类有限的理性来把握上帝的无限奥秘；至于埃克哈特，更是强调上帝是不可思议、不可规定和不可通过理性来证明的精神实体，他只存在于个人的沉思默想和神秘直观之中。这些反对托马斯主义路线的神学家们，他们的立场虽然与早期基督教神学的奥古斯丁主义比较相似，但是他们中间一些人——如罗吉尔·培根、邓斯·司各特、奥卡姆的威廉——的真正意图是想通过限制理性的运用范畴而在神学与哲学（包括科学）之间划出一条井水不犯河水的分界线，从而保证哲学的独立性。他们把上帝存在与创世、三位一体、原罪与救赎之类的信条都归于信仰，却把哲学的目光转向自然界，在这个领域中运用经验和理性来探讨问题。他们的做法实际上从另一个角度彰显了经验理性的重要性。由此可见，无论是主张用理性来论证信仰的托马斯主义，还是主张信仰与理性各行其是的方济各会神学家，实际上都在有意或无意地推动理性精神的发展。因此，尽管经院哲学所探讨的那些具体问题是非常烦琐和无聊的[1]，但是它的基本倾向却是值得嘉许的。

经院哲学所探讨的唯一一个具有独立哲学意味的问题就是“共相”问题，对于这个问题的不同看法造成了实在论与唯名论之间的对立。双方争论的焦点在于，“共相”（即逻辑上的“种”“属”概念）到底是先于和独立于个别事物而存在的客观实体，还是只能寓于个别事物之中（或者仅仅存在于人们的理智之中）的附属性质？这个问题虽然是一个纯粹的哲学问题，但是它却关系到基督教的基本教义。实在论者（安瑟尔谟、托马斯·阿奎那等）认为，“共相”从根本上来说是先于和高于个别事物的客观实在；唯名论者（洛色林、阿伯拉尔、罗吉尔·培根、邓斯·司各特、奥卡姆的威廉等）则认为，只有个别事物是实在的，“共相”不过是一个名词、一个概念或一种寓于个别事物之中的附属性质，它并不能独立于个别事物而存在。双方的争论虽然看起来属于纯粹的哲学领域，但是从唯名论的观点中却可能引申出对基督教正统信仰和罗马天主教廷极其不利的危险因素。因为，如果“共相”不是实在的，那么在圣父、圣子、圣灵等三个位格之外就不再有一个一般性的上帝实体，在每个人所犯的本罪之外也不存在一个一般性的“原罪”，在“圣餐”中就只有具体的酒和面包而没有基督实体的临在，甚至连自称“圣教会”

1 经院哲学中盛行的理性论证风气后来从“上帝存在”等重要信条发展到一些细枝末节问题上，神学家们激烈地争论着诸如“一个针尖上能站几个天使？”“天堂里的玫瑰花是否有刺？”“亚当、夏娃有没有肚脐眼？”“死去的人将在多大年龄复活？”之类的无聊问题。黑格尔对此非常愤慨地写道：“这种理智的野蛮作风乃是完全无理性的。看起来这就有点像给猪的颈上戴上一条金项链。基督教的理念乃是太一，高贵的亚里士多德的哲学也是如此；两者都已遭到极度的污蔑。基督徒亵渎他们的精神理念竟然到了这样的地步。”［出自：黑格尔，《哲学史讲演录》（第三卷），贺麟、王太庆译，商务印书馆，1959，第 318 页。］

的罗马天主教廷也不再具有高于各个地方教会的普世性权威。由此可见，唯名论对于“共相”实在性的否定必然会在神学上导致关于上帝问题的“三神论”、关于原罪问题的帕拉纠主义、关于圣餐问题的“象征说”等异端思想[1]，以及否定罗马大公教会权力的阿尔比派异端。正因为如此，唯名论思想在基督教哲学中一直处于受压制的状态，洛色林、阿伯拉尔、罗吉尔·培根、奥卡姆的威廉等人的观点都曾受到正统教会的异端指控，而实在论的观点则成为占主导地位的哲学思想。尤其是托马斯·阿奎那，成为自奥古斯丁以来最重要的基督教哲学家，他的思想后来被罗马教会确定为天主教的官方神学和哲学。

基督教理想与中世纪文学艺术

蛮族大入侵使得建立在法和政治权威（皇帝）基础之上的帝国不复存在，“黑暗时代”出现的那些大大小小的蛮族王国都是以武士与首领之间的忠诚与互助作为社会纽带的。到了封建制度确立之后，这种建立在血统原则与效忠精神之上的蛮族社会关系，又转化为相类似的领主与附庸之间的封建关系。但是它们却一脉相承地延续了珍视荣誉、讲究忠诚、轻视死亡、渴望复仇等原始习俗。

加洛林王朝建立之后，粗野的蛮族武士逐渐发展成为封建骑士

1 “三神论”是中世纪初期的一种异端学说，该学说认为圣父、圣子、圣灵都是上帝，是三个实体，并非同一实体的三个位格。帕拉纠主义是5世纪初由不列颠隐修士帕拉纠所倡导的神学学说。帕拉纠认为，亚当、夏娃所犯的罪应该由他们自己负责，不能遗传给子孙，故而不存在“原罪”问题，该学说遭到了奥古斯丁的猛烈抨击。“象征说”是中世纪一些异端人士和16世纪瑞士宗教改革运动领袖茨温利（Zwingli，1484—1531）关于圣餐的一种观点。该观点认为，圣餐中的酒和面包并非基督的实体所变，圣餐只具有一种象征意义，使信徒们在精神上怀念基督。

阶层，并且由于基督教的教化作用而逐渐变得文雅化。从 11 世纪开始，作为对那些古老的北方英雄传奇——《贝奥武甫》《芬尼斯堡的战斗》等——的继承和发扬，在法国北部产生了新型的封建史诗，即所谓的“武功歌”（*Chansons de geste*）。“武功歌”所歌颂的不再是北方的蛮族英雄，而是具有基督教信仰的查理大帝及其忠诚骑士抗击西班牙穆斯林的传说故事。它开始在所讴歌的骑士身上融入了两种不同的角色——忠诚于封建领主的武士和具有虔诚信仰的基督徒，从而塑造出一种新兴的骑士精神（chivalry），并且开创了中世纪封建史诗和骑士文学之先河。克里斯托弗·道森写道：

> “武功歌”（*Chansons de geste*）至少作为最早和最著名的史诗集，其主题决不是个人恩怨或者家族宿仇，而是基督徒反对异教徒的战争——*gesta Dei per Francos*（上帝通过法兰克人实现的伟业之颂歌）。正如特洛伊战争在古代希腊的史诗传统中占据着核心地位那样，加洛林王朝反对西班牙穆斯林的战争在封建史诗传统中也同样占据着核心地位……这种爱国主义的感情具有一种宗教性质而不是政治性质，因为它与任何现存的国家毫无关系，而与作为一个整体的更为广泛的基督教社会相联系，并且它因此而向武士文化的野蛮风尚注入了一种新的精神因素。首领们的好战行为本身并不是目的，其真正的目的在于服务于基督教世界 *et la loi Deu essaucier et monter*（及其出征与登基的典仪）。因此，为信仰而战死的骑士就不只是一位英雄，他还是一位殉道者。[1]

1　克里斯托弗·道森，《宗教与西方文化的兴起》，1989，第 164—165 页。

十字军东征运动进一步加强了骑士作为世俗社会与教会之间的纽带作用。为了更好地统治被征服的东方土地，出现了一些独立的骑士团，其中最著名的有圣殿骑士团、条顿骑士团、圣约翰骑士团等。这些骑士团制定了严格的骑士制度，奉守修道院一般的禁欲生活，发誓效忠于罗马天主教会，并且用武力来保护那些去耶路撒冷朝觐的西方朝圣者。他们把战士的忠诚与信徒的虔诚融为一体，而且由于受基督教理想的感化而表现出一种扶助弱者的侠义精神。

当圣殿骑士团把蛮族的武士风尚置于圣洁的宗教光环之下时，在法国南部的封建社会中，又出现了一种世俗的骑士理想。这种新兴的骑士理想专注于一种罗曼蒂克的爱情和高雅优美的言行，它构成了中世纪盛期骑士文学的主要内容和基本格调。道森认为，这种新型的骑士理想可以在西班牙穆斯林社会中找到渊源，与北方封建社会的那种“野蛮英雄主义相去甚远”。这种充满了浪漫情调的南国骑士风度虽然与基督教圣殿骑士团刻板严苛的圣洁作风形成了鲜明的对照，但是它却以另一种方式把基督教的唯灵主义思想融入自身之中，从而创造了一种圣洁的理想爱情模式。在赞美颂扬这种所谓“柏拉图式爱情”的过程中，骑士文学开始表现出越来越高雅的格调，而“骑士”的形象也逐渐从动辄诉诸武力的蛮横之徒演化为擅长于抒情诗歌的文人雅士。马克·布洛赫指出，在12世纪的一些优雅浪漫传奇的主人公口中，就已经可以听到“我们还将在夫人们的卧室里谈论这一天”这样有教养的话语了。他写道：

> 优雅行为从本质上是一种等级性的事情。名媛贵妇的闺房特别是宫廷成为骑士寻强竞胜的场所，在这里他不仅以闻名遐迩的赫赫武功使对手相形见绌，而且以优雅举止和文学才赋使对手黯然失色。

……当骑士本身成为文人时，他们便向前迈出了重大的一步。有意义的是，迄至 13 世纪，他们所钟情的文学体裁几乎毫无例外的都是抒情诗……这些诗是演唱出来并有乐器伴奏的，优美的音乐合着动人的诗句，会产生同样强大的影响力……在那宁静的夜晚，《尼伯龙根之歌》中的勃艮第勇士们也是倾听着悠扬的提琴声溘然长眠的。[1]

那种最初源于蛮族武士的粗鲁野性、后来却在基督教信仰和西班牙浪漫风情的熏陶之下变得文明高雅的骑士精神，成为中世纪盛期文学作品讴歌的主要对象，其结果就是产生了名噪一时的骑士文学。[2] 骑士文学的题材大多来自日耳曼人、凯尔特人和诺曼人的民间英雄传说，如日耳曼英雄史诗《贝奥武甫》《罗兰之歌》《尼伯龙根之歌》，反映北欧神话与英雄传说的“埃达”和“萨迦”叙事系列，以及在英国广泛流传的亚瑟王和圆桌骑士的传奇故事，此外也还掺杂着一些源于古代异教世界的英雄传说（如亚历山大大帝的故事）。但是，这些古代或中世纪的传奇故事在骑士文学中已经按照基督教的基本精神进行了很大的修改，骑士文学把民间传说中的种种离奇古怪的经历（其中特别是关于英雄与毒龙或恶魔战斗的故事）与基督教的虔诚精神以及对理想女性的“罗曼蒂克的爱情”（Romantic love）联系在一起，从而培养了一种富于幻想和怪诞色彩的浪漫情调，即罗曼蒂克（或罗曼斯）情调。美国文学评论家约翰·麦茜（John Macy）写道：

1 马克·布洛赫，《封建社会》（下卷），2004，第 506—507 页。

2 这里所说的骑士文学是指包括中世纪英雄史诗、民间歌谣、骑士传奇和骑士抒情诗在内的广义的骑士文学，即一切以骑士或骑士的前身（民间英雄）为故事主人公的中世纪文学作品。

当时的罗曼斯，叙事诗、传说以及民谣，大半是关于骑士在战争及恋爱上胜利的故事。这些故事大体又为各种集群，以亚历山大大帝，或恺撒，或查理曼，或亚瑟等虚构或真正的王为中心。冒险则大多雷同，大多互相因袭，不是遇龙，就是救遭难的女人,不是保障好人,就是惩罚罪人。其中所穿插的神话，则是基督教与非基督教的混合物。罗曼斯中的理想骑士，总是一个基督徒。[1]

海涅曾将骑士称为“受到基督教灵化的蛮力”在中世纪表现出来的“最稀奇的现象”，由于基督教的文雅风气的濡染，骑士们虽然仍然保留着为荣誉而献身的英雄气概，但是在其他方面却变得越来越文质彬彬了。优美典雅的礼仪逐渐掩饰了豪放不羁的举止，对理想女性的赞美和爱恋——这是一种柏拉图式的爱情——成为对君王的忠诚和对上帝的虔信之外的第三个主题。武士的忠诚勇敢、基督徒的圣洁信仰，以及对理想女性的纯洁爱情，这就是骑士文学所表现的骑士的三大美德。一个优秀的骑士应该既是一个视死如归的战士，又是一个谦卑虔诚的基督徒，同时也是一个行为高尚的情人。在《尼伯龙根之歌》中，尼德兰王子西格弗里为了对勃艮第王妹克琳希德的爱情，不惜纡尊降贵到勃艮第国王手下当一名侍从，费尽千辛万苦，最终与心上人结为眷属。在关于亚瑟王的系列故事中，兰塞罗特对亚瑟王后归内维尔的爱情、特利斯坦对绮瑟的爱情，都展现了一幕幕令人潸然泪下的浪漫故事。

骑士文学的浪漫情调由于与基督教的唯灵主义理想相结合而显

1 约翰·麦茜，《世界文学史》，由稚吾译，世界书局，1934，第 145 页。

得格外动人，那些勇敢、虔诚和纯情的骑士们，终因其高尚的品德而获得了灵魂的永生。在《罗兰之歌》中，当高傲而威猛的罗兰伯爵终于因寡不敌众而壮烈牺牲时，他头枕着查理大帝所赐的宝剑，面向被穆斯林所占领的西班牙而死，表现出坚贞不屈的精神。罗兰的形象成为中世纪骑士理想的楷模和典范，而他的世俗生活的悲壮结局也转而成为灵性生活的崇高起点——当黑暗降临到他的眼帘中时，圣洁的天使们便簇拥着这位高贵骑士的灵魂上升到光辉灿烂的天国。

基督教已经把古代日耳曼人的“粗犷的荣誉感”净化为中古时代法兰西人的文雅的荣誉感，新生的罗曼蒂克的骑士精神在法国找到了最广阔的驰骋场所。骑士精神从日耳曼蛮荒的旷野来到了法兰西富丽堂皇的宫廷中，成为一种标志着贵族身份的昂贵装饰品。在中世纪后期，举止优雅的骑士们越来越注重虚浮矫饰的荣誉和罗曼蒂克的爱情，乃至于使这些个人情感方面的要求有时候甚至与忠诚、虔信等骑士精神的基本原则相悖逆。到了中世纪文化的衰落时期，随着十字军理想的丧失和宫廷奢靡的增长，骑士也从仗剑行侠的教会卫士蜕化为吟诗作赋的御用文人，成为塞万提斯笔下滑稽可笑的堂吉诃德和莎士比亚笔下插科打诨的福斯塔夫。但是骑士文学所大力渲染的骑士精神却在近代西方文化中得以传承，最终演化成以法兰西宫廷文化为代表的矫揉造作而又优美典雅的贵族风度。无论是在法国古典主义的戏剧中还是在大仲马的传奇小说中，我们都可以看到中世纪骑士的身影，这些身影成为巴黎贵族和欧洲各国上流社会极力效仿的榜样。个人英雄主义和热忱的献身精神、强烈的荣誉感（它导致了贵族阶层中盛行的决斗风气）和侠义精神、对女性的尊重和罗曼蒂克的爱情，以及潇洒的仪表和优雅的言辞，这一切高尚的风气都是中世纪骑士精神在近代法国上流社会中的再现，并且从法国扩展到整个欧洲。[1]

骑士文学固然表现了基督教空灵圣洁的精神特征，但是最为淋漓尽致地表现了基督教唯灵主义理想的还不是骑士文学，而是哥特式建筑。这种惊天地、泣鬼神的艺术杰作能够一下子把人的灵魂带入彻心彻骨的痛苦与光辉澄明的极乐之间的强烈反差中，从而使人体验到基督教唯灵主义理想的巨大精神魅力。即使在今天，当人们站立在这些气势恢宏的大教堂面前时，也会从内心深处升起一种自惭和谦卑，并且会对中世纪西欧人的宗教热忱和艺术天才感到由衷的钦佩。

自从基督教在 313 年获得合法地位以来，一直到 11 世纪末叶，西欧的大多数教堂建筑都采取了罗马式的会堂风格。这种罗马式教堂具有长方形大厅、扁平屋顶和圆形拱门，内部装饰简单朴实。整个建筑结构坚固厚实，四平八稳，强调整齐壮观和粗犷有力，显示了一种凝重威严的精神气质。罗马式教堂虽然反映了早期基督教淳朴无华的风格，但是它却“不能像出现在 12 世纪的哥特式教堂那样，真正表达基督教的渴望和属灵的美丽”。[2] 因此，这种建筑风格与其说是更适合中世纪基督教的精神特质，不如说是古罗马帝国的一种雄浑遗风。

“哥特式”（Gothic）一词因哥特人而得名，人们最初用这个词来形容一切野蛮、陈旧和丑恶的东西。在意大利文艺复兴时期，那

1 法国史学家丹纳（Hippolyte Adolphe Taine，1828—1893）认为，17 世纪的“法国仿佛当着欧洲的教师，生活方面的风雅，娱乐，优美的文体，细腻的思想，上流社会的规矩，都是从法国传播出去的”，欧洲各国人民正是从法国人的客厅和书本中学会了“一套行礼、微笑、说话的艺术”。参见：丹纳，《艺术哲学》，傅雷译，安徽文艺出版社，1991，第 107 页。

2 阿尔文·施密特，《基督教对文明的影响》，汪晓丹、赵巍译，北京大学出版社，2004，第 279 页。

些研究古典文化的人文主义者们开始用“哥特式”一词来指称12、13世纪风行于欧洲的教堂建筑风格，当时这个词明显带有嘲讽意味。因为在意大利人文主义者眼里，希腊罗马时代充满崇高典雅气息的建筑物远远比中世纪那些野蛮的哥特人所修建的纤巧怪诞的大教堂更加优美和具有文明品味。但是到了19世纪，随着西方建筑学的兴盛，人们开始改变对哥特式建筑的传统看法。他们惊奇地发现，这种充满怪异色彩的“哥特式”教堂建筑充分展现了一种现代人难以理解的博大精深的灵性世界，那些大教堂就是一本本“用石头和玻璃写成的《圣经》”，而中世纪的人们正是在这个世界中倾注了自己全部的苦难与希望、生存与死亡。

作为一种熔铸了基督教唯灵主义意韵的新颖建筑形式，哥特式建筑在12世纪以后逐渐取代罗马式建筑而成为风靡西欧的艺术风格。与罗马式建筑强调凝重厚实的古典风格形成鲜明对照，哥特式建筑更加注重于营造一种轻盈飘逸的精神氛围。如果说罗马式建筑的特点是紧紧地拥抱着大地，那么哥特式建筑的特点则是极力地升腾到天空。“罗马式建筑尽管有其多样化的特征，而主要是表达早期基督教信念的庄严性及武功歌的粗犷力量；相反地，哥特款式却富于戏剧性，高耸入云，引人入胜，它含有人们所向往的高度浪漫色彩的意境。”[1]

最早的哥特式建筑当数1144年建成的圣丹尼斯大教堂（Basilica of Saint-Denis），它的创建者是具有天才艺术创造力和非凡组织能力的法国本尼狄克修道院院长苏热（Suger，约1081—1151）。他在法国国王路易七世和一些宫廷贵族的资助之下，征集了欧洲各地的出色艺术家和工匠，并亲自带人选取木材、石料和彩色玻璃，从1133

1　C. 沃伦·霍莱斯特，《欧洲中世纪简史》，1988，第286页。

年开始在巴黎郊外修建他心目中的“上帝之屋”。1144 年圣丹尼斯大教堂建成时，法国国王、王后和许多贵族、主教都参加了献堂仪式，他们被大教堂气势磅礴的外观和精美无比的雕塑惊呆了。一些主教和封建领主纷纷效法，试图在自己的地盘上也建造类似的恢宏建筑。在此后的数百年间，这种以高耸入云的尖塔和精美绝伦的雕刻为基本特征并配有令人目眩神迷的彩色玻璃——教堂雕刻和玻璃彩绘均取材于《圣经》中的宗教人物和故事——的哥特式建筑就开始在西欧的土地上流行开来。

中世纪哥特式建筑的典范无疑就是位于巴黎近郊的沙特尔大教堂（Chartres Cathedral），这栋具有两座冲霄尖塔、三座巨大拱门、主楼正面嵌有炫目的玫瑰花窗和彩绘玻璃的大教堂始建于 1194 年，只花了四分之一世纪的时间就建成了，其间还经历了一次火灾的插曲。据说在火烧后的废墟中，沙特尔的人民发现了大教堂的镇堂之宝——一块传说圣母曾经披戴过的头巾。这个发现激起了他们极大的热情和信心，最终以奇迹般的速度建成了这座布满精美的宗教题材雕塑和彩绘的大教堂。一位来自东方的观赏者这样描写了第一次见到沙特尔大教堂时的感受：

> 顺着圣母像往下看，巨大的玫瑰花窗下是三扇彩色玻璃窗，最底层就是上下左右布满雕刻的三扇大门。在西方悠久的雕刻历史中，也就只有哥特式的雕刻在丰富的人性中洋溢着一种超越的理性光辉；沙特尔大教堂门楣两侧，众先知的雕像利落优雅的身躯里蕴含着一种令人钦羡的宁静，他们虽然没有眼珠，却仿佛见到了天国似的那般安详自在。
>
> 在大教堂外徘徊良久，心怀恭敬地进入教堂。映入眼帘的是个难以形容的世界，那原本相当沉重的石制穹顶在嵌着彩色

玻璃的墙面上，轻巧灵动得仿佛一敲即碎的蛋壳。教堂内与外的光线差异甚大，让人不自觉地睁大双眼，就在瞳孔能适应内部的光线时，才会发现自身被一个令人惊异的宇宙所包围，由彩色玻璃窗透进的光线像是游戏般地在堂内平坦空旷的地上嬉游，原本幽暗的空间突然变得缤纷起来。

沙特尔大教堂的石刻与彩色玻璃阐述的全是圣经故事，对中世纪那些不识字的平民百姓而言，一扇扇缤纷花窗上的故事是如此生动和亲切，美丽的图像胜过了千言万语的描述，超越了所有经院哲学能做的诠释。[1]

除沙特尔大教堂之外，欧洲另一些气势恢宏的大教堂，如法国的巴黎圣母院、亚眠大教堂、斯特拉斯堡大教堂、兰斯大教堂（法国是哥特式建筑的发源地和麇集地），德国的科隆大教堂，意大利的米兰大教堂，英国的威斯敏斯特大教堂，维也纳的圣斯蒂芬大教堂，布拉格的迪恩圣母大教堂，布达佩斯的马加什大教堂等，都是哥特式艺术的杰作。这些教堂都采取基本相似的建筑风格，有着高耸入云的尖塔和钟楼、巨大的尖形拱门，取材于《圣经》内容的柱廊雕刻和玻璃花窗，并运用尖肋拱顶、修长束柱和飞扶壁等建筑手法来营造轻盈飘逸的灵性特点和加强教堂的坚固性。哥特式教堂不仅外观大气磅礴、巍峨矗立，而且每个细部的布局和雕刻也具有匠心特运的特点，那些精美的人物雕像和绚丽的玻璃彩绘，每一处都在用心良苦地宣扬着基督教的灵性理想。整个教堂内部宛如一个镂空了的巨大十字架，狭长而幽暗的主堂通道象征着现世深重的苦难和罪孽，而修长高远的内空和透过彩色玻璃而射入的炫目阳光则呈现出

1　范毅舜，《走进一座大教堂》，生活 · 读书 · 新知三联书店，2006，第 149—150 页。

五彩缤纷的天国景象。可以说，哥特式建筑不愧为中世纪基督教信仰的杰作，它最为典型地体现了灵魂对肉体、天国对尘世的超越历程，充分反映了中世纪西欧人内心深处汹涌激荡的宗教感受。一座哥特式大教堂，就是一部波澜壮阔的宗教史诗，它以一种凝固化的方式记载中世纪虔诚的基督徒们交织着绝望与希望、罪感与救恩的心路历程。在哥特式教堂中，不仅是那高耸入云的尖形塔顶、怪诞夸张的巨大肋拱、五光十色的花窗隔屏，甚至连每一尊雕像、每一片玻璃和每一块石头，都在宣扬着基督教的彼岸精神和灵性理想：

> 我们在教堂里感到精神逐渐飞升，肉身遭到践踏。教堂内部就是一个空心的十字架，我们就在这刑具里走动；五颜六色的窗户把血滴和脓汁似的红红绿绿的光线投到我们身上；我们身边呜呜地唱着丧歌；我们脚下满是墓碑和尸骸，精神沿着高耸笔立的巨柱凌空而起，痛苦地和肉身分裂，肉身则像一袭空乏的长袍扑落地上。从外面来看，这些哥特式的教堂，这些宏伟无比的建筑物，造得那样的空灵、优美、精致、透明，简直叫人要把它当作大理石的布拉邦特花边了：你这才真正体验到那个时代的巨大威力，它甚至能把石头都弄得服服帖帖，石头看来都鬼气森森地通灵会意似的，连这最顽强的物质也宣扬着基督教的唯灵主义。[1]

哥特式建筑以纤巧华丽的艺术风格和怪诞夸张的浪漫气质而著称于世，它的整个建筑风格、色彩配置和内部雕镂，都是为了渲染

1 亨利希 · 海涅，《论浪漫派》，1979，第 16—17 页。布拉邦特是比利时的一个行省，盛产精美的花边。

罪恶深重的现实世界与光辉灿烂的天国理想之间的强烈反差，都是为了烘托罪孽与救赎之间的巨大张力。质言之，一座哥特式教堂就是一个威力巨大的灵肉分离器。一个怀着悔改之心的基督徒，一旦走进这座按照十字架模式而设计的神圣场所，他的灵魂就会摆脱肉身的羁绊，穿过那些光彩夺目的玻璃花窗飞升到天国。当他从教堂里走出去时，他的灵性生命无疑已经在这座哥特式的“炼狱”中经历了一次脱胎换骨式的净化。

哥特式建筑构成了中世纪基督教文化的标志性成就，它一方面典型地反映了基督教崇高典雅的圣洁理想，另一方面又表达着世俗社会躁动不安的痛苦现实。它那纤巧怪诞的艺术形式将玉洁冰清的灵性理想与苦难深重的现实生活紧密地联系在一起，以一种“痛苦的极乐”方式宣扬着基督教的救赎福音。在充满了苦难和罪恶的世俗世界里，哥特式教堂就如同一座承担着救赎使命的“上帝之屋”，艰难而痛苦地从事着净化灵魂的神圣工作。“从发展的普遍看，哥特式建筑的确表现并且证实极大的精神苦闷。这种一方面不健全，一方面波澜壮阔的苦闷，整个中世纪的人都受到它的激动和困扰。”[1]

哥特式教堂中随处可见的那些反映宗教题材的精美塑像、浮雕和玻璃彩绘，成为贫穷而目不识丁的平信徒们学习《圣经》的最便捷的门径。在中世纪，对于日耳曼世界中的那些蒙昧未开的平信徒来说，拉丁文本的《圣经》就如同天书一般可望而不可即，只有受过教养的神父们才能读懂它。更何况为了回应阿尔比派和华尔多派等异端对《圣经》的“曲解”，1229 年的图卢兹宗教会议明确宣布，世俗之人擅自阅读《圣经》为非法行为。在这种情况下，平信徒们就只能通过教堂里的那些栩栩如生的宗教雕刻和绘画故事来了解

1　丹纳，《艺术哲学》，1991，第 101 页。

《圣经》的内容了。就此而言，哥特式教堂不仅是一座弘扬基督教理想的神圣丰碑，而且成为一部普及基督教知识的百科全书。到了文艺复兴时代，大量精美绝伦的绘画也出现在教堂的拱顶和墙壁之上，教堂也因此而成为珍藏西方艺术瑰宝的博物馆。

除了雕刻、绘画等视觉艺术之外，音乐也是在中世纪的教堂里发展起来的。早在基督教刚刚开始在外邦人中间传播的时代，它就继承了犹太教徒诵唱《旧约·诗篇》的传统。《新约》里也记载，保罗曾经鼓励以弗所的基督徒"当用诗章、颂词、灵歌彼此对说，口唱心和地赞美主"[1]。在最初的发展阶段，遭到罗马帝国迫害的基督徒们敬拜上帝的一个重要内容就是在聚会时高唱赞美诗。到了中世纪，在教堂祈祷仪式中，信徒们通常都会咏唱一种无伴奏与和声的单声调圣歌，即"格利高里圣咏"或素歌（plainsong）。到了10世纪以后，教堂音乐开始从单声调向复调发展，出现了由哆、来、咪、发、嗦、拉等六度音阶组成的阶名唱法（solmization），而且发展出由四条线组成的五线谱，从而使作曲家可以用符号来表示和记载音乐（以前音乐是无法用笔记载的，只能默记在咏唱者的心里）。13世纪在巴黎圣母院等教堂中又出现了无伴奏圣歌。"从一开始，无伴奏圣歌就是清唱或者清唱结合乐器，都是基于宗教内容，并在教堂敬拜时演唱。无伴奏圣歌是中世纪和文艺复兴时期最重要的复调音乐，由唱诗班演唱并构成了教会敬拜的大部分内容。"[2]另外一些音乐形式如教堂歌剧、小曲、宗教剧等也在中世纪先后出现，到了近代又衍生出交响乐、奏鸣曲、协奏曲等多种新形式。与教堂雕刻和绘画大多反映了上帝创世、圣母感孕、基督受难、最后审判等宗教故事一

1 《圣经·以弗所书》，第5章，第19节。
2 阿尔文·施密特，《基督教对文明的影响》，2004，第303页。

样，教堂音乐的内容也基本取材于《诗篇》等宗教经典，表现了虔诚的基督徒对天国景象的赞美和对基督救恩的感戴。与哥特式教堂的神秘幽深、庄严肃穆的气氛相一致，赞美诗、圣歌等教堂音乐也具有崇高典雅、一尘不染的圣洁情调。通常在教堂崇拜时，唱诗班用清纯稚真的声音唱起《荣归主颂》《圣母玛利亚颂》等赞美曲，宛如天国飘来的圣乐，令人不禁潸然泪下，心驰神往……

当中世纪那些缺乏知识但却充满信仰的基督徒们走进哥特式教堂，凝视着绚丽璀璨的玫瑰花窗，聆听着清纯圣洁的赞美颂歌，一股神圣的情感就会油然从心底升起。这时候，他们才会真切地感受到基督教的灵性理想具有多么强大的魅力。然而，到了中世纪后期，随着罗马教会日益走向腐败和虚伪，哥特式教堂本身也成为一种莫大的讽刺，它那崇高圣洁的形式与神职人员腐化堕落的行为之间形成了尖锐的对比。随着罗马教会的实践活动越来越背离它的神圣宗旨，哥特式教堂也逐渐蜕化为一个缺乏灵性的空洞躯壳。正是在这种情况下，一种宗教改革的时代要求就应运而生了。

第三部

西方文化变革之滥觞

西欧封建社会的许多严重的社会问题和社会弊端，归根到底都是由于中世纪基督教文化自身内部的深刻矛盾造成的。到了中世纪末期，这种矛盾已经发展到无以复加的尖锐程度，因此西欧社会就必然地产生了一系列旨在克服这种内在矛盾的改革运动。无论是拉丁文化圈的文艺复兴运动，还是日耳曼语世界的宗教改革运动，其产生的原因固然各不相同，其性质和历史后果也迥然而异，但是二者的基本宗旨却是完全一致的，那就是要克服中世纪基督教文化的深刻矛盾，使基督教信仰更多一点人情味和真性灵。

文艺复兴运动极大地伸张了人性，它所引发的人文主义思潮将一种欢快明朗的现世情调和一种追求享乐的人生理想融入阴郁凄楚的基督教信仰中，从而冲淡了中世纪基督教文化的深沉罪感和苦难景象，激发了热爱人间、及时行乐的生存意向。与倡导感性解放的文艺复兴不同，宗教改革是一场重振信仰的文化运动，它虽然造成了教会的大分裂，但却加强了信仰，使得基督教成为一种建立在虔诚心和真性灵之上的宗教。然而，颇具吊诡意味的是，尽管宗教改革运动的发起者们最初都怀着回归基督教纯洁本色的主观动机，这场运动的客观效果却出人意料地引发了一个洪水猛兽式的新世界，从而开启了西方文化的现代转型历程。

从客观角度来看，宗教改革运动在强调“因信称义”的同时开创了精神自由，在反抗罗马教会专制的过程中强化了民族国家和孕育了民主政治，在追求宗教虔诚的活动中推动了世俗经济的蓬勃发展。但是另一方面，宗教改革所造成的教会分裂状况却引发了旷日持久的宗教冲突，激化了不同教派之间的矛盾仇隙和宗教迫害。面对着新教势力由北向南迅速渗透的压力，罗马天主教会也采取了一系列重整旗鼓的改革活动，从而与新教阵营形成了激烈争斗的紧张格局，最终引发了三十年战争。

随着三十年战争的结束和《威斯特伐利亚和约》的签订，一种宗教宽容的氛围开始取代宗教专制和宗教迫害的陋习。正是在宗教宽容的精神背景下，风靡欧洲的启蒙运动才得以顺利开展，一个新兴的理性时代喷涌而出。

第7章　宗教改革运动

文艺复兴与人文主义

中世纪基督教文化内部最深刻的矛盾就在于它的自我分裂，典型地表现为基督教的崇高理想与罗马教会的卑劣现实之间的巨大反差。无论是“阿维尼翁之囚”和西方教会大分裂，还是神职人员在信仰和道德方面的普遍堕落与虚伪，都表明了中世纪西欧天主教社会已经病入膏肓。美国史学家布林顿教授一针见血地指出：“理想与现实的间隔，通中世全期一直是颇为明白的事实，至第十五世纪而两者悬殊之甚，已非任何巧妙的解释所能掩饰。理想仍属基督教的，仍属一种统一、和平、安全、组织与安分的理想；而现实则为地方战争、为对于财富与地位的巧取豪夺、为权力的分裂，后者甚且见于最上层，乃至应该表现上帝自身之安宁统一的教宗的权位，总而言之，为一患难的乱世。”[1]

面对着这种令人绝望的境况，中世纪基督教文化除了进行根本

1　布林顿，《西方近代思想史》，王德昭译，华东师范大学出版社，2005，第16页。

性的变革之外，别无他途。为了克服这种理想与现实、理论与实践、神性与人欲相分裂的尴尬状况，中世纪末期的西欧社会可能采取的变革方案只有两种：一种是认可教会人欲横流的现实，撕破虚伪的神性面具，理直气壮地为人性的合理性进行辩护，像豪放的古罗马人一样宣称："我是人，凡是人的一切特性，我无不具有。"[1] 另一种则是以虔诚的信仰来对抗堕落的教会，以圣洁的神性来驾驭败坏的人欲，用信仰的权威来取代教会的权威，重振早期基督徒的纯真信仰和淳朴道德。前者要让基督教的理想屈从于罗马教会的现实，公然倡导世俗的快乐；后者则要用基督教的理想来超越罗马教会的现实，重新弘扬神圣的信仰。这两条方向相反目的却相同——同样都是为了克服中世纪基督教文化自我分裂的尴尬状况——的道路，分别就是 15、16 世纪风靡西欧的文艺复兴运动与宗教改革运动。这两场彼此呼应、相反相成的文化变革运动揭开了从中世纪基督教文化向西方现代文化过渡的历史序幕。

传统的观点认为，文艺复兴是 1453 年君士坦丁堡陷落之后希腊逃亡者带给西欧社会的一份厚重礼物，但是这种观点今天已经受到了普遍的质疑。现代研究者们越来越倾向于认为，文艺复兴是意大利人的个人主义和艺术天才的产物，1453 年以后希腊文化的大量流归只是把这场意大利的文化复兴运动推向了一个高潮，并使它在西欧的范围内得以扩展而已。研究意大利文艺复兴运动的权威学者布克哈特（Jacob Burckhardt）明确表示："征服西方世界的不单纯是古典文化的复兴，而是这种复兴与意大利人民的天才的结合。"[2] 另一位著名专家、英国学者丹尼斯 · 哈伊（Denys Hay）认为："在意大利，

1 这句名言源于公元前 2 世纪拉丁诗人特伦斯（Terence，约前 195—约前 159）的一首诗，在文艺复兴时期成为意大利人文主义者的最响亮的口号。

2 雅各布 · 布克哈特，《意大利文艺复兴时期的文化》，1979，第 169 页。

不论是在文化领域还是政治领域，任何重要的事情都在 15 世纪末以前早已发生；实际上，是在 1453 年很久以前发生的。”[1] 且不论但丁（Dante Alighieri，约 1265—1321）、乔托（Giotto di Bondone，约 1267—1337）等文艺复兴的先驱者，即使是彼特拉克、薄伽丘、萨卢塔蒂、布鲁尼、瓦拉等著名的人文主义者[2]，基本上也都生活在君士坦丁堡陷落之前。到了波提切利、达·芬奇、拉斐尔、米开朗琪罗等伟大艺术家们生活的 15 世纪后半叶和 16 世纪初，意大利文艺复兴已经达到了峰巅状态，并且开始盛极而衰了。

文艺复兴主要是一场意大利的文化运动，其基本宗旨就是要复兴和弘扬古典文化（古希腊罗马文化），由此产生了一种热衷于荷马史诗、西塞罗文风和古典艺术风格的学术潮流，即后世所称的“人文主义”[3]。那些人文主义者们以研究古典诗歌、文法和修辞学为职业，事实上，“人文主义者”一词的最初含义就是指那些精通希腊艺术和拉丁文法的学者。他们对古代希腊罗马的异教文化充满了兴趣，其目的就是要通过对古典学术的研究而重现一种不同于沉闷压

1 参见：G. R. 波特编，《新编剑桥世界近代史（第 1 卷）：文艺复兴（1493—1520 年）》，张文华、马华译，中国社会科学出版社，1988，第 2 页。

2 彼特拉克（Francesco Petrarca，1304—1374）是意大利人文主义的著名旗手，他不仅大力倡导复兴古代拉丁文学尤其是西塞罗文风，而且也从意大利民间歌谣中发展出抒情的十四行诗（Sonnet），后世人们通常把他看作人文主义的开创者。薄伽丘（Giovanni Boccaccio，1313—1375）是彼特拉克的朋友和崇拜者，除了创作《十日谈》这部不朽作品之外，他的更重要的贡献在于对希腊文学的研究，并极大地推动了佛罗伦萨和那不勒斯等地的人文主义思潮。萨卢塔蒂（Coluccio Salutati，1331—1406）是佛罗伦萨人文主义的重要推进者，曾一度出任佛罗伦萨的执政官，在搜集古典文献抄本、研究古代异教文学方面成果卓著。布鲁尼（Leonardo Bruni，约 1370—1444）是萨卢塔蒂的学生，其撰写的《佛罗伦萨人民史》开创了人文主义历史学传统。瓦拉（Lorenzo Valla，约 1407—1457）发展了《圣经》研究的历史考据学，正是他通过细致的考据，揭露了中世纪作为教皇至上权力之根据的“君士坦丁赠礼”的《艾西多尔文献》是伪造的。

3 “人文主义”（德语为“Humanismus”，英语为“humanism”）一词晚至 19 世纪初才出现，通常是指一种注重研究希腊文和拉丁文著作的教育形式。在文艺复兴时期，人们通常用意大利语“*umanista*”来指称那些教授和研究人文学（*studia humanitatis*，包括诗歌、文法、修辞等）的学者。

抑的中世纪社会的明朗欢愉的生活场景。这种主张“回到本源”（*ad fontes*）的信而好古的研究风气，不仅使文艺复兴时期的人们把眼光从虚无缥缈的天国转向了感性快乐的现实世界，而且在虔诚的基督徒中引起了一种重新考据、诠释基督教的原始文献如《圣经》和早期教父著作的热潮。这股释经热潮在北部欧洲的学者中产生了重要影响，并且对宗教改革运动的发展也起到了推波助澜的作用。

意大利文艺复兴运动的中心是佛罗伦萨，并由此波及那不勒斯、罗马（教皇国）等一些意大利邦国。关于这场古典文化复兴运动在意大利兴起的原因，除了意大利人素有的艺术天才和个人主义禀性等主观条件之外，还有两个重要的客观因素值得考虑。其一是中世纪西欧两大势力——教廷和皇帝——的衰弱，前者表现为“阿维尼翁之囚”和教会大分裂时期罗马教廷控制力的明显削弱，后者表现为神圣罗马帝国在13世纪以后的积弱不振，这两大势力的衰弱使得夹在二者之间的意大利获得了相对的自由。虽然意大利在政治上长期处于分裂状态（分裂为威尼斯、米兰、佛罗伦萨、那不勒斯和罗马教皇国等五个大国和一些小邦），而且不断受到两个野心勃勃的邻居西班牙和法兰西的侵犯，但是这种政治上的分裂状态却有利于个人的自由发展。其二是意大利的商业发展极大地促进了文化的繁荣。在中世纪，意大利各城市就以发达的商业贸易而见著于西欧，在十字军东征以后，这种经济优势进一步加强，并相应地刺激了文化的发展。14—16世纪，意大利人的文化水准普遍要高于西欧各国人，布克哈特指出，即使是艺术性最强的诗人塔索的作品，在最穷苦的意大利人那里也是人手一篇的。正因为如此，人文主义者们创作的那些精美高雅的文学艺术作品，才得以在喜好标新立异、追逐时髦的意大利人中广为流传。牛津大学著名历史神学家麦格拉思（Alister McGrath）教授在综合了各种观点之后，把意大利特别是佛罗伦萨成为文艺复兴摇篮的原因总结为如下几点：

> 第一，意大利浸淫于古代伟大事物鲜明可见的回忆中，很容易重新发现古罗马文化的生命力；
>
> 第二，经院哲学并没有在意大利产生特别的影响力，这种思想上的空白为文艺复兴的人文主义打开了方便之门；
>
> 第三，佛罗伦萨的共和政体使其很自然地将古罗马共和国及其文化作为效法的榜样；
>
> 第四，佛罗伦萨的经济繁荣为文艺的兴盛提供了必要的赞助；
>
> 第五，意大利与君士坦丁堡之间的地理便利使其在1453年以后从希腊流归者那里获得了大量的古典文化遗产。[1]

文艺复兴运动就其精神实质而言，无疑具有颠覆基督教传统价值观的危险倾向。文艺复兴时期意大利人文主义者们对古代异教文化的大力推崇和对现世幸福的热情赞美，与基督教所渲染的罪孽观念和禁欲精神是格格不入的。教会史家沃尔克在谈及文艺复兴的特点时指出："文艺复兴包含有一种从本质上看全新的世界观，这种世界观强调现世生活、美和满足——强调作为人的人——而不是强调来世的天堂和地狱，也不强调作为拯救或舍弃对象的人。""它对教会的态度是很冷淡的。它使异教观点普遍复兴，并不分善恶地追求古代生活的再现。世界历史上还没有其他时代像意大利文艺复兴时期那样竟以生活腐化而自夸。"[2] 然而，这种追求美感、享乐甚至放纵的生活态度，不仅得到了意大利一些显贵家族的支持，而且受到了

1 阿利斯特·麦格拉思，《宗教改革运动思潮》，蔡锦图、陈佐人译，中国社会科学出版社，2009，第38—39页。

2 威利斯顿·沃尔克，《基督教会史》，1991，第356、358页。

罗马教廷的积极响应。自15世纪中叶以后，罗马教廷就成为这场具有雍容华贵色彩的文化运动的重要赞助者，尼古拉五世、庇护二世、尤利乌斯二世、利奥十世等教皇都是文艺复兴的热情支持者，许多人文主义者供职于教会或者受到教皇的资助，拉斐尔、米开朗琪罗等人的那些精美绝伦的艺术作品，也正是在罗马教廷的支持下才可以堂而皇之地绘制在西斯廷教堂、圣彼得大教堂的壁顶之上。一位西方学者精辟地指出：

> 在文学和艺术的复兴方面，15世纪后半叶和16世纪初期的教皇，发挥了显著的作用。他们中的好些人的生活，都突出地体现了文艺复兴时期所特有的那种优美的鉴赏能力和放任不羁的道德观念。他们不少人本来是意大利的王公贵族，政治野心和家族的荣华富贵，对于他们比教会的高尚宗旨更为重要。[1]

由此可见，文艺复兴借助古典文化的中介而热情讴歌的现世享乐，恰恰就是罗马教皇和有教养的主教们向往已久的；而且人文主义者们所进行的那种专业性的研精究微的古典学术考据活动，对于教会权威来说也是无伤宏旨的。因此，文艺复兴运动虽然大力复兴古典文化，但是它对于基督教的冲击力至少不是直接的，对于教会体制的威胁更是微乎其微。它充其量只是要抛弃基督教的那些早已形同虚设的崇高理想和禁欲主义，但是它并不反对罗马教会的现实统治。此外，文艺复兴所赞美的古代异教徒的及时行乐的人生态度还进一步助长了教会神职人员的奢靡风气，意大利人文主义者与聘用他们的教会主子们一样耽于享乐、放纵情欲，从而使得以往只能

1 G. F. 穆尔，《基督教简史》，1981，第212页。

以偷偷摸摸的方式来进行的堕落行为，现在可以堂而皇之地直接表露了。正因为如此，罗马教廷对于文艺复兴和人文主义采取了宽容甚至迎合的态度，然而 16 世纪的宗教改革家们对之却往往怀着一种深恶痛绝的反感，“一个好的加尔文教（Calvinism）信徒，对于文艺复兴艺术家的雕刻裸体人像，其生活的放荡不羁，其及时行乐主义，将骇怪之不暇。”[1]

文艺复兴主要是一场古典文学艺术的复兴运动，虽然在这个复兴过程中所弘扬的人性主张极大地冲击了中世纪基督教文化的虚伪性，但是它本身却并不是一场反基督教和反罗马教会的运动。在文艺复兴时期应运而生的人文主义者是一批精通古典文化、热衷于历史考据——由此开启了西方近代的圣经考据和圣经批判传统——的专业人士，他们具备广博的知识，视野开阔且自视甚高，对于流行的凡俗陋见和教会的正统观点都不屑一顾，却对古代的权威（荷马、柏拉图、西塞罗等）充满了迷信。人文主义者既对传统的经院哲学深恶痛绝，也对初现端倪的实验科学缺乏兴趣（除达·芬奇等少数人之外），而是一味沉溺于希腊艺术和拉丁文风之中。人文主义者也不同于宗教改革家，他们的志向不是去改革腐败的教会制度和讨论烦琐的神学教义，而是在不触动现行体制的情况下尽可能使基督教多一点人性色彩。此外，由于人文主义本身就具有一种阳春白雪的高雅格调，人文主义者们往往又表现出一种骄矜自傲的精英意识，因此他们的文化成就虽然为意大利的教俗显贵和附庸风雅者们所津津乐道，但是他们的精神风范却与近代的自由主义者和民主思想家相去甚远，而且令阿尔卑斯山以北的那些缺乏教养的凡夫俗子敬而远之。

1 布林顿，《西方近代思想史》，2005，第 6 页。

总的来说，文艺复兴时期的意大利文化呈现出一种艳丽的感性色彩，而不是深沉的理性精神。15、16 世纪既不像 17 世纪那样是一个充满了怀疑态度和经验气质的时代，也不像 18 世纪那样是一个富有批判精神和反思意识的时代，而仍然像中世纪一样是一个崇拜权威的时代，只不过把崇拜的对象从中世纪推向了古代罢了。这场风靡意大利的文化运动片面地复兴了古代世界中的那些具有感性魅力的东西，它在文学艺术上的成就琳琅满目，但是在科学和哲学方面却收效甚微，而且没有对罗马教廷和意大利现实社会产生明显的变革作用。文艺复兴虽然曾一度使意大利人在高雅文化方面（也在道德堕落方面）独领风骚[1]，但是它并没有像宗教改革运动那样，从根本上改变西欧社会的政治、经济面貌和基本格局。

文艺复兴在文学艺术方面的辉煌成就举世瞩目，它无疑是西方历史上最富有天才的时代之一。文艺复兴运动最重要的历史意义还不在于复兴了古代的文学艺术，而在于通过对古代异教文化的复兴，热情地讴歌了一种充满人性要求和感性魅力的现世生活态度，从而使人从中世纪的虚假理想中觉醒过来。这就是人性的觉醒。在当时基督教文化的自我分裂和普遍虚伪的情况下，人性的觉醒首先就表现为个性的解放，人道主义首先就表现为个人主义。要摆脱抽象的神性对人性的束缚，最便捷的方式就是公开地打起感性自由的大旗。这种由于个性解放和人格自由而导致的普遍的人性觉醒，与被复兴的崇高典雅的古代文化结合，就产生了这一时期意大利所独有的“多才多艺的人”，并且使意大利人成为“近代欧洲的儿子中的长子”。

但是，个人主义和自由人格的无限膨胀也进一步加深了意大利

1　到了 17 世纪，意大利人在文化上的风头就被异军突起的法国人取代了。

的政治混乱和道德堕落——人文主义这朵艳丽的鲜花正是在肮脏的政治环境和腐臭的道德土壤中盛开的。在政治方面，意大利不仅分裂为诸多彼此独立的邦国，而且夹在西班牙和法兰西这两个大国之间，饱受侵扰。但充分膨胀的个人主义却使得意大利人宁愿乞求外援，也不愿停止内讧。那些社会动荡剧烈、政治上极不稳定的城邦，如佛罗伦萨，恰恰成为滋生人文主义的热土，因为这种不稳定的政治环境恰恰能够使诗人和艺术家们享受到充分的自由，而不用受制于刻板的统一规范。罗素指出，政治上的不稳定与个性的充分表露往往是密切相连的，“为了获得文艺复兴时期的那种伟大成就，我们准备忍受多少凶杀和混乱？”[1] 生活在文艺复兴时期的意大利著名政治学家马基雅维利公开承认，意大利人要比欧洲其他国家的人更加缺乏宗教信仰和更加腐败。布克哈特在《意大利文艺复兴时期的文化》中列举了意大利人为犯罪而犯罪——正如他们为艺术而艺术一样——的大量例证，在佛罗伦萨等地，放毒谋杀、族间复仇、肉欲淫乱、抢劫偷盗等罪恶像瘟疫一样流行，不道德的行为由于个性的极端发展而达到了登峰造极的程度。[2] 因此，在那个时期贫穷而淳朴的北方民族眼里，意大利就是一个人欲横流的罪恶渊薮，意大利人大凡都是道德败坏、唯利是图的恶棍，当时的一句英国谚语说道：“一个意大利化的英国人就是魔鬼的化身”！[3]

文艺复兴和人文主义是在意大利的特殊文化环境中生长起来的，其发展得到了美第奇、科隆纳等显贵家族和罗马天主教廷的大力支持，具有纯正的“拉丁”血统。一旦它们从富庶文雅的拉丁世界移

1 罗素，《西方哲学史》（下卷），马元德译，商务印书馆，1976，第 17 页。

2 参见：雅各布 · 布克哈特，《意大利文艺复兴时期的文化》，1979，第六篇第一章“道德”。

3 这种成见在莎士比亚的剧作中可见一斑，莎翁笔下的恶棍通常都是意大利人，如《奥赛罗》中的伊阿古、《辛白林》中的阿埃基摩、《威尼斯商人》中的夏洛克（尽管他是一个意大利化的犹太人）等。

植到贫穷蒙昧的日耳曼文化土壤中，就会产生“淮南为橘，淮北为枳”的尴尬后果。对于缺乏教养却道德淳朴的北方民族来说，文艺复兴的那些辉煌艺术成就不仅流露出一股雍容华贵的奢靡气息，而且具有一种诲盗诲淫的道德嫌疑；更何况他们不像意大利人那样，有着一种悠久而光荣的古代文化传统可以去复兴。因此之故，阿尔卑斯山就构成了文艺复兴运动的一个文化分水岭，一旦人文主义这种富于感性魅力的文化思潮流入北方的日耳曼语世界，很快就演变为少数宫廷显贵和大学学者的矫揉造作的考据风气；而一般的北方民众，却对其毫无兴趣，而且通常还会怀着一种道德上的厌恶感。布克哈特曾引用一种流传甚广的说法来评价文艺复兴运动：“这个运动的最大的坏处可以说它是排斥人民大众的，可以说通过它，欧洲第一次被鲜明地分成为有教养的阶级和没有教养的阶级。”[1]这种划分也同样出现在以阿尔卑斯山为界的拉丁文化圈与日耳曼文化圈之间。文艺复兴和人文主义固然在意大利产生了琳琅满目的艺术成就，但是它却进一步加深了拉丁民族与日耳曼民族之间的文化隔阂。

按照教会史家沃尔克的说法，文艺复兴运动在阿尔卑斯山以北地区发生影响，最初是由于康斯坦茨宗教会议（1414—1418）和巴塞尔宗教会议（1431—1449）期间，北方地区的与会代表与意大利人文主义者的接触而始。[2]此外，一些北方学者到意大利的大学去求学以及与意大利人文主义者的通信，也有助于人文主义在北部欧洲的传播。特别是15世纪古腾堡活字印刷技术的发明，极大地推动了人文主义作品在欧洲的传播和普及。北部欧洲人文主义和宗教改革所产生的影响力，在很大程度上要归功于印刷术的广泛运用。

1　雅各布·布克哈特，《意大利文艺复兴时期的文化》，1979，第167页。

2　参见：威利斯顿·沃尔克，《基督教会史》，1991，第370页。

到 15 世纪末，人文主义已经在德国、法国、英国等地的知识精英中形成了一股强大的势力。但是不同于意大利，北方世界的人文主义者通常在弘扬古典学术的同时，努力使其与基督教理想相结合，而且他们在道德方面也能保持一种自律姿态。在北部欧洲的人文主义者中，影响最大的当数鹿特丹的伊拉斯谟（Desiderius Erasmus，约 1466—1536）。在 16 世纪，当意大利人文主义已经开始走向衰落时，伊拉斯谟却成为整个欧洲的人文主义旗手。欧洲文化史权威赫伊津哈（Johan Huizinga）认为，伊拉斯谟对人文主义的贡献是其他人无法企及的，他完成了人文主义之父彼特拉克梦寐以求的理想，那就是古典文化与基督教精神的融合。[1] 伊拉斯谟一方面在《愚人颂》等作品中激烈地抨击罗马教会的堕落，另一方面又试图通过"回到本源"的古典学术活动而使基督教信仰重归纯洁。他那本流传甚广的《基督精兵手册》旨在阐明一个基本观点：回归《圣经》和正确理解经文是提升基督徒虔诚的关键，也是教会改革更新的基础。为了达到这一点，基督徒首先应该学习希腊人的文学、哲学、雄辩术等古典文化。伊拉斯谟在洛伦佐 · 瓦拉所开创的希腊文新约注释的基础上，编辑了希腊文新约圣经校勘本。这个圣经版本纠正了传统的拉丁文圣经（Vulgate，即"通用本"圣经）中的许多错误，特别是关于圣事的一些误解，从而为宗教改革运动废除天主教的传统礼仪提供了重要的理论根据。麦格拉思指出："改教家想要回归早期教会的信仰与实践——如果伊拉斯谟的新约圣经新译本可以有助于废除中世纪对这些信仰与实践的增添附会，那就更好了。人文主义者的圣经研究，因而被说成是有助于回归使徒教会的纯朴的一个奋

1　参见：约翰 · 赫伊津哈，《伊拉斯谟传：伊拉斯谟与宗教改革》，何道宽译，广西师范大学出版社，2008，第 106 页。

斗伙伴。"[1] 伊拉斯谟还编辑了杰罗姆、奥古斯丁等教父的著作集，这些著作对于路德、茨温利等宗教改革家摆脱经院哲学、回归奥古斯丁主义的神学主张也是富于启发的。事实上，早在1503年出版的《基督精兵手册》中，伊拉斯谟就提出了路德后来阐述的一些基本神学思想，例如平信徒可以通过阅读《圣经》而直接与上帝交往，宗教生活的关键在于内心的虔诚而不是外在的礼仪，等等。虽然伊拉斯谟由于对阳春白雪的古典文化的迷恋以及对罗马天主教会的眷念而最终与路德等宗教改革家分道扬镳[2]，但是他对宗教改革的影响却是深入骨髓的。正因为如此，当时北部欧洲盛传着一种说法："伊拉斯谟下蛋，路德和茨温利孵鸡。"

马丁 · 路德的宗教改革

与文艺复兴一样，宗教改革最初也表现为一场回归传统的运动，只不过路德等人所要回归的不是古希腊罗马的传统，而是基督教的传统，即早期教会的纯真信仰和奥古斯丁等教父的神学主张。如果说宗教改革运动后来在客观效果方面开出了西欧社会的一种新气象，那是宗教改革家们始料未及的。美国史学家布林顿指出："新教运动者莫不坚称他们并不妄事更张，而不过归向耶稣，归向初期

1 阿利斯特 · 麦格拉思，《宗教改革运动思潮》，2009，第52—53页。

2 伊拉斯谟在宗教改革运动爆发的初期，一直试图以一种温和的方式来调解路德与罗马教廷的关系。但是，当双方的矛盾激化时，伊拉斯谟最终还是选择站在天主教会一边。虽然他仍然对天主教会的腐败深表不满，但他更加无法容忍路德派的"好斗之徒"对"高尚学问的仇恨"和对"典雅文学的攻击"。用他自己的话表白："放弃了一日七次祈祷的教徒根本就不再祈祷。脱去形式主义伪善的人在其他方面反而比过去还要伪善。鄙视主教制度的人连上帝的戒律也不服从了……虽然我从来就不喜欢那些靠低俗的弥撒捞钱的神父，但我从来就不赞成废除弥撒。"（"伊拉斯谟致马丁 · 布泽尔的信"，转引自：约翰 · 赫伊津哈，《伊拉斯谟传：伊拉斯谟与宗教改革》，2008，第257页。）

的教会，真的基督教会。他们认为，因败坏教会而改变真的基督教传统者，为罗马。新教运动者十分虔信他们的改革乃是一种 *imitatio Christi*，一种遵主真范。他们并不认为他们乃在更张，而认为只在光复；如果他们竟被告知他们乃是进步的使者时，他们势将惶惑不解。”[1]

正如人文主义者所主张的“*ad fontes*”（“回到本源”）一样，宗教改革家所倡导的“*imitatio Christi*”（“效法基督”）也表现了一种回归传统的要求。但是，由于宗教改革家主张复归的乃是基督教本身的传统，而人文主义者向往的却是一种完全不同于基督教的古典传统，因此二者的性质就迥然而异了。相比之下，文艺复兴和人文主义具有一种返本开新的特点，试图用古典文化来冲淡基督教信仰；而宗教改革则代表着一种十足的保守主义，致力于复兴基督教的原初形态。无论就个人的精神气质还是改革的理想目标来说，路德、茨温利、加尔文等宗教改革领袖都无可争议地属于中世纪类型的人物。与自由开化的意大利人文主义者相比，路德等人在信仰和道德方面都要远为虔诚保守得多。然而另一方面，由于当时的罗马天主教会已经极大地背离了基督教的传统和真谛，因此人文主义者复兴古典文化的主张对于教会权贵来说倒是无伤大雅，甚至还有点暗中下怀；而宗教改革家重振基督信仰的主张则极大地威胁到罗马教会的现实统治，因此理所当然地被教皇和教廷视为不共戴天的死敌。正是由于中世纪基督教文化内部最深刻的矛盾就表现为基督教理想与教会现实之间的矛盾，所以试图淡化基督教理想的人文主义思潮反而能够被罗马教会所容忍和接纳，试图弘扬基督教理想的宗教改革运动则注定了要与罗马教会彻底决裂，从而为突破中世纪的现实格

1 布林顿，《西方近代思想史》，2005，第 51 页。

局冲开一条血路。这种矛盾的状况导致了宗教改革在主观动机和客观效果方面的分裂——尽管路德等宗教改革家们都是一些顽固的保守主义者，但是他们所发起的这场运动却辩证地开创了一个新世界，从根本上改变了西方历史的进程。剑桥大学著名历史学家 G. R. 埃尔顿（Geoffrey Rudolph Elton）对宗教改革运动的这种吊诡特点评价道：

> 就其本质来说，宗教改革在思想上是保守的，甚至是向后看的，它既然公开承认旨在恢复失去的特性，因此它只能如此。
>
> 这场反对教皇专制权力和神职人员特权的运动的大爆发，转变了欧洲的政治、思想、社会和宗教的性质；不应因这场突发运动所针对的是一些已被削弱的敌人，并且产生了这次宗教革命的领袖既未预料到又不欢迎的结果，而认为它的革命性有所减损。[1]

如果说文艺复兴主要是一场南方拉丁语世界尤其是意大利的文化运动，那么宗教改革基本上就是一股北方日耳曼语世界的改革浪潮。宗教改革的原因是多方面的，尤其是与日耳曼民族的现实处境有关。虽然意大利的人文主义思潮对于德国等地的宗教改革运动也产生了一定的思想影响，但是在大多数缺乏教养的日耳曼人眼里，文艺复兴只是一场华而不实和道德败坏的奢侈运动，他们对此既无缘消受，亦不感兴趣。但是对于罗马教会在信仰方面的虚伪和道德方面的堕落，虔诚而淳朴的日耳曼人却感受深切，而且他们在经济

1 G. R. 埃尔顿编，《新编剑桥世界近代史（第 2 卷）：宗教改革（1520—1559 年）》，王美秀等译，中国社会科学出版社，2003，第 6、3 页。

上和政治上还经常遭受到罗马教会的欺压。正如罗马教会的政治强盛往往是建立在对德意志诸侯的离间玩弄之上一样，罗马教会庞大的财政开支在很大程度上也是建立在对德国贡赋的盘剥之上。尤其令德国人民愤慨的是，这种欺压盘剥通常以一种神圣的名义来进行，罗马教会推销赎罪券的活动就是一个典型的例证。“德国所有等级和集团都以非常一致的态度并以近乎蔑视的愤怒利用一切机会在语言和文字中表达对教会弊端的抱怨。教会在这些抱怨中显得是一个巨大的国库机构，这个机构直到其最末端的分支均以获取超额收益的方式来管理为保佑人们所需要的神圣产业，并且在催还债款时由于微不足道的原因不惜采用像放逐和停止教权这样最严重的宗教惩罚。”[1] 与一般民众的宗教愤慨和经济抱怨相呼应，德意志诸侯们也在政治上对罗马教会积怨颇深，他们准备利用一切机会来削弱罗马教会的势力，以便在自己管辖的领土上获得更多的权力。

到了 16 世纪初，在德意志土地上酝酿已久的各种不满情绪——平信徒对于罗马神职人员的信仰虚伪和道德堕落的义愤、德国民间根深蒂固的反罗马情结、日耳曼诸侯与罗马教会之间旷日持久的利害冲突等，这一切因素共同构成了宗教改革运动发生的深刻原因。罗素总结道：

> 宗教改革是一场复杂的多方面的运动，它的成功也要归功于多种多样的原因。大体上，它是北方民族对于罗马东山再起的统治的一种反抗。宗教曾经是征服了欧洲北部的力量，但是宗教在意大利已经衰颓了：教廷作为一种体制还存在着，并且

1 马克斯·布劳巴赫等，《德意志史（第二卷）：从宗教改革至专制主义结束》（上册），陆世澄、王昭仁译，商务印书馆，1998，第 34 页。

> 从德国和英国吸取大量的贡赋，但是这些仍然虔诚的民族却对于波吉亚家族和美第奇家族不能怀有什么敬意，这些家族借口要从炼狱里拯救人类的灵魂，而收敛钱财大肆挥霍在奢侈和不道德上。民族的动机、经济的动机和道德的动机都结合在一起，就格外加强了对罗马的反叛。此外，君王们不久就看出来，如果他们自己领土上的教会完全变成为本民族的，他们便可以控制教会；这样，他们在本土上就要比以往和教皇分享统治权的时候更加强而有力。由于这一切的原因，所以路德的神学改革在北欧的大部分地区，既受统治者欢迎，也受人民欢迎。[1]

1514 年，教皇利奥十世把德国美因兹大主教的职位卖给了勃兰登堡亲王阿尔贝特，后者为了偿还对教皇的欠债，决定在他所管辖的三个教区内出售修建圣彼得大教堂的赎罪券。此举成为宗教改革运动爆发的直接导火索。当正在维腾堡大学任职的马丁·路德（Martin Luther，1483—1546）得知负责推销赎罪券的多明我会修道士台彻尔（Johann Tetzel，约 1465—1519）肆无忌惮地宣扬“银币一响，灵魂升天”的观点时，愤然拍案而起，于 1517 年 10 月 31 日在维腾堡教堂门前贴出了著名的《九十五条论纲》。论纲的锋芒直指赎罪券，将其斥为骗人的捏造。路德明确地表示，赎罪券并不能赎偿任何罪债，一个基督徒获取救恩的唯一途径就是建立在真诚信仰上的悔改之心。《九十五条论纲》揭开了欧洲宗教改革运动的序幕，马丁·路德也迅速地从一个名不见经传的小修道士，跃升为声名远扬的宗教改革领袖和民族英雄。

事实上，早在路德贴出《九十五条论纲》之前，一些先驱者就

1 罗素，《西方哲学史》（上卷），1963，第 19 页。

已经针对积弊已深的罗马教会进行了最初的改革尝试，例如被斥为“异端”的卡塔尔派和华尔多派，以及主张把宗教会议的权威置于教皇之上的公会议主义等。但是在路德之前最有影响的宗教改革者当数 14 世纪牛津大学的神学家威克里夫和他的思想继承者、布拉格查理大学校长胡斯，他们都曾对罗马教廷的专制权力和腐败行径进行猛烈的抨击，并表述了一些重要的改革主张。这些主张包括:《圣经》是教会唯一的法律，基督是教会的元首；教会的核心不是教皇和枢机主教，而是上帝的全体选民；神职人员应廉洁奉主，教会不应觊觎世俗财产和权力。此外，他们还站在世俗王权一边，为建立民族教会而辩护。威克里夫把《圣经》译成英语，胡斯则用波希米亚语来布道。虽然他们都在康斯坦茨宗教会议上被判为异端，威克里夫被掘墓焚尸、烧毁著作，胡斯则被处以火刑，但是他们的改革思想却在一些新的“异端”教派（如罗拉德派、圣杯派、塔波尔派等）中得以传承，并在马丁 · 路德的宗教改革运动中发扬光大。威克里夫被后世誉为“宗教改革的启明星”，而胡斯则成为宗教改革运动的第一位殉道者。

除了上述改革先驱者之外，路德也深受中世纪德国神秘主义者如埃克哈特大师等人的思想的影响。这种影响主要表现在，把宗教生活理解为一种内心的虔敬，基督徒只须通过内在的信仰就可以实现与上帝的同一，而无须借助神职人员的中介和教会的礼仪。当然，路德也从名满天下的人文主义者伊拉斯谟那里受到了一些启发，例如伊拉斯谟在《基督精兵手册》中强调内心信仰而轻视外在礼仪的思想，他在编辑希腊文新约圣经时对天主教的告解、婚配等圣事的质疑，他编纂的奥古斯丁著作中所涉及的恩典教义等，都对路德的神学思想影响良多。虽然在路德发起宗教改革运动之后，伊拉斯谟始终不承认他与路德有任何关系，并且二人最终也因对自由意志的不同看法而分道扬镳甚至反目成仇[1]，但是他们之间的内在精神联系却是不可否认的。

路德张贴《九十五条论纲》的行为并非出于一时冲动，而是长期神学思考的结果。在中世纪后期，赎罪问题是人生最紧要的问题，人的罪愆——包括亚当所犯的原罪和自己所犯的本罪——如何能够得到赦免？这是一个牵动所有人心灵的大问题。奥古斯丁曾经把赎罪的根据完全归于上帝的恩典，而人的工作是于事无补的。但是随着中世纪罗马教会的权力日盛，奥古斯丁的这种具有强烈决定论色彩的神恩独作说（monergism）就逐渐被强调个人善功作用的神人合作说（synergism）取代，因为教会有权指定哪些行为具有善功的意义。这样一来，教会就取代上帝成为得救的真正决定者，从而为教会以拯救之名来行腐败之实打开了方便之门，14 世纪以后教会发行赎罪券的活动就充分说明了这一点。就路德本人而言，长期以来令他焦虑不安的问题同样也是如何能够罪得赦免。年轻的路德在大学毕业之后进入奥古斯丁修道院，在修道期间，他曾经尝试使用中世纪流行的各种赎罪方式——忏悔、斋戒、自我鞭笞等——来消除自己的罪孽感，结果都无济于事。后来他在维腾堡大学圣经学教授斯托皮兹（Johann von Staupitz，约 1460—1524）的启发下，从《新约 · 罗马书》中领悟到"义人必因信得生"的道理，从而形成了他

1 伊拉斯谟曾在一些公开场合以及给路德的信中多次表示，他既不认识路德，也没有读过路德的书，他与路德没有任何关系。特别是在路德与罗马教皇的矛盾白热化以后，伊拉斯谟更是要求路德不要再提及自己；路德也礼貌地回信表示，他本人和他的朋友们以后再也不会提到伊拉斯谟的名字。1524 年，伊拉斯谟的《论自由意志》一书出版，路德则撰写了《论意志的捆绑》进行猛烈反驳，伊拉斯谟于 1526 年又出版了《驳马丁 · 路德所谓的意志不自由》，这场论战使得二人终于反目成仇。伊拉斯谟在 1526 年致路德的信中写道："你那傲慢、放肆、煽动的脾气正在粉碎这个世界，使之陷入毁灭性的混乱之中……你的福音事业正在使一切神圣的和世俗的事物陷入混乱。你似乎在竭力阻止你掀起的风暴转向一个美好的结局，而我一直在追求这样的机会。"（《伊拉斯谟书信选》，参见：约翰 · 赫伊津哈，《伊拉斯谟传：伊拉斯谟与宗教改革》，2008，第 252—253 页。）

那著名的“因信称义”（justification by faith）神学观点。按照这种观点，使人罪得赦免的唯一根据就是在信仰中领受到的上帝恩典，人的任何善功都不能使人称义。正是这种深刻的神学思考，促使路德在面对台彻尔兜售赎罪券的卑劣行径——这种行径代表了罗马天主教会所倡导的善功称义（justification by merit）观点——时愤然拍案而起，公开向罗马教会的救赎理论提出了挑战。

印刷术的发明使得《九十五条论纲》迅速流传，很快就在德国民众中激起了轩然大波，同样也引起了罗马教会的高度关注。1519年，路德与天主教神学家埃克（Johann Maier von Eck，1486—1543）在莱比锡普莱森堡就教皇权威等问题进行了为期18天的大辩论，在辩论中，路德明确地用《圣经》的权威来取代教皇和大公会议的权威。1520年，罗马教皇利奥十世签署了谴责路德的教谕，责令他在60天内进行悔改，但是路德却当着群情激奋的听众把教皇的谕令付之一炬。就在这一年，路德一连发表了被誉为“宗教改革三大论著”的三个宣言，揭露罗马教会的虚伪和堕落，呼吁德国人民起来反抗罗马的统治。在《告德意志基督教贵族公开信》中，路德把矛头直接对准保护教皇专制的“三道围墙”：宗教权力高于世俗权力、唯独教皇有权解释《圣经》、唯独教皇有权召开大公会议，表达了“信徒皆为祭司”的观点；他还公然号召德国贵族们支持宗教改革，建立国家教会，并反对神职人员独身制度。在《教会被囚巴比伦》中，路德对罗马天主教会的教义礼仪进行了抨击，主张废除洗礼和圣餐之外的其他圣事（不过他认为告解也具有一定的圣事价值），否定隐修、朝圣等中世纪推崇的活动具有善功意义。在《论基督徒的自由》中，路德进一步阐发了“因信称义”的宗教含义和道德含义，说明了基督徒的自由以及他作为众人之主和众人之仆的辩证关系，并从奥古斯丁主义的立场上说明了称义与善功的因果联系（并非善功使人称义，而是义人必行善功）。这三篇论著标志着路德与罗马天主教的彻底决裂。在同年发表的另一篇论著——《论罗马教宗制度》——中，路德在对教皇权威和教会体制进行猛烈批判的同时，大声疾呼德意志的王公贵族们起来反抗罗马人的盘剥和欺凌：

> 假若德意志王公贵族不迅速大胆加以干涉，德意志真的就要变成废墟，被迫毁灭了。这是罗马人高兴看到的事，他们只把我们视作畜生，在罗马有一句俗话论到我们说："人们可以用各种可能的方式诱诈德国蠢汉的黄金。"对这种侮慢的无赖行径，教宗并不加以阻止，他们都视而不见，事实上他们对这大逆不道的恶棍，比对上帝的神圣福音还更尊崇。……
>
> 我当然愿意让王公贵族将罗马来的恶棍逐出他们的城市，使主教的披肩和职俸不再招摇于他们的国王上。罗马的贪欲是怎样从我们祖先手里吞并了所有宗教团体和主教职俸的呢？……而我们却被迫用自己的贫穷作为代价，养肥了这群罗马的骡夫马倌，甚至娼妓恶汉——最令人难以容忍的是，他们还把我们看作十足的傻瓜，污蔑我们，简直达到了无以复加的程度。[1]

1521年1月，罗马教皇宣告路德为"异端"，并将他逐出"神圣、大公的使徒教会"。教皇还求助于发誓保卫罗马教会的神圣罗马帝国皇帝查理五世，请他出面用世俗手段来对付路德。查理五世召令路德到沃尔姆斯帝国会议上来陈述自己的观点，面对着胡斯一百

1 路德，《论罗马教宗制度》，出自：路德文集中文版编辑委员会编，《路德文集》（第1卷），上海三联书店，2005，第455、494—495页。

年前被诱参加康斯坦茨宗教会议而遭杀身之祸的前车之鉴，路德不顾友人的劝阻毅然前往。在帝国会议上，路德慷慨激昂地阐述了自己的宗教观点，并在最后的答辩中宣称："我的良心是为上帝的话所约束，除非有人能够根据圣经而用理智的明晰论据来说服我，我不愿，亦不能取消前言。"[1] 然后他掷地有声地道出了那句名言："这就是我的立场，我别无选择！"

路德刚刚离开沃尔姆斯，查理五世就以帝国名义发布了对他的通缉令，但是路德的宗教改革主张已经赢得了德意志一些诸侯的同情与支持。萨克森选帝侯腓特烈将路德藏匿到人迹罕至的瓦特堡，在那里，隐姓埋名的路德开始将新约圣经翻译为德文。同样也是由于印刷术的作用，蒙昧的德国人很快就可以阅读到路德翻译的母语版《圣经》了，这件事对于推动宗教改革运动的发展影响至深。"如果印刷术没有向路德提供争取广泛同情的机会，那么路德也只不过是另一个威克里夫而已。"[2]

一年以后，路德重新回到维腾堡，此时宗教改革运动已经一石激起千层浪，在西欧许多地区如火如荼地开展起来。路德在维腾堡废除了主教职位，并与一位前修女凯瑟琳·冯·波拉结了婚，为打破教士独身制度做出了表率。不久以后，受路德的影响，德国爆发了更加激进的农民运动，那些农民们不仅反对罗马天主教会的专制统治，而且反抗封建领主的经济剥削。此时已经受到贵族庇护的路德转而恶毒地攻击暴动的农民，路德的诅咒和贵族们的镇压使 1525 年的德国农民起义惨遭失败。从此以后，路德的思想日趋保守，他所创立的教会（路德宗或信义宗）也逐渐被越来越多的德国诸侯所

1　金陵神学院托事部，《路德选集》（上册），香港基督教辅侨出版社，1957，第 15 页。
2　G. R. 埃尔顿编，《新编剑桥世界近代史（第 2 卷）：宗教改革（1520—1559 年）》，2003，第 6、22 页。

接受，但是他与罗马天主教会之间的裂痕已经是不可修复的了。

在 1529 年召开的斯拜耶宗教会议上，一部分支持路德神学观点的代表（包括 6 个诸侯代表和 14 个城市代表）向大会提交了正式的抗议书，这些人就被称为“抗议者”（Protestant），这个词后来成为所有新教徒的共同称呼。1530 年，查理五世在奥格斯堡召开帝国会议，目的是调解各派的纠纷。由于路德仍然处于被通缉状态，无法前往，他的年轻助手梅兰希顿（Philip Melanchthon，1497—1560）代表路德派参加了会议。事实上，自从 1530 年以后，路德派的实际领导权就从路德转到了梅兰希顿肩上。与路德的固执偏激不同，梅兰希顿具有一种务实地协调各种不同观点和利益的非凡才能，而且他撰写的《教义要点》也成为对路德宗神学教义的系统阐释。“信义宗的宗教改革运动的发展和扩散，往往反映了特别与他有关的强调之处。尤其是梅兰希顿所强调的‘中性之事’（*apia phora*），即相信可以容许对某些事情有不同的意见。”[1] 在奥格斯堡会议期间，梅兰希顿根据路德的神学思想，制定了一个相对温和的《奥格斯堡信纲》（Augsburg Confession）。该信纲突出了“因信称义”的基本观点，废除了圣徒崇拜、隐修誓愿、禁止平信徒在圣餐中领酒等天主教陋习，但是对于教皇制度却并未进行明确的谴责。《奥格斯堡信纲》得到萨克森选帝侯、勃兰登堡总督等许多与会代表的签署，但却遭到天主教代表的拒绝。该信纲后来几经修改，成为路德教（信义宗）的信仰纲要，为新教脱离天主教而自立门户奠定了重要的教义基础。

查理五世希望调解路德派与天主教的企图并没有成功，不久以后，路德派诸侯在施马尔卡登召开会议，组成了施马尔卡登联盟，

1　阿利斯特 · 麦格拉思，《宗教改革运动思潮》，2009，第 91 页。

与天主教势力形成对峙。双方由于教义分歧和财产归属等问题不断发生冲突，帝国皇帝查理五世站在天主教一边与新教诸侯发生了时断时续的战争。1552 年查理战败，不得不在 1555 年与路德派诸侯签订了《奥格斯堡和约》。该和约承认，在帝国境内，路德教徒与天主教徒一样享有平等权利，并确立了“教随国定”的原则，即诸侯有权决定其臣民的宗教信仰，“在谁的领地中，信奉谁的宗教”（*cuius regio，eius religio*）。但是，《奥格斯堡和约》所表现的宽容仅仅只是针对羽翼丰满的路德教，对于其他新教教派如加尔文教、再洗礼派等，却一概不予承认。因此，该和约并没有真正结束德国境内的宗教纠纷，在此后的近一百年间，各种派别的新教徒与天主教徒之间陷入了漫长的宗教冲突之中。一直到 1648 年签订的《威斯特伐利亚和约》结束了三十年战争，才将“教随国定”原则推广到一切教派信仰，开创了宗教宽容的时代。

《奥格斯堡和约》确立了路德教的合法地位，信义宗成为德国大部分诸侯接受的民族宗教，而且它还从德国向北传播到斯堪的纳维亚半岛，被丹麦、挪威、瑞典等国的统治者相继接受为国家宗教。这些封建诸侯和国王们由于改信新教而摆脱了罗马教皇的控制，并且通过侵占天主教会的大量土地财产而变得富裕和强大。1577 年，信仰路德教义的各个教会完成了整合，共同签署了《协同书》（Formula of Concord，即路德教会信仰和教义总集），形成了与天主教分宗立派的基督教另一大教派——路德宗（Lutheran Church）。尽管路德在 1517 年张贴《九十五条论纲》时根本就没有想到要分裂天主教会，他的初衷只是希望革除教会弊端，效法基督，但是宗教改革的结果却打破了天主教在西欧一统天下的格局，导致了自 1054 年东西方教会大分裂之后的另一次教会大分裂，即新教与天主教的分裂。

研究宗教改革史的著名专家林赛（Thomas Martin Lindsay）在评价路德的功绩时说道：“当路德宣称，一个真正信奉基督的人必需直接和怀着对上帝的真实信仰依靠上帝，上帝才会通过基督对他说‘我是你的救世主’时，他就是重新发现了宗教。”[1]路德用信仰的权威取代了教皇的权威，把宗教的根基从外在的礼仪转向了内在的性灵，把灵魂得救的钥匙从神职人员那里转到了每一个拥有信仰的基督徒手中。他把人从虚假的善功和圣事枷锁中解放出来，使人获得了精神上的自由。正是在这种意义上，马克思才强调：“他破除了对权威的信仰，却恢复了信仰的权威。他把僧侣变成了俗人，但又把俗人变成了僧侣。他把人从外在宗教解放出来，但又把宗教变成了人的内在世界。”[2]

德国现代自由派神学家恩斯特·特洛尔奇（Ernst Troeltsch）认为，新教不过是以新的方式回答了天主教的老问题，这些问题包括：人如何得救？宗教的权威性何在？何为教会？基督徒生活的真谛是什么？而路德的全部改革努力就在于为这些问题提供一个令人满意的答案：

> 对于“人如何得救？”这个问题，路德的回答是：不凭善功，唯凭信心。对于“宗教的权威性何在？”这个问题，他的回答是：不在被称为罗马教会这个有形机构里，而存在于《圣经》中的神的道里。对于“何为教会？”这个问题，他的回答是：是整个基督信徒团契，因为人人皆是祭司。而对于“基督徒生活的

1 托马斯·马丁·林赛，《宗教改革史》（上册），孔祥民等译，商务印书馆，1992，第370页。

2 中共中央马克思恩格斯列宁斯大林著作编译局编，《马克思恩格斯选集》（第一卷），人民出版社，1995，第9页。

真谛是什么？”这个问题，他的回答是：在一切有用的职业中侍奉神，无所谓神圣、世俗之分。[1]

路德宗与北欧民族教会的建立

在16、17世纪，国家主义或曰民族国家的崛起对于现代西方文明的形成具有极其重要的意义。现代意义上的民族国家不仅意味着相对稳定的领土和主权、法律体系、税收制度、行政机构、国家意识形态和民众文化认同等，而且意味着国家已经从统治者的私人财产转化为全体公民共同参与的政治经济法权体系。尽管西欧的一些民族国家在崛起之初往往是与专制主义或绝对主义（absolutism）联系在一起的，但是它们很快就经历了一个从“主权在君”的专制体制向“主权在民”的宪政体制的转化过程，国家一般民众的身份也从封建隶属关系的“臣民”转变为拥有法定政治经济权利和承担相应社会义务的“公民”。在西欧近代社会转型的过程中，民族国家不仅构成了重商主义经济政策的实体基础，而且构成了民主政治发展的绝对前提。那些较早形成民族国家体系的西欧国家，如英国、荷兰、法国等，在依靠国家力量来促进对外贸易和推动经济增长的同时，也通过一系列社会变革逐步实现了政治民主化；而那些在民族国家形成过程中相对滞后的国家，如德意志、意大利等，在16世纪以后的数百年间，无论是经济发展速度还是政治民主进程都要迟缓得多。

现代民族国家最初是从西欧中世纪封建社会的土壤中萌芽的，在16世纪宗教改革运动中受到了强劲的推动，在1648年的《威斯

1 布鲁斯·雪莱，《基督教会史》（第二版），2004，第275页。

特伐利亚和约》中得到了法理上的确认，到了18世纪工业化时代已经显现出对于中世纪帝国（神圣罗马帝国）和封建王朝国家的明显优势。与内在的成长相同步，发萌于西欧的现代民族国家也随着此前已经开展的海外殖民活动，从西欧边陲之地扩展到人类世界的各个地区。时至今日，它已经完全取代了东西方传统的国家形态而在全球国际体系中占据了主导地位。著名国际关系学教授巴里·布赞（Barry Buzan）总结道："现代国家强化了世界政治的内外结构。在它作为一个独具特色的角色登上历史舞台三四百年的时间里，现代国家将全球几乎所有其他的政治单位湮没并取代，使之殖民化或屈服于它的统治……古代和古典时代的布局——帝国、城邦及蛮族部落作为数千年来共存的主导单位——很快被现代国家作为唯一主导单位的体系取而代之。"[1]

现代民族国家的生长是诸多因素综合作用的结果，但是在其最初的发育过程中，宗教因素起到了非常重要的作用。尤其是16世纪发生的宗教改革运动，在客观上打破了罗马天主教会一统天下的专制格局，导致了各个新教教派和民族教会的产生，为民族国家的成长壮大创造了重要的条件。"宗教改革往往伴随着对罗马的敌意与狂热的民族主义。"[2]正如同现代民族国家构成了民主政治产生的重要前提一样，在宗教改革运动中应运而生的民族教会也构成了民族国家长足发展的重要前提。

在欧洲的政治构架中，素来存在着帝国主义与分离主义之间的巨大张力。希腊城邦制度开创了一种小国寡民、彼此独立而又相互

1 巴里·布赞、理查德·利特尔，《世界历史中的国际体系——国际关系研究的再构建》，刘德斌等译，高等教育出版社，2004，第219页。

2 G. R. 埃尔顿编，《新编剑桥世界近代史（第2卷）：宗教改革（1520—1559年）》，2003，第4页。

依存的分离主义政治模式，但是自从伯罗奔尼撒战争以后，从亚历山大帝国一直到罗马帝国，一种“普天之下莫非王土”的帝国主义开始成为西方主流的政治模式。[1] 到了公元 5 世纪，曾经不可一世的罗马帝国在内外矛盾交困之下土崩瓦解，日耳曼入侵者在西罗马帝国的废墟上建立了大大小小的蛮族王国，大一统的帝国主义让位于蛮族首领在丛林原则之上建立起来的分离主义的封建制度。在经历了三百多年群龙无首、画地为牢的“黑暗时代”之后，公元 800 年，查理曼试图在法兰克王国不断拓展的疆域中重振罗马帝国的雄风。在罗马教皇的加冕下，他成为与君士坦丁堡的东罗马帝国皇帝平起平坐的西方帝国皇帝。然而好景不长，查理曼死后不久，他的三个孙子通过《凡尔登条约》(843）将查理曼帝国一分为三，形成了后来法兰西（西法兰克王国)、德意志（东法兰克王国）和意大利（中法兰克王国）的雏形。公元 962 年，东法兰克王国的统治者奥托一世再度创建罗马帝国（即神圣罗马帝国)，但是这个帝国长期以来徒有虚名，其统辖范围仅以德意志和意大利北部地区为限，而且内部封建状况严重，存在着数百个大大小小的诸侯邦国和多如牛毛的骑士领地。帝国境内的诸侯和骑士们各自为政，整个政治格局一片混乱。

在中世纪西欧封建社会的一片乱象中，以上帝权力作为坚强后盾的罗马天主教会却逐渐成长为一支举足轻重的政治力量。它通过与世俗权力——主要是神圣罗马帝国——的长期较量，终于在 11 世纪以后登上了西欧政治舞台的首座。与封建社会彼此隔绝和高度分

1 有一种观点认为，西方政治学中的帝国主义最初来源于东方，正是波斯人通过三次入侵希腊的战争将帝国主义这种政治“瘟疫”传播到了西方。希波战争的结局虽然以分离主义的希腊城邦战胜帝国主义的波斯帝国而告终，但是希腊人却从波斯人那里学会了帝国主义，从而引发了希腊城邦内部争夺霸权的伯罗奔尼撒战争以及其后发生的一系列帝国主义扩张战争。

散的权力结构相对立，罗马天主教会始终致力于在人间建立一个统一的基督王国。这种带有浓郁神圣色彩的政治理想，使得已经控制了西欧政治权力的罗马天主教会在分散闭塞的封建社会中成为古罗马帝国政治衣钵的继承者。虽然罗马教会在其成长的最初阶段曾与罗马帝国处于格格不入的对立状态，但是在政治理想上，它却与罗马帝国有着某种内在的连续性。因此，一旦罗马帝国走向衰落，罗马教会就义不容辞地承担着建立统一帝国——尽管是神圣性的基督王国——的崇高使命。罗素精辟地指出：

> 教会的统一就是罗马帝国统一的反响；它的祷文是拉丁文，它的首脑人物主要是意大利人、西班牙人和南部法国人。他们的教育（当教育恢复起来之后）也是古典的；他们的法律观念和政府观念在马尔库斯·奥勒留皇帝看来要比近代的君主们看来恐怕更容易理解。教会同时既代表着对过去的继续，又代表着当时最文明的东西。[1]

如果说从“黑暗时代”一直到中世纪中期，罗马天主教会致力于实现的这种与罗马帝国一脉相承的大一统政治理想代表着某种超越封建状态的“文明的东西”，那么到了中世纪晚期，这种大一统的政治格局就逐渐演变为对正在悄然崛起的民族国家的一种严重束缚。事实上，罗马教会的权力在13世纪就已经达到了鼎盛状态，并且日益蜕变为一种专制统治。此时教会权力所辖的范围，已经不仅是一个单一的罗马（拉丁）民族，而且包括北部欧洲的各个日耳曼民族。在文明开化的拉丁民族与“野蛮蒙昧”的日耳曼民族之间，一千年

1　罗素，《西方哲学史》（上卷），1963，第16页。

来已经积淀了深刻的政治、经济和文化矛盾[1]，正是这些矛盾导致了宗教改革运动的发生。宗教改革的起因固然是宗教和道德方面的，但是它却在北部欧洲各日耳曼民族中间引起了政治、经济、文化上的连锁反应，而政治上最重要的后果就是罗马天主教会大一统权力结构的破碎和现代民族国家的崛起。

虽然宗教改革运动最初是在德国发起的，但是德国却由于在政治上处于严重分裂状态，民族国家的雏形尚未形成，因此宗教改革运动并没有直接导致德意志民族国家的崛起。相反，由于新旧教信仰分别与德意志的各派诸侯势力纠结在一起，由此导致了旷日持久的宗教战争，并且通过 1555 年《奥格斯堡和约》确立的“教随国定”原则——这一原则后来在 1648 年的《威斯特伐利亚和约》中得到更加宽泛的重申——将民族分裂的现实合法化，从而使德意志民族国家崛起的希望变得更加渺茫无期了。然而，在相继进行宗教改革的其他日耳曼民族地区，例如接受路德教信仰的丹麦、瑞典等斯堪的纳维亚国家，奉行加尔文教信仰的日内瓦、荷兰、苏格兰，以及确立了安立甘宗国教地位的英格兰，宗教改革运动都借助于强权君主和广大民众的支持而极大地促进了民族国家的产生与发展。

无论是德意志的封建诸侯，还是斯堪的纳维亚的国王，他们接受路德派信仰的根本原因并不是宗教神学方面的，而是出于政治经济利益的考虑。令他们感兴趣的问题不在于是“因信称义”还是“善功称义”，而在于如何能够有效地摆脱罗马教皇的政治控制和获得天主教会的巨大财产。国王和诸侯支持宗教改革的主要目的，就是要把基督教会变成由他们控制的本土教会。在政治上处于严重分裂状态的德国，萨克森选帝侯等封建诸侯建立新教教会与罗马教会

1 参见拙著:《西方文化概论》，高等教育出版社，2004，第 184—186 页。

分庭抗礼的企图，遭到了奉行天主教信仰的神圣罗马帝国皇帝和美因茨教会诸侯等传统势力的坚决反对，从而使德国新旧教诸侯陷入了长期的宗教战争。然而，在斯堪的纳维亚半岛，丹麦、瑞典等国的国王们却通过建立路德派教会摆脱了罗马天主教皇的控制，通过没收天主教会的财产而加强了国家实力，通过把《圣经》翻译为本民族语言而提高了民众的文化认同。所有这些改革举措，都极大地加强了王权和国家实力，促进了民族国家的形成。

自从14世纪末叶建立卡尔马联盟以来[1]，丹麦、挪威和瑞典在名义上都处于同一个君主的统治之下。当路德在德国开始进行宗教改革时，丹麦国王是热衷于人文主义的克里斯蒂安二世（1513—1523年在位）。这位具有开明思想的国王对于罗马教廷派驻丹麦的高级神职人员（主教）与国内贵族相互勾结、沆瀣一气的现状很不满意，他决心削弱他们的权力和财产以加强王权。但是克里斯蒂安二世的改革措施却激起了势力强大的主教和贵族们的联合反抗，导致了国内叛乱的爆发，国王本人在失势的情况下被迫逃亡到尼德兰。继任者弗里德里希一世（1523—1533年在位）也是路德主义的同情者，但是他却比克里斯蒂安二世更加善于利用丹麦贵族与罗马教会之间的矛盾来实现自己的政治主张。在他统治期间，路德派教会在丹麦建立起来并受到保护，丹麦最重要的宗教改革家汉斯·陶森（Hans Tausen，1494—1561）被任命为宫廷牧师，神职人员也获准结婚。1529年，丹麦人文主义学者彼得森（Christiern Pedersen，约1480—1554）翻译的丹麦语《新约》出版，深受民众欢迎，从此以后丹麦人民可以直接阅读母语版的《圣经》了。面对着天主教与路德派之

1　卡尔马联盟（Kalmar Union）是丹麦、挪威、瑞典三国于1397年在瑞典的卡尔马城建立的斯堪的纳维亚半岛的共主联盟，1523年由于瑞典人拥立自己的国王古斯塔夫而瓦解。

间的激烈冲突，这位擅长于利用宗教矛盾来加强王权的国王力图开创一种宗教宽容的局面。他与德国的新教诸侯以及英国的亨利八世一样，既要利用宗教改革来制衡天主教势力，又要小心翼翼地把改革限制在一定范围内。“这些新教贵族对宗教改革反抗罗马教廷是支持的，但对宗教改革引起的激烈后果却是反对的。”[1] 弗里德里希一世死后，国内一度由于宗教、政治分歧而陷入内乱，但是路德派势力很快就在世俗权力的支持下占了上风。天主教会的财产被没收充公，主教们锒铛下狱，丹麦教会完全按照路德派模式进行了改组。1537年，丹麦议会通过了国王克里斯蒂安三世不久前颁布的《教会法规》，明确规定国王为丹麦教会的最高权威，丹麦的民族教会从此得以确立。在这个改教的过程中，路德派独立自主的宗教主张与国王加强王权的政治要求是相互激励、彼此促进的。

丹麦的宗教改革运动也影响到挪威、冰岛等地，这两个从属于丹麦国王的国家虽然由于民族独立的要求而与丹麦王室处于不断的抵牾之中，但是路德派教会最终还是被强行建立起来，并被确立为官方教会。

瑞典的宗教改革运动更是与民族独立和加强王权的要求密切联系在一起。1523年，古斯塔夫·瓦萨（1523—1560年在位）领导瑞典人民起义，推翻了丹麦国王克里斯蒂安二世的统治，被瑞典人推选为自己的国王。这位雄心勃勃的国王立志要创建一个独立强盛的民族国家，他既要摆脱丹麦人的控制，也要对付国内势力强大的天主教会。在领导瑞典人民获得政治独立之后，古斯塔夫开始向教会下手。他以突然袭击的方式剥夺了天主教会的财产，按照福音派的规范改组了教会体制，他本人则成为瑞典教会的首脑。一对深受

1 弗里德里希·希尔，《欧洲思想史》，2007，第244页。

路德宗教思想影响的兄弟奥拉夫·彼得森（Olaf Petersson，1493—1552）和拉斯·彼得森（Lars Petersson，1499—1573）成为国王进行宗教改革的得力助手，奥拉夫把《新约》翻译为瑞典语，拉斯则被国王任命为大主教。1541 年，兄弟两人又联手翻译出版了瑞典文本的《圣经》全译本，这本书的出版对于瑞典的基督教信仰以及语言、文化都产生了极其重要的影响。古斯塔夫虽然依靠彼得森兄弟等人进行宗教改革，但是他的主要目的并不在于宗教神学方面，而在于国王的权力。因此，他不仅与天主教会明争暗斗，而且与彼得森兄弟所代表的福音派教会之间也是龃龉不断。几经冲突之后，古斯塔夫终于与福音派教会达成了妥协，与天主教彻底决裂。在 1544 年召开的韦斯特罗斯会议上，瑞典被正式宣布为福音派王国，圣徒崇拜、安魂弥撒等天主教习俗被废除，由古斯塔夫的瓦萨家族世袭的君主制度也得以确立。[1] 此后一百多年间，尤其是在年轻有为的古斯塔夫·阿道弗斯 1611 年继承王位以后，在国内采取了一系列改革措施，并积极参与国际事务（在三十年战争中，瑞典成为西班牙的劲敌），瑞典作为欧洲的一个区域性大国日益崛起。

瑞典的宗教改革也波及当时仍然属于瑞典国王治下的芬兰，福音派教会顺利地在芬兰建立起来。米卡埃尔·阿格里科拉（Mikael Agricola，约 1510—1557）是芬兰宗教改革的重要人物，他不仅把《新约》翻译为芬兰语，而且用芬兰语写作了一些教会手册。他在宣扬福音派信仰的同时，也为芬兰语言文化的启蒙做出了重要贡献，因此被后人称为“书面芬兰语之父”。由于地处俄罗斯和瑞典这两个大国之间，芬兰迟至 1917 年才获得政治独立（19 世纪俄瑞战争后，

1 G. R. 埃尔顿编，《新编剑桥世界近代史（第 2 卷）：宗教改革（1520—1559 年）》，2003，第 195 页。

芬兰曾一度沦为俄罗斯治下的大公国)，但是芬兰人的民族意识早在16世纪阿格里科拉进行宗教改革和文化启蒙时就已经开始觉醒了。

在宗教改革运动的时代大潮中，斯堪的纳维亚诸国成为路德教会与民族国家完美结合的典范。与王权或国家权力和谐相处的民族教会被建立起来，宗教信仰成为促进民族意识和加强国家实力的有力杠杆。著名教会史家沃尔克在谈到丹麦、瑞典等国的宗教改革时指出:“在欧洲其余地方，甚至在英国，宗教改革运动都不像在这几个国家那样是彻头彻尾政治性的。”[1]

茨温利与加尔文的宗教改革

16世纪宗教改革运动在西欧产生了四个重要的新教教派，其中有三个是主流教派，被西欧的一些国家和地区接受为合法宗教甚至成为国家宗教，它们分别是德国和北欧的路德教(亦称信义宗、福音派)，瑞士、荷兰、苏格兰等地的加尔文教(Calvinists，亦称改革宗、归正宗)，以及英格兰的安立甘教(Anglican Church，亦称圣公会、国教会)；另一个则是流行于下层民众中、饱受天主教和新教各主流教派迫害的再洗礼派(Anabaptists)。

在宗教改革运动初期，与路德齐名的改革领袖是瑞士“民众神父”茨温利(Ulrich Zwingli，1484—1531)，虽然他的后续影响力远远无法与路德相比。茨温利比路德更多地受到伊拉斯谟的影响，他的改革也比路德更加富于道德色彩和理性精神。当路德在维腾堡贴出《九十五条论纲》之后不久，茨温利也开始在苏黎世通过宣讲《圣经》的方式来进行宗教改革。1523年，茨温利在与天主教神学家

1 威利斯顿·沃尔克,《基督教会史》, 1991，第433页。

论战时发表了《六十七条论纲》。在论纲中，茨温利断言福音不是来自教会而是来自《圣经》，得救的依据是信仰，教会的唯一元首是基督本人而不是教皇。他还对神父独身、弥撒献祭、善功救赎、圣徒代祷以及隐修誓愿等天主教教义进行了激烈的批判。茨温利的观点博得了苏黎世市议会和广大市民的同情和支持，茨温利因此而成为瑞士宗教改革运动的领袖。

在神学思想上，茨温利与路德的许多基本观点都是一致的，但是他们的气质和宗教经验却迥然相异。路德是一个神秘主义的宗教改革先知，他强调的是个人在信仰中与上帝相同一时的精神自由；茨温利则是一个理性主义的宗教改革领袖，他强调的是遵从上帝的旨意，而不是个人的得救之道。“就路德来说，基督徒的生活是罪得赦免后作为上帝的儿女所享有的自由。就茨温利来说，基督徒生活中重要得多的是服从《圣经》所载的上帝的旨意。”[1] 茨温利比路德更加强调《圣经》的唯一权威性，因此在反对天主教圣礼方面比路德走得更远。他将天主教会奉若神明的宗教偶像（圣像）斥之为“迷信”，提倡简化教堂设施和仪式，废除罗马教会的祷告书。在他的宗教改革思想的影响下，瑞士和德国南部掀起了一场破坏圣像运动，茨温利的信徒们以摩西十诫中不许敬拜偶像的诫命为依据，对各地教堂中的圣像都予以捣毁和焚烧。1529 年，巴塞尔的圣像破坏者们拆除了大教堂中的耶稣受难像，他们高喊着：“如果你是神，就自卫吧！如果你是人，就流血吧！”然后将它付之一炬。这种过激的行为后来虽然受到了遏制，但是茨温利强调宗教生活应该简朴单纯的思想却对加尔文产生了重要的影响。

茨温利与路德在神学上的分歧主要表现在对圣餐的理解上。路

1　威利斯顿 · 沃尔克，《基督教会史》，1991，第 410 页。

德坚持一种具有神秘色彩的“同体说”（consubstantiation），认为领圣餐时基督的体、血之实体与饼、酒同在；茨温利却坚持一种更加富于理性精神的“纪念说”（memorialist），认为圣餐中的饼和酒并非基督身体的临在，它们只具有一种象征性，圣餐的意义不在于显示奇迹，而在于联合基督徒共同纪念、效法基督。双方在 1524 年以后就此问题进行了一场旷日持久的论战，茨温利指责路德的“同体说”是天主教“化体说”（transubstantiation，即认为基督的体和血转化为圣餐中的饼和酒）迷信的残余，是违背理性的；路德则谴责茨温利把理性置于《圣经》之上，背离了基督教信仰。这场争论使得新教阵营发生了严重的分裂。

1531 年 10 月，茨温利率领苏黎世的新教军队与天主教同盟军在卡佩尔进行了一场激烈的战斗，结果苏黎世军队战败，茨温利本人也在战斗中阵亡。此后，瑞士宗教改革的中心就由苏黎世转移到日内瓦（当时的日内瓦还是一个独立城邦），茨温利开创的宗教改革事业则由加尔文来继承发扬。

从宗教改革运动的历史影响来看，能够与路德相提并论的只有加尔文。而且由于加尔文撰写了一部系统性的神学巨著《基督教要义》（*Institutio Christianae Religionis*），这部花费了他毕生精力而撰写和修订的神学巨著对基督教的几乎所有教义都进行了符合新教立场的重新阐释，是一部堪与托马斯·阿奎那的《神学大全》相比拟的新教神学大全，因此加尔文在后世新教思想界中的影响甚至超过了路德。麦格拉思评价道：“《基督教要义》现今被确立为新教宗教改革运动最具影响力的神学著作，其重要性盖过路德、梅兰希顿和茨温利与之匹敌的作品。”[1]

1 阿利斯特·麦格拉思，《宗教改革运动思潮》，2009，第 239 页。

约翰·加尔文（Jean Calvin，1509—1564）出生于法国北部的努瓦永，早年曾在奥尔良、布尔日等大学学习拉丁文和法律，是巴黎人文主义团体中的核心人物。年轻的加尔文深受法国法律人文主义的影响，这种法律人文主义是出于法兰西斯一世统治法国期间（1515—1547）加强王权的需要，它的特点是将人文主义的考据方法运用到对古典法律文献的研究中。加尔文在蒙太居学院的启蒙老师约翰·梅杰（John Major，1467—1550）是一个主张公会议主义的神学家，这种公会议主义的思想传统对后来加尔文本人的政治主张，以及法国、苏格兰、北美等地加尔文信徒的宪政思想影响至深。1532 年至 1534 年，年轻的加尔文在思想上发生了一次“突如其来的转变”，处于“忽然的归正”阶段，此后他放弃了对人文学的兴趣，成为一名宗教改革家，他后来创立的教派因此也被称为“归正宗”。

1536 年，加尔文在从法国前往斯特拉斯堡的途中，受到日内瓦宗教改革领袖法雷尔（Guillaume Farel，1489—1565）的邀请，留在日内瓦进行宗教改革。加尔文试图按照《基督教要义》（该书初版于 1536 年，最后一版是在 1559 年）中的神学思想在日内瓦实行改革，但是这种尝试遭到了日内瓦人的抵制，1538 年 7 月，以下层市民为主的自由派把加尔文和法雷尔驱逐出境。1541 年，日内瓦改革派重新掌权，又把加尔文请回来主持宗教改革和协助市政工作。受市议会的委托，加尔文为日内瓦市民起草了《日内瓦宪章》和《教会治理章程》。在以后的日子里，加尔文首先在教会中进行了大刀阔斧的改革，他废除了天主教的主教制，采取了早期教会的长老制，建立了一种比较平等的教会体制。像茨温利一样，他主张简化宗教仪式，废除教堂中的圣像，在七项圣事中只保留了洗礼和圣餐。另外，加尔文教还提倡节俭，严禁赌博、酗酒、卖淫、演戏等奢侈活动，鼓励经商致富，认为正当的经济活动是增加上帝荣耀的一种途径。在加尔文的领导下，由长老和牧师组成的教会议会与日内瓦的市政议会进行了长期的磨合。1555 年以后，加尔文派在市议会取得了主导权，加尔文从此牢牢地掌握了日内瓦的政教大权。

政教关系长期以来一直是加尔文关心的焦点问题，在《基督教要义》以及他起草的一系列法律文件中，加尔文始终都在宣扬“两个国度”的主张，即世俗的国度（国家）与灵魂的国度（教会）应该彼此独立并且相互扶助。一方面，加尔文有感于新教信仰受到欧洲各国政府压制的现实，以及路德教会过分地依附于世俗政权的弊端，明确地提出了政教分离的主张，强调教会的信仰自由和自主权利不应受到政府的干预；另一方面，加尔文也反对再洗礼派的无政府主义，认为世俗国家作为上帝在人间所设置的权力机构，有其存在的合法性，一个真正的基督徒应该顺服政府，而不是与它为敌。虽然晚年的加尔文在面对着自己的信徒受欧洲各国政府迫害日深的情况时，也主张人民有反抗暴政的权利，但是他的政治观点基本上是保守的，反对信徒采取任何激进的革命行动。不过，精通法律的加尔文却在《基督教要义》等著作中表述了两个非常重要的政治观点，它们对于后世英美的宪政体制和民主政治产生了深远的影响。这两个观点是：第一，基于《圣经》关于人类堕落并充满罪性的思想，主张一种相互督促、相互制约的贵族共和政体；第二，强调国家的权力来自上帝，上帝通过人民选举出自己的政府官员。关于第一点，加尔文在《基督教要义》中比较了亚里士多德提出的三种政体形式（君主政体、贵族政体和民主政体），他认为君主政体容易演变为独裁政治，民主政体又容易转化为暴乱，因此：

> 贵族政体，或贵族政体与民主政体的配合，远优于君主政体。因为很少有君王能够约束自己，不使其意志与公义及正直

相抵触；又因为他们鲜能慎思明辨，在凡事上发现那尽美尽善的。所以由于人的罪恶和缺欠，使政权操于许多人之手，乃较为稳妥，他们好彼此帮助规劝。这样，倘若有人越权，别人就可以监察并约束他的野心。这是经验时常证明的，也是主用他的权威认可的。[1]

关于第二点，加尔文在对《旧约 · 弥迦书》的注释中写道：

> 民众用大众投票的方式选出自己的牧羊人（指政府官员——引者注），通过这种方式来达到自己最想达到的目的。当有人用暴力篡夺最高权力时，这就是暴政。如果有人天生就具有君主的身份，那么这与自由也不相符。因此先知说：我们将为自己设立君王；这就是说，上帝不仅让教会自由呼吸，而且让他的子民有自由建立一个明确的、治理良善的政府。建立这一切的基础是全民都具有选举权。[2]

与路德教会仰承封建诸侯鼻息、安立甘教会由国王自上而下建立的情况不同，加尔文教会是在一个共和政体中成长起来的，它一开始就打上了深深的民主烙印（虽然是一种带有浓郁贵族色彩的民主）。而且由于加尔文教徒在欧洲各国都遭到政府当局——无论是天主教的政府还是路德教或英国国教会的政府——的逼迫，所以该派信徒的民主意识更加强烈。这种民主精神后来在法国、英国、美国

1 加尔文，《基督教要义》（下册），第 10 版，谢秉德译，香港基督教文艺出版社，2007，第 4 卷第 20 章第 8 节。

2 *Corpus Reformatorum XLIII*，374，转引自：道格拉斯 · F. 凯利，《自由的崛起：16—18 世纪，加尔文主义和五个政府的形成》，王怡、李玉臻译，江西人民出版社，2008，第 27 页。

的加尔文教徒那里得到了进一步发扬，并且对现代西方社会的宪政体制产生了一定的影响。

当然，加尔文带有浓郁贵族色彩的民主意识是不能与西方现代民主意识相提并论的，他是从《圣经》尤其是《旧约》中得出了一些民主理念，这种民主权利的根据是上帝，而且必须符合基督教信仰的规范。加尔文决不会赞同一种对于所有人——无论他是不是加尔文教徒——一视同仁的民主权利，正因为如此，加尔文本人和他的信徒对于不同信仰者往往会采取一种不宽容的态度。虽然加尔文派的民主观念（尤其是法国胡格诺派和苏格兰诺克斯、梅尔维尔等人的民主观念）对西方现代民主意识产生了一定的影响，但是这种基于基督教信仰的权利神授观点与 17 世纪自然法学派基于自然人性和社会契约理论而提出的权利民授观点是不可同日而语的，它的根据是《圣经》信仰而不是普遍理性。就这一点而言，正如路德发起宗教改革的主观意图并非要开创一个新教派一样，加尔文本人也绝没有想到他关于“两个国度”的思想会影响到现代宪政体制。

在神学思想上，加尔文也赞同路德的“因信称义”思想，但是在圣餐问题上，他却更加倾向于茨温利，而且他比路德具有更加严格的预定论思想。此外，在对待善功的问题上，他与路德也有分歧。加尔文不像路德那样把信仰与善功截然对立起来，他认为信仰是灵魂获救的内在确证，善功则是灵魂获救的外在确证。一个被上帝拣选的人，他的内心中必定充满了对上帝的信仰，他在宗教社会活动、家庭生活和日常工作等方面也必定表现出淳朴、友爱和勤奋节俭等美德。这些日常美德就是善功，它们既不同于中世纪天主教所倡导的虚假善功（如购买圣徒遗物和赎罪券等），也不同于托钵僧们的苦修苦行，而是一种世俗的禁欲主义生活态度，即“勤奋节俭”的生活态度。事实上，正是路德最先打破了神圣与世俗之间的绝对界限，认为在一切有用的职业中侍奉神都具有同等的价值。但是加尔文却把这种“神召”（Calling）观念真正落实到世俗生活中，从而使得一切具有增殖效益和道德价值的现实活动都被赋予了增加上帝荣耀和确定恩宠状态的宗教意义。与路德仅仅把上帝局限于人的思想（信仰）中不同，加尔文让上帝直接呈现于最平凡的实践活动——世俗生活和职业劳动中，从而使现实的经济活动获得了神圣性。正是在这种意义上，德国社会学家、哲学家马克斯·韦伯（Max Weber）认为，加尔文的新教伦理“必定是推动我们称之为资本主义精神的生活态度普遍发展的、可以想象的、最有力的杠杆”。[1]也正是由于这个缘故，加尔文教成为一种深受新兴资产阶级欢迎的宗教。

但是，这种新教禁欲主义在16、17世纪也明显地继承了中世纪天主教禁欲主义的一些不宽容成分，这与加尔文教徒所持有的严格预定论思想和强烈圣徒意识，以及加尔文教四面树敌的险恶环境有关。据统计，在加尔文执政的最初五年（1542—1546）中，因宗教信仰原因而由他本人签署批准处死者为58人，被驱逐者为76人。[2]特别是1553年由加尔文亲自定罪，以“异端”罪名烧死了从天主教的宗教裁判所中越狱逃到日内瓦避难的西班牙医生塞尔维特（原因仅仅是由于塞尔维特否认“三位一体”教义），从而使加尔文教的名声在推崇信仰自由和宽容精神的进步人士心中受到了极大的损害。这种不宽容的精神到17世纪宗教战争结束之后才逐渐消除。

尽管如此，加尔文教的虔诚信仰和民主特点仍然使日内瓦共和

---

1 马克斯·韦伯，《新教伦理与资本主义精神》，黄晓京、彭强译，四川人民出版社，1986，第162页。

2 参见：张绥，《中世纪“上帝”的文化——中世纪基督教会史》，浙江人民出版社，1987，第267页。

国成为欧洲各国遭受天主教迫害的新教徒们向往的理想国度。更加重要的是，加尔文教徒义不容辞地承担起向各地传播福音的神圣使命。“日内瓦成为难民的伟大城市，成为福音教育和宣传的中心……从日内瓦派出的神职人员训练有素，遵守纪律，忠诚事业，他们是新教中最接近耶稣会的一批人。数年之内，便有 161 名牧师被派往已经是‘十字架之下的教会’的法兰西归正宗教会。”[1] 在应对险恶的生存环境的过程中，加尔文教成功地发展成为一个国际性的新教教派，在欧洲和北美衍生出胡诺格教、长老会、公理会、清教徒等诸多分支。[2] 在法兰西，加尔文教在法国西南部的封建领地中形成了很大的势力，构成了法国君主专制的有力障碍。在尼德兰，加尔文教的传道人在反对西班牙统治者的民族解放斗争中扮演了极为重要的角色，并且在后来建立的联省共和国（即荷兰共和国）中发挥着中流砥柱的作用。在不列颠，加尔文教不仅导致了诺克斯领导的苏格兰宗教改革，而且在英格兰引发了 17 世纪 40 年代的清教徒革命（即英国资产阶级革命）。在美国，自从 1620 年在欧洲大陆遭到迫害的首批清教徒乘坐“五月花”号船在普利茅斯登陆之后，一直到 19 世纪末，加尔文教的“勤俭清洁”精神始终是美国文化的主体精神。历史学家柯林森（Patrick Collinson）在谈到加尔文教的国际影响时说道：

1　G. R. 埃尔顿编，《新编剑桥世界近代史（第 2 卷）：宗教改革（1520—1559 年）》，2003，第 151 页。

2　“清教徒”（Puritan）严格地说来并不是一个独立的教派，而是一种宗教态度或价值观。这个称呼源于拉丁文的“Purus”，意为“清洁”，最初是指 16 世纪要求清除英国国教会中的天主教残余的改革派。他们在思想上信奉加尔文教，在宗教上强调虔诚、圣洁，在生活上主张简朴、实在。他们在 17 世纪受到英国国教会的迫害，许多人流亡到了荷兰，而后又从欧洲乘船来到美国，成为美国文化的最初开拓者。在英国，清教徒也构成了 17 世纪 40 年代英国革命的重要力量，推翻查理一世建立护国政府的克伦威尔就是一个清教徒，因此西方学者也把这场革命称为“清教徒革命”。

到 1600 年，西欧从奥克尼群岛（Orkneys）到比利牛斯山脉（Pyrenees），向东最远到匈牙利，都广泛建立了归正宗教会。相比之下，福音派或信义宗教会在地理、政治和教派范围上只限于德国北部各州和斯堪的纳维亚半岛，该教派的神学分歧好不容易才在《协议声明》（Formula of Concord，1577）中达成谅解（莎士比亚说信义宗是“忧郁的信义宗”，不是没有道理的）。早在 16 世纪中期和爱德华六世统治时，至少就许多人的主观愿望而言，英国新教在神学甚至礼仪上，以及在某种程度上的行政和组织方面，都明显地背离信义宗而趋向归正宗教会……在伊丽莎白一世和早期斯图亚特王朝诸王统治时期，英国新教徒强烈地同海外“最好的归正宗教会”认同。[1]

加尔文教的传播与国际影响

由于地理上的接近，再加上加尔文本人是法国人，所以加尔文教很快就传入了法兰西，时人称为之“胡格诺教”（Huguenots，意即“结盟者”）。1555 年，加尔文派在巴黎建立了第一个教会，四年以后就发展到 72 个教会，信徒人数达 40 万之多，占法国人口的 20%。1559 年，法国的胡格诺教会召开了第一届全国宗教大会，通过了一份按照加尔文思想草拟的《高卢信仰告白》。当时信奉加尔文教的主要是法国受压迫的手工业阶层，一些封建贵族如波旁家族的孔代亲王路易、海军上将科利尼等也接受了该派信仰，成为胡格诺教在政治上的领导者。

1 参见：约翰·麦克曼勒斯主编，《牛津基督教史》，1995，第 222 页。引文中的《协议声明》（Formula of Concord）即路德教会的纲领性文件《协同书》。

法兰西斯一世死后（1547），在法国相继执政的几位瓦卢瓦王朝君主大多软弱无能，在政治上，代表天主教势力的吉斯家族和代表胡格诺教势力的波旁家族不断地明争暗斗，而罗马天主教廷和强大的西班牙则在一旁虎视眈眈。从1562年开始，法国天主教徒与胡格诺派之间发生了连续不断的战争（即胡格诺战争），双方的领袖吉斯公爵和孔代亲王均死于战争。到了1570年，为了防止西班牙对法国的染指，交战双方签订了和约，胡格诺教的合法权利得到了承认，而且发展势头良好。但是在1572年8月23日圣巴托罗缪节前夜，巴黎的天主教贵族在王太后凯瑟琳的支持下，策划了屠杀巴黎胡格诺教徒的“圣巴托罗缪惨案”，胡格诺教领袖、海军上将科利尼和数万名胡格诺教徒惨遭杀害，遇害者的尸体漂满了塞纳河。面对王太后和国王的暴行，法国南部的一些胡格诺派领主宣布独立，脱离君主专制政体。胡格诺派与天主教徒之间的战争再度爆发，波旁家族的亨利不久后被拥戴为胡格诺教的新领袖。

同时，面对法国统治者的暴虐行为，胡格诺派的知识分子如弗朗索瓦·霍特曼（François Hotman，1524—1590）、西奥多·伯撒（Theodore Beza，1519—1605）、普雷西·莫尔奈（Philippe de Mornay，1549—1623）等人撰写了一些颇有分量的小册子，把矛头直接对准法国的君主专制。他们发扬加尔文的民主观念，以《圣经》为根据，在格劳秀斯、霍布斯、洛克等近代自然法学派思想家之前就表述了天赋权利、主权在民的进步思想。霍特曼在《论法兰西宪政》一书中宣称，国王不过是一名政府官员，如果他不能恪尽职责，人民就有权利起来废黜他。伯撒在《政府的权力》中提出了国王的“两种誓约”理论，第一种誓约是国王应该和人民一起对上帝保持纯正信仰，第二种誓约则是国王应该对选举他的人民履行相应的职责。如果国王违背了这些誓约，那么人民的三级会议就有权利惩罚他。通常被认为是出于莫尔奈之手、作者化名“布鲁图”（古罗马时期刺杀恺撒的共和国元老）的《反对专制君主》一书明确表示，上帝赋予国王的天职是“保护人民的自由和安全”，如果国王背离天职，践踏法律，他就成为“上帝和人民的敌人”，全体人民作为“更高的主人”就可以拿起武器来推翻他。为了争取法国普通天主教徒的同情和支持，这些胡格诺派的思想家甚至试图淡化加尔文教的宗教背景，诉诸世俗的法权理论和宪政思想，从而为近代自由主义政治学说提供了重要的思想来源。神学与哲学教授凯利（Douglas F. Kelly）博士指出：

> 君权源自人民和人民拥有反抗暴政的天赋权利，这一胡格诺派的信条在以后融入（间接地或与其他不同理论源头相结合）17 世纪后半期英格兰关于天赋人权的政治学理论之中。另外，它也融入 18 世纪美国关于法治与宪政的辩论之中。但彼时的讨论已经多少偏离了加尔文主义的神学语境。[1]

1589 年法国国王亨利三世去世，由于瓦卢瓦家族绝嗣，由波旁家族的亨利继承王位，称亨利四世。为了争取实力强大的巴黎天主教贵族的支持和避免西班牙的军事干预，亨利四世（1589—1610 年在位）于 1593 年宣布放弃胡格诺教信仰，重皈天主教。亨利四世的倒戈导致胡格诺派在战争中的失败，但是亨利四世并没有过分为难自己以往的教派弟兄。他在 1598 年 4 月颁布了对胡格诺教徒的宗教宽容敕令（即《南特敕令》），该敕令虽然重申了天主教在法国的国教地位，但却承认胡格诺派贵族在其领地中享有信仰自由和宗教活

1 道格拉斯 · F. 凯利，《自由的崛起：16—18 世纪，加尔文主义和五个政府的形成》，2008，第 50 页。

动的合法性，并且赋予新教徒以政治、经济方面的平等权利。《南特敕令》结束了旷日持久的胡格诺战争，天主教在法国重新确立了统治地位，然而“法国新教徒的失败，是经过长期而艰苦的宗教战争才失败，是新教徒将新教的信仰烙印印在法国人的良知上后才失败的”。[1]更重要的是，胡格诺派在反抗君主暴政的斗争中所表达的民主思想对后世的宪政学说产生了重要的影响。

《南特敕令》颁布以后，由于法国仍然处于封建状态，法国南部的胡格诺派势力不仅没有减弱，反而成长旺盛。但是巴黎、兰斯、里昂等大城市和法国北部地区，则处于天主教的绝对控制之下。到了 17 世纪末，随着法国君主专制进一步加强，作为独立政治实体的胡格诺派封建势力就成为法国国王实现中央集权的重大阻碍。因此路易十四在 1685 年宣布废除《南特敕令》，胡格诺教在法国再度成为非法信仰。大批遭受迫害的胡格诺教徒被迫流亡到已经实行宗教宽容的英国、荷兰和北美，这些国家和地区由于麇集了大量新教优秀人才而受益良多。法国波旁王朝的统治者却由于顽固地将政治上的君主专制与宗教上的天主教专制结合在一起，很快就激起了启蒙思想家的猛烈批判，最终导致了翻天覆地的法国大革命。

加尔文教在尼德兰的传播是与当地人民反抗西班牙统治的历程联系在一起的，而且与法国胡格诺派的发展相互呼应。16 世纪中叶，加尔文教信仰开始传入尼德兰，主要在从事商业活动的中产阶级中传播。1555 年，西班牙国王菲利普二世刚刚从其父神圣罗马帝国皇帝查理五世那里继承了尼德兰的统治权，菲利普二世比查理五世更加热衷于天主教事业，他立志完成宗教统一的理想。他在尼德兰采

---

1 布林顿、克里斯多夫、吴尔夫，《西洋文化史》（第四卷），刘景辉译，台湾学生书局，1984，第 153—154 页。

取了一些损害当地商业利益的宗教政策，从而激起了商人和贵族们的强烈不满。1566 年，一些激进的加尔文教信徒不顾贵族们的反对发起了破坏圣像运动；奥朗日亲王威廉等新教贵族则组织了军队，以武力与西班牙统治者相对抗。虽然尼德兰的反抗力量与强大的西班牙相比显得弱小，但是由于西班牙树敌过多，同时与伊丽莎白治下的英格兰、德国新教诸侯以及同属天主教阵营的法国处于敌对状态；而且尼德兰远在北方，菲利普鞭长莫及。因此在经过多次失败之后，信奉加尔文教的北方七省终于在 1581 年宣布脱离西班牙的统治而独立，并且与信仰天主教的南方十省相分离，形成了以荷兰为首的联省共和国。由于尼德兰人民在反抗政治压迫和宗教压迫的过程中对自由的价值感受深切，所以在获得独立之后，荷兰成为西欧最先实行宗教宽容的国家。欧洲各国受宗教迫害的新教徒们纷纷把荷兰作为安全的避难所，荷兰也由于聚集了大量具有先进思想的科学家而迅速崛起，到 17 世纪时已经成为堪与英国、法国相媲美的西欧强国。教会史家沃尔克评论道：

> 尼德兰人争取民族独立的斗争相当严酷，希望获得一切同情这场斗争的人的援助，他们主张重商主义，这一切使新教的尼德兰在当时基督教国家中最有宗教宽容精神。天主教徒诚然被禁止举行公共崇拜，不许担任政府公职，但允许他们自由居住和就业谋生。至于再洗礼派，奥朗日的威廉于 1577 年准许对他们举行崇拜的权利给予保护，这是他们首次获得这种权利。这样的宗教宽容虽不完全，但它不久便使尼德兰成为宗教上受压迫者的避难所，这有助于增强国家的实力。[1]

1　威利斯顿 · 沃尔克，《基督教会史》，1991，第 489 页。

加尔文教信仰与世俗权力矛盾最尖锐的地方，既不是法国，也不是尼德兰，而是苏格兰。教会史家布鲁斯·雪莱写道：“在苏格兰，加尔文宗创造出 16 世纪欧洲独一无二的东西——信奉一种宗教的土地由信奉另一种宗教的君主统治。”[1] 与尼德兰一样，苏格兰的宗教问题也与民族问题紧密相关。16 世纪的苏格兰力量弱小，夹在法兰西和英格兰这两个强国之间，左右摇摆。斯图亚特王朝的统治者詹姆士五世选择了与法国结盟，他先后娶了法王法兰西斯一世的公主和法国吉斯公爵的女儿为妻，后者为他生了后来成为苏格兰女王的玛丽·斯图亚特。玛丽继位之后，又与当时法王亨利二世的儿子、后来的法王法兰西斯二世缔结了婚约，并在 1558 年与之结婚。这样一来，苏格兰实际上就成为法国的一个行省，而玛丽与法兰西斯二世将来所生的儿子将合法地成为法国和苏格兰两国的国王。同时，天主教徒玛丽还不断地指责刚刚登基的英格兰女王伊丽莎白一世为篡位者，声称自己才是英格兰王位的合法继承者。[2] 此事激起了民风剽悍、自尊心强的苏格兰人的强烈不满，一些主张苏格兰独立的贵族站到了新教阵营一边，与玛丽及支持她的法国军队公开对抗。苏格兰人民反对女王玛丽和法国人统治的斗争得到了英格兰的支持，伊丽莎白一世派出军队到苏格兰参战，法国军队遭受重创后撤离

1　布鲁斯·雪莱，《基督教会史》（第二版），2004，第 294 页。

2　苏格兰女王玛丽的父亲詹姆士五世是英格兰国王亨利七世的外孙，而 1558 年登基的英格兰女王伊丽莎白一世则是亨利八世与一位宫女安妮·博林所生（亨利八世的离婚案成为英国宗教改革的导火索）。玛丽站在天主教立场上指责伊丽莎白是私生女，认为自己比伊丽莎白更有资格继承英格兰王位。1567 年，玛丽女王在苏格兰新教徒的压力下被迫逊位于年幼的儿子詹姆士六世，1568 年又因战场失利而逃亡到英格兰，被伊丽莎白一世长期囚禁。1587 年 2 月，玛丽因被指控参与西班牙和罗马天主教会刺杀伊丽莎白的未遂阴谋，被处斩首。1603 年伊丽莎白一世去世，身后无嗣，苏格兰国王詹姆士六世根据王室继承法而兼任英格兰国王，称为詹姆士一世。在随后的半个多世纪里，英格兰相继发生了政治革命和王室复辟，一直到 1688 年“光荣革命”，实行君主立宪，各派势力才达成政治妥协和宗教宽容。1707 年，英格兰国会与苏格兰国会合并，正式形成大不列颠王国。

苏格兰。苏格兰改革派从此控制了国会，加尔文教成为大多数民众的信仰。

早在路德改革后不久，信义宗就传入苏格兰，但是遭到了天主教势力的镇压。后来一位加尔文教信徒乔治·威沙特（George Wishart，约1513—1546）开始在苏格兰传播归正宗信仰，虽然他在1546年也被天主教会处以火刑，但是他的思想却影响了另一位重要的改革家，这就是约翰·诺克斯（John Knox，约1514—1572）。

威沙特被处死之后，诺克斯也在被捕后被送往法国人的船上充当了一年多的苦役。获释以后，他来到英格兰，成为爱德华六世的王室牧师。1553年，亨利八世的长女玛丽·都铎（勿与苏格兰女王玛丽·斯图亚特相混淆）继早夭的爱德华六世登上英格兰王座，全面恢复天主教的统治，诺克斯逃离英格兰到欧洲大陆避难，在日内瓦成为加尔文的热心追随者。1557年，诺克斯发表了好几篇重要论著，其中尤其是《吹响反对女性暴戾统治的第一声号角》（"The First Blast of Trumpet Against the Monstrous Regiment of Women"）一文，直接把矛头对准了英格兰的"血腥的玛丽"，同时也暗指苏格兰的玛丽女王，在不列颠引起了巨大的反响。1559年，诺克斯回到苏格兰，全力投入苏格兰的宗教改革和民族独立事业，成为众望所归的改革领袖。次年，苏格兰国会委托诺克斯起草了一份信仰宣言，这份以国会第1号法律名义发布的《苏格兰信条》明确宣布废除罗马教皇对苏格兰教会的管辖权，禁止天主教礼仪，确立了加尔文教信仰的正统地位。在诺克斯同年起草的教会宪章（即《苏格兰第一誓约》）中，诺克斯以加尔文的"两个国度"思想为根据，表述了他的政教分离观点：

> 一个基督徒的共和国，应被设想为一种"政教分工协作"

的模式，教会对人民的幸福负有责任，而政府则行使公共管理的职能。教会应担负起教育后代和救济穷人的职责，它更重要的职责，则是传讲上帝的话和对会众施行惩戒。[1]

与加尔文相比，诺克斯的政治观点无疑更加激进。他像一切真正的加尔文信徒一样充满了超凡脱俗的圣徒意识，以《圣经 · 旧约》中的先知为楷模，代表上帝督促君主和民众遵循上帝的道。[2]他不仅像加尔文那样认为君主的权力来自上帝，当君主违背上帝之道时，下级官员有责任起来反对他[3]，而且直接诉诸民众，表达了一种主权在民的思想。当诺克斯与玛丽女王当面辩论时，女王强调君主的权威是不可侵犯的，诺克斯则明确地表示，君主的权柄来自上帝，“如果君主们越过了他们的界限，那么毫无疑问，臣民就可以进行抵抗，甚至通过权能的方式……这样做并不是对君主的不顺服，而恰恰是对正义的顺服，因为这一举动符合上帝的旨意”。[4]无论是面对女王和权贵，还是面对广大信徒，诺克斯都始终如一地坚持《圣经》的权威和上帝的道，反对对世俗国家和君主的偶像崇拜。他那充满睿智和激情的演讲激起了苏格兰新教徒的昂扬斗志，也令天主教保王党们心惊胆战。当时的英格兰大使是诺克斯的忠实听众，他在写给

1 道格拉斯 · F. 凯利，《自由的崛起：16—18世纪，加尔文主义和五个政府的形成》，2008，第78页。

2 面对人们认为他对女王过于严苛的指责，诺克斯坦然回答道：“上帝愿意把我放在这样一个地位，作为人民和教会的守望者就如以色列中的守望者先知以西结那样。我一切布道的最终目的，是要引导君主和民众完全顺服于上帝的命令……公义的剑是上帝的，如果君主不运用，那么，别的人就会拿起来。”（出自：道格拉斯 · F. 凯利，《自由的崛起：16—18世纪，加尔文主义和五个政府的形成》，2008，第80—81页。）

3 加尔文一方面认为，虽然纠正暴政乃是上帝所施的报应，但是一般民众除了服从和忍受之外，不应该采取其他行动；另一方面又认为，下级官员对上帝负有保障人民自由的责任，他们有权利也有责任起来反抗君主的暴政。参见：加尔文，《基督教要义》（下册），第10版，2007，第4卷第20章第31节。

4 托马斯 · 麦克里，《诺克斯传》，宏恩译，华夏出版社，2008，第179页。

伦敦友人的一封信中形容道，诺克斯一小时讲道的力量“远胜过600只号角在我们耳边持续不断地轰鸣”。

1572年，诺克斯在加尔文教稳固地在苏格兰取得了胜利的情况下辞世，他的传教事业由安德鲁·梅尔维尔来继承。安德鲁·梅尔维尔（Andrew Melville，1545—1622）是一位大学学者，也是改革宗的牧师，他不仅对格拉斯哥大学和圣安德鲁斯大学的教育进行了改革，而且成功地把苏格兰教会由主教制改变为长老制，从而使改革宗教会的管理更加民主化。更重要的是，他继承和发扬了加尔文和诺克斯的“两个国度”与政教分离的思想，既反对苏格兰王室和贵族对教会的控制，也抵制伊丽莎白一世将国家权力置于教会之上的伊拉斯图主义。[1]在为教会起草的《苏格兰第二誓约》中，他明确反对英格兰国王亨利八世将教会裁判权归属于王权之下的观点，认为上帝赋予教会以神圣的宗教裁判权，与世俗裁判权相互分离并各具特色。1596年，当梅尔维尔与詹姆士六世就国王权力问题发生争论时，梅尔维尔像当年诺克斯面对玛丽女王时一样正气凛然地对詹姆士说道：“苏格兰有两个王国和两个国王。基督耶稣是苏格兰教会的元首，苏格尔教会是基督耶稣在地上的疆域。另一个国王詹姆士六世是基督耶稣的臣民，在基督耶稣的疆域里，陛下，您不是国王，而是子民。”[2]

将近半个世纪以后，在威斯敏斯特参与起草不列颠王国关于基

1　伊拉斯图主义（Erastianism）又叫国家万能主义，是一种主张国家高于教会并有权干预教会事务的学说，因16世纪瑞士医生、茨温利派神学家伊拉斯图（Thomas Erastus，1524—1583）而得名。伊丽莎白一世统治时期的英国神学家理查德·胡克（Richard Hooker，1554—1600）进一步发挥了这种观点，他在1594年撰写的《论教会组织的法律》一书中，极力主张国家权力高于教会权力的观点。

2　道格拉斯·F. 凯利，《自由的崛起：16—18世纪，加尔文主义和五个政府的形成》，2008，第90—91页。

督信仰和教会体制的信仰告白（即《威斯敏斯特信条》）的苏格兰教会人士卢瑟福（Samuel Rutherford，约 1600—1661）发表了《法律为王》一书。他在诺克斯和梅尔维尔思想的基础上，进一步将世俗权力的直接根据从上帝颁布的圣约转变为人民缔结的法律，从而把“上帝—国王—人民”的权力关系模式转变为“上帝—人民—国王”的权力关系模式。从卢瑟福的下面这段文字中，我们已经可以看到洛克的天赋人权和主权在民思想的雏形：

> 人民在上帝之下，显然保留着政体的权力来源。因为他们同意授予国王的权力是有限的，人民被允许保留的权力相对于国王则是无限的，并且约束和限制着国王。因此，与人民的权力相比，国王的权力更小。[1]

加尔文出于构建长老制教会和共和制政体的需要，提出了以上帝圣约为根据的贵族式民主思想。到了法国胡格诺派思想家霍特曼、伯撒、莫尔奈和苏格兰长老会改革家诺克斯、梅尔维尔、卢瑟福等人那里，则在反抗君主压迫的情况下，依据圣约（主要是《圣经 · 旧约》）进一步发展出君权来自人民和人民有权反抗暴政的平民民主思想。虽然人民权力的终极根据仍然是上帝，但是现在强调的重点已经不是上帝直接把世俗之剑交给了君主，而是上帝通过人民

1　卢瑟福，《法律为王》，转引自：道格拉斯 · F. 凯利，《自由的崛起：16—18 世纪，加尔文主义和五个政府的形成》，2008，译者前言，第 5 页。该书译者王怡在译者前言中援引作者凯利博士的话说道，1644 年卢瑟福在威斯敏斯特宗教会议期间发表《法律为王》时，洛克正在威斯敏斯特上主日学，他显然深受苏格兰加尔文主义的影响。因此，“洛克以后的清教徒背景的自由主义”，不过“是一种世俗化的加尔文主义”而已。甚至连杰斐逊、亚当斯等美国之父们，最初也是读着莫尔奈的《反对专制君主》和卢瑟福的《法律为王》开始民主启蒙历程的。

把权力赋予世俗统治者，因此人民就成为随时可以收回君主权力的更高主权者。这样一种以宗教信仰为前提的主权在民思想，与从普遍理性（而非上帝圣约）立场出发的自然法学派民主理论已经是殊途同归了。二者都用人民主权论取代了君主主权论，都用“君权民授”思想取代了“君权神授”思想，差别仅仅在于，权力的终极根据到底是《圣经》中的上帝，还是普遍理性或自然法。由于这种差别只是一种形而上学意义上的差别，所以到了理性精神和宽容气氛日益强盛的 17 世纪，它已经变得越来越不重要了。问题的关键在于，在经验的现实层面，到底是君主对人民拥有更高的主权，还是人民对君主拥有更高的主权？至于权力的终极根据到底是上帝还是理性，这已经是无关宏旨了。西方近代自然法学派的重要开创者格劳秀斯在 1625 年出版的《战争与和平法》中指出：“这些被确认为‘自然法’的法律原则将在一定程度上具有有效性，即使上帝是不存在的。”[1] 这种虚化上帝、淡化法律的宗教背景，转而从自然法或普遍理性出发的权利观念，对于后来的霍布斯、洛克、孟德斯鸠、卢梭等自然法学派思想家产生了重要的影响，从而形成了一种以普遍理性作为根据的世俗的法权理论，为西方现代宪政体制提供了重要的思想依据。但是这种世俗化的法权理论（自然法学派），最初显然是受到了加尔文教民主观念的诸多启发，这一点是毋庸置疑的。

有一种观点认为，诺克斯有资格被称为“清教主义的创始人”，清教主义的两点导向原则——以《圣经》为最高权威和主张教会“改革要延伸到根部与枝条”，都是诺克斯明确表述并且付诸实施的。

1　转引自：道格拉斯 · F. 凯利，《自由的崛起：16—18 世纪，加尔文主义和五个政府的形成》，2008，第 33 页。

当诺克斯避难日内瓦期间，他曾经担任过逃亡到那里的英国新教徒的牧师，并且为他们起草了一份教会崇拜的仪文，即“日内瓦典籍”（Geneva Book），以代替英国国教会通用的公祷书。而英国人在日内瓦所建的这个教会，通常被看作第一个清教徒信仰的教会。[1] 关于英国清教主义的情况，将在后面结合英国宗教改革历程来阐述。

加尔文教的更大影响发生在欧洲以外的地方，那就是清教主义对于北美社会生活和政治体制所产生的重要作用。今天的人们通常喜欢把那些道德刻板、拒绝享乐的人称为“清教徒”，但是在 16、17 世纪，清教徒特指那些信奉加尔文教观念、严格按照《圣经》生活并且怀着一种强烈的选民意识来传播福音和改革教会的宗教虔敬分子。1620 年 9 月，一批遭受到英国国教会迫害的清教徒在荷兰居住到十年之后，从英国的普利茅斯乘坐“五月花”号船向美洲新大陆进发。他们在海上漂泊了 66 天以后，于当年 11 月 11 日到达新英格兰马萨诸塞的海岸（后来他们把在北美的这个登陆地点也叫作普利茅斯）。当这些欧洲来的移民登上北美海岸之前，他们在狭窄的船舱里共同签署了一份公约，即著名的《“五月花”号公约》。在这份公约中，签约者们以上帝的名义约定，共同组成一个公民社会，并“将根据这项契约颁布我们应当忠实遵守的公正平等的法律、法令和命令”，以及任命所需要的行政官员。自他们之后，越来越多的欧洲清教徒纷至沓来，据统计，在 1629—1642 年期间，就有 25000 名清教徒来到北美殖民地。他们一方面作为英国殖民地的居民，对英国国王继续表示效忠；另一方面作为基督徒，则坚持加尔文的“两个国度”理念，致力于在一片自由的土地上——新英格兰与老英格

1　参见：钟马田博士，《约翰 · 诺克斯——清教主义的创始人》，出自：托马斯 · 麦克里，《诺克斯传》，2008，代序。

兰相比最大的特点就是清教徒不会再因宗教信仰而遭受迫害——建立一个上帝曾经应许过的神圣共和国。[1]清教主义不仅仅是一种宗教信念，而且更是一种生活方式，满怀选民意识的清教徒们听从上帝的呼召，要到北美殖民地去开创一个属灵的新国度。雪莱对北美清教运动的特点评价道："它始于个人对神救赎恩典的体验，但继而发展到强调选民在这个世界上的传教使命，即按照圣经原则塑造社会……在它强调建立一个严明的神法治下的民族这一点上，它对形成美国人民的民族特征具有重大贡献。"[2]

尽管在北美土地上生活着许多具有不同宗教背景的移民——天主教徒、圣公会信徒、浸信会信徒、贵格会信徒等——但是具有加尔文教信仰背景的人无疑构成了主流，他们包括来自英格兰的清教徒和 18 世纪移民来的"苏格兰–爱尔兰人"。在北美各殖民地，清教徒们一方面恪守殖民地与英王之间的条约（表现为英王对殖民地的特许令），另一方面则遵循他们彼此之间签订的公民盟约，逐渐形成了美国社会最初的一些宪法，如《康涅狄格宪章》（1662）、《罗德岛宪章》（1663）、《马萨诸塞宪章》（1692）等。由于在北美殖民地不存在着一个强有力的集权政府，人们可以通过契约方式来共同缔造一个公民社会，因此加尔文主义的"两个国度"之间的关系就远不像在欧洲大陆那样紧张。相反，二者倒是相互借助，共同促成了一个建立在契约关系——人与上帝的契约（圣约）和人与人的契约（宪约）——之上的新社会。美国学者鲁兹（Donald Lutz）在《美国

1 1630 年，当 400 多名移民从英格兰的南安普顿乘船前往新大陆时，马萨诸塞殖民地的加尔文教传道人约翰·科顿（John Cotton）选用了《圣经·撒母耳记下》第 7 章第 10 节的这段经文为他们祝福："我必为我民以色列选定一个地方，栽培他们，使他们住自己的地方，不再迁移；凶恶之子也不像从前扰害他们。" 17 世纪的清教徒移民们最初确实是怀着在新大陆重建上帝之国的理想来到北美殖民地的。

2 布鲁斯·雪莱，《基督教会史》（第二版），2004，第 331 页。

宪法的起源：殖民地的遗产》一书中把这个新社会称为“混血的美国”，他写道：

> 一个通往具有政治合法性的和有限权力政府的宪政传统，和一种以契约的方式来表达这种根本思想的观念，慢慢形成了。其中混合了英王特许令的传统，公社主义、多数主义的实践，以及被广泛认同的“圣约–宪约”（Covenant-Compact）传统。[1]

在某种意义上，美国社会的形成历程从现实层面上验证了自然法学派的社会契约理论，但是这种契约关系不仅是多重的，而且是在逻辑上和历史上逐渐演进的——从加尔文教的人与上帝的契约关系，到殖民地臣民与英王之间的契约关系，再到美国公民之间的契约关系。因此，当加尔文教建立神圣共和国的信仰与北美宪政建设的实践日益融合，而英王特许令的法律效力却随着英国君主立宪政体的建立而逐渐衰弱时，一个现代宪政体制的美国就应运而生了，上帝的律法就直接体现在公民的自由权利之中。

资本主义作为一种新兴的社会经济–政治模式，最初是在荷兰和英国（包括英格兰和苏格兰）出现的，并且在英国和美国发展成为最经典的形态。而这些国家和地区在16、17世纪这个重要的历史转折时期恰恰是加尔文教成长发展的重镇，这绝非只是一种巧合。事实上，加尔文教不仅以其新教伦理为资本主义的经济活动提供了一种合理性根据（如马克斯·韦伯所言），而且以其圣约律法为资本主义的宪政体制奠定了重要的法理基础。

1 鲁兹，《美国宪法的起源：殖民地的遗产》，转引自：道格拉斯·F. 凯利，《自由的崛起：16—18世纪，加尔文主义和五个政府的形成》，2008，第160—161页。

英格兰的宗教改革

在德国，路德的宗教改革虽然遭到了天主教的巨大压力，但是由于诸侯的支持，信义宗教会在1555年的《奥格斯堡和约》中就获得了合法地位。在日内瓦，加尔文的宗教改革很快就结出了硕果，虽然他的信徒们在法国、尼德兰、苏格兰等地与天主教势力进行了激烈的斗争，但是这些斗争很快就有了结果——加尔文教会或者一劳永逸地得以确立（如在荷兰和苏格兰），或者遭受打击而被边缘化（如在法国）。然而在英格兰，宗教改革的情况却要复杂得多，不仅是新教（包括安立甘教和清教徒）与天主教的冲突一波三折、翻云覆雨，而且英国国教会与清教徒之间的抵牾也经久不衰、愈演愈烈，最终导致了内战的爆发。在16、17世纪，英格兰就如同一个令人眼花缭乱的宗教万花筒，几乎所有的社会问题都与宗教信仰有着千丝万缕的复杂关系。

英格兰的宗教改革源于国王亨利八世的一场离婚案，且不论这场改革本身是否具有某种历史必然性，但是自从亨利八世打开了英格兰宗教改革的闸门之后，一场与欧洲大陆相呼应的改革大潮就超出他的控制奔涌而出了。英格兰的宗教改革也不像德国、瑞士、尼德兰、苏格兰的宗教改革那样，最初在民间爆发，然后逐渐扩散到贵族和上层社会，而是由国王用行政手段自上而下地推行的。但是这场自上而下的国王宗教改革很快就与自下而上的民众宗教改革相冲突了，于是这两场相互联系又彼此对立的宗教改革运动就构成了16—17世纪英格兰社会历史的主要内容。

英格兰人由于其孤悬海外的地理位置，自从英法百年战争（1337—1453）结束以后就不再过多地参与欧洲大陆的政教事务，而是关起门来发展自己的民族实力。同样也是由于地理方面的原因，罗马天主教皇对于英格兰的教务干涉得较少，都铎王朝的统治者与罗马教廷之间保持着比较融洽的关系[1]，他们在信仰方面也都是虔诚的天主教徒。当路德发起宗教改革运动时，英王亨利八世还曾于1521年发表《七圣事辩护》一文，公开谴责路德的宗教主张，并且下令查禁路德的一切著作。这件事令罗马教皇颇为高兴，敕封亨利以“信仰卫士”的称号。从民间的角度来看，英格兰人民也不像德国人民那样对腐败的罗马教会有着如此强烈的道德义愤和民族仇恨。在英格兰宗教改革的起因方面，纯粹神学和道德方面的因素并不突出，而更多是出于政治、经济方面的原因。它的主要目的也不是为了弘扬信仰和纯洁教会，而是为了维护王室的利益和国家的尊严。著名历史学家查德威克（Owen Chadwick）认为：“大体上，在英格兰和丹麦出现宗教改革，是因为一个正在崛起的王权，迫切需要对教会权柄及财产的限制，因为天主教会在君主们面前显得太强大了。而西班牙和法国的情况不同，改教开始之前，这两个地方的王权已在相当程度上实现了对教会的控制。”[2]法国的君主们早在14世纪初就已经把罗马教皇玩弄于股掌之间（“阿维尼翁之囚”）；而宗教改革时代的西班牙国王查理五世则身兼神圣罗马帝国皇帝，大权独揽、雄心勃勃，被宗教改革运动弄得焦头烂额的罗马教皇只能仰承其鼻息。然而，英格兰国王既没有神圣罗马帝国皇帝的名分，也缺乏法兰西国王的野心和诡谲，因此在罗马教皇面前只能低人一等。宗教改革运动恰恰为亨利八世提供了一个扬眉吐气的良好机会。此外，在民间，存在着一种由于岛国环境而培养起来的民族认同精神，这也成

1 都铎王朝于1485年由兰开斯特家族的远亲亨利·都铎建立，一直延续到1603年伊丽莎白一世去世时才为斯图亚特王朝所取代。

2 查德威克，《宗教改革》，转引自：道格拉斯·F. 凯利，《自由的崛起：16—18世纪，加尔文主义和五个政府的形成》，2008，第101页。

为亨利八世敢于与罗马教皇公然决裂的重要原因。教会史家沃尔克写道：

> 亨利八世的统治开始时，英格兰的形势极少有发起一场改革教会现状的运动的可能。不过，当时国民生活中有一个特点是显而易见的，它后来成为亨利得到支持的基础。这就是一种强烈的民族意识的发展——一种英格兰属于英格兰人的感情，要激发这种感情来抵制无论来自何处的一切外国侵略，实在是易如反掌。[1]

亨利八世统治英格兰近四十年（1509—1547），他的原配夫人凯瑟琳是西班牙公主，原本许配给亨利八世之兄，乃是英王亨利七世与西班牙王国缔结的一段政治婚姻。后因亨利之兄早夭，凯瑟琳就改嫁亨利，以继续维持英格兰与西班牙之间的王室联姻。凯瑟琳先后为亨利八世生了六个孩子，但是只有女儿玛丽一人存活。当时英格兰尚无女王临朝的先例，因此亨利对自己的王位继承问题大伤其神。同时这位风流的国王爱上了一位美貌宫女安妮 · 博林，于是他开始为离婚制造理由。《圣经》中有言："人若娶弟兄之妻，这本是污秽的事，羞辱了他的弟兄，二人必无子女。"[2] 据此，亨利认为自己娶其寡嫂为妻是违反上帝律法的，故而上帝的愤怒降临到他的子女身上，使他们死于流产和早夭。他决定通过离婚的方式来悔改，于是在 1529 年向罗马教皇克莱门七世提出了与凯瑟琳离婚的请求。这个请求本来也无可厚非，但是由于凯瑟琳是神圣罗马帝国皇帝查理

1　威利斯顿 · 沃尔克，《基督教会史》，1991，第 454 页。
2 《圣经 · 利未记》，第 20 章，第 21 节。

五世的姑母，而罗马教皇此时为应对路德改革而有求于查理五世，因此他拒绝了亨利的离婚请求。一意孤行的亨利八世一怒之下与罗马教皇反目成仇，决心在英格兰进行宗教改革。1532 年初，在他的压力下，国会通过了一项法令，规定未经国王许可，神职人员不得向罗马教廷缴纳首年圣俸；不久又通过法令，禁止国民向罗马教廷上诉一切案件。1533 年，在由国王本人亲自任命的坎特伯雷大主教克兰默的主持下，英国法庭正式判决解除亨利与凯瑟琳的婚姻；与此同时，亨利与已有身孕的安妮 · 博林的秘密婚姻也被宣布为合法（博林不久后生一女，即为后来的伊丽莎白一世女王）。

亨利的狂妄之举令教皇克莱门七世大为光火，他于 1533 年 7 月 11 日发布了一道诏书，宣布亨利的离婚判决无效，并以开除教籍相威胁。亨利则针锋相对，迫使国会通过了一系列法令，禁止向教皇缴纳贡税，废止一切效忠教皇的宣誓和有利于确立教皇权威的条款。1534 年 11 月，英国国会通过著名的《至尊法案》（Act of Supremacy），该法案明文规定："国王陛下、他的后嗣和继承者，这个王国的诸国王，应取得、接受和被称为那叫作安立甘教会（Anglicana Ecclesia）的英格兰教会在尘世的唯一的最高首脑。"[1]

《至尊法案》的颁布标志着英格兰教会与罗马教会的正式决裂，由此揭开了英国宗教改革的帷幕。这场看起来是由于偶然事件（离婚）而引起的宗教改革，背后却隐藏着更为深刻的原因，那就是英格兰人民对于罗马教会一贯采取的盛气凌人姿态的潜在反感。亨利八世成功地利用了英格兰人民的孤立意识和民族情感，将教皇在英国的权力转移到自己手里。但是他本人并不想走得太远，无论是在

1 参见：蒋孟引主编，《英国史》，中国社会科学出版社，1988，第 302 页。"安立甘"为英文"Anglican"的音译，原意即"英格兰的"。

神学思想还是在教会礼仪方面，他都与罗马教会没有分歧。虽然迫不得已与罗马教皇反目，亨利八世仍然宣称自己是正统的天主教徒，并且明确表示与欧洲大陆的新教徒划清界线。“显然，他的目标是建立一个英格兰天主教会而不是罗马天主教会。”[1] 他把英国宗教改革限制在一个狭小的范围内，其主要内容包括两点：其一是确立英国国王对英格兰教会的至尊地位，其二是剥夺天主教修道院的土地和财产（相当于全国财富的十分之一）。前者有利于加强王权，导致了安立甘宗或英国国教会的产生；后者则在客观上促成了英国新兴资产阶级的产生——在变卖修道院财产的过程中，一些世俗地主和乡村贵族的财富激增，这些新兴的资产阶级成为拥护英格兰宗教改革的最坚决的力量。更为重要的是，修道院土地产权的变动又引起了土地贵族们对公用土地的圈占，开启了英国资本主义的原始积累过程，从而为伊丽莎白时代的经济繁荣创造了条件。

亨利八世点燃了英格兰宗教改革的导火索，但却不希望它引起剧烈的爆炸，充其量只是想震慑一下罗马教皇而已。1539 年，亨利促使国会通过了“六条教规”，该教规的正式名称为“废除不同信仰法案”（An Act for Abolishing Diversity in Opinion），它表明了亨利试图与罗马天主教会重修旧好的意愿。该教规重申圣餐“化体说”、教士独身、私人弥撒、秘室忏悔等天主教教规，将否定这些教规的人判为异端。“六条教规”引起了国内新教徒和欧洲大陆新教教派的强烈不满，激化了天主教徒与新教徒之间的矛盾，从而使英格兰成为“各种宗教流派诞生与实验的大本营”。亨利一旦开启了英格兰宗教改革的“所罗门魔瓶”，激进的新教徒们就迫不及待地试图把改革推向更加彻底的程度。他们接受了加尔文教更加激进的宗教观点，

1 布鲁斯 · 雪莱，《基督教会史》（第二版），2004，第 300 页。

要求清除安立甘教会中的天主教成分，允许教士婚娶，废除秘室忏悔制度，在宗教仪式中用英文取代拉丁文，等等。于是，亨利在执政的晚年就不得不面临着来自两个相反方面的威胁——他既要伸出右手来对付罗马天主教会，又要伸出左手来对付国内的新教徒。法国历史学家基佐（François Guizot）指出："宗教改革，这是一个专制君主在英格兰宣布的，它是在专制暴政中开始的；改革刚刚诞生，它就对自己的党徒和仇敌们一概加以制裁。亨利八世，一只手立起断头台以杀天主教徒，另一只手却堆积柴草，以活烧基督徒，因为他们不肯接受信条，不肯赞成他对于新教会的统治。"[1] 对于亨利八世的这种充满了妥协性和内在矛盾的宗教改革，剑桥大学历史学家 G. R. 埃尔顿教授评价道：

> 在这些年代，从表面看教会是名副其实的亨利派教会：在教义上和罗马一样是天主教的，但作为基督徒的团体则是和罗马决裂了的。可是从一开始大陆上反教皇的新教的存在便使这种带有个人特异性的妥协处于危险之中。改革派迟早会壮大；"亨利派"迟早会认识到，假如他们放弃国王至上的立场，他们便只能保持天主教的信仰……亨利的改革的本质在于主权民族国家对在英格兰的教会的胜利；宗教方面的变革——信仰和教义的变革——只是在亨利去世以后才具有了头等重要的地位。[2]

亨利改革的这种特点，即主权国家对教会的胜利，成为英国国教会后来一以贯之的基本原则，它与伊拉斯图主义是同气连枝的，

---

1 F. 基佐，《一六四〇年英国革命史》，伍光建译，商务印书馆，1985，第 25 页。

2 G. R. 埃尔顿编，《新编剑桥世界近代史（第 2 卷）：宗教改革（1520—1559 年）》，2003，第 313—314 页。

但却与加尔文教的政教分离观念背道而驰，由此埋下了日后英国清教徒与国教会之间长期龃龉的根源。

亨利死后，英格兰的宗教势力分为三派：一部分英格兰人继续保持亨利的不偏不倚的宗教态度，在罗马天主教和新教之间走钢丝；另外两派分别为力图恢复教皇权力的天主教徒和试图全面推行大陆宗教改革路线的新教徒。年幼的爱德华六世——他是亨利的第三位妻子简·西摩所生——继位以后，以萨默塞特公爵为首的摄政大臣将政策向新教一边倾斜，废除了“六条教规”。另一位大力推进新教信仰的是坎特伯雷大主教克兰默（Thomas Cranmer，1489—1556），这位被亨利八世亲自任命的坎特伯雷大主教（英格兰教会最高圣职），曾经主持判决了亨利的离婚案。1549 年，他又发布了供英格兰教会使用的崇拜礼仪书，即《公祷书》（The Book of Common Prayer），该书虽然仍然保留着一些天主教的残余，但却比亨利时期颁布的教会文件大大地靠近新教立场了（该书后来几经修改，至今仍然是普世圣公会所使用的崇拜文本）。此外，他还编写了《四十二信条》，而参与审定这个信条的神学家中就有正在担任爱德华六世的宫廷牧师的苏格兰人约翰·诺克斯。

1553 年，体弱多病的爱德华六世夭折，英格兰的王权落到了他的同父异母姐姐玛丽的手中。玛丽是亨利的第一位妻子凯瑟琳所生，她对自己母亲的不幸命运满怀同情和怨恨，对天主教信仰则充满热忱。执政之后，她开始在其表兄神圣罗马帝国皇帝查理五世的支持下，在英格兰全面恢复天主教的统治。她重新在教会中恢复了天主教的崇拜仪式，对支持其父亲离婚的新教徒进行报复。在执政的五年中，玛丽将 300 多名新教徒送上了火刑架，其中包括那位曾经为她父亲主持了离婚判决仪式的坎特伯雷大主教克兰默（“血腥的玛丽”因此而得名）。由罗马教皇任命的坎特伯雷大主教波尔走马上任，英格兰人的宗教生活似乎又恢复到1534年《至尊法案》颁布以前的状况。但是，已经从宗教改革中得到好处的英格兰土地贵族和其他阶层却构成了玛丽倒行逆施的巨大障碍，对于这样一个强大的既得利益者的阵营，玛丽也束手无策。因此，尽管国会于1554年宣布恢复教皇在英格兰教会中的至上权威，玛丽也不得不承认了由现在的所有者继续占有修道院财产的既成事实。

1558年玛丽去世，她的同父异母妹妹伊丽莎白一世继任王位，这位女王如同其父亨利八世一样善于利用英格兰人的民族情感和致力于发展英格兰的国家利益，对宗教问题则采取一种更加灵活和宽松的策略。她改变了两位前任的偏颇立场，开创了一种兼收并蓄和宽容敦厚的时代气氛，为天主教和新教在英格兰的和平共处提供了条件。在伊丽莎白时代，英国国教会最终形成，1571年国会颁布的《三十九条信纲》是一部兼顾了天主教和新教利益的教规，它成为英国国教会的宪章。伊丽莎白再次重申了英王是英国教会首领的观点，并且把《公祷书》指定为全国教会崇拜时的统一用书。但是此时英格兰教会中要求进一步深化改革的力量也在日益增长，他们要求清除国教会中的天主教残余，按照加尔文教的观点来纯洁信仰和治理教会。这些激进的改革者被当时的人们嘲讽地称为“清教徒”。清教徒们的要求不仅限于宗教方面，而且表现在政治方面，即按照加尔文的政教分离思想来消除国家对教会的控制。

在长达45年的执政期间，伊丽莎白一方面排除来自罗马教会、苏格兰女王玛丽·斯图亚特和西班牙天主教势力的干扰，另一方面遏制国内清教徒的激进要求，同时又从这对立的两端中汲取对英格兰的经济、政治发展有利的因素。这种兼收并蓄的温和立场有利于培养岛国人民相互认同的民族感情，使他们在面对外来威胁时能够放弃宗教信仰上的分歧而同仇敌忾。英国国教会在宗教神学方面并没有什么鲜明的思想特色，一切宗教观点的取舍均以对英格兰国家发展有利为唯一准则。就此而言，英国国教会的灵魂就是所谓的伊拉斯图主义，即主张国家主权高于教会并有权干预教会事务。这种思想在英国神学家理查德·胡克于1594年出版的《论教会组织的法律》一书中得到了强化，该书根据亚里士多德和托马斯·阿奎那的自然法理论，为政府的至上权力提供了一种世俗性的根据。胡克所复兴的自然法思想主宰了英国国教会的神学观点，使得国教会在一切宗教问题上都始终强调国家的立场，这样就与加尔文教和清教徒们根据圣经信仰而提出的政教分离主张处于尖锐的矛盾之中。但是，伊丽莎白时期国教会的伊拉斯图主义多少还具有一些灵活的特点，尽可能对各种不同宗教观点采取包容的态度。美国史学家布林顿评论道："此英国教会，基本上为一保守的新教教会；纵非奴性的伊拉斯图式的，然尊重行政权力，在教理与礼拜仪式上接近罗马公教教会，缺乏新教清除此世的热诚：但此教会于其富有弹性的控制之下——此项比喻实甚确切，因为英国人性情惯能伸缩——仍维系满坑满谷可能性的叛徒，其中有人可能投向罗马，或投向日内瓦，或直接投向天国。"[1]

然而，即使这种温和宽松的气氛也不可能真正消解各种宗教观点和教派之间的深刻抵牾。在伊丽莎白时代，天主教的复辟势力虽然遭到了沉重的打击，但是清教徒深化改革的要求也同样处于受压抑状态。到了伊丽莎白执政的晚期，英格兰的主要宗教矛盾已经由新教徒与天主教徒之间的对立转变为英国国教会与清教徒之间的冲突。最激烈的批评也已经不再来自天主教徒，而是来自清教徒，他们对《三十九条信纲》表现出强烈不满。相应地，伊丽莎白在对待

1　布林顿，《西方近代思想史》，2005，第72页。

清教徒的态度上也比对待天主教徒更加严厉。但是在伊丽莎白统治时期，清教徒与国教会之间日益激化的矛盾并未爆发出来，这与伊丽莎白长期治理英格兰的威望，以及人们感念她曾经从“血腥的玛丽”手中拯救了新教事业的功绩有关。

1603年，伊丽莎白一世去世，由于她终身未嫁，而都铎家族亦无其他子嗣，因此英格兰的王冠就落到了都铎家族的远亲苏格兰国王詹姆士六世的头上。詹姆士成为大不列颠的国王，改称詹姆士一世。詹姆士与他的儿子查理一世都是“君权神授”和君主专制理论的热心鼓吹者，他们力图将英国国教会的国家至上原则推向极致。面对清教徒用长老制来取代国教会中的主教制——清教徒坚持认为主教制是天主教的残余——的改革要求，詹姆士一世明确表示：“没有主教，就没有国王。”在他看来，君主与长老会之间的关系就如同上帝与魔鬼之间的对立一样，是不可调和的。查理一世在对待清教徒的憎恶态度上比他父亲更有过之而无不及，他任命极端仇视清教徒的洛德为坎特伯雷大主教，后者则鼓动查理一世像法国天主教首相黎塞留一样残酷无情地对付加尔文教徒。詹姆士一世和查理一世的专制暴政激起了清教徒们更强烈的反抗，英国国教会越是紧密地与君主专制的政治体制融为一体，新教徒们就越是清醒地认识到，他们与国教会的对立同时也就是与专制政体的对立。于是，宗教上的抵牾就日益转化为政治上的冲突，即人民民主与君主专制之间的对立。这种对立是不可调和的，它只能通过一种途径来加以解决，这种途径就是社会革命。

英格兰的宗教改革从一开始就包含着两种不同的要求，即国王的要求和人民的要求，毋宁说它是两股合力的一个结果。这两股力量分别产生于英格兰的王室利益和欧洲大陆的宗教改革感召（尤其是加尔文教的感召）。自从亨利离婚案把二者的命运暂时拧结在一起后，它们曾经共同经历了玛丽时代的苦难和伊丽莎白时代的磨合。但是这种联合毕竟只是临时性的，当它们共同的敌人天主教势力已经在国内呈现出一蹶不振的态势时，它们之间的分裂就成为不可避免的，因为它们从一开始就代表着两种完全不同的改革方向：

> 君主的改革，是动摇不定的，是有奴役性的，是联系尘世的利益多于教旨的信仰的，它一看见使宗教改革得以产生的运动就害怕起来。这种改革虽然要与天主教义分离，但在分离过程中却要从天主教的教义里，保留其一切可以保留的东西。而人民的宗教改革却不然，它是自发的，热烈的，藐视尘世利益，接受改革原则所带来的全部后果——一句话，人民的宗教改革，是一场真正的道德上的革命，是以信仰的名义和热忱从事的改革。[1]

1637年，查理一世试图以武力为后盾，将国教会中高教派的崇拜仪式强加给苏格兰教会。[2]此前，詹姆士一世曾强迫苏格兰长老教会接受了主教制，已经引起了苏格兰人的极大愤慨，查理一世的火上浇油行为终于激起了苏格兰人的反抗。苏格兰贵族、中产阶级、牧师和人民群众共同组成了“国家盟约”派，苏格兰教会在格拉斯哥召开宗教会议，废除了主教制，重新确立了长老制。“国家盟约”派的军队在战场上挫败了查理一世的军队，为了筹集军费以镇压苏格兰人的起义，查理一世召开了已经被解散11年之久的国会。

1　F. 基佐，《一六四〇年英国革命史》，1985，第25页。

2　“高教派”（High Church）指英国国教会中严格遵循天主教传统礼仪和教阶制度的派别，而与之对立的主张淡化天主教因素、倾向加尔文教思想的派别则叫作“低教派”（Low Church），后者对清教徒运动采取一种同情的态度。

然而，无论是短期国会还是长期国会[1]，都让查理一世产生了一种大权旁落的感受，他的君主专制权威已经明显地受到了清教徒的政教分离原则和英国《大宪章》运动以来的“王在法下”传统的有力抵制。1643 年，尽管遭到国王的坚持反对，英格兰国会仍然决议召开了威斯敏斯特宗教会议。一些苏格兰长老会的代表参与了会议，与英格兰教会的代表们（大多数是清教徒）一起讨论了教会治理、信仰告白等问题。经过几年漫长的争论与协商，最终形成了《威斯敏斯特信纲》。该信纲以加尔文教义为理论基础，废除主教制，采取长老制。信纲后来分别被苏格兰国会和英格兰国会（经修改后）通过，成为英伦三岛的新教教会共同接受的信仰告白，并且随着清教徒移民而进入北美，成为英、美世界的长老会、公理会、浸信会等教会中最具影响力的信纲。

虽然英格兰国会和威斯敏斯特会议代表在关于教会权力等问题上存在着较大分歧（国会坚持国家权力至上的伊拉斯图主义，宗教会议的大多数代表则主张加尔文的政教分离观点），但是大家对待国王的态度却是一致的，那就是运用法律来限制或剥夺国王的绝对专制权力。事实上，国会在 1642 年内战爆发以后就已经取代了国王的权柄，成为国家的新象征和国家主义的代表；而查理一世则在屡屡组织叛乱失利之后，于 1649 年 1 月 30 日被克伦威尔的护国政府送上了断头台。克伦威尔当政时期实行宗教宽容政策，各种宗教派别在国会中争吵激烈，但却能够同舟共济。克伦威尔死后，斯图亚特王朝在英国复辟，查理二世上台后不久就重新恢复圣公会的主教制

1 1640 年 4 月，查理一世为筹集军费而重新召开国会，然而国会却拒绝了国王的财政要求，查理一世于是解散了这届为期三周的国会，此即“短期国会”。半年以后，查理再次召开国会，这届国会持续了 13 年，故曰“长期国会”。在长期国会中，反对国王的清教徒和长老会成员占了明显优势。长期国会成为英格兰人民反对国王专制的重要基地，引发了英国资产阶级革命。

度，并对“不从国教者”进行迫害。1662年，国会在查理二世的授意下通过了《克拉伦登法案》，明文禁止圣公会以外的其他教会——长老会、公理会、浸信会、贵格会以及天主教会——的宗教活动。到了詹姆士二世执政时期，这位在英国革命期间逃亡法国并皈依天主教的国王更是试图在英国恢复天主教的统治。面对着这种倒行逆施的做法，英国人民再次起来反抗。1688年，国会中激进的辉格党与保守的托利党联合起来，废黜了詹姆士二世的王位，邀请其女儿玛丽和女婿奥伦治亲王威廉（二人皆为新教徒）从荷兰回英国继承王位。这就是英国历史上著名的“光荣革命”。次年，国会又通过了《权利法案》，在英国确立了有限君权的立宪政体。虽然圣公会仍然被确立为国家教会，国家主义或伊拉斯图主义仍然为英格兰教会的基本宗旨，但是对待其他教派的态度已经明显地转向宽容了。从实质上来看，一个立宪政治的时代是与一种宗教宽容的氛围相适应的。英国立宪政治虽然受到具有启蒙意义的自然法思想的重要影响，“但是，最终在英国得以确立的有限君主制（立宪君主制）仍然应该归功于那些筚路蓝缕的加尔文主义的前辈们”。[1]

1 道格拉斯·F. 凯利，《自由的崛起：16—18世纪，加尔文主义和五个政府的形成》，2008，第151页。

第8章　从对抗到共存

再洗礼派及其历史影响

在宗教改革运动中，君主、贵族改教与人民群众改革之间的差别不仅存在于英格兰，而且存在于欧洲大陆。君主和贵族们的改教过程往往是与政治、经济上的利益联系在一起的，他们通过手中掌握的世俗权力来推动或支持宗教改革，结果导致了新教各支主流教派的确立和近代民族国家的崛起。[1]但是完全源自下层民众的宗教改革运动却在16世纪遭受了极其悲惨的命运——比清教徒的遭遇更加糟糕的是那些试图在信仰和道德方面推行更激进的改革运动的再洗礼派信徒，他们不仅遭到天主教势力的残酷迫害，而且受到了路德

1　这一特点在路德宗和安立甘宗的改革过程中表现得非常明显，路德宗得到了德国诸侯的支持并且通过《奥格斯堡和约》的确认而成为诸侯国的官方宗教，在斯堪的纳维亚也被一些国家的统治者确立为国家宗教；安立甘宗从一开始就是由国王创立的，不久即成为英国国教会。加尔文宗的情况虽然有所不同，它源于一场平民化的改革运动，但是在日内瓦，加尔文教实际上就是官方宗教。虽然在法国、苏格兰等地的加尔文教徒主张实行政教分离，那只是由于他们当时正处于官方的天主教的压迫之下。而在法国西南部一些胡格诺派贵族的领地中，以及在长老会已经得以确立的苏格兰，加尔文教信仰实际上也已经与当地的世俗政权相结合了。

派、加尔文派等主流教派的共同遣责。甚至连曾经在思想上对再洗礼派产生了重要影响的苏黎世改革家茨温利，也默认了市政当局对再洗礼派的血腥镇压。

与路德改革注重神学的特点相比，茨温利在宗教改革中更加强调道德实践因素（在这一点上，加尔文教深受茨温利的影响）。此外，“茨温利甚至比路德更加严格地遵循《圣经》。那位维腾堡人拒绝认可《圣经》禁止的任何事；而茨温利则弃绝《圣经》没有规定的任何事。正是由于这个原因，苏黎世的改革运动除去罗马教会的很多传统象征：蜡烛、雕像、音乐和图画。后来在英格兰，人们把这种精神称为‘清教主义’”。[1]但是，再洗礼派甚至比茨温利和“清教徒”更加强调要严格地按照《圣经》来生活。再洗礼派的几位创始人格雷贝尔（Conrad Grebel，约 1498—1526）、曼茨（Felix Manz，约 1498—1527）、胡布迈尔（Balthasar Hubmaier，1480—1528）等人不仅在 1523 年即遵照茨温利的思想要求废除圣像，取消弥撒，还从《圣经 · 新约》的教导和使徒时代的宗教团契中产生了对婴儿受洗效力的怀疑。他们坚持认为，在《圣经》中从来没有记载过婴儿受洗的情况，而使徒时代的宗教团体是由一些在信仰方面自觉接受基督教诲、愿意追随耶稣生活的人组成的。面对当时所有婴儿一生下来就受洗、人人生来就是基督徒的现实状况（或曰“社会即是教会”），格雷贝尔等人表示了强烈的质疑。他们主张只对那些真诚而自由地追随基督、在个人灵性上经历了重生的人施洗，拥护这种观点的人被当时的反对者——据说首先是被茨温

1 布鲁斯 · 雪莱，《基督教会史》（第二版），2004，第 279 页。

利——讥讽地称为“再洗礼派”（Anabaptism）。[1] 虽然按照胡布迈尔的说法，茨温利本人最初也是赞同他们的观点的，只是后来他才站到了再洗礼派的对立面上。

1525 年 1 月 17 日，格雷贝尔等人在苏黎世市政会与茨温利举行了一场关于洗礼问题的公开辩论，结果茨温利的观点占了上风。于是市政会在第二天下令要求所有的父母都必须给婴儿施洗，否则就要将他们逐出苏黎世。几天以后的一个晚上，一群志同道合的“瑞士兄弟会”成员来到苏黎世近郊曼茨的家中，由格雷贝尔按照使徒的方式首先给一位原天主教神父布劳洛克（George Blaurock，约 1491—1529）进行了洗礼，然后布劳洛克又开始给其他人施洗。这样，宗教改革运动中的另一个重要派别——再洗礼派就应运而生了。

几天以后，这些最初的发起者们又给附近村庄的一些民众进行了洗礼，他们采取了让受洗者的身体浸入河水或溪水中的方式来完成洗礼（故而称为“浸礼”），一场具有狂热特点的群众性信仰复兴运动由此拉开序幕。苏黎世市政会深感恐慌，他们下令把那些重新受洗的人淹死在水中，这显然是对浸礼仪式的一种讽刺。1527 年年初，曼茨成为再洗礼派的第一个殉道者，格雷贝尔在此前不久因染上瘟疫而去世（一说死于狱中），胡布迈尔则在四处流亡之后于 1528 年被奥地利当局逮捕并处以火刑。其他再洗礼派信徒们纷纷逃离苏黎世，来到荷兰、德国、意大利等地继续传布他们的信仰；还有一部分再洗礼派信徒加入了德国农民战争，失败后惨遭屠

1 “再洗礼派”这一名称最初是出于对格雷贝尔等人主张的一种有意误解。实际上，格雷贝尔等人从根本上否认婴儿洗礼的效力，他们强调只有那些具有自由意志的皈信者才有资格受洗。可见，他们所主张的并不是“再洗”或“重洗”，而是自由地受洗。格雷贝尔本人就拒绝让自己新生的儿子受洗，他的做法影响了周围的许多父母，他们都像格雷贝尔一样拒绝让新生婴儿受洗。

杀。1527年，再洗礼派在德国的奥格斯堡召开了一次宗教会议，这次会议后来被称为“殉道者会议”，因为与会者后来在奔赴各地传教时几乎全部以身殉教。同年早些时候，另一位再洗礼派领袖迈克尔·萨特勒（Michael Sattler，1490—1527）在瑞士与德国的边界小镇施莱特海姆召开了一次宗教会议并草拟了著名的《施莱特海姆信纲》。《施莱特海姆信纲》一共包括七点内容：洗礼只施予“已经知道忏悔并在生活中改正……和生活在基督耶稣之复活里的人”；若会员在三次劝诫之后仍继续犯罪，则予以革除教籍；圣餐只能由受洗者领取，具有纪念意义；远离世俗的一切邪恶之事，“一切非基督教的、魔鬼的暴力武器，诸如剑、盔甲之类及其使用，都应离开我们”；牧师的职责是劝诫、教导和帮助教会中的信众，并应得到教会的支持；不可使用武力，不诉讼和不承担地方行政职务；严禁发誓。[1]会后不久，萨特勒就被奥地利当局逮捕并烧死，但是他起草的《施莱特海姆信纲》却成为再洗礼派共同信奉的基本信条，而且，“上述这些思想在不同程度上表现在后来的浸礼宗、公理宗、贵格会的教义中，并通过这些教派对英美两国的宗教发展产生深远影响”[2]。

1529年，斯拜耶宗教会议宣布再洗礼派为“异端”，天主教徒和路德教徒都同意要对这些“异端分子”处以极刑，成千上万的再洗礼派信徒死于水淹或火烧。同年，第一个受洗而成为再洗礼派信徒的布劳洛克在前往意大利传教的途中被捕并被烧死在火刑架上，他的继承者胡特尔（Jacob Hutter，约1500—1536）开始转向摩拉维亚。在此之前，胡布迈尔也曾来到摩拉维亚，在当地

1 《施莱特海姆信纲》的内容详见：G. R. 埃尔顿编，《新编剑桥世界近代史（第2卷）：宗教改革（1520—1559年）》，2003，第161页。

2 威利斯顿·沃尔克，《基督教会史》，1991，第417页。

封建领主的庇护下组建了一个兄弟会社团，成员迅速增长到数千人。但是不久以后，摩拉维亚的再洗礼派发生了分裂，虽然胡布迈尔坚持主张理性的路线，但是越来越多的信徒却卷入一场启示主义的千禧年运动热潮中。胡布迈尔殉道后，胡特尔开始把分裂的教派重新整合起来。在他和一些后继者的努力之下，“胡特尔兄弟会”在摩拉维亚、匈牙利、乌克兰等地稳固地扎下根来，其成员之间实行一种共同劳动和财产分享的共产主义式制度。18 世纪以后，胡特尔派（Hutterites）的理念与再洗礼派的另一直系支脉门诺派的长老阿曼（Jacob Amman，1644—1730）所创立的阿米胥派（Amish）相融合，于 19 世纪 70 年代以后传入美国。今天人们在美国俄亥俄州、宾夕法尼亚州等地看到的那些赶着马车穿过大街的男人和头戴无檐呢帽的妇女，就是再洗礼派在现代社会中的传人。

尽管遭受了惨无人道的迫害，再洗礼派仍然在德国、荷兰等地的下层民众中迅猛发展起来。特别是在德国农民起义失败以后，悲观失望的农民们纷纷到再洗礼派所宣扬的千禧年的社会平等理想中去寻找慰藉。再洗礼派的草根性特点使得它难以像路德教一样被贵族所接受，而且 1525 年的德国农民起义已经令贵族们对下层民众的任何运动都深感恐慌（也令天主教会和路德派心有余悸），所以尽管再洗礼派的主要领袖们都大力宣扬和平主义思想，反对使用任何暴力，但是这场运动仍然激起了教会和世俗政权的共同仇恨。历史学家埃尔顿在评价再洗礼派的特点时写道：“这些男男女女有一个共同特点：他们与任何国家的宗教都不相符，因此他们无论走到哪里，都会触犯政教同一的原则。他们还有另一个共同特点：再洗礼派运动是在下层群众中传播的，正是由于这一点，他们才如此频繁地遭到迫害。这个运动具有强烈的社会抗议的因素和（像人们所认为的那样）革命的危险。”[1]面对残酷的迫害，再洗礼派的许多信徒都效法早期教会的殉道者，在狂热信仰的鼓舞下表现出一种视死如归、大义凛然的姿态。教会史专家布鲁斯·雪莱记载了一位年轻母亲写给自己尚在襁褓中的女儿的信，这位婴儿的父亲已经因为参与再洗礼派而被处死，她的母亲在生下她之后马上也要被押赴法场。在信中，这位母亲写道：

> 我最亲爱的孩子，愿神的真爱坚固你，你还这么小，而我不得不让你独自留在这个邪恶、罪恶、败坏的世界中。
>
> ……不要以我们为耻；这条路先知和使徒们也曾走过。你亲爱的父亲用他的血证明它是真正的信仰，我也希望用我的血来再作见证，尽管我们的血肉之躯会留在火刑柱上，但要知道将来我们还会相见。[2]

再洗礼派的主要特点并不在于反对婴儿受洗（这只是它的一个起因和表面特征），而在于要求一种信仰自由和社会平等的权利，它要进行比路德派更加彻底的宗教改革和社会改革。如果说路德试图将基督教带回到新约使徒时代的纯真信仰中，那么再洗礼派则要把基督教带回到旧约弥赛亚主义的末世论和千禧年理想中。这种理想最初出现在苦难的犹太民族期盼社会解放的呼求中，后来在中世纪的一些下层民众运动（如华尔多派等）中不断地再现，并且与神秘主义思想相结合，形成了一种具有狂热的启示主义色彩的社会解放福音。按照这种千禧年主义的观点，整个现实世界处于一种罪恶的

1 G. R. 埃尔顿编，《新编剑桥世界近代史（第2卷）：宗教改革（1520—1559年）》，2003，第7—8页。

2 布鲁斯·雪莱，《基督教会史》（第二版），2004，第281页。

末世之中，上帝将选派一位世俗统治者（大卫王）来治理世界，开创长达一千年之久的幸福岁月。在这一千年中，基督也将再次降临人间，与复活的圣徒们共同统治世界，人类所期望的和平和公义终将在大地上实现。在千禧年主义中包含着一种乌托邦式的社会理想，在宗教改革运动中，最强烈地表达了千禧年主义并把这种理想付诸实施的领袖人物就是托马斯·闵采尔。

托马斯·闵采尔（Thomas Müntzer，约 1489—1525）原本是一位天主教神父，早年受过良好教育，谙熟古典文化，并潜心钻研过神秘主义者陶勒尔等人的著作。1517 年，闵采尔来到维腾堡，受到路德神学思想的影响，投身于宗教改革阵营。后来他先后来到茨威考和波希米亚等地，与胡斯派传人和再洗礼派思想先驱施托赫等人相联系，彼此在关于“千禧年”即将来临的主张方面不谋而合。1522 年，闵采尔回到德国图林根地区的阿尔斯特德城出任神父，开始提出比路德更加激进的宗教改革和政治改革主张。闵采尔否认《圣经》是唯一无误的启示，认为真正的启示是理性的觉醒，是“心灵之光”的内在照耀（受陶勒尔等神秘主义者的影响）。通过这种神秘的启示，人人都可以进天国。天国并非在来世，而是就在现世，在即将来临的千禧年国中。在这个由基督亲自治理的理想国度中，没有私有制和阶级压迫，没有邪恶和欺诈，只有幸福、平等和公义。但是这个美好的千禧年国不是等来的，要靠信徒们去争取、去建造，在它来临之前，“整个世界必须忍受一次大震荡”。与路德的和平主义基调不同，闵采尔主张暴力革命，他在传道中宣称:“基督就说:‘我来并不带来和平而是带来刀剑。’……不要有这种浅陋的看法，认为主的力量应当勿需你们刀剑之助就可做到这件事，果真如此，你们的刀剑就要在鞘中生锈了。凡是违背主的启示的人们，都必须毫无慈悲地消灭掉……否则基督教会就不会回复本来面目。我们必须在收获的时节在主的葡萄园里拔除莠草。”[1]闵采尔不仅是一个宣传鼓动家，而且是一个革命实践者，他把他的激进理论付诸社会改革的实践中。1524年，他在南德意志的各个城市发动、组织农民和平民，筹划全德大起义，斯瓦比亚地区起义者的第一个斗争纲领《书简》就是在闵采尔的影响下制定的。1525年3月，闵采尔在德意志中部城市米尔豪森领导平民起义，成立“永久议会”，成为该城的实际领导人。他号召人民废除官府，撕毁与贵族订立的各种契约，将一切土地收归农民所有，实行共同劳动和财产公有制度。同年5月，起义军在弗兰肯豪森与诸侯联军决战失利，闵采尔负伤被俘，在受尽严刑折磨之后，慷慨就义，临死前高呼：“千年王国一定会实现！”

路德的改革是一种纯粹意义上的宗教改革，他并不想改变现实的政治经济状况；而闵采尔不仅要进行宗教改革，而且要进行社会改革。路德提倡的是信仰中的精神自由，除了信仰自由之外，闵采尔还要求经济上和政治上的平等。路德和闵采尔都受到德国神秘主义的影响，但是闵采尔的神秘主义却比路德的更加狂热得多。路德在精神世界中与上帝进行了神秘交往之后，还能够头脑清醒地回到现实世界中来；而闵采尔一旦狂热起来，就陷入了一种虚幻的乌托邦（千禧年国）中不能自拔，甚至还坚信自己就是那个带来福音的弥赛亚。“他认为，宗教改革运动的目标应是建立一个选民的教会，这个教会将导致正义与博爱的新的社会秩序的产生。他称路德为‘维腾堡的行尸走肉’，斥责他拒绝从福音的再发现中衍生出关于道德和社会生活的新法律；他主张若有必要应以流血革命来推翻教士

1 转引自：张绥，《基督教会史》，上海三联书店，1992，第306页。

的不义统治。难怪时机一到他就成了农民叛乱的领袖之一。”[1]由于闵采尔这种激进的暴力革命倾向，路德在《为反对叛逆的妖精致萨克森诸侯书》一文中把他称为“撒旦的工具”。路德曾不止一次地邀请闵采尔到维腾堡大学来进行公开辩论，但是闵采尔对这种咬文嚼字地考究教义的活动不感兴趣，他所热爱的是到人民大众中间去传播暴力革命的福音。路德对于闵采尔的这种不符合上流社会教养和规范的狂热深恶痛绝，以至当1524年秋天闵采尔来到纽伦堡进行秘密煽动时，路德惊慌地大叫：“看吧，撒旦又在此出没了，阿尔斯特德的妖精！”而对于闵采尔煽动起来的德国农民起义，路德一改和平主义的立场，在《反对杀人越货的农民暴徒》一文中公开呼吁市民、贵族、诸侯们拿起刀剑，“戳碎、扼杀、刺死”那些起义的农民。

如果说英国的托马斯·莫尔（Thomas More，1478—1535）在他那本著名的小册子《乌托邦》中第一次展现了近代空想共产主义的理想蓝图，那么闵采尔则在德国米尔豪森的农民起义中第一次将这种理想付诸实施。恩格斯在分析闵采尔的千禧年运动的共产主义性质时说道：

> 正如闵采尔的宗教哲学接近无神论一样，他的政治纲领也接近于共产主义。……这个纲领要求立即在地上建立天国，建立早经预言的千载太平之国……闵采尔所了解的天国不是别的，只不过是没有阶级差别，没有私有财产，没有高高在上和社会成员作对的国家政权的一种社会而已。所有当时政权，只要是不依附和不加入革命的，都应推翻，一切工作一切财产都

1 威利斯顿·沃尔克，《基督教会史》，1991，第399页。

要共同分配，最完全的平等必须实行。[1]

闵采尔发动的千禧年运动由于缺乏现实的政治经济基础，因此注定了失败的命运，闵采尔本人也成为近代共产主义运动的第一位殉道者，但是他的思想却深深地影响了再洗礼派。1524年，闵采尔就与瑞士改革派的一些激进成员有过接触，虽然后者拒绝接受他的暴力革命主张。再洗礼派的创始人之一胡布迈尔就是闵采尔的挚友，闵采尔在农民起义军中的一位部下汉斯·胡特后来成为摩拉维亚再洗礼派中大力宣传千禧年主义的领袖之一，1534年建立闵斯特公社、自封“大卫王”的再洗礼派领导人詹·博克尔松也是闵采尔思想的热心鼓吹者之一。

1534年，一些来自尼德兰的再洗礼派移民控制了德国威斯特伐利亚地区的闵斯特城，他们的领袖是一位名叫詹·马蒂斯的面包师。马蒂斯以先知以诺自居，他像闵采尔一样号召人们用暴力来推翻这个邪恶的世界，宣称上帝已经选择了闵斯特城作为“新耶路撒冷”。不久以后，马蒂斯在与围城的军队作战时身亡，詹·博克尔松成为闵斯特城的新领袖。这位来自莱顿的裁缝自封为“大卫王”，他不仅继续强行推进马蒂斯的财产公有制度，而且根据当时闵斯特城男少女多的现状（男人约1700人，妇女人数是男人的4倍），公然提倡多妻制。他本人就娶了16名妻子，包括他的前任马蒂斯的遗孀。此举与基督教历来奉行的一夫一妻制相冲突，因此遭到了许多人的反对，也给再洗礼派的敌人们提供了镇压的良好借口。在坚持了16个月以后，闵斯特城终于在天主教军队和路德派军队的联合围剿下沦陷，博克尔松和大批再洗礼派信徒惨遭杀戮。闵斯特公社的实践悖

1　恩格斯，《德国农民战争》（第2版），钱亦石译，人民出版社，1975，第46—47页。

离了再洗礼派不使用武力的信条，财产公有和多妻制更是使再洗礼派名声扫地。教会史家沃尔克对闵斯特革命的历史后果评论道："对德国再洗礼派来说这是一场灾难，因为人们从此认为这种狂热是再洗礼派的特点，再洗礼派也成为一种耻辱的名称。但对路德派而言，这场革命使他们得益非浅。路德派此后没有再洗礼派和它竞争，但这场革命却使路德派比从前更加成为王侯和中间阶级所同情的宗派。"[1] 从这种意义上来说，再洗礼派的狂热与偏激，加速了温顺而理性的路德教在德国的合法化历程。

闵斯特革命失败之后，再洗礼派遭到了天主教、路德教、加尔文教和英国安立甘教的一致谴责，大量的再洗礼派难民被各地的统治者杀害。残存的再洗礼派除了在摩拉维亚、匈牙利等地勉强维持之外，还有一些人则团结在荷兰的门诺派名下。门诺·西蒙斯（Menno Simons，1496—1561）原是荷兰的一名天主教神父，就在闵斯特革命失败的那一年，他接受了再洗礼派的洗礼。但是，与马蒂斯、博克尔松等人最大的差别就在于，门诺坚持和平主义原则，明确表示反对闵斯特派的做法，同时又四处奔走为再洗礼派的受难者提供帮助。正是通过门诺的努力，再洗礼派的薪火才得以传承，门诺派也成为再洗礼派的直系支脉之一。时至今日，门诺派已经拥有100多万名信徒，分布于世界各大洲的65个国家中。

研究者把再洗礼派的基本观点概括为如下三点："第一，基督教的本质就是（做耶稣的）门徒的新观念；第二，教会就是兄弟团契的新观念；第三，爱和不抵抗的新伦理。"除此之外，"从长远看，再洗礼派对现代世界的最伟大的贡献在于他们对宗教自由的请求"。[2]

1　威利斯顿·沃尔克，《基督教会史》，1991，第425—426页。
2　G. R. 埃尔顿编，《新编剑桥世界近代史（第2卷）：宗教改革（1520—1559年）》，2003，第171、172页。

与加尔文派只是在受压迫情况下才呼吁政教分离和信仰自由的做法不同，再洗礼派在任何时候都坚持政教分离和信仰自由的原则。即使是在现代社会中，再洗礼派的传人们仍然与政治保持着相当的距离，悠然自得地过着一种虔诚友爱和相互帮助的朴素生活。

罗马天主教会的宗教改革

宗教改革的涓涓细流最初滥觞于德国北部的维腾堡，但是很快就形成了一股汹涌澎湃的时代浪潮，由北向南地席卷西欧大地。欧洲偏北地区的一些国家和封建领地，如斯堪的纳维亚半岛、波罗的海地区、荷兰、英国等地的统治者以及德国北部的诸侯纷纷改旗易帜，摆脱了罗马天主教廷的宗教垄断和政治控制，改信了新教信仰。在中欧地区，瑞士成为加尔文教的大本营，加尔文教徒旺盛的传教热忱使得法国南部、匈牙利、波希米亚、奥地利等地也受到了新教信仰的极大影响（尽管这些地区后来又回到了天主教的怀抱中）。“在不到五十年的时间里，欧洲居民几乎有百分之四十都信奉了一种‘革新’神学。”[1] 地处欧洲南部的天主教中心地区意大利和西班牙也面临着被强劲的新教浪潮所涤荡的威胁。

面对来势汹汹的改革大潮，罗马天主教会的最初反应是妄自尊大地坚守正统，将所有新教教派一概视为异端，绝不与之妥协和退让。以罗马教皇为首的大公教会试图通过武力镇压和阴谋颠覆等方式来消灭新兴的叛逆者，极力恢复改革之前的一统天下的宗教格局。但是，随着欧洲大片领地的迅速“沦陷”，罗马天主教会不得不重新

1 杰弗里·巴勒克拉夫主编,《泰晤士世界历史地图集》，毛昭晰、刘家和等译，生活·读书·新知三联书店，1985，第 182 页。

审时度势，调整战略。另一方面，促成了新教改革的精神因素——反对罗马教会的专制和腐败——同样也存在于天主教内部，一股对罗马教会的积弊深恶痛绝却又不愿意与之彻底决裂的改革势力——如伊拉斯谟等基督教人文主义者——很快也推动了天主教会内部的一场改革更新运动，即所谓的“天主教会的宗教改革”（Catholic Reformation）。这场天主教内部的改革运动既是一场回归基督教精神本源的原教旨主义运动，同时也表现了坚决不与新教信仰相妥协的强硬态度，所以它在新教世界中又被叫作“反宗教改革”（Courter-Reformation）。由这种名称上的鲜明对照就可以看出16世纪天主教徒与新教教徒之间不共戴天的对立态势。

“天主教会的宗教改革”不再是单纯地诋毁新教信仰，而是一场反躬自省的信仰更新运动。虽然这场运动未能实现铲除“异端”的终极使命，但是它却极大地改善了天主教内部的信仰状况和道德水平，从而使得根基腐烂的罗马天主教会得以枯木逢春，重焕生机，最终遏制住了新教力量不断向南渗透的强劲势头，保住了南部欧洲的半壁江山。

天主教世界的这场改革运动包括许多重要内容，例如，创建信仰坚定、组织严密的新修会——耶稣会——来应对新教势力的挑战；召开长达18年之久的特伦托宗教会议来澄清教义、整饬教规和加强教皇权力；强化天主教异端裁判所和开列禁书目录；鼓励主教和教区神父面对广大信徒宣讲得救之道，开办神学院，推动相关神学思想和宗教艺术的传播，并且积极向海外世界进行传教活动；等等。所有这些天主教复兴活动都是在强大的世俗权力的参与和干预之下进行的，与欧洲国际政治的变化态势紧密相关。站在捉襟见肘的罗马天主教廷背后的是强大的哈布斯堡王朝的君主们（查理五世、菲利普二世、斐迪南一世等），他们既是近代欧洲最先崛起的强权国家西班牙的实际统治者，也是徒具虚名的德意志神圣罗马帝国的名义控制人，而且由于封建联姻的缘故而领有了尼德兰、匈牙利、那不勒斯等地的治理权。早在路德进行宗教改革之前，西班牙的统治者斐迪南和伊莎贝拉就已经在天主教会内部发起了一场旨在革除弊端、重振信仰的改革运动，大力加强宗教裁判所在惩治“异端”方面的作用。现在哈布斯堡的君主们更是积极地参与到罗马教会的宗教改革活动中，积极推动特伦托大公会议的召开和支持耶稣会的发展壮大。站在罗马天主教会背后的另一个欧洲大国就是法兰西，瓦卢瓦王朝的统治者弗朗索瓦一世、亨利二世以及意大利美第奇家族的凯瑟琳王后等人尽管不断地与西班牙哈布斯堡家族进行明争暗斗的较量，但却同样积极地参与到振兴罗马天主教的改革活动中。他们的主要动机与其说是出于宗教信仰，不如说是出于政治考量，无非是想通过巩固罗马天主教会的精神控制来加强自己的世俗统治。

西班牙贵族出身的依纳爵·罗耀拉（Ignatius Loyola，1491—1556）是一位与加尔文一样具有极强的自律精神和神圣使命感的宗教领袖，他与一批志同道合者于1534年在巴黎创建的耶稣会（1540年被罗马教皇保罗三世正式批准成立），也是一个与加尔文的归正宗同样富有圣洁意识和宣教热忱的宗教团体，不同之处仅仅在于，罗耀拉及耶稣会与加尔文宗所选择的宗教立场是截然相反的。耶稣会从成立之日起，就把誓死捍卫罗马天主教会、绝对效忠罗马教皇作为修会的基本宗旨。在其撰写的《灵性修行》——该书成为耶稣会士奉行的基本规范——中，罗耀拉明确表达了“抛开一切个人判断”，绝对服从“正统的女王罗马教会”的忠诚精神。耶稣会以一种军事化方式组成，入会修士必须立“三绝”誓愿，即绝财、绝色、绝意，无条件地服从上级会长，各地会长则必须绝对听命于总会长（罗耀拉本人，时有“黑衣教皇”之称）和罗马教皇。耶稣会的修士都能够自觉奉守虔诚的信仰和圣洁的德行，以“耶稣的连队”而自律，在严格的军事训练的同时磨炼精神的操守，从而使这个新兴的修会成为一支纪律严明、组织严密的天主教生力军。耶稣会的修士们在进行自身的灵性修炼的同时，还创办大学和各种教育机构来宣扬天主教的神学思想和古典学术，积极地向新教地区推行讲道、告解等宗教活动，将中欧的一些已经皈信新教的地区重新夺回到天主教的怀抱中。耶稣会修士还乘借大航海的时代大潮广泛开展了海外传教活动，把天主教的福音传播到印度、日本、中国和美洲等广大地区（其中的佼佼者如沙勿略、利玛窦等人），从而开启了基督教的全球化传播之源端。在罗马教皇和西班牙等国君主的大力支持下，耶稣会发展迅猛，其修士人数也急剧上升，很快就在南欧和中欧地区建立了诸多分支修会，并且向着德国、英国和北欧地区渗透，形成了与新教信仰的南袭势头针锋相对的北扩趋势。正是由于耶稣会的顽强抗争和不懈努力，腐化衰老的罗马天主教会又被注入了新生的激素，在欧洲广大信徒心中重新树立起尊严和权威。

> 在16、17世纪的危机时代，罗马教会信仰能维持精神与物质之声望于不坠，主要得力于耶稣会支持的成功，这在历史记录中，是毫无疑义的。耶稣会遍布各地，匈牙利、波兰、英格兰、荷兰等地都有耶稣会的组织，他们想赢回失去给新教的土地和人民。在西方扩张中的边疆，在印度，在中国，在日本，在北美洲，他们也赢得了新的土地与人民。他们是殉道者、传教士、教师、社会工作者、政治家的顾问。他们总是纪律严明，绝不会像其他的修士会一般沉沦于世间的俗欲中。作为现实主义者，他们特别致力于影响政治上有实力的人物，栽培他日会成为领袖的青年人。他们所办的学校，一方面因所设的人文古典

课程的成功，二方面，因他们着重优美的风度和足够的食物与运动，以及对罗马教会教义的合理解释，使他们声誉蒸蒸日上。[1]

“天主教会的宗教改革”的另一件大事就是特伦托宗教会议（The Council of Trent，1545—1563）的召开及其最终形成的《特伦托信纲》（*The Trent Profession of Faith*）。这场为了弥合宗教改革所造成的巨大裂痕而召开的天主教重要会议，时断时续地开了近20年的时间，最终的结果却是使得天主教与新教之间的沟壑变得更加不可逾越，双方彻底走向了誓不两立的对抗状态，为后来的三十年战争埋下了伏笔。但是天主教内部的信仰和道德状况却由于这场宗教会议而得到了有效的整饬，腐败现象受到了遏制，从而有力地促进了天主教的复兴运动。

西班牙的查理五世是这场宗教会议的积极倡导者，这位身兼德意志神圣罗马帝国皇帝的强权君主反对马丁·路德发起的宗教改革运动，他希望通过召开宗教会议的方式来调和新教与天主教之间的矛盾，使二者复归一统。为了应对新教挑战而有求于查理五世的罗马教皇保罗三世迫于压力，于1545年12月在靠近奥地利的意大利北部小城特伦托召开了宗教会议，但是查理五世所邀请的新教保守派代表都没有前来参加会议——100多年前，胡斯在康斯坦茨宗教会议上的悲惨遭遇使得新教代表们仍然心有余悸——与会者主要是意大利的代表，还有少数西班牙、法国和德国南部地区的代表，他们都属于天主教阵营。因此，这场试图修复新旧教关系的宗教会议从一开始就注定了目标的落空，演变成一场天主教内部的利益权衡和协调会议。特伦托会议在皇帝查理五世和先后几位罗马教皇的暗自

1　布林顿、克里斯多夫、吴尔夫，《西洋文化史》（第四卷），1984，第194页。

较量中几度休会和重开，效忠于教皇的代表——其中耶稣会修士扮演了重要角色——与听命于皇帝的代表在教义审定和教会改革等问题上意见分歧，僵持不下。但最后还是教皇一方依仗代表人数上的优势，控制了会议的日程和主题，在经历了 18 年的漫长岁月和三轮会议的艰难波折之后，签署了一系列教皇谕令和教会决议，颁布了对天主教世界影响巨大的《特伦托信纲》（1564）。特伦托会议所确定的基督教教义以及所制定的各种教会规制，在其后四百年的时间里一直是天主教会奉守的基本规范。“直到我们这个时代的第二次梵蒂冈会议为止，天主教在教义和实践方面一直未再做过堪与特伦托会议相比拟的那种全面的修订或改革。”[1] 就此而言，特伦托会议堪称天主教发展史上的一座具有划时代意义的精神丰碑，对于宗教改革时代的罗马教会的自强更新无疑起到了重要的推动作用。

马丁 · 路德发动的宗教改革运动既有神学教义方面的原因，也有教会实践方面的原因。前者涉及得救的根据到底是罗马教会和教士，还是内心的信仰和《圣经》；后者则涉及天主教会的一系列腐败行为，如售卖赎罪券、买卖圣职、蓄妾等。与此相应，特伦托宗教会议如果想要实现查理五世促其召开的初衷，调解天主教与新教之间的矛盾，同样也要解决这两个问题。但是，皇帝和教皇对于这两个问题何者为先却有不同的考虑。查理五世认为，路德等人的改革运动主要是针对兜售赎罪券等教会腐败行径而发起的，所以宗教会议首先应该解决天主教会的改革问题。但是出身于意大利贵族之家、深受文艺复兴高雅奢华风气熏陶的教皇保罗三世却对北方日耳曼民

1 R. B. 沃纳姆编，《新编剑桥世界近代史（第 3 卷）：反宗教改革运动和价格革命（1559—1610 年）》，中国社会科学院世界历史研究所组译，中国社会科学出版社，2018，第 48 页。第二次梵蒂冈大公会议是 20 世纪 60 年代在罗马梵蒂冈召开的，离特伦托宗教会议已经过去了 400 年的时间。

族反腐倡廉的改革主张不感兴趣，他召开宗教会议的主要意图是讨论深邃的神学教义，以便从理论上寻找谴责新教“异端”的充分根据。经过一段时间的讨价还价的磨合过程，皇帝和教皇双方的代表达成了妥协，大家一致同意会议交替讨论教义和改革问题，但是一切决议均须由教皇批准。这样一来，旷日持久的特伦托宗教会议最终既通过了一些关于神学教义和教会改革的规章制度，同时也有效地巩固和加强了教皇的权力。

在教义方面，特伦托会议虽然承认信仰在称义方面的重要性，但却重申了教士和善功对于灵魂得救的必不可少的意义;《圣经》必须依据教会的权威版本（“武加大本”）和圣教父的诠释来理解[1]，不得私自进行翻译和解读；天主教的各项传统仪式和圣事不得动摇，罗马教皇的至上地位更是不容置疑。要而言之，特伦托会议明确表达了罗马教会在教义问题上决不向新教让步的强硬立场。针对新教的神学观点，特伦托会议重申神职人员的中介作用以对抗“唯独信仰”，强调“教会圣传”（即先知和使徒的口传资料、教父著作、大公会议决议和教皇谕令等教会传统）以制衡“唯独《圣经》”，并且坚持通过七项圣事和宗教仪式来领受上帝的恩典。

但是另一方面，特伦托会议也在教会体制和教士实践方面做出了一些重要改革。针对天主教内部愈演愈烈的腐败现象，特伦托会议及其信纲要求神职人员恪守誓愿，洁身自好，自觉奉行教牧者的虔诚信仰和圣洁操守。会议严厉地谴责了圣职买卖和教士蓄妾等恶行，严令禁止各种悖逆基督教道德的堕落行为。至于引发路德改革的赎罪券问题，尽管与会主教们试图用灵修意义来遮掩其金钱交易

1 “武加大本”（Vulgate，意即通俗文本）是公元 4 世纪著名教父杰罗姆根据《希伯来圣经》《七十子希腊文本》等古代经典翻译而成的《通俗拉丁文本圣经》，1546 年被特伦托会议指定为罗马天主教会的权威圣经文本。

性质，但是特伦托会议最终还是通过了废止售卖赎罪券的议案。大会还倡导建立神学院来对教士进行神学和灵性教育，鼓励主教和神父直接面对平信徒讲解《圣经》和得救之道，积极开展各种宗教活动。为了加强教会纪律和杜绝“异端”思想，教皇保罗四世在1559年拟订了禁书目录，庇护五世则在不久后建立了专门的审查机构来禁止出版和传播新教徒、反教权者（如马基雅维利和薄伽丘等人）以及具有新兴科学思想的异端分子的著作。此外，宗教裁判所也在西班牙和意大利等地得到了加强，除了审判传统意义上的“异端”分子之外，一些遭到指控的新教徒也成了迫害的对象。

通过一系列的教义重申和教会改革举措，特伦托会议一方面激烈地谴责了新教“异端”的神学观点和叛逆行径，明确表明了决不与新教相妥协的基本态度；另一方面也严厉地惩治了天主教会内部的腐败行为，整顿了纪律，纯洁了信仰和道德，使得暮气深重的罗马天主教会得以更新自强，从而有力地遏制了新教势力由北向南推进的“多米诺骨牌运动”，甚至在一些已经被新教渗透的地区——主要是中欧和东欧地区——重新恢复了天主教的统治。特伦托宗教会议和耶稣会的护教活动一样，卓有成效地提高了罗马天主教会的文化免疫力，加强了其力量，但是它也极大地加深了天主教徒与新教徒之间的信仰沟壑和信徒仇隙，导致了长达百年之久的各种宗教迫害和宗教冲突。

罗马天主教会的改革活动虽然不能与新教改革相提并论，但是仍然具有重要的历史意义，它振兴了沉疴缠身的天主教，保住了欧洲中南部的半壁江山，与来势汹汹的新教形成了楚河汉界的基本格局。特伦托会议之后，重新焕发出生机的罗马天主教会在哈布斯堡家族的皇帝（奥地利）和国王（西班牙）的支持下开始向北收复失地，宗教冲突现在已经越来越密切地与地缘政治纠结在一起，国家也开始逐渐取代教会而成为新时代的主角。

罗马教会与罗马帝国——这是两个彼此相争而又血脉相连的罗马——一样，始终怀着一统天下的政治抱负，而德国各地的封建诸侯和西北欧的新兴国家则代表着一种独立自治的分离势力和民族因素。因此，从政治学意义上来说，新教与天主教之间的宗教冲突其实也是封建主义与集权主义、分离主义与帝国主义之间的政治博弈。新教本身就是一种分裂的力量，它包括了诸多彼此独立的教派，如路德宗、加尔文宗、安立甘宗乃至再洗礼派等，这些教派的神学教义和组织形式各不相同，它们共同的特点就是要摆脱罗马天主教的控制，自立门户（因此它们被通称为 Protestantism，即“抗罗宗”）；而罗马天主教会和神圣罗马帝国则矢志不移地要秉承古罗马帝国的理想，实现宗教统一和政治统一的宏伟目标。在这种迥异的政治理想的影响下，无论是在已经脱离了罗马教会控制的新教地区（如英国、荷兰、北欧、日内瓦以及分裂的德国各邦国），还是在亟待收复失地、重整山河的西班牙和意大利，甚至在《南特敕令》颁布之后的法兰西，宗教信仰都不单纯是个人的事情，而是与民族的兴衰、国家的存亡休戚与共的公共事务。1555 年签订的《奥格斯堡和约》所表述的“教随国定”原则明确地展现了这一时代特点，即宗教信仰属于政治范畴而非个人自由。不论是天主教的国度，还是新教的领地，宗教信仰都不得与国家的立场和统治者的权力相悖逆。宗教改革运动的发起力量最初来自民间，但是它的结局却取决于统治者的态度：

> 凡是在世俗政权（诸侯或执政者）赞成宗教改革的地方，宗教改革就能在那里维持下去，在那些世俗当局决心镇压宗教改革的地方，它便无法存在下去。斯堪的纳维亚、德意志各公国、

日内瓦及具有特殊形式的英国，属于第一种情况；西班牙、意大利、哈布斯堡王朝统治下的东部国家及法兰西（虽然当时尚未确定下来）属于第二种情况。1555年协议背后的这句名言——“在谁的领地，信谁的宗教”——远在人们用文字表达出来以前，这种情况实际上已是司空见惯。因为这是一个要求同一的时代，它认为，在任何地方，一个政治集体中不能包容两种信仰或崇拜形式。[1]

“教随国定”原则反映了封建时代的一种文化特质，即一个封建领主对于居住在他领土上的臣属拥有一切方面的统辖权，既包括政治、经济的权力，也包括宗教信仰的权力。但是由于宗教改革运动导致了新教的产生，这种以“国”——主要是指诸侯国——为单位的宗教分裂现象就意味着罗马天主教会一统天下的专制格局的瓦解，意味着封建性的地方势力对罗马教会的普世权力的突破。但是罗马教会的政教合一理想，却在许多新教地区以一种浓缩的方式再现出来——整个基督教世界的政教合一理想化整为零地表现为欧洲不同地区的不同教派的政教合一。天主教国家实行天主教的政教合一，不允许新教信仰的存在（亨利四世的《南特敕令》在法国西南部圈起了一块胡诺诺派的自留地，但是到了路易十四时代也被废除了）；同样，新教地区则有路德教、加尔文教、英国国教会的政教合一，其宗教专断的状况比起天主教地区来好不了多少。在这种情况下，宗教宽容自然无从说起，一个国家和诸侯领地只允许人民信奉一种宗教，其他的宗教信仰都

1 G. R. 埃尔顿编，《新编剑桥世界近代史（第2卷）：宗教改革（1520—1559年）》，2003，第6—7页。

会被当作“异端”遭到歧视和迫害。加尔文教思想家（如诺克斯、梅尔维尔等人）所强调的“两个国度”或政教分离的观念，只是针对清教徒、胡格诺派等弱势群体在英国、法国等地受到迫害的情况而言的，而在加尔文教的大本营日内瓦，则仍然实行一种政教合一的神权统治方式。在封建关系继续强有力地存在的时代里，所谓政教分离充其量只是要求国家权力不要过多地干预主流宗教内部的属灵事务，绝不意味着所有的宗教信仰在一个国度里都享有同等的权利（这是现代意义上的政教分离和信仰自由）。从这种意义上来说，只有再洗礼派才是真正没有与任何国家或封建领地实现政教合一的宗教教派，正因为如此，它遭到了几乎所有国家政权和新旧教会的共同反对。

《奥格斯堡和约》的约束力是非常有限的，“教随国定”只是相对于路德教而言，加尔文教的信仰自由仍然不被承认，更遑论再洗礼派这样的弱势群体。而且该和约还规定，凡改信路德教的诸侯必须放弃以前的公职和土地收益，这就更加激起了新教信徒的强烈不满。随着新教尤其是加尔文教势力在德国、奥地利、波希米亚等地的迅猛发展，以及天主教复辟活动的不断加强，新旧教之间的矛盾日益激化，南北欧不同国家及封建领地之间的信仰冲突与利益争夺也愈演愈烈，最终酿成了欧洲近代的第一场国际战争——三十年战争。

从宗教战争到宗教宽容

三十年战争（1618—1648）是欧洲近代第一场真正意义上的国际战争（多国参战），也是最后一场宗教战争。这场战争最初是由于宗教因素而引发的，最后却演变为一场纯粹的政治较量。奥地利的哈布斯堡家族——神圣罗马帝国皇帝斐迪南二世试图在日耳曼世界里全面恢复天主教的统治，然而最终的结果却是欧洲信奉不同宗教的国家丹麦、瑞典、荷兰、英国、法国、俄罗斯甚至奥斯曼帝国等共同打击哈布斯堡王朝的神圣罗马帝国和西班牙，日耳曼世界也陷入更加深重的分裂之中。

三十年战争的导火索是著名的“掷出窗外事件”——1618年5月23日，具有胡斯改革传统的波希米亚（捷克）新教徒在反对哈布斯堡家族的斐迪南成为国王的抗议活动中，把三位天主教的帝国大臣及秘书从布拉格城堡的窗口扔出，并拥戴普法尔茨选帝侯弗里德里希五世（加尔文教徒）为国王，由此揭开了波希米亚起义和三十年战争的序幕。次年，斐迪南在继位成为神圣罗马帝国皇帝后，就开始在西班牙、波兰、巴伐利亚等国组成的天主教联盟的支持下，用武力来镇压波希米亚的新教造反者。弗里德里希五世战败逃至荷兰，斐迪南二世兼任了波希米亚国王。面对着哈布斯堡天主教势力的军事胜利和向北扩张，信奉新教的荷兰与丹麦结盟共同援助弗里德里希，试图帮他夺回被西班牙占领的普法尔茨，但是弗里德里希再次败北。为了阻止斐迪南二世向波罗的海地区扩张，瑞典、英国等新教国家纷纷参战，战争渐入高潮。在交战双方两败俱伤的情况下，一向把国家利益置于宗教立场之上的法国也加入了战斗，从中渔利。法国首相黎塞留一方面在国内加紧镇压胡格诺派的贵族反叛，另一方面则联合丹麦、瑞典、英国等新教国家共同对付同属天主教信仰的西班牙。这位权力炙手可热的首相还利用自己的枢机主教身份来挑拨罗马天主教廷与西班牙之间的关系，其政治目的就是为了削弱欧洲第一大强国西班牙的实力，从而使法国取而代之。因此，三十年战争的下半场（1635年以后）已经演变为哈布斯堡王朝的西班牙与波旁王朝的法兰西之间的争霸战，“战争由宗教的性质慢慢变为纯粹是王朝的与政治的性质的战争了”。[1]

三十年战争经历了波希米亚阶段（1618—1624）、丹麦阶段（1625—1629）、瑞典阶段（1630—1635）和法国阶段（1636—1648）等四个阶段，发生了白山战役（1620）、沃加斯特战役（1628）、布来登费尔德战役（1631）、吕岑战役（1632）、诺德林根战役（1634）、罗克鲁瓦战役（1643）、兰斯战役（1648）等大会战，以及一系列海上冲突；上演了骇人听闻的马德堡大屠杀（1631），这场天主教军队对马德堡新教徒的疯狂杀戮进一步加深了两个教派之间的仇隙。在时断时续的交战过程中，参战国家不断增加，战场形势风云诡谲，几度变化，交战双方先后签订了《吕贝克和约》（1629）、《布拉格和约》（1635）等停战协议。最后，在任何一方都不可能彻底打败对方的情况下（但是天主教阵营总体上处于下风），参战各国于 1648 年 10 月达成了和解，共同签署了《威斯特伐利亚和约》，结束了三十年战争。

《威斯特伐利亚和约》成为欧洲近代的第一个国际法条约，它的内容可以分为领土划分和宗教信仰两个方面。从领土划分上来说，该和约重新确定了西欧各国的政治权利和领土范围，瑞典巩固了它在波罗的海沿岸地区的统治地位并得到了巨额的军费赔偿，法国获得了大部分阿尔萨斯地区以及梅茨、图尔、凡尔登等大主教区，瑞士和荷兰的事实独立在法理上得到了神圣罗马帝国的认可，帝国境内的各日耳曼诸侯——萨克森、勃兰登堡、巴伐利亚、普法尔茨等——的势力范围也有所变化，但是整个神圣罗马帝国却陷入更加深重的分裂状况中。

1　布林顿、克里斯多夫、吴尔夫，《西洋文化史》（第五卷），刘景辉译，台湾学生书局，1983，第 122 页。

从宗教信仰上来说，《威斯特伐利亚和约》重申了1555年《奥格斯堡和约》的“教随国定”原则，但却扩大了该原则的适用范围，将其推广到加尔文教的国度和诸侯领地；同时也对该原则的具体实施进行了从宽解释，允许改宗的诸侯领地内的民众自由选择其宗教信仰，事实上已经开启了从“教随国定”向“教随人定”的转变之路，为17世纪下半叶迅猛生长的宗教宽容精神奠定了重要的基础。此外，该和约还解决了争论激烈的教会土地归属问题，确定以1624年1月1日的实际占有情况为准则，新教徒在此时限之前所占有的土地不必再归还给天主教会和天主教诸侯。这项条款不仅有力地保障了新教徒的经济利益，而且加速了教会土地世俗化的进程。后世研究者评价道：

> 普世教会分裂为各树一帜的教会，以及人们对宗教战争的厌恶，都加速了世俗化的进程。……让臣民遵奉其君主选定的宗教，这种犬儒主义的原则成为1555年《奥格斯堡和约》的基础。1648年，这一原则再次被运用，从而使三十年战争（欧洲各国间的最后一次宗教战争）得以结束。此后签订的《威斯特伐利亚和约》（The Peace Treaty of Westphalia）恢复了各个宗教派别——天主教、信义宗和加尔文宗1624年（有的地方是1618年）所拥有的教产及其控制权……与此同时，大量的教产也被世俗化。鉴于善男信女们正在为恢复宗教正统性和严肃性而努力，世俗企业家纷纷将可能遭受贪污的教产予以没收，以此作为对这一事业的支持。[1]

1 约翰·麦克曼勒斯主编，《牛津基督教史》，1995，第226—227页。

从表面上看，三十年战争是新教阵营与天主教阵营之间的一场宗教大对决，站在新教阵营一边的有丹麦、瑞典、荷兰、英国以及勃兰登堡、萨克森等地的德国新教诸侯，站在天主教一边的有神圣罗马帝国皇帝、西班牙、波兰、罗马教廷以及巴伐利亚等地的德国天主教诸侯。但是随着信仰天主教的法国出于国家利益而站到了新教阵营一方，甚至连信仰东正教的俄罗斯和信仰伊斯兰教的奥斯曼帝国也趁火打劫地来削弱强大的哈布斯堡王朝国家，这场战争的性质就由宗教战争逐渐转变为地缘政治冲突。[1] 在这场旷日持久的国际大战中，哈布斯堡王朝（神圣罗马帝国和西班牙）建立统一帝国的政治宏图，法国铁腕首相黎塞留的“国家至上”的称霸理想，丹麦国王克里斯蒂安四世和瑞典国王古斯塔夫·阿道夫二世的控制北日耳曼的政治抱负，日耳曼世界各新教诸侯和天主教诸侯的保全地方实力的封建主义立场，以及罗马天主教廷消灭新教、重归一统的教权专制主义，所有这些世俗的动机及利益诉求都和宗教因素复杂地纠缠在一起，共同导致了这场欧洲范围内的“世界大战”。

经历了这场大战之后，成为众矢之的的哈布斯堡王朝——西班牙和神圣罗马帝国——元气大伤，一蹶不振。“西班牙犹如掉进泥坑的大熊：它比任何攻击它的狗都强，可是从来不能对付所有的对手，结果是渐渐声嘶力竭”[2]，终于从欧洲霸主的座位上跌落下来。神圣罗马帝国则在封建主义的政治分裂之外，又不得不认可“教随国定”的宗教分裂事实，从而更是变得徒有虚名。由于战争主要是在神圣罗马帝国境内进行，致使德国人民饱受摧残，生灵涂炭。“对

1　三十年战争之后，欧洲又相继上演了西班牙王位继承战争、奥地利王位继承战争、七年战争、拿破仑战争等多国参与的国际政治冲突，到了 20 世纪，更是爆发了酷烈的两次世界大战。

2　保罗·肯尼迪，《大国的兴衰：自 1500—2000 年经济变化和军事冲突》，天津编译中心译，四川人民出版社，1988，第 59 页。

德国来说，三十年战争是一场可怕的大灾难。整整一个世代，德国全境遭到各式各样无法无天的军队的烧杀抢掠、反复蹂躏。人口由1600万减少到不足600万。土地荒芜，商业和制造业被毁。尤其严重的是理性生活停滞不前，道德颓败，宗教遭到剧烈摧残。”[1]而这场战争的最大受益者则是法兰西，它不仅从神圣罗马帝国手中夺得了阿尔萨斯等地区，还取代西班牙坐上了欧洲大陆霸主的交椅。另一些新教国家如瑞典、丹麦、荷兰、瑞士、英国等也从三十年战争和《威斯特伐利亚和约》中获得了或多或少的好处，甚至连俄罗斯和奥斯曼帝国也有所斩获。

《威斯特伐利亚和约》大体划定了天主教和新教之间的分界线，这条分界线至今仍然把西欧社会分成两个不同信仰的宗教区域。欧洲北部地区已经无可改变地成为新教徒的地盘，天主教只能忍气吞声地固守在阿尔卑斯山以南的拉丁文化圈（西班牙、葡萄牙、意大利等）和奥地利、波兰，以及艰难收复的波希米亚和匈牙利等地。在神圣罗马帝国境内，勃兰登堡、萨克森——它们逐渐成为迅速崛起的普鲁士的势力范围——等北方邦国和巴伐利亚、上普法尔茨等南方地区分别归属于新教和天主教世界，在中欧形成了犬牙交错的宗教对峙格局。而以天主教为国教的法国波旁王朝则不断地挤压亨利四世时代保留下来的胡格诺派封建领地（法国西南部地区），到了1685年路易十四为了加强中央集权而废除了《南特敕令》，从而把法国的君主专制与天主教的宗教专制紧密地结合在一起。正是这两种专制沆瀣一气的压抑氛围，最终引发了激烈批判的法国启蒙运动和激进残酷的法国大革命。

《威斯特伐利亚和约》结束了宗教战争的时代，开启了宗教宽容

1　威利斯顿·沃尔克，《基督教会史》，1991，第356、502—503页。

的精神氛围，信仰不同宗教的人们终于意识到，为了宗教信仰而进行性命相搏是一件无意义的事情。更何况大家都是上帝的子民，都信仰基督耶稣，只不过是归属于不同的教会而已！所以到了17世纪下半叶，主要是在新教世界，特别是荷兰、英国等地，一个宗教宽容的时代就来临了。与此相随，一个理性精神迅猛生长、科学和哲学长足发展的“天才世纪”（怀特海语）也应运而生。

作为孕育近代科学和民主之温床的宽容精神最初是从宗教领域中荡漾开来的。自从马丁·路德拉开了宗教分裂的序幕，一直到《威斯特伐利亚和约》的签订，经过100多年的宗教冲突，宽容精神逐渐取代了传统的宗教偏见和迫害，成为新时代有教养的人们的普遍意识。宽容首先出现在对宗教战争深感厌恶的大多数新教徒和部分天主教徒之间，继而从宗教领域扩展到政治领域，托利党和辉格党、保王党和改革派也可以彼此宽容，同舟共济。再往后，甚至扩大到价值取向、道德观念和生活方式等各个方面，最终形成了一种普遍意义的宽容精神，不同宗教信仰、政治立场和生活态度的人可以相安无事地生活在同一个社会中。正是在这种普遍弥漫的宽容精神氛围中，科学的生长和民主的建构才是可能的。在宗教专制的情况下，哥白尼生前不敢发表《天体运行论》，布鲁诺由于主张“日心说”而被烧死在罗马鲜花广场，伽利略不得不在罗马天主教的悔过书上签字。但是牛顿却在宗教宽容的时代背景下，于1687年出版的《自然哲学的数学原理》中确立了以力学运动三大定律和万有引力定律为根据的机械论世界观，从而用一个严格遵循普遍必然性而运行的科学世界取代了传统信仰中的充满了上帝奇迹的神秘世界。同样，正是在各种宗教信仰——国教会、天主教、清教徒等——彼此宽容的前提下，象征着政治妥协和宪政民主的英国“光荣革命”和《权利法案》才可能达成；而在同时代法兰西极度不宽容的宗教专制和政治专制的高压之下，则只能酿成反弹力极强的宗教批判（无神论）和社会暴动（法国大革命）。

如果说16世纪的新教徒和天主教徒都站在各自的信仰立场上把对方斥为异端，强调唯有自己才是真正的基督徒，那么17世纪的基督教思想家们则开始大力倡导宗教宽容思想，宣扬基督徒不仅应该彼此容忍，而且应善待其他宗教（如伊斯兰教）的信徒甚至无神论者。出于真诚的基督教信仰，他们认为，耶稣是一个高尚的道德楷模，基督教是一种充满了友善和谦卑精神的信仰，宗教迫害从根本上违背了基督教的本质精神。历史学家汤因比（Arnold Joseph Toynbee）指出："17世纪一些倡议宽容的人，如洛克，都是虔诚的基督徒。他们为宽容辩护的动机主要是因为他们感到不宽容是违反基督教的，并且看到盗用基督教的名义推行不宽容会使西方精神背离西方传统的宗教。"[1] 作为英国经验论哲学的思想巨擘和西方现代民主政治的理论奠基者，洛克始终不渝地呼吁基督徒应以宽容为怀，绝不可以因为宗教信仰而侵害他人的人生权利和政治权利。洛克认为，道德是基督教的第一要义，而宽容则是基督教的本质精神。在致友人菲力·范·林堡格的一封信中，洛克写道：

> 《福音书》迭次宣布，基督的真正门徒一定要忍受迫害，但是说基督的教会应当去迫害别人，甚至以火和剑来强迫人们接受它的信仰和教义，这却是我在《新约》的任何章节里永远无法找到的。……
>
> 其次，任何私人都无权因为他人属于另一教会或另一宗教

1 阿诺德·汤因比，《一个历史学家的宗教观》，晏可佳、张龙华译，四川人民出版社，1990，第276页。

以任何方式危害其公民权利的享受。他作为一个人而享有的一切权利以及作为一个公民而享有的公民权，都是神圣不可侵犯的。这些并不是宗教事务。无论他是基督徒，还是异教徒，都不得对他使用暴力或予以伤害。[1]

欧洲同时代的另一些思想家，如荷兰的斯宾诺莎、法国的培尔以及英国的剑桥柏拉图学派的哲学家们，也大力推崇宗教宽容，反对宗教专制和迫害，弘扬基督教的道德本色。正是这种迅猛生长的宗教宽容精神突破了宗教改革时代所营造的狭隘的宗教偏见和教会藩篱，在基督教各教派——主要是新教各教派——中逐渐培养出一种信仰自由和思想自由的文化气氛，从而使理性的启蒙和科学的发展成为可能。

在 17 世纪，宽容精神最为浓郁的国度就是已经改信新教的荷兰和英国。摆脱了西班牙统治的荷兰，因其自由的商业环境和宽容的宗教氛围而成为大批具有批判精神和新兴思想的科学家、哲学家的避难所和麇集地。许多在天主教国家被斥为“异端”的思想家都来到荷兰发表自己的著作和观点，一些受到宗教迫害的能工巧匠和专业人才也纷至沓来，从而使荷兰这个蕞尔小国一时间在商业上繁荣兴旺，在文化上异彩纷呈。法国数学家和哲学家笛卡尔在荷兰居住了 20 年，他的主要著作《谈谈方法》《第一哲学沉思集》《哲学原理》等都是在荷兰出版的；洛克的《论宗教宽容》是在荷兰公开发表的，而斯宾诺莎的《神学政治论》——这是欧洲第一部用理性精神对《圣经》进行批判性重释的著作——也是在荷兰匿名发表的（斯宾诺莎毕生都生活在荷兰）。在自然科学和人文艺术领域，17 世

1 洛克，《论宗教宽容》，吴云贵译，商务印书馆，1982，第 11、12 页。

纪的荷兰堪称群星灿烂的时代，其中的佼佼者如杰出的科学家惠更斯、斯瓦默丹和雷汶胡克，近代国际法奠基人胡果·格劳秀斯，伟大的哲学家斯宾诺莎，天才绘画大师伦勃朗，等等。法国学者莫里斯·布罗尔（Maurice Braure）说道："一个国家的伟大程度是用它所产生的伟人进行衡量的，如果这话确实，那么使17世纪的荷兰显得光辉灿烂的，那就不是政治事件，也不是经济活动，不管它们曾经激发起怎样的光荣，而是那人才济济的学者和艺术家，他们的数量和质量都是真正惊人的。"[1]17世纪的荷兰在科学和文化上的辉煌成就无疑是与当时社会中普遍弥漫的宗教宽容气氛直接相关的。一位英国驻荷兰的外交官承认，在欧洲的其他国家，宗教的坏处都多于好处；唯独在荷兰，宗教的好处多于坏处。各种宗教信仰背景的人，无论是最激进的索齐尼主义者[2]，还是最顽固的天主教徒，都可以在荷兰高枕无忧地生活，而不必担心受到迫害。正是这种宽容氛围极大地加强了荷兰的吸引力，促进了世俗文化的繁荣。

在宗教宽容方面堪与荷兰相媲美的另一个国度，就是成功地进行了宗教改革的英国。一向谨小慎微的英国人在宗教宽容方面不像荷兰人那样张扬直露，但是他们却以一种审慎而明智的现实主义态度，力图把新兴的科学理性与仍然具有强大精神惯性的宗教信仰协调起来。17世纪英国的科学家和哲学家们都是虔诚的基督徒，而不同于18世纪法国的那些标新立异的无神论者。他们始终小心翼翼地避免涉及那些敏感而晦涩的神学教条，只是潜心探讨自然界的奥秘和知识论的问题。他们把上帝理解为一个理性的创世者，一个精通

1 莫里斯·布罗尔，《荷兰史》，郑克鲁、金志平译，商务印书馆，1974，第106页。

2 索齐尼主义（Socinianism）是16世纪产生于意大利的一个新教派别，它反对上帝的三位一体论，认为耶稣不过是一个伟大的凡人而非神。这种思想对17世纪英国的一位论者产生了重要的影响，索齐尼主义者在当时欧洲的许多国家都遭到了宗教和世俗当局的迫害。

数学的设计师，这个伟大的创世主运用理性法则而创造了世界。科学家和哲学家的神圣使命就在于认识上帝赋予自然界和人类社会的理性法则，从而领悟到上帝的全智、全能和全善。从这种意义上说，科学家、哲学家同时也就是神学家，只不过是富于理性精神的神学家罢了。这样一来，一个被上帝精密设计并被牛顿所发现的、充满了理性法则的机械论世界就呼唤着一种同样充满了理性精神的神学，即自然神论。

> 牛顿的机械世界观，与整个新科学都有极其重要的神学的与哲学的含意在内。严格地说来，自然科学并不讨论神学与哲学上的大问题。……然而，从历史上来说，近代科学的兴起与一个极明确的世界观和价值体系唇齿相依，这个明确的世界观和价值体系最好的称呼或许是理性主义（rationalism）。这是一个含义很广的名词，因为一个理性主义者可能同时也是个上帝的信仰者。可是，我们再从历史上来看，由于西方理性主义的影响，上帝不是被根本摈弃了，就是贬为“第一因”了（First Cause）。这个“第一因”就是牛顿的世界机械的起动力，但是这个“第一因”并未——其实是并不能——参与机器的运作。[1]

这种既保留了对上帝——创世主或“第一因”——的信仰又充溢着理性内涵的世界观或者神学理论，就是在17、18世纪英国知识精英中广为流传的自然神论，它反映了新兴的理性精神试图将传统的宗教信仰融会于其中的良好愿望。正是在这种宽容温和的精神氛围下，一个理性启蒙时代的曙光首先在不列颠的地平线上喷薄而出。

1 布林顿、克里斯多夫、吴尔夫，《西洋文化史》（第五卷），1983，第311—312页。

imaginist

想象另一种可能

理
想
国

imaginist

赵林 著

共塑

西方文化精神的演变

下

Reason and Faith

民主与建设出版社

·北京·

目 录

[下]

下 卷 理性的启蒙

第四部 英法德启蒙历程与理性精神的发展

下卷

理性的启蒙

第四部

英法德启蒙历程与理性精神的发展

无论是文艺复兴还是宗教改革，都未能超出中世纪基督教文化的藩篱，真正开启西方文化现代化潮流的是 17、18 世纪席卷欧洲的启蒙运动。在启蒙运动中，新兴的理性精神逐渐从浓郁的信仰氛围中脱颖而出，取代了 16 世纪的宗教狂热而成为新时代的普遍教养。

启蒙运动的胚芽最初孕育于 17 世纪的英国，在宗教改革和“光荣革命”中形成了妥协传统的英国人，在最初的启蒙历程中同样试图调和理性与信仰的关系，极力在上帝与牛顿之间、宗教信仰与科学理性之间建立起一种和谐的同盟，其结果就是产生了以上帝为第一推动力、严格遵循力学规律而运行的机械论世界。上帝是一个智慧的数学家，耶稣则是一个仁爱的道德楷模，这就是英国自然神论所展现的宗教观。

欧洲启蒙运动经历了一波三折的发展历程，英国人审慎的自然神论一旦传播到君主专制与天主教专制沆瀣一气的法国，很快就发展为一种偏激的无神论，演变为一种激烈的宗教批判和政治批判，最后甚至引发了颠倒乾坤的法国大革命。

然而，法国人剑走偏锋的启蒙运动却引起了保守虔诚的德国人的深刻反省，身处分裂状态却恪守传统的德国人面对着英、法所推动的启蒙运动，力图在新兴的理性精神与传统的宗教信仰——主要是具有德意志文化特色的路德教信仰——之间寻求各种协调方案。德国思想家们的协调主义——其主要特点就是始终试图融合理性与信仰，而非只要一方不要另一方——实质上是以一种更加辩证的方式发扬了英国自然神论的精神旨趣，这种科学理性与宗教信仰并行互补、同舟共济的协调关系成为现代西方文化的基本特色。

第9章　英国自然神论的兴衰

理性精神与经验论哲学

在16世纪的欧洲，南部拉丁语世界中蓬勃开展的文艺复兴运动和人文主义思潮已经达到了最高峰，北部日耳曼语世界中也发生了轰轰烈烈的宗教改革运动。这两场南北呼应的波澜壮阔的文化运动开创了西欧现代化的历史起点，一个新兴的西方文化正在从旧世界的母腹中挣扎而出。但是在16世纪，这两场运动所蕴含的现代性意义并未彰显出来，那个时代的人们仍然生活在中世纪沉郁的精神氛围中，传统的基督教信仰仍然具有不可动摇的神圣性。文艺复兴和宗教改革的目的都只是要改变基督教的组织体制和行为方式，而不是要改变基督教的基本信仰和精神实质。因此，无论是宗教改革的领袖，还是人文主义的大师，其基本的世界观和思想方式仍然是中世纪式的，他们所倡导的文化运动开创了历史新纪元，但是他们本人却仍然站在旧时代的门槛上。罗素认为，文艺复兴时期在科学上和哲学上都是一个“不毛的”时代；布林顿等人强调：“文艺复兴时期的人士们也无疑地与他们的祖先一样笃信宗教，轻信人言，满怀阶级意识和封建思想”[1]。

哥白尼的“日心说”问世之后，不仅受到了罗马天主教会的猛烈攻击，而且遭到了宗教改革家们的坚决抵制。路德把哥白尼看作“一个突然发迹的星相术士”，他责骂道：“这蠢才想要把天文这门科学全部弄颠倒；但是《圣经》里告诉我们，约书亚命令太阳静止下来，没有命令大地。”加尔文以《圣经·诗篇》中的“世界就坚定，不得动摇”为根据，质问道：“有谁胆敢将哥白尼的威信高驾在圣灵的威信之上？”[2]宗教改革运动虽然动摇了罗马教会和教皇的权威地位，但是它却把《圣经》和信仰确立为检验一切真理的绝对标准。路德的口号是：“唯独信仰！唯独恩典！唯独《圣经》！”加尔文则把奥古斯丁的预定论推向极端，用坚定的信仰杜绝了任何理性探索的可能性。从思想倾向上来看，路德和加尔文都明确地反对托马斯主义的理性神学，他们的“因信称义”思想和预定论观点都具有显著的奥古斯丁主义色彩。

路德等人的这种以《圣经》和信仰作为准则来判定真理的做法，在 17 世纪开始受到科学家和哲学家们的普遍怀疑。如果说 15、16 世纪是文艺复兴和宗教改革的时代，那么 17 世纪则是哲学批判和科学勃兴的时代；如果说 16 世纪的时代精神是信仰主义，那么 17 世纪的时代精神则是理性主义。在 17 世纪这个“天才世纪”，理性主义的时代精神首先表现为怀疑主义和经验主义，它们最初肇端于成功地进行了宗教改革（继而又成功地进行了社会革命）的英国，然后由英国迅速地扩展到荷兰、法国和西欧其他国家，最终结出了理性主义的硕果，促成了席卷整个欧洲的启蒙运动。

1　布林顿、克里斯多夫、吴尔夫，《西洋文化史》（第一卷），1984，第 20 页。
2　参见：罗素，《西方哲学史》（下卷），1976，第 47 页。

普遍的怀疑主义精神是17世纪几乎所有哲学家和科学家的基本原则，而经验的方法则成为他们共同的出发点。[1]在英国，对于被中世纪经院哲学滥用的亚里士多德演绎逻辑的怀疑，使得弗朗西斯·培根（Francis Bacon，1561—1626）建立了经验归纳法，它成为近代实验科学和经验论哲学的重要工具。培根在《新工具》一书中宣称："我要直接以简单的感官知觉为起点，另外开拓一条新的准确的通路，让心灵循以行进。"他认为当下流行的逻辑和概念不仅无助于人们探寻真理，而且给人类的心灵制造了种种"假相"（"种族的假相"、"洞穴的假相"、"市场的假相"和"剧场的假相"），因此，"我们必须以坚定的和严肃的决心把所有这些东西都弃尽摒绝，使理解力得到彻底的解放和涤洗。"[2]

培根虽然在哲学领域中运用怀疑精神和经验原则对经院哲学进行了猛烈的批判，但是由于时代的限制和宗教氛围的影响，在神学领域中他却未能把这种怀疑论和经验论的立场贯彻到底。对待信仰问题，培根与托马斯·阿奎那一样坚持"双重真理"的观点，承认建立在经验基础之上的自然理性是不可能认识"以神的谕令为根据"的启示真理的。

培根开创的经验论原则被霍布斯（Thomas Hobbes，1588—1679）以一种机械的方式推向了极端，从而在宗教观上达到了无神论的结论。霍布斯不仅用经验论原则批判了笛卡尔的"天赋观念"说，而且把这种经验论运用到对上帝的解释上。正如在政治学上他

1 需要说明的是，这种经验的方法包括外在经验和内在经验两种。外在经验是指通过感觉、观察、实验对自然规律进行认识，内在经验则是指通过反省、反思对自我意识进行认识。前者从培根开始，结果开创了以"自然之光"或客观规律作为研究对象的实验科学和经验论哲学；后者从笛卡尔开始，结果开创了以"内在之光"或自我意识作为基本出发点的唯理论哲学。

2 弗朗西斯·培根，《新工具》，许宝骙译，商务印书馆，1984，第2、44页。

反对教会凌驾于国家之上，用“君权民授”理论（社会契约论）来替代“君权神授”理论以说明世俗权力的根据一样，在知识论上他也反对启示真理对于自然知识的优越性，坚持把经验作为唯一的根据来判断一切知识。他把广延性当作物体的本质属性，而所谓知识就是通过感觉经验来认识物体的产生过程和具体特性，并且从中寻找规律。他说道：“哲学的任务乃是从物体的产生求知物体的特性，或者从物体的特性求知物体的产生。所以，只要没有产生或特性，就没有哲学。”[1]在霍布斯看来，神学所研究的上帝既没有产生过程，也不具有广延等物理特性，更不能加以组合或分解，因此它不属于哲学研究的对象。这样一来，霍布斯就把上帝从知识论中彻底清除出去了。

“他认为，上帝和真正的知识完全无关，因为如果神学家们所说的是真实的，而且上帝里没有运动的变化，那么，随之而来的是，我们无从知道上帝。”[2]霍布斯像极端的唯名论者一样认为，所谓“上帝”不过是人们以讹传讹的一个名称而已，正如盲人心中的“火”的观念一样，只是道听途说的结果。他指出，当人们在追溯一个事物的原因时，总会发现在原因背后还有原因，这样一直推下去，就会引出一个“永恒的原因”（即第一因）来。人们往往出于信仰而把这个假设的“永恒的原因”称为上帝，实际上他们对此却没有任何清晰的影像或观念。霍布斯克服了培根的“双重真理”观，明确表示“哲学排除神学”，哲学排除一切不是靠着自然的理性、而是凭着神秘的启示和教会的权威而得出的结论。他在巨著《利维坦》中主

1 北京大学哲学系外国哲学史教研室编译，《十六—十八世纪西欧各国哲学》，商务印书馆，1975，第 64 页。
2 胡斯都 · L. 冈察雷斯，《基督教思想史》，陈泽民、孙汉书等译，金陵协和神学院，2002，第 996 页。

张用法律和科学来取代神学，认为一个由法律来维护理性、和平、财产和社会交往的集权主义国家——“利维坦”——就是一座世俗化的上帝之城。

在17世纪，“霍布斯主义”几乎就是“无神论”的代名词。事实上，如果坚持从经验论的立场出发，必然会导致怀疑上帝存在的无神论结果，因为仅仅通过（外在的）感觉经验是无论如何也不可能在自然界中找到上帝的身影的。在宗教气氛仍然十分浓郁的16—18世纪的英国，经验论哲学发展的道路是艰难而漫长的。它首先从托马斯主义的“双重真理”观出发，以一种英国式的审慎方式把上帝名正言顺地请出了作为经验理性研究对象的自然界，使上帝成为一个置身于自然之外和之上的超越的创造者，并用上帝的名义来保证自然界的和谐与秩序；然后才能以一种同样是英国式的条分缕析的经验归纳法来对上帝赖以存在的各种论据进行批判性考察，彻底从知识论中消除上帝。这个从弗朗西斯·培根一直到休谟的英国经验论哲学的发展过程，同时也就是英国自然神论的兴衰过程。

英国自然神论（English Deism）是英国经验论哲学的孪生兄弟，可以说，经验论哲学、实验科学和自然神论在近代英国文化中具有一种“三位一体”的微妙关系。培根是英国经验论哲学和“整个现代实验科学的真正始祖”（马克思语），而与培根同时代的雪堡的爱德华·赫伯特勋爵（Edward Herbert，1st Baron Herbert of Cherbury，1583—1648）则被后人们称为“自然神论之父”。那位使经验论原则系统化和彻底化的霍布斯，也是自然神论的重要奠基人，他甚至被称为“第二位自然神论（之父）”。[1]英国经验论哲学的

1 参见：克劳治，《基督教教义史》，胡加恩译，台湾中华福音神学院出版社，2002，第417页。

重镇洛克（John Locke，1632—1704）和实验科学的巨擘牛顿（Isaac Newton，约 1642—约 1727），为自然神论奠定了重要的理论基础。基于经验证据和归纳、类比方法之上的经验理性（或自然理性）构成了自然神论的思想根据，当经验论原则在休谟那里被推向极端从而对经验证据与归纳、类比推理的结论之间的必然性联系提出质疑时，自然神论就开始面临着灭顶之灾，而经验论哲学也同样走向了死胡同。

英国自然神论发展梗概

英国自然神论并非一个独立的宗教派别，后世诠释者们对于自然神论者的范围界定也存在着极大的分歧。从基本的思想倾向上来说，17—18 世纪英国和欧洲几乎所有提倡理性主义和启蒙意识的思想家都与自然神论有着某种内在的精神联系。然而，从严格的意义上来说，这些思想家又不能简单地被列入自然神论者的名单。但是尽管众说纷纭，雪堡的爱德华·赫伯特勋爵却被公认为是英国自然神论的奠基者。这位放荡不羁的自由思想家 1624 年用拉丁文在巴黎出版的《论真理》一书，通常被视为英国自然神论的第一部著作。

在这本书中，赫伯特勋爵对真理的一般条件和定义、真理的类别等问题进行了仍然带有经院哲学烦琐气息的探讨，因此该书也被认为是第一部出自英国人之手的纯粹形而上学著作，引起了同时代欧洲哲学家们（包括笛卡尔）的关注。但是，《论真理》的真正价值并不在于它对真理本身的形而上学辨析，而在于它所提出的“共同观念”（common notion）思想。赫伯特从人的自然本能出发来说明“共同观念”，所谓“共同观念”就是天赋的自然本能，是人心中与生俱来的那些最基本的观念。赫伯特把直觉上的清晰明确看作“共同观念”的基本特征，把普遍赞同看作“共同观念”的标志，认为最高的真理——智性的真理——是建立在“共同观念”的基础之上的，所有与“共同观念”相矛盾的东西都不可能成为真理。[1]

在实际上是作为《论真理》一书附录的“宗教的共同观念”一章中（正是这一章中所表达的观点才使赫伯特成为“自然神论之父”），赫伯特把关于“共同观念”的思想运用到宗教问题上，从而得出了上帝印在人心中的五条基本原则。在这一章中，赫伯特首先对盲目地接受启示的做法表示了质疑，他认为个人有权在教会的权威之外做出自己的独立判断，而“共同观念”则是确定宗教真理性的唯一标准。这位天性狂放的勋爵公然宣称：“任何一种对某个启示大肆宣扬的宗教都不是好宗教，而一种依靠其权威性来施加教训的学说也并不总是最为重要的，甚至可能根本就毫无价值。”“我们应该依靠普遍的智慧来为宗教原则确立根基，以使任何真正来自信仰之命令的东西，都能够建立在此基础之上，就像屋顶是由房子所支撑起来的那样。相应地，我们不应该在没有首先深入探究其威信之来源的情况下，就轻易地接受任何一种宗教信仰。读者会发现，所有这些思考都是以共同观念为基石的。”[2]赫伯特指出，作为一切宗教的普遍的、合乎理性的共同根基的，就是如下五条先天原则或“共同观念”：

1．存在着一个至高无上的上帝。

2．上帝应当受到崇拜。

1 赫伯特关于“共同观念”及其清晰明确和普遍赞同的标志的观点，对笛卡尔的“天赋观念”学说产生了重要影响，洛克则在《人类理解论》中对这些思想进行了猛烈批判。

2 雪堡的爱德华·赫伯特勋爵，《论真理》，周玄毅译，武汉大学出版社，2006，第269、270页。

3. 美德与虔诚的结合是宗教活动的最重要部分。

4. 人总是憎恶自身的罪恶，需要通过悔改来赎罪。

5. 此生结束之后会有奖惩降临。[1]

赫伯特强调，普世教会只有建立在这五条原则之上，才是绝对可靠的和值得信赖的，而且可以从根本上消除不同教派之间的敌意与冲突。这五条原则后来被称为自然神论的“五大信条”（Five Articles），这些单纯而简洁的信条取代了基督教的烦琐教义，成为一个真正基督徒的最基本的信仰。至于三位一体、道成肉身、原罪与救赎等传统教义，在《论真理》中却被束之高阁，未予理睬。毋庸置疑，对于赫伯特来说，这些教义本身的真理性也同样有待于接受“共同观念”的评判。科林·布朗评论道：“那些合理的、普遍得到承认的共同观念，并不仅仅是体制宗教的核心真理。它们是攻击以启示为基础的宗教的某种发射台。他劝告说，所有的宗教，应当得到历史的考察、经受各种共同概念的试验。他批判圣经崇拜，谴责永不犯错的教会观念。这种以理性、道德和历史真理的名义攻击启示宗教是自然神论的核心主题。”[2]

继雪堡的爱德华·赫伯特勋爵之后，英国重要的自然神论者有威廉·齐林沃思（William Chillingworth，1602—1644）、约翰·提罗特森（John Tillotson，1630—1694）、第三代沙夫茨伯里伯爵安东尼·阿什利–柯柏（Anthony Ashley-Cooper, 3rd Earl of Shaftesbury，1671—1713）和安东尼·柯林斯（Anthony Collins，1676—1729）等人，而最有影响的自然神论者当数约翰·洛克、马修·廷德

1 雪堡的爱德华·赫伯特勋爵，《论真理》，2006，第九章“宗教的共同观念”。

2 科林·布朗，《基督教与西方思想》（卷一），2005，第 173 页。

尔（Matthew Tindal，1657—1733）和约翰·托兰德（John Toland，1670—1722）。

自然神论本身也经历了一个发展过程，从承认理性真理与启示真理相互并立的“双重真理说”逐渐发展成为用理性真理来诠释、取代乃至排斥启示真理的理性至上论。自然神论的最初形态表现为“理性的超自然主义”，它的特点是在自然理性的真理之外仍然保留了启示真理的地位。但是与托马斯主义的“双重真理”观相反，“理性的超自然主义”已经把理性真理与启示真理的位置颠倒过来了。

“理性的超自然主义”的重要思想家、坎特伯雷大主教提罗特森认为，任何宗教的功能与目标都在于为道德生活提供神圣的根据。他像赫伯特勋爵一样提出了更为简洁的三条宗教原则:（1）有一个上帝;（2）上帝要求人过道德的生活;（3）上帝将赏善罚恶。提罗特森承认，这三条基本原则已经包含在自然宗教中，但是他却强调，单凭自然宗教并不能使这些原则深入人心，因此需要启示作为补充。启示宗教的意义在于，以一种超自然的启示方式来重新阐明这些原则，使之更加有效地被人们接受。因此，启示宗教并不是以一种新的原则来否定自然宗教的原则，而是以一种新的方式来重新发布自然宗教中已经包含的基本原则，启示宗教与自然宗教一样都是以某些普遍性的理性原则作为根基的。提罗特森明确表示:“同自然宗教的原则显然矛盾的任何东西，都不应作为上帝之启示来接受。”“自然宗教是一切启示宗教的基础，启示被设计出来，只是为了确定自然宗教的职责。”[1] 在这位坎特伯雷大主教的思想中，已经非常明确

1 提罗特森，《著作集》，转引自：詹姆斯·C.利文斯顿，《现代基督教思想：从启蒙运动到第二届梵蒂冈公会议》（上卷），何光沪译，四川人民出版社，1999，第25、26页。

地表示了一种试图以理性和道德为基础来协调自然宗教与启示宗教之关系的愿望。

洛克是“理性的超自然主义”的主要代表人物，这位被马克思称为“1688年的阶级妥协的产儿”的哲学家，在宗教问题上和在政治问题上一样表现出一种妥协精神。一方面，洛克认为，真正的信仰必须建立在对“自然之光”的认识上，建立在自然理性的基础上；另一方面，他又承认，有一部分超出自然理性范围的真理必须靠启示的力量才能为人们所领悟。在《人类理解论》一书中，洛克明确地把命题分为三类：

> （一）合乎理性的各种命题，我们可以凭考察自己的感觉观念和反省观念来发现它们的真理，并且可以借自然的演绎知道它们是正确的，或可靠的。
>
> （二）超乎理性的各种命题，我们并不能凭理性由那些原则推知它们的真理或概然性。
>
> （三）反乎理性的各种命题，是与我们那些清晰而明白的观念相冲突，相矛盾的。就如唯一上帝的存在是与理性相合的；两个以上的上帝的存在是反乎理性的；死者的复活是超乎理性的。[1]

洛克认为，理性与信仰各有自己的范围，对二者的界限含混不清，是各种宗教纷争和谬误产生的重要原因。就理性的范围而言，虽然凡是自然理性能够发现的观念和真理，启示也能够发现和传达，但是由于来自自然理性的知识比来自启示的知识更清晰明白，更具有确定性，所以在此范围内我们宁愿听从自然理性而不听从启示。

1 洛克，《人类理解论》（下册），关文运译，商务印书馆，1959，第686页。

而且“任何命题只要和我们的明白的直觉的知识相冲突，则我们便不能把它作为神圣的启示。……它们不论借启示的名义，或借任何别的名义，都不能引动我们的同意，信仰并不能使我们承认与知识相反的任何命题”。但是，对于自然理性所不能确定且与理性知识本身并不相违的那些命题（如有一部分天使曾背叛上帝、亚当夏娃失乐园、死者复活等），我们就只能求助于启示和信仰了。“因为理性的原则如果不能证明一个命题是真是伪，则明显的启示应该来决定，因为启示也正是另一条真理的原则和同意的根据。因此，在这里这种启示，就成了信仰的事情，而是超乎理性的。”在这里，理性与信仰的界限是泾渭分明的，这界限是从理性的角度来划分的，即凡是在理性能够提供确定的知识的地方，信仰都不要干预。信仰如果僭越了这个界限，以启示的名义来排挤理性，就必然导致狂热。在狂热中不仅理性消失了，而且连真正的启示也消失了，剩下的只有无根据的幻想。“人如果取消了理性，而为启示让路，他就把两者的光亮都熄灭了。他这种做法正好像一个人劝另一个人把眼睛拔了，以便用望远镜来观察不可见的星体的辽远光亮似的。”[1]

在稍后出版的《基督教的合理性》中，洛克进一步阐发了他在《人类理解论》中所表述的关于理性与启示之关系的思想。在序言中，洛克对该书的宗旨说明道:“我所知道的神学体系，绝大多数不能令人满意，也少有连贯一致的。这使我不得不亲自专门研读《圣经》(一切神学体系无不以《圣经》为依据)，以求理解基督教。”[2]在这部看起来是解经学的著作中，洛克通过对四福音书和《使徒行传》的详尽考证，力图从理性的角度来重新理解基督教信仰。洛克强调，

1 洛克,《人类理解论》(下册)，1959，第691—692、694—695、698页。
2 洛克,《基督教的合理性》，王爱菊译，武汉大学出版社，2006，第1页。

对于得救或获得永生来说，有两个条件是必备的：一是相信耶稣就是弥赛亚；二是悔改和遵守律法。在洛克看来，基督教的合理性就体现在这两点上。在这本书中，洛克再一次表现出他的妥协特点，他一方面承认自然理性本身就可以引导人们去遵行律法和服从上帝，另一方面又认为仅有自然理性是不够的，“单凭理性自身，它实在难以担当起让道德全面地、真正牢固地建立起来并散发出清明显赫的光明的重任”[1]。只有通过耶稣的启示，我们才能真正知道如何去过一种道德的生活。但是洛克对于启示的强调完全不同于传统神学，他注重的不是耶稣的神迹本身，而是耶稣神迹所启示的道德内涵。就此而言，洛克与赫伯特勋爵、提罗特森大主教等人一样，已经把道德提升为宗教的第一要义了。

洛克对待理性与信仰的关系问题的妥协态度，不久之后就受到了更加彻底的自然神论者们的修正。廷德尔、托兰德等新一代自然神论者拒绝接受任何超自然的启示真理，他们确信凡在启示中的无不已在理性之中。以洛克的信徒自居的约翰·托兰德把洛克的三大类命题简化成两大类，即合理性的与反理性的，而超理性的一类则完全合并入合理性的一类中。在 1696 年出版的《基督教并不神秘》一书中，托兰德直截了当地否定了启示的神秘性，强调启示和奇迹必须合乎理性。他指出，理性和启示都是来自上帝，理性是上帝放到每一个人心中的烛光、向导和法官，启示则是传达上帝信息的一种外在方式。那些通过启示传达的信息如果不能被理性理解，就毫无意义可言；而启示一旦被理性理解，就绝不再是神秘的。因此，启示必须符合理性。同样地，信仰本身就是认识。“信仰远远不是对任何超越理性的东西的一种盲目的赞同……如果所谓认识即是对于

1 洛克，《基督教的合理性》，2006，第 133 页。

所相信的东西的了解，那么我同意这种看法，信仰就是认识：我始终坚持这种看法，而且信仰和认识这两个词语在福音书中是交互混用的。”[1] 通过对福音书的历史考证及其神秘化过程的辨析，托兰德断言，福音书的教义作为上帝的语言，是不可能违背理性的，“在基督教或最完善的宗教中不存在任何神秘”。

1730 年，73 岁高龄的马修 · 廷德尔发表了被誉为“自然神论的圣经”的《基督教与创世同龄》一书。在这本书中，廷德尔站在洛克思想的基础上，强调启示真理与理性真理在内容上是相同的。他认为，上帝在创世和造人时，就已经把理性的法则写在了自然之中和人的心中，因此，人运用理性从自然中所理解的东西与上帝通过启示所发布的东西是完全一致的。上帝所制定的法则是永恒不变的，早在基督教产生之前，人们就已经通过自然宗教认识到上帝所颁布的真理。自然宗教与启示宗教在内容上并没有什么不同，只不过传达方式略有差异，一种是上帝写在人内心中的宗教，另一种则是上帝通过外在启示而发布的宗教。基督教这个名字虽然是后来才有的，但是它的内容却早在自然宗教中就已经存在了；福音书并没有颁布一种新奥秘，而只是重申了早在创世之初就已经被上帝赋予到人的理性之中的真理，这真理就是上帝当初在我们心里培植的道德情操和体现在宇宙中的自然法则。在这个意义上说，基督教与创世同样古老。

在这本书中，廷德尔极力强调基督教的理性本质，在他看来，基督教的合理性就在于它与自然宗教的一致。自然宗教是一种绝对完善的宗教，外部启示既不能增加亦不能减损其完善性。上帝所颁布的理性法则是亘古不变的，对一切时代都同样有效，这些理性法

1　约翰 · 托兰德，《基督教并不神秘》，张继安译，商务印书馆，1982，第 80 页。

则早已体现在自然宗教中。因此，启示宗教和基督教福音只是对自然宗教的再公布，而不是对它的违背和更改。凡自然之光（理性）不能触及的地方，启示也一定帮不上忙。任何违背理性的东西，都不可能出自无限智慧和无限善良的上帝。廷德尔说道：

> 如果上帝的设计是要让所有人在所有时候都明白上帝意愿他们去认识、信靠、接受和实践的，但除开运用理性之外又没有给予他们别的方法这么做，那么理性，也就是人类的理性，就一定是这个方法了。上帝使我们成为有理性的受造物，而理性又告诉我们说，我们实践自己本性的尊严，正在于实现上帝的意旨，因此，理性才会告诉我们什么时候应该这么做。上帝要求我们认识、信靠、接受和实践的，其本身一定是合乎理性的事业，但是，提供给我们的到底是不是这一项事业，却只有理性能够加以判断。如同眼睛是可见之物的唯一判官，耳朵是所听之声的唯一判官，合理事物的唯一判官也就只有理性了。[1]

在廷德尔看来，理性才是判定基督教真理的唯一标准，教父学说、公会议传统和《圣经》只不过是一些证据。关于三位一体、道成肉身、死而复活等奥秘，关于启示本身的合理性，人们只应该听从理性的裁决。基督的来临并不具有传统所说的救赎意义，也没有昭示什么新的福音，它只具有一种道德意义，即启发人们悔悟自己的错误，努力去履行应尽的道德义务。就此而言，基督不过是一个人间的道德楷模罢了。宗教的各种祈祷与侍奉活动，都只是为了让人去思考和模仿上帝的善，使人们彼此相爱。基督教信仰是建立在

1　廷德尔，《基督教与创世同龄》，李斯译，武汉大学出版社，2006，第 5 页。

理性的“真光”之上的，如果没有了理性的根基，一种狂热的信仰甚至比根本没有信仰还要糟糕。廷德尔明确地表示，盲目的信仰和迷信有损上帝的尊严，《圣经》里有许多不合常理的地方，《圣经》本身也并不是检验一切真理的绝对标准，它本身所具有的合理性也有待于理性的检验。

廷德尔指出，基督教最基本的两条律法或命令就是爱上帝和爱邻居，它们构成了理性与自然法则的基础，也是自然宗教和启示宗教的共同根基。上帝的荣耀与人类的利益是一致的，彼此并无冲突，因此，不能荣耀上帝亦不能增加人类利益的任何宗教规定，都是有害的。自然宗教和启示宗教的目标都在于增进人类的幸福，否则就不符合同一个创造者的初衷。上帝创世的目的不是为了自己的荣耀，而是为了世人的幸福，宗教的目标在于促进现世的幸福和道德。他说道：“上帝在治理世界的时候，不可能提出使受治理者受益以外的其他目标。因此，凡竭尽全力为其同胞谋利益的人，即是满足了上帝或人的要求……我们不妨下一个结论，真宗教即是人心尽全力行善的常驻的性情，这样我们才能实现上帝创世的目标，从而使自身为上帝所接纳。”[1]

廷德尔在这本书中对基督教会进行了抨击，他认为，在上帝不加干预的地方，人就有权利和责任运用自己的判断力，并根据事物的本性对社会生活进行适当调整。基督教会虽然在名义上是上帝派驻人间的一个机构，但是事实上，教会的所作所为却充满了邪恶伪善，使基督的公义尽失。因此，教会并不能代行上帝的职责，上帝在人间设立的唯一法庭就是每一个人自己的良知，教会的种种规定是可以由人根据理性予以更改的。上帝不会随意干预人间事务，基

1 廷德尔，《基督教与创世同龄》，2006，第 17 页。

督教会的许多规定都是违背神意的僵化教条，其根源在于教皇和教会的腐败，他们打着启示的幌子，假借神的名义行了许多欺诈卑鄙之事。

廷德尔的这部“自然神论的圣经”明确地表达了自然神论的两个最重要的基本观点：第一，宗教的基础就是理性，信仰的实质无非是对自然律的认识；第二，宗教的目的在于促进世俗的道德和幸福。这两个基本观点一个是理论上的，一个是实践上的。前一个观点后来遭到了休谟、康德、施莱尔马赫等人的质疑，后一个观点则成为 18 世纪以来除无神论者之外的几乎所有西方人的基本共识。

除了上述几位最重要的自然神论者之外，其他一些被纳入自然神论者之列的思想家（如齐林沃思、柯林斯等）也分别表述了大同小异的思想。尽管他们的背景情况不尽相同，思考问题的角度也互有差异，但是在坚持宗教信仰的理性根基和道德内涵方面却是基本一致的。下面我们就来看看自然神论的基本思想。

自然神论的基本思想与设计论证明

自然神论可以看作理性最初从信仰的控制之下要求独立权利的一种表现形式，这种要求与宗教战争（三十年战争）之后出现的宗教宽容精神以及新兴的启蒙思想有着密切的内在联系。自然神论的基本特点是试图把自然理性确立为宗教信仰的基础，把上帝变成一个合乎理性的上帝，将一切神学教义尽可能地纳入合理性的范围内来加以解释，从而限制甚至根本取消启示的作用。自然神论继承了中世纪托马斯主义的理性神学传统，但是与托马斯主义的根本不同之处在于，自然神论不是用启示来统摄理性，而是用理性来消解启示。如果说马丁·路德用《圣经》的权威取代了教会的权威，那么自然神论则要用理性的权威来取代《圣经》的权威。克劳治（E. H. Klotsche）在谈到自然神论的特点时这样写道：

> 论及宗教事务，自然神论者拒绝所有《圣经》的权威和超自然界的启示，并宣布唯有理性与自然才是宗教真理的可靠源头。所以，他们偶尔也被称为“唯理（理性）主义者”（rationalists）。而自然神论者则自称为“自由思想者”，这自称词正是他们的思想最佳的阐明。因为他们认为只有自然的宗教，而没有启示的宗教，反对他们的人也冠之以“自然主义者”（naturalists）。[1]

自然神论承认，一位以理性为本质的上帝按照理性法则创造了自然世界，但是这位上帝在一次性地创造了世界之后就不再插手世界的事务。“世界是一部巨大的机械装置——一只放大了的表，为一位全智者所制造，制成之后他便不再干涉它的运转。”[2] 按照常识，一个自始至终有条不紊地运转的钟表比一个需要外力不断调校的钟表更加精美完善，前者的制造者也一定比后者的制造者更加高明。同样，在自然神论者看来，一个需要对其创造物不断地加以干预的上帝一定是一个拙劣的上帝，而一个一劳永逸地创造了世界之后任其按照既定规则正常运行的上帝才是一个真正智慧的上帝。

对于 17 世纪的英国人尤其是经历了 1688 年光荣革命的英国人来说，一个遵循理性法则来创造和管理世界的上帝，要比一个为所欲为地任意干扰自然规律的上帝——这个上帝恰恰就是中世纪基督教神学所宣扬的唯意志主义的上帝——高明得多，正如一个根据法

1 克劳治，《基督教教义史》，2002，第 416 页。
2 威利斯顿·沃尔克，《基督教会史》，1991，第 554 页。

律来治理国家的立宪君主要比一个任意胡为的专制君主高明得多一样。在自然界中，上帝不再以超自然的奇迹方式——所谓奇迹就是上帝以自由意志来任意中断自然规律——出现，他的身影和声音都从自然界中消隐了，但是他的智慧却体现在自然界的秩序、和谐与美之中。恰如牛顿所言："我们只是通过上帝对万物的最聪明和最巧妙的安排，以及最终的原因，才对上帝有所认识。"[1] 著名科学史家丹皮尔（William Cecil Dampier）引用了爱迪生的一首诗来表达牛顿的这种世界观：

高高苍天，
蓝蓝太空，
群星灿烂，
宣布它们本源所在：

就算全都围绕着黑暗的天球
静肃地旋转，
那又有何妨？
就算在它们的发光的天球之间，
既找不到真正的人语，也找不到声音，
那又有何妨？

在理性的耳中，
它们发出光荣的声音，

1 H. S. 塞耶编，《牛顿自然哲学著作选》，上海外国自然科学哲学著作编译组译，上海人民出版社，1974，第 51 页。

它们永久歌唱：

“我等乃造物所生”。[1]

自然神论者并未否定上帝的存在，而是把上帝赶出了作为科学研究对象的自然界之外，把上帝置于“第一因”或太上皇的位置。自然神论者用一个遵循理性法则的上帝取代了一个随心所欲的上帝，用一个秩序井然的机械论世界取代了一个充满奇迹的神秘世界，正是在这种意义上，自然神论为近代自然科学的发展奠定了理论基础。

除了强调合乎理性的自然法则之外，自然神论还认为道德是宗教的首要之义，在每个人的心中，都有一些扬善弃恶的基本原则。换言之，对于自然神论者来说，理性不仅仅表现为亘古不变的自然法则，而且表现为人心普遍存在的道德原则。尽管他们在这些原则的来源方面存在着分歧——赫伯特勋爵认为这些共同原则是先天的，洛克却否认它们的先天性——但是他们都把这些共同原则当作评判真理的根本标准。这种由赫伯特勋爵（以及法国的笛卡尔）所强调的内在思想原则，与牛顿的机械论世界所赖以建立的外在自然法则一样，都是理性的表现形式。理性一方面表现为外在的自然规律，另一方面表现为内在的知识能力和道德规范。正是由于以共同的理性作为基础，人类凭着自身的能力就可以实现对自然界的科学认识和对自身的道德提升（这一点后来在康德那里得到了精辟的表述），而无须依靠任何外在性的启示和神迹。当然，自然神论者们并没有明确地表达这个思想（洛克在这个问题上甚至有些暧昧不明），他们也没有公然否定启示，但是他们却通过对启示的合理性解释而把启

1 W. C. 丹皮尔，《科学史：及其与哲学和宗教的关系》，李珩译，商务印书馆，1975，第250页。

示完全消解在理性之中。

这种内在的理性原则在思想渊源上沿承了中世纪英国方济各修会神学的“内在之光”（insight）观点，它与通过启示而从外部获得的“上帝的道”（word of God）之间存在着一定的张力。自然神论者消除了“内在之光”原本所具有的特异性和神秘性，把它变成了一种普遍性的内在精神原则，尤其是最基本的道德准则。在他们看来，基督教的真正意义不在于它关于天国和救赎的应许，而在于它的历史见证中所包含的丰富的道德内涵。他们对于耶稣的神性往往采取避而不谈的态度，但却津津乐道于耶稣的人性。他们对传统基督教的神学思辨和形而上学缺乏兴趣（这一点与英国经验论是完全一致的），只关心基督教中有利于促进普遍的道德准则的东西。与中世纪基督教神学所主张的信、望、爱等彼岸性美德相比，自然神论者所倡导的道德原则更多地具有世俗性价值，它的核心和要义是强调追求现世的美德与福祉，强调不同宗教信仰、教派之间应该彼此宽容。

罗杰·奥尔森把自然神论的主要观念归纳为如下三点：第一，“真正的基督教完全是合理、普世都可以接受的自然宗教和道德”；第二，“真宗教（包括真基督教在内）主要的诉求是社会和个人的道德”；第三，“有智识且受过启蒙的人，应该对于超自然启示的所有主张和神迹，存着怀疑的态度”。[1] 总之，主张一个遵循理性法则而运行的自然世界，倡导一种有利于增进现世福祉的道德规范，以及鼓励一种对超自然神迹的怀疑态度，这就是自然神论者的最显著的思想特征。

在方法论上，英国自然神论者们所运用的基本方法是基于经验

1 罗杰·奥尔森，《基督教神学思想史》，2003，第 574、575 页。

的归纳法和类比法。从经验的立场出发，我们在自然界中并不能发现上帝的身影，但是运用自然理性的因果分析方法，我们却可以从充满秩序与和谐的大自然中推出一个无限智慧的创造者。这种因果性的推理，由于是建立在以经验证据为出发点的归纳和类比之上的，因此一直到休谟对因果联系的必然性提出根本性的怀疑之前，一直被自然神论者们看作毋庸置疑的有效方法。自然神论用以证明上帝存在的方法通常被称为“设计论证明”（design or teleological argument，或称“目的论证明”），这个证明是从一只钟表或一部机器出发，由其齿轮、弹簧、轴轮等内在结构的和谐性和功能上的目的性（计时等）推出一位手艺精湛的工匠；然后运用类比推理的原理，从更加精致的、充满了秩序性和目的性的大自然推出一位智慧的造物主（上帝）的存在。这种设计论证明或者目的论证明并非由自然神论者首创，它早在托马斯·阿奎那的第五个证明中就已经出现过，我们甚至还可以将其思想渊源进一步追溯到苏格拉底关于神的目的论证明中。在近代，关于设计论证明的表述较早和较清晰地出现在曾经到英国避难并且深受洛克和牛顿思想影响的法国自然神论者伏尔泰的著作中，伏尔泰在1734年左右写成的《形而上学论》一书中，从一只钟表的机械结构出发，推出了上帝存在的可能性：

> 当我看见其指针标明了时刻的钟表的时候，我的结论是，有一个理智的存在物安排了这个机械的发条，于是它的指针可以标明时刻。因此，当我看见人体的发条时，我的结论是，有一个理智的存在物安排了这些器官，使之在母腹中得到九个月的孕育和滋养；于是为了看而赋予眼，为了抓而赋予手，如此等等，但是仅仅根据这一个论据，我只能限于得出这样的结论：

可能有一个理智的、更高的存在物，非常巧妙地准备并造成了这样的事情。[1]

伏尔泰在钟表匠与上帝之间进行类比的做法成为自然神论的设计论证明的经典模式，这种证明方式后来被典型地表述在英国神学家威廉·佩利（William Paley，1743—1805）于1802年出版的《自然神学，或自然现象中神之存在与属性的证据》一书中。在这本书里，佩利认为，如果我们在荒野中发现了一只钟表，即使我们从来没有见过制造钟表的过程，也不认识制表的工匠，甚至根本不知道如何制造钟表，我们仍然不会对某时某地曾经有一位钟表匠的存在及其工作表示怀疑。以此类推，“设计物的每一标志、设计的每一体现，都存在于钟表之中，也同样存在于自然的作品之中，所不同的是，自然的作品形巨量大，以致在某种程度上可以说是无法计数的。……但在大多数情况下，与人类才智的最完善的产品一样，它们显然是适应于自身目的并从属于自身功能的设计物”[2]。美国神学教授贾诗勒（Norman L. Geisler）将佩利的证明简化为如下类比推理：

1. 手表表明它是为一个聪明的目的（计时）而造成的。

（1）它有弹簧来继续活动。

（2）它有连串的齿轮以传递这活动。

（3）这些齿轮均用黄铜造，不会生锈。

1 《伏尔泰著作集》第21卷，转引自：詹姆斯·C.利文斯顿，《现代基督教思想：从启蒙运动到第二届梵蒂冈公会议》（上卷），1999，第51页。除了设计论证明之外，伏尔泰还对上帝的存在做了宇宙论证明，从终极因的必然性推出了上帝的必然存在。

2 胡景钟、张庆熊主编，《西方宗教哲学文选》，上海人民出版社，2002，第17页。关于佩利论证的具体内容，请参阅该书第13—17页。佩利的这部著作是在休谟批判了设计论证明之后20多年才出版的，但是佩利在书中对休谟的批判却未置一词。

（4）弹簧用钢造，因为钢有韧性。

（5）表面用玻璃造，人因而得看见时间。

2. 世界显示出比手表有更多设计的证明。

（1）比起手表来，世界是更伟大的艺术作品。

（2）世界的设计比手表更精细和复杂。

（3）世界有着无尽的事物均有特别的目的。

3. 因此，若有手表就必然有制造表匠，若有世界则必然有智慧的设计者（就是神）。[1]

从思想根源上来说，自然神论关于上帝存在的设计论证明既是对托马斯·阿奎那第五个证明（目的论证明）的进一步阐发，同时也是牛顿机械论在神学上的必然结果。众所周知，牛顿在实验科学的基础上提出了万有引力定律，但是由于牛顿的机械论世界观把自然界看作一个没有发展过程的既成事实[2]，因此他无法用科学的观点来解释自然界的起源问题，从而必然导致用上帝的一次性创造来解决这个理论难题。牛顿之所以在宇宙中为上帝保留了“第一因”或“第一推动者”的位置，只是为了给他的整个井然有序的机械世界寻找一个具有权威性说服力的开端或起点。牛顿说道：“这个由太阳、行星和慧星构成的最美满的体系，只能来自一个全智全能的主宰者的督促和统治。”[3]更为重要的是，这样一位具有无限智慧的上帝一旦创造出世界以后，就依据理性法则来管理世界，即让世界遵循万有引力和其他自然规律而运行。这样一来，科学家们就无须直接面对

1 贾诗勒，《宗教哲学》，吴宗文译，香港种籽出版社，1983，第 120 页。

2 把自然界看作一个不断发生、发展和演化的过程的观点是从康德和拉普拉斯的星云假说才开始的，而把生命体看作一个不断进化的过程的观点直到达尔文时代才出现。

3 H. S. 塞耶编，《牛顿自然哲学著作选》，1974，第 48 页。

上帝，只要面对上帝的作品——自然界本身就足够了，从而为自然理性和科学知识的独立权利提供了神学上的依据。历史学家弗里德里希·希尔认为，牛顿的这种世界观与1688年英国光荣革命和政治妥协的社会现实也有着密切的联系：

> 从某种角度看，牛顿关于宇宙的理论，把宇宙看作各种力量之间的平衡，也可认为是把1688年的政治理论搬进了宇宙空间。举例来说，牛顿的万有引力定律说明了天体运行轨道的由来，正如洛克所提出的宽容思想，说明了当时英国宗教和政治的局势。万有引力定律使自古以来认为宇宙被一种法术控制的说法更加不足凭信，而天体力学中的数学计算进一步确立了。这种观念的确立与相信地上的国家社会能在政治上平衡是不可分的；后者是前者的前提，有了对地上的平衡的信心，才推动人去研究全宇宙中的平衡系统。最后一点，正如世上的平衡需要一位全智的、谨守宪法的君主，宇宙的平衡也需要这样一位君主。牛顿的神不时干预宇宙的事务，规定天体运行的轨道，但这只是为了防止混乱。神就体现了绝对时间和绝对运动。宇宙就是神的大厦。[1]

从经验的论据来看，自然界及其各个部分确实处处显示出一种

1 弗里德里希·希尔，《欧洲思想史》，2007，第395页。在具体的表述上，牛顿与最极端的自然神论者如托兰德等人有所不同。他认为，上帝不仅是创造宇宙的"第一因"，而且是使宇宙继续保持秩序的原因，因此上帝在创世之后仍然在不时地干预自然。但是上帝干预自然的目的不是为了破坏自然界的规律，而是为了保证自然界不偏离自然规律。上帝的干预不是奇迹（奇迹是自然律的中断），而恰恰是对理性或自然律的维护。就此而言，牛顿关于上帝不断地根据理性法则来调整宇宙的观点与托兰德等人的上帝一次性创造宇宙后不再干预宇宙的运行的观点在精神实质上是完全一致的，上帝已经成为理性的同义词。

和谐的秩序性，这是毋庸置疑的事实。这些和谐的秩序似乎暗示着某种奇妙的目的性——昼夜的交替使得万物可以劳逸结合，生物链保证了物种的平衡，臭氧层使生命既可以得到适度的阳光又不至于被过强的紫外线辐射所伤害。至于人身体的各种器官，更是体现了某种内在的目的性：臼齿适宜于咀嚼，而门齿则适宜于撕咬（如果缺少了一种，我们在进食时就会感到非常不方便）；眼睛是身体中最柔嫩的部分，因此就有了睫毛和眉骨来保护它；鼻孔容易进杂物，所以就向下而不是朝天……诸如此类具有和谐秩序性的自然现象，从苏格拉底一直到今天的创造论者已经列举了不计其数。在这里，关键性的问题是：如何解释自然界的这种和谐的秩序性？

对于这个关键性问题有两种针锋相对的回答：或者某个超越的造物主为了万物的生存而有目的地设计了和谐的秩序；或者世界的和谐秩序性本身就是进化的结果，只有那些能够适应这种秩序性的物种才生存了下来。前一种答案导致了设计论或目的论，后一种答案则导致了进化论。例如关于臭氧层的问题，设计论者会这样来解释：

> 臭氧层强有力地证明了上帝的先见。岂有人能用一种偶然的进化过程来解释这种装置？这道墙有着恰好的厚度，又是恰得其法的防御，使得生命免于死亡，这样的一道墙，已完全证明了的确是有计划存在的。

与此相对，进化论者的回答则是：

> 臭氧层这种过滤装置，能够如此精巧地保护地球上的生命，究其理由，并不是上帝先创造了动物，再把臭氧层装置上去，

> 以保护这些动物；反之，其理由是已经有了臭氧层在先，而后，只有那些经得起透过了臭氧层的紫外线辐射度的生命形式，才能继续在地球上衍生。[1]

二者之间的分歧可以简化为：到底秩序是为了万物而设定，还是万物是适应秩序的结果？自然神论和中世纪的理性神学（托马斯主义）一样，赞同前者；唯物主义和无神论则赞同后者。至于怀疑主义，则对二者的理论前提都进行了质疑，拒绝对超出经验范围之外的形而上学问题做出判断。怀疑主义者（如休谟等人）虽然没有在关于宇宙的根本原因问题（先验宇宙论）上提出自己的正面观点，但是他们却非常敏锐而致命地击中了设计论证明在逻辑上和方法论上的“阿喀琉斯之踵”[2]。

在17—18世纪，科学理性尚未壮大得足以与宗教信仰正面抗衡，因此它不得不采取自然神论这种“犹抱琵琶半遮面”的形式，借助上帝的权威来为理性开道。在自然神论中，上帝虽然在名义上仍然保持着世界的创造者和主宰者的至高地位，但是实际上他已经被理性本身取代，不过是一个被理性的线索牵动着的傀儡。自然神论将上帝置于自然之外，然后通过把上帝的无限性赋予自然界本身而使上帝陷入一种没有立锥之地的尴尬状态中。它用自然来蚕食上帝，用理性来限制信仰，通过剥夺上帝的具体内容而使其成为一个抽象的符号、成为虚无。于是，我们在自然神论那里就看到了这样一种对立：一方面是丰富具体的自然界，另一方面则是空洞无物的

1　约翰·希克，《宗教哲学》，钱永祥译，台湾三民书局，1972，第42、43页。

2　阿喀琉斯是希腊神话传说中的英雄，他在出生时曾被母亲海洋女神忒提斯抓住双脚浸入冥河中，从而全身刀枪不入，但是他的脚踵由于未能浸入，所以成为致命弱点。后来在特洛伊战争中，阿喀琉斯因其脚踵被特洛伊王子帕里斯的箭射中而身亡。

上帝。自然界越是丰盈完善，上帝就越是贫乏干瘪；理性越是气宇轩昂，信仰就越是形态猥琐。上帝的内容既然已经被自然蚕食殆尽，他就不得不最终化解于自然之中。因此在稍后的斯宾诺莎的泛神论中，上帝就被完全等同于自然本身了；而到了18世纪法国无神论者那里，这个无处栖身的上帝终于被羽翼丰满的理性送上了断头台。再往后，就是康德、施莱尔马赫等人如何在道德和情感等内心世界中来为已经在外部自然界中被剥夺了立锥之地的上帝重新寻求安身立命之地的故事了。

经验论的发展与自然神论的危机

作为经验论哲学、机械论世界观以及君主立宪的政治体制在神学上的必然结果，自然神论最初产生于英国，然后从英国传入在资本主义经济和政治发展过程中相继崛起的荷兰、法国、德国等国家，成为17—18世纪西欧各国具有自由思想和启蒙意识的知识精英们的一种时髦的神学理论和信仰形式。然而，这种对于近代科学理性的崛起产生了巨大作用的神学思想，在18世纪中叶以后却迅速地衰落了，一些新兴的思想潮流——泛神论、无神论、道德神学等——则取而代之。克劳治对于自然神论的演变情况描写道：

> 18世纪中叶自然神论衰退了。政治家兼作家的伯克在他1790年的作品《法国革命及其与伦敦的某些团体组织事件的关联之省思》中写下这样的话："凡于近四十年内出生的人，有谁读过那些自称为自由的思想者，诸如：柯林斯、托兰德、廷德尔、彻伯、摩根等人所写的一句话呢？"自然神论完成对英国基督教瓦解的工作后，移至欧洲大陆。藉着霍布斯、赫伯特、

沙夫兹伯里、波令若布克和休谟的作品潮流，自然神论进入法国百科全书派、卢梭和伏尔泰的作品中，并藉着这些著作，自然神论进入了德国。在法国、英国自然神论让位于怀疑主义和无神论，然而在德国却成为理性主义。[1]

正如其崛起一样，自然神论的衰落也是首先从英国开始的。从逻辑上来说，自然神论的衰落是经验论哲学走向极端的必然结果。早在培根和洛克的哲学中，就已经埋下了导致经验论危机的理论隐患。众所周知，近代西方哲学的核心问题是认识论（或知识论）问题，而认识论的基本宗旨就是要寻求具有普遍必然性的知识——如果知识不具有普遍必然性，那么知识与神秘的启示就没有任何实质性的区别了，从而也就不成其为真正意义上的知识。因此，无论是经验论还是唯理论，都把追求普遍必然性的知识当作其最高的目标。

培根的名言"知识就是力量"正是要通过对自然界的一般规律的认识而达到征服自然的目的。在《新工具》中，培根用归纳法来反对亚里士多德的演绎法，他确信，通过"三表法"的循序渐进，可以从经验材料出发，经过一系列"中间公理"而最终上升到具有普遍必然性的"最高公理"。然而，从感性的经验材料上升到普遍必然性的最高公理的逻辑根据是什么？换言之，如何在逻辑上保证从特殊性向普遍性、从偶然性向必然性的过渡？这个关键性的问题却被培根忽略了。事实上，对于培根来说——正如对于我们通常的思维习惯来说一样——这根本就不是一个问题，因为自古以来，从特殊性向普遍性、从偶然性向必然性的过渡一直都被看作一件理所当然的和不证自明的事情（托马斯·阿奎那的宇宙论证明就是一个例

1　克劳治，《基督教教义史》，2002，第 421 页。

证)。这种过渡的毋庸置疑性，与其说是建立在逻辑论证的基础之上，不如说是建立在习惯信念的基础之上。由于经验论在培根那里尚处于萌芽阶段，因此培根既不可能意识到，也不可能以一种怀疑论的方式来回应经验的出发点与普遍必然性的结论之间的逻辑困难。

经验论哲学发展到洛克那里，自身所隐含的逻辑矛盾就更加明显地暴露出来了。洛克一方面提出了著名的“白板说”，认为我们的一切知识都来自经验（感觉和反省）；然而另一方面，洛克又把“复杂观念”和“第二性的质”的原因归结于心灵（这实际上承认了心灵具有一种先天的知识能力或知识形式，这种逻辑上的矛盾后来被莱布尼茨敏锐地觉察到并用来攻击洛克的“白板说”)。此外，洛克还独断地设定了两个无法用经验来说明的形而上学“实体”——“物质实体”和“精神实体”，将其作为整个知识论得以可能的客观基石和主观基石。正是这种哲学上的矛盾，使得洛克在神学上承认“超乎理性的命题”（基于启示）对于“合乎理性的命题”（基于经验）的独立性，从而在经验知识与先验启示的关系问题上陷入了自相矛盾的尴尬境地。

自然神论关于上帝存在的设计论证明同样表现出了经验论的内在矛盾。我们在前面已经看到，设计论证明是从毋庸置疑的经验事实出发，循着一条似乎是经验论的推理原则——由果推因——来进行的。然而，如果我们像休谟那样从一种彻底的经验论（即怀疑论）的角度来加以审视，我们就会发现，设计论证明得以成立的逻辑前提恰恰是对经验论原则的背离。设计论证明的关键就在于，运用类比原理从“相似的结果推出相似的原因”，这种类比推理的有效性是建立在因果关系的必然性（从一个结果可以必然地推出一个原因）和普遍性（从相似的结果可以推出相似的原因）之上的。那么，这种因果关系的必然性和普遍性又是以什么作为根据的呢？是从先验的原则而来吗？然而，经验论拒绝先验的原则；是从经验的事实归纳而来吗？但是，从特殊性和偶然性的经验事实中如何能够得出因果关系的必然性和普遍性呢？如果因果关系的必然性和普遍性本身就是一个有待证明的问题，那么以它作为根据的类比推理又如何能够保证其结论的有效性呢？

经验论及自然神论在逻辑上的内在矛盾，首先被两个传统宗教信仰的卫道士识破，这两个人分别是爱尔兰主教贝克莱（George Berkeley，1685—1753）和英国国教会主教巴特勒（Joseph Butler，1692—1752）。贝克莱的主要注意力放在克服洛克经验论的矛盾上，他力图把经验论推向更加彻底化和纯粹化的程度，从而导致了唯我论。然而，这种唯我论又由于他的主教身份的限制未能贯彻到底，最终走向了一种以上帝为保证的"自然实在论"。巴特勒的兴趣则在于揭露自然神论的类比推理本身并不具有普遍必然性，他力图说明，自然的证据和《圣经》的启示一样都只具有或然性的效果，从而表明自然宗教并不比启示宗教更加具有理性上的说服力。然而，他为了反驳自然神论而挖掘的那些或然性的理论陷阱，最后竟成为他所维护的传统宗教信仰和他所批判的自然神论的共同的葬身场所。

贝克莱从更加彻底的经验论立场出发，把物归结为"观念的集合"，把存在说成是被感知，从根本上否定了洛克的"物质实体"。贝克莱对实物进行了观念化的改造，从而将整个客观世界解释成"我"的观念和感知的结果，导致了狭隘的唯我论。从逻辑上来说，这种唯我论是经验论发展的必然结果，因为如果从彻底的经验论立场出发，整个客观世界确实就只能表现为一个个孤立的印象或观念的集合。根据经验论的原则，既然一切知识都来自感觉经验，那么在经验之前，我们无权对独立存在的"物质实体"（客观世界）做出形而上学的断定[1]；在经验的过程中，我们也无法说明“物质实体”与印象、观念之间的因果关系，我们所知道的只是一大堆在感觉经验中呈现出来的印象和观念。这样必然会导致从主观自我而非客观存在方面来说明印象和观念的来源，然后通过印象、观念的中介把客观世界说成是主观感知的结果，从而陷入了哲学史上最糟糕的唯我论。

然而，从另一方面来说，贝克莱的唯我论也只是一种半途而废的经验论，它否定了洛克的“物质实体”，却保留了洛克的“精神实体”，因为所谓“我”本身就是一种先验的假定。正如休谟后来所指出的，这个“我”（“精神实体”）只是各种印象、观念、情绪、感受、思想的集合，离开了这些心理活动，哪里还有“我”存在？从真正彻底的经验论角度来看，“自我”作为精神实体和“世界”（“宇宙”）作为物质实体一样，都是缺乏经验基础的形而上学的独断，二者的差别仅在于一个是主观形而上学，一个是客观形而上学罢了。

贝克莱不仅先验地断定了“自我”的存在，而且出于主教身份的神圣职责和为了摆脱声名狼藉的唯我论的理论需要，他也不得不形而上学地断定了上帝的存在，试图用“上帝的感知”来作为整个客观世界和主观观念的根本保证。他强调，“存在就是被感知”并不是指被他贝克莱本人所感知，而是指被一切心灵所感知。“我的结论并不是说，它们没有实在的存在，乃是说，它们既然不依靠于‘我’的思想，而且它们不被‘我’知觉也能存在，那么世上一定另外有个心包含着它们。可感的世界既然分明存在着，照理也一定有一个

1 相信有一个独立于我们的感觉经验（或不依我们的意识为转移）的客观世界的存在（即奎因所说的“本体论承诺”），这种朴素实在论或唯物主义的信念，对于彻底的经验论者来说，恰恰是值得怀疑的。因为如果坚持从经验的立场出发，我们只能得出世界是观念的结果而非观念的原因的结论。

无限的普遍的精神包含着、支持着这个世界。”[1] 而这个“无限的普遍的精神”当然只能是上帝。这样一来，贝克莱就用上帝的感知取代了“我”的感知来保证可感事物的客观实在性，从而由唯我论转向了所谓的“自然实在论”。他辩解说，即使全世界的人都没有感知到，只要上帝感知到了，事物就能够照样存在。罗素引用了一位诗人的一首打油诗来说明贝克莱的这种观点：

曾有个年轻人开言道：“上帝
一定要认为太稀奇，
假如他发觉这棵树
存在如故，
那时候却连谁也没在中庭里。”
答
敬启者：
您的惊讶真稀奇：
咱时时总在中庭里。
这就是为何那棵树
会存在如故，
因为注视着它的是
您的忠实的
上帝。[2]

从上帝这个“最后的堡垒”中来寻找解决一切理论困难的解

1 柏克莱，《柏克莱哲学对话三篇》，关文运译，商务印书馆，1957，第 50—51 页。此书将“贝克莱”译为“柏克莱”，本书采目前通行译法。

2 罗素，《西方哲学史》（下卷），1976，第 182 页。

决方案，这是自古以来的通例，具有基督教信仰的近代西方思想家们也不例外。当笛卡尔被怀疑论引入“我思故我在”的狭小圈子时，他正是借助于上帝这个“宽阔的跳板”而走向了心物平行的二元论；当牛顿无法从物理学本身来说明世界的最初动因时，他就搬出了上帝以解决“第一次推动”的难题。贝克莱的做法也是如此，他把“上帝的感知”作为整个知识论和存在论的基础，以便走出狭隘的唯我论。黑格尔对此嘲笑道：“这一体系中的不一惯性，又必须用神这条大阴沟来排除。我们把它交给神去办吧。”[1]然而，把形而上学的上帝当作知识论和存在论的根本保证的做法，恰恰背叛了经验论的基本原则，从而使贝克莱陷入了更大的矛盾之中。贝克莱把上帝当作我们一切观念的最终来源，但当面对我们是如何获得上帝的观念这个棘手问题时，贝克莱却狡辩说，我们对于上帝没有“观念”，只有“意念”。这种玩弄文字游戏的做法并不能掩饰贝克莱把信仰当作知识的前提的思想实质。就此而论，贝克莱在他的基督教信仰和经验论知识的双重撕扯下甚至退回到自然神论以前的水平。

如果说贝克莱主要是出于把上帝确立为一切观念的最终来源的哲学需要，才不得不反对自然神论关于上帝创世之后不再干预世界的观点，那么巴特勒则是以一个更加虔敬和严谨的正统神学家的身份，主动地对自然神论发起了进攻。反对自然神论对于贝克莱来说只是哲学的结果，对于巴特勒来说则是神学的前提，他正是通过对自然神论的批判来重新树立传统宗教的权威的。在巴特勒的时代，自然神论在英国已经达到了鼎盛状态，这位英国国教会主教敏锐地意识到，与其像那些保守的正统神学家那样徒劳地用经院哲学的方

1 黑格尔，《哲学史讲演录》(第四卷)，贺麟、王太庆译，商务印书馆，1978，第 202 页。

法来论证启示宗教，不如借鉴自然神论的类比方法，从经验中来寻找支持基督教信仰的证据，从而证明启示宗教在理据方面丝毫也不逊色于自然宗教。1736 年，巴特勒发表了《自然宗教与启示宗教之类比》，在这本书中，巴特勒像自然神论者一样运用类比方法，但是他所要证明的却是传统的基督教信仰。巴特勒认为，那些由于《圣经》中存在着不可理解的因素（奇迹）而否认《圣经》的真理性的人们，同样可以通过类比的方法在自然界中发现更多的困难因素。实际上，《圣经》和自然均出自同一个创造者，因此二者在许多方面都具有相似性。在该书的绪论中，巴特勒从古代教父奥利金的一段话出发，来说明《圣经》与自然之间的同构性：

> 俄利根（Origen，即奥利金——引者注）就从这种类推法很明智地观察到："凡相信《圣经》是出自那创造自然界的造物主的人，必在《圣经》中找到他在自然界组织中所发见的同样困难"。我们反省一下，不妨为之补充说：凡因这些困难而否认《圣经》是出自上帝的人，他应该因同样理由否认上帝创造世界。从另一方面看来，假如我们在那由启示而知道的神造万物体系和那由经验及推理而知道的神造万物体系（即指自然界的明白程序）之间，有一种类比或相似之处，就足以推测这二者均有同一的创造者与出自同一的原因；最低限度足以应答那些虽可承认后者是出自上帝，却想用类推法来反对前者是出自上帝的人。……
>
> 本书的目的就在表明这种道德的和基督教的规划体系——包括它的组织，它的文字，和它秉自上帝所给我们关于它真理的证据——中那特别受人攻击的几部分，是恰和我们在大自然或天工的组织与程序中所体验到的事物互相类似；那些攻击之

> 可对于前者，亦可以一样公平地加诸后者身上，但事实上，我们发见这种对后者的攻击都是证据绝不充分。我们并要指出这种由类推法所引出的论证是无可答驳的，因而无疑地在宗教方面占着重要的位置……[1]

巴特勒与自然神论者一样，试图从经验事实出发，运用类比推理来证明启示真理。例如，他从人生不同阶段的差异性以及感受能力的连续性，推出灵魂不朽的可能性；他从现世的道德控制及其后果——德行导致欢乐、恶行导致痛苦——推出末日审判的可能性。巴特勒承认，从经验理性的角度来看，基督教的这些教义具有缺陷性和神秘性，但是在自然界中同样充满了缺陷性和不规则性：

> 上帝神奇的干预也可能一直是同样地出于智慧的普遍法则……这些法则的确不为我们所知；但其未知的程度，绝不会超过那样一些法则，根据那些法则，一些人刚生下来就死掉了，而另一些人却活到惊人的高龄……[2]

巴特勒通过对经验事实的归纳指出，在自然界中存在着与《圣经》中同样多（甚至更多）的疑难之处和缺陷之处，自然宗教的证据和启示宗教的证据一样都只能导致或然性的结论。但是，这种理据方面的或然性并不会妨碍启示宗教对于指导人生的实践作用，从

1 巴特勒，《自然宗教与启示宗教之类比》，绪论，转引自：“基督教历代名著集成”之《理性时代的宗教观》，香港基督教文艺出版社，1996，第282、288—289页。在该集成中，巴特勒这本书的书名被译为“宗教在自然界的证据”。

2 巴特勒，《自然宗教与启示宗教之类比》，转引自：詹姆斯·C. 利文斯顿，《现代基督教思想：从启蒙运动到第二届梵蒂冈公会议》（上卷），1999，第99页。

某种意义上来说，“或然性就是人生的向导”[1]。历史神学家冈察雷斯（Justo Luis González）对巴特勒的基本思想总结道：

> 巴特勒试图表明，自然神论者们在拒绝启示的资料方面犯了错误。在这里他并没有证明启示的内容基本上是合理的。更确切地说，他承认，在有关特殊的启示的这个概念里有疑难之处；但是他又补充说，在宇宙是一个协调的和有序的体系的观点里也有疑难之处。在这两种情况中，人们必须凭或然性来指导。整个生命都是由这种或然性指导的，而且与此相似，我们对启示的信赖也必须遵循同一道路。[2]

巴特勒并不否认《圣经》启示的证据具有模糊性，但是他一方面坚持认为，在证据方面，自然法则并不比《圣经》启示更明晰；另一方面则强调，启示因人因地而变化的灵活性恰恰说明启示具有超越理性能力的神秘性，这种通过神秘的方式来传达的信息恰恰说明了我们之所以需要启示的理由。因此，启示的基督教与理性的自然宗教并不矛盾，二者只是从不同的角度出发来探索真理罢了。巴特勒把基督教说成是对自然宗教的重新公布和制度化体现，它的重要性表现在如下两点：“第一，作为一种自然宗教或基本宗教的重新公布与有制度的表现，以求适应目前的人类环境，而目的在推进自然敬虔与自然美德；第二，它是包含着一种非理性所能揭发的天理，而结果是我们得以领受几种特殊的教令。因为自然宗教虽然是基督

1　不久以后，当休谟在否定了因果关系的客观性和必然性之后宣称“习惯是人生的伟大指南”时，他显然是受了巴特勒这一思想的影响。

2　胡斯都·L. 冈察雷斯，《基督教思想史》，2002，第 1005 页。

教的基础与主要部分，但它绝不是它的全部。”[1]

巴特勒揭露自然神论在理据上的缺陷性和或然性的目的在于维护传统的基督教信仰，但是由于他和他的对手们一样基于经验的起点和原则，一样运用归纳和类比的方法，因此他深知通过揭露自然神论理据的或然性并不能证明启示宗教理据的必然性，倒不如承认二者的理论根据同样都是或然性的（至少对于我们这些只具有有限理性的人来说是如此）。巴特勒比自然神论者更高明的地方在于，他意识到了一个基本的经验论原理，这就是从经验的事实出发，通过归纳和类比的方法并不能达到具有普遍必然性的结论。在这一点上，巴特勒无疑成为休谟哲学的思想先驱，正如休谟成为康德哲学的思想先驱一样。

然而，巴特勒的上述结论却造成了他本人始料未及的后果——既然启示宗教和自然宗教都缺乏可靠的理据，那么二者的合理性就同样都值得怀疑，而后人们对于自然神论的批判也可以同等地适用到传统基督教上。这一后果必然导致对宗教信仰与理性知识之关系的重新思考，从而使人们确信，宗教信仰是与理性知识无关的事情，它根本不可能通过理性来论证，而只能诉诸个人内在的道德良知和情感体验。这种观点成为休谟、卢梭、康德、施莱尔马赫等人的一种共识，虽然他们在具体细节上存在着明显的分歧。神学教授利文斯顿（James C. Livingston）在谈到巴特勒思想的这种讽刺性后果时这样写道：

正是巴特勒的《类比》，而不是其他任何著作，结束了自

1 巴特勒，《自然宗教与启示宗教之类比》，绪论，转引自：“基督教历代名著集成”之《理性时代的宗教观》，1996，第 321 页。

然神论与传统基督教之间的这场争论。可是这位好主教的《宗教之类比》却产生了一种出人意料的讽刺性的影响。书中提醒人们注意自然之缺陷的那些沉重而正视现实的地方，本意是要恢复对于基督教启示的真理性的信心，到头来却为怀疑主义之火提供了更多的燃料。在大卫·休谟一类的人看来，自然宗教信仰的难处，也很容易转变成对于基督教神学主张的抨击。……巴特勒通过强调自然宗教的困难，力图确立启示的或然性，他这种反证式的辩论方法在不大虔诚的头脑看来，似乎更导致了对于一切有神论的理性论证的普遍怀疑。……

因此，与巴特勒的本意相反，他为基督教所做的精心辩护，竟成了怀疑主义、宗教非理性主义和信仰主义的导因。[1]

休谟对自然神论的批判

大卫·休谟（David Hume，1711—1776）和巴特勒一样，在英国自然神论的衰落过程中扮演了一个无情的掘墓人角色，而康德则最终“砍下了自然神论的头颅”（海涅语）。如果说巴特勒的做法是通过揭露自然宗教理据的或然性来贬低自然神论的尊严，那么休谟的做法则是运用彻底的经验论来拆除自然神论和一切宗教信仰（包括传统基督教）的奇迹根基和证明根基，将宗教信仰完全驱逐出知识论的范围（至于康德的作用，我将在后面的章节中详加论述）。这位具有典范性的英国式的冷静和缜密头脑的伟大哲学家，始终严格地遵循着经验论的原则，通过一种冷漠而精辟的辨析和归谬，对自

1　詹姆斯·C.利文斯顿，《现代基督教思想：从启蒙运动到第二届梵蒂冈公会议》（上卷），1999，第 92、103 页。

然神论和传统基督教的几乎所有根据（从奇迹到理性论证）进行了毁灭性的反驳，打碎了一切企图运用经验知识和逻辑推理来论证宗教信仰的迷梦。休谟对于自然神论和传统基督教信仰的批判无疑是极其深刻的和致命性的[1]，然而，休谟也和巴特勒一样遭遇了一种始料未及的讽刺性结局——他运用彻底的经验论（即怀疑论）将一切宗教信仰逐出了知识论的范围，但是这种怀疑论同时也把陷阱挖到了自己的脚下，从而使自己与批判的对象一起被知识论埋葬。

休谟虽然从小在苏格兰严格的加尔文教环境中长大，但是当他还是一个涉世未深的青年时，他就像当时法国激进的启蒙主义者一样深深地感受到了传统宗教（基督教）对于社会所造成的有害影响。休谟在其一生中虽然并未达到无神论的结论，然而他却始终致力于从理论上对宗教信仰的各种证据进行怀疑和批判。在当时，宗教信仰的证据可以大致上分为两个方面，一个是奇迹，另一个则是理性论证（启示宗教和自然宗教各执一端），休谟对各种宗教证据的驳斥也是分别从这两个方面来进行的。

像所有的经验论者一样，休谟把经验确定为一切知识的基础，他认为任何证据的可靠性和有效性都必须接受经验的检验。休谟的基本原则就是："我们的观念超不出我们的经验"，他的一切哲学批判和宗教批判都是以这个原则为绝对前提展开的。在任何情况下都始终坚持这个原则，这正是休谟不同于他以前的经验论者的地方（这同时也注定了经验论作为一种知识论的悲剧性结局）。在《自然宗教对话录》中，休谟为我们展示了下面这个基本的三段论式：

1　从某种意义上来说，康德在这方面并没有太多地超越休谟，他在《纯粹理性批判》中对理性神学的各种证明的驳斥，在休谟那里都已经以一种不太系统的形式出现了。康德在理性神学批判上的主要贡献在于系统化，此外，康德把本体论证明当作其他一切证明的根基的观点也是休谟所缺少的。

我们的观念超不出我们的经验；我们没有关于神圣的属性与作为的经验；我用不着为我这个三段论式下结论：你自己能得出推论来的。[1]

在休谟看来，任何一种有效的证据如果不能被理性的证明支持，就必须被经验的或然性支持。而奇迹作为基督教信仰的一种证据，既不能被证明，也不是依赖于或然性。在基督教神学中，奇迹一直被说成是超理性的“奥秘”，因此它不可能通过理性来加以证明；另一方面，尽管巴特勒试图把奇迹像自然法则一样建立在或然性的基础之上，但是对于休谟来说，奇迹与或然性却有着根本性的区别——或然性（或可然性）曾经有过经验的根据，而奇迹却是完全缺乏经验基础的。例如，巴特勒所说的一个人刚出生就死了，这并不能被当作一种奇迹，因为过去曾经有类似的情况存在；但是如果说一个死人竟然复活了，这就是奇迹，因为我们过去从未见过同样的事情发生。自然法则虽然无法证明自己的普遍必然性（在这一点上，休谟与巴特勒是一致的），但它却是建立在经验的或然性之上的，因此是可以信赖的；然而，奇迹却既缺乏经验根据，又无法通过理性来证明，因此只能是“欺诈加上愚蠢的结果”。休谟举例说道：

我们如果假定，一切历史家在写英国史时都一致记载说，在1600年1月1日，伊丽莎白女王（Queen Elizabeth）死了；而且在她死前和死后都曾被医生和廷臣所见（这种情况，在像她这类身份的人，是一件寻常事），而且她的继承人也被国会

1 休谟，《自然宗教对话录》，陈修斋、曹棉之译，商务印书馆，1962，第16页。

承认了，正式宣布了；可是她在葬埋了一个月以后，忽然又出现了，复了位，并且又统治了英国3年之久——如果他们这样记载，则我可以自白说，我所惊异的只是：那么多的奇特情节如何会凑合在一块，可是我一定没有丝毫倾向来相信这样神奇的一件事。我对于人所说的她的死亡和与此相伴的许多公共情节，也并不怀疑，不过我要确说，她的死是假的，那种死在实际上既不是真的，也不可能是真的。……人类的欺诈和愚痴乃是一种寻常的现象，所以我宁愿相信这些最奇特的事情只是起于他们的共同作伪，而不承认自然法则会这样显著地被破坏了。[1]

休谟由此得出结论，奇迹由于从根本上违背自然法则，因此是不能作为论证的根据的。休谟把人类理性的全部对象分为两类：一类是观念的关系，另一类是事实。前者产生关于数量关系的推理知识，后者产生关于实际事物的经验知识。而奇迹显然既不属于第一类，也不属于第二类，它充其量只能归之于神秘的信仰，并不属于知识的范围。在《人类理解研究》的结尾处，这位一向谨慎的英国哲学家以一种偏激的口吻说道："我们如果在手里拿起一本书来，例如神学书或经院哲学书，那我们就可以问，其中包含着数和量方面的任何抽象推论么？没有。其中包含着关于实在事实和存在的任何经验的推论么？没有。那么我们就可以把它投在烈火里，因为它所包含的没有别的，只有诡辩和幻想。"[2]

对奇迹的怀疑和批判，并不是休谟宗教哲学的主要特点。在休谟之前，许多具有理性精神的哲学家和神学家都对奇迹表示过同样

1 休谟，《人类理解研究》，关文运译，商务印书馆，1957，第113—114页。
2 同上，第145页。

的怀疑，在这一点上，休谟并没有超越自然神论者。休谟的独特贡献在于，对宗教信仰的各种理性证明进行了根本性的颠覆。他不仅拆除了宗教信仰的奇迹基础，而且更重要的是，摧毁了宗教信仰的一切理性根据。

休谟是站在一种彻底的经验论即怀疑论的立场上来展开对宗教理据的批判的。我们在前面已经看到，传统基督教的理性神学或者直接从形而上学的角度来证明上帝的存在（本体论证明），或者从有限的经验出发，一下子就跳到了形而上学的云端（宇宙论证明）；而自然神论虽然把经验论当作自己的哲学基础，但却在运用类比推理时有意或无意地偏离了经验论原则（正是这种偏离使得设计论证明成为可能）。休谟敏锐地意识到，要想从根本上反驳各种宗教信仰的理据，必须坚持彻底的经验论立场。

从经验论哲学的发展过程来看，休谟在两个观点上克服了经验论先驱们的不彻底性，而这两个观点对于休谟的宗教批判来说也是至关重要的。第一，休谟把贝克莱的“物是观念的集合”和“存在就是被感知”的思想贯彻到底，不仅将其运用来怀疑“物质实体”，而且将其运用来怀疑“精神实体”。在休谟看来，既然我们的观念不可能超出我们的经验，而经验为我们提供的只是一系列感觉印象（颜色、声音、滋味等）和反省印象（情感、情绪等），并没有为我们提供任何关于“实体”的信息，因此，“实体观念正如样态观念一样，只是一些简单观念的集合体，这些简单观念被想象结合了起来，被我们给予一个特殊的名称，借此我们便可以向自己或向他人提到那个集合体”。[1] 而既然“实体”只不过是一种心理想象的结果，因此灵魂、上帝等“精神实体”就如同不依我们感觉而独立存在的

1 休谟，《人性论》，关文运译，商务印书馆，1980，第 28 页。

“物质实体”一样，根本就不可能用经验理性来加以证明。

第二，休谟从彻底的经验论立场出发，对“一切开始存在的东西必然有一个存在的原因”这条哲学一般原理提出了怀疑。他认为，依据感觉和反省得来的所有印象，我们只能发现所谓的因果关系不过是一种接近关系（时空接近）和接续关系（因先于果），并不存在着一种必然的联系。休谟对原因所下的两个定义都表明[1]，因果之间的必然联系只是心灵依据习惯而形成的一种联想，本身并没有任何客观实在性和逻辑可靠性。这样一来，自然神论运用类比推理从“相似的结果证明相似的原因”的设计论证明（以及托马斯·阿奎那从经验事实背后去寻找一个“必然的原因”的宇宙论证明）就成为建立在流沙之上的无效证明：

> 休谟敲响了自然神论的丧钟，他指出，自然神论试图用来证明自然宗教的合理性的那些论点，并不像原来看起来那样合理。比方说，论证上帝的存在的宇宙论证，是建立在有关因果关系的概念上的，而休谟这时表明，因果关系只不过是一个方便的假设。而且论证灵魂不朽的那些论点，是建立在灵魂是非物质的实体的这一概念上的，而当有关实体的这一概念受到怀疑的时候，这些论点就失去了大部分的说服力。[2]

休谟对包括自然神论在内的各种理性神学的怀疑和批判主要表现在他的《自然宗教对话录》中。在这本书里，休谟对自然神论的设计论证明和传统基督教的宇宙论证明等分别进行了令人信服的反

1　关于这两个定义，参见：休谟，《人性论》，1980，第195页。
2　胡斯都·L. 冈察雷斯，《基督教思想史》，2002，第1007页。

驳。《自然宗教对话录》采用了对话体的形式，书中三位虚构的人物分别为自然神论者克里安提斯、传统理性神学家第美亚和怀疑主义者斐罗（他代表休谟的观点）。斐罗首先向克里安提斯的设计论证明发起了猛烈的攻击，他一上来就把矛头直接指向了设计论证明的基本原则——“相似的结果证明相似的原因”。

设计论证明是一种后天证明，它从具有精美结构的机器必有一个制造者（这是经验告诉我们的），推出具有更加精美结构的大自然必有一个创造者。针对这个看起来似乎是基于经验的后天证明，第美亚坚持传统的先天证明，而斐罗则认为，设计论证明并没有严格地遵循经验的原则，它所运用的类比推理缺乏充分的经验依据，“充其量也不过是关于一个相似因的一种猜想、一种揣测、一种假设”而已。斐罗从如下几个方面对设计论证明进行了驳斥：

第一，类比推理必须以情况的精确相似为前提，例如，根据人类血液循环的经验，我们可以推出某个人的血液循环。倘若根据青蛙或鱼类体内的血液循环来推知人类的情况，就要冒较大的风险了；但是如果从动物体内的血液循环推出植物的液汁也进行循环，那甚至是荒唐的了。设计论证明从房屋或机器的原因来推知宇宙的原因，情况正是如此。

第二，从彻底经验论的角度来看，即使在经验中我们可以发现秩序、排列和因果联系，但是我们却无法在经验中体察到这些秩序、排列和因果联系是来自造物设计这个原则的，这些经验证据可以同等地用来支持秩序的起源包含在物质之中和包含在（上帝的）心灵之中这两种截然相反的观点。

第三，从部分不能推出全体，从一根头发的生长情况不能推知一个人的生长情况，从一片树叶的摇曳中得不出关于一棵树生长的知识。同样，从人类理性这个微不足道的宇宙部分中，推不出作为整个宇宙创造者的上帝的性质。“我们称之为思想的，脑内的小小跳动有什么特别的权利，让我们使它成为全宇宙的轨范呢？”[1]

第四，我们从船舶等事物推出它们的创造者，只是因为我们曾经看到过船舶等物起源于人类的设计和工艺。同理，除非我们曾经经验过宇宙的起源，否则我们无法用任何相似性的类比推理来推出宇宙的起源。

面对着斐罗的质疑，自然神论者克里安提斯坚持认为，自然的作品与人工的作品无论在形式上还是质料上都具有同一性。正如我们从一个声音可以推出一个人的存在一样，从一个超乎寻常的声音可以推出一个超乎寻常的存在者（上帝）。“假如你走进你的藏满了自然的书卷的图书馆，这些书中包含着最精纯的理性和最卓越的优美：你能翻开其中一本，而对于他的创始因与心灵或理智有着最显著的相似发生怀疑吗？”[2]应该说，克里安提斯的这个比喻具有相当强的理论感染力，我们在与休谟同时代的卢梭等人那里也可以看到类似的观点。然而，在头脑冷静、逻辑严密的斐罗看来，这种富有诗意的比喻是经不起理性的推敲的。自然的书卷确实充满了精美性，这是经验的事实，但是从这个经验事实并不能必然地推出，它只能来自一个智慧的设计者而不能来自物质本身就具有的秩序性。相信上帝设计世界（唯心主义）并不比相信物质自身生成世界（唯物主义）更具有理论说服力，二者都是基于一种超出经验的信念，但是从解释世界的效应上来说，后者甚至比前者更加明智和简洁一些。在进行了一番正面驳斥之后，斐罗开始对设计论证明进行归谬，以便从中引出与自然神论者的初衷正好相反的荒唐结论：

1 休谟，《自然宗教对话录》，1962，第 21 页。
2 同上，第 27 页。

第一，人类具有有限性，根据相似性的类比推理，我们可以推出一个有限的上帝。

第二，人类的行为中充满了过失和错误，根据相似性的类比推理，我们可以推出一个不完善的上帝。

第三，人类的许多作品（房屋、船舶、城市、国家等）都是很多人共同完成的，根据相似性的类比推理，我们可以推出有几个神共同创造了世界。

第四，人类都是有死的，根据相似性的类比推理，我们可以推出上帝也不是永恒的。

第五，人类是有肉体的，根据相似性的类比推理，我们可以推出众神也是有肉体的。[1]

休谟的这种归谬在逻辑上是非常严密的。为了说明在运用类比推理时必须严格遵守使原因与结果协调相称的原则，休谟举了一个天平的例子：如果在天平上，放有十两重的物体的一端向上升，那么我们可以肯定另一端的物体一定超过了十两重，但是我们既不能由此证明那个物体超过了一百两甚至是无限重，也不能断定在那一端究竟是有一个物体还是有几个物体。[2] 根据这个原则，设计论证明充其量只能推出一个有限的、不完美的、多神教的、有死的和有肉体的上帝，而这个上帝与其说是基督徒所信仰的上帝，不如说是希腊多神教中的诸神！

斐罗的怀疑论并没有在唯物主义和希腊多神教上停步，他又进一步提出了生成论来对抗设计论。从经验的角度看，宇宙与生物之

1 关于这五个归谬的具体内容请参见：休谟，《自然宗教对话录》，1962，第 38—41 页。
2 同上，第 40 页。

间的相似性远远超过了宇宙与人造物之间的相似性。“这个世界与一只动物或一株植物，比起一只表或一架纺织机来，显得更为相似。所以，世界的原因，更可能与前者的原因相似。前者的原因就是生殖或生长，所以世界的原因，我们可以推想是相似或相类于生殖或生长的某种事物。”[1] 根据这种推论，宇宙就不是一位智慧的上帝有意识地设计或创造的，而是从上帝这个原点中自发地生长出来的。这种生长论蕴含着进化论的思想，它与 18 世纪法国百科全书派的无神论思想也有着内在的契合性。

设计论证明虽然是从经验的起点出发的，但是它与传统基督教的理性神学以及一切唯心主义哲学一样，都预设了一种先验的原则，即秩序性和自因性只能属于思想而不能属于物质，因此世界的终极因一定是一种精神性的东西而不能是一种物质性的东西。然而，这个先验的原则本身就是有待证明的。在斐罗这样的怀疑主义者看来，如果唯心主义者可以先验地假定秩序和自因是精神的本性，那么唯物主义者为什么就不能同样地假定它们是物质的本性（事实上唯物主义哲学正是这样做的）？设计论者固然可以追问生殖或生长的原因是什么，而生成论者也同样可以追问设计或智慧的原因是什么。在逻辑上和理据上，唯心主义与唯物主义、设计论与生成论都可以根据自己假定的原则来建立起一套宇宙起源学说，尽管这些原则本身都具有经验无法验证的先验性或形而上学性。人们选择什么样的原则和宇宙起源学说，只是出于他们的生活习惯、文化教养和思想信念，与经验无关。休谟由此得出结论：

> 我们并没有材料来建立任何宇宙构成论的体系。我们的经

1　休谟，《自然宗教对话录》，1962，第 48 页。

验，它自身如此的不完全，范围和持续两方面又如此的有限，不能为我们对于万物的起源提供可能的揣测。……

我们必须停止在某处；在人类能力的范围之内永远不能解释最后因，或说明任何对象的最后的关联。假若我们所采取的步骤都为经验和观察所支持，那就足够了。[1]

总之，我们只能在经验的范围内形成关于具体事物的知识，一旦超出了经验范围，一切形而上学的抽象思考都具有等效性。经验无权对宇宙的原因做出形而上学的判断，休谟的这种怀疑论思想不仅影响了康德对于先验神学的基本态度，而且影响了康德先验宇宙论中的二律背反学说。

休谟对传统理性神学的批判

在毁灭性地抨击了自然神论的设计论证明之后，休谟又把批判的矛头转向了传统理性神学的宇宙论证明和本体论证明。宇宙论证明的基本思想是，世界上的任何事物都有原因，因此必将追溯出一个必然存在的终极因，这个终极因就是上帝。本体论证明的基本思想是，上帝作为一个“必然的存有”或“最完满的东西”，已经内在地包含着存在；说一个“必然的存有”不存在，这在逻辑上本身就是一个矛盾。因此，上帝作为自然界万物的终极因或者作为一个“必然的存有”，必定存在。

在休谟看来，宇宙论证明赖以立足的因果联系的必然性本身就是经验所无法证明的，经验的因果系列为什么必须终止于某个“必

1 休谟，《自然宗教对话录》，1962，第 48、50 页。

然存在的第一因”，这是经验本身无法证明的；至于本体论证明从一个“必然的存有”的概念中分析出存在来，那就更是荒诞不经了。在《自然宗教对话录》中，休谟借自然神论者克里安提斯之口对传统理性神学家第美亚的先天证明进行了如下几点驳斥：

第一，存在是一个经验事实，它是不能用理证（即先天的论证）来证明的。“擅自理证或用先天的论证来证明一个事物，是一个明显的谬误。除非那个事物的反面就蕴涵着一个矛盾，那个事物是不能用理证来证明的。凡是能被清晰地设想的事物是不会蕴涵矛盾的。凡是我们设想它是存在的事物，我们也能设想它是不存在的。所以，‘存在’的不存在并不蕴涵矛盾。因此，‘存在’的存在是不能用理证来证明的。”[1]

第二，“必然的存有”本身缺乏充分的根据，是一个无意义的概念。“必然的”这个字眼只具有逻辑命题的意义，而无实存的意义，在经验世界中没有任何东西是“必然的”。先天证明先把上帝定义为一个必然存在的东西，然后再据此来证明上帝存在的必然性（“必然的存有”不可能不存在），这是一种循环论证。

第三，即使我们承认有一个“必然的存有”，也无法证明为什么这“必然的存有”就必须是上帝，而不能是物质本身。先天证明用来说明上帝是必然存在的所有理由（如永恒性、无限性），都可以同样地设想到物质上面。反过来，有神论者关于物质不可能是必然存在的所有理由（如偶然性、有限性等），也同样可以设想到上帝身上。

第四，从因果关系中并不能合乎逻辑地推出一个世界的“第一因”或“总因”。物质世界是一个永恒存在的连续体，为一个永恒存在的物质世界去寻找一个“总因”或者“第一造物主”，这本身就是

1 休谟，《自然宗教对话录》，1962，第 59 页。

荒谬的，因为永恒存在的事物是不可能有一个原因的（原因的基本特性就是时间上在先）。

第五，在探究了每一个事物的具体原因之后再去追问全体事物的原因，这是毫无意义的。“假如我在一堆二十颗的物质中，把每一颗物质的原因告诉了你，如果你后来问我，这二十颗全体的原因是什么，我会认为这种问法是不合理的。因为这个问题早在解释各部分的原因中充分地解释过了。”[1]

休谟对传统理性神学的先天论证的这些驳斥深深地影响了康德，尤其是休谟关于存在是一个经验事实的观点，以及对所谓“必然的存有”的批判，在康德那里以一种更加系统化的方式再现出来。可以说，正是由于休谟的入木三分的深刻批判已经挑断了设计论证明和各种传统理性神学证明的理论经脉，康德才能最终砍下自然神论和理性神学的头颅。

在《自然宗教对话录》的最后一部分，休谟还对莱布尼茨的神义论（或神正论）思想进行了批判。他从世界上存在着各种罪恶的事实出发，在关于上帝的全能全善的性质问题上，把人们带入了那个著名的伊壁鸠鲁悖论：上帝要么是善良而软弱无能的（这样他就不用为世上的罪恶负责），要么是全能而心怀恶意的（这样他就可以作为万物——包括罪恶——的创造者）；如果上帝既是善良的又是全能的，那么这个世界上的罪恶又是从哪里来的呢？[2]

1 休谟，《自然宗教对话录》，1962，第 60 页。

2 伊壁鸠鲁关于恶之问题的这段经典论述记载在拉丁教父拉克唐修的《论上帝的愤怒》第 13 章第 20—21 节，原文如下：“上帝或者希望消除所有恶事而不能，或者他能而不愿意；或者，他既不愿意又不能；或者，他既愿意也能。如果上帝愿意而不能的话，他是软弱——这与上帝的品格不符；如果上帝能而不愿意的话，他是恶毒——这同样与自己的品格相冲突；如果上帝既不愿意又不能的话，他就既恶毒也软弱，因此就不是上帝；如果上帝既愿意又能——这唯一符合上帝，那么，恶事到底从何而来？或者说，他为什么不拿开这些恶事？”

莱布尼茨的神义论试图回答这个问题，他的答案是，这个世界上虽然存在着罪恶，但是这些罪恶却是各种可能的罪恶中最小的罪恶，因为上帝为我们创造的这个世界是一切可能世界中最好的一个世界。针对莱布尼茨的这种乐观主义观点，休谟运用了大量的经验事实来说明，上帝就其能力而言完全可以使人和动物避免痛苦，完全可以通过特殊意志来改变历史中的某些人的恶行和影响，完全可以赋予人类和动物以更强的能力和更多的满足，完全可以使他的作品更加精确和完善，但是他却没有这样做。“这个自然包孕着一个巨大的赋予生命的原则，并从她的腰胯间，既不辨真伪，又无双亲的关怀，而生出她的残废而流产的孩子们来。”[1] 在这种情形下，我们又如何能从这个充满了罪恶和缺陷的世界中推出一个至善或正义的上帝呢？罪恶的存在是一个无法否认的事实，既然每一个存在的事物都有一个原因或者理由，而每一个原因或理由又可以不断地向上追溯，那么其结果只能是：要么这个因果系列的不断追溯最终停留在某一点上，这一点作为万物的终极因和最后的充足理由，也必须为世界上的罪恶承担责任；要么这个追溯过程永无止境，因而也就不存在一个“第一因”或万物的创造主。这个悖论的实质说到底就是：或者有一个并非全善和正义的上帝，或者就根本没有上帝。

休谟对于一切为宗教信仰做辩护的论据都进行了猛烈无情的批判，但是他的动机却并不是要彻底颠覆宗教信仰——这是他与18世纪法国无神论者的根本差别——而是要驳倒对于宗教信仰的各种理性证明，从而将宗教信仰的根基建立在个人的良知和情感之上。休谟强调，一个怀疑主义者并不怀疑上帝的存在，而只会怀疑关于上帝存在的各种理性证明，怀疑人们凭着自己的有限理性而对上帝的

1 休谟，《自然宗教对话录》，1962，第80—81页。

性质妄加臆断的做法。怀疑主义者不是由于对信仰对象本身而是由于对自身理性能力的怀疑，才对上帝的性质等形而上学问题采取悬而不决的态度。因此，只有怀疑主义者才是真正配得上神恩的人。在对宗教信仰的各种理据进行了毁灭性的批判之后，这位审慎而机智的怀疑主义者以一种虔敬的谦卑口吻说道：

> 真正体会到自然理性的缺陷的人，会以极大的热心趋向天启的真理；而傲慢的独断论者，坚信他能仅借哲学之助而创立一套完全的神学系统，不屑去获得任何更多的帮助，也摈弃了这个天外飞来的教导者。在学术人士之中，做一个哲学上的怀疑主义者是做一个健全的、虔信的基督教徒的第一步和最重要的一步。[1]

自然神论虽然把上帝赶出了自然界，但是它却通过一种看起来非常具有理论说服力的证明（设计论证明），把上帝确立为自然界的“第一因”或创造主。上帝虽然不在自然界中出现，但是上帝的存在却得到了理性的证明。休谟则要进一步表明，这个证明本身是无效的，上帝作为“第一因”在理论上无法得到说明，它仅仅只是一种“自然信念”而已，正如我们关于一个外部世界存在的自然信念以及关于自我同一性的自然信念一样。[2]这些自然信念不是基于经验事实的论证，而是人们对待世界的一种本能的和朴素的态度。它既非理性所能证明，亦非理性所能驳倒，它的价值和意义不在于理论而在于实践。如果说自然神论者想用理性来证明上帝，而18世纪法国无

1 休谟，《自然宗教对话录》，1962，第97页。

2 休谟的这些“自然信念”后来在康德的哲学中被系统化为三个理性理念：灵魂、宇宙、上帝。

神论者想用理性来否定上帝，那么休谟的态度则是，上帝根本不属于理性论证的范围，理性既不能证实也不能证伪上帝。正如神学教授利文斯顿指出的："休谟与一切现代信仰主义者一致的地方，就在于他们相信，理性既无力确证也无力驳倒宗教的信念。这是休谟在神学著作中具有现代性和持久重要性的一个原因。"[1]

休谟的怀疑主义无疑对一切理性神学（包括自然神论）的理据进行了毁灭性的打击，但是它同时也把经验论推向了极端，从而使经验论作为一种知识论的有效性本身受到了挑战。休谟否认因果联系的普遍必然性，在他看来，"必然性并不是经验所证明的，而是我们把它带到经验里去的；它是我们偶然地制造出来的，仅仅是主观的。我们把普遍性与必然性结合到一起，这一种普遍性其实不过是习惯。……所谓必然性乃是一种偶然的联想，是习惯养成的"[2]。如果因果联系不具有客观意义上的普遍必然性，自然神论固然不能再从自然界的和谐秩序性推论出一个造物主，传统理性神学也不能再从经验事实上升到"必然的存在"，但是知识本身同时也就成为一大堆凌乱的印象碎片的随机拼凑，没有任何规律性可言。近代知识论的本质就是要发现具有普遍必然性的自然规律，而因果联系一直被看作一条最基本的自然法则。如果因果关系只是一种习惯性的联想，普遍必然性只是一种主观的虚构，那么发现自然规律就成为一句空话，知识论也就不再具有任何价值和意义。更何况连物质世界、自我等"实体"也不过只是一些本能的信念，人生完全听凭习惯的指导（"习惯是人生的伟大指南"），知识不过是一些不知从哪里来、不知是什么的印象和观念的大杂烩。这样的知识论正如康德所嘲笑的，

1 詹姆斯·C. 利文斯顿，《现代基督教思想：从启蒙运动到第二届梵蒂冈公会议》（上卷），1999，第 127 页。

2 参见：黑格尔，《哲学史讲演录》（第四卷），1978，第 206 页。

甚至还抵不上一场梦！

整个英国经验论哲学的发展，表现为一种坚定不移地向着其最纯粹的逻辑彻底性迈进的历程，然而这种逻辑上的彻底性恰恰成为经验论哲学的墓冢。当经验论在休谟那里终于达到了逻辑上的彻底性时，它恰恰丧失了作为一种知识论的有效性。经验论的最纯粹和最彻底的表现形式就是休谟的怀疑论，然而怀疑论恰恰是对近代知识论的最高宗旨——追求具有普遍必然性的知识——的否定。就此而言，经验论的危机是一种先天性的危机，在它的萌芽状态中就已经隐藏着使其毁灭的必然因素。经验论所面临的理论悖论就在于，经验论如果预设了先验的或形而上学的前提——如先天的知识形式、知识能力和“实体”等——它就不是纯粹的和彻底的经验论；经验论如果完全摈弃了这些先验的或形而上学的东西，严格地遵循经验论原则，它就无法实现从特殊性和偶然性的经验事实向普遍必然性的知识的飞跃，充其量只能获得一种或然性的知识，而且不能保证这种或然性知识本身的客观有效性，这样一来，经验论就不再是一种真正的知识论。[1] 要而言之，当经验论成为一种彻底的经验论即怀疑论时，它就不再是一种真正的知识论；反之，经验论要成为一种真正的知识论，它就必须背离经验论的基本原则。这就是英国经验论所面临的巨大的理论尴尬！

1 所谓“真正的知识论”是就近代知识论的意义而言的，对于近代西方哲学来说，只有那种能够获得普遍必然性知识的知识论才是真正的知识论。这一点与现代知识论有很大的差别，现代知识论并不追求抽象意义上的普遍必然性知识（它甚至从根本上否认有这种知识），而只寻求在一定时空范围内具有效用的知识。

第10章　唯理论者的理性精神

笛卡尔的自我与上帝

在17—18世纪的英国，自然神论作为一种理性神学观在具有自由思想的知识分子中间非常流行，不久又从英国传播到欧洲大陆，影响了法、德等国的一些富于理性精神和启蒙意识的思想家，如伏尔泰、莱辛等人，并且通过一种变化的形式（如泛神论、自然宗教、无神论等）影响了更多的激进思想家，如斯宾诺莎、卢梭、狄德罗等人，最终则经由休谟、康德等人的深刻批判而以自我否定的方式转化为具有现代意义的道德神学。

自然神论的哲学基础是经验论，它非常适合享有宗教宽容和政治妥协成果、注重科学实验和经济实践的近代英国人的口味。但是在17世纪，在天主教势力强盛的专制主义的法国，以及在神秘主义氛围浓郁的封建状态的德国，自然神论并没有像在英国那样受到知识精英们的普遍推崇。欧洲大陆的一些第一流的思想家如笛卡尔、帕斯卡、莱布尼茨等人虽然在哲学和科学上卓有建树，然而在神学思想上却不如英国自然神论者们那样激进。帕斯卡反对关于上帝存在的任何理性证明，用一种博弈论的观点来说明信仰上帝的好处；至于唯理论哲学家笛卡尔和莱布尼茨，则基本上沿袭了中世纪理性神学的传统[1]，力图用理证（先天论证）来证明上帝的存在，把本体论证明和宇宙论证明推向了一个新的理论高度。

帕斯卡（Blaise Pascal，1623—1662）既是一位伟大的数学家，也是一位坚定而狂热的詹森主义者（Jansenism）[2]。与牛顿以及英国自然神论者们的观点相反，帕斯卡认为“上帝是不能用数理方程式推算出来的”。在关于上帝是否存在的问题上，理性是无能为力的，因为有限的理性只能认识有限的事物，无法认识无限的东西，“有一种无限的混沌把我们隔开了”。帕斯卡一方面用数目的无限来比喻存在的无限（上帝），另一方面又认为，正如我们无法说清无限的数目究竟是一个奇数还是一个偶数一样，我们也无法说清上帝的本性到底是什么。甚至关于上帝的存在，我们也不是靠理性而是靠信心来确定的：

> 我们认识有限的存在及其本性，因为我们也是有限的和有广延的。我们认识无限的存在而不知道它的本性，因为它像我们一样是有广延的，但又不像我们一样是有限度的。但是，我们既不认识上帝的存在也不认识上帝的本性，因为它既没有广延，也没有限度。

1 但是如果我们对他们的神学思想进行一番仔细的研究，我们就会发现，他们探讨的问题虽然是传统基督教的，但是他们所使用的方法，尤其是他们所坚持的理性出发点却是非常具有现代意义的。

2 詹森（Cornelius Jansen，1585—1638）是荷兰的天主教神学家，他强调神秘的救恩，坚持预定论，贬低理性对于理解信仰的作用，用严格的奥古斯丁主义来反对耶稣会的自由意志论，詹森及其追随者因此被称为“天主教的清教徒”。1653 年，詹森主义被教皇英诺森十世斥为“异端”。

但我们依据信心而认识他的存在，我们在荣耀里认识他的本性。……

假如有一个上帝存在，那么他就完全不可思议，因为他既没有部分又没有限度，因而与我们无关。这样，我们就既不可能认识他是什么，也不可能认识他是否存在。既然如此，谁还敢着手解决这个问题呢？我们不敢解决这个问题，我们和他没有任何关系。[1]

由于理性在上帝存在的问题上完全无能为力，我们就只能从实践的观点出发，看看相信或不相信上帝存在何者更有利于我们的生存状况。我们不得不在上帝存在的问题上进行一场赌博，除了赌他存在或者赌他不存在之外，我们别无第三条路可走。在这种情况下，"让我们权衡一下赌上帝存在这一方的得失吧。让我们估计这两种情况：假如你赢了，你就赢得了一切，假如你输了，你却什么都不会输掉。因此你就毫不犹豫去赌上帝存在吧。"[2]帕斯卡关于上帝存在的这种博弈论思想既具有传统的救恩神秘主义的浓厚色彩，又潜藏着一股现代宗教虚无主义和存在主义的思想暗流。

欧洲近代哲学是从培根和笛卡尔那里开始的。黑格尔评论道："我们可以借用西塞罗形容苏格拉底的话来形容培根：他把哲学理论（从天上）带到了世间的事物里，带到了人们的家里。""从笛卡尔起，我们踏进了一种独立的哲学。这种哲学明白：它自己是独立地从理性而来的，自我意识是真理的主要环节……在这里，我们可以说到了自己的家园，可以像一个在惊涛骇浪中长期漂泊之后的船夫

1 帕斯卡，《思想录》，参见：胡景钟、张庆熊主编，《西方宗教哲学文选》，2002，第336页。

2 同上，第337页。

一样，高呼‘陆地’。”[1] 培根开创的经验论是代表着实验科学的哲学，这种哲学起源于对客观世界的观察，是“外在的”经验；笛卡尔开创的唯理论是代表着自明性思维的哲学，这种哲学产生于对自我意识的反思，是“内在的”经验。[2] 中世纪的经院哲学既无外在经验也无内在经验，只有形而上学；它既不产生实验科学，也不产生自我意识，仅仅只有空洞的形式逻辑和僵化的信仰。实验科学是婀娜多姿的，它体现着哲学的阴柔之美；自我意识是粗犷遒劲的，它体现着哲学的阳刚之美。经院哲学则是被阉割了的哲学，是无性的怪物。哲学只是从培根和笛卡尔时代才开始了“有性繁殖”，培根哲学和笛卡尔哲学的结合（按照不同方式）产生了迄今为止的一切有价值的哲学。可以说，没有培根和笛卡尔，就没有整个西方的近现代哲学。

从更加广阔的文化背景来看，思想启蒙构成了从中世纪基督教文化向现代西方文化过渡的重要中介。思想的启蒙包括两个方面的基本内容：一是对外在的自然规律的发现，二是对内在的人性本质的发现[3]，而西方文化的现代化进程正是由这两个伟大的发现或启蒙才真正开始的：

> 科学家和理性主义者曾大大有助于在整个西方知识分子的

1 黑格尔，《哲学史讲演录》（第四卷），1978，第 20、59 页。

2 作为唯理论哲学的创始人，笛卡尔也是从经验出发，他的第一原理“我思故我在”是建立在对自我意识（怀疑、思想等活动）的反思之上的，而这种对内在心理活动的反思就是被洛克称为“反省”的内在经验。黑格尔指出，唯理论与经验论的对立，不过是一种次等的对立，“因为即便那种只肯承认内在思想可靠的哲学理论，也并没有取得按一定方法从思维的必然性中推演出来的东西，而是仍旧从内在的或外在的经验中取得其内容（然后通过反省和沉思使之抽象化）；形而上学的方面也同样采取经验主义的做法”。［参见：黑格尔，《哲学史讲演录》（第四卷），1978，第 61 页。］

3 需要说明的是，15、16 世纪的意大利人文主义者虽然已经声张了人的情感欲望的正当权利，但是对于人的理性本质的发掘却是由 17 世纪的哲学家和 18 世纪的启蒙思想家完成的。

> 心灵中建立两个相互补充的观念，这两个观念赋予了十八世纪的启蒙运动一种应付社会变化的行为模式，而这种行为模式在今日世界仍具有推动前进的力量，这两个观念是：第一，自然秩序的观念。对于那些无所用心的人来说，宇宙似乎充满着不规则与混乱，其实，在不规则与混乱的表象之下，自然是有其一定秩序的。第二，人类天赋的观念。这种天赋最好称为"理性"，不过大多数人的"天赋"常常因为错误的传统教育而隐没不彰，恢复"天赋"之道，只要提倡健全的——即理性的——教育就行了。[1]

自然秩序的观念主要是英国经验论哲学和实验科学的贡献，它引导人们摈除一切神学因素的干扰，从自然现象本身出发，通过经验的观察、实验和推理，发现自然界的规律，并把这种知识转化为征服自然的力量。人类天赋的观念则主要是唯理论哲学的建树，它最初表现为笛卡尔所发掘的自我意识和"天赋观念"，自我意识大大地提高了人在自然和上帝面前的地位，而"天赋观念"虽然不久后就遭到了经验论者和唯物主义者的批判，但是在它里面却孕育出一系列天赋的形式、能力和权利，如莱布尼茨的天赋原则、康德的先天知识形式，以及近代资产阶级政治理论中的最重要的概念——"天赋人权"。

和培根一样，笛卡尔（René Descartes，1596—1650）也把对中世纪经院哲学的怀疑当作自己哲学的出发点，而且他比培根的怀疑论（"四假相说"）更加彻底。他为自己确立的四条最基本的逻辑规则的第一条就是："凡是我没有明确地认识到的东西，我决不把它当

1　布林顿、克里斯多夫、吴尔夫，《西洋文化史》（第五卷），1983，第 313—314 页。

成真的接受。也就是说，要小心避免轻率的判断和先入之见，除了清楚分明地呈现在我心里、使我根本无法怀疑的东西以外，不要多放一点别的东西到我的判断里。”[1] 从这一原则出发，他对一切既有的知识都进行了怀疑和否定，甚至连自己的身体也怀疑掉了，最后只剩下怀疑本身即思维是无法怀疑的，从而由怀疑这个内在的经验事实推出一个怀疑着的自我，确立了他的哲学的第一原理——“我思故我在”。

然而，这第一原理同时也意味着将成为笛卡尔由以出发的怀疑论的最后原理，因为除了自我意识之外，一切其他的东西（包括世界、身体和上帝）都已经被笛卡尔怀疑掉了。因此，要想走出狭隘的自我，在第一原理的基础上重建整个世界，就必须放弃怀疑论，以独断论的方式确立一个新的形而上学起点，这个形而上学的起点就只能是那个理论的“大阴沟”——上帝。为了解决从自我向上帝的过渡，笛卡尔重新祭起了本体论证明的大旗。

在《第一哲学沉思集》的第三个沉思中，笛卡尔首先从自我的观念和清楚明白的真理标准出发，来证明上帝的存在：我是一个有限的存在（这是经验的结果），但是在我的心里却有一个无限的实体（上帝）的观念，这观念既不能来自对外物的感觉（因为外物已经被怀疑掉了），也不能来自我的杜撰（因为一个有限的东西是无法产生一个无限实体的观念的），它甚至也不能来自对有限的否定（因为我如果不是先有了关于无限的观念，也不会知道自己是有限的）；同时，这个观念是如此的清楚明白，所以不可能是假的（因为清楚明白是真理的唯一标准）。因此，这个真观念必定有一个原因，它的客观实在性必定包含在一个外在于我的上帝之中。笛卡尔写道：

1　笛卡尔，《谈谈方法》，王太庆译，商务印书馆，2000，第 16 页。

用上帝这个名称，我是指一个无限的、永恒的、常住不变的、不依存于别的东西的、至上明智的、无所不能的以及我自己和其他一切东西（假如真有东西存在的话）由之而被创造和产生的实体说的。这些优点是这样巨大，这样卓越，以至我越认真考虑它们，就越不相信我对它们所具有的观念能够单独地来源于我。因此，从上面所说的一切中，必然得出上帝存在这一结论；因为，虽然实体的观念之在我心里就是由于我是一个实体，不过我是一个有限的东西，因而我不能有一个无限的实体的观念，假如不是一个什么真正无限的实体把这个观念放在我心里的话。[1]

这种证明与安瑟尔谟的本体论证明有所不同，它是根据一个有限的实体（自我）不可能是一个无限的实体的观念的原因这一原则，推出一个无限的实体的观念只能来自一个无限的实体（即上帝）这一结论。但是，这个证明仍然是从一种先验的定义——上帝是一个“无限的实体”——出发的，正如安瑟尔谟由以出发的两个先验定义——上帝是“最完美的事物”和“必然的存有”——一样，只是说法不同而已。在第五个沉思中，笛卡尔又以一种更加精致的方式重述了安瑟尔谟的两个论证：

既然习惯于在其他一切事物中把存在和本质分开，我很容易相信上帝的存在是可以同他的本质分得开的，这样就能够把上帝领会为不是现实存在的。虽然如此，可是仔细想一想，我就明显地看出上帝的存在不能同他的本质分开，这和一个直线

1　笛卡尔，《第一哲学沉思集》，庞景仁译，商务印书馆，1986，第45—46页。

> 三角形的本质之不能同它的三角之和等于二直角分开，或一座山的观念之不能同一个谷的观念分开一样。因此，领会一个上帝（也就是说，领会一个至上完满的存在体）而他竟缺少存在性（也就是说，他竟缺少某种完满性），这和领会一座山而没有谷是同样不妥当的。[1]

在这一段论证中包含着两个观点：第一，上帝的本质必然包含着存在（即上帝是一个“必然的存有”），正如一个三角形的本质中必然包含三角之和等于二直角一样；第二，上帝是一个至上完满的实体（即上帝是一个“最完美的事物”），存在是一种属性，如果缺少了存在性就会有损于上帝的至上完满性。由此可见，这一论证与安瑟尔谟的本体论证明如出一辙。[2] 为了显示上述证明的逻辑严谨性，笛卡尔还在该书中依据几何学的方法，运用定义和公理，从上帝的本性、我们心中的上帝观念，以及具有上帝观念的我们自身的存在等三个方面证明了上帝的存在性，然后从上帝这个具有“十分伟大的能力”的存在体中引出了以前曾经被怀疑掉了的所有事物，完成了从狭隘的自我向广阔的心物二元论世界的过渡。[3]

笛卡尔借用安瑟尔谟的本体论论证来证明上帝更多不是出于他的虔诚信仰，而是出于一种理论建构上的需要。我们从上面的分析中已经看到，如果不借助于上帝的中介，笛卡尔就只能像休谟一样憋死在怀疑论的狭小天地中。正是由于证明了上帝的存在，一个心物平行的二元论世界才能得到根本性的保证，从而成为知识的对象。

1 笛卡尔，《第一哲学沉思集》，1986，第 69—70 页。

2 关于本体论证明的这两个基本观点的理论缺陷，我们将在后文结合康德对理性神学的批判来进行仔细的分析。

3 参见：笛卡尔，《第一哲学沉思集》，1986，第 160—171 页。

笛卡尔从建立在内在经验之上的认识论出发，经过向形而上学（上帝）的跳跃，然后才能转向二元论世界观和物理学，并且用上帝的名誉来担保“天赋观念”的真理性，再由“天赋观念”作为不证自明的公理而演绎出整个观念体系，从而建构起唯理论哲学的宏伟大厦。

笛卡尔虽然论证了上帝，但是从方法论或认识论的角度来看，上帝是从自我中产生出来的，是自我意识的结果（尽管在本体论上，上帝被说成是自我即精神实体的原因）。由于近代哲学的重心就是认识论，因此笛卡尔实际上是把自我意识置于上帝之上，只是在理论需要时才借用上帝的权威来确保从自我意识向二元论世界体系的过渡。就此而言，笛卡尔和牛顿、贝克莱等人一样，只是用上帝这个“大阴沟”来排除哲学和科学上的理论困难而已。正如在自然神论中，崇高而抽象的上帝在丰富多彩的自然界面前不过是一个形同虚设的傀儡一样，在笛卡尔的哲学中，上帝在桀骜不驯的自我意识面前不过是一个过了河就可以拆掉的跳板而已。当代神学家汉斯·昆（Hans Kung）评论道：

> 由于笛卡尔，欧洲思想在一种批判的发展中达到了一个时代的转折点。原本的确定性已不再寄予上帝，而是寄予人。换句话说，中世纪从上帝确定性推到自我确定性的方式被近代的道路所取代：从自我的确定性到上帝的确定性。
>
> 这是一个哥白尼式的转折点，相当于地球和太阳的关系的重要性。取代上帝中心论（Theozentrik），我们现在有了一个具有坚实基础的人类中心论（Anthropozentrik）。人站在中心，真正地以他自己的双脚站立着。笛卡尔以其最大的精力、决心和磨炼，在方法论上，从人出发，从主体出发，从他的自由、

理性、确定性出发，因此他是第一个在哲学上证明科学自足性的人。他被恰当地称为“近代哲学之父”“近代思想之父”。[1]

斯宾诺莎的泛神论

笛卡尔从自明性的自我意识出发，借助于上帝的帮助而建立起精神实体和物质实体的二元论世界。但是笛卡尔却遗留下了一个极大的问题，即心与物这两个平行的世界如何进行交流？换言之，彼此独立的心、物世界之间何以会表现出一种协调一致性？笛卡尔关于物质与精神在松果腺中进行交流的说法在理论上具有明显的粗糙性，而且与他的心身二元论的基本思想是相矛盾的。

在笛卡尔之后，格林克斯（Arnold Geulincx，1624—1669）和马勒布朗士（Nicolas Malebranche，1638—1715）等人试图用一种“偶因论”（occasionalism）来解决笛卡尔的这个难题，他们认为，灵魂与身体之间并没有任何形式的相互作用，二者的协调一致是由于上帝在起作用。上帝作为万物的唯一的“有效因”，保证了心与物之间的平行发展。“当我们的灵魂似乎要让我们的身体完成一个动作的时候，事实上发生的事情是，上帝鉴于我们的灵魂的愿望，使身体完成相应的动作。”[2] 如果把灵魂和身体分别比喻为两座时钟，当一座钟的指针指向 12 点时，另一座钟正好敲响 12 下。偶因论者认为，从表面上看这两座钟之间似乎存在着某种偶然的机缘，然而实际上控制着两座时钟的是上帝的万能之手，当他让一座钟指向 12 点时，也同时让另一座钟敲响 12 下。或者把灵魂与身体比喻为两个台球，偶

1 汉斯·昆，《上帝存在吗？——近代以来上帝问题之回答》（卷上），孙向晨译，香港道风书社，2003，第 29 页。

2 胡斯都·L. 冈察雷斯，《基督教思想史》，2002，第 995 页。

因论者认为，并不是一个台球的撞击引起了另一个台球的运动，而是当上帝将一个台球移动到某一点时，同时也推动了另一个台球向前运动。台球 A 的运动只是台球 B 运动的“偶然的原因”（即“偶因”），真正使两个台球发生相互运动的唯一的“有效因”永远只能是上帝。

斯宾诺莎（Baruch Spinoza，1632—1677）也同样面临着笛卡尔的二元论问题，但是他却把笛卡尔的实体二元论改造为属性二元论，从而在泛神论（pantheism）的基础上把精神与物质这两个实体的关系问题变成了思维与广延这两种属性的关系问题。斯宾诺莎认为，笛卡尔将灵魂和身体（精神和物质）分为两个不同的实体是缺乏依据的，整个世界实际上就只是一个单纯的神圣的实体，这个实体就是神（上帝），也是那个创造了自然（样式）的自然。有区别的不是实体，而是实体的不同属性。实体具有许多属性，但是对于人而言，所能知道的属性只有思维与广延。由于思维和广延分别是同一实体的两种属性，而世间万物都不过是同一实体的不同样式，因此一切事物在思维和广延两个方面具有相互协调的“一体两面性”也就不足为奇了。黑格尔对斯宾诺莎的这种“一体两面”的心物平行论评论道：“同一个实体，从思维属性去看，就是灵明世界，从广延属性去看，则是自然；自然与思维，两者都表现着神的同一本质。这也就像他所说的那样：‘自然事物的秩序或体系（ordo rerum）是与思想的秩序（ordo idearum）相同的’——它们并不互相决定，都是有限的：形体并不决定思想，思想也不决定形体。思维实体与广延实体只是同一个实体，有时在这个宾词下被理解，有时在那个宾词下被理解；这是同一个体系。”[1] 在这里，心物之间或者思维与广

1 黑格尔，《哲学史讲演录》（第四卷），1978，第 112 页。

延之间并不需要进行直接的交流，也不需要偶因论的上帝来随时随地地加以调节，它们作为同一个实体的两种属性本来就具有一种内在的协调性（这种内在的协调性后来在莱布尼茨那里被称为“前定和谐”）。

斯宾诺莎的泛神论在逻辑上可以看作自然神论发展的必然结果。在自然神论者中，理性被确立为信仰的基础，上帝之所以是上帝，只是因为他是一个无限的理性。然而另一方面，由于上帝被排斥在自然界之外，因此这个无限的理性在内容方面却是无限地贫乏。换言之，上帝的内容已经被自然掏空了，从而成为一个抽象的无限者。自然神论“一方面按照它有限的方式，将无限者作为一个确定的东西，作为一个抽象的无限者来把握，因而另一方面发现一切特殊的特质都不适合于这无限者。它借此以它的方式使宗教的内容毁灭，使绝对的对象变为极端的贫乏”[1]。在这种情况下，上帝实际上已经成为虚无，而自然则成为真正的上帝。自然神论的这一层羞怯的薄纱被斯宾诺莎捅破，他将上帝的无限性完全消融于自然之中，把上帝直接等同于自然本身，从而将自然神论推向了泛神论。

在斯宾诺莎的泛神论中，神被说成是唯一的实体，思维与广延是神的两种属性，“一切存在的东西，都存在于神之内，没有神就不能有任何东西存在，也不能有任何东西被认识”。“神、神的理智、神的理智的对象乃是同一的东西。”[2] 这作为唯一实体与万物同一的神就是自然本身，实体、自然和神是三位一体的。“斯宾诺莎所说的‘实体’，就是指统一的、无所不包的整个‘自然界’，他又把它称为

1　黑格尔，《宗教哲学讲座·导论》，长河译，山东大学出版社，1988，第 26 页。
2　北京大学哲学系外国哲学史教研室编译，《十六—十八世纪西欧各国哲学》，1975，第 252、280 页。

‘神’。实体、自然、神只是同一个东西的三个不同名称而已。”[1] 自然神论把神说成自然的创造者和设计者，泛神论则把神等同于自然本身。在泛神论中，上帝或神由绝对的虚无变成了涵容万物的唯一实体，而这唯一实体不过是自然本身。

从西方神学思想的发展过程来看，斯宾诺莎的泛神论具有两个重要的划时代意义，其一是把历史主义的考证方法引入了神学，其二是把宗教的基础从知识论转向了道德论。第一点导致了对基督教的种种神迹和迷信的理性批判，从而引出了18世纪法国“战斗的无神论”；第二点则确定了信仰对于实践理性的依赖性，最终发展为康德的道德神学。

就第一点而言，斯宾诺莎在《神学政治论》中用科学的、历史的方法对《圣经》进行了深入细致的考察，他在序言中宣称：“我决定要谨慎地、公正地、以无拘无束的精神来把《圣经》重新研究一番。若无充分的根据，不设假定，不立臆说。”[2] 在此书中，斯宾诺莎恪守根据《圣经》的历史来研究《圣经》的基本原则，对《圣经》中所载的各种奇迹做出了合乎理性的解释。在他看来，所谓奇迹无非是一些被大众称为“异乎寻常的现象”，这些现象之所以被当作奇迹，一半是出于虔信，另一半是出于无知，因此奇迹不过是尚未被认识的自然现象。斯宾诺莎坚定不移地相信：“凡《圣经》中真实记述的事情，像别的事情一样，都是循自然律必然发生的。若是《圣经》中以明确的话叙述某事，确与自然界的规律相违反，或不能由自然界的规律推知的，我们必信其为无宗教心的人蒙混插入圣书里面的。因为凡与自然相背的也就与理智相背，凡与理智相背的就是

1 陈修斋、杨祖陶，《欧洲哲学史稿》，湖北人民出版社，1983，第304页。
2 斯宾诺莎，《神学政治论》，温锡增译，商务印书馆，1963，第14页。

荒谬的，事实上是要加以弃绝摈斥的。"[1] 在传统的基督教信仰中，超理性或反理性的奇迹构成了神学教义的重要基础。把奇迹从神学中加以驱除，必然会导致对信仰和神学本身的怀疑和否定，这样就为18世纪法国无神论的产生准备了思想前提。

另一方面，斯宾诺莎又认为，确实有一些基本教义是仅属于信仰的，这些教义不要求真理性，只要求虔敬心。这是一些最基本最简单的教义，概括而言无非就是基督教的两条"金箴"，即当顺从上帝和爱人如己。"这个箴言是天主教的整个的信仰的唯一标准，所有需要相信的教条只应以此为定。"[2] 至于神学的其他教义则是通过理智从这基本教义中合理地演绎出来的。而信仰和顺从上帝的全部意义就在于爱人，"信仰离开善行是死的"。上帝是爱，"凡据有爱的人就真据有上帝的心灵。……除了爱这个性质，（因为我们共享上帝的爱）没人能了解上帝的任何性质"。[3] 仅就对于这种基本教义的信仰而言，我们不是通过理智达到真理，而是通过顺从和爱达到与上帝的合一。斯宾诺莎对理智和神学的范围做了严格的区分，认为"理智的范围是真理与智慧，神学的范围是虔敬与服从"[4]，二者各有其独立的领域。他认为，神学的基础（即只有归依上帝才能得救）是不能用理智来证明的，唯有靠启示来领悟。但是他同时也强调，通过对神（即自然）的认识可以加强人们对神的热爱和提高人自身的道德境界，因为"对神的爱乃是我们依据理性的命令所追求的至善"。斯宾诺莎在《伦理学》中表示，他的整个哲学的最终目的就是为了通过认识神而达到一种道德上的完善境界："这个学说不仅足以使心

1 斯宾诺莎，《神学政治论》，1963，第101页。
2 同上，第195页。
3 同上，第197页。
4 同上，第207页。

灵随处恬静，且足以指示我们至善或最高幸福唯在于知神，且唯有知神方足以引导我们一切行为都以仁爱和真诚为准。”[1] 认识神的最终目的在于增进人的仁爱之心和善行，神学的基础是道德，信仰是达到至善的基本要求。这种在赫伯特勋爵的五条原则中最初确定的道德神学思想，经过斯宾诺莎的进一步强化，在康德的《实践理性批判》中最终实现了神学上的“哥白尼式的革命”（即从以宗教作为道德的基础转向以道德作为宗教的基础）。

总的来说，主张在一种相对独立的情况下分别处理理性与信仰、哲学与宗教的问题，并且试图在一种宽容精神的基础上，在二者之间建立起统一性，这就是斯宾诺莎在宗教问题上的基本态度。在《神学政治论》中，斯宾诺莎明确地说道：

> 哲学的目的只在求真理，宗教的信仰我们已充分地证明，只在寻求顺从与虔诚。不但如此，哲学是根据原理，这些原理只能求之于自然。宗教的信仰是基于历史与语言，必须只能求之于《圣经》与启示……所以宗教的信仰容许哲学的思辨有最大的自由，容许我们对于任何事情爱怎么想就怎么想，不加苛责，只把那些传布易于产生顽固、怨恨、争端与恼怒的思想的人断为是异教徒与提倡分派的人；反过来说，只把那些竭尽智能劝我们履行仁义的认为是有宗教信仰的人。[2]

毫无疑问，斯宾诺莎的泛神论是与他的唯理主义认识论密切相关的，它的特点是把神以及与神有关的一切奇迹和启示都还原于作

1 斯宾诺莎，《伦理学》，贺麟译，商务印书馆，1983，第 94 页。
2 斯宾诺莎，《神学政治论》，1963，第 201 页。

为理性认识对象的自然。然而，在斯宾诺莎的泛神论中也暗藏着一股神秘主义的潜流，因为当斯宾诺莎把神或上帝还原于自然的同时，他也就把自然本身神秘化了。斯宾诺莎一方面使神与自然相同一，另一方面却把自然本身二重化了，从而导致了“产生自然的自然”即实体与“被自然产生的自然”即样式之间的分裂。就其把神等同于自然而言，泛神论既可以被看作无神论的，也可以被看作神秘主义的。从泛神论那扑朔迷离的意境中，既可以通向狄德罗、霍尔巴赫等人的公开的无神论，也可以通向谢林的玄奥的同一哲学；而且在斯宾诺莎的泛神论与黑格尔的思辨哲学之间，也有着非常微妙的精神联系。[1]神学家保罗·蒂利希（Paul Tillich）认为，斯宾诺莎哲学的基本原则是同一性（identity）原则，即在有限与无限、自然与上帝之间建立同一性。与此相反，康德哲学的基本原则是距离（distance）原则，即始终严格区分有限与无限、自然与上帝之间的差异和界限。[2]蒂利希在解释斯宾诺莎思想的本质时这样写道：

> 斯宾诺莎思想的最内在核心是中世纪犹太教的神秘主义。这是在他的冰冻的几何学系统下面埋藏着的火山。这一点可以做历史的追溯。如果你读斯宾诺莎的《伦理学》，不是按照他

1　黑格尔的思辨哲学曾经不止一次地被虔信主义者们指责为斯宾诺莎的泛神论，黑格尔对此感到非常愤怒，他在《宗教哲学讲座》中用了大量的篇幅来反驳这种指责。事实上，黑格尔 1827 年《宗教哲学讲座》的基调就是要说明思辨哲学与泛神论的根本差异。然而，虔信主义者们之所以会对黑格尔哲学产生这种“误解”，恰恰说明了在泛神论与思辨哲学之间具有某种精神上的相似性，这种相似性说到底就是，在对立的事物之间寻求同一性。就此而言，斯宾诺莎哲学表现了一种不同于反思理性——这种反思理性执着于事物之间的差异——的思辨理性精神。在这一点上，斯宾诺莎的泛神论与黑格尔的思辨哲学确实是一脉相承的。

2　对于黑格尔来说，康德的这种距离原则恰恰是对思维与存在关系的割裂，而斯宾诺莎的同一性原则却表达了思维与存在的同一性，因此比康德的原则更接近真理。但是，对于黑格尔以后的大多数西方哲学家来说，康德的距离原则比斯宾诺莎（以及黑格尔）的同一性原则更加合适地代表了现代哲学发展的方向。

自己所说的 more geometrico（以几何学方法）组成的定义与结论的真实性，而是按照作为基础的激情，即按照放在人的前面的最高目的，即参预到上帝爱它自己的永恒的爱之中，那么，你就明白这个在几何学方法装饰的冷冻表层下掩藏着神秘主义的火山是多么贴切的比喻。[1]

莱布尼茨的前定和谐理论

斯宾诺莎把上帝消融于自然之中的做法遭到了唯理论的另一位著名哲学家、德国的莱布尼茨的坚持反对，因为在后者看来，斯宾诺莎的泛神论必然会导致无神论的可怕结果。莱布尼茨（Gottfried Wilhelm Leibniz，1646—1716）反对斯宾诺莎把上帝等同于自然的观点，但是他却认为上帝的智慧、意志和权能都充分地体现在自然的和谐秩序之中；他反对斯宾诺莎的泛神论，但却接受了斯宾诺莎关于实体具有内在协调性的思想，并由此创立了前定和谐理论来反对牛顿的机械论和马勒布朗士等人的偶因论。

莱布尼茨的本体论是单子论（monadology or theory of monads），这是一种与他所发现的微积分理论有着密切联系的多元实体观。莱布尼茨明确地表示，单子论要解决的关键问题就是自从古代原子论以来就困扰着哲学家们的理论难题——不可分的点与连续性之间的矛盾。莱布尼茨的单子是一种没有部分的精神实体（不可分的点），既无广延，亦无形状，不具有量的规定性，只具有质的差异性（知觉能力的差异）。“单子只能突然开始和中止。它只能由创造而生，

1　保罗·蒂利希，《基督教思想史》，2000，第 475—476 页。蒂利希关于斯宾诺莎的同一性原则和康德的距离原则的论述，请参见该书第 476—478 页。

因消灭而止。”单子没有可供出入的窗口，单子之间不发生相互作用，“不论实体还是偶然属性都不可能从外部进入一个单子之内”。每个单子都依凭着自己的知觉能力以不同的清晰程度而表象着世界（世界本身不过是单子的表象而已），并根据自身固有的内在原则进行着自然变化，在一种内在欲望的驱使下完成“从此一知觉到彼一知觉的转换或者过渡”。[1] 单子由于知觉能力的差异而排列为从低到高的等级，上帝则是创造一切单子的最高的单子。在每两个单子之间都可以插进无数个单子，“自然不做跳跃”，这样就保证了单子系列的连续性。虽然每一个单子都根据自己的内在原则进行运动，但是由单子构成的整个世界却始终保持着有条不紊的秩序，这种相互协调性就是靠着上帝的前定和谐（pre-established harmony）来保证的。

莱布尼茨在《新系统及其说明》中，谈到了关于不同实体之间进行交通的三种观点：他以两个走得一样准的钟表为例，第一种观点认为两个钟之间存在着相互影响，第二种观点认为有一个精巧的工匠在随时调拨着它们，第三种观点则把两个钟的协调一致归因于“前定和谐”。莱布尼茨认为，相互影响的观点是流俗哲学的看法，它无法解释不同实体（尤其是精神实体与物质实体）之间的相互作用；工匠协助的观点是偶因论的看法，这是一种在自然的琐细事情上都求助于“救急神”（即上帝的奇迹）的办法，与上帝只负责维持一般的自然进程的常理相悖；而前定和谐的观点则是莱布尼茨自己的主张，莱布尼茨说道：“这种和谐是由（上帝的一种预先谋划）制定的，上帝一起头就造成每一实体，使它只遵照它那种与它的存在一同获得的自身固有法则，却又与其他实体相一致，就好像有一种

1 莱布尼茨，《神义论：附单子论》，朱雁冰译，香港道风书社，2003，第479—481页。

相互的影响，或者上帝除了一般的维持之外还时时插手其间似的。”[1] 关于不同单子之间相互协调性的最恰当的比喻是莱布尼茨在致法国哲学家阿尔诺的信中所表述的乐队的例子：在一个乐队中，每个乐器手都按照自己的乐谱来演奏，但是整个乐队却演奏出一支和谐而优美的交响乐，这是因为整部乐曲的总谱已经由作曲家事先写好了。在宇宙这个大乐队中，上帝就是宇宙秩序总谱的作曲者，彼此孤立的各个单子正是根据上帝的前定和谐来进行各自的自然变化，从而既保持了自身作为不可分的点的独立性，同时也使整个单子世界呈现出一种有序的连续性。

这种前定和谐理论使莱布尼茨既超越了机械论，也超越了偶因论。上帝作为全知、全能、全善的创造主，一次性地将最高的理性原则赋予所有的单子，然后让每个单子按照自己的内在原则自由发展。在莱布尼茨看来，机械论者和偶因论者都没有认识到物体的相互作用只不过是单子的一种不够清晰的表象，实际上起作用的是前定和谐原则，他们都把上帝贬低为一个不断摆弄时钟的蹩脚钟表匠。莱布尼茨对牛顿的机械论批评道：

> 牛顿先生和他那一派还有对上帝的作品的一种很好笑的意见。照他们的看法，上帝必须不时地给他的表重上发条。否则它就会不走了。他没有足够眼光来照看到它，使它能做持久的运动。上帝的这架机器照他们看来甚至是这样不完善，以致他不得不时时用一种非常规的协助来给它擦洗油泥，甚至来加以修理，就像一个钟表匠修理他的钟表那样；这钟表匠越是不得不时常把他的钟表重新拨一拨和矫正一下，他就将越是个坏的

1 莱布尼茨，《新系统及其说明》，陈修斋译，商务印书馆，1999，第 51 页。

工匠。照我的意见，同一种力量和活力是永远在其中继续存在的，只是遵照自然规律和美妙的前定秩序而从［这部分］物质过渡到［那部分］物质而已。[1]

在莱布尼茨的前定和谐理论中，上帝表现为一个高明的钟表匠，他把一种自己运动的先天法则赋予了他所创造的钟表——宇宙，让这个钟表的每一个零件都有条不紊地按照各自的内在原则而运行，同时又保持整体的协调一致，而上帝本身则再也不用随时来摆弄这些零件了。[2]

莱布尼茨认为，古往今来的哲学中最令人困惑的两个“迷宫”就是不可分的点与连续性之间的矛盾问题，以及世间的罪恶与上帝的正义之间的矛盾问题。单子论主要是对前一个问题的回答，神义论（或神正论）则主要是对后一个问题的回答。在单子论中，莱布尼茨通过前定和谐理论，解决了不可分的点与连续性之间的矛盾；在神义论中，莱布尼茨同样通过普遍和谐的思想，解决了恶与上帝的正义之间的矛盾。而前定和谐或普遍和谐的思想，则是以上帝的全知、全能、全善作为前提的。因此，如何证明一个全知、全能、全善的上帝的存在，就成为莱布尼茨整个理论体系（包括单子论和神义论）的关键所在。正如笛卡尔必须借助上帝来保证从自我意识向二元论世界的过渡一样，莱布尼茨也必须借助上帝来建立他的整

1 莱布尼茨，《莱布尼茨与克拉克论战书信集》，陈修斋译，商务印书馆，1996，第1—2页。

2 在上帝一次性赋予世界以理性法则这一点上，莱布尼茨的单子论与自然神论有着某种相似之处。但是不同的是，莱布尼茨反对将整个世界的协调一致性归于物体之间的机械作用，而是坚持用前定和谐理论来说明它。

个形而上学体系。[1]笛卡尔关于上帝存在的证明沿袭了安瑟尔谟本体论证明的套路，而莱布尼茨关于上帝存在的证明则更多地借鉴了托马斯·阿奎那的宇宙论证明。

从逻辑上来说，本体论证明是以分析命题依据的矛盾律作为基础的，尤其是对于上帝作为“必然的存有”必定存在的分析，更是以反面的命题是不可能的作为逻辑依据的。与此相反，宇宙论证明在表面上似乎是以综合命题的归纳方法作为逻辑根据的，但是实际上它只是在经验事实上稍作停留，然后就一下子跳到了形而上学的云端，又开始重蹈本体论证明的老路。[2]莱布尼茨对此深有体会，因此他试图另辟蹊径来进行宇宙论证明，他所借助的逻辑根据就是他首创的充足理由律。

莱布尼茨认为，理性的运用基于两大原则：一个是矛盾原则（Prinzip des Widerspruchs），它适用于分析命题，据此建立的真理是理性真理，它是必然性真理，其反面是不可能的；另一个是充足理由原则（Prinzip des zureichenden Grundes），它适用于综合命题，据此建立的真理是事实真理，它是或然性真理，其反面是可能的。莱布尼茨在《神义论》中对这两个原则解释道：“对于我们的理性推论存在着两大原则：其一是矛盾原则，这就是说，两个相互矛盾的命题中一个是真理，另一个是谬误；其二是充足理由原则，根据此一原则，任何事物的产生都不可能没有原因或者至少

1 笛卡尔和莱布尼茨在认识论上虽然都是唯理论者，但是他们的本体论却有着很大的差异。笛卡尔是从经验的起点（对于怀疑或思维活动的内在经验）出发的，通过上帝而走向形而上学的本体论。莱布尼茨则是一开始就建构起形而上学的体系，他的单子虽然具有个体性原则，但是单子绝非经验的产物，而是思辨的结果。如果说上帝对于笛卡尔来说只是桥梁，那么对于莱布尼茨来说则是根基。

2 正是因为如此，康德才把本体论证明当作一切理性神学证明的共同基础。关于这个问题，我将在后面详细论述。

不会没有一个确定的理由。这是指某种能够用来先天地进行解释的东西，它说明为什么某物存在着而不是不存在，为什么某物恰恰如此存在而不是以完全另一种方式存在。"[1] 莱布尼茨对于上帝存在的证明，不是从矛盾原则出发，而是从充足理由原则出发，他明确地表示："没有这一伟大原则（指充足理由原则——引者注），我们将无法证明上帝的存在。"[2] 在《单子论》中，莱布尼茨运用充足理由原则对上帝进行了证明。他从自然事物的无限多样性出发，每一自然事物的存在都必定有一个理由，但是自然事物作为经验事物是偶然性的，而偶然性事物是不可能内在地包含着自身存在的原因或理由的，因此：

> 真正充足的或最终的理由必然在多种多样的偶然性的序列或者序列组合之外，尽管那种联系也可能是如此地没有界限。
>
> 可见，事物的最终理由一定在一个必然的实体之中，其中，变化之纷繁多样不过是"超绝"（eminenter），宛如包含在源头之中。我们称这种实体为上帝。
>
> 这一实体是全部纷繁多样之充足理由，而这纷繁多样在各个方面都处于连接和关联之中，所以，只有一个上帝，这个上帝已经充足。[3]

在稍早一些时候发表的《神义论》中，莱布尼茨也用充足理由原则对上帝存在进行了如下证明：

1　莱布尼茨，《神义论：附单子论》，2003，第 134 页。

2　同上，第 134 页。该书译者将"existence"译为"此在"，为了与前面的概念保持一致，我在引文中将其改为"存在"，下同。

3　莱布尼茨，《神义论：附单子论》，2003，第 486 页。

> 上帝是事物的第一理由，因为受局限的事物，如我们看见和通过经验所认识的一切，是偶然性的，自身并没有使其存在（existence）成为必然性的东西，因为很明显：自身一体、形式同一并对一切表现漠然的时间、空间和物质也可能具有完全另一种运动和形态，处在完全另一种秩序之中。人们必须探求由偶然性事物总体结构构成的世界之存在的理由（raison），也就是说，人们必须在一种其自己本身之内包含着其存在理由并因此而具有必然性的永恒性的实体（substance）之中去探求这种理由。[1]

这个必然性和永恒性的实体当然只能是上帝。

在这里我们可以看到，莱布尼茨虽然用充足理由来替代最终原因（第一因），但是他关于上帝存在的证明并没有超出宇宙论证明的窠臼。在逻辑思路上，莱布尼茨与阿奎那是基本相同的，都是从偶然性的经验事物出发，然后跳跃到一个必然性的东西之上。二者的差别之处仅仅在于，莱布尼茨用解释性的充足理由取代了阿奎那的实在性的因果联系。莱布尼茨承认，处于时间和空间序列之中的偶然性事物的因果联系是无法追溯的，人们不能运用分析的方法从事物的因果序列中找出一个“第一因”，但是我们却可以根据每一个偶然性事物都需要一个外在的理由这一前提，必然地推出整个偶然性世界也需要一个外在的理由这一结论，这个理由就是所有偶然性事物的充足理由（最终的理由）。宗教哲学家约翰 · 希克（John Hick）对于包括莱布尼茨在内的现代托马斯主义者们的这种用理由来取代

1　莱布尼茨，《神义论：附单子论》，2003，第 107 页。引文中所有的“存在”在原译文中均为“此在”。

原因的宇宙论证明概括道：

> 他们不把这个论证否认掉的无终系列当成一件件事件在时间中的回溯后退，而把它看成是“解释”（explanations）的无止——因此也即是永恒无定论的——后退。如果对事实甲的了解，要靠它与事实乙、丙、丁之关系（乙、丙、丁可在甲之先，也可与甲同时），并且对乙、丙、丁等的了解，又要靠其他事实，那么在这种纠缠错杂的结构背后，一定得有一个自我解释的（self-explanatory）实体，其存在形成了整个结构的终极解释。如果没有这种实体存在，宇宙也者，不过是一件不可理解的事实而已。[1]

然而，这种改头换面的宇宙论证明仍然无法有效地应对休谟式的诘难：为什么作为整体的世界必须有一个外在的、必然性的“第一因”或充足理由？以及，即使承认这一点，为什么这个“第一因”就必须是基督教的上帝而不能是物质本身呢？这种休谟式的诘难始终指向了一切宇宙论证明的“阿喀琉斯之踵”，宇宙论证明除了运用先天的信念之外，别无办法来回应这种诘难。然而，同样也如休谟（以及康德）所指出的，存在是一个经验事实，用先天的理证如何能够证明一个经验的事实呢？莱布尼茨虽然是一个伟大的逻辑学家，但是他的宇宙论证明在逻辑上的致命弱点仍然逃不过休谟怀疑论的法眼。

1 约翰·希克，《宗教哲学》，1972，第 36 页。

莱布尼茨的神义论

莱布尼茨在神学上的最重要的影响并不在于这种建立在充足理由原则之上的宇宙论证明，而是他关于“我们的世界是一切可能世界中最好的世界”的思想。这一乐观主义思想是他的神义论的主旨，他试图用上帝的全知、全能、全善来说明，尽管我们生活的世界中存在着一些罪恶，但是从真正理性的眼光来看，这些罪恶不仅没有使我们的世界黯然无光，反而使它更加和谐和美好。正如阴影的存在使图画更加美丽，不和谐音的存在使音乐更加悦耳一样。另一方面，一个“最好世界”的存在恰恰也反过来证明了神的正义。

关于现实世界中的罪恶问题一直是令基督教神学极为尴尬的问题，莱布尼茨也将其看作理性的两大“迷宫”之一。我们在前面已经看到，早在基督教产生之前，希腊哲学家伊壁鸠鲁就根据现实中的罪恶事实，揭示了神的全能与全善之间的矛盾。基督教的“恩典博士”奥古斯丁一生为罪恶问题所困惑，他早年信奉摩尼教的善恶二元论，皈依基督教之后，奥古斯丁否定了恶与善一样具有本体性或实体性，认为恶只是“善的缺乏”或者“本体的缺乏”。上帝在创世时并没有创造罪恶，但是人（亚当）却滥用了上帝赋予的自由意志而导致了最初的恶（原罪），并且从此将恶作为一种先天的倾向烙在了他的子孙的本性之中。因此，罪恶的原因不在于上帝而在于人。

我们姑且不追问这种决定论的罪恶观本身的合理性，即使接受奥古斯丁的说法，仍然无法使上帝完全逃脱其应负的责任。上帝固然不是罪恶的发动因，但是他作为全知、全能、全善的上帝，何以不能预见并且阻止人利用自由意志来犯罪？按照奥古斯丁的预定论思想，既然整个世界的剧情都是按照上帝事先写好的剧本展开的，那么，要么是上帝一时疏忽而在剧本中无意埋下了罪恶的伏笔，要么是上帝有意地将罪恶写入了剧本中，要么是在上帝的剧本中根本就没有罪恶，而演员们却自行其是地篡改了剧本。如果是第一种情况，上帝就不是全知的；如果是第二种情况，上帝就不是全善的；如果是第三种情况，上帝就不是全能的。[1] 无论是哪一种情况，上帝都直接或间接地对世间的罪恶负有责任。

中世纪基督教的另一位伟大思想家托马斯·阿奎那也对罪恶问题做出了回答，他和奥古斯丁一样认为，从形而上学的意义来说，恶并不具有实体性，而只是善的缺乏。阿奎那根据亚里士多德的"四因说"来解释恶的问题：恶没有质料因，因为恶没有实质，只能以一种缺乏的方式在善的实质中存在；恶没有形式因，因为恶恰恰是对形式——秩序、规则等——的破坏；恶没有目的因，因为恶就是要使善的目的不能达成；恶只具有间接的动力因（或形成因），因为恶是善之动因的"副产品"，上帝（至善）在行动时由于某种外在的原因而意外地造成了恶。阿奎那还援引奥古斯丁的观点认为，上帝并没有创造恶，但是他却允许恶的存在，并且依其全能和至善而化恶祸为吉祥。[2] 贾诗勒依据《神学大全》，对阿奎那关于上帝意外引起罪恶的思想总结道：

> 神"非直接地导致事物败坏"，不是因他故意这样，而是因为在某些时候：（1）在神所使用的工具因中有毛病（例如遗

1 奥古斯丁对于罪恶原因的解释显然属于第三种情况，但是我们仍然可以继续追问下去：上帝是否预先知道演员们要篡改剧本？奥古斯丁承认上帝对于人犯罪的预知（而非预定）。于是下一个问题就是：上帝既然预知了人要利用自由意志去犯罪，为什么不加以阻止？况且人滥用自由意志的动机和能力如果不是来自上帝，又是来自哪里？奥古斯丁对此问题只能诉诸"奥秘"。

2 参见：托马斯·阿奎那，《神学大全》，第 1 部第 2 问第 3 款，转引自："基督教历代名著集成"之《圣多默的神学》，香港基督教辅侨出版社，1965，第 30 页。

传因子的缺憾由父母传给子女)。(2)在行动中引致毛病(在营造某事的过程中神毁灭了另一些事物)。或(3)在所要造成的事中有不及或无能之处(例如,生物因它们是物质组成而受限制)。因此,在创造的过程中,纵使是一完全无缺憾的主因,可能间接地在行动、工具或接受物二种因素下,成为在创造界中不完美之处的形成因。[1]

阿奎那的这种说法——恶是上帝意外地或间接地引起的后果——仍然无法完全解除上帝对于恶应负的责任,因为这样一位由于意外情况而间接造成恶的上帝很容易使人联想到一位粗心大意和法力有限的上帝。这些弱点并不能成为上帝逃避责任的借口,正如一个过失犯罪的人并不能因为没有主观故意而避免承担相应的法律责任一样。

虽然阿奎那与奥古斯丁一样,并没有令人信服地说明世间罪恶与全知、全能、全善的上帝之间的关系问题,但是他们从形而上学的角度把恶说成是善的缺失的思想,以及上帝虽然不创造恶却容许恶存在的思想,都对莱布尼茨产生了深刻的影响。莱布尼茨正是从形而上学的恶出发,通过充足理由原则和普遍和谐思想来建构他的神义论的。

"神义"(Theodizee,法文为"Théodicée",英文为"Theodicy")一词源于希腊文的两个词"θεός"(theos,神)和"δίκη"(dikē,正义),莱布尼茨第一次把它作为一个专门的哲学概念或神学概念加以使用,1710年莱布尼茨以法文出版了《神义论》一书,该书的全

1 贾诗勒,《宗教哲学》,1983,第412—413页。请参阅:托马斯·阿奎那,《神学大全》,I,49,2。

名为 *Essais de Théodicée sur la bonté de Dieu, la liberté de l'homme et l'origine du mal*（《关于上帝的慈善、人的自由与恶的来源》），简称《神义论》或《神正论》。这本书问世以后，神义论才正式成为基督教神学和西方哲学研究的一个重要的专门领域。神义论研究的对象是上帝的正义问题，即世间的罪恶与全知、全能、全善的上帝的关系问题。

在《神义论》中，莱布尼茨从奥古斯丁的"恶事是存在之缺失"（privation l'être）这一思想出发，首先在形而上学的意义上对恶进行了界定。他认为，世界万物包括人作为上帝的创造物，在本质上具有有限性或不完美性；而这种有限性或不完美性作为（上帝所独具的）无限性和完美性的缺失，就是形而上学意义上的恶。世界作为上帝的创造物，不可能像上帝一样完美，否则世界就成为上帝了。这种不完美性使得世界在本质上包含着一种必然性的恶（即完美性的缺失），它早在亚当犯罪之前就已经存在于创造物中。这种形而上学的恶成为道德的恶和形体的恶的根源，尽管后两种恶只是可能的而非必然的。莱布尼茨解释道：

> 形而上学的恶事在于纯然的不完美性，形体的恶事在于痛苦，道德的恶事在于罪。虽然形体的恶事和道德的恶事并非必然，但它们藉助永恒真理却是可能发生的，这也就够了。由于这浩瀚的真理领域包含着一切可能性，所以，必然存在着无限数量的可能的世界，恶事必然会进入其中的一些世界，甚至其中最好的世界也必然包含着一些恶事。这便是上帝所规定的：容许恶事。[1]

1 莱布尼茨，《神义论：附单子论》，2003，第 120 页。

形而上学的恶是由创造物本身的有限性或不完美性决定的，因此是必然性的恶。道德的恶（邪恶或罪）是由于人运用自由意志对善的背离，上帝赋予人自由意志，但是上帝并没有预定人运用自由意志来犯罪的必然性，而只是预知到人运用自由意志来犯罪的可能性。“为了秩序和为了达到普遍的最好者，上帝须要让某些创造物有机会运用其自由，哪怕他预见到它们会为恶。”[1] 因此，人可能用自由意志来犯罪，也可能不用它来犯罪。至于形体的恶（痛苦、疾病、苦难、悖谬等），“上帝往往将它视为罪过应得的惩罚，视为达到目的的手段，即为了防止更大的恶事或者为了达到更大的善行”。[2]

因此，尽管世间万物都是上帝创造的，但是上帝却并非恶的创造者。创造物的一切善和美好品性都来自上帝，但是创造物的善与上帝的善相比具有不完美性，这种不完美性本身就是形而上学的恶。对于道德的恶，上帝在根本上是反对的，但是这并不妨碍上帝赋予人以自由意志，即使上帝已经预见到人可能用自由意志去犯罪。这一点恰恰表明，上帝为了人的自由宁可容许罪恶，自由尽管可能导致罪恶，但是它仍然比一个纯洁无瑕的机械论世界更加具有价值。“莱布尼茨认为，如果神的权能压倒世上一切，就不啻宣告说神是永恒的专制暴君，与恶鬼便无法区分了。神的优越就在于造出一个在永恒背叛着的人。这是莱布尼茨思想所能达到的极限。他不可能接受世界是一部自动化机器的想法。”[3] 正因为自由意志可能导致道德的恶，所以才有了对罪恶的惩罚形式，即形体的恶——我们身体上的痛苦往往是破坏道德秩序和形体秩

1 莱布尼茨，《神义论：附单子论》，2003，第 437 页。
2 同上，第 121 页。
3 弗里德里希·希尔，《欧洲思想史》，2007，第 444 页。

序的必然后果。由此可见，上帝既不创造恶，也不要求恶，但却容许恶。

莱布尼茨认为，上帝把宇宙的秩序看得比道德上的善和形体上的幸福更为重要。人虽然是上帝的宠儿，但是上帝的一切活动并非仅仅为了人，他有着更高的目的，即普遍的和谐。在上帝眼里，一个人固然比一头狮子更加重要，但是上帝决不会为了一个人或一些人的利益而牺牲整个狮子种群，“在上帝面前，没有任何实体是绝对受鄙视或者绝对被看重的”。上帝首先要考虑的是整个宇宙的秩序与和谐，而不是哪一种创造物——即使是与上帝最为相像的理性创造物——的道德和幸福：

> 从严格的意义上讲，上帝向有能力享受永福的创造物所表示的善行以他们的幸福为唯一目的，这一说法并不真实（虽然似乎是可信的）。在自然中，一切都是相互联系的。如果一个有高超手艺的人、机械师、建筑师或者政治家经常将同一个东西用于多种目的，只要方便他便会以一举而两得，那么，人们可以说，其智慧与权力完美无缺的上帝总是这么做的。这就叫作节省时间、空间、场地和材料，可以说，这些东西便是他的开销。可见，上帝在制订他的计划时不止有一个目的。一切具有理性的创造物的幸福是他追求的目的之一；但这不是他的整个目的，更不是他的最终目的。因此，某些这类创造物的不幸可能是作为其他更大的善的伴生情况和后果出现的……[1]

1 莱布尼茨，《神义论：附单子论》，2003，第 188—189 页。

如果说人的自由意志是对世界上的罪恶的合理解释的话[1]，那么这种适用于多种目的的普遍和谐则成为使上帝容许世界上存在着各种罪恶和不幸的充足理由。

在莱布尼茨看来，我们这个存在着罪恶和不幸的世界本身就是上帝运用完美无缺的智慧、慈善和权能进行全盘性的综合考虑的结果，因此我们的世界是一切可能世界中最好的世界。在创世的过程中，上帝首先出于慈善而创造了一切可能的善者，然后运用他的智慧在一切可能的善中选择最善者，最后则以他的权能为手段来实施他的伟大计划。因此，作为上帝的慈善、智慧和权能的结果的现实世界就必定是一切可能世界中的最好世界，虽然它也存在着某些罪恶和不幸。否则的话，上帝就与他的全知、全能、全善相矛盾了。莱布尼茨关于最好世界的推理过程是这样的：

> 1．在上帝的理念中包含着无数多的可能世界，而其中只有一个世界能够成为现实的，因此，必然有一个使上帝选择此一而非彼一世界的充足理由。
>
> 2. 这个理由只能存在于这些可能世界本身所具有的完美程度中，因为每一种可能的东西都有权利按照自己的完美程度而要求存在。
>
> 3. 上帝的全知、全能、全善使他必定会在一切可能世界中

1 自由意志导致罪恶，这是自从奥古斯丁以来就一直被基督教神学所坚持的基本观点。但是这种观点的实质内容到了近代却发生了微妙的变化：自由意志确实导致了罪恶，然而比起一个没有罪恶同时也没有自由意志的世界来，我们宁愿要自由意志及其所导致的罪恶。从这种意义上来说，自由意志、自我意识、恶、人与上帝的分离等，恰恰成为人之为人的根本或者人的本质，人因为自由意志而犯罪的故事恰恰就是人告别动物界而走向人自身的过程。这种对于自由意志、恶或原罪（道德的罪）的新解释，是以莱布尼茨作为开端的，最终在黑格尔的历史辩证法中达到了顶点。

选择最完美者成为现实，因此我们这个唯一现实存在的世界一定是一切可能世界中的最好世界。[1]

由于上帝理念中的无数多的可能世界作为上帝的创造物都必然地具有形而上学的恶，而有自由意志的可能世界肯定要比没有自由意志的可能世界更好（自由与决定论相比是一种更高的价值），虽然自由意志可能导致罪恶，因此在一切较好的可能世界里都存在着形而上学的恶和道德的恶（同时也就存在着形体的恶，因为形体的恶是对道德的恶的惩罚）。在这种情况下，首先，选择一个完全没有任何恶的可能世界在理论上是根本不可能的，因为任何可能世界作为上帝的创造物，本身都因其有限性或不完美性而具有形而上学的恶；其次，选择一个没有道德的恶和形体的恶的可能世界尽管在理论上是可能的，但是当上帝在进行选择时，其慈善的意志要服从其智慧的法则，也就是说，上帝对于整个宇宙的普遍和谐的考虑要高于对于某一创造物的道德和幸福的考虑，从这种意义上来说，“一个有恶事存在的世界可能比一个没有恶事存在的世界更好”。[2] 由于上帝并不是一个可以为所欲为的暴君，而是一个遵守规则的创造主，他“只能在与对象相适应并与事物的本质相符合的情况下运作”，因此尽管他的先行性意志要求纯粹的善，但是他的后继性意志却只能根据事物的真实情况来做出选择，在有缺憾的众多可能世界中选择出

1　莱布尼茨在《单子论》表述了这个推理过程，请参见：莱布尼茨，《神义论：附单子论》，2003，第 489 页。

2　莱布尼茨，《神义论：附单子论》，2003，第 437 页。

最好的世界来。[1]“上帝的至高智慧使他的先行性意志要求善者，拒绝每一种恶，拒绝道德的恶更甚于其他任何一种恶；而他的后续性意志要求最善者。上帝为达到这最善者而不得不采取一切手段，其中包含容许恶甚至为此而容许道德的恶。”[2]

这就是莱布尼茨建立在充足理由原则和普遍和谐思想之上的《神义论》，它问世以后很快就招致了经验论者、自然神论者和无神论者的激烈批判，尤其是1755年里斯本大地震之后，悲惨的现实状况为伏尔泰、休谟等人反驳神义论的最好世界理论提供了“充足理由”。[3]莱布尼茨的神义论具有明显的媚俗特点，它无疑带有取悦德国王公贵戚的嫌疑和无视德国大众苦难的贵族格调。[4]罗素虽然对莱布尼茨的天才充满了敬佩之情，但是他却认为莱布尼茨在人格上是自我分裂的，莱布尼茨的思想体系一方面是“内容深奥，条理一贯，富于斯宾诺莎风格，并且有惊人的逻辑性”；另一方面却是“讲乐观、守正统、玄虚离奇而又浅薄”，而“杜撰所谓现世界即一切可能有的世界当中最善的世界这一说的，是流俗的莱布尼茨”。[5]黑格尔则从理性与信仰的关系角度深刻地揭露了神义论在理论根据上的弱点：

---

1 先行性意志（volonté antécédente）和后续性意志（volonté conséquente）是莱布尼茨《神义论》中的两个概念，前者是一种动力性意志，具有抽象性；后者是一种完整的意志，一种现实而具体的意志能力。先行性意志要求善，拒绝一切形式的恶；后续性意志则根据事物的真实情况从众多的对象中选择最善者。

2 莱布尼茨，《神义论：附单子论》，2003，译者前言，lxxxvi。

3 休谟对莱布尼茨神义论的反驳，我已经在前面论述过了，伏尔泰对神义论的批判将在下面介绍。

4 《神义论》一书固然是为了驳斥培尔的怀疑主义论点，但是它在很大程度上也是莱布尼茨与他的挚友、汉诺威公主索菲·夏洛特（后来成为普鲁士国王弗里德里希一世的王后）长期交流信仰问题的结果。1705年，夏洛特不幸去世，莱布尼茨为了纪念“这位伟大的公主”，将他平时在交谈和通信中讨论神义问题的思想加以汇集修正，于1710年发表了这部巨著。

5 罗素，《西方哲学史》（下卷），1976，第106页。

> （在莱布尼茨看来，）思想前进到什么地步，宇宙就前进到什么地步；理解在什么地方停止了，宇宙就在那里停止了，神就在那里开始了……理解是从特定的东西出发的：这个和那个东西是必要的，但是我们并不理解这些环节的统一；于是这个统一就落到了神身上。因此神就仿佛是一条大阴沟，所有的矛盾都汇集于其中。这样一个通俗观点的总汇就是莱布尼茨的《神正论》。在这部书里总是可以搜索出形形色色逃避矛盾的遁词：当神的正直与善发生矛盾时，就设法把这两者调节一下；对于神的预知和人的自由如何相容这个问题，就想出形形色色的综合来，这些综合根本没有深入根据，也没有指出这两者都是环节。[1]

然而，尽管人们可以从经验事实和理论根据等方面来对莱布尼茨的神义论展开批判，我们仍然也不能不承认，莱布尼茨对于神义论问题——恶与全知、全能、全善的上帝的关系问题——的阐释，比起奥古斯丁和中世纪所有的经院哲学家来，在逻辑上都要更加严密，在思想上都要更加深刻。尤其是莱布尼茨关于自由意志虽然可能导致罪恶，却不能被上帝所剥夺的思想，以及关于上帝也必须遵循理性法则，只能在实际情况所允许的范围内进行选择的思想，都表现出了一种高扬自由、推崇理性的精神本质。在这些方面，莱布尼茨的神义论不仅与英国自然神论有着异曲同工之妙（虽然他一直与牛顿格格不入），而且与康德、黑格尔等人的宗教哲学也有着密切的精神联系。

由于受德国特殊的政治、经济、文化环境的限制，莱布尼茨虽

1　黑格尔，《哲学史讲演录》（第四卷），1978，第 184 页。

然不像托兰德、廷德尔等英国自然神论者那样公然用理性来反对启示，但是他始终都试图在二者之间寻求一种妥协，他的《神义论》绪论的标题就是“论信仰与理性的一致”，而且这一思想贯穿于整个《神义论》之始终。曾任德国莱布尼茨研究会会长的波塞尔（H. Poser）认为，莱布尼茨“以哲学的范畴深入信仰的空间，从而有可能使哲学与神学的关系颠倒过来。这样的哲学不再是神学的奴婢，而是对信仰进行审判的理性”。“他将宗教奇迹、基督徒的本性和基督教的拯救说全部都纳入理性的框架。”[1] 就此而言，莱布尼茨不仅在颠倒哲学与神学的关系上成为康德的思想先驱，而且在把神秘主义信仰理性化方面也为黑格尔做出了表率。

与斯宾诺莎一样，莱布尼茨对于对立面的同一也抱有极大的兴趣，他试图用一种至高无上的普遍和谐思想来统摄一切矛盾的方面。因此他不仅要把理性与信仰统一起来，而且想把诸如一般与特殊、可能与现实、先验的东西与经验的东西、数学的东西与物理学的东西、机械论与目的论、物质与精神、因果联系与自由、普遍联系与个体原则等全部统一在一种形而上学的框架之中。莱布尼茨是一位极具天才的伟大思想家，兴趣广泛而见解深邃，对天上地下的所有事物都进行过深入的研究，毕生致力于建立一种普遍性的哲学体系。他不仅在理论上热衷于建构大一统的宏伟体系，而且在实践上也力图结束欧洲文化分裂的现实状况。他试图使四分五裂的基督教各教会重归统一，并且胸怀重振神圣罗马帝国的远大理想，为此不惜四处游说欧洲各国君主，他甚至还想说服俄罗斯的彼得大帝通过建立

1　参见：莱布尼茨，《神义论：附单子论》，2003，译者前言，lxvii。

科学院来实现东西方文明的交流与联系。[1]弗里德里希·希尔对莱布尼茨的性格特性和思想特点生动地描述道：

> 从风车磨坊到耶稣会士在华传教活动，他都极感兴趣。每年他至少要写三百封信（保存下来的有一万五千封）。他对天主教、新教、不同意国教者各派神学，以及哲学、数学、科学实验等都抱有兴趣。他也像罗杰·培根、拉蒙·鲁尔一样，想以他的普遍哲学囊括全世界。可以说，他是巴洛克时代既充满想象力又逃不脱悲剧命运这两方面的一个写照。
>
> ……莱布尼茨一直在从事着思想的游戏，这是一种巴洛克时代的崇高游戏，想按古代世界末期的教父们所看到的那样，重新演出神的戏剧、人的戏剧和教会的戏剧。他写道："神就是普遍和谐"，哲学的使命就是按照神的几何学写出新的福音。神这位几何学家、数学家创造了宇宙……因此宇宙是神按他的大能与智慧所进行的游戏（莱布尼茨不同意霍布斯和帕斯卡的看法，他认为意志是完全自由的）。他为德国巴洛克时代的皇后、公主们所描绘的神治国家蓝图是这样的一种宇宙游戏。神的普遍和谐之中便论证了人有发明和统治的自由心灵。[2]

这种既坚持万物一体的普遍和谐又强调每一个体的内在自由的思想观点，正是埃克哈特以来整个德意志哲学的基本精神，它的实

1 莱布尼茨在1697年发表的《中国最新消息》（"Novissia Sinica"）中写道："我认为，命运的特殊决断使人类当今最高的文化和最高的技术文明汇集在我们大陆的两端，即欧洲和中国……也许至高无上的天意所遵循的目的，是让文明的（同时又距离最远的）民族相互伸出臂膀，逐渐地将处于他们之间的一切纳入一个更加符合理性的生活。我认为也并非偶然因素使最北端的俄罗斯人以其幅员辽阔的国家将中国和欧洲联系起来……"

2 弗里德里希·希尔，《欧洲思想史》，2007，第443页。

质就是在一种神秘的思辨理性或辩证理性中实现对立面的统一。莱布尼茨一生中虽然几乎都是用拉丁文和法文来写作的，但是他的哲学思想和神学思想仍然具有极其浓重的德意志神秘主义气息。在这一点上，莱布尼茨与黑格尔非常相像，他们都既是最严谨的理性主义者，也是最玄奥的神秘主义者，理性与神秘在他们那里以一种非常精致的形式融为一体。他们在实现知识与信仰、物质与精神、客体与主体、必然与自由等一系列对立面的统一过程中，一方面把神秘主义的信仰理性化了，另一方面又把理性本身神秘化了。这种理性与神秘相同一的至高境界，正是德国哲学的精义和奥秘所在！

第 11 章　法国启蒙运动与理性精神的壮大

伏尔泰的宗教批判

虽然自然神论的神学思想在英国遭到了从巴特勒一直到休谟等人的猛烈批判，到 18 世纪后半叶已经处于一种风雨飘零的衰败状态，但是它在英国之外的欧洲大陆却产生了极其重要的影响。我们可以毫不夸张地说，18 世纪风靡于欧洲的启蒙运动，最初正是从 17 世纪英国自然神论中吸取精神养料的。法国启蒙运动的精神领袖和主将伏尔泰在早年避难英国时深受自然神论思想的影响，正是他把英国开放而宽容的自然神论介绍给了仍然处于天主教思想专制之下的法国人，并且终其一生而自称为自然神论者。在 17 世纪英国自然神论中崭露头角的理性主义精神，一旦由审慎拘谨的英国人那里（通过伏尔泰的中介）转到了浪漫激进的法国人手中，很快就成长为顶天立地的巨人，并且对一切“卑鄙无耻的东西”展开了毫不留情的批判。

当伏尔泰（Voltaire，1694—1778）对法国和欧洲的宗教专制发起猛攻时，他所高举的旗帜正是自然神论。但是，与英国自然神论者重视道德性的耶稣而漠视超验性的上帝的做法正好相反，伏尔泰这位机智而尖刻的宗教批判者通常是扯出上帝的大旗来进行贬损耶稣的行径。他一方面坚持用自然神论的设计论证明和传统理性神学的宇宙论证明来论证上帝的存在，另一方面却对基督耶稣极尽讽刺挖苦之能事，把他说成是一个十足的"骗子"和"坏蛋"。这位对天主教会和耶稣本人进行了最犀利刻薄的攻击的启蒙思想家之所以承认并试图论证上帝的存在，与其说是出于虔敬，不如说是出于机智。伏尔泰非常明确地指出，一切宗教都是愚昧、欺骗、狂热和偏执的结果；但是同时他却强调，为了全人类的利益，必须有一个上帝存在，他的一句名言是："即使没有上帝，也必须捏造一个！"他一方面用辛辣尖刻的语言无情地讥讽着基督教的圣子、圣事和教会组织，另一方面又煞有介事似的在他的菲尔奈庄园里建造了一座献词为"伏尔泰为上帝而建"的教堂。他一生中都在激烈地攻击天主教的虚伪仪式，然而在临终之前却仍然按照天主教的仪式进行了忏悔。[1] 正如他一面猛烈地抨击着欧洲封建社会中的一切"卑鄙无耻的东西"——伏尔泰的一句响彻全欧洲的口号是："écrasez l'infâme!"（"粉碎卑鄙无耻的东西！"），另一面却与代表着这些"卑鄙无耻的东西"的西欧各国封建统治者们过交甚密，常常被那些附庸风雅的王公贵妇们奉为座上嘉宾。

伏尔泰在骨子里或许根本就不相信上帝，但是这位机智的思想家却没有像年轻一辈的法国百科全书派那样公开地打出无神论大旗，

1 在伏尔泰去世之前，一位拒绝接受天主教的临终忏悔仪式的无神论者在死后暴尸巴黎街头，伏尔泰害怕自己死后也遭到神父们的凌辱，不得不按照天主教的仪式进行了临终忏悔。这位对天上地下的一切事物都敢于攻击的伟大思想家沮丧地说："有什么办法呢？这里盛行的就是这样的习惯。跟狼在一起生活，就要照着狼嗥。如果我居住在恒河岸边，我就不得不抓着牛的尾巴而死。"参见：C. 阿尔塔莫诺夫，《伏尔泰传》，张锦霞、苏楠译，商务印书馆，1987，第 39 页。

而是以一个自然神论者的姿态来进行他的宗教批判活动。伏尔泰的这种滑头的做法与法国强大的天主教势力和残酷的宗教迫害有关。18 世纪的法国既不像英国那样具有宗教宽容氛围，也不像德国那样处于一种分散混乱的无力状态，而是有着一个组织严密、思想保守的天主教会和一个中央集权的专制政府。在法国，天主教会与封建专制政体结成了一种牢固的同盟，对一切威胁到其统治的思想和行为都进行无情的压制。正是这种严酷的宗教–政治的迫害和压制，使得伏尔泰等法国启蒙思想家对现实社会的批判具有了一种“肆意谩骂的但又是狡猾迂回的性质”。一位历史学家这样写道：

> 这种潜伏着的迫害的威胁，可以解释伏尔泰的某种转弯抹角的诡诈，以及他为什么喜欢躲藏到他人的权威后边，喜欢暗示他接受的东西比他实际做的更多。他有时候肆意谩骂，有时候又阿谀奉承。当他觉得胆壮时，他就大骂，当他感到胆怯时，他就说谎。这也可以解释当时的狂暴与过分行为的原因，连这些理性与常识的拥护者们也让自己陷入了这种行为。一旦这种做法安全无碍，他们就像火山爆发一般攻击迷信的堡垒。[1]

伏尔泰是一个极端的自然神论者，他早年曾到伦敦避祸，深受洛克和牛顿的自然神论思想的影响。他在早年所写的《形而上学论》一书中，不仅表述了用钟表匠来类比上帝的设计论证明，而且重申了上帝存在的宇宙论证明，即从终极原因的必然性推出一个必然存在的上帝。除了这两种我们已经熟悉的证明之外，伏尔泰还提出了

1 G. R. 克拉格，《理性时代的教会，1648—1789》，转引自：詹姆斯 · C. 利文斯顿，《现代基督教思想：从启蒙运动到第二届梵蒂冈公会议》（上卷），1999，第 49 页。

一种似乎别有新意的论证，即从物质与思想的关系推出一位思想的赋予者——上帝：

> 理智对于物质而言并非本质，因为一块石头或一颗谷粒并没有思想活动。那么，能够进行思考和感觉的物质粒子是从哪里获得感觉和思想的呢？不可能从自身获得，因为它们会不由自主地有思想活动；一般而言也不可能从物质获得，因为思想和感觉不属于物质的本性。因此，它们必然是从一个最高存在物，理智的、无限的、万物的初始原因那里，获得这些禀赋的。[1]

事实上，这种认为物质不能思维的观点也并非伏尔泰首创，它是西方哲学的一种传统的成见，而且早在中世纪的唯名论者邓斯·司各特等人那里就提出了一种相反的意见，认为上帝完全可以让物质具有思维的本性。为了反对笛卡尔的心物二元论，洛克也曾经表示过物质可能具有思维的特性。就此而言，物质不具有思维的本性，这个观点在伏尔泰那里只不过是一种信念而已。然而，在同时代的休谟看来，相反的信念也许更能够得到经验的支持。休谟说道："有心灵而无身体，只是一个精神的本体，既不在感觉又不在理解力的范围之内，搜遍了全自然也不能为他找出一个例证来。"[2] 甚至连那些将伏尔泰视为精神领袖的法国百科全书派思想家们，如狄德罗等人，也坚持认为思维是物质的本性，并依据这种唯物主义的观点引出了"战斗的无神论"的结论。

---

1 《伏尔泰著作集》第 21 卷，转引自：詹姆斯·C. 利文斯顿，《现代基督教思想：从启蒙运动到第二届梵蒂冈公会议》(上卷)，1999，第 51—52 页。在该页中，利文斯顿也引用了伏尔泰关于上帝存在的宇宙论证明。

2 休谟，《自然宗教对话录》，1962，第 43 页。

但是，与传统的理性神学家以及英国自然神论者不同，伏尔泰对于从理论上来证明上帝存在并没有太大的兴趣。他本人也看出了关于上帝存在的各种证明在理论上的困难之处，他表示："在'上帝存在'这种观点中，存在着难题，但在相反的观点中，则存在着荒谬。"[1] 在后来发表的《哲学辞典》中（1764），伏尔泰放弃了早年的空洞抽象的宇宙论证明，转而从道德的角度来说明上帝存在的必要性。他写道："我觉得最大的意图，最大的兴致并不是在形而上学上找论据，而是衡量一下为了我们这些悲惨而又能思维的动物的共同利益，是否必须承认有一位赏罚严明的上帝，他可以同时作为我们的约束者和安慰者呢，还是扬弃这一观念，一任我们陷于绝望的灾难中、沉溺于不知悔过的罪行中呢。"[2] 在伏尔泰眼里，上帝就是一位既善良又有力的最高存在物，他创造了一切存在物并维系着它们的繁衍，并且公正地进行扬善惩恶的活动。因此，宗教的要义并不在于那些玄奥晦涩的形而上学理论，而在于对德行和正义的崇拜。伏尔泰强调，基督教信仰的核心就是行善，而服从上帝则构成了基督教徒应该奉行的唯一教义。这种从道德论的角度而不是从思辨哲学或形而上学的角度来说明上帝存在的必要性的做法，是18世纪西欧几乎所有较温和的启蒙思想家们对待基督教信仰的共同之处。

正如同英国的自然神论者以及荷兰的斯宾诺莎一样，伏尔泰也对《圣经》文字进行了一种理性主义的考证，但是他考证《圣经》的目的不是为了论证耶稣的道德性和基督教的合理性，而是为了揭露《圣经》中的矛盾荒诞之处。伏尔泰的圣经考据学充满了嬉笑怒

1 参见：詹姆斯 · C. 利文斯顿，《现代基督教思想：从启蒙运动到第二届梵蒂冈公会议》（上卷），1999，第52页。

2 伏尔泰，《哲学辞典》，王燕生译，商务印书馆，1991，第449—450页。

骂的调侃色彩，其笔调也极其辛辣刻薄。他在《五十人讲道书》中对《圣经》中的自相矛盾进行了毫不留情的讥讽，例如关于亚当和夏娃的故事和一些基本的地理常识，《圣经 · 创世记》中就充满了混乱：

> 在第六天，上帝造了男人和女人；但是这位创造者忘了女人已经造好，后来又以亚当的一条肋骨造出了她。亚当与夏娃被放到了乐园里，从那里流出了四条河，而在这些河流中，有两条河即幼发拉底河与尼罗河的源头彼此相距一千英里。

关于耶稣的出身问题，在《新约》四大福音书中的记载也是自相矛盾的：

> 首先，耶稣被说成是亚伯拉罕和大卫的后裔，马太福音的作者数出了四十二代人……路加福音也提供了一份家谱，可是他把四十九个世代归在亚伯拉罕之后，而且这都是完全不同的世代。使这种荒谬性更加充足的是，这些世代都归到约瑟，而福音书作者们却又对我们断言，耶稣并非约瑟的儿子。根据这样的贵族身份证据，一个人会被一个日耳曼俱乐部接纳吗？

诸如此类的矛盾和荒谬之处不胜枚举，在《讲道书》的最后，伏尔泰这样写道：

> 但愿伟大的上帝，倾听我话语的上帝——肯定不可能由一个姑娘所生，不可能死在示众架上，不可能消蚀于一小堆稀泥中，不可能鼓励这本含有矛盾、蠢话和恐怖的书的上帝——但

愿这位上帝可怜那些亵渎他的基督徒的教派！[1]

1755年葡萄牙的里斯本发生了一场大地震，成千上万的人在地震中死去，这场大灾难使伏尔泰对自己早年在《形而上学论》中表述的目的论思想——这种目的论思想表现在他的上帝存在的设计论证明中——产生了怀疑，但是他迅速地把这种自我怀疑转变为对莱布尼茨神义论的猛烈批判——现实世界中的巨大灾难无疑不仅是对乐观主义的最好世界理论的一次当头棒喝，而且是对上帝的正义的一种无情讽刺。伏尔泰专门写了一首长诗《里斯本地震》来驳斥莱布尼茨的神义论和英国诗人蒲柏在《人论》中宣扬的“凡事皆属正义”的观点：

无益的痛苦，便是那对话，永无休期！
呆头笨脑的哲人们大叫："凡事皆属正义。"
来——来看看这惨淡的废墟，
这衣衫褴褛的人们，这悲惨的地方，这瓦砾，
妇女和孩子们一个个堆起，
断裂的大理石压着破碎的肢体；

你说，这是永恒规律的必然
难道说，是上帝必然选择了这样的悲惨？

再不用向我激动的心叮咛

1 伏尔泰，《五十人讲道书》，转引自：詹姆斯·C.利文斯顿，《现代基督教思想》：从启蒙运动到第二届梵蒂冈公会议》（上卷），1999，第55—56页。

这规律多么必然，多么永恒，
这个肉体、灵魂和世界的锁链。
呵，深刻的空想！呵，学究的梦！
上帝手执这条锁链，可他从未被束缚；
全靠他善意的选择，一切都是命定，
只有上帝自由而公正，他从不通融。
我们干吗要忍受这样一位严明的天公？[1]

在1759年发表的长篇哲理小说《老实人》中，伏尔泰又进一步对莱布尼茨的神义论及其所蕴含的目的论思想进行了刻薄的讽嘲：

> 邦格乐思（Pangloss）讲授形而上学、神学、宇宙论、虚无论，他以令人惊奇的方式证明，没有无因之果，在众多可能的世界中的这个最好的世界上，仁慈的男爵大人的宫殿是宫殿之中最美者。"已经证明"，他说，事物不可能被创造成另一副样子。既然一切都是为某一目的而创造的，一切必然用于最好的目的。要记住，鼻子是为戴眼镜而做成的，所以，我们才有眼镜。腿显然是为穿鞋而安排的，于是，我们才有了鞋袜。石头的创造是为了让人们开采它用来建造宫殿，因而仁慈的大人才有了美妙的宫殿。[2]

1 伏尔泰，《里斯本地震》，转引自：卡西尔，《卢梭·康德·歌德》，刘东译，生活·读书·新知三联书店，1992，第43—44页。这首诗不仅标志着伏尔泰与莱布尼茨乐观主义的神义论以及他自己早年信奉的目的论思想的分道扬镳，而且成为伏尔泰与另一位启蒙思想重镇卢梭公开决裂的导火索。

2 伏尔泰，《老实人》，出自：《伏尔泰小说选》，傅雷译，人民文学出版社，1980，第78—79页。

晚期的伏尔泰对基督教的批判越来越猛烈，与他的死对头、穷困潦倒的卢梭不同，伏尔泰是在一种众星拱月的养尊处优环境中对基督教进行批判的。他那名满欧洲的巨大威望使他可以一面与西欧各国的统治者们礼尚往来，一面肆无忌惮地讥讽嘲弄着教会、教义和神职人员；在启蒙思想家中的精神领袖地位则使他狂妄不羁地对一切“卑鄙无耻的东西”进行最猛烈无情的针砭，并因此而使得全欧洲的文明人士对他倍加崇拜和敬仰。正如他借用圣父的权威来反对圣子、圣母和《圣经》一样，他也通过向法国君主专制政府暗送秋波的方式来换取后者对他攻击天主教会的容忍。英国哲学史家柯普斯登（Frederick Copleston）指出：“他的敌人不是君主政体，而是神职者。……事实上，甚至可以说他是有兴趣于增加君主政体的权力，意即他希望使它脱离神职者的影响。”[1] 因此，尽管伏尔泰对三位一体、道成肉身、原罪与救赎、圣餐等几乎所有的基督教教义都进行了毫不留情的攻击，但是当他于 1778 年在阔别巴黎 28 年之后衣锦还乡时，他却在这个天主教国家的首都受到了凯旋将军一般热烈的欢迎。1778 年 3 月 30 日，巴黎大剧院上演了伏尔泰的最后一部悲剧《伊兰纳》，并把他的大理石塑像搬上了舞台。法兰西学院的全体院士列队向伏尔泰致敬，成千上万的群众跟在他的马车后面呼喊着他的名字。与此同时，四面楚歌的卢梭正在巴黎近郊过着与世隔绝的生活，靠着每日为人抄写乐谱来维持生计，在贫穷、疾病和孤独中度过生命的最后日子。[2]

伏尔泰一生中都对基督耶稣充满了仇恨，坚持将其称作“骗子”

1　柯普斯登，《西洋哲学史（第六卷）：卢梭到康德》，陈洁明、关子尹译，台湾黎明文化事业股份有限公司，1993，第 31 页。

2　似乎是出于命运的有意安排，同年 5 月和 7 月，这两个形同水火然而却又同为启蒙运动之巨擘的伟大思想家相继在巴黎去世。

或“坏蛋”，但是他却始终宣称自己是信仰上帝的，这种执着的自然神论信仰使他在晚年与百科全书派的无神论者（霍尔巴赫等）发生了分歧。事实上，上帝在伏尔泰那里只是一个抽象的符号，一个可以随时用来支持他对基督教的一切教义和教仪甚至基督本人进行攻击的护身符，这个上帝就其实质而言无非就是理性本身。历史学家格伊（Peter Gay）记述道，80 岁高龄的伏尔泰有一次与一位朋友一起登上了费尔尼附近的一座小山，在山顶，被辉煌的晨光感动，他摘下帽子，跪在地上大声赞美：“我相信，我相信你，全能的上帝啊，我相信你！”但是当他站起来后，却对那位朋友干巴巴地说道：“至于圣子先生和他的母亲夫人，那是另一个故事！”[1] 在伏尔泰生命的最后一刻，当他的临终忏悔神父询问他是否相信基督耶稣的神灵时，伏尔泰却一再闪烁其词。当那位固执的神父一定要伏尔泰表明态度时，这位油枯灯灭的老人却用尽全身最后一丝力气打了那可怜的神父一拳，并且说道：“看在上帝面上，请永远不要向我谈论这个人的事！”这就是他所说的最后一句话。[2]

在《哲学辞典》中，伏尔泰以理性的名义宣布了迷信时代的结束，他对那些借用宗教之名来填满自己欲壑的修道院院长们怒斥道：

> 你们曾经利用过无知、迷信、疯狂的时代，来剥夺我们的地产，把我们践踏在你们的脚下，用苦命人的脂膏把自己养得肥头胖耳。现在你们发抖吧，理性的日子来到了！[3]

1 P. 格伊，《伏尔泰的政治》，参见：詹姆斯 · C. 利文斯顿，《现代基督教思想：从启蒙运动到第二届梵蒂冈公会议》（上卷），1999，第 59—60 页。

2 参见：C. 阿尔塔莫诺夫，《伏尔泰传》，1987，第 50—51 页。

3 北京大学哲学系外国哲学史教研室编译，《十八世纪法国哲学：西方古典哲学原著选辑》，商务印书馆，1963，第 88 页。

理性的呐喊从伏尔泰这里发出，很快就成为响彻全欧洲的时代号角。启蒙运动的特点就是弘扬理性，它的口号就是“把一切拉到理性的法庭面前接受审判”。如果说在英国自然神论那里理性还只是打着上帝的旗帜来进行统治，那么在法国启蒙运动中理性则被公然地提高到唯一的和至高无上的权威地位，甚至连上帝这件冠冕堂皇的外衣也被踩在了理性的脚下。宗教学教授贝尔尼（James M. Byrne）写道：“在启蒙运动中每一个事物似乎都被抛入了一种突如其来的解放之中；这个时代的精英分子认为他们能够以一种前所未有的清晰目光看透历史、自然和人类本身。他们相信自己已经拥有了新知识和认识世界的新方法，这种新知识和新方法使他们获得了评判以往谬误和创造未来成就的特权地位。”[1] 这种新知识和新方法说到底就是以理性的眼光来审视一切，它必然会在哲学领域和神学领域中造成翻天覆地的大变化，在 18 世纪的法国，这种大变化的最终结果就是百科全书派的唯物主义和“战斗的无神论”。

在法国，老一辈的启蒙思想家如培尔（Pierre Bayle，1647—1706）、丰特奈尔（Bernard le Bovier de Fontenelle，1657—1757）、孟德斯鸠（Charles-Louis de Secondat Montesquieu，1689—1755）和伏尔泰等人已经通过对教会、教义的怀疑与批判而动摇了基督教信仰的根基，为百科全书派激进的无神论奠定了思想基础。培尔以倡导宽容而著称，在 17 世纪后期和 18 世纪初期的法国，这种宽容精神对于突破强大的天主教思想专制无疑具有极其重要的现实意义。培尔认为，基督教的本质精神是宽容的，然而长期以来基督教世界中却一直盛行着种种宗教迫害：

1 James M. Byrne, *Religion and the Enlightenment: From Descartes to Kant,* Westminster John Knox Press, 1997, Preface, ix.

伊斯兰教徒根据他们的信仰原则有义务使用暴力达到摧毁其他宗教的目的；尽管如此，他们在过去几个世纪里对于其他宗教还是宽容的。基督徒除了布道和训导之外，没有其他任何使命；尽管如此，他们自古以来一刻不停地用剑与火剿灭那些不信奉他们宗教的人……我们也许可以确信，假如当初是西方基督教徒而不是撒拉逊人或土耳其人赢得对亚洲的统治，那么如今就连任何希腊教堂的遗迹都不会留下。他们是从来不会像异教徒宽容当地的基督徒一样，宽容伊斯兰教徒的。[1]

在培尔看来，烦琐的教义之争是导致宗教迫害的重要原因。培尔用怀疑主义来否定唯理论者对于上帝存在和灵魂不朽的各种理性证明，在他看来，宗教真理属于非理性的信仰范围，因此神学家们援引理性证据来论证宗教教义的一切争论都是毫无意义的。在信仰问题上，宽容精神应该取代无聊的教义之争和宗教迫害。培尔不仅在信仰与理性之间划出了一条明确的界线，而且把宗教与道德区分开来。“他强调，将宗教的信念与动机认作成就道德生活所必须，乃是一大错误。非宗教的动机可以恰恰和宗教的动机一样有效，甚至更强烈。而且相当可能会有一个道德的社会，是由不相信灵魂不朽，或确实不相信上帝的人所组成。……生活的经验并没有暗示在信仰与实践之间，有任何不可分解的关联。我们因此得到自主道德之人的概念，他们在成就德性生活时，不需要倚靠宗教上的信仰。”[2]

如果说培尔割断了宗教信仰与道德实践之间的必然联系，那么孟德斯鸠则割断了宗教信仰与法律政治之间的必然联系。孟德斯鸠

1　培尔，《辞典》，转引自：阿诺德·汤因比，《一个历史学家的宗教观》，1990，第 231 页。
2　柯普斯登，《西洋哲学史（第六卷）：卢梭到康德》，1993，第 11 页。

虽然也是一个自然神论者，但是他却对神学问题丝毫不感兴趣，他用“法”来取代上帝在世界中的权威地位，认为法“是由事物的性质产生出来的必然关系”，法的基础是一种“根本理性”，“法就是这个根本理性和各种存在物之间的关系，同时也是存在物彼此之间的关系”。[1]万物的秩序和关系都由法来制约，上帝被打入了冷宫。正如上帝在英国自然神论那里被驱逐出自然界一样，上帝在孟德斯鸠这里被驱逐出现实的政治生活。这种将宗教信仰与法律政治区分开来的理论观点，对于动摇天主教会与君主专制之间的牢固同盟，促进法国政教分离的政治局面，是大有裨益的。

与培尔和孟德斯鸠的做法具有异曲同工之妙，丰特奈尔力图割断基督教教义与真理之间的必然联系。在《寓言的起源》和《神谕的历史》等小册子里，丰特奈尔用大量的希腊神话素材说明，古代的寓言和异教的神谕并不比基督教教义包含着更少的真理成分，基督教关于异教神谕来自魔鬼的说法是完全不符合理性的。

这些老一辈的启蒙思想家们虽然大多属于自然神论者，但是他们对基督教信仰在理论上和实践上的权威地位的怀疑，已经为百科全书派的无神论奠定了思想基础；尤其是伏尔泰依据理性对基督教（广义的）的教会、教义、《圣经》、圣事以及神职人员的腐败行为进行的猛烈批判，更是成为呼唤更加激进的无神论思想脱颖而出的战斗号角。另一方面，从神学思想演进的内在逻辑来看，无神论无疑是自然神论和泛神论进一步发展的必然结果——英国自然神论把上帝赶出了自然界，斯宾诺莎的泛神论则把上帝消融于自然之中，上帝实际上已经成为一个无处栖身的流浪者，成为一个徒有其名却缺乏现实根据和具体内容的虚无，因此狄德罗和霍尔巴赫等人就干脆

1　孟德斯鸠，《论法的精神》（上册），张雁深译，商务印书馆，1961，第1页。

把上帝同时从自然之中和自然之外彻底地清除掉，使之成为名副其实的和绝对的虚无。如果说英国自然神论者既要自然又要上帝，泛神论者把上帝等同于自然，那么法国无神论者则只要自然不要上帝。黑格尔评论道："这里是法国哲学向无神论迈进的场合，它把应当理解为最后本体、能动者、作用者的东西规定成了物质、自然等；可以说，这大体上就是斯宾诺莎主义，斯宾诺莎主义是把实体这个唯一的东西当作最后本体提出的。法国人所做的尤其是这样。"[1]

百科全书派与无神论

在狄德罗、霍尔巴赫等百科全书派的思想家们公开打出唯物主义和无神论的大旗之前，这两样东西在西方思想界里始终是不名誉的。唯物主义在以往的哲学家眼里就如同纵欲主义一样，象征着一种粗俗的、缺乏崇高性灵的思想态度，它往往容易使人联想到声色犬马、放浪形骸的罗马人；而唯心主义则代表着一种超越现实功利、追求高尚理想的思想倾向。正是由于这种传统的偏见，西方近代的一些哲学家即使在思想上宣扬一种唯物主义的观点，但是在口头上仍然不愿宣称自己是一个唯物主义者，例如像霍布斯、洛克等人，他们毋宁把自己的哲学称为经验主义或者实在论。而无神论在基督教信仰深入人心的西欧，更是如同洪水猛兽一般可怕，它意味着一个人主动放弃了上帝的关怀和灵魂不朽的希望，这样的一个人在道德上必将是无所约束的和肆无忌惮的。因此，在西方一般人眼里，一个无神论者就是一个魔鬼的化身。西欧的不同宗教教派——天主教和新教各教派包括最极端的索齐尼主义——的信徒们，无论他们

1 黑格尔，《哲学史讲演录》（第四卷），1978，第 221 页。

在对待教义的理解上存在着多么大的分歧，但是他们都是有神论者，这一点是毋庸置疑的。即使是把上帝驱逐到自然之外的自然神论者，或者把上帝等同于自然本身的泛神论者，从根本上来说也仍然是有神论者，他们不仅在口头上宣称自己信仰上帝，而且在内心中也仍然承认上帝作为一个至高无上的终极存在者的重要意义。著名科学史家丹皮尔指出："十七世纪中叶所有的合格的科学家与差不多所有的哲学家，都从基督教的观点去观察世界。宗教与科学互相敌对的观念是后来才有的。"[1] 因此，从这种根深蒂固的有神论文化背景来看，18 世纪法国百科全书派的思想家们公开打出无神论的大旗确实具有振聋发聩的颠覆性意义。

《百科全书》全称为《百科全书，或科学、艺术和手工艺分类字典》（*Encyclopédie, ou dictionnaire raisonné des sciences, des arts et des métiers*），是由狄德罗（Denis Diderot，1713—1784）和达朗贝（Jean le Rond d'Alembert，1717—1783）等人发起编辑的一套表现启蒙观念和理想的思想宝库。《百科全书》的第一册于 1751 年出版，以后陆续出版，到 1780 年共出版了 35 册，并被翻译为多种文字。《百科全书》所涉及的内容非常广泛，从科学技术到社会科学和文学艺术，无所不包。启蒙运动的主要思想家如伏尔泰、孟德斯鸠、卢梭、霍尔巴赫、爱尔维修等人均为《百科全书》的重要撰稿人。在 18 世纪中、下叶的法国，《百科全书》成为具有理性精神和批判意识的思想家们发表新观点的一个重要阵地，新一代的启蒙思想家们在编辑《百科全书》的过程中结成了一个思想上的统一战线，把矛头指向了虚伪的天主教会和腐败的社会现实，"百科全书派"因此而得名。当然，由于百科全书派几乎汇集了法国当时所有最优秀的

1　W. C. 丹皮尔，《科学史：及其与哲学和宗教的关系》，1975，第 219 页。

思想家，因此它不可能在哲学和神学方面形成完全一致的思想。事实上，在百科全书派内部存在着较大的思想分歧，一些人是自然神论者，另一些人是无神论者，还有一些人是传统宗教的信仰者。后来，有人（如达朗贝）退出了百科全书派，有人（如伏尔泰）不承认自己与百科全书派有什么瓜葛，还有人（如卢梭）不仅与百科全书派分道扬镳，而且形成了火水之势。在出版物方面，也存在着参差不齐、良莠混杂的情况，缺乏现代百科全书的系统性和严谨性。但是，这些缺憾之处并不能抹煞百科全书派在启蒙运动中的重要意义，它在当时成为法国天主教会和封建制度最为仇恨和恐惧的敌人。“它是自由思想家和理性主义者的一次大规模声明，而它的重要性在于它的意识形态面向，并非在百科全书现代意义下的长久价值。”[1]

百科全书派的主力阵容是狄德罗、霍尔巴赫（Paul Heinrich Dietrich d'Holbach，1723—1789）和爱尔维修（Claude Adrien Helvétius，1715—1771），他们同时也是法国启蒙运动中的唯物主义和无神论思想的杰出代表。他们共同的哲学基础是洛克认识论中的经验论和笛卡尔物理学中的机械唯物主义，他们像洛克和较早去世的法国医生、唯物主义者拉美特利（Julien Offray de La Mattrie，1709—1751）一样认为，一切思想都来自感觉，而感觉不过是身体的机能，从而将精神活动归结为生理构造。在狄德罗看来，自然是一个自己发生、自己生长的独立体系，并不需要上帝来充当初始原因。

在《达朗贝和狄德罗的谈话》一文中，狄德罗以一个鸡蛋的胚胎发育为例来说明宇宙的进化过程：一个鸡蛋在胚芽进入之前只是一块没有感觉的东西，而胚芽本身也只是一种呆板、粗糙的液体，

1 柯普斯登，《西洋哲学史（第六卷）：卢梭到康德》，1993，第 56 页。

当胚芽进入后，在一定温度的作用下，鸡蛋内部开始发生运动，逐渐从无感觉的东西发育成为一只有血有肉、具有感觉能力的小鸡。狄德罗说道："用一种按一定方式构成的呆板的物质，浸染上另一种呆板的物质，加上温度和运动，就得出感受性、生命、记忆、意识、欲望、思想。"[1]狄德罗关于鸡蛋胚胎发育的这个例子，在拉马克和达尔文之前就已经预示了一种进化论思想。另一位百科全书派的重镇霍尔巴赫则认为："宇宙，这个一切存在物的总汇，到处提供给我们的只是物质和运动……这些物质的不同的特性、不同的组合、这样变化多端的活动方式（这些方式是活动的必然结果），给我们构成了事物的本质；就由这些多样化的本质产生出不同的秩序、等级或这些事物所占处的种种体系，它们的总和就形成我们所称的自然。"[2]如果说在莱布尼茨的单子论中，一切感觉对象实际上都是思维对象，物质世界只是精神实体（单子）的一种不够清晰的表象，那么在法国唯物主义者那里，情况则恰恰相反：一切思维不过是感觉，一切精神不过是物质。黑格尔对霍尔巴赫等人的唯物主义观点评论道：

> 《自然的体系》的特点是把思维归结为感觉；这部书特别平淡。主要的思想是："抽象思想不过是关于对象的知觉的应用。"于是哲学就过渡到唯物论……一切思想，一切观念，都只有在被理解为物质性的时候，才有意义；只有物质存在。[3]

《自然的体系》中所表现的这种机械唯物主义无疑是"平淡"

1　狄德罗，《狄德罗哲学选集》，江天骥等译，商务印书馆，1959，第128页。
2　霍尔巴赫，《自然的体系》（上卷），管士滨译，商务印书馆，1964，第9—10页。
3　黑格尔，《哲学史讲演录》（第四卷），1978，第230页。

的，甚至是“灰暗”和“阴惨”的[1]，但是它却一劳永逸地结束了上帝——无论是在自然之外还是在自然之中——对自然界的影响，导致了彻底的和战斗的无神论的结论。从此以后，人们再也不用在自然界中去寻找上帝的身影了，自然界拒绝奇迹和神灵。这样的自然也许显得非常单调、平淡，缺乏浪漫的想象力和神秘的意蕴，但是它却是一个独立的、自因的、实实在在的物质世界。

百科全书派不仅要在自然界中彻底消灭上帝，而且要在道德生活中结束基督耶稣的楷模意义和基督教的唯灵主义理想。与耶稣所代表的舍身殉道的价值取向相反，爱尔维修认为，自爱和利己是人类一切行为的普遍基础，而行为的基本动机就是追求快乐或幸福。“肉体的感觉能力因此是人的唯一原动力”，追求感官快乐和现世幸福是人生的正当权利，人们没有必要为了一个虚无缥缈的天国理想而放弃此生的物质享乐。利己主义是人类行为的出发点，而个人利益与公众利益的最大限度的符合就是道德。在爱尔维修看来，一个良好的社会应该通过教育来提高人们的道德水平，一方面鼓励人们理直气壮地追求和满足自己的功利要求，另一方面尽量使个人利益与全体利益达到和谐一致。在《论人的理智能力和教育》一书中，爱尔维修认为，一种真正的世界宗教只能建立在一些永恒不变的原则之上，这些基本原则是从人和事物的本性中抽取出来的，它们包括生命权、私有财产权、追求自由和幸福的权利等。一个人活在世界上，承担应尽的道德义务，维护社会的法律秩序，追求现世的幸福和普遍的公义，这就是世界宗教的全部内容。“一位正直善良的神

1　歌德在《真理与诗歌》中谈到他与朋友在斯特拉斯堡偶尔读到《自然的体系》时这样写道：“我们无法相信，这样一本书如何会是危险的，对我们来说，它显得如此的灰暗、如此的阴惨、如此像尸体一般，以致我们很难忍受它的存在，并且在它面前战栗得如同在妖怪面前一般。”

所要求的，乃是土地的子孙幸福，乃是他们享受一切与公益相容的幸福。这就是真正的宗教，哲学应当向各个国家启示的宗教。”[1]

百科全书派的思想家们对基督教进行了比伏尔泰更加犀利猛烈的批判，尤其是被其同伴们戏称为“上帝的私敌”的霍尔巴赫，更是进一步把对教会实践的抨击发展为对基督教思想根源的批判，把对基督的讽刺发展为对上帝本身的挖苦，从而公开地打出了无神论的大旗。他把一切宗教都看作迷信的结果，而迷信的根源则在于对自然力量的无知和恐惧。在充满了机智的嘲讽的《袖珍神学》中，霍尔巴赫对基督教的一些基本教义和重要信条进行了批判性的重新阐释，极尽嬉笑怒骂之能事。他把上帝解释为“僧侣的同义语，或者是神学事务的经理，僧侣的老管家，供应圣军的全权代办”，把上帝的王国说成“僧侣的停尸室”，认为一旦用“教士”一词来代替“上帝”，神学就变成一门最简单的科学了。[2]在《揭穿了的基督教》一书中，霍尔巴赫淋漓尽致地发泄了他对上帝的仇恨和对基督教的厌恶：

> 基督教向我们描绘的那个从犹太人那里继承来的神的面貌就是这样。这个神是一个独夫，一个民贼，一个什么都能干得出的暴君；然而人们却以这个神为完善的典范；人们在他的名义之下犯下各种大逆不道的罪行……他借口给人们带来和平，其实只是给他们带来狂暴、仇恨、不和与战争。[3]

1　北京大学哲学系外国哲学史教研室编译，《十八世纪法国哲学：西方古典哲学原著选辑》，1963，第 490 页。

2　保尔 · 霍尔巴赫，《袖珍神学》，1972，第 76 页。

3　北京大学哲学系外国哲学史教研室编译，《十八世纪法国哲学：西方古典哲学原著选辑》，1963，第 556—557 页。

狄德罗、霍尔巴赫等人把无神论推向了极端，对基督教的内容和形式进行了全面的批判，在法国知识界掀起了一股无神论的时代浪潮。正是由于这些启蒙思想家们首先在思想领域中把天上的国王（上帝）送上了断头台，18 世纪末叶的法国人民才能够理直气壮地在实践领域中把人间的国王（路易十六）送上断头台。

法国启蒙运动以其机智尖刻和犀利无情而著称，然而它却如同一切法国的时髦思想一样缺乏深刻的哲学基础。它崇尚一种骄矜而偏激的启蒙理性，这启蒙理性把上帝和一切宗教仅仅看作一个肤浅的骗局。伏尔泰把神说成“第一个傻子所遇见的第一个骗子”，梅叶（Jean Meslier, 1664—1729）认为，一切宗教“都是先由奸猾狡诈的阴谋家虚构出来，继而由伪预言家、骗子和江湖术士予以渲染扩大，而后由无知无识的人盲目地加以信奉，最后由世俗的国王和权贵用法律加以维持和巩固”[1]。霍尔巴赫说：“宗教常常是一种行为的体系，被想象和无知发明出来……一句话，世界上一切宗教体系都是放在这些粗陋的基础上的；它们最初被一些野蛮人发明出来，但现在仍支配一些最文明的民族的命运。”[2]

当启蒙理性把宗教仅仅当作一种肤浅的欺骗时，它自己也同样陷入了肤浅之中；当伏尔泰们把上帝说成是傻子遇见的骗子时，他们自己同样也在“理性的狡计”面前充当了一个“傻子”的角色，因为宗教这种具有极其深刻和丰富的精神内涵的文化现象绝不是“欺骗”二字所能解释的。黑格尔深刻地指出：宗教作为许多世纪中“千百万为之而生、为之而死的人认作义务和圣洁的真理的东西，至少就其主观方面来说，并不是单纯的毫无意义和不道德。如果整个

1 北京大学哲学系外国哲学史教研室编译，《十八世纪法国哲学：西方古典哲学原著选辑》，1963，第 676 页。

2 霍尔巴赫，《自然的体系》（下卷），管士滨译，商务印书馆，1964，第 16 页。

神学教条的体系按照人们喜爱的一般概念的方法把它解释成为在启蒙时代站不住脚的黑暗中世纪的残余，那末人们自然还要人道主义地问：那样一个违反人类理性的并且彻底错误的体系何以竟会建造起来呢？”[1] 这确实是一个值得深思的问题。

法国启蒙思想家们对基督教和一切宗教进行了辛辣刻薄的讥讽嘲弄，然而这种批判仅仅只停留在感觉和表象的水平，停留在文学和政治的层面，并没有真正深入哲学思维。无论是伏尔泰的“犹抱琵琶半遮面”的法国式自然神论，还是狄德罗、霍尔巴赫等人的无所畏惧的无神论，在对于宗教的批判方面，其深刻程度并没有超过薄伽丘和拉伯雷多少。理性思维在近代法国往往披着一件华丽典雅的时装，哲学概念常常通过优美的文学语言来加以表述，正如同理性思维在近代德国往往披着一件阴郁灰暗的外套，哲学概念通常以晦涩的神秘主义语言来表述一样。如果说德国式的艰涩晦暗导致了思维的深刻性，导致了深邃玄奥的唯心主义，那么法国式的华美典雅则造成了思维的浅薄性，造成了明朗妩媚的感觉主义。然而，启蒙思想的这种浅薄性归根结底还是由知性或经验理性的片面性决定的。因此，18 世纪的法国无神论并没有成为宗教神学的真正终结，而是成为自然神论向道德神学转化的过渡形态，成为两种神学体系之间的一个否定的和自我否定的中介或必要环节。它的理论后果不是自然理性（或经验理性）的最终凯旋，而是对自然理性的批判和扬弃。从 18 世纪法国启蒙运动的温床中孵化出了一位手执怀疑论利斧的忧郁反叛者——让-雅克 · 卢梭，他所倡导的那种基于良知情感之上的自然宗教，无疑成为对康德道德神学和施莱尔马赫情感神学的一种“隐秘的憧憬”。

1　黑格尔，《黑格尔早期神学著作》，贺麟译，商务印书馆，1988，第 160 页。

卢梭的自然宗教

在18世纪所有的法国启蒙思想家中，甚至在18世纪所有的欧洲思想家中，卢梭（Jean-Jacques Rousseau，1712—1778）都可以称得上是一个特立独行的“异类”。他在思想上的偏激亢进，在情感上的汹涌跌宕，在性格上的乖戾敏感，在文风上的嶙峋诡谲，都是无人可以相比的。[1] 在政治思想上，当伏尔泰、孟德斯鸠等人期待着波旁王朝的开明专制和君主立宪时，卢梭却高举着自由、平等的大旗向整个欧洲的封建制度发起了最猛烈的攻击；在行为方式上，当狄德罗、霍尔巴赫等人在巴黎贵妇们的沙龙中以哲学家的居高临下姿态批判着现实社会中的种种罪恶时，卢梭却采取了一种离群索居、回归自然的极端方式来表示他与整个虚伪矫饰的巴黎上流社会的彻底决裂。然而，在宗教态度上，当伏尔泰等启蒙思想家已经把自然神论推向了极端而百科全书派已经公开地打出了无神论的旗帜时，卢梭却仍然坚持着基督教信仰，并且在天主教和新教（加尔文教）之间徘徊不定。当他由于宗教观点以及其他方面的原因与伏尔泰和百科全书派人士决裂之后，他就像后来的罗伯斯庇尔一样认为，无神论是贵族们的一种精神奢侈品，而受苦受难的广大民众却是需要一位公正而仁慈的上帝的。

卢梭在其坎坷一生中虽然因环境所迫而屡屡改变教派归属，但是在对待宗教问题的基本态度上却是始终如一的，这些基本态度就是，强调信仰的根源是内心的虔诚，宗教生活的基础是道德和情感，不同的宗教信仰和教派之间应该彼此宽容等。卢梭虽然在名义上仍

1 关于卢梭的生活与思想，请参阅拙著:《浪漫之魂——让-雅克·卢梭》，中信出版集团，2021。

然是一个基督教徒，但是他却把自己所信仰的宗教称为自然宗教，后来有些研究者则把卢梭的宗教思想称为“情感自然神论”。卢梭的自然宗教既不同于自然神论和无神论，也不同于传统的基督教信仰，它是建立在个人的道德良知和自由心情之上的。卢梭既反对用自然神论的理性也反对用天主教的天启来达到对上帝的认识，而强调以真挚的情感和向善之心来实现与上帝的沟通。利文斯顿指出：“在卢梭看来，对宗教的任何肯定，都有两个必要条件。第一，宗教的观念、教义或信念，应该与我们的切身体验有关，并且是对于我们的切身体验的一种反映。……宗教教义的第二个必要条件是，它应该同我的道德感情有关。别的关切都只是些无聊的思辨。”[1]

1755 年的里斯本大地震曾让伏尔泰借题发挥，对莱布尼茨的“最好世界”的乐观主义和蒲柏的“凡事皆属正义”的观点进行了辛辣的讽刺。伏尔泰发表的那首关于里斯本地震的诗极大地激怒了卢梭。在卢梭看来，伏尔泰的这首诗不仅否定了上帝的正义，而且暗含着对上帝存在的怀疑。在 1756 年 8 月 18 日针对此事而写给伏尔泰的一封信中，卢梭指责伏尔泰表面上信奉上帝，实际上却信仰魔鬼。他毫不留情地指出：这位养尊处优的大哲学家企图借用这场灾难来扼杀人类的希望，“此种论调的荒谬尤其令人作呕”。伏尔泰把一切事物都说成是邪恶的，并且斥责宗教观念，这种做法犹如在伤口上撒盐，只能使人痛上加痛。卢梭对伏尔泰的这种幸灾乐祸的论调反驳道：“那被你说得如此可怕的乐观主义，却在你所渲染的不堪忍受的极度凄苦中，抚慰了我。蒲柏的诗减轻了我的苦楚，并使我充满耐心；而你的诗却使我更加椎心泣血，并迫使我反对上帝；它

1　詹姆斯·C. 利文斯顿，《现代基督教思想：从启蒙运动到第二届梵蒂冈公会议》（上卷），1999，第 86 页。

使我失去了慰藉，并且濒于绝望。”卢梭认为，关于上帝的观念和宗教信仰是不能从理性的推理或形而上学的思辨中得出的，它植根于人的最内在的情感体验中。面对着伏尔泰所煽动起来的怀疑主义氛围，卢梭坚定不移地表达了自己对上帝存在和灵魂不灭的信念：“形而上学的种种诡谲，片刻也无法诱使我怀疑自己灵魂的永存和精神的上帝；我感受它、坚信它，我向往它、期待它，并且只要一息尚存，就要捍卫它。”[1]

宗教生活的根基不在于理性思维而在于道德情感，这是卢梭宗教思想的基本观点。美国哲学家梯利（Frank Thilly）在《西方哲学史》中指出，在卢梭那里，“道德和宗教不是推理思维的事，而是自然的感情问题。人的价值不在于他有智慧，乃在于他有道德的本性，这种本性本质上是感情：唯善良的愿望具有绝对的价值。卢梭强调情操作为精神生活因素的重要性，否定理性的发展能够使人完善”。[2] 这种重情感体验而贬理性推理、重道德实践而轻理论思辨的倾向，不仅使卢梭在宗教哲学上成为康德、施莱尔马赫等人的思想先驱，而且使他成为19世纪风靡欧洲的浪漫主义运动的精神始祖。

卢梭在《爱弥儿》第四卷“信仰自白——一个萨瓦省的牧师述”——该文也是卢梭本人的“信仰宣言”——中明确表示，信仰是完全基于个人的内心体验之上的，宗教的基础是良心而非知识，神学无非就是道德神学。“真正的心就是神灵的真正的殿堂”，任何宗教教义和信念，都建立在人的切身体验和道德良知之上，而“良心的作用并不是判断，而是感觉”。[3] 使人类有别于兽性而趋向于神性的东西，不是理性，而是天生的良知情感，它是引导人通往天国

1 卢梭，《通信集》（第二卷），转引自：卡西尔，《卢梭 · 康德 · 歌德》，1992，第45页。
2 梯利，《西方哲学史》（下册），葛力译，商务印书馆，1979，第155页。
3 卢梭，《爱弥儿》（下卷），李平沤译，商务印书馆，1978，第454、416页。

的唯一阶梯。在卢梭看来，宗教是完全属于个人的道德良知和自由心情的事情，人与上帝的真正交往不是在外在的宗教仪式中，甚至也不是在对《圣经》文字的理解中，而是在个人内心深处的情感体验中：

> 一个人应去寻求上帝法度的地方，不是几页零散的纸张，而是人的心，在人心里，上帝的手屈尊写道："人啊，不论你是什么人，都请你进入你自身之中，学会求教于你的良心和你的自然本能，这样你将会公正、善良而具有美德，你将在你的主人面前低首，并在永恒的福祉里分享他的天国。"[1]

虽然卢梭是在加尔文教的堡垒——日内瓦长大的，中间曾一度由于他所钟爱的华伦夫人的劝勉而皈依了天主教，后来又重新改信新教，但是他那忧郁浪漫的气质和酷爱自由的天性却使他更倾向于路德式的心情欢愉的宗教态度，而不是加尔文式的阴沉刻板的宗教思想。[2] 与埃克哈特和路德等人一样，卢梭始终坚信宗教生活是一种内在的道德生活。一个有着真正的宗教信仰的人，应该因上帝爱善而诚心向善，因相信上帝的公正而毫无怨言地忍受痛苦，他在坎坷的命运中应该始终以欢乐的心情面对上帝。卢梭所推崇的自然宗教是以美德、良知和自由心情作为基础的，这种宗教并不局限于某种外在的宗教形式，它以虔敬之心来面对上帝以及上帝所创造的自然界。卢梭既反对经院哲学论证上帝存在时所使用的那套烦琐的形式

1 《卢梭通信全集》第 3 卷，第 490 封，转引自：詹姆斯 · C. 利文斯顿，《现代基督教思想：从启蒙运动到第二届梵蒂冈公会议》（上卷），1999，第 90—91 页。

2 但是在主张简朴生活、反对法国上流社会和伏尔泰等哲学家们的奢侈腐化方面，卢梭倒是始终表现得像一个真正的加尔文教徒。

逻辑，也反对自然神论运用类比原理来推论上帝存在的那种机械论模式[1]，而是主张通过真挚的良知情感，从大自然的一草一木中直接感受到上帝的存在。在卢梭关于上帝存在的说明中，表现出明显的泛神论特点。

在《爱弥儿》中，卢梭强调，上帝就存在于他所创造的万事万物中，就存在于信者的心中。当我们执意要寻找上帝的确定形象时，当我们要追问上帝在什么地方或上帝是由什么东西构成的时候，上帝就避开了我们，但是他同时却在一切生命的和非生命的存在物中向我们显示他那无限的仁慈和广博的睿智，从而使我们坚定不移地相信他的存在。卢梭充满激情地写道：

> 这个实体是存在着的。“你看见它存在在什么地方？”你这样问我。不仅存在于旋转的天上，而且存在在照射我们的太阳中；不仅在我自己的身上存在，而且在那只吃草的羊的身上，在那只飞翔的鸟儿的身上，在那块掉落的石头上，在风刮走的那片树叶上，都存在着。[2]

在卢梭看来，上帝是智慧、仁慈和美的化身，上帝的善良就体现在对秩序的热爱中，他正是通过秩序来维持万物存在的。上帝也是公正的，他的公正是他的善良的结果。人类的不公正和邪恶是人类自己造成的，与上帝无关。我们关于上帝的一切知识都是通过“良知的直觉”从自然这本大书中获得的，这种知识的获得既不需要

1 卢梭是一个具有诗人气质的浪漫哲学家，他的哲学思想和宗教思想并不像休谟、康德等人那样具有系统性和逻辑一贯性，因此在他的宗教思想中常常可以看到一些含混不清之处和自相矛盾之处。例如，在反驳霍尔巴赫等人的无神论观点时，他也会借助自然神论的设计论证明来为自己的有神论信仰做辩护。

2 卢梭，《爱弥儿》（下卷），1978，第 391—392 页。

矫揉造作的理性，也不需要超自然的天启。“我把所有一切的书都合起来。只有一本书是打开在大家的眼前的，那就是自然的书。正是在这本宏伟的著作中我学会了怎样崇奉它的作者。任何一个人都找不到什么借口不读这本书，因为它向大家讲的是人人都懂得的语言。”[1] 上帝的一切特性都充分地体现在和谐精美的自然秩序之中，至于那些所谓的超自然的奇迹，则完全是一派胡言和欺骗，是别有用心的人为了某种邪恶的目的而任意杜撰出来的。大自然是决不会听命于那些骗子的，它用自身不可改变的优美秩序向心地纯洁的人们昭示着那创造秩序的智慧之光。对于热爱自然的卢梭来说，大自然的美丽景象处处都显示出上帝的光辉，否认上帝的存在就如同否认大自然本身一样荒谬。他在写给一位贵妇人的信中用动人的语言描述道：

> 啊，夫人！有时候我独处书斋，双手紧扣住眼睛，或是在夜色昏暗当中，我认为并没有上帝。但是望一望那边：太阳在升起，冲开笼罩大地的薄雾，显露出大自然的绚烂惊人的景色，这一霎时也从我的灵魂中驱散全部疑云。我重新找到我的信念、我的上帝，和我对他的信仰。我赞美他、崇拜他，我在他面前匍匐低头。[2]

卢梭的这种自然宗教无疑是受了自然神论和泛神论的影响，但是与自然神论和泛神论把理性提高到至上地位、提高到上帝本身的做法不同，卢梭始终把情感、良心当作信仰的首要条件，把宗教看

1 卢梭，《爱弥儿》（下卷），1978，第 445 页。
2 罗素，《西方哲学史》（下卷），1976，第 233 页。

作属于心情的事情。把宗教信仰的根基从知识理性转变为道德情感，这是卢梭在西方宗教思想史上所进行的重大变革，这种贬抑知识理性、崇尚道德情感的宗教思想成为从英、法的理性神学向德国的道德神学和浪漫主义神学（或情感神学）过渡的重要契机。后来康德在神学领域中所进行的“哥白尼式的革命”（即颠倒了信仰与道德的传统关系，把道德确立为信仰的基础），以及施莱尔马赫所实现的宗教基础从形而上学向心理学的转化（即把个人的心情、体验和感受确立为宗教信仰的基础），这些具有划时代意义的变革活动无疑都是在卢梭宗教思想的启发之下完成的。

卢梭对无神论和传统宗教的批判

与那些曾经与他相濡以沫、后来却反目成仇的百科全书派思想家不同，卢梭从不讳言自己是一个有神论者，他既反对无神论，也反对以迷信和狂热为特征的传统宗教。一方面，他指责无神论者借口解释自然而散布败坏人心的学说，蛊惑人们不信神明，从而腐化人们的道德；另一方面，他又激烈地抨击天主教会的种种暴行和罪恶，揭露出天主教信仰的虚伪本质。

卢梭对无神论的批判主要是针对狄德罗、霍尔巴赫等百科全书派人士的。他认为，无神论的最大要害在于以一种好辩的哲学风气来斫丧人的良知，使人心变得越来越脆弱，诱引人们把所有的热情都倾注于低级的个人利益和卑贱的自身享乐，逐渐腐化了整个社会的道德基础。无神论虽然不像宗教狂热那样直接导致了血腥和残酷的行为，但却潜移默化地腐蚀着人们的爱心和崇高品质，从而使人心变得冷漠、麻木。卢梭不无夸张地说道：“无神论的论点虽然不导致人和人的互相杀戮，但可以妨碍人的繁殖，因为它们破坏了使人类繁衍的风尚，离间了人和人的关系，把他们的一切爱都化为既严重地危害人类也严重地损害道德的秘密的利己之心。哲学家的漠不关心的态度，同专制制度统治下的国家的宁静是相像的，那是死亡的宁静，它甚至比战争的破坏性还大。”[1]

无神论既然把人类心灵中一切崇高的情感和神圣的东西都加以破坏，它就必然会使受压迫者失去苦难生活中的最后慰藉，使豪强和富人失去了克制欲念的唯一约束。卢梭在致德莱尔先生的信中写道：“若真没有神的存在，当今有权势的人们、富人们、幸福者们一定是很高兴的。但是对来世生活的期待，却可以安慰人民和受苦者的现世生活。”[2] 卢梭讥讽百科全书派的哲学家们把无神论吹嘘为拯救人类苦难的救星，而他们实际上所干的事情却是要从人心中消除对罪恶的悔恨和对德行的希望，从而把人类引向寡廉鲜耻和穷奢极欲的罪恶深渊。

在卢梭生活的时代，无神论是法国上流社会和知识精英中的一种新潮思想。虽然天主教的势力还非常强大，狄德罗等人也曾多次遭受到宗教当局的迫害，但是在巴黎上流社会的沙龙中，喜欢标新立异的有教养的法国人仍然禁不住对无神论这种时髦的新鲜事物情有独钟，一些高谈阔论的哲学家们以运用无神论思想来批判天主教传统为荣耀。事实上，自从路易十四时代以来，在法国上流社会尤其是在贵妇人的沙龙圈子中就形成了这样一种标新立异的风气和宽容的氛围。这种思想象牙塔中的自由气氛与政治上的君主专制以一种奇妙的方式并行不悖，昭示了一种伏尔泰等人倍加赞美的开明专

1 罗素，《西方哲学史》（下卷），1976，455 页。
2 卢梭，《论人类不平等的起源和基础》，李常山译，商务印书馆，1962，第 18 页。

制的文化气象。[1]正是由于上流社会中的这种追逐新潮的文化习惯和宽容氛围，才使得狄德罗、霍尔巴赫等人的“战斗的无神论”在法国沙龙中受到附庸风雅的贵妇人们的青睐和知识分子们的推崇。就此而言，无神论是18世纪法国精英阶层的一种高雅的思想时尚，正如同戴假发、佩花剑是上流社会的一种高雅的行为时尚一样。相反，广大的平民百姓却是虔信宗教的，无神论对于那些衣不遮体、食不果腹的无套裤汉来说是一种消受不起的精神奢侈品。

平民与贵族之间的这种文化上的差异，也是造成卢梭坚定不移地维护宗教信仰，始终不妥协地与法国知识阶层的无神论相对立的重要原因。这种宗教态度上的分歧一直持续到法国大革命时期，法国大革命的平民领袖罗伯斯庇尔（Maximilien François Marie Isidore de Robespierre，1758—1794）之所以要建立一个“太上主宰”的新宗教，不仅是受了卢梭宗教思想的影响，而且与当时法国平民阶层的宗教习惯有着密切的联系。罗伯斯庇尔曾公开宣称：“无神论是贵族政治的。一位全能的上帝照顾受压迫的善良的人，并惩罚得意扬扬的罪犯乃是人民的基本观念，这是欧洲与世界人民的观点；这是法国人民的观点。”[2]

1 需要说明的是，政治上的君主专制并不能简单地等同于思想上的专制主义。在17—18世纪的法国，君主专制的实质内容是指结束封建状态的中央集权，而不是禁锢思想的愚昧主义；近代法国专制主义的含义主要是政治上的，而不是道德上的和文化上的。伏尔泰在《路易十四时代》中、丹纳在《艺术哲学》中都强调，17—18的法国成为全欧洲的文明教师，一切新潮的思想和行为方式都是从法国传播到欧洲其他国家的，而这一时期恰恰也是法国君主专制发展到极盛状态的时期。在启蒙时代的法国，压制新思想的主要是天主教会，尽管专制政府与天主教会之间有一种同盟关系，但是它们之间的矛盾也是非常深刻的。伏尔泰和百科全书派的思想家们往往非常巧妙地利用君主、贵族和贵妇人的支持来宣扬他们的反教会言论和无神论思想。除卢梭之外，几乎所有的法国启蒙思想家都把批判的主要矛头对准天主教会，并且或多或少地对波旁王朝的开明专制抱有幻想。关于路易十四时代的文化繁盛景象，请参阅拙著：《西方文化概论》，“古典主义”一目，高等教育出版社，2004。

2 威尔·杜兰，《世界文明史：拿破仑时代》（上册），台湾幼狮文化公司译，东方出版社，1999，第99页。

卢梭反对无神论的主要原因是出于道德方面的考虑，即认为无神论会斫丧人们的良知，败坏人们的道德；当然，卢梭反对无神论也与他的那种强烈的“平民意识”有关[1]，这种早年就植根于卢梭心灵之中的平民意识，到了后来更由于卢梭与百科全书派人士的交恶以及他在欧洲知识界四面楚歌的悲惨遭遇而愈益膨胀，发展成为一种矫枉过正的偏激心理，到了晚年甚至使卢梭对于欧洲上流社会和“哲学家”——指百科全书派人士——的仇恨发展到一种病态的程度。

如果说卢梭对无神论的批判或多或少是出于他的平民意识以及他与百科全书派思想家的恩怨，那么卢梭对天主教的批判则完全是出于对法国宗教专制的愤慨。卢梭把天主教斥为一种野蛮残酷的迷信，它所崇奉的神是最不公正、最残忍的暴君。它在世界上实行最狂暴的专制统治，它那“狭隘的教义不仅不能阐明伟大的存在的观念，反而把这种观念弄得漆黑一团；不仅不使它们高贵，反而使它们遭到毁伤；不仅给上帝蒙上了许多不可思议的神秘，而且制造了无数荒谬的矛盾，使人变得十分骄傲、偏执和残酷；不仅不在世上建立安宁，反而酿成人间的烧杀。……我在其中看到的，尽是世人的罪恶和人类的痛苦”[2]。

卢梭深刻地认识到宗教上的思想专制与政治上的暴政之间的必然联系，他在《社会契约论》中写道：“基督教只宣扬奴役和服从。它的精神是太有利于暴君制了，以致暴君制不能不是经常从中得到好处的。真正的基督徒被造就出来就是做奴隶的。”[3]天主教把教义变成了自由心灵的一种桎梏，把虔诚的信仰变成了一些虚假的仪式，

1 卢梭常常在他的著作中自称为“日内瓦公民”，以此来表示对法国和欧洲封建等级社会的反抗。

2 卢梭，《爱弥儿》（下卷），1978，第426页。

3 卢梭，《社会契约论》，何兆武译，商务印书馆，1980，第183页。

把基督徒的美德变成了一种偏狭的宗教迫害和变态仇恨，其结果就是培养出一大批心地歹毒的宗教疯子。这些心灵阴暗的宗教狂热分子把对异教徒的屠杀当作奉献给上帝的最佳祭品，从而挑起了人间的普遍的战乱和杀戮。由于天主教会所煽动起来的不宽容精神和仇恨心态，“谦卑的基督徒改变了他们的语言，而不久我们便看到这个所谓另一个世界的王国，在一个有形的首领（即教皇）之下，竟然变成了这个世界上最狂暴的专制主义”[1]。

卢梭对伪善残暴的天主教的无情针砭极大地激怒了教会当局，罗马教皇把卢梭斥为一个泯灭读者道德观念的人，《爱弥儿》则被教会宣布为无神论的邪恶之作，并遭到欧洲各国当局的查禁。面对着种种不公正的待遇，卢梭在心力交瘁的情况下，发表了《致毕蒙教皇书》。在这篇为自己的宗教信仰进行辩护的文章中，卢梭慷慨激昂地写道：

> 教皇阁下：我是个天主教徒，一个诚挚的教徒，遵从圣经福音的信条。我是个教徒，但并不是牧师的信徒，而是基督耶稣的信徒。我所坚信的天主并不要求深入讨论福音信条，而注重切身实行；他要求弟子信仰能使人类行善的事物，他告诉我们只要去爱自己的兄弟就是履行了信条。
>
> 但是，那些缺乏正义的教士，霸占职权，成为我宗教上的裁判者，而且告诉我应该做什么，不该做什么。他们的优越权利决不会影响我的原则，他们无法使我说出我不愿意说的话。如果我的真诚触怒了他们，他们就会想办法将我摒弃于教堂之外，我并不畏惧他们的威胁，因为他们无权判决我。

1　卢梭，《社会契约论》，1980，第 174 页。

> 他们无法阻止我的心灵与信仰相结合，他们能剥夺我的幸福，但决不能阻挠我未来的希望，我未来的希望是由基督耶稣做我的裁判者，裁判我和他们之间谁是谁非。……
>
> 每一个派系都在残害他的兄弟、同胞，所有教会派别都以人的鲜血祭祀上帝，这种矛盾现象如何产生的呢？但是，它们的确存在于我们社会中，如果有人想改良这种情形也算是罪恶吗？[1]

与这种不宽容的现象针锋相对，卢梭提倡一种宽容敦厚的宗教精神。在《社会契约论》中，卢梭创立了一种以宽容精神和崇高美德为基本特征的“公民宗教”。在这种理想的宗教中，唯一不被允许的反面教条就是不宽容。针对那种动辄就诬陷他人是无神论者并且对其进行迫害的野蛮现象，卢梭说道：“没有任何真正的信仰者是会不宽容的，或者是会变成迫害者的。假如我是官吏而法律又对无神论者处以死刑的话，那么谁要是宣判别人这种罪状，我首先就要把他烧死。”[2]

我们在前面已经看到了伏尔泰对待宗教信仰的机智而暧昧的态度，他一直把这种随机应变的机会主义态度保持到生命的最后一刻——临终前，他可以用尽全身力气打他的忏悔神父一拳，却不愿意直截了当地表明他根本不承认基督神灵这个事实；他活着的时候曾因为激烈地攻击天主教而名噪天下，然而当他将死之时，这个伟大的启蒙思想家却由于害怕暴尸荒野，而不得不接受了天主教的临终忏悔仪式。这正是伏尔泰的机智之处，同时也是他的脆弱和虚伪之处。卢梭则完全相反，他在宗教信仰问题上始终保持着一种坚定、

1 法兰西斯 · 韦渥，《卢梭》，裘奇译，新华出版社，1988，第 153—155 页。

2 卢梭，《社会契约论》，1980，第 186 页，注释③。

明朗的态度，他的教派归属虽然游移不定，但是他从来没有否认过上帝存在和灵魂不死。一次，在一个宴会上，他的朋友圣朗拜尔对上帝的存在表示怀疑，卢梭愤然地威胁要离席而去，他高声叫道："Moi, Monsieur, je crois en Dieu!"（"我吗，先生，我是信上帝的！"）这信仰在他心中从来没有真正动摇过。上帝对于卢梭来说就是灵感的源泉、道德的砥柱，在他长期的离群索居的孤独生活中，上帝就像一个忠实的伴侣一样须臾不离地守护在他身边，鼓舞起他在逆境中孤军奋战的顽强意志和不泯希望。在晚年，面对着险恶的命运，面对着日益逼近的死亡阴影，卢梭表现出一种与伏尔泰临终前的踌躇彷徨截然相反的恬淡宁静的心境。死亡对于这位饱尝了人世的不幸和屈辱的虔信者来说，恰恰构成了新生活的开始。他以一颗坦然的平常之心来拥抱死亡，并且坚信基督神灵与他同在。他在致穆尔士先生的信中写道：

> 这个世纪否认耶稣，是因为这个世纪不配了解他，耶稣为了使他的邪恶的同胞成为光荣和有道德的人死去了，伟大的耶稣并没有死在十字架上。我只是一个有许多缺点的人，但是我知道我自己的心中从来没有罪恶的感情。在我感到我的身体的崩溃已经临近的时候，我满意地感到我（的灵魂）肯定将继续活下去。我认为，整个上苍都能保证这点。上苍是不会食言的。我看到神奇的自然秩序在主宰着一切，从来不爽。道德秩序应该与之相适应。然而，我的一生中，一切都是颠倒的。因此，我的生命是在死亡时才开始的。[1]

1　卢梭，《走向澄明之境——卢梭随笔与书信集》，何祚康、曹丽隆译，上海三联书店，1990，第 183—184 页。

在卢梭生命的最后时刻，并没有神父在场，只有他的忠实伴侣瓦瑟和冥冥中的上帝守护在他身边。像他这样的人是不需要神父来做终傅的，他那颗虔敬的道德之心就是他的临终忏悔神父。1778 年 7 月 2 日清晨，卢梭感到胸口一阵剧烈的疼痛，他让妻子瓦瑟扶他来到窗口。面对着初升的太阳，卢梭充满深情地感叹道："全能的主啊！天气如此晴朗，没有一片云，上帝在等着我了。"[1] 说完这句话，他就失去了知觉，不久后即与世长辞了。

与康德相比较，卢梭的宗教思想无疑是混乱而缺乏体系的，但是在卢梭的那些杂乱无章甚至自相矛盾的表述中却始终突显着一个基本思想，那就是宗教信仰的基础是真挚情感和道德良知。如果说休谟的怀疑论激发了康德在《纯粹理性批判》中对各种理性神学的批判，那么卢梭的宗教思想则促成了康德在《实践理性批判》和《单纯理性限度内的宗教》中对道德神学的建构。利文斯顿对卢梭宗教思想的影响评价道：

> 卢梭的宗教信仰的基础是自然的良知，这种信仰的结果是道德行为。传统的自然神学的论证是一种冷冰冰的抽象的东西，由于脱离我们的道德情感，缺乏令人信服的力量。正如康德在几十年后清晰得多地表明的，单凭纯粹的理性，人不可能弥合自然与上帝之间的鸿沟。上帝与人之间的唯一的中介，是道德良知，而不是自然。[2]

正是这条道德主义的线索，把行为乖戾的卢梭与性情温和的康

1 法兰西斯·韦渥，《卢梭》，1988，第 174 页。

2 詹姆斯·C. 利文斯顿，《现代基督教思想：从启蒙运动到第二届梵蒂冈公会议》（上卷），1999，第 89 页。

德连接起来，从而使得卢梭与牛顿一样，成为两位对康德思想影响最深的人物。[1]

1 虽然康德本人强调，正是休谟的怀疑论帮助他打破了早年的"独断主义迷梦"，从而使他转向了批判哲学。但是从建构而不是解构的意义上来说，牛顿和卢梭对于康德的影响显然更为重要——前者为康德的自然立法奠定了坚实的理论根基，后者则为康德的道德立法提供了重要的思想根据。从这种意义上来说，休谟对于康德只是一个必要的思想契机和转折点，他为康德提供了批判独断主义的武器，他的影响也仅限于理论理性或认识论的范围内（即使是在这个范围内，莱布尼茨的影响与休谟的影响仍然可以说是平分秋色的）；而真正支撑着康德的整个哲学体系的牢固基石，却是牛顿和卢梭的思想，正是在这两块思想基石之上，康德才建构起和谐有序的必然王国（自然世界或"头顶的星空"）和意志自律的自由王国（道德世界或"心中的道德律"）。

第 12 章　德意志精神中的信仰与理性

德国神秘主义之源

在 13、14 世纪，正当多明我修会的实在论者一方面用亚里士多德的逻辑来证明上帝的存在，另一方面与方济各修会的唯名论者激烈地争辩着“共相”问题时，一位德国多明我会修道士埃克哈特大师（Meister Eckhart，约 1260—约 1328）却带领着他的学生陶勒尔（Johannes Tauler，约 1300—1361）等人一头扎进了新柏拉图主义的神秘体验中。“他们对于学术界搞的无聊烦琐研究极为厌恶，从而得出结论说，这样的努力和宗教信仰的生活没有什么关系。这样，他们就倾向于强调理性的局限性，并断言，虽然理性知识是好的，但基督徒的基本态度应该是‘有学问的无知者’——docta ignorantia——的态度，就像库萨的尼古拉（Nicholas of Cusa）所说的那样。……这些神秘主义者，在经院主义的最后垮台中，与他们的同时代人奥卡姆一样起了拆台的作用。”[1]

1　胡斯都 · L. 冈察雷斯，《基督教思想史》，2002，第 637—638 页。

埃克哈特与托马斯·阿奎那同为大阿尔伯特的学生，并且与阿奎那一样享有巴黎大学教授的荣誉，但是二者的思想旨趣却大相径庭。埃克哈特坚决反对经院哲学家们用理性形式来论证信仰内容的各种做法，在他看来，上帝是不可思议、不可规定和不可通过理性来限定的精神实体，他存在于个人的沉思默想和神秘直观之中，人只能通过灵魂的火花（“心灵之光”）与上帝相融合。上帝的存在既不能用逻辑来证明，也不能用感官来感知，人只有用心灵的眼睛去“默观”上帝。埃克哈特认为，灵魂的最高职责是认识，认识包括三种能力：记忆、理性和意志，其中意志是最高的能力。“凡理性束手无策的地方，意志就跃然而出，引来光亮，提供高贵的信仰。”意志的优越性依靠于信仰的扶助，“信仰之光也就是意志中的活力之源”。当灵魂一旦拥有了对上帝的信仰，它就会“涌出一股神灵般的爱的泉流”，从而使人向着崇高的神性升华，返回到上帝之中，达到最高的完满。埃克哈特强调，灵魂与上帝的交融是“无词无音的言说”，上帝不具有任何定形或固定的表象，他是心灵之言、朝霞之光、花朵之芬芳、清泉之奔涌。上帝的存在无须任何逻辑证明，“我”（灵魂）通过爱而实现与上帝的完全同一。“上帝就是他的存在；他的存在亦为我的存在（Was er ist, das ist mein）；我的存在亦为我所爱，我所爱的必爱我，使我进入其怀抱，也就是说，把我纳入其自身，因为我应当归属于它而非归属于我自己。”“上帝用仁爱浇灌灵魂，使灵魂充溢，并在仁爱中把自己交付给灵魂，从而携灵魂超升，直观到上帝。”[1] 埃克哈特的这种神秘主义思想不仅具有贬抑理性的含义，而且从根本上否定了教会和圣礼对于个人灵魂得救的作用，成

1 以上引文请参见：埃克哈特，《论自我认识》，刘小枫译，出自：湖北大学哲学研究所《德国哲学》编委会，《德国哲学》（第二辑），北京大学出版社，1986，第185—190页。

为对路德“因信称义”神学思想的一种隐秘呼唤。

埃克哈特用一种神秘主义的思辨和泛神论观点来解释“三位一体”的上帝。他区分了上帝与神性，上帝是不可言说的本质，神性则是上帝的理念，是与上帝同在的逻各斯（圣子），同时也是存在的根据，从神性中化生出自然或世界。神性作为上帝的理念或逻各斯是与上帝统一的，而世界作为神性的化生物则充满了神性（圣灵），这样，通过神性的中介，上帝与世界统一起来。虽然世界是上帝创造的，但是上帝创世却不像《圣经》中所言是在时间中进行的，而是瞬时完成的，世界与上帝（以及神性或圣子）同时存在：“上帝一旦存在，他就产生出他那跟他等同的永恒的子，成为跟他完全等同的上帝，与此同时，他也就创造出了世界，而这一切，都是一下子同时做到的。”[1] 上帝（通过神性）渗透于世界之中，世界处处都充满了上帝的神性，从而就蕴含了一种“上帝就是世界，世界就是上帝”的泛神论思想。蒂利希对埃克哈特的这种神秘主义思辨的“三位一体”观评论道：

> 他区别神性与上帝。神性是存在的根据，在它之中有任何事物的运动和反运动。上帝是本质，是善与真的原则。埃克哈特甚至从这一点提出三位一体的观念。第一个原则是既不被产生也不产生的存在；第二个原则是自我转化为客体的过程，即逻各斯、圣子；第三个原则是自我生育的能力，即圣灵，它创造个别的事物。埃克哈特用否定神学的词句以说明神性。他称神性为单纯的根据、安静的荒漠。神性的性质没有任何性质，

1　埃克哈特，《埃克哈特大师文集》，荣震华译，商务印书馆，2003，第 523 页。埃克哈特的这一观点后来在雅各布 · 波墨的神智学中，被表述为“电光一闪”的创世过程。

它是超越于任何特殊性质的。三位一体的基础是上帝向前发展和回到他自身。上帝重新认识他自己，上帝重新看到他自己。这就构成逻各斯。……因此，在上帝自身之中的圣子的诞生和世界的永恒创造是同一件事情。……创造回到上帝的决定点在灵魂。从上帝分离出来的东西通过灵魂回到上帝。[1]

除了泛神论思想之外，埃克哈特还用一种否定神学的方式来表述上帝的特性。他强调我们不能说上帝是什么，而只能说上帝不是什么，因为用任何溢美之辞（如智慧、大能、善良等）来表述上帝都是对上帝的一种规定或限定，而这种规定或限定同时也就是对上帝的一种否定，恰恰把上帝当作了有限的东西。埃克哈特强调，上帝没有任何规定性，上帝就是“虚无”（Nichts）。他在讲解“扫罗从地上起来，睁开眼睛，竟不能看见什么”（《圣经 · 使徒行传》，第9章，第8节）这段经文时，这样说道：

他看到的是“无”：而这就是上帝了。上帝是“无”，而上帝又是某个。既是某个，又是“无”。上帝所是的，他就完全是。所以，那个受到启示的狄奥尼西在说到上帝时说道：他是超存在，是超生命，是超光。

上帝是真正的光：谁要见到这光，他就必定会瞎掉，就必定会远离各样东西而守住上帝。一位大师说道：凡是以某种譬喻来谈论上帝的人，就是以不纯的方式在谈论上帝。可是，在谈论上帝时什么也说不出的人，反而是恰如其分的了。如果灵

1 保罗 · 蒂利希，《基督教思想史》，2000，第280—281页。

魂进入“太一”里面去，并且在那里真正做到抛弃掉自己，那么，它就是如同在虚无之中找到了上帝。这时，人就好像是在梦中，而且是在白日梦中，他会由这虚无而怀孕，就像妇人怀上了孩子一样，而上帝就在这个虚无之中被生养出来；他是虚无所结的果。[1]

由于上帝就是“虚无”，所以人也只有在一种“自我放弃”或者“虚己”的状态中才能真正实现与上帝的合一。灵魂越是贫乏，就越是纯真；它在一切非上帝的事物上越空虚，它就越多地在上帝里面实现了自身。在这里，埃克哈特大师以一种神秘主义的方式表达了深刻的辩证思想。他强调，当人摆脱了一切被造物和狭隘的自我而进入“虚无”时，人就与作为“虚无”的上帝同质了，从而实现了人与上帝的神秘合一。由于此时的人作为“虚无”已经从各种外在和内在的羁绊中摆脱出来，所以人认识上帝的过程也就在这一刻转化为人认识自身的过程。对于埃克哈特来说，一个充分实现了自我认识的灵魂或精神就是上帝。他以一种黑格尔式的口吻说道：

因此，我是我自己之原因，这乃是按照我那永恒存在着的“存在”而言的，而不是按照我那永恒存在着的“成为”而言的。因此，我是非被生养的，而按照我的非被生养之方式，我是不能死亡的。按照我的非被生养之方式，我是自永恒以来就已经存在了，我现在存在着，而且将永恒地存在下去。而我按照我的被生养所是的，那个东西会死去，会消亡，因为，它是会死

1　埃克哈特，《埃克哈特大师文集》，2003，第 369、370 页。狄奥尼西是公元 5—6 世纪时的雅典最高法院法官，早期基督教神秘主义者，著有《论神秘的神学》一书。

> 的东西；因此，它必然随着时间而消亡。所有的事物都在我的生养之中被生养出来了，在那时，我是我自己以及所有事物的原因：倘若我没有这样的愿望，那也许就既没有我，也没有所有的事物；而倘若没有了我，那也就会没有了“上帝”：上帝之为“上帝”，我是其中的原因所在；倘若没有了我，那上帝也许就不成其为“上帝”了。[1]

埃克哈特的这种神秘主义思辨向上可以追溯到普罗提诺的“太一”“努斯”“灵魂”的哲学“三位一体”，向下则通过马丁·路德的人与上帝在信仰或自我意识中的神秘合一、雅各布·波墨的“神的自身离异”的神智学而与黑格尔的绝对精神自我发展和自我认识的辩证法联系起来。

埃克哈特的神秘主义思辨及其所影响的以“上帝之友”自称的“自由圣灵的兄弟姐妹”团体被正统的罗马教会斥为异端，但是他关于自我放弃与自我实现的神学辩证法，注重内心信仰、轻视外在圣事和教会作用的宗教态度，以及推崇意志、贬抑理性的哲学立场，都对马丁·路德的思想产生了极其重要的影响。

路德十字架神学的吊诡

16世纪欧洲的宗教改革运动虽然打破了罗马天主教会一统天下的精神专制格局，直接或间接地开创了信仰自由的氛围、促进了民族国家的成长和资本主义经济的发展，引发了西方文化的现代化转

1　埃克哈特，《埃克哈特大师文集》，2003，第340页。

型过程[1]，但是宗教改革运动的领袖路德、加尔文等人在神学思想上却承袭了奥古斯丁主义的传统，表现出一种信仰至上和神秘主义的倾向。

针对中世纪后期罗马天主教会在“救赎”问题上强调善功得救的自由意志论及其所导致的实践恶果[2]，马丁·路德重申了保罗–奥古斯丁否定善功得救的“因信称义”思想，发扬了贬低自由意志、突出上帝恩典和基督苦难的十字架神学（Theology of the Cross）。路德强调，人在上帝面前是完全无能为力的和没有任何东西值得炫耀的，人应该在基督受难的十字架面前保持绝对的谦卑。人在上帝面前称义完完全全是靠着基督在十字架上的受难，靠着上帝“白白”赐予的恩典，与人的自由意志和善功无关。路德坚决反对中世纪经院哲学家们所主张的自然神学，尤其反对这些哲学家们以亚里士多德主义为根据而对各种神学教义进行的理性证明。他以十字架神学来对抗荣耀神学（Theology of Glory），他认为，正是由于荣耀神学过分夸大了人类的理性能力，试图凭借自然理性从上帝的神圣大能、智慧与荣耀中直接认识上帝本身，从而导致了善功称义和神人合作说（synergism）的得救观。研究路德神学的德国学者保罗·阿尔托依兹（Paul Althaus）评论道：“路德认识到宗教唯理智论与道德主义的内在关系，甚至它们的相同之处。他指出两者都与十字架相反。”“路德的十字架神学就是

1 关于宗教改革运动的历史后果问题，请参阅拙著:《西方宗教文化》，第三章第一节第三目“宗教改革——路德宗”、第四目“宗教改革——安立甘宗”和第五目“宗教改革——加尔文宗”，长江文艺出版社，1997。

2 中世纪盛期以后，罗马天主教会日益放弃奥古斯丁主义的决定论救赎观，主张上帝的恩典和人的善功共同构成得救条件的“协同作用”观点，甚至片面地鼓吹善功得救的思想。而由教会所确认的善功名目繁多，如购买圣徒遗物、参拜圣徒陵墓、向教会捐赠财产、参加十字军东征，最后竟发展到买卖赎罪券，极大地背离了基督教唯灵主义的本质精神，加速了西欧社会普遍的道德堕落和虚伪，最终激发了宗教改革运动。

用十字架把上帝隐藏起来，结束了自以为是的理性对上帝的所有思辨。十字架是对人进行判断的标志，结束了自信的道德主义者与上帝的同伴关系。”[1]

与荣耀神学的那种“本乎理性，藉着善功”的观点针锋相对，路德的口号是“本乎恩典，藉着信仰”。他强调人只能在上帝隐藏的地方、在基督受苦难和屈辱的十字架上来认识上帝，人只有彻底地“降卑己身”“虚己”“无我”，承认自己的深重罪孽和自然理性的软弱无能，才是称义的唯一途径。在路德看来，始祖的堕落不仅破坏了意志的自由，而且破坏了人的自然理性能力，从而使得人单凭理性来认识上帝成为不可能。在某种意义上，理性甚至成为罪人遭受破坏最严重的器官，如果没有上帝的恩典与圣灵的医治，自然理性就只能成为人进一步犯罪的根源。路德对亚里士多德主义和经院哲学怀着一种深恶痛绝的态度，他把超出神恩和信仰之外的理性称作“娼妓”，认为理性始终处于“魔鬼权柄的支配之下”。

在与人文主义者伊拉斯谟的辩论中，路德再次对自由意志和理性进行了猛烈的抨击。在为驳斥伊拉斯谟的《论自由意志》而写的《论意志的捆绑》一文中，路德重申了奥古斯丁对待自由意志的基本观点——自从人类堕落以后，理性和自由意志都已经成为被邪恶奴役的意志，它们已经渗透了罪，因此只能自由地选择恶，而不可能自由地趋向善。在路德看来，我们的意志原本就如同一匹处于两个骑手之间的马，这两个骑手就是上帝和魔鬼。但是自从“原罪”发生之后，魔鬼就成为这匹马的唯一骑手，我们仅凭自己的力量是无

1 保罗·阿尔托依兹，《马丁·路德的神学》，段琦、孙善玲译，译林出版社，1998，第24、25页。

法把它拉下来的。因此我们必须承认自己的意志已经不再具有真正意义上的自由，承认自己的罪性，在一种罪孽深重的意识中才能与上帝交往，从基督里领受救赎的福音。

路德把上帝描写成一个没有原因、没有理由的绝对意志："他是神，因此对于他的意志，我们无法制定任何原因和理由，作为其规则或尺度，因为万物并没有任何东西，可以等同或超过他的意志，而且它反而是万物的规则。因为，如果它具有规则或标准，无论是原因或理由，那么，它就不是神的意志了。"[1] 他用埃克哈特式的神秘主义口吻把上帝称为"狂飚"（Sturm und Drang）、创造的风暴，认为上帝的意志就是万物的法则，它创造一切、成就一切。而人的自由意志如果不是一句妄自尊大的空话，就是一句居心叵测的谎话。奥地利历史学家弗里德里希·希尔描述了路德对于理性的仇视态度及其历史后果：

> 路德认为，理性是罗马和西方意识形态的工具。他抨击亚里士多德和托马斯·阿奎那从不间断。他甚至指斥托马斯·阿奎那对亚里士多德著作和《新约》中任何一章都从来未曾读懂过。他认为，理性只能应用于日常现实生活，在所有其他领域中，理性无非是"为恶魔效劳的妓女"，是"神的死敌"，是"一切邪恶的源头"。路德在维腾堡的最后一次讲道中还把理性斥为"娼妓"，主张把它扔进厕所。在这种猛烈抨击背后，路德有一种惧怕，他怕一般百姓相信了理性就不再相信神而失去得救的机会。因此，决不能让恶魔般的理性统治民众的头脑。……这种态度

1 马丁·路德，《论意志的捆绑》，转引自：罗杰·奥尔森，《基督教神学思想史》，2003，第 414—415 页。

决定了路德成为东方日耳曼–斯拉夫人的代言人。本来是宗教上的绝对主义，但后来便发展为君主的社会政治绝对主义。[1]

从路德本人的气质和所受的教育来看，埃克哈特等德国神秘主义者的影响要远远大于经院哲学和人文主义的影响，再加上路德当时所面对的现实情况——教会兜售赎罪券的实践活动和经院哲学的烦琐理论——因此他极力强调信仰和谦卑对于得救的重要性，反对善功得救的自由意志论和依靠理性来接近上帝的狂妄做法。路德倡导的“唯独信仰”“唯独《圣经》”“唯独恩典”的神学思想是针对罗马天主教会的善功得救理论和“教皇至上”思想而提出来的，它对于革除西欧基督教世界普遍存在的信仰虚假、道德堕落等社会弊病，动摇罗马天主教会的精神专制，无疑是具有极其重要的现实意义的。但是另一方面，“唯独信仰”“唯独《圣经》”“唯独恩典”的观点对于新兴的经验理性却是一个巨大的障碍。路德用信仰和恩典反对善功和自由意志、用《圣经》的权威反对教皇的权威的做法，并没有促进自然理性或经验理性的发展，反而是以一个绝对的权威来取代了一个相对的权威。马克思精辟地指出：“他破除了对权威的信仰，却恢复了信仰的权威。他把僧侣变成了俗人，但又把俗人变成了僧侣。他把人从外在宗教解放出来，但又把宗教变成了人的内在世界。他把肉体从锁链中解放出来，但又给人的心灵套上了锁链。”[2] 信仰成为不容置疑的，《圣经》成为判断真理的绝对标准，在这种情况下，理性的权利就受到了极大的削弱，人在《圣经》的权威面前就丧失了自由。

1 弗里德里希·希尔，《欧洲思想史》，2007，第 234 页。

2 中共中央马克思恩格斯列宁斯大林著作编译局编，《马克思恩格斯选集》（第一卷），1995，第 9 页。

然而，从另一个角度来看，路德恰恰又开创了一种与自然理性或经验理性迥然而异的思辨理性或辩证理性[1]，开创了一种与英国人、法国人的实践自由（经济自由和政治自由）截然不同的德意志式的精神自由。路德一方面把理性贬为“娼妓”，另一方面却在沃尔姆斯帝国会议上为自己的观点进行辩护时明确地表示：“除非有人能够根据《圣经》而用理智的明晰论据来说服我，我不愿，亦不能取消前言。”[2]他一方面用信仰来否定人的实践上的自由（善功），另一方面又强调信仰给人带来了精神上的自由——“只是信，不是行为，才使人称义，使人自由，使人得救”。[3]在路德看来，“信者就是上帝”，每个人只要凭着自己的信仰，凭着对《圣经》的领悟，无须借助其他任何中介者（神职人员和教会），就可以实现与上帝的自由交往。人与上帝在信仰中融为一体。就此而言，路德第一次使宗教成为个人的事，成为精神的自由。黑格尔说道：

> 这就是路德的宗教信仰，按照这个信仰，人与上帝发生了关系，在这种关系中，人必须作为这个人出现、生存着：即是说，他的虔诚和他的得救的希望以及一切诸如此类的东西都要求他的心、他的灵魂在场。他的感情、他的信仰，简言之全部

1 在康德以来的德国古典哲学中，自然理性或经验理性通常被称为“知性”（Verstand 或者 understanding），它是指一种根据形式逻辑的规则和范畴来进行判断和推理的能力；而思辨理性或辩证理性则被称为“理性”（Vernunft 或者 reason），它是与矛盾、对立统一等辩证法则相联系的，并且与神秘主义有着极其微妙的内在联系。关于二者之间的具体差异，我将在论及黑格尔的宗教哲学时详加说明。

2 金陵神学院托事部，《路德选集》（上册），1957，第 15 页。海涅对此评论道：“自从路德说出了人们必须用《圣经》本身或用理性的论据来反驳他的教义这句话以后，人类的理性才被授予解释《圣经》的权利，而且它，这理性，在一切宗教的论争中才被认为是最高的裁判者。这样一来，德国产生了所谓精神自由或有如人们所说的思想自由。思想变成了一种权利，而理性的权能变得合法化了。”参见：亨利希 · 海涅，《论德国宗教和哲学的历史》，1974，第 42 页。

3 金陵神学院托事部，《路德选集》（上册），1957，第 356 页。

属于自己的东西，都是所要求的，——他的主观性，他内心最深处对自己的确信；在他对上帝的关系中只有这才真正值得考虑。……这样一来，这个基督教的自由原则就被最初表达出来，并且被带进了人的真正意识中。[1]

路德的“因信称义”思想反对实践方面的自由意志（善功），但是它在实质上也同样反对得救问题上的外因论和中介论（尽管路德在口头上承认基督徒的义是属于“外来”和“归给”的义，但是这“外来的义”却是在“内在的信”中被把握到的），而把得救的根据归于个人的虔诚信仰，这样就使人可以抛开那一套繁缛的教阶体系和圣事制度，直接在内心的宗教体验中与上帝进行自由交流。这是一种内在的自由、精神的自由，这种自由由于缺乏普遍性而成为一种神秘的体验，它使得那些具有了这种神秘体验的人进入一种极高的精神境界中。路德否定外在的自由，却开创了一种内在的自由；他否定了实践的自由，却开创了精神的自由。正如在十字架神学中，他在基督的苦难中显示出其荣耀，在基督的谦卑中显示出其伟大，在上帝的隐蔽中使其得以彰显，在上帝的自我否定中实现了上帝的自我肯定。

罗杰·奥尔森在谈论路德神学的特点时指出：“矛盾吊诡乃是路德正常的表达方式，因为他认为，神以及神的道终究是奥秘的，并且超乎人类的理解力之外。”[2] 路德对于那种局限于形式逻辑规则之中的、具有普遍性意义的自然理性极尽贬抑，但却对一种在神秘的信仰中直接把握神圣本质的思辨理性情有独钟。这种晦涩而

1 黑格尔，《哲学史讲演录》（第三卷），1959，第 378—379 页。
2 罗杰·奥尔森，《基督教神学思想史》，2003，第 429 页。

诡谲的思辨理性不具有普遍性，不能用一种形式化的规则来加以规范，它只是少数心有灵犀者的精神特权。路德无疑属于这少数领悟了思辨理性的“圣灵”的天才之列，因此他贬抑自由意志的谦卑最后竟然使他成为一个具有极其强烈的自我意识的宗教先知：

> 马丁·路德这位宗教上的天才，只信任自己内心的声音，把过去神秘主义讲灵修的全部知识都世俗化，为己所用。本来是一个蒙神召选的人，结果成为一个有灵感的个人了。圣灵不再是客观存在，而变成一个天才在自己心灵深处的感觉，听见的声音了。……
>
> 先前的神秘主义信徒都尽力贬低自我，到了宗教改革的这位天才身上，却把自我膨胀成硕大无比；不久以后，这个自我就把神灵的作为与《福音书》的教诲都称作给自己的“好消息”。路德把基督教神秘主义所讲的灵性的出神狂喜，完全世俗化，解释为一种激情的奔溢。他说：“我们都是圣徒”；“任何人不接受我所讲的，就断然不能得救”。于是，自我取代了教皇、皇帝、主教们的职分、义务和责任，它就是自我得救的保证。[1]

这种内在的精神自由和自我意识的无限膨胀成为路德所开创的近代德国文化的一个显著特点。丰盈的精神自由与贫乏的实践自由（经济与政治自由），绚丽的思想成就与灰暗的现实生活，理论上的

1　弗里德里希·希尔，《欧洲思想史》，2007，第231页。

深邃激越与行动上的庸俗怯懦[1]，个体的伟大与整体的渺小[2]，这一系列尖锐的矛盾都在近代德国文化中奇妙地融为一体。海涅在评价路德的历史地位时指出："路德不仅是我国历史上最伟大的人物，同时也是一个最为德意志式的人物；在他的性格中，德国人所有的一切优点和缺点完完全全地统一在一起，因而他这个人也就代表了这个不可思议的德国。"[3]

路德对于理性的矛盾态度，最终形成了黑格尔哲学中的那种反理性（知性意义上）的理性——黑格尔把经验范围内的自然理性上升到神秘的形而上学高度，使之变成了晦涩玄奥的辩证理性。路德贬抑实践自由、推崇精神自由的结果，导致了近代德国在政治、经济领域中的落后和在哲学领域中的辉煌——对精神自由的痴迷使得唯心主义在近代德国人那里获得了最精致、最完美的表现形式。正如英国是近代唯物主义的故乡一样，德国是近代唯心主义的故乡，唯心主义在近代德国具有一种压倒一切和睥睨一切的疯狂劲儿。近代德国分散落后的社会现实恰恰成为唯心主义茁壮成长的良好土壤，物质的贫困造成了精神的傲慢，现实的专制激发了思想的自由，因此德国唯心主义表现出一种天国情调的孤芳自赏和目空一切。在德国"这个庞大的奥吉亚斯的牛圈"里盛开着唯心主义的鲜花，这朵鲜花自认为是世界上最美丽的花朵，它把整个人类历史都看作德国

1　近代德国人思想上的激进主义不同于法国人行动上的激进主义，它虽然不如后者那样轰轰烈烈和充满了血腥味，但却远比后者更加深刻。海涅在《论德国宗教和哲学的历史》中曾经把罗伯斯庇尔在断头台上的恐怖主义与康德在《纯粹理性批判》中的恐怖主义相比较，他认为罗伯斯庇尔只不过是杀死了一个国王，而康德却不动声色地杀死了一个上帝。然而，这位杀死上帝的康德在行为方面却始终是一位循规蹈矩、遵纪守法的好市民。马克思在评价近代德国思想家时，称他们为"思想上的巨人，行动上的侏儒"。

2　德国诗人歌德在评价德国人时曾经这样说："一想到德国人民，我常常不免黯然神伤，他们作为个人来说，个个可贵；作为整体来说，却又那么可怜。"

3　亨利希·海涅，《论德国宗教和哲学的历史》，1974，第 37 页。

"精神"的外化形式，把法国大革命看作德国哲学的印证，把拜伦当作浮士德的私生子，把拿破仑说成"骑在马背上的绝对精神"。近代欧洲在实践领域中的任何一次进步，都立即在德国转化为思想领域中的丰硕果实。近代的德国人一方面以巨大的忍耐力忍受着经济上的贫穷和政治上的专制，在英、法等国的物质成就和社会进步面前自惭形秽；另一方面却在圣灵一般神奇的精神世界（宗教和哲学）中对现实生活进行着深刻的哲学反思和理论批判，在自我意识疯狂膨胀的晕眩中遗忘和超越现实的苦难。

虔敬主义与雅各布·波墨的神智学

路德开创的新教神学不久以后就分裂为正统主义（Orthodoxy）和虔敬主义（Pietism，或敬虔主义）两大派。路德在世之时，他的战友梅兰希顿就在对待自由意志、圣餐等问题上与路德发生了分歧[1]，但是这种神学观点方面的差异并没有导致两人的公开决裂。梅兰希顿力图使路德神学系统化，因此他在阐释路德神学思想的过程中尽量要把那些神秘主义的内容变得合理化。路德死后，他的信徒们在教义问题上陷入了长达数十年的争论，最终形成了"路德宗正统教义"（Lutheran Orthodoxy），这个词被用来形容后路德时代该派教义在经历了合理化和系统化的处理之后，走向普遍僵化的情况。以格哈特（Johannes Gerhard，1582—1637）为代表的新教正统派对路德宗的教义信条进行了极其烦琐的论证，他们像中世纪经

1 与路德的先知式的神秘主义相比，梅兰希顿的神学思想更加富于理性和人文主义色彩。在梅兰希顿的《教义要点》第二版（1535）中，他表达了上帝恩典与人的意志在得救中共同起作用的神人协作说，在圣餐问题上也从路德的神秘主义"同体说"转向了加尔文派的更加理性化的观点。

院哲学家一样引用亚里士多德的逻辑，沿承托马斯主义传统，强调哲学对于神学、理性对于信仰的重要意义。虽然他们承认理性真理低于启示真理，但却坚持对信仰内容进行理性论证的必要性，并且因为一些抽象的神学问题与其他教派的神学家们争执不休。总而言之，路德宗正统派也像经院哲学家一样，把一种唯理智主义（intellectualism）的东西当作了基督教信仰的根基，而把路德神学中的心灵体验和神秘主义成分彻底抛弃了。在 17 世纪的德国，正统主义已经成为路德宗的主流，并且完全取代了天主教的精神统治地位。路德宗正统派创造了一套完整的教义体系，导致了新教经院哲学的繁盛，路德基于内在体验和自由心灵的神秘主义信仰被凝固为一种僵化的教条主义。

在这种情况下，到了 17 世纪后半叶，以斯彭内尔（Philipp Jakob Spener，1635—1705）、弗兰克（August Hermann Francke，1663—1727）和亲岑道夫伯爵（Nikolaus Ludwig von Zinzendorf，1700—1760）为代表的虔敬主义神学开始起来挑战正统主义的权威。斯彭内尔创立了名为“虔敬聚会”的小团体，通过组织小群基督徒的家庭聚会和查经活动来培养人们的虔敬意识。他在 1675 年出版的小册子《虔敬愿望》被后世的历史学家们当作虔敬主义产生的标志。在这本书中，斯彭内尔表达了他所倡导的“心灵基督教”的基本思想。他认为，正统主义阉割了路德神学的灵魂，即人与上帝直接交往的内心体验和真诚信仰，把宗教变成了一堆烦琐的教条和教仪。斯彭内尔强调，宗教的本质是实践而不是理论，相对于那些刻板僵化的客观教条，一个基督徒应该更加侧重于宗教生活的主观感受。在《虔敬愿望》的结尾处，斯彭内尔提出了“内在的人”（inner man）或“新人”的教义作为虔敬主义的基础，他写道：“我们的整个基督教都由内在的人或新人组成，这个宗教的灵魂就是信心，所表现的则是生命所结的果子，而且所有证道都要以此为目标……我们只用外面的耳朵聆听神的道还不够，还要让它渗入我们的心灵，使我们能在心里听到圣灵的话，也就是用充满着活泼的感情和欣慰，感受圣灵的印记和神之道的大能。”[1]

如果说斯彭内尔是虔敬主义的理论奠基者，那么弗兰克则是虔敬运动的实践组织者。在宗教问题上，与斯彭内尔一样，弗兰克坚持用“心灵的经验”来反对“头脑的知识”，同时他却在推动虔敬主义运动的实际发展中发挥了重要的作用。他在 1694 年协助创建了虔敬主义的大本营哈勒大学，并且在有生之年一直对哈勒大学的政策倾向发生着重要的影响；他还创建了一些慈善机构、孤儿院、出版社和宣教机构，并且在丹麦国王的支持下开展了新教的海外传教事业。由于他的推动，虔敬主义运动在德国与教育、慈善事业联系在一起，从而迅猛地发展起来。

虔敬主义的第三位重要人物是亲岑道夫。这位德国贵族是一位属灵天才，他在十几岁时就表现出强烈的灵性经验和超凡的宗教领导能力。亲岑道夫与源于胡斯波希米亚教会的莫拉维亚兄弟会（Moravians）有着极其密切的联系，他在 1727 年邀请了一批莫拉维亚兄弟会的难民来到他的领地居住，并且把这块领地叫作“赫仁护特”（Herrnhut，即“主的守望台”）。在他的保护和领导下，莫拉维亚兄弟会获得了长足的发展，并且从“赫仁护特”向英国、北美和世界各地扩散，亲岑道夫本人也理所当然地成为莫拉维亚兄弟会的主教和属灵领袖。在神学思想上，亲岑道夫与他的两位先驱者一样强调“心灵基督教”的重要性，并且把它树立为莫拉维亚兄弟会追

1 斯彭内尔，《虔敬愿望》，转引自：罗杰·奥尔森，《基督教神学思想史》，2003，第 519 页。

求的理想。他坚决反对正统主义把路德宗的教义系统化的做法，认为“真理一旦变成系统，人就失掉了真理”，基督教的真精神并不体现在系统化的神学理论中，而是体现在个人心灵对于神尤其是对于耶稣苦难的情感体验中。亲岑道夫的这些思想后来在深受莫拉维亚兄弟会影响的施莱尔马赫那里以一种更加精辟的形式表述出来。

虔敬主义运动并非要背离路德宗而另立山头，相反，它的目的是要把路德开创的宗教改革运动进行到底。它反对的只是路德宗的正统主义，在虔敬主义者看来，正统主义恰恰窒息了路德宗里面的属灵的生命。应该说，虔敬主义比正统主义更加接近路德神学的真髓，同时也使路德宗更加侧重于主观性的属灵经验。虔敬主义者虽然不否认路德宗教义的重要性，但是他们往往把正确的感觉（orthopathy）和正确的践行（orthopraxy）放在正统的教义（orthodoxy）之上，把主观的情感体验放在客观的教义规范之上。虔敬主义者提倡在宗教事务上的良心自由，主张在教义问题上求同存异，致力于一种和平与宽容的基督教理想。从德国虔敬主义中，不仅发展出了路德宗的一个重要支派（即路德虔敬派），而且衍生出斯堪的纳维亚、英国、北美的各种自由教会（如美国福音派自由教会等）和灵恩复兴运动（如五旬节团体等）。更为重要的是，虔敬主义构成了18世纪以来各种自由神学的精神基础，它不仅深深地影响了约翰·卫斯理这样杰出的教会领袖，而且孕育了康德、施莱尔马赫这样伟大的哲学家和神学家。

从思想渊源上看，正统主义和虔敬主义分别基于托马斯主义和奥古斯丁主义的神学传统（后二者的分歧又可以追溯到亚里士多德主义与柏拉图主义的对立）。因此，从表面上看，正统主义似乎比虔敬主义更加接近于近代理性主义。但是从实质上看，情况就有所不同了。首先，虔敬主义所坚持的路德神秘主义与中世纪的奥古斯丁主义已经不可同日而语，对于路德的神学思想来说，德国神秘主义（埃克哈特等人）的影响要远远大于奥古斯丁主义。在中世纪，埃克哈特的神秘主义不仅被托马斯主义、而且被奥古斯丁主义视为异端。虽然埃克哈特和奥古斯丁主义都认为基督教的“奥秘”是自然理性无法把握的，只能通过启示去领受，但是前者认为启示直接呈现于个人的“心灵之光”中，后者则坚持认为启示的专利权掌握在教会手里，必须通过教皇谕令和教会信经来颁布。因此二者之间的根本差异在于，是否承认基督徒内心的自由精神和神秘思辨是达到启示真理的有效途径。埃克哈特等神秘主义者把灵魂得救的钥匙交付给神秘的自我意识，而不是权威性的大公教会，这种强调精神自由的思想倾向通过路德而延续到虔敬主义神学中。其次，“理性”本身也具有不同的意义（参见前文注释中关于“知性”与“理性”的说明），托马斯主义通过形式逻辑而展现的自然理性与近代西方尤其是英国的经验理性有着内在的渊源关系，而德国神秘主义的“心灵之光”和神秘思辨则与近代德国的辩证理性有着内在的精神联系。就此而言，正统主义神学或许更加符合近代英国人的脾胃，但是虔敬主义神学却是真正德意志风格的。

然而，近代西方理性主义虽然与正统主义有着某种思想上的共同渊源，它们的基本立场和价值取向却是截然相反的。正统主义神学和托马斯主义一样，都把启示真理置于理性真理之上；而近代西方理性主义则要树立起理性的绝对权威，要求把一切事物包括所谓启示真理也放在理性的法庭面前来接受审判。在反对正统主义这一点上，代表近代理性主义的启蒙运动与虔敬派神学倒是不谋而合的。保罗·蒂利希在谈到启蒙运动与虔敬派神学的共同点时指出：

从历史上说，虔敬派神学和启蒙运动两者都是反对正统主义的。虔敬派的主观性，或贵格会神学和其他禁欲主义运动的“内在之光”的学说，有反对教会权威的直接性和自律的特征。说得更明确一点，现代的理性的自律是内在之光教义中神秘主义的自律的产儿。内在之光的学说是非常古老的……从属灵派神学转到唯理论，从信仰圣灵作为每一个人的自律指导转到由每个人均有的自律理性的理性指导中都有内在之光这个观念。……

因此，如果我们认为神秘主义的意思是圣灵出现在人的灵魂的深处，则我们可以说唯理论不是与神秘主义相反的。唯理论是神秘主义的产儿，两者都反对权威主义的正统主义。[1]

虔敬主义虽然继承、发扬了埃克哈特和路德的神秘主义精神，但是它毕竟只是一种神学思想。在哲学上，构成了埃克哈特、路德的神秘主义与德国古典哲学——尤其是谢林和黑格尔哲学——之间的重要中介者，乃是雅各布·波墨（Jacob Böhme，1575—1624）。这位被黑格尔称为“第一个德国哲学家”的思想怪杰是德国虔敬主义创始人斯彭内尔的精神导师，因此虔敬主义的神学运动在某种意义上可以说是雅各布·波墨神智学思想的一个实践结果。

雅各布·波墨是一位斯瓦比亚的鞋匠[2]，他在走方缝鞋的过程中

1 保罗·蒂利希，《基督教思想史》，2000，第381页。需要说明的是，正如“理性”一词在内涵上是存在着歧义的一样，“启蒙”一词的内涵也不尽相同。对于经验论者（如洛克等）来说，启蒙是指通过认识客观的自然规律来开启蒙昧；对于唯理论者（如笛卡尔、莱布尼茨等）来说，启蒙则是指通过发掘自己先验的观念或知识形式来开启蒙昧。经验论者对启蒙的理解深刻地影响了18世纪的法国启蒙思想家，唯理论者对启蒙的理解则主要影响了康德等德国古典哲学家，康德关于启蒙运动的口号就是：“要有勇气运用你自己的理智！”因此，神秘主义的“内在之光”（或“心灵之光”）与唯理论者的先验意义上的理性有着某种内在的思想联系。

2 斯瓦比亚（Swabia）是位于德国西南部的封建公国，12、13世纪德国霍亨斯陶芬王朝的发祥地。

创立了一种神秘主义的哲学——神智学（Theosophy）。据他自己说，他在 1600 年的某一天看到了“电光一闪”，他的“灵魂之窗”豁然洞开，窥见了宇宙的“奥秘”。从此不断有神秘的异象和启示出现，他从金属板上反射的阳光中、从硝石燃烧的火焰中领悟到了神智。波墨写了 30 多本关于神智学的书籍，记载了他那丰富奇异的玄思冥想和晦涩诡谲的哲学思辨，并将深邃的哲学思辨与神秘的圣经启示以及粗陋的炼金术术语奇妙地结合在一起。

黑格尔把雅各布 · 波墨称为“第一个德国哲学家”“条顿民族的哲学家”（Philosophus teutonicus），认为“他的哲学思想的内容是真正德国气派的”。[1] 在 17 世纪上半叶，当弗朗西斯 · 培根在英国用经验知识来批判“不生育的”经院哲学和种种妨碍科学进步的“假相”、笛卡尔在荷兰用反思理性来进行哲学的沉思时，这位神秘的鞋匠哲学家却在德国发展了一种思辨理性的神智学。他把深涩的概念表述在粗陋的行业术语（如硝石、水银、酒精、酸等）里，把上帝称为“伟大的硝”或“永恒太一”（后一概念显然是来自普罗提诺）。这“伟大的硝”是原初的圣父或统一，它包含一切尚未分化的矛盾于自身之中，然后通过“圣言”、“痛苦”或“分离”而产生出圣子、宇宙、“某物”（Ichts），并在对某物的知识中直观到自身。从圣父到“某物”产生的过程被粗野地描述为神的震怒，酸、辣、刺、猛的变化过程，收敛的作用和电光一闪。“这个根源可以被伟大的叱责和踊跃所点燃。通过收敛，就形成了被创造的东西。”酸“为踊跃所点燃（这件事只有那些用硝造成的创造物才能做），那它就是神的震怒的燃烧本源了”。由燃烧迸发出闪电，“闪电是光明之母，因为闪电诞

1　参见：黑格尔，《小逻辑》，贺麟译，商务印书馆，1980，第 16 页；黑格尔，《哲学史讲演录》（第四卷），1978，第 34 页。

育出光明；闪电也是凶猛之父，因为凶猛存留在闪电中，有如父亲身上的一颗精子。这闪电又诞育出声音或音响”。[1]而声音则构成了万物的性质，并最终产生出“某物”或世界。

波墨的这种神秘主义思想表达了一种形而上学本体（上帝或“伟大的硝”）自我发展、自我认识的辩证法——黑格尔因此而称赞“波墨要比那种对最高本体的空洞抽象看法不知高明多少倍”——然而他所使用的粗糙语言却使这种思想变得无法理解，因此使得这种思辨神秘主义更加神秘了。据海涅所述，英王查理一世对波墨的神智学产生了浓厚的兴趣，他派了一个使者到德国去向波墨学习。后来当查理一世在英国被克伦威尔的冰冷的断头斧砍掉了头颅时，他的使者却由于学习波墨的狂热的神智学而丧失了理智——英国人的审慎而富于条理的经验论头脑一旦容纳了德国的诡异而玄奥的神秘主义，其结果大凡只能如此！

黑格尔认为，波墨的深刻之处在于他把握住了产生的过程——“这是最生动的辩证法”——和“神的自身离异”的思想，摸索到了“最大的深度”，即对立面的同一。然而，波墨那粗俗不堪的表述方式却极大地限制了他的深刻思想，黑格尔批评道：“这种深刻思想生硬粗糙，缺乏概念，是一种顿悟，一种发自内心的说法——在内心中掌握一切，认知一切。此外还应当提到他的虔诚真挚，一字一句无不发自肺腑。”[2]当波墨用这种粗糙的语言形式来表达深刻的思想内容时，内容的深刻性反而被淹没在浅薄的形式之中，从而就表现为一些飘忽不定的意象碎片、一些无法理解的奇思异想。这些思辨意象由于缺乏哲学概念的具体规定性，因而还不是客观的真理，而仅

1　以上引文请参见：黑格尔，《哲学史讲演录》（第四卷），1978，第40—51页。
2　黑格尔，《哲学史讲演录》（第四卷），1978，第57—58页。

仅只是一些主观性的“嘘气”（波墨的术语）。但是它却包含着一些“真正德国气派的”东西，即把上帝与世界、上帝与人、人与自然在一种神秘的精神（圣灵、绝对精神等）或意志（自由意志、生存意志、权力意志等）的自我运动、自我实现和自我认识的过程中统一起来的思想。这种思想滥觞于中世纪日耳曼民族的阴郁神秘的民间宗教，最后则发展成为黑格尔的气势磅礴的绝对唯心主义和叔本华、尼采的桀骜不驯的唯意志主义。弗里德里希·希尔对这条思想发展的历史线索描述道：

斯瓦比亚成为自阿尔伯特大帝经帕拉赛尔苏到波墨一脉相承的，把神与世界、人与自然连接起来的“古老日耳曼”思想的汇聚点。这个传统由“斯瓦比亚教父”们以哥廷根为中心，和图宾根神学院继承下来，从中产生了荷尔德林、黑格尔和谢林。早在1750年，反对斯瓦比亚哲学的人便把它斥之为“条顿式”思想。就某种意义上说，这个评论是公允的。这种哲学思想在自然之中理解神，在宇宙之中理解人，其中有炼金术、法术、古老的合一术、民间的社会底层的各种思想和东方的影响。这种种思想构成了雅各布·波墨的精神世界，而哥廷根和巴德则把这种精神世界传授给黑格尔和谢林；浪漫派则把它传播到俄罗斯。波墨把世界看作神的自我启示和灵的有形存在；善与恶在神里面汇合；三位一体被看作自然中每一种进程的范式。……历史是神的自我实现。波墨的这种历史形而上学传统，经黑格尔把它发扬光大了。[1]

1 弗里德里希·希尔，《欧洲思想史》，2007，第438页。为了与国内学界通行的译名保持一致，对引文中的一些人名和地名的译法稍稍做了修改。

这种“条顿式”的哲学传统坚持一种与英国式的条分缕析的自然理性或经验理性完全不同的思辨理性，这种思辨理性的基本特点就是要在对立的事物之间寻找同一性。它成为我们了解整个德国古典哲学——除了深受英、法理性主义传统影响的康德之外——的精神实质的一把重要的钥匙。

莱布尼茨-沃尔夫体系与德国启蒙思想

就精神内涵而言，英、法等国新兴的启蒙理性或反思理性与德意志传统的神秘主义和思辨理性是迥然而异的。按照理性启蒙的思想演进顺序，从英国的自然神论（经荷兰斯宾诺莎的泛神论）到法国百科全书派的无神论，再到德国的道德神学（康德）、情感神学（施莱尔马赫）和思辨神学（黑格尔），呈现为一个理性与信仰之关系发展的三段式。自然神论（以及泛神论）寻求理性与信仰的外在妥协，将上帝赶出自然或者直接等同于自然。无神论用理性来彻底消除信仰，誓将上帝赶尽杀绝。道德神学和情感神学（均受卢梭自然宗教的影响）将理性与信仰截然二分，上帝内化于心灵，从此与外在的自然世界漠不相关；至于黑格尔的思辨神学，则要在绝对精神的发展过程中实现理性与信仰、科学与宗教、自然与精神的辩证统一。在政治经济发展相对滞后的德国，其思想启蒙的历程不仅晚于英、法等先进国家，而且从一开始就面临着德意志传统的虔敬信仰与英、法新兴的启蒙理性之间的张力关系。整个德国启蒙运动的历程，说到底就是这二者关系的辩证发展过程。德国虔敬信仰的传统可以追溯到马丁·路德甚至埃克哈特等人，而德国启蒙理性的滥觞则应该归功于莱布尼茨-沃尔夫体系。

在莱布尼茨（Gottfried Wilhelm Leibniz，1646—1716）的单子

论和神义论思想中，可以看到明晰的理性精神。这些理论虽然深邃晦涩或者有所谓“媚俗”之嫌，但却充满了条分缕析的逻辑演绎特色，处处都在彰显着唯理论者的理性精神。从认识论的角度来说，莱布尼茨关于单子没有窗口、不发生相互作用，而是按照前定和谐的内在原则自由发展的观点，必然会导致对于经验知识的轻视甚至否定。莱布尼茨虽然承认依据充足理由原则而建立的事实真理，但是这种事实真理只是对于我们这些知觉能力有限的单子而言的，而在上帝这个最高的单子眼里，一切真理都是建立在矛盾律之上的理性真理。换言之，对于感觉经验来说是或然性的东西，对于纯粹理性来说则是必然性的东西。或然性与必然性的差别不是客观的，而是主观的，它们取决于每个单子自身具有的知觉能力或者表象世界的清晰程度。由于我们不能认识宇宙的最高奥秘，所以只能断定每一个偶然存在的事物都有一个理由，虽然我们并不能完全了解这些理由。但是，对于作为整个世界的充足理由的上帝来说，一切事物的创造和存在都是必然的，都是根据矛盾原则而必然地推演出来的。我们从外部朦胧感受到的东西，上帝在其中却一目了然。我们与上帝的差别说到底就在于理性的能力上，因此，只要我们的理性能力提高到一定的水平（这个提高的过程就是启蒙），我们就有可能像上帝一样，完全依据矛盾律从天赋的观念和原则中推演出关于整个世界的知识（事实上，莱布尼茨就认为自己已经具备了这样的理性能力！）。

这样一来，在莱布尼茨的这种极端唯理论中就包含了一种像休谟的极端经验论中一样危险的因素，这种因素可能摧毁整个知识论大厦。因为既然一切知识都已经先天地包含在内在原则之中，既然真理可以完全撇开经验而通过纯粹的先天分析来推出，那么知识就不再是主体对客体的一种认识，而成为先验自我依据天赋观念和原则而进行的一种纯粹演绎。既然“在我们看来是外部世界给我们的头脑留下印象的东西，只不过是我们身上已经有的东西的展开。因此，严格地说，不存在知识，因为知识暗含着被认识者和认识者之间的联系。这就是唯心主义传统在莱布尼茨那里发现自己所处的死胡同”。[1]而导致这种知识论“死胡同”的恰恰就是过分膨胀的反思理性（正如休谟过分贬抑反思理性而同样走进了知识论的“死胡同”一样）。

莱布尼茨哲学中所蕴含的这种极端唯理主义因素在他的思想继承者沃尔夫（Christian Wolff，1679—1754）那里被进一步系统化了，从而发展成为一种形而上学的独断论。这种独断论试图遵循严格的几何学形式，通过定义、公理、定理、绎理等推理环节，从形而上学的抽象范畴中直接演绎出整个知识论体系。沃尔夫甚至把灵魂不朽和上帝的本质也当作了理性认识的对象，认为人类的理性能力可以把握宇宙、灵魂和上帝的全部知识。如果说自然神论者认为人们可以根据经验理性来证明上帝的存在，那么沃尔夫则认为人们可以凭着先验理性来认识上帝的本质，理性在沃尔夫那里实际上已经成为一个形而上学的（或超经验的）、万能的和独断的上帝。

沃尔夫这种过分强调理性能力的观点，曾一度遭到了路德虔敬派的坚决反对，后者坚持把信仰与理性相割裂，认为上帝的本质是理性无法认识的，只能通过神秘的直观和虔诚的信仰才能领悟。因此，沃尔夫的唯理主义被虔敬派神学家们冠之以无神论的罪名。[2] 1723 年 11 月，由于虔敬派神学家的指控，沃尔夫被普鲁士国王弗里德里希·威廉一世勒令在 48 小时之内离开他所执教的哈勒大学和普

1　胡斯都·L. 冈察雷斯，《基督教思想史》，2002，第 1000 页。

2　虽然唯理主义和虔敬主义在反对僵化刻板的路德正统主义这一点上是一致的，但是它们彼此之间的思想差异仍然是非常明显的，这种思想差异从沃尔夫的遭遇中可见一斑。

鲁士。但是由于其哲学思想的影响力，沃尔夫很快就被马堡大学哲学院聘为首席教授，在那里继续讲授他的哲学。在马堡大学执教期间，沃尔夫先后被伦敦、巴黎和斯德哥尔摩的科学院聘为院士，并被俄皇彼得大帝任命为新建的彼得堡科学院副院长。随着沃尔夫的声名鹊起，柏林方面不得不对他的哲学理论进行重新评价，承认沃尔夫主义并非无神论。1740 年，具有宽容精神和启蒙思想的弗里德里希二世（即弗里德里希大帝）在继承普鲁士王位后立即召回了沃尔夫，请他重新主持哈勒大学的哲学讲座，这一职位一直持续到 1754 年沃尔夫去世时为止。

沃尔夫思想的影响并没有随着他的去世而终结，而是通过他的弟子们继续统治着德国各大学，形成了所谓的“莱布尼茨–沃尔夫体系”。18 世纪德国著名的美学家鲍姆加登（Alexander Gottlieb Baumgarten，1714—1762）就深受沃尔夫思想的影响，他第一次把美学确立为一门独立的科学，即关于感性知识的科学，力图把沃尔夫的唯理主义思想推广到感性的知识领域中。另一位重要的沃尔夫主义者是克努森（Martin Knutzen，1713—1751），他从 1734 年开始在哥尼斯堡大学讲授逻辑学和形而上学，而康德早年曾是他课堂上的学生之一。莱辛和康德的朋友、犹太籍哲学家门德尔松（Moses Mendelssohn，1729—1786）也是沃尔夫思想的追随者，他力图把沃尔夫的哲学思想通俗化，并且坚持用理性来论证上帝存在和灵魂不朽。可以说，在 18 世纪，“莱布尼茨–沃尔夫体系”统治了德国思想界达半个多世纪之久，一直到康德的《纯粹理性批判》问世（1781），这个形而上学独断论的哲学体系才遭到了根本性的清算。柯普斯登对沃尔夫哲学的特点及其对康德的影响评论道：

> 但他思想最显著的标记是确信和坚持人类理性能力可以达

> 到形上学领域的确定性，包括上帝的形而上知识。这样的理性主义，表现在他德文著作的标题上，这些标题通常以这样的几个字起头“关于……之理性的观念”（Vernünftige Gedanke von...），例如：关于上帝、世界、人类灵魂之理性的观念（*Vernünftige Gedanken von Gott, der Welt und der Seele des Menschen, auch allen Dingen überhaupt*，1719），而他的拉丁文著作收在一块称成“理性的哲学”（*Philosophia rationalist*）。……当康德讨论到形上学或形上学的证明时，通常心中指的就是沃尔夫式哲学，因为在他的前批判时期，他所学习和吸收的正是沃尔夫及其追随者的观念。[1]

沃尔夫哲学体系包括理论哲学和实践哲学两大部分，理论哲学又包括形而上学——研究抽象的存在本身的理论、理性心理学——关于灵魂的实体性和不朽性的理论、宇宙论——关于形体和世界的普遍学说、理性神学——探讨上帝的存在及其本质的学说。沃尔夫的实践哲学则包括自然法、伦理学、政治学和经济学。我们在后面将会看到，康德在《纯粹理性批判》的先验辩证论中对理性心理学、先验宇宙论和理性神学的批判，基本上都是针对着沃尔夫的理论哲学的；而康德在《实践理性批判》中关于灵魂不朽的纯粹实践理性悬设，或多或少也受了沃尔夫的道德完善过程无限推进——从今生一直到来世——的伦理学思想的影响。[2]

---

1 柯普斯登，《西洋哲学史（第六卷）：卢梭到康德》，1993，第 146—147 页。

2 柯普斯登指出：“康德的观点是人有责任追求道德的圆满，而这圆满不能以有限时间来完成，因此我们注意到对沃尔夫来说，道德的圆满并不是现今可以明确达成的，换言之，人不可能达到他的目的而就此歇息。寻求道德圆满隐含着不停地朝它努力的责任，不停地努力于使冲动和情感在理性的支配下得到完全的协调，而这种责任共同落在个体和整个人类身上。”参见：柯普斯登，《西洋哲学史（第六卷）：卢梭到康德》，1993，第 154 页。

沃尔夫哲学说到底是对莱布尼茨哲学的一种系统化，但是由于沃尔夫的大部分著作都是用德语写成的，因此他成了“使哲学成为德国本地的东西”的第一人，第一次把哲学的理性内容与德意志的语言形式结合起来。黑格尔认为：

> 沃尔夫为德国人的理智教育做出了伟大的贡献，不朽的贡献。他不仅第一个在德国使哲学成为公共财产，而且第一个使思想以思想的形式成为公共财产，并且以思想代替了出于感情、出于表象中的感性知觉的言论。

> 只有当一个民族用自己的语言掌握了一门科学的时候，我们才能说这门科学属于这个民族了；这一点，对于哲学来说最有必要。因为思想恰恰具有这样一个环节，即应当属于自我意识，也就是说，应当是自己固有的东西；思想应当用自己的语言表达出来……[1]

另一方面，黑格尔又认为：

> 但是沃尔夫对这种理智教养所做出的那些伟大贡献，却与哲学所陷入的干枯空洞成正比：他把哲学划分成一些呆板形式的学科，以学究的方式应用几何学方法把哲学抽绎成一些理智规定……把理智形而上学的独断主义捧成了普遍的基调。[2]

1 黑格尔，《哲学史讲演录》(第四卷)，1978，第 185、187 页。
2 同上，第 188 页。

由于沃尔夫坚持用理性来认识一切事物，并且是通过几何学的演绎方式，因此他把德意志民族以往通过一种神秘的思辨方式来表达的理性变成了一种抽象的理智，把莱布尼茨哲学中的思辨的或辩证的成分完全淹没在一种僵化呆板的形式逻辑中。例如，在他的理性神学中，沃尔夫把莱布尼茨建立在充足理由原则之上的宇宙论证明固定为一种形式化的论证模式，贾诗勒将沃尔夫的宇宙论证明表述如下：

1. 人类的灵魂存在（就是，我们存在）。

2. 没有事物的存在是没有充分的理由的。

3. 我们存在的理由是在我们之中或我们之外可以找到的。

4. 我们存在的理由并不在我们之中（我们的不存在是可能的或可想象的）。

5. 因此我们存在的理由必然是在我们之外。

6. 除非人找到一种事物，它是有它存在的理由在它自身中，人就不能为我们的存在找到充分的理由。

7. 一种拥有它自身存在的充分理由的事物就是一种必然的事物。

8. 因此，必有一种必然的事物在我们之外，它就是我们存在的充分理由（若我们之外并无必然之事物，我们就是必然的事物，有着充分的存在的理由在我们自身中）。

9. 一个必然的事物不存在于逻辑上是不可能的（一个必然的事物的本性就会流出自身的存在）。

10. 这样，这必然的事物就是《圣经》中自有永有的神。[1]

1 贾诗勒，《宗教哲学》，1983，第 212—213 页。

与莱布尼茨的宇宙论证明比较起来，沃尔夫的这种证明在内容上并没有任何新颖之处，但是在形式上却显示出一种条理化和规范化的特点，而这种逻辑形式上的规范化特点恰恰表明了沃尔夫哲学的刻板性和非精神性。当沃尔夫使哲学获得了德语的形式的同时，他却使哲学丧失了在德意志思维中特有的思辨内容。

尽管如此，沃尔夫哲学仍然有其重要的历史意义。除了使哲学获得了德语的形式这个伟大的贡献之外，沃尔夫哲学的另一个伟大的贡献在于，它以独断论的理性主义哲学——严格地说应该是一种理智哲学或知性哲学——击败了实力强盛的虔敬主义神学，从而为 18 世纪中叶以后德国思想界中的哲学对神学、理性对信仰的一般性批判开启了先河。而哲学对神学、理性对信仰的这种一般性批判，就是风靡整个欧洲的启蒙运动的基本特征。与笛卡尔、斯宾诺莎、莱布尼茨这些哲学巨擘相比，沃尔夫在思想上并没有什么值得称道的独特建树，但是他却在把莱布尼茨哲学系统化的过程中树立起理性的绝对权威。尽管这种理性的绝对权威是以一种僵化刻板的独断论方式建立起来的，它仍然是对信仰至上的虔敬主义神学的巨大冲击——从某种意义上可以说，沃尔夫用一种理性主义独断论击败了当时德国思想界中占统治地位的信仰主义独断论。“这种对理性的无限信赖使沃尔夫形成为学者的哲学奠定了基础的关于人的乐观主义的观点……路德宗的 Deus Absconditus（隐而不显的上帝）为理性可理解的上帝所取代，因此，存在着以理性解决一切世界谜团的希望。”[1] 正是在这种意义上，沃尔夫成为德国启蒙运动的重要推动者。

莱布尼茨-沃尔夫体系所倡导的理性至上原则在德国知识界里

1 Hans Wolf, *Weltanschauung der deutschen Aufklärung*, p.113，转引自：维塞尔，《莱辛思想再释——对启蒙运动内在问题的探讨》，贺志刚译，华夏出版社，2002，第 214 页，注释 76。

引起了一股与法、英等国不尽相同的启蒙思潮，这股思潮更由于普鲁士国王弗里德里希大帝对宗教信仰的宽容态度以及对启蒙运动的热衷而得以迅猛发展。18世纪德国启蒙运动在哲学上是莱布尼茨–沃尔夫主义发展的必然结果，在神学上则深受英国自然神论的影响。托兰德曾在18世纪初期访问过汉诺威和柏林的王室，廷德尔的“自然神论的圣经”——《基督教与创世同龄》于1741年被译为德文在德国出版。与法国老一辈启蒙思想家一样，德国的启蒙思想家们几乎都是自然神论者，例如莱马卢斯、莱辛、门德尔松等人，虽然他们各自的思想观点存在着很大的分歧。而当康德把德国启蒙运动推向顶峰时，他也在理论上终结了自然神论，正如休谟把英国经验论发展到极端时也为自然神论掘下坟墓一样。

另一方面，法国启蒙思想家对于推动德国启蒙运动的发展也产生了重要的作用。1740年登基的弗里德里希大帝（Frederick the Great，1712—1786）是一位推崇法国文化、热衷于宗教宽容精神的开明专制君王，正是在他近半个世纪的统治期间，德国启蒙运动如鱼得水地发展起来。弗里德里希大帝从小受到一位法国女家庭教师的教育，被法兰西的诗歌、音乐、哲学以及其中包含的自由精神倾倒，虽然他一生中不断地同法国打仗，但是他对法国的思想家们却佩服得五体投地。他尤其赞赏法国思想家培尔的怀疑主义，正是受到培尔宗教宽容思想的影响，他才解除了虔敬派神学家和其父对沃尔夫的诬陷和迫害，重新将沃尔夫请回了哈勒大学。1750年，法国启蒙运动的精神领袖伏尔泰应弗里德里希大帝的邀请访问了柏林并在那里住了两年多的时间，这位名满欧洲的思想家的到访极大地推动了德国启蒙运动的发展。另一位遭到法国当局迫害的启蒙思想家拉美特利也在柏林受到了弗里德里希大帝的优待，这位爱好自由思想的君王甚至还热心地表示愿意向处于四面楚歌之中的卢梭提供生活资助，只是由于后者坚决表示“宁愿啃树根，也不愿接受国王的一块面包”，才只好作罢。

与慷慨激昂的法国启蒙运动不同，德国启蒙运动始终保持着一种审慎的理智态度，它对基督教的批判远远不如法国启蒙运动那样激烈，但却比后者更加深刻。德国启蒙运动最初表现为对《圣经》的历史考证和理性批判，当法国启蒙主义者以一种嬉笑怒骂的方式将《圣经》斥为一堆无稽之谈的大杂烩时，德国的启蒙思想家们却以德国人特有的严肃认真态度对《圣经》进行了深入细致的历史考证。“德国唯理主义起先还是接受《圣经》的见证，并只坚持使《圣经》权威更稳固的基础要建立在那为启示所接受的理性上。然而很快地就发觉，要揭开上帝的奥秘人类的理性还是不够充足，但是为了使不可能的事成为可能，他们开始臆测，谓《圣经》乃古旧的书，可能包含合于写作时代背景的错误的教义言论，以及不能追溯其源头的神秘事件和传说。唯理主义高举人的理性，使之成为启示的宗教至高无上的审判官。一个不能被人的理性所理解的教义必须从《圣经》中废弃。如此的做法一旦开始，最后终将导致所有的信仰完全丢弃的局面。”[1]

“高等批评”与历史理性的觉醒

从18世纪中叶开始，唯理论哲学和启蒙思潮在德国思想界推动了圣经考据学或圣经解释学的发展。莱马卢斯（Hermann Samuel Reimarus，1694—1768）、欧内斯蒂（Johann August Ernesti，1707—1781）、塞姆勒（Johann Salomo Semler，1725—1791）等人开创了一

1　克劳治，《基督教教义史》，2002，第426—427页。

种对《圣经》的历史批判方法，这种对《圣经》的批判性学术研究被人们称为“高等批评”（Higher Criticism），它在德国思想界一直延续到19世纪的施莱尔马赫、施特劳斯和布鲁诺·鲍威尔等人的圣经解释学。莱马卢斯等人像斯宾诺莎一样，坚持用理性作为唯一的武器来判断《圣经》所载历史事件的真伪，他们对《圣经》的研究结果是:《旧约》中记载的神迹和预言全部都是为了适应当时的思想环境而杜撰出来的骗局,《新约》除了有关道德的劝诫之外，全是一些迷信的记录。在原题为“为理性的上帝崇拜者辩护”的手稿中[1]，莱马卢斯对《圣经》中所记载的种种奇迹进行了无情的揭露。例如,《出埃及记》中关于以色列人在上帝的帮助下穿越红海的奇迹，按照莱马卢斯的计算，300万以色列人如果十人一排行进，整个队伍的长度达180英里，至少需要9天的时间才能穿过红海，而《出埃及记》中耶和华排开海水变成一条通道让以色列人穿过的时间却只有一夜！[2]在对《新约》的考据中，莱马卢斯通过历史批判方法表明，耶稣的死而复活完全是一个骗局，那个名叫耶稣的人只不过是一个末世论的犹太狂热分子，他在十字架上高喊:“我的上帝，我的上帝！你为何离弃我？”[3]恰恰说明他承认了自己的错误和失败。对于传统基督教所宣扬的信仰主义的观点，莱马卢斯像一切启蒙思想家一样进行了猛烈的抨击，在他看来，让理性屈从于信仰是对人类尊严的极大玷污，也是对上帝本身的极大亵渎。他写道:“坦率地说，哪怕借助于词语索引，我也没能在我的整部《圣经》中找到这个权力要求（即把理性囚禁在对信仰的服从之下）；我常

1 莱马卢斯的这部手稿长达4000多页，其中充满了对基督教极具批判性的激进思想，莱马卢斯生前不敢发表，死后才由莱辛以匿名的方式发表了其中的部分残篇。

2 《圣经·出埃及记》，第14章，第21节。

3 《圣经·马太福音》，第27章，第46节。

常感到惊奇，我们的《圣经》学者们怎能如此胆大，竟然把它冒充上帝的要求教给我们人。”[1] 莱马卢斯甚至认为，亚当和夏娃之所以堕落，“正是因为他们没有运用理性”，人正是由于放弃了理性才背离了上帝。[2]

莱马卢斯这部巨幅手稿的残篇在1773年由德国伟大的美学家和文学家莱辛（Gotthold Ephraim Lessing，1729—1781）以匿名的方式出版，当时莱辛正在沃芬布特尔的布伦斯维克公爵图书馆担任图书管理员。莱辛本人对于这部《残篇》的态度是矛盾的，一方面，他敏感地意识到莱马卢斯的唯理主义的圣经考据学将可能导致无神论的结果，这个结果是与莱辛本人的基督教信仰相冲突的；另一方面，他又认为莱马卢斯对基督教教义的历史批判有助于将那些外在性的和虚假的东西从基督教的精神内核中分离出来，从而使人们可以站在一种启蒙理性的高度来重新认识基督教信仰的历史合理性。

莱辛在他出版的莱马卢斯《残篇》的后面附上了一篇“编者的反建议”，表明了自己对于莱马卢斯的唯理主义宗教观的既赞同又保留的态度。莱辛认为，莱马卢斯对于圣经文字的历史批判充满了令人信服的证据，《圣经》中记载的许多神迹和预言，在当今的理性时代看来确实是荒诞不经的。但是，“文字并非精神，‘圣经’并非宗教。因此，针对文字和《圣经》的反对意见，也并不是针对精神和宗教的反对意见……而且，在《圣经》存在之前，就已经有了宗教。

1 莱马卢斯，《为理性的上帝崇拜者辩护》（残篇）（莱辛编），第七集，转引自：维塞尔，《莱辛思想再释——对启蒙运动内在问题的探讨》，2002，第55页。

2 18世纪德国启蒙思想家门德尔松有一段名言：“作为上天之最高贵的赠物，放弃运用自己的理性的人，贬低了自己的天性，使自己成为像动物一样本能的奴隶，并且侮辱了他自己的此在的创造者！”康德把启蒙理解为“人类脱离自己所加之于自己的不成熟状态”（“不成熟状态”是指不经别人的引导就不能使用自己的理智），而启蒙运动的口号就是“要有勇气运用你自己的理智！”。

在福音书作者和使徒写作之前，就已经有了基督教。……这种宗教并不是因为福音书作者和使徒的传授而成为真实的，恰恰相反，正是因为它是真实的，他们才传授它。书写成文的传统，必须根据其内在的真理性来解释”。[1] 在莱辛看来，对于《圣经》文字的理性批判并不能成为否定基督教在道德实践方面的价值的根据。《圣经》中确实充满了谬误，但是基督教在人类实践的历史过程中却曾经促进了道德的发展。如果说莱马卢斯侧重于从理性的角度来揭露基督教信仰的荒谬性，那么莱辛则坚持把基督教信仰的理论意义和实践意义区分开来，试图站在一种辩证的立场上来看待基督教信仰的历史合理性。

《残篇》出版后，莱辛的“反建议”与莱马卢斯的思想一样招致了正统派神学家们的强烈反对，为了回应正统派尤其是汉堡的路德派牧师约翰·歌策（Johann Goeze）的攻击，莱辛一连写了 11 篇论战文章，以《反歌策论》为名公开发表。在这些文章里，莱辛从莱布尼茨关于理性真理与事实真理的区别出发，得出了“历史的偶然真理绝不能成为理性的必然真理的证明”这一结论，从而说明了《圣经》中关于神迹和预言的历史见证并不足以构成基督教真理性的有效证据。

依据莱布尼茨关于两种真理的区分，莱辛既反对正统派神学家用历史的偶然事件来证实基督教真理的做法，也不赞同莱马卢斯用历史的偶然事件来证伪基督教真理的做法。莱辛对于基督教信仰的态度是一种掺杂着热爱与憎恶的矛盾态度，这种矛盾态度在他的许多神学著作和文学作品中都可以看到。毕竟在莱辛生活的时代，绝

1 《莱辛神学著作》，转引自：詹姆斯 · C. 利文斯顿，《现代基督教思想：从启蒙运动到第二届梵蒂冈公会议》（上卷），1999，第 64 页。

大多数德国启蒙思想家和理性主义者是不可能像法国百科全书派那样公开宣扬一种无神论思想的（即使在法国，大多数启蒙思想家也仍然停留在自然神论的水平，甚至那位对基督教进行了最猛烈攻击的伏尔泰在口头上也仍然强调自己是信仰上帝的）。莱辛像同时代的大多数具有启蒙思想的德国人一样，对于信仰与理性的关系怀着一种矛盾的心理。在信仰的问题上，德国人一向比法国人更加严肃和虔敬（从另一种意义上来说也更加保守和顽固），那种神秘主义的思想传统使得德国人在内心深处始终把信仰看作一件神圣的事情。然而另一方面，唯理主义和启蒙思潮的影响使得思想深邃、逻辑严谨的德国人深刻地意识到理性与信仰之间的巨大矛盾，他们不得不承认自己一向奉为神圣的基督教作为一种实证性（Positivität）或权威性宗教在历史发展的过程中包含了大量经不起理性推敲的成分。这种良心与思想之间的深刻矛盾使得许多德国启蒙思想家终其一生来调和信仰与理性的关系，他们既要树立起理性知识的权威，又不愿意完全放弃基督教的信仰。其结果，要么像康德那样把理性知识与宗教信仰划分为井水不犯河水的两个独立领域，要么像黑格尔那样在一种神秘的辩证法中把二者融为一体，而更多的人则是在信仰与理性之间犹豫徘徊，始终未能形成一种首尾一致的基本观点。莱辛的情况似乎比较令人费解，后世的评论者们有人认为他更倾向于理性，有人认为他更偏重于信仰，还有人认为他在理性与信仰的关系问题上根本就没有形成一个前后一致的定见，第四种观点则认为莱辛企图像黑格尔一样在一种动态的和辩证的过程中把二者融合起来，只是他不像黑格尔做得那样天衣无缝罢了。[1] 这些有关莱辛宗教思想

1　关于这四种不同看法的具体内容，请参见：维塞尔，《莱辛思想再释——对启蒙运动内在问题的探讨》，2002，第 6—23 页。

评价的严重分歧恰恰说明，莱辛在对待信仰与理性的关系问题上是充满了矛盾的。

但是，就其基本的思想倾向而言，莱辛确实试图运用一种历史的和辩证的观点来解决信仰与理性的关系问题。他虽然不像黑格尔那样严谨，也未能建立起一个完整的逻辑体系，但是在力图实现对立面的同一方面却是与黑格尔完全一致的。事实上，自从埃克哈特以来的整个德国哲学传统中都表现了这样一种在更高的思想境界中追求对立面的同一的基本倾向，这种更高的思想境界就是思辨的或辩证的思维。莱辛对待信仰与理性关系的辩证态度典型地表现在他对基督教信仰的历史合理性的思考中。在 1780 年出版的《论人类的教育》一书中，莱辛把英、法式的静态的经验理性和反思理性提升到一种历史理性的高度，从而表明基督教信仰的合理性既不是先验的，也不是终极性的，而是在经验的历史过程中逐渐获得而后又逐渐丧失的。耶可比在一本记载他与莱辛对话的书中写道："莱辛不能接受一个位格的、绝对无限的本质的理念，这个本质永远不变地享受自己至高无上的完善。他将这个理念与无限的寂寥这个观念联系起来，这使他感到骇怕和痛苦。"[1]

同样，在莱辛看来，基督教作为一种启示宗教，其真理性也并非超历史的和一成不变的。莱辛既不像法国启蒙思想家那样把基督教看作自然宗教的彻底堕落，也不像英国自然神论那样试图把基督教的本质还原为自然宗教，而是认为基督教是人类走向道德完善（自律）过程中的一个必然的发展环节，它所包含的真理既非最初的，亦非最后的，只适应于人类的道德教育和理性启蒙活动中的某一个历史阶段。在莱辛看来，宗教信仰或启示作为上帝对人类进行

1　参见：维塞尔，《莱辛思想再释——对启蒙运动内在问题的探讨》，2002，第 199 页。

教育的一种基本手段，其首要目的就是促使人类道德走向完善，因此它的内容和形式都要随着人类道德水准的提高而不断变化。上帝根据人类所处的不同历史环境而给予人类不同的启示，这些启示都是与人类当时所具有的知识水平和道德水平相适应的。他相信，“天启之于全人类，一如教育之于个人”。如同一个人在受教育的不同时期要使用不同的课本一样，上帝这个最伟大的教师也在人类成长的不同阶段向人类颁布了不同的宗教信仰。“正如教育不可能一下子教会人一切东西，上帝在启示时也必须把握某种进度、某种程度。”[1]

在古代，处于蒙昧状态中的初民们普遍陷入多神教和偶像崇拜中，上帝为了推行他的伟大计划，首先选择了一个“单个的民族”——犹太民族来实施他的特殊教育，因为犹太民族是“第一个和唯一的一个以传播并扩散自己的宗教为实务的民族”，而其他的民族在当时却对宗教缺乏热情。上帝首先选择犹太民族进行特殊教育并不是对犹太民族有什么独特的钟爱，而是为了在这个民族中教育出人类未来的教育者（这些后来成为一切基督教民族的共同的伟大教育者的人就是耶稣和他的犹太使徒们），以便使其宏大的教育计划在人类中得到进一步的深化和扩展。鉴于犹太民族当时所处的具体的历史环境和认识能力，上帝最初实施的教育是以一种感性的和经验的形式表现出来的，正如我们在儿童时期所接受的教育往往采取一种感性的形式一样。这种特殊的教育体现在《旧约》中，它的目的是在犹太民族中培养一种一神教的信念。但是，在《旧约》中仍然缺乏对于永生的信念和对于上帝的超验统一性的信念——这种永生的信念对于一个遵循道德秩序的世界是绝对必要的，而上帝的超

1　莱辛，《论人类的教育》，第 5 节，转引自：维塞尔，《莱辛思想再释——对启蒙运动内在问题的探讨》，2002，第 142 页。

验统一性的信念对于使一神教超出犹太民族的狭隘范围而成为一种普世性的宗教信仰具有极其重要的作用——《旧约》中所颁布的启示只是人类的初等教育：

> 上帝最初只让自己作为这个原始民族的祖宗的上帝向它预示自己的来临，不过是为了先让它知道并熟悉一个属于它的上帝的观念。
>
> 随后施展神迹将它领出埃及，带进迦南，以此向它证明自己是一个比其他神更强大的上帝。
>
> 进一步向它证明自己是一切神中间最强大的上帝——而这只能有一个，这样就使它逐渐习惯了统一唯一上帝的概念。
>
> 可是，这个唯一者的概念还远远在真正的、超验的唯一者的概念之下，理性很晚才有把握从无限者的概念推出后者。[1]

随着历史的发展，《旧约》的启示已经成为一部陈旧的课本，因此上帝开始对人类实施第二阶段的教育计划，以便将永生的教义和上帝超验统一性的教义通过新的启示颁发给人类。"于是基督就成为第一个可以信赖的、实际的、不朽的导师。"[2] 而基督教信仰作为上帝对人类实施第二阶段教育的启示计划，也就获得了历史的合理性。如果说《旧约》适合于童年时期的人类教育，那么《新约》则适合于青年时期的人类教育，它包含着比《旧约》中更多的理性成分。在《旧约》中，上帝对人类进行教育的主要手段是律法，而在《新约》中，上帝对人类进行教育的主要手段则是道德。但是《新约》

---

1 莱辛，《论人类的教育》，第11—14节，转引自：维塞尔，《莱辛思想再释——对启蒙运动内在问题的探讨》，2002，第147页。

2 莱辛，《论人类的教育》，第58节，转引自：同上，第148页。

仍然没有完全摆脱掉感性的色彩，它所包含的真理仍然要通过感性的形式——神迹和预言——颁布出来，而道德的教育也仍然停留在一种他律的效果论水平上，即促使人们为了得到某种彼岸性的报偿而行善。这种以感性形式表现出来的宗教真理和效果论的道德观对于理性能力不够完善的中世纪基督徒来说，无疑具有十分重要的启示意义；但是在理性高度觉悟的启蒙时代，它就失去了历史的合理性。在理性时代，人类已经成长到有能力直接把握最高的真理了，因此，启示的真理必须转化为理性的真理，一种新兴的理性宗教也必将取代基督教而成为人类永恒的精神归宿。这就是上帝对人类进行教育的第三个阶段，这个阶段的教育实际上已经成为人类依据理性而进行的自我教育，上帝无须借助任何感性的和经验的“图形”而直接向人类昭示他的绝对真理，人类也无须通过任何中介而仅仅凭着自己的理性就可以认识到这个绝对真理。在人类教育的这个新阶段，人类将使自身的道德生活趋于完善，而一个在道德上完全自律的人类实际上就是上帝。莱辛满怀信心地对这个即将来临的新时代宣告道：

> 它将来临，它必将来临，那个完美的时代；到那时，人的理智越是深深感到有一个越来越美好的未来，他便越是无须向未来乞求他的行为的动力；因为他行善是因其为行善，而不是为了企图由此得到任何报偿，而以往这种报偿却仅仅能够吸引和捕捉住他那疑惑不定的目光，使之认识到更高的内在报偿。
>
> 它必将来临——一个新的、永恒的福音的时代，在《新约》的基础篇目里它已允诺给了我们。[1]

1　莱辛，《论人类的教育》，第 85—86 节，转引自：维塞尔，《莱辛思想再释——对启蒙运动内在问题的探讨》，2002，第 161—162 页。

上帝对人类实施的整个宏大教育计划最终在一种以善本身为目的的理性宗教中胜利完成。在莱辛的《论人类的教育》中，我们似乎看到了康德在《实践理性批判》和《单纯理性限度内的宗教》中所昭示的宗教理想。

在莱辛所展现的这种随着环境的变化而不断发展的教育计划中，包含着一种深刻的历史辩证法思想。一种蕴含着永恒的真理内容和道德原则的理性精神在不同的历史阶段中表现为不同的宗教信仰，人类正是在宗教信仰的不断嬗变和更迭中完成了启蒙教育，走向了自身的成熟。在这个漫长的教养过程中，信仰与理性、启示真理与理性真理不是静态地而是历史地实现了同一；而这个由上帝所实施的教育计划也正是人类由蒙昧野蛮走向文明进步的过程，它的实质就是人类在理性的教养中将自身逐渐提高到上帝的过程。虽然在莱辛的具体论述中存在着一些矛盾和混乱之处（莱辛毕竟只是一个具有深刻哲学洞见的文学家，而不是一个逻辑严谨的思辨哲学家），但是他在《论人类的教育》中所表达的基本思想却对康德、黑格尔、费尔巴哈等人的宗教哲学产生了重要的影响（尽管这种影响在这些相互超越的德国古典哲学家那里具有不同的意义）。邓晓芒教授指出：

> 正如卡西勒指出的，莱辛的“理性主义”已超出了启蒙理性最初的理解，它不再是静止的“分析理性”，相反，它作为自我意识的理性真理恰好是一种“综合的理性”，即不断在经验——历史中逐步开启，但永远留下未知的（或不够“清晰”的）疆域有待人们去占领，永远为人自由地投身于创造和开拓、投身于由信仰推动的冒险行动留下余地。所以，人类在现实经验中凭借自己的欲望和自由意志所创造的历史决不是与理性对立

的，相反，历史是理性的一个大学校，历史上的启示宗教和神迹向人们启示出来的不是别的，而正是理性宗教及其道德原则。这也是康德在其《单纯理性限度内的宗教》中明确表达出来的观点，他认为现实中可见的教会只不过是教会“理念”的各种“图型”（Schema），历史的“教会信仰”只是走向“纯粹宗教信仰”的准备。这就是莱辛所谓“人类的教育”。[1]

莱辛在《论人类的教育》中所展现的上帝对人类的教育计划，毋宁说是人类理性自身的启蒙计划，是人类从道德他律走向道德自律的历史过程。与莱布尼茨、沃尔夫等唯理论者不同，莱辛对于上帝存在之类的神学问题丝毫不感兴趣，上帝在莱辛那里只是一个建立在传统信念之上的大前提，其作用仅仅在于保证莱辛的人类教育计划能够顺利进行。在借用上帝的名义来实现自己的理论目标这一点上，莱辛倒是与他之前的斯宾诺莎和他之后的黑格尔非常相似[2]，如果说在斯宾诺莎那里神就是自然，在黑格尔那里神就是精神，那么在莱辛这里神就是人类的理性。施奈德（Ferdinand Joseph Schneider）认为：“他的主要论点表明，他不是

1 维塞尔，《莱辛思想再释——对启蒙运动内在问题的探讨》，2002，中译本导言（邓晓芒撰），第6—7页。正如康德认为历史中的一切实证的（或可见的）教会都只是教会“理念”的各种“图型”一样，黑格尔认为一切实证宗教都只是绝对精神实现自我认识的各种“环节”，费尔巴哈则认为一切实证宗教都只是人进行本质意识的各种阶段。

2 1783年，耶可比在写给门德尔松的一封信中说，莱辛生前曾在与他的一次谈话中公开承认自己是一个斯宾诺莎主义者。耶可比对此表示非常惊讶，因为在他看来泛神论就是无神论的代名词。门德尔松则对耶可比的观点提出了抗议，他坚持认为泛神论与无神论之间存在着根本性的差别。耶可比因此而与门德尔松展开了一场激烈的争论，赫尔德和歌德也参与了这场争论，他们都站在门德尔松一边反对耶可比把泛神论等同于无神论的观点。这场关于泛神论的论战引起了德国思想界对斯宾诺莎哲学的兴趣。几十年以后，黑格尔的思辨哲学也曾一度被虔敬派神学家指责为斯宾诺莎的泛神论，黑格尔在1827年的《宗教哲学讲座》中对这种混淆进行了激烈的反驳。但是由此却可以表明，在斯宾诺莎的泛神论与莱辛的神学思想以及黑格尔的思辨哲学之间，确实具有某种精神上的一致性。至于泛神论与无神论之间的内在的精神联系，更是毋庸置疑的事实。

在论述上帝以及上帝的存在，而是在论述人类向符合理性的道德完善状态的发展。如果他的《论人类的教育》是要告诉我们人类正在走向上帝的存在，试问，直到论著的结尾，莱辛是否提到上帝的存在？完全没有。论著的结尾是人类走向道德的自律，得出了完全是十八世纪启蒙式的、与宗教无关的结论。"[1] 虽然莱辛对于论证上帝的存在缺乏兴趣，但是他却充分肯定了基督的历史意义，把他看作人类道德完善过程中的一个"可以信赖的、实际的、不朽的导师"。在这里，我们可以看到，莱辛坚持英国自然神论出于实践理性的需要而强调基督的道德楷模意义的观点，但却反对英国自然神论（以及大陆唯理论）用理论理性来证明上帝存在的做法。从莱辛这里开始，德国启蒙思想家对于基督教的兴趣，已经从抽象的神学理论转向了道德实践方面。这种侧重于基督教以及一般宗教的实践意义的思想倾向，可以看作对康德的道德神学的一种历史呼唤。

在德国，莱辛的人类教育计划第一次明确地表达了启蒙运动的一个基本信念，即历史进步观念，虽然他仍然把神意（或天意）看作历史进步的根据，但是这历史进步却明显地体现在人类的道德完善过程中。而且在上帝对人类实施的教育计划中，基督教作为一种宗教的历史形态将会被更加符合道德精神的理性宗教所取代，这一结论与同时期法国百科全书派的无神论思想在实质上是内在一致的，虽然莱辛本人始终并不否认自己的基督教信仰。德国的启蒙思想家，无论是莱辛、门德尔松还是康德，都没有像法国无神论者那样以一种偏激而简单的否定态度来对待基督教，他们总是试图在自己的宗

1 施奈德，《莱辛与一元论世界观》，转引自：维塞尔，《莱辛思想再释——对启蒙运动内在问题的探讨》，2002，第 8 页。

教虔诚与理性精神之间寻找某个契合点，而这个契合点就是一种具有辩证内涵的历史理性。

德国启蒙运动中的非理性主义先驱

在18世纪的德国，这种传统性的宗教虔诚与时代性的理性精神之间的矛盾也使得另一些思想家采取了一种与启蒙大潮不大协调的立场，即对理性本身的怀疑和贬抑。在这方面，哈曼（Johann Georg Hamann，1730—1788）和耶可比（Friedrich Heinrich Jacobi，1743—1819）堪称代表。

哈曼与康德一样是哥尼斯堡人，他早年曾到英国去学习经济和商务，结果却在浪荡散漫的放纵生活中变得贫病交加。在万念俱灰的绝望下，他转而求助于《圣经》，深深地陷入了一种宗教狂热中，并因此而获得了“北方巫士”（the Wizard of the North）的称号。哈曼对于沃尔夫的抽象的唯理论哲学体系充满了反感，这种反感使得他把矛头对准了启蒙运动的理性主义。他像沃尔夫学派的美学家鲍姆加登一样强调诗与哲学之间的区别，但是他却反对后者把诗当作一种低于纯粹逻辑的低层次知识，反对把诗说成是一种“理性的类比”。在哈曼看来，诗是一种与逻辑完全不同的东西，它绝非理性的产物，而是一种比理性更加原始的人类母语，是神的启示的结果。与诗这种原始的灵性语言相比，理性的逻辑只不过是一种人造的简陋工具而已。他强调，人类认识的真正丰富性就在于感觉形象，形象是完美的，而“分散的东西则是有缺陷的”。所谓“分散的东西”就是指被逻辑或理性加以分割和限制了的东西。

和莱辛一样，哈曼也主张历史进步的观念，但是他强调历史进步的根据不是理性的发展而是上帝的启示。他坚决反对启蒙主义者关于理性能够解决一切问题的观点，他认为这种理性的神话将会给人类自身带来无穷恶果，理性主义使人们一叶障目，不见泰山，从而遮蔽了通往神圣的灵性器官。哈曼与康德在1756年结识之后一直保持着良好的关系，他的一部著作《苏格拉底回想录》就是献给康德和另一位友人的。在这本书中，哈曼借苏格拉底之名来攻击理性主义者，他指责沃尔夫主义者用逻辑来排除矛盾，然而真理恰恰就在矛盾之中。例如，德尔斐神庙的女祭司在发布神谕时把苏格拉底称为最有智慧的人，而苏格拉底自己却一再强调自己无知，这种矛盾恰恰揭示了真理，因为"自知其无知"才是真正的智慧。在哈曼笔下，苏格拉底成为一个非理性主义的基督教哲学家，他反对同时代的智者派的逻辑诡辩，而要把人们引向内心深处的真理，这真理就在于对"神秘的上帝"的信仰之中。哈曼认为，理性并不能取代信仰，理性的真正意义就在于它能够意识到自身的有限性，从而为真正的信仰开辟道路。哈曼认识到理性与信仰之间存在着一种辩证关系，它们既彼此需要、同时又各有自己的范围——信仰恰恰就发生在理性可证明的东西的极限处，它不是反理性的，而是超理性的。哈曼写道："一个人所相信的东西，也就不需要去证明。……信仰不是理性的产物，因此不可能屈服于理性的任何攻击；因为相信某物，正如尝到某物的味道和看见某物一样，其发生并不借助于理性。"[1]

哈曼站在休谟主义的立场上指出了理性本身的局限性，这种对于理性的批判态度与康德的观点具有一致之处。哈曼在写给康德的一封信中说道："理性被赐予你，不是为了让你可以变得聪明，而是让你可以知道你的愚蠢与无知；这正如摩西的律法赐予犹太人，不

1 《哈曼书信集》第2卷，转引自：詹姆斯·C.利文斯顿，《现代基督教思想：从启蒙运动到第二届梵蒂冈公会议》（上卷），1999，第169页。

是为了使他们变得正直，而是使他们的罪过在他们看来更加有罪。”[1] 强调理性的真正意义在于认识到理性自身的条件、范围和界限，而不是无限制地滥用理性，这是哈曼和康德不同于沃尔夫理性主义独断论和那些盲目鼓吹理性万能的启蒙思想家之处。就此而言，具有批判精神的启蒙思想家应该对理性持一种辩证的态度，既要勇于独立地运用自己的理性，同时也要看到理性本身的局限性。在这方面，康德无疑是一个表率，而哈曼也表现出类似的观点。但是，哈曼把信仰当作某种比理性更高的东西，将其归于非理性的范围，这与康德试图建立一种理性宗教的想法迥然而异，这种差异使得他们后来分道扬镳。

哈曼的非理性主义萌芽在担任慕尼黑科学院院长的耶可比那里得到了一步的发展。耶可比一方面同意康德的观点，认为我们的经验知识并不能达到对无限者（上帝）本身的认识，人类的理智（Verstand，即知性）在上帝面前是无能为力的[2]；但是另一方面，他却提出一种“更高的理性”的概念，即 Vernunft，来说明人们对上帝的直接认识。“Vernunft”一词源于德文的“Vernehmen”，意为“领悟”，与“Verstand”一词所表示的“理解”形成对照。耶可比把“Vernunft”这种“更高的理性”看作对上帝的一种直观能力，它可

1 《哈曼书信集》第 10 卷，转引自：詹姆斯 · C. 利文斯顿，《现代基督教思想：从启蒙运动到第二届梵蒂冈公会议》（上卷），1999，第 168 页。

2 在与门德尔松进行的那场著名的“关于泛神论的争论”中，耶可比曾经援引康德的观点，认为理性无力证明上帝的存在。他还写信给康德，指望能得到后者的支持。门德尔松也同样希望康德能站在自己一边，因为他深信康德是决不会赞同耶可比的非理性主义立场的。面对二者的分歧，康德虽然不同意门德尔松用理性来论证上帝存在和灵魂不死的做法，但是他更加反对耶可比用直观的方式来直接认识上帝的观点。为了回应耶可比，康德专门写了一篇论文《何谓在思维中确定方向》。在这篇文章中，康德坚持把知识与信仰区别开来，明确表示“无论谁最初都不能通过某种直观的方法使人相信最高本质的存在”。上帝属于信仰范围而不属于知识论范围，无论是理性还是直观都不能使人获得关于上帝的知识，这就是康德的基本态度。

以使知性不能认识的超验实体（上帝）直接呈现在人们的心中。这种通过理性直观而获得的关于上帝的知识是确定无疑的，它是整个知识体系中的最高层次。耶可比写道：

> 正如向我们的外部感官显示的实体不需要任何保证者，因为它自身就是对其真实性的最有力的见证，同样地，向我们的内部感官（我们称之为理性）显示的实体，也不需要任何保证者。它自身，而且只有它自身，才是对其真实性的最有力的见证。人必然相信自己的感官，而且必然相信自己的理性，比起这种信念的确实性来，再也没有任何更高的确实性了。[1]

在区分知性与理性方面，耶可比与康德是一致的，但是他们对于“理性”一词的理解却完全不同。耶可比把“理性”（Vernunft）看作对绝对客观实体（上帝）进行认识的一种直观能力，它使我们获得最确实的知识。在耶可比那里，“理性”与“信仰”（Glaube）其实是一回事，事实上，他最初就是使用“Glaube”一词来表示那种“更高的理性”的，后来只是为了要与传统意义上的实证信仰相区别，他才改用了“Vernunft”一词。由此可见，对于耶可比来说，这种“更高的理性”实际上意味着一种传统上被称之为“非理性”的东西，这一点在稍后的谢林和德国浪漫主义者那里得到了进一步的发挥，黑格尔则以一种辩证的方式把理性与非理性（神秘）和谐地统一起来。而康德却把“理性”（Vernunft）严格地限制在“内在的运用”的范围内，认为理性的真正职责就在于对知性已经获

1　耶可比，《大卫·休谟论信仰》，转引自：詹姆斯·C. 利文斯顿，《现代基督教思想：从启蒙运动到第二届梵蒂冈公会议》（上卷），1999，第 171 页。

得的经验知识进行调节或范导，以实现整个知识体系的最高综合统一。康德一再提醒人们防止理性超出可能经验的范围去做“超验的运用”，去认识上帝等自在之物，否则就会产生一些“先验的幻相”，导致各种伪知识的滋生。除了对于“理性”的理解存在着根本的分歧之外，耶可比也反对康德从道德或实践理性的需要中引出关于上帝的信仰，而坚持认为信仰是道德的根据和前提。

与休谟一样，耶可比也反对理性神学和沃尔夫主义用逻辑推理来证明上帝存在的做法（这是他与门德尔松的重要分歧之一），因为任何证明都是从一个有条件者推出另一个有条件者，而不可能从有条件者跃升到无条件的上帝。但是，他却从中得出了完全不同于休谟的结论——在逻辑束手无策的地方，直观却可以实现对无条件者的认识，因为信仰作为“更高的理性”是比知性更高的知识。美国哲学学者刘易斯 · P. 欣奇曼评论道:“就耶可比把休谟的经验主义当作自己的出发点而言，他无疑是启蒙运动之一员。但是就他坚持认为宗教问题不应受科学的检验而言，他又完全不同于所有的经验主义者和一般的启蒙运动。他在理性而有限的科学探究与力求达到对绝对者直观（而非概念）的非理性信仰之间设置了一条不可逾越的鸿沟，试图藉此来拯救上帝和宗教。”[1] 哈曼和耶可比的这种非理性主义态度，固然与莱辛、门德尔松、康德等人的理性主义立场之间存在着一定的矛盾，但是它却深刻地影响了谢林、施莱尔马赫等人的思想。

在德国启蒙运动阵营中，还有一位非常重要的人物，这就是赫尔德（Johann Gottfried Herder，1744—1803）。赫尔德对待理性的态

1 Lewis P. Hinchman, *Hegel's Critique of the Enlightenment*, University Press of Florida, 1984, p.178.

度似乎介于莱辛、门德尔松和哈曼、耶可比之间。他一方面像当时的许多思想家一样主张对诗（或美学）与哲学进行区分，另一方面又不同意将哲学置于诗之上（如鲍姆加登）或者将诗置于哲学之上（如哈曼），而主张二者在人类不同成长阶段中各有自己独特的意义和价值。他把人类成长过程分为四个阶段：首先是儿童期，以感觉记号为语言；其次是青年期，开始出现诗的语言；第三是成人期，散文成为主要的语言形式；最后是老年期，采用哲学的语言，此时富有生命力的诗的语言被具有精确性的逻辑语言所取代。在赫尔德看来，这些适用于不同阶段的语言很难说孰优孰劣。他不同意将逻辑清晰性引入诗的语言中，因为诗人凭天才而不是凭逻辑进行创作。“天才不需要规律！”（这句话成为德国狂飙突进运动的口号。）

赫尔德坚决反对当时一些德国知识分子认为德国应该模仿外国语言和文学（尤其是法国语言文学）的观点，大力倡导振兴德意志民族的语言文学。在赫尔德看来，一个民族的语言是深深地植根于该民族的历史文化土壤中的，是该民族天才的果实，因此，德国人决不应该对自己的语言妄自菲薄。赫尔德的历史观与他对语言的看法非常相似，他反对启蒙主义者对于历史进步的一般看法，即认为人类历史展现了一幅由蒙昧的宗教迷信逐渐上升到文明的理性生活的图卷。他用一种相对主义的观点来取代这种历史进步论，认为人类历史发展的每一个阶段都有其独特的价值，都有自己独立的道德准则和幸福观。正如我们不能说一个人的老年时代就一定比青年时代更幸福一样，我们也不能说启蒙时代就一定比人类曾经经历过的其他阶段更加优越。启蒙时代固然可以自诩其自由的价值理念，但是它同样也充斥着各种社会不平等现象和奢侈腐败的恶行。赫尔德强调历史研究应该深入每一个历史阶段的内部去认识其独特的生命价值，而不应该有一种先入为主的成见。

但是另一方面，在他的重要著作《人类历史哲学的观念》（1784—1791）中，赫尔德又表现了一种目的论思想。在该书中，赫尔德以一种充满诗意的语言描绘了一幅万物进化图谱，自然万物作为上帝的受造物都受着一种内在的“有机力量”的支配，并且趋向于一个终极目的，即完美的“人道”（Humanität）。“从矿石到结晶体，从结晶体到金属，从金属到植物，从植物到动物，最后到人类，我们看到机体的形式在上升，同时被创造物的力量和生机也随之变得多样化，并且最后全部都汇合为人类的形态……”但是这个普遍性的进化过程在现有的人类形态这里尚未完成，终极性的“人道”目的还处于“预演”阶段，“只是未来花朵的幼蕾”，它向人们昭示了一种“神圣的人类形态”。于是，“我们由此便被驱向接受一个不可见的力量领域，这一领域恰好处于同样的普遍联系和过渡状态，而且是处于不可见的力量的一种上升序列，正如同在被创造物的可见领域之中是一样的。——这就为灵魂不朽说明了一切问题……力量是不会消逝的，尽管器官很可能遭到破坏。凡是被全能的生命鼓舞者召来了生命，都会生存下去；凡是起作用的，都会在它那永恒的普遍联系之中永远起作用”[1]。

在这里，我们可以看到，赫尔德一方面像启蒙运动的理性主义者们一样主张一种历史进步的观念，另一方面却把作为历史进步目标的“人道”理想与宗教信仰紧密地结合起来，从而把历史进步看作某种“天意”或上帝的合目的性安排的结果。换言之，赫尔德的历史进步论并没有导向 18 世纪启蒙思想家们所期盼的世俗性的近代

1 赫尔德，《人类历史哲学的观念》，转引自：康德，《评赫尔德〈人类历史哲学的观念〉》，出自：康德，《历史理性批判文集》，何兆武译，商务印书馆，1990，第 38 页。

国家制度[1]，而是导向了一种宗教性的天国理想。柯普斯登对赫尔德对待历史进步的矛盾观点评价道：“作为一个历史家，由于敌视用自己时代的文明观点判断所有文化的做法，赫尔德强烈地倾向于历史主义与相对主义，这和进步的教条难以适应。但是作为一个哲学家，由于不只是相信人的本然善性和可完美性，也相信神佑在人的行为上或藉由人的行为而起的作用，他自然地会结论说，人的最高潜能此后终将实现，不畏途中一切的逆流。”[2]

莱辛、门德尔松、哈曼、耶可比、赫尔德都是康德的同时代人，就年龄而言，他们都比康德年轻一些，赫尔德还曾经在哥尼斯堡大学听过康德讲授形而上学、逻辑学和数学等课程。但是，与老成持重的康德相比，他们无疑都是一些大器早成的天才人物。在 1781 年康德的《纯粹理性批判》出版之前，他们已经是蜚声德国的显赫人

1 就在赫尔德的《人类历史哲学的观念》第一部出版后不久，康德发表了《从世界公民的观点撰写世界通史的想法》一文。在这篇文章中，康德表达了启蒙思想的一个基本信念，即尽管社会中的每个人都有自己的特殊目的（这种相互冲突的个人目的导致了社会的对抗），但是大自然本身却有着一个超越一切个人目的之上的恒定目标。正是通过社会中的对抗性，大自然使人类的全部秉赋（理性）“在全物种的身上而不是在各个人的身上”得以实现，其结果就表现为一个“普遍法治的公民社会”。在这个普遍法治的公民社会中，个人追逐一己私利的自由应服从国家宪法，而一个完美的国家宪法乃是大自然在人类身上充分发展其全部秉赋的唯一状态。在这篇文章中，康德认为：“人是一种动物，当他和他其余的同类一起生活时，就需要有一个主人。因为他对他的同类必定会滥用自己的自由。”但是康德同时也承认，如何使这个主人（无论是一个人还是一个集体）不滥用自由，这是人类所面临的一个最棘手的问题。（参见：康德，《历史理性批判文集》，1990，第 10 页。）康德的这篇文章虽然不是针对赫尔德的《人类历史哲学的观念》所写，但是他的这种整体主义观点仍然引起了赫尔德的极大反感；再加上康德不久后又在《（耶拿）文学通志》（1785 年第 4 号）上发表了《评赫尔德〈人类历史哲学的观念〉》一文，对赫尔德书中的逻辑混乱和诗意臆断之处进行了讥讽，因此导致了赫尔德对自己昔日老师的反目成仇。赫尔德认为康德用国家制度来压制个人自由，把人说成是一种天性需要主人的动物，这种“纯粹理性”的观点将会导致一种“极其完备的君主政体”。与此相对，赫尔德坚决主张个性解放和绝对的个人自由，反对近代国家制度（包括德国式的开明君主专制）对个人权利的限制。针对康德的上述引文，他讥讽道：“需要主人的人是动物；一旦他变成一个人，他就不再需要任何主人。”这种主张绝对个性自由、冲破一切社会束缚的呼声，成为狂飙突进运动最响亮的口号。

2 柯普斯登，《西洋哲学史（第六卷）：卢梭到康德》，1993，第 237 页。

物，莱辛甚至在该书出版之前就已经去世了。《纯粹理性批判》出版后，哈曼和赫尔德也先后发表过批判性论著，对康德的“纯粹理性”概念进行了质疑，但是这些批判性论著都远远不如康德那本被批判的著作影响深远。从历史角度来看，虽然与启蒙运动的理性基调有些抵牾，哈曼、赫尔德等人仍然对 18—19 世纪的德国思想界产生了重要的影响。赫尔德对于诗的语言的重视以及对于德意志民族文化的倡导，使他成为德国狂飙突进运动的领袖；而哈曼、耶可比对理性的贬抑和对信仰的强调，则引发了德国的浪漫主义思潮，对谢林、施莱尔马赫都产生了重要的影响。更重要的是，正是这些在德国传统的宗教虔敬与法国时髦的启蒙理性之间痛苦挣扎的思想家们（尤其是莱辛和赫尔德），把一种历史理性精神注入德国人的思想之中，从而为黑格尔寻求理性与信仰同一性的思辨的宗教哲学奠定了重要的理论基础。

至此，一切“批判的武器”都已经准备就绪——休谟对于上帝存在的各种理证的怀疑论，卢梭植根于道德良知之上的自然宗教，莱辛关于基督教信仰合理性的历史理性观点，以及德国神秘主义和虔敬主义思想传统中的思辨理性因素，现在都以不同的理论形态呈现出来，进一步的批判和建树工作就要由即将登场的伟大哲学家康德来完成了。古老的基督教信仰遭遇了新时代的挑战，它在经历了启蒙运动的“劫难”之后将如何在西方人的精神世界中重新扎下牢固的根基，将如何与新兴的科学理性相协调，这就是康德及其以后的德国思想家们所要面对的重大时代课题。

第五部

康德的道德神学

在德国启蒙运动的发展历程中，康德的宗教思想具有非常重要的理论意义，而且对于后世西方宗教哲学和神学理论都产生了重要的影响。正如同康德在知识论和道德哲学上的协调主义立场一样，在宗教哲学上，他同样也表现出试图在科学与宗教、理性与信仰之间严格划界的良苦用心。德国虔敬主义的信仰传统和英、法启蒙运动所营造的理性氛围，使得康德像同时代的德国思想家们一样，力图寻找一种协调二者关系的最佳方案。思想深邃而严谨保守的近代德国人不像浪漫偏激的法国无神论者那样剑走偏锋，也不像审慎而实用的英国人那样把敏感玄奥的理论难题束之高阁，而是试图从形而上学的高度来彻底解决理性与信仰的关系问题。

在这方面，康德和黑格尔分别代表了处理二者关系的两种迥然而异的哲学方案，即划界与融通。康德的解决方案是在理性与信仰之间划出一条泾渭分明的界线，二者井水不犯河水，和谐共处。无论是在早年的哲学思考、批判时期的理性批判还是晚年的宗教著作中，康德都试图创建一种既与理论理性（科学知识）相区分、又与实践理性（道德法则）相协调的“理性范围内的宗教”。康德这种建立在反思理性的静态分析之上的二元协调方案，尽管思路清晰，意愿良好，但却充满了难以克服的矛盾。因此，康德的二元主义的道德神学后来被黑格尔的辩证同一的思辨神学所超越。

第 13 章　康德前批判时期的宗教思想

自然神论与唯理主义的双重影响

康德（Immanuel Kant，1724—1804）出身于普鲁士哥尼斯堡（今俄加里宁格勒）的一个马鞍匠之家，他的父母都是非常虔诚的基督徒。哥尼斯堡虽然地处北方，但却与哈勒一样，也是虔敬主义的发源地和重要堡垒。康德从小就在家庭中受到虔敬派精神氛围的熏陶，使得他一生中始终对基督教信仰保持着一种内在的虔诚，尤其是虔敬派所强调的那种自律性的崇高美德，对于康德的思想影响至深。康德一直坚持认为："人们对虔诚派可以说东道西，但虔诚派的信徒却是一些严肃而又超群出众的人。他们具有高尚的人类情操——稳重、乐天和任何欲念都破坏不了的内心宁静。他们既不怕困境也不怕压迫。任何纠纷都不能使他们产生仇恨和敌对的情感。"[1] 但是另一方面，康德也对幼年时期在虔敬派学校里所遵从的那一套刻板的宗教仪式深恶痛绝，这种厌恶感使得康德毕生都对各种形式

1　参见：阿尔森・古留加，《康德传》，贾泽林等译，商务印书馆，1981，第 13—14 页。

化和体制化的教会规范采取一种批判态度，而且基本不去教堂参加宗教活动。

对于基督教信仰的内在虔诚以及对于现存教会体制和仪式的强烈反感，这二者之间的张力决定了康德对待基督教的基本立场，使他一方面激烈地批判一切试图以形式主义方式来论证宗教教义的做法，另一方面却把一种真正意义上的宗教信仰建立在内在的道德要求之上。利文斯顿指出："虔敬主义特别强调热烈的、切身的宗教体验，强调严格的道德完善。道德完善的影响贯穿了康德的一生，而且是理解他的人格和哲学的基础。然而，一方面，康德对虔敬主义的良善品质始终保持敬意，另一方面，他在学院里看到的情感上的狂热与虚伪又使他终生憎恶唱诗和祈祷之类'情感上的'活动。"[1]

与从小形成的虔敬主义情感相对应，康德思想的另一个显著特征就是启蒙运动所彰显的理性主义精神。当康德最初开始自己的著述活动时，在他的思想中可以明显地看到莱布尼茨–沃尔夫唯理主义和英国自然神论的深深烙印。研究康德思想的学者们通常把康德1770年发表的教授就职论文《论感性和知性世界之形式与原理》作为他最终摆脱莱布尼茨–沃尔夫体系的影响、开始建立自己批判哲学的重要标志，以此作为康德哲学的前批判时期与批判时期之间的分水岭。在此之前，康德虽然已经对莱布尼茨–沃尔夫主义的某些观点有所怀疑（甚至早在1755年撰写的《形而上学知识基本原理新释》一文中就表现了这种怀疑），但是莱布尼茨–沃尔夫的理性主义独断论对他的影响仍然是根深蒂固的。早年在哥尼斯堡大学接受教育时，对康德的思想产生了重要影响的一位老师马丁·克努森就是沃尔夫

1　詹姆斯·C. 利文斯顿，《现代基督教思想：从启蒙运动到第二届梵蒂冈公会议》（上卷），1999，第130页。

的弟子；而当康德开始在哥尼斯堡大学讲授形而上学的课程时，他所采用的教材则是另一位沃尔夫主义者鲍姆加登所撰写的《形而上学》。虽然他在讲课的过程中不断地用自己的新思考来取代鲍姆加登《形而上学》的旧内容，但是理性主义独断论对于他思想的早期影响仍然是难以根除的。[1]

至于英国自然神论和牛顿的自然观，对于前批判时期的康德思想的影响就更大了。在 1755 年匿名发表的《一般自然史与天体理论》一书中，一方面，康德以一种进化的观点描述了天体演化的自然过程，说明了宇宙是如何在自身固有的引力与斥力的相互作用下，从原始星云状态中通过旋涡运动而逐渐演化出太阳系，从而第一次把历史观引进了自然界，打破了牛顿机械论世界观的那种亘古不变的自然模式；另一方面，他则坚持牛顿力学运动规律的普遍有效性，坚持把整个宇宙看作一个井然有序的自然体系，万物都遵循自身固有的必然规律运行，并且像牛顿一样从这个和谐有序的自然世界推出了一个万能的创造者或者第一推动者。

康德批判哲学的一个基本特点就是协调科学与宗教、理性与信仰之间的关系，在其最重要的代表作《纯粹理性批判》中，康德一方面论证了科学知识的独立性，另一方面则主张悬置知识，以便为信仰腾出地盘。这种调和科学与宗教之关系的思想，早在《一般自然史与天体理论》中就初现端倪。在这部早年撰写的自然科学著作中，康德像牛顿一样坚持用物质自身固有的规律来说明自然世界的运动发展，强调自然规律的普遍必然性，反对启示宗教和奇迹论者用上帝的特殊意志和外来干预来解释自然现象。面对着传统宗教观

1 即使到了 1781 年《纯粹理性批判》问世、批判哲学完全形成之后，在康德的思想中仍然依稀可见独断论的一些残余，例如他对于自在之物和先验自我的独断设置。

点认为牛顿机械论世界观将会导致无神论后果的指责，康德辩护道，一个和谐有序并且只服从其普遍运动规律的自然世界不仅不会导向无神论，而且恰恰有力地证明了一个至高无上的智慧设计者的存在：

> 人们该如何看待这种和谐呢？不同性质的事物相互结合，如此致力于造成杰出的和谐与完美，甚至是为了在某种程度上处于死物质范围之外的事物的目的，即有益于人和动物，如果它们没有一个共同的起源，即没有一个有联系地设计所有事物的本质特性的无限理智，这又怎么可能呢？倘若它们的本性是各自独立、互不相干地必然的，那么，它们以自己的自然活动如此相互契合，仿佛有一种深思熟虑的睿智选择把它们协调起来，这该是一种多么惊人的偶然啊！或者更正确地说，这该是多么不可能啊！[1]

一个严格遵循自身固有规律而运行的自然世界虽然排斥了上帝的外来干预，但是它并不会必然地导致无神论，因为这普遍必然的自然规律完全可能是一个至高无上的理智（上帝）精心设计的结果。如果没有这样一位智能设计者的统观全局的精心安排，各自按照其固有规律而运行的宇宙万物之间就不会呈现出如此精美和谐的秩序性。康德在这里所表述的这种比上帝随时干预世界的偶因论思想更加高明的智慧设计论，显然是深受英国自然神论和莱布尼茨前定和谐思想的影响，它摒除了一切唯意志主义和神秘主义的因素，在理性主义的基础上把一个完全遵循自然规律而运行的物质世界与一个

1　伊曼努尔·康德，《康德论上帝与宗教》，李秋零编译，中国人民大学出版社，2004，第6—7页。

赋予原始物质以运动规律的宇宙初始原因（上帝）有机地协调起来。

在《一般自然史与天体理论》中，康德一方面承认自己同意古代原子论者的宇宙生成论，主张用原始物质——原子——的旋涡运动来说明自然世界的起源；但是另一方面他却认为，从原始混沌的初始材料中产生出一个美好和谐的自然世界，绝不是像伊壁鸠鲁等原子论者所认为的那样只是出于一种“偶然的巧合”，而是充分证明了一个按照统一目的来设计万物本性的至高无上的理智（上帝）的存在。康德论证道：

> 因此，万物的初始材料，即物质，是受某些规律制约的，物质听凭这些规律支配，必然产生出美好的结合。物质没有偏离这种完美设计的自由。由于物质服从一个至高无上智慧的目的，所以它必然被一个支配它的初始原因置于这样协调的关系之中；而且正因为大自然即使在混沌中也只能按照规则井然有序地行事，所以有一个上帝存在。[1]

青年康德在这里所表述的关于上帝存在的证明，与英国自然神论者以及伏尔泰等人的设计论证明如出一辙。而康德之所以要在一个井然有序的自然世界背后推论出一个上帝来，除了他从小所受的虔敬主义教养之外，一个最根本的原因就是为了把作为宇宙初始原因的上帝彻底摒除在自然世界之外，即在承认上帝设计世界的前提下，完全用牛顿力学来说明整个自然界的形成和运行过程。简言之，上帝在一次性地把运动规律赋予了原始物质之后，就不再干预自然界的过程，而是让世界遵循牛顿力学而运动。康德明确地表示：

1 伊曼努尔·康德，《康德论上帝与宗教》，2004，第 9 页。

我在把世界置于最简单的混沌中之后，除了引力和斥力之外，不再运用别的任何力量来说明大自然的伟大秩序；这两种力量是同样确定、同样简单，而且是同样原始、同样普遍的。二者都是借用自牛顿的世俗智慧。[1]

在这里，我们可以看到青年时代的康德对待上帝的一种消极态度，他一方面仍然沿用自然神论的设计论证明来论证上帝的存在，另一方面却把上帝驱逐于自然界之外，使之成为一个形同虚设的抽象主宰，而把整个丰富多彩的自然界完全置于牛顿力学的统辖范围之内。

如果说在《一般自然史与天体理论》中可以明显地看到英国自然神论和牛顿自然观在康德早年思想中的重要地位，那么在此后不久所写的《试对乐观主义做若干考察》（1759）一文中，则可以看到莱布尼茨的最好世界理论以及莱布尼茨–沃尔夫体系的整体主义对康德的深刻影响。在这篇短文中，康德为莱布尼茨的最好世界理论进行了辩护，他像莱布尼茨一样用上帝的正确无误性来保证世界的完善性。康德写道：

由于上帝在他所认识的所有可能的世界中仅仅选择了这一个世界，因此，他必然认为这个世界是最好的世界。由于他的判断决不会犯错误，这个世界事实上也就是最好的世界……对于众神之神来说，除了那个配得上的作品之外，即除了那个在所有可能的作品中最好的作品之外，没有任何作品适合于他。[2]

1 伊曼努尔·康德，《康德论上帝与宗教》，2004，第13页。
2 同上，第23页。

这种用上帝的睿智和仁慈来保证世界的完善性、又用世界的完善性来反证上帝的睿智和仁慈的做法，在逻辑上存在着明显的漏洞。此外，这种关于最好世界的乐观主义态度也表达了某种媚俗的情调和整体主义的价值观。康德在这篇文章中不仅公然表示他自己“很乐意作为一个公民生活在一个不可能更好的世界中”，而且明确地宣称：“整体是最好的东西，所有的一切都由于整体而是好的”[1]。这种强调个体自由必须服从整体规范的整体主义观点，构成了康德思想的一个重要特征，后来赫尔德与康德关于个人自由与国家制度之间关系的争论，很明显地表现了赫尔德的个人主义与康德的整体主义之间的分歧。

康德在这篇文章中不仅为莱布尼茨的最好世界理论大唱赞歌，而且像传统的形而上学家一样把上帝的完善性与实在性相等同。在这篇文章的注释中，康德强调，一个事物的实在性的大小决定着这个事物的完善性程度，也就是说，完善性取决于实在性。由于上帝具有最高的实在性，因此他同时也是最完善的东西。反过来说，上帝之所以是最完善的，只是因为他是最实在的。这种观点与康德后来在许多论著中所表达的反本体论证明的观点——认为存在不是事物的一种属性，与事物的完善性无关——是完全背道而驰的，由此可见当时的康德还处于“独断主义迷梦”之中，尚未被休谟的怀疑论所唤醒。

到了 18 世纪 60 年代，康德开始受到英国经验论尤其是休谟怀疑论思想的影响，从而使得他从早年开始就对莱布尼茨–沃尔夫形而上学体系形成的质疑进一步加强，并且逐渐形成了独立的批判视野。在 1762—1763 年，康德先后写了四篇论著，它们分别是《三段论法

1　伊曼努尔·康德，《康德论上帝与宗教》，2004，第 24 页。

四格的诡辩》《证明上帝存在唯一可能的证据》《关于自然神学与道德原则之明晰性的探讨》和《将负数概念引入哲学的尝试》。在这些论著中，康德表述了一个共同的经验主义原则，即我们关于实存世界的一切知识都必须建立在经验的基础之上，离开了经验，仅仅凭着逻辑推理，我们不可能产生任何关于实在事物的知识。此时的康德已经开始认识到传统形而上学的根本错误所在，那就是把思想之逻辑与实在之事物混为一谈，用纯粹思辨的逻辑关系来取代建立在经验事实之上的因果关系，以为仅仅凭着逻辑的演绎就可以获得关于实在世界的一切知识，甚至对上帝存在、灵魂不死等完全缺乏经验证据的问题也妄加推论。

在这些论著中，康德已经开始注意到逻辑推理与经验事实二者对于形成科学知识的不同作用，开始强调逻辑的对立与现实的对立之间的根本区别，并且把传统的形式逻辑称为“泥足巨人”，把形而上学描述成“无底深渊”和“一片一望无际、没有灯塔的漆黑的大洋”。尤其是在《证明上帝存在唯一可能的证据》这部长篇论文中，康德对传统形而上学关于上帝存在的各种证明进行了深入细致的考察。事实上，康德后来在《纯粹理性批判》的“先验辩证论”中对理性神学关于上帝存在的各种证明的深刻批判，在《证明上帝存在唯一可能的证据》一文中都已经初具规模了。在这篇长文中，康德在考察了关于上帝存在的各种证据之后，最后得出的结论是，传统形而上学的烦琐论证并不能获得关于上帝存在的确切知识，在这个问题上，我们不可能获得像数学知识那样确定无疑的证明。上帝的存在与其说是一个逻辑论证的问题，毋宁说是一个纯粹的信仰问题。在这里，我们已经初步可以看到康德后来在《纯粹理性批判》中所表达的那个基本思想，即传统理性神学关于上帝存在的一切证明都是无效的，上帝的存在不属于思辨理性的范围。然而，此时的康德毕竟刚刚开始对理性主义独断论产生怀疑，莱布尼茨–沃尔夫体系对他的深刻影响也不可能在一夜之间就彻底清除。因此，那些后来在三大批判中明确表述的精辟思想，在康德 60 年代的论著中还只是处于萌芽状态，在许多地方，康德的思想还是充满了混乱和矛盾。此时的康德还没有成为一个怀着对头顶的星空和心中的道德律的坚定信念、对一切传统哲学和神学进行根本清算的批判者，而只是一个徘徊在传统的形而上学与休谟的怀疑论之间的探索者。

康德早年的本体论证明

《证明上帝存在唯一可能的证据》一文表现了康德运用怀疑方法来突破传统形而上学窠臼的最初尝试。在这篇文章中，康德一方面批判了传统形而上学和理性神学关于上帝存在的各种证明，另一方面却仍然试图为上帝存在这个传统命题寻找一种具有说服力的证据。在这里，我们可以看到康德在运用休谟怀疑论来打破“独断主义迷梦”的过程中所经历的内心矛盾和思想挣扎。在关于上帝存在的理性证明问题上，康德以缜密的批判性思维分别驳斥了安瑟尔谟和笛卡尔的本体论证明、托马斯 · 阿奎那和莱布尼茨–沃尔夫主义的宇宙论证明，以及以英国自然神论为代表的目的论证明（我们可以看到，在几年前所写的《一般自然史与天体理论》中，康德还是一个目的论证明的支持者），但是他却提出了一种从作为结果的可能者来推论上帝存在的先天证明，并且将此作为关于上帝存在的各种证明中唯一可能的证据。他虽然突破了传统形而上学关于上帝存在的各种具体的证明方法，但却并没有摆脱传统形而上学从思辨理性的角度来证明上帝存在的模式，只是用一种新的理性证明来取代旧的理性证明而已。

就此而论，康德仍然没有完全摆脱莱布尼茨–沃尔夫体系的影响，他从作为结果的事物之可能性推论出作为根据的上帝之存在的做法，严格地说仍然没有超出形而上学先验论和理性主义独断论的藩篱。与后来在《纯粹理性批判》中彻底否定用思辨理性来论证上帝存在的观点不同，此时的康德还对用逻辑推理来证明上帝存在的做法怀有最后的期望。尽管在这篇文章的结尾处，康德自己也承认："人们相信上帝的存在是绝对必要的，但人们证明上帝的存在却并不同样必要。"[1] 但是从这篇文章的题目以及文中的主要内容来看，康德仍然希望提供一种关于上帝存在的理性证据。这种自相矛盾性恰恰说明了此时的康德仍然处于早年的形而上学成见与初萌的怀疑主义方法之间的思想鏖战中。

在该文的前言中，康德就明确地表达了对传统形而上学关于上帝存在的烦琐证明的不满之情，他写道："好像我们所有知识中最重要的知识，即有一个上帝存在，如果不借助深刻的形而上学研究就会发生动摇，就会有危险似的。天意并不希望我们那些为了幸福而极其需要的认识建立在烦琐的精巧推理之上，而是把它们直接交给一般的自然知性。"[2] 康德指出，关于上帝存在的证明实际上是一种精神的冒险活动，它随时都可能"陷入形而上学无底深渊的风险"之中。迄今为止，这种证明还从来没有被有效地做出过。而康德本人也承认，他在此所做的工作只不过是为一种证明提供证据而已，至于从这种证据是否可以令人信服地推出上帝存在的结论，还需要持一种审慎的态度。相比起传统形而上学那种敢于解释一切和证明一切的独断论态度，在证明上帝存在这样严肃的问题上保持一种畏惧

1 伊曼努尔·康德,《康德论上帝与宗教》, 2004, 第 111 页。
2 同上, 第 27—28 页。

心理和怀疑姿态或许是更加理智的。

在《证明上帝存在唯一可能的证据》一文中，康德首先对“存在”这个概念进行了细致的分析。康德认为，正是对于这个非常简单而又尽人皆知的概念的不当理解，造成了传统形而上学在上帝存在问题上的理论混乱。康德明确地表示，“存在”不同于事物的性质、时间、地点等规定性，它并不是一个事物的谓词，而只是对一个事物的绝对肯定。无论一个事物是可能的还是实际存在的，都不影响这个事物的谓词状况。例如，一个三角形具有三条边和三个角，无论这个三角形是否实际存在，“三角形”这个东西与“三条边”“三个角”等谓词之间的联系都不会受到影响。但是人们在证明上帝存在的时候，却往往把“存在”作为一个谓词加到“上帝”之上，好像“存在”与“完美”“全能”“仁慈”等谓词一样是“上帝”这个概念的一种不可或缺的规定性。康德强调，“存在”不是一个事物自身的谓词，而只是人们关于该事物的思想的一个谓词，也就是说，“存在”的意义仅仅在于使得思想中关于一个事物的全部谓词都落实到一个实际存在的事物之上。“说独角兽是某种实存的动物，这并不是一个完全正确的表述。正确的表述相反是：某个实存着的海洋动物具有我在独角兽身上所设想的全部谓词。”[1] 在这段表述中，我们可以看到康德已经预示了后来在罗素那里所确立的摹状词理论。

“存在”作为对事物的一种绝对肯定或者设定，与“是”这个概念具有同一性。但是，“是”至少具有两重含义：第一是作为判断中的逻辑关联词，例如“上帝是全能的”；第二是作为“存在”，说一个事物“是”，也就是说该事物存在。在前一种情况下，“是”本身并不是上帝的一个谓词，它只是把“上帝”这个主体与“全能的”

1　伊曼努尔·康德，《康德论上帝与宗教》，2004，第 34 页。

这个谓词联结起来，这种逻辑上的联结并不涉及上帝本身是否实际存在（是否“是”）的问题。在后一种情况下，即在“上帝是”或者“上帝存在”这个命题中，“是”或“存在”同样也不是上帝的一个谓词，而只是对上帝的一种绝对肯定或设定。这种绝对的肯定或设定只是表达了主体的一种现实状态，它是不可能单纯运用逻辑思辨从一个主体的谓词分析中必然地推出的，而只能通过经验来确定。

康德的上述思想，在后来的《纯粹理性批判》中更加精辟地得以表述，但是最初的雏形却是在《证明上帝存在唯一可能的证据》中形成的。在这篇文章中，康德反复强调，存在并非事物的谓词，从一个事物与其谓词之间的逻辑联系中并不能断定该事物是否实际存在。存在不涉及一个概念的内涵，它只涉及一个概念如何被设定的方式。在这里，康德强调了“设定什么”与“如何设定”之间的区别：设定一个事物的内涵（即设定该事物的内在规定性），这是一个逻辑定义的问题；至于如何设定该事物的状态（即确定该事物是单纯可能的还是实际存在的），则是一个经验判断的问题。这二者是不应该相互混淆的。康德试图从“设定什么”和“如何设定”这两个不同角度来说明一个现实的东西与一个可能的东西之间的差异——从“设定什么”的角度来看，一个实际存在的东西并不比一个单纯可能的东西多什么，因为它仅仅只涉及该事物与它的内在规定性或者全部谓词之间的逻辑关系，一个事物是否实存，并不影响这种逻辑关系（康德后来在《纯粹理性批判》中举例说，一百块现实的钱币并不比一百块可能的钱币多一分一毫，二者都是一百块钱）；但是从“如何设定”的角度来看，一个实际存在的东西却要比一个单纯可能的东西设定了更多的东西，因为它涉及对该事物的绝对肯定（康德后来在《纯粹理性批判》中强调，一百块现实的钱币与一百块可能的钱币对于一个人的财产状况具有完全不同的意义）。

从这种区分出发，康德表达了他对“上帝存在”这个棘手问题的看法：

> 所有的谓词与其主体的关系都绝不表明某种实存的东西，主体在这种情况下必须已经被假定为实存的。上帝是全能的，即便是并不认识上帝的存在的人，在其判断中，只要他像我使用上帝的概念那样正确地理解我，这也总是一个真实的命题。然而，上帝的存在必须直接属于他的概念如何被设定的方式。因为在谓词自身中是找不到他的存在的。而且如果不是已经把主体假定为实存的，那么，对于任何一个谓词来说，无论它属于一个实存着的主体，还是属于一个仅仅可能的主体，主体都依然是未被规定的。因此，存在本身不能是谓词。[1]

康德关于存在并非一个谓词的说明，其矛头是指向安瑟尔谟–笛卡尔的传统本体论证明的，因为如前所述，关于上帝存在的本体论证明的实质就是把存在作为上帝这个主体的一个谓词或属性，直接通过对上帝概念的逻辑分析而推论出上帝的存在。在《证明上帝存在唯一可能的证据》一文中，康德第一次明确地把那种从可能者的知性概念出发推论出上帝存在的做法称为“本体论证明”，把从实存者的经验概念出发推论出上帝存在的做法称为“宇宙论证明”。关于本体论证明，他又进一步分为两种：一种是“从作为一个根据的可能者推论到作为一个结果的上帝的存在”，另一种则是“从作为一个结果的可能者推论到作为一个根据的神性实存”。前者是安瑟尔谟–笛卡尔的路线，康德反对这种从上帝的概念中分析出存在的做法，

1 伊曼努尔·康德，《康德论上帝与宗教》，2004，第 36 页。

他主张采取第二种做法，即从作为结果的事物之内在可能性推论出作为根据的上帝的存在，这也就是康德所说的证明上帝存在的唯一可能的证据。

关于这种证据，康德在这篇文章中做了比较详细的论述，但是这些论述带有浓重的形而上学独断论的烦琐气息，由此可见此时的康德仍然未能彻底摆脱莱布尼茨–沃尔夫体系的影响。

康德首先对可能性概念进行了分析，一切可能性都必须以下述两点作为限制：第一，从形式或逻辑的角度来说，“凡是在自身中相互矛盾的东西，都是内在地不可能的”；第二，从质料或实存的角度来说，“如果所有的存在都被取消，那么，也就没有任何东西被绝对设定，根本没有任何东西是给定的，没有任何质料的东西成为某种可设想的东西，一切可能性都完全不复存在”。[1] 也就是说，所谓的可能性在逻辑上必须不包含矛盾，即不违背矛盾律；在实存方面则必须设定有某种现实事物存在，如果从根本上否定了一切实存物，然后再断定某种东西是可能的，这就是一种自相矛盾了。因此，一切可能性或者具有“逻辑根据”，或者具有“实在根据”。康德对二者区分道：

> 我将把其他事物的内在可能性被给定所借助的那个作为根据的现实事物称作这种绝对可能性的第一个实在根据，就像矛盾律是这种绝对可能性的第一个逻辑根据一样。因为与矛盾律的一致包含着可能性的形式的东西，就像现实事物提供了可设想的事物中的材料和质料性的东西一样。[2]

1 伊曼努尔·康德，《康德论上帝与宗教》，2004，第 38、39 页。
2 同上，第 41 页。

在这里，我们可以清晰地看到康德与安瑟尔谟–笛卡尔的本体论证明的思想分野。安瑟尔谟–笛卡尔的本体论证明是依据矛盾律，从上帝这个“必然的存有”推出上帝的存在（如果一个“必然的存有”不包含存在，在逻辑上就是自相矛盾的，正如一个三角形如果不包含三个角在逻辑上是自相矛盾的一样）。也就是说，安瑟尔谟–笛卡尔的本体论证明仅仅只是从形式上或者“逻辑根据”上来证明上帝的存在。然而康德走的却是另一条路线，对于康德来说，存在不是一个逻辑判断的谓词（到了《纯粹理性批判》中，康德更加明确地表示，存在不是一个分析判断的谓词），因此人们不能仅仅从上帝的概念中推论出上帝的存在。但是，由于某个现实事物的存在构成了一切可能性的“实在根据”，而世界上绝对不可能没有任何东西存在[1]，因此我们从作为结果的事物之可能性出发，就可以推论出一个作为根据的必然性存在（即上帝）。

康德接着对必然性概念进行了辨析，正如他区分了一切可能性的“逻辑根据”与“实在根据”一样，他也进一步区分了“逻辑的必然性”和“存在的必然性”。从逻辑上说，一个命题只要不包含内在矛盾（即只要符合矛盾律），它就是必然的（例如“三角形有三个角”就是一个必然性的命题）。但是这种“逻辑的必然性”并不涉及存在本身，从一个事物的“逻辑的必然性”中并不能推出该事物的实际存在。否定一个三角形有三个角，这固然会导致逻辑上的自相矛盾；但是如果我们否定了三角形本身，也就是说把三角形和三个角一同加以否定，并不会导致逻辑上的自相矛盾。事实上，在康德之前，霍布斯就曾经表述过类似的思想。

1 康德明确表示：“被用来从根本上取消一切可能性的东西，是绝对不可能的。”“绝对不可能根本没有任何东西存在。”参见：伊曼努尔·康德，《康德论上帝与宗教》，2004，第 40 页。

当笛卡尔强调即使世界上从来没有三角形这种形状，也并不会妨碍三角形有三个角、三角之和等于两直角等性质时，霍布斯反驳道：

> 如果世界上根本没有什么地方存在这样一个形状，我不能明白怎么会有这个形状的性质；因为，什么地方都没有的东西，就决不存在，因而既没有存在性，也没有性质。我们心中所领会的三角形的观念来自我们所看见过的，或者根据我们所看见过的东西制造出来的另一个三角形……可是三角形的性质并不因此而是永恒的，因为万一一切三角形都消灭了，它也就不存在了。[1]

简言之，承认一个事物而否定它的性质（或谓词、规定性），这固然是自相矛盾的，但是如果把这个事物的存在连同其性质（或谓词、规定性）一起加以否定，却并不会导致逻辑上的自相矛盾，因为这种连同事物及其谓词一同加以否定的做法并没有破坏该事物与它的谓词之间的逻辑关系。在《证明上帝存在唯一可能的证据》中，康德以一种较晦涩的语言表达了这一思想：

> 对一个实存着的事物的取消也就是对由于该事物的存在而被绝对地或无条件地设定的一切的一种完全的否定。尽管如此，作为一个可能者的事物与其谓词之间的逻辑关系依然存在。不过，这些逻辑关系完全不同于对事物连同其谓词的绝对肯定，不同于存在所寓居的东西。因此，并不是在事物中被设定的东

1　笛卡尔，《第一哲学沉思集》，1986，第 195 页。

西，而是某种别的东西被不存在所取消，所以，这里绝不包含一种矛盾。[1]

在后来的《纯粹理性批判》中，康德则以一种更加清晰的方式表达了同样的思想：

设定一个三角形却又取消它的三个角，这是矛盾的；但把三角形连同其三个角一起取消，这没有任何矛盾。一个绝对必然的存在者的概念也正是同样的情况。如果你取消它的存有，你也就把该物本身连同其一切谓词都取消了；这样一来，哪里还会产生矛盾呢？[2]

由于"逻辑的必然性"并不涉及存在的问题，所以安瑟尔谟–笛卡尔建立在逻辑必然性基础之上的所谓"绝对必然的存在者"就只能是一个"骗人的、错误的概念"。一个真实的"绝对必然的存在者"必须具有"存在的必然性"，它不是建立在对一个概念的逻辑分析之上，而是建立在一切事物的内在可能性之上。它不是一个纯逻辑的形式概念，而是一切可能事物的质料性根据。康德对"绝对必然者"这样定义道："有某种现实性，其取消本身将会从根本上取消一切内在的可能性。这种其取消或否定摈除了一切可能性的东西，就是绝对必然的。"[3] 与此相反，在实存意义上，那些其自身的取消并不会取消一切事物之可能性的东西，就是偶然的存在。

在这里，我们可以看到，虽然康德不是像安瑟尔谟–笛卡尔的

1 伊曼努尔·康德，《康德论上帝与宗教》，2004，第 43 页。

2 康德，《纯粹理性批判》，邓晓芒译，杨祖陶校，人民出版社，2004，第 473 页。

3 伊曼努尔·康德，《康德论上帝与宗教》，2004，第 44 页。

本体论证明那样从一个“必然的存有”或者“最完美的东西”的概念出发，而是从所谓“事物的内在可能性”出发来证明上帝的存在，但是他的这种证明方式仍然具有浓重的形而上学气息。康德的证明可以简单地概括为如下推理过程：

> 大前提：一切事物的内在可能性作为结果都是以一个绝对必然的存在者作为最终根据的。
>
> 小前提：一切事物的内在可能性是不可能从根本上取消的（“绝对不可能根本没有任何东西”）。
>
> 结论：一个绝对必然的存在者实存。

紧接着，康德又按照一种经院式的和独断论的形式化推理原则（如实在性先于可能性、结果不能超越根据等），由这个作为“其他一切可能性的最终实在根据”的绝对必然的存在者，进一步推出了它是唯一的、单纯的、不变的、永恒的、包含着最高实在性的精神性存在，即一个上帝。[1]

康德的这个证明与莱布尼茨建立在充足理由律之上的宇宙论证明具有内在的同构性。在莱布尼茨那里，上帝构成了偶然性事物的充足理由；在康德的这个证明中，上帝构成了一切事物内在可能性的最终根据。但是莱布尼茨的证明毕竟还是从偶然性的经验事物出发的，而康德的证明却只是从抽象的可能性出发，因此这个证明严格地说乃是一个先天性的证明，它的基础仍然是先验的概念分析，

1 “有某种东西绝对必然地实存着。这种东西就其本质来说是唯一的，就其实体来说是单纯的，就其本性来说是一种精神，就其持存来说是永恒的，就其状态来说是不变的，就所有可能的东西和现实的东西来说是最充足的。这就是一个上帝。”参见：伊曼努尔·康德，《康德论上帝与宗教》，2004，第 49—50 页。

而不是经验的综合或类比。通过以上的分析，我们可以看到，康德在这里所说的可能性并非经验意义上的可能性，而只是思辨意义上的可能性，即仅仅通过对可能性概念的逻辑辨析而确立起来的可能性。柯普斯登指出："康德的论点是，一切思想实已潜在地指向上帝之存在，而并非曰上帝底存在有待偶然事物（contingent things）之存在去将之彰示。"[1] 正因为如此，康德本人也把这个证明归于本体论证明的范畴，他在谈到这个证明的性质时明确表示：

> 我们所提供的上帝存在的证据之所以建立在这上面，仅仅是因为某种东西是可能的。据此，它是一个可以完全先天地做出的证明。这里既不以我的实存，也不以其他精神的实存，更不以物体世界的实存为前提条件。事实上，它是从绝对必然性的内在标志得出的。[2]

这样一种先天性的本体论证明，恰恰是后来康德在《纯粹理性批判》中坚决反对的。由此可见，当康德撰写《证明上帝存在唯一可能的证据》一文时，他仍然未能完全摆脱传统形而上学的"独断主义迷梦"。

康德关于上帝存在证明的思想矛盾

我们在前面已经看到，青年时代的康德曾经深受英国自然神论和牛顿自然观的影响，而自然神论关于上帝存在的设计论证明（即

1 柯普斯登,《西洋哲学史（第六卷）：卢梭到康德》, 1993，第 251 页。
2 伊曼努尔 · 康德,《康德论上帝与宗教》, 2004，第 51 页。

目的论证明），一直在康德思想中占有重要的地位（这种影响一直持续到《判断力批判》中）。因此，当康德在《证明上帝存在唯一可能的证据》中提出一种以事物之内在可能性作为证据的本体论证明时，他仍然不愿意放弃青年时期所推崇的那种以经验事物的秩序性作为证据的设计论证明。于是，他在《证明上帝存在唯一可能的证据》的第二章又转向了一条“后天的认识道路”，即从自然世界的经验杂多中发现一种普遍的和谐秩序和必然统一性，从经验事物的本质或可能性中寻找世界的充足理由和最终根据，从而印证由“先天的道路”所得出的结论。

在这一章中，康德从空间的属性、事物的运动、宇宙的构成等方面论证了在经验杂多中存在着令人惊异的协调性和统一性，这种普遍的协调性、统一性充分揭示了在经验杂多背后存在的一种终极性的共同根据，显示了一个超绝智慧（上帝）的有目的的设计。在康德所表述的设计论思想中，可以看到莱布尼茨的前定和谐理论的明显烙印。一方面，康德把自然界的普遍和谐的最终根据归结为一个“睿智的存在者”，由于这位“睿智的存在者”的精心安排，在一切事物的可能性中就已经内在地包含了某种必然的规定性，事物只能按照这种前定的必然性而发生和运动；另一方面，他却反对这个“睿智的存在者”任意干预自然的进程（即反对自然界中的奇迹），反对把自然界内在的必然统一性说成是上帝的特殊意志对事物进行随时调整的偶然性结果（即反对偶因论的观点）。康德坚持认为，上帝早在创世时就已经一劳永逸地把必然性的普遍规则加诸到事物的内在可能性之中（前定和谐），因此在自然运行的过程中再也没有必要去随时干预和调整它了。自然界在被创造之后将自动地遵循其内在固有的普遍必然规律运动，既不受人类道德状况的影响，也不受种种神秘的机缘和奇迹的干扰：

> 在大自然中有许多力量，它们有能力毁掉单个的人或者国家或者整个人类：地震、风暴、海啸、彗星……然而在它们的发生所依据的规律中间，人类的罪恶和道德堕落却根本不是与之相关的自然根据。一个城市的罪孽对地下隐秘的火并没有影响，而一个世界的耽于享乐也并不属于能够在其轨道上将彗星召向自身的原因。如果发生这样一种情况，人们把它归因于一种自然规律，那么，人们由此是想说它是一种不幸，而不是想说它是一种惩罚……
>
> 在大自然按照必然的规律起作用的地方插入神的直接修补，这将是不必要的，因为如果结果按照自然秩序是必然的，那么，就再也不可能按照最普遍的规律发生某种让上帝反感的事情。[1]

康德强调，一个按照其自身固有的必然规律而运行的自然世界是上帝精心设计的结果，因此它也是一个善的世界。它之所以是善的，只是因为它在任何时候都是自然而然地必然的。一切超自然的东西都会打断或破坏这种自然而必然的秩序，从而成为与上帝的意志相悖逆的和令上帝反感的，在道德上也就成为恶的东西。上帝是一个最伟大的艺术家，在他所创作的那幅（前定和谐的）必然性世界图卷中，一切后天的艺术修饰和偶然安排都显得既拙劣又多余。

康德把一切从上帝的作用出发来认识上帝存在的方式分为三种：第一种是通过奇迹——即通过打断自然秩序的方式——来认识上帝；第二种是通过大自然偶然的秩序——即上帝对自然秩序的随时调整——来认识上帝；第三种则是通过大自然固有的必然规律和

1 伊曼努尔·康德，《康德论上帝与宗教》，2004，第 62—63、67 页。

内在统一性来认识上帝。第一种方式是启示神学的方式，康德对此不屑一顾。第二种方式和第三种方式则是自然神学的方式，它们分别代表了偶因论的观点和前定和谐的观点，康德明确地反对前者而支持后者。康德认为，偶因论的观点把自然界的和谐、完美看作偶然的，看作上帝通过特殊意志随时对每一个事物进行安排和调整的结果，它的错误在于：第一，忽略了大自然内在固有的必然统一性；第二，妨碍了对自然界的科学研究；第三，把上帝变成了一个对既有物质进行安排的工匠，而不是一个自然世界的创造者。这种观点与古代原子论同出一辙，即把一个和谐有序的自然世界完全看作偶然性的结果。康德指出，这种偶因论观点的要害在于，它充其量只能说明上帝是世界形式的原因，而无法说明上帝是世界质料的原因：“自然界中的秩序如果被看作偶然的、出自一个聪慧的存在者的任性的，它就根本不是证据，证明即便自然界在这样的秩序中按照智慧结合起来的事物，也是从这一创造者获得其存在的。”[1]

然而，与这种偶然性的观点不同，那种强调自然界内在固有的必然统一性的自然神学（即前定和谐的观点），则不仅可以说明上帝是世界形式的设计者，而且可以说明上帝是世界存在（或可能性）的最终根据。因为如果我们把一切和谐秩序与必然的统一性都当作大自然自身固有的，是先天地蕴涵在事物内在的可能性之中的，那么我们就把这种和谐秩序和必然统一性与事物的存在相同一了，使之成为事物的本质规定性。由于事物的存在是取决于其本质的（本质决定存在），所以当我们从一个“睿智的存在者”（即上帝）的角度来说明世界的普遍和谐性和必然统一性时，这个“睿智的存在者”理所当然地也就成为世界存在的最后根据了。康德总结道：“人们从

1　伊曼努尔·康德，《康德论上帝与宗教》，2004，第 78 页。

世界偶然的结合推论到宇宙如何拼合起来的方式的创造者，但从必然的统一推论出同一个存在者，作为甚至物质和所有自然物的基本材料的创造者。”[1]

从以上的论述可以明显地看出，康德虽然坚持自然神论的设计论思想，承认自然界的和谐秩序与必然统一性是一个“睿智的存在者”有目的的创造结果，但是他却反对上帝在每一个具体事物上的特殊目的。上帝一次性地创造了世界的形式（本质）和质料（存在）之后，就不再通过特殊意志来干预世界的必然进程。作为整体的自然界显示出某种统一的合规则性或合目的性，但是每一个具体的自然事物却并不体现上帝的特殊目的。大自然严格地遵循自身固有的规律而运行，它的合规则性和内在统一性恰恰证明了一个作为世界形式和质料的充足理由和最后根据的智慧存在者的存在。正是出于对这个合规则性的和完美和谐的自然世界的坚定信念，使得我们在仰望头顶的星空时充满了神圣的感动：

> 当我在一滴物质中观看诡计、暴力和叛乱的场景，并由此抬眼仰望苍穹，看到无法测度的空间密布着各个世界和尘埃时，没有一种人类的语言能够表达这样一种思想所激起的情感，所有精致的形而上学分析都远远不及这样一种直观所特有的崇高和尊严。[2]

在考察了从“后天的认识道路”（即自然神学的道路）为上帝存在提供的证据之后，康德在《证明上帝存在唯一可能的证据》的简

1 伊曼努尔·康德，《康德论上帝与宗教》，2004，第 80 页。
2 同上，第 103 页。

短的第三章中对上帝存在的所有可能证据进行了比较。首先，他提出了一条公理或准则——如果上帝存在这个伟大真理应当具有数学一样的最高确定性的话，那么它只能通过一条道路来达到。但是迄今为止，自称能够达到这一真理的道路却有好几条。其次，康德把所有这些证明划分为两大类，即从单纯可能者的知性概念出发和从实存者的经验概念出发这两条道路，并且分别把前者命名为“本体论证明”，把后者命名为“宇宙论证明”（由安瑟尔谟和托马斯·阿奎那所分别代表的这两类证明由此而得名）。再次，康德进一步把本体论证明分为两种：前者从作为一个根据的可能者推论出作为一个结果的上帝的存在；后者从作为一个结果的可能者推论出作为一个根据的神性实存。同时康德也把宇宙论证明再分为两种：前者从存在着的东西推论出一个第一因，再通过对这个第一因概念的逻辑分析推论出一个神明的各种属性；后者则从实存事物的经验概念直接推论出上帝的存在和属性。康德依次对这四种证明的可能性进行了批判性考察。

第一种证明是安瑟尔谟–笛卡尔的本体论证明，这是康德历来所反对的，它的关键在于，仅仅试图通过逻辑解析从可能者的概念（即思想中的上帝观念）中推论出（上帝的）存在。但是，诚如康德在该文的开篇处所明确强调的，存在并非一个谓词，它是不可能从一个概念中逻辑地分析出来的。此外，存在也不是一种属性，它并不被内在地包含在所谓的完善性之中。因此，第一种证明是无效的。

第二种证明即康德本人在该文第一章中所做的证明，它的实质在于，从事物的内在可能性推论出上帝的存在。关于这个证明，我们在前面已经做过详尽的论述，在此不再赘叙。

第三种证明即托马斯·阿奎那和莱布尼茨–沃尔夫主义的宇宙论证明，这个证明的逻辑思路是：“从存在着的东西的经验概念出发，按照因果推理的规则达到一个第一因和非依赖性的原因的实存，从这种实存出发借助对概念的逻辑解析达到它表示一种神明的各种属性”。[1]康德把这个证明分解为三个步骤：第一步，从某物存在推出一个第一因或非依赖性的事物的实存。对此，康德没有异议。第二步，将这个第一因或非依赖性的事物等同于一个绝对必然的存在者。康德认为，这一步是建立在充足理由律之上的，它的可靠性相对比较薄弱，但是康德仍然表示同意。第三步，从这个绝对必然的存在者推出一个神明的最高完善性和统一性等属性，从而推论出这个神明的存在，这是宇宙论证明的关键一跃。但是康德敏锐地指出，这一步实际上又回到了安瑟尔谟–笛卡尔的本体论证明，即把存在作为一个谓词从一个绝对必然者的概念中分析出来。因此，托马斯·阿奎那和莱布尼茨–沃尔夫学派的这种宇宙论证明看起来好像是从经验概念出发的，实际上只是虚晃一枪，很快又跳到了形而上学的云端，仍然未能跳出安瑟尔谟–笛卡尔本体论证明的窠臼。[2]正因为如此，这个证明同样也是无效的。

第四种证明即自然神论的证明（虽然康德在该文中仍然把它归入宇宙论证明的范围），也就是康德在该文第二章中所支持的那种前定和谐的设计论证明。这种证明从实存事物的经验概念出发，推论出作为世界的充足理由与最终根据的上帝的存在和属性。康德认为，这种证明虽然具有普遍实用性的优点，是任何一个有理性者按照自然常识所应该赞同的，但是它本身却仍然缺乏数学的严密性和精确

1　伊曼努尔·康德，《康德论上帝与宗教》，2004，第 107 页。

2　把宇宙论证明的实质归结为本体论证明，这种观点在《纯粹理性批判》中得以进一步发挥，在那里，康德甚至把自然神学的证明也通过宇宙论证明的中介而最终归结为本体论证明，因此本体论证明就被看作从“理性的纯粹理念”而推演出来的唯一可能的证明。只要驳倒了这种证明，思辨理性关于上帝存在的一切其他证明都将不攻自破。这就是为什么康德在《纯粹理性批判》中把批判的矛头集中对准本体论证明的原因。

性。因为它虽然可以从世界的秩序性、完善性和合目的性中推出一个具有知性、权柄和美善的原因，但却绝不能证明这个原因本身是全知、全善的（即基督教信仰中的那个上帝的特性）。

在对上述四种证明分别进行了分析之后，在关于究竟哪一种证明是最好的问题上，康德本人似乎陷入了一个进退两难的窘迫境地。他模棱两可地指出，如果从逻辑的精确性和完备性来看，第二种本体论证明（即从事物内在可能性出发的证明）无疑是最好的；但是如果从“概念的可理解性、印象的生动性、优美和对人性的道德动力的感动力”来看，第二种宇宙论证明（即自然神论证明）则具有优势。康德在这篇长文的结尾处所得出的结论是耐人寻味的，他这样写道：

> 在我们归为两大类的四种可以设想的证据中，无论是笛卡尔学派的证据，还是借助分解一个非依赖性事物的概念而从存在的经验概念得出的证据，都是错误的、完全不可能的……从世界上的事物的属性推论到神明的存在和属性的证明包含着一种有力的、很优美的证据，只不过它绝对不能具有一种证明的明晰性罢了……事物的内在可能性、本质是这样的东西，取消了它，就根除了一切可设想的东西。因此，所有存在者的本质之存在的独特征兆就在这里。就在这里寻找证据吧，如果你们以为不能在这里找到证据，那你们就从这条未经修整的人行小道转到人类理性的宽广大道上去吧。人们相信上帝的存在是绝对必要的，但人们证明上帝的存在却并不同样必要。[1]

1　伊曼努尔 · 康德，《康德论上帝与宗教》，2004，第 110—111 页。

从这段话中我们可以得出如下结论：第一，笛卡尔学派的本体论证明和沃尔夫主义的宇宙论证明都是错误的和完全不可能的；第二，自然神论的证明虽然很优美，但却不具有数学证明那样的明晰性；第三，从事物内在可能性出发的证明提供了唯一可能的证据，但是它却是一条未经修整的小道（这表明康德本人已经觉察到这种烦琐、晦涩甚至独断的形而上学证明方式并不适合人类的健全理性）；第四，至于文中所说的"人类理性的宽广大道"，可能代表着在此时的康德思想中初现端倪但却尚未完全成形的理性批判精神（尤其是自我批判的理性精神）。这种批判的理性精神一旦形成，将会对传统理性神学和形而上学独断论关于上帝存在的一切证明进行彻底清算，而不再流连于对所谓"唯一可能证据"的眷念。正是因为康德此时尚处于这种挣脱"独断主义迷梦"、构建理性批判精神的痛苦过程中，所以他才会如此矛盾地在对上帝存在的唯一可能证据进行了极其烦琐的论证之后，最终竟然得出了"证明上帝的存在并不必要"的尴尬结论。

《通灵者之梦》——刺向神秘主义与理性独断论的双刃剑

1766年，康德匿名发表了一篇名为《通灵者之梦》的长篇论文，撰写该文的直接契机是由于瑞典著名通灵者史威登堡（Emanuel Swedenborg，1688—1772）的神秘事迹。这位当时在欧洲颇具盛名的通灵者，原来是一位卓有建树的科学家和自然哲学家，晚年时由于经历了一场精神上的危机，开始转向宗教神秘主义。史威登堡先生自称拥有一种特殊能力，能够直接与灵界相通，并且撰写了一部八卷本的巨著《天上的奥秘》来宣扬他的神秘主义经验和在灵界的见闻。一时之间，他的崇拜者和信徒们遍布北欧和北美的许多国家。

早在 1763 年 8 月 10 日康德写给一位贵族小姐的信中，就谈到了关于这位史威登堡先生的奇闻。这位神奇的通灵者曾经告诉康德的一位朋友，上帝赋予他一种“异常的禀性”，可以与死去的灵魂相沟通。虽然康德对于这种说法不太相信[1]，但是由于史威登堡先生的名气太大，康德还是花了一笔不小的费用买了一部《天上的奥秘》，但是读后却令康德深感失望。这种既损失了钱财又花费了时间的上当感觉，可能是促使康德撰写《通灵者之梦》的直接原因之一。[2]当然，在这个表面上的原因背后还潜藏着一个更加深刻的原因，那就是康德想借题发挥，即通过对通灵者的神奇幻象的批判，同时也对自己已经开始进行深刻反省的形而上学独断论进行一次大清算。

因此，《通灵者之梦》一文不仅明确表达了康德对神秘主义通灵术的基本态度（受启蒙理性影响至深的康德一向对这类稀奇古怪的东西嗤之以鼻），而且标志着康德对沃尔夫主义的批判走向深入。如果说在《证明上帝存在唯一可能的证据》中康德对沃尔夫主义的理性神学（上帝存在的宇宙论证明）进行了驳斥，那么在《通灵者之梦》中康德则对沃尔夫主义的理性心理学进行了批判。而且尤为重要的是，在这篇文章中，康德明确地突出了经验对于形成关于实在事物的知识的重要性。如果对照《证明上帝存在唯一可能的证据》

1　康德在致克诺布洛赫小姐的信中写道：“我确定：不论一切关于神灵世界的显现和活动的故事（在这些故事中，我知道极多非常有可能性的故事），我却始终认为最合乎健全理性的规则的做法是转向否定的一方；并非好像我自认为已了解这类故事之不可能（因为我对一个神灵的本性知道得多么少！），而是因为它们均未得到充分的证明。”参见：康德，《致夏洛蒂 · 封 · 克诺布洛赫小姐》，转引自：康德，《通灵者之梦》，李明辉译，台湾联经出版事业公司，1989，第 83 页，“附录”。

2　康德在《通灵者之梦》的前言中以第三人称的口吻描述了自己上当受骗的感觉：“他带着某种耻辱而承认：他如此天真地探究若干上述那类故事的真实性。他发现——像通常在我们毋须寻找之处一样——他一无所获……此外，他已买了一部大书，而且更糟的是，还读了它；而这份辛劳不当虚掷。于是现在便产生了这篇论文……”对于这部满纸荒唐言的巨著，康德的评价是：自己“将不了解最主要的部分，不相信另一部分，但嘲笑其余部分”。参见：康德，《通灵者之梦》，1989，第 4 页，“前言”。

与《通灵者之梦》这两篇文章，我们就会发现，康德思想中的经验主义色彩越来越明显了。由于康德在《通灵者之梦》中借以批判神秘主义通灵术和形而上学独断论的一把双刃剑就是经验，而且由于在这篇文章中他还没有像在《纯粹理性批判》中那样系统地论述先天的认识能力和认识形式，因此这篇文章几乎可以说就是一篇经验主义的杰作。此外，与康德通常所写的那些艰深晦涩的论著不同，在这篇内容轻松、文字流畅的长文中，康德表现了一种亦庄亦谐的文风。面对着虚妄荒唐的神秘主义通灵术和空泛玄奥的形而上学独断论，康德极尽讽刺挖苦之能事，嬉笑怒骂皆成文章，从而为我们展现了一个与通常印象中老学究式的形象完全不同的康德面貌。

与在《证明上帝存在唯一可能的证据》中一样，在《通灵者之梦》中，康德也是首先对一个基本概念"精神"（Geist，或译为"神灵""灵魂"等）进行了辨析。沃尔夫主义的理性心理学是建立在笛卡尔的"自我"理论之上的，笛卡尔的哲学第一原理"我思故我在"把"我"从一个思维的逻辑主体偷换成一个实在的精神实体，不仅把精神实体化，而且把单纯性、人格性、观念性等属性都加诸其上。此外，为了说明身心之间的交感，笛卡尔还把大脑中的某个器官松果腺作为这个精神实体存在的地方。沃尔夫主义的理性心理学就是在此基础上探讨灵魂的实在性和不朽性的一门学问，它首先就已经独断地预设了"精神"的独立实在性。正因为如此，康德在这篇文章的开端处就追问"精神"或"神灵"一词的确切含义，他发现，尽管人们（包括那些学院派的博学之士）非常频繁地使用这个概念，但是他们对这个概念并未加以细致的探究，通常只是把"精神"或"神灵"定义为一个"拥有理性的存在者"。那么，这样一个具有实在性的"精神"概念究竟是从哪里得来的呢？康德指出，它显然不是从经验中抽取出来的，而是一种错误推论的结果。"许多概念是在经验的机缘中靠秘密而隐晦的推理产生的，然后又传播给他人，而无该经验本身或者推论（它建立关于该经验的概念）的意识。这种概念我们可称之为剽窃的概念。”[1]

既然这个实体性的“精神”概念只是一个缺乏经验基础的“剽窃的”概念，那么人们关于“精神”的单纯性与不朽性、精神在大脑中的居所、身心交感等问题的见解就都是一些难以令人信服的臆断。即使我们承认精神是一个单纯的实体，但是它到底是有形的还是无形的？是充实的还是空虚的？它存在于哪里？它如何与物质性的身体相交通？这些问题都是难以真正解答的，而笛卡尔和沃尔夫主义在这些问题上的答案都是独断的和经不起推敲的。对于笛卡尔的松果腺理论，康德挖苦道：

> 没有经验教我把我的感觉的若干部分视为远离于我，而把我不可分的自我闭锁在脑中一个要用显微镜才能看到的微小位置中，以便由此使我的身体机器之杠杆活动，或使自己由此途径被触及。

对于笛卡尔的身心交感说，康德则反诘道：

> 一个非物质性的实体如何能阻碍物质，而使物质在运动时碰撞到一个精神呢？而有形之物又如何能对一个不以不可穿透性抗拒它们的异物产生作用呢？

至于沃尔夫学派所津津乐道的灵魂不朽问题，那就更是天方夜

1　康德，《通灵者之梦》，1989，第 8 页，注释②。

谭了。如果我们连精神与身体的关系都弄不清楚，我们又如何能够了解它与身体分离之后的不朽性呢？

> 一个精神与一个躯体是由于何种必然性而合为一体呢？而在某种毁灭的情况中，是什么原因使得这种统一再度废止呢？这些问题连同其他各种问题远超乎我们的理解。[1]

由以上引文可见，康德在对神秘主义通灵术进行批判之前，首先把矛头对准了笛卡尔学派和莱布尼茨–沃尔夫主义的形而上学独断论。他从对“精神”或“神灵”概念的辨析入手，以经验为基础，对沃尔夫主义的理性心理学进行了质疑。康德诘难和批判了唯理主义的精神实体论、松果腺理论、身心交感说和灵魂不朽说等观点，但是他本人却并没有因此而转向唯物主义立场，从根本上否定精神实体的存在。他只是强调我们对于精神的实在性、不朽性以及身心关系等问题一无所知，人们对于这些问题的答案更多是建立在信仰或期望的基础上，而不是建立在经验知识的基础上。区分知识与信仰，并且对超出经验知识范围之外的东西保持一种审慎的怀疑态度，既不轻率地予以肯定，也不武断地加以否定，这是康德哲学的一个非常重要的特点，它带有显著的休谟怀疑论色彩。自从在18世纪60年代受到休谟思想的影响之后，康德就一直谨慎地对一切超验的对象——上帝、来世等——保持一种怀疑态度，这种怀疑态度并不是对这些对象予以否定，而是对这些对象采取一种不置可否或者“non liquet”（拉丁语，意为“不清楚”）的态度，因为事实上我们对这些超出经验范围之外的对象缺乏任何知识。康德坚持反对纯粹理性在

1 康德，《通灵者之梦》，1989，第14、17、18页。

这些超验对象上独断地加以运用——无论是独断地肯定其存在（理性神学和理性心理学），还是独断地否定其存在（无神论）。在《纯粹理性批判》的“先验方法论”中，康德非常清晰地表述了这种审慎的怀疑态度：

> 我们可以希望我们有朝一日还会对我们的纯粹理性的两个基本命题“有上帝”和“有来世”找出自明的演证来。我宁可肯定这是永远也不可能发生的事。因为理性从哪里能够为这样一些并不与经验的对象及其内部可能性相关的综合的主张取得根据呢？然而，同样无可置疑的是，永远也不会出来一个能够以起码的凭据、更不必说独断地来主张相反意见的人。因为既然他毕竟只能通过纯粹理性来阐明这一点，那他就必须设法去证明：一个最高存在者，一个在我们心里进行思维的主体，作为纯粹的理智都是不可能的。但他在何处能够获得那些使他有权超出一切可能经验之外而对事物做如此综合性的判断的知识呢？[1]

总而言之，关于超验对象的肯定或者否定并不属于知识论的范围，它毋宁属于信仰或信念，它的根基不是思辨理性而是实践理性。关于这一思想，在《通灵者之梦》中已经初现端倪。在这篇文章中，康德虽然从理论上批判了沃尔夫主义关于精神的实体性和不朽性的观点，但是他却又从道德的角度肯定了灵魂不朽信念的意义。他指出，我们行为中的道德因素直接与精神相关，人们可以相信他们的心灵依据其道德状态在宇宙精神实体中占有相应的位置，当灵魂由于肉体的死亡而与有形世界分离之后，将会在另一个世界中继续推

1 康德，《纯粹理性批判》，2004，第 572 页。

进此生未竟的道德修为。这样一种期望虽然不是以思辨理性作为根据的，但是它却具有重要的实践意义（此时康德还没有使用“实践理性”一词），即有助于强化人们的道德信念。在《通灵者之梦》中，康德以一种朦胧的形式表述了他后来在三大批判中所强调的实践理性对于思辨理性的优先性观点：

> 知性之秤本非完全公平，其载有“未来之期望”的题词的杆臂具有一种机械上的有利条件；其结果连落入此杆臂一端的秤皿的轻微理由都使得在另一端本身较重的思辨向上翘。这是我无法轻易消除的唯一不正，而且事实上我也决不想消除之。现在我承认：一切有关死去灵魂的出现或神灵感应的故事，以及一切关于精神性存有者的可能本性及它与我们之间的联结的理论，唯有在期望的秤皿中有显著重量；反之，在思辨的秤皿中，它们好像纯由空气所组成。[1]

在对沃尔夫主义的理性心理学进行了清算之后，康德把矛头转向了史威登堡的通灵术。

康德对于所谓通灵术的基本看法是，它如果不是一种有意的欺骗，就是一种谵妄的精神病状态。通灵者往往都宣称自己能够看到神秘的异象，这恰恰说明他们是把自己心灵捏造出来的狂乱妄想当作了真实的精神感应，其实质就是把主观想象当作客观事实，把梦幻当作现实。究其原因，康德认为，这是由于一种意外或疾病而造成的。意外或疾病使得人脑中的某些器官受到损害，从而使病人把思想中产生的幻想沿着一条向外延伸的方向线投射到客观世界中，

1　康德，《通灵者之梦》，1989，第 28 页。

把聚焦点置于思想主体之外。这样，他的主观幻想就在他眼前呈现为一个真实的客观图像。这种情况就如同我们喝醉酒时所产生的幻象，或者像我们刚刚睡醒时呆滞的目光投注于蚊帐的小污点上所产生的幻觉，这都是由于血管的膨胀使我们无法正常地调整双眼的聚焦点，从而把一些心理幻象投射到身外。但是不同之处在于，在后一种情况下，幻想的聚焦点多少可以受到我们意念的支配；而在病态的情况下，患者就无法阻止这种聚焦点的转移了。

鉴于以上的分析，康德对所谓通灵者所下的结论是，他们并非"另一个世界的半公民"，而是"医院的候补者"；至于那位自称具有"通神禀性"的史威登堡先生，更是被康德称为"一切妄想家中最严重者"。在中世纪时，这类通灵者往往会遭到被烧死的悲惨命运；但是在今天，康德认为只要给他们一点泻药就够了。因为恰如英国诗人巴特勒（Samuel Butler，1613—1680）的一首诗中的主人公所言：

> 当一股闷气在内脏中翻腾时，问题在于：其方向为何？如果它向下，由此就会生出一个 F-；但如果它朝上，这就是个幻象或神圣的灵感。[1]

《通灵者之梦》一文最显著的特点就是同时对神秘主义通灵术和形而上学独断论发起攻击。康德看到，通灵者是一些"感觉的梦幻者"，而独断论者则是一些"理性的梦幻者"，他们二者的共同之处在于，他们都看到了正常人所看不到的东西，都宣称自己能够认识"形而上学的极乐园"。然而，尽管他们对遥远天际的那些神奇玄奥

1 康德，《通灵者之梦》，1989，第 43 页。引文中的"F-"即"Furz"（屁）一词的第一个字母。

的事物津津乐道，他们对于眼前的经验事实却一无所知。康德援引丹麦天文学家布拉赫（Tycho Brahe，1546—1601）的马车夫的话来讽刺那些痴迷于理性梦幻的沃尔夫派哲学家："老爷！对于天空您可能很了解，但是在这地球上您是个傻子。"

在这篇文章中，康德已经注意到"先天的"（a priori）东西与"后天的"（a posteriori）东西在形成知识过程中的不同作用和各自局限。经验论者从后天的一端出发，从经验事实上升到普遍概念，这种途径虽然很明智，但却不足以说明普遍必然性的知识"为什么"能够从特殊性的经验中形成。唯理论者强调先天的东西，但却无法解决"从何处开始"和"往何处去"的问题，其思辨性的推理永远都飘浮在远离经验的形而上学虚空中。对于"先天的"和"后天的"东西在认识过程中的不同作用，以及经验论和唯理论的各自带有局限性的看法，使得康德开始考虑如何将二者有机地结合起来，以形成真正的科学知识。这种思考的最初结果表现在其1770年发表的教授就职论文《论感性和知性世界之形式与原理》中，而它的成熟形态则是《纯粹理性批判》。

此外，在《通灵者之梦》中，康德还明确地把因果关系归于经验的范围，认为脱离了经验、仅凭着理性是无法推出一个事物的原因的。理性法则仅仅只涉及同一性和矛盾问题，不涉及因果联系。"作为原因的事物的基本概念（力量与活动底基本概念）若非得自经验，便是完全武断的，而且既无法被证明，也无法被否定。"[1] 这一思想显然也是来自休谟，它此后一直被康德所坚持。康德在致门德尔松的信中也强调："我们能否藉着理性推论来发现一种原始的力量，亦即原因对结果的最初的基本关系？而既然我确知这是不可能的，

1　康德，《通灵者之梦》，1989，第74页。

则如果我未在经验中得悉这些力量，它们便只能被虚构。”[1] 后来康德在《纯粹理性批判》中驳斥关于上帝存在的宇宙论证明时，一针见血地指出该证明的要害之一就是把因果关系运用到感性世界之外，从经验事物一下子跳到了形而上学的云端。

除了上述那些重要思想之外，《通灵者之梦》中最具有启发意义的观点可以概括为两点，这两点后来构成了康德批判哲学的核心思想：第一点是关于人类理性的界限的问题，第二点是关于道德的信仰的观点。

关于第一点，即人类理性的界限问题，康德是通过对形而上学的积极意义和消极意义的划分来表述的。康德认为，传统形而上学是一种积极意义的形而上学，它试图凭借纯粹理性来对那些超验对象和事物的隐秘性质进行探究，并且形成了一种独断的意见（而非科学的知识）。这种积极意义的形而上学的最大特点在于，未加批判地将理性运用于一切领域，对于任何问题——包含上帝存在、灵魂不朽等——都敢狂妄地加以臆断。这恰恰就是沃尔夫学派的理性主义独断论的基本特点。与此相反，消极意义的形而上学则是建立在对人类理性的范围和界限的批判性意识之上的：

> 它明确地决定我们的洞识之界限，并且使我们相信：自然中的生命的各种现象及其法则是我们所能认识的一切，而此生命的原则（亦即，我们并不认识、而是推想的精神性存有者）却决无法由正面被设想，因为在我们的全部感觉中并无与此有关的材料。[2]

1 康德，《致摩赛斯·孟德尔颂》，转引自：康德，《通灵者之梦》，1989，第 93 页，附录。
2 康德，《通灵者之梦》，1989，第 48 页。

质言之，积极意义的形而上学是一种未经批判的、作为自然倾向的形而上学，它必然会导致理性的独断论；而消极意义的形而上学则是一门“关于人类理性的界限的学问”，它将会有效地防止思辨理性的一切独断和僭妄。康德后来在《纯粹理性批判》的“先验方法论”中明确地表示：“纯粹理性的一切哲学最大的、也许是唯一的用处的确只是消极的；因为它不是作为工具论用来扩张，而是作为训练用来规定界限，而且，它的不声不响的功劳在于防止谬误，而不是去揭示真理。”[1]《纯粹理性批判》中的这段总结性论述，与《通灵者之梦》中最初萌发的关于形而上学的积极意义和消极意义划分的思想，可谓是一脉相承的。

关于第二点，即道德的信仰问题，康德在《通灵者之梦》中有一段非常富于启发性的论述，它表明康德此时已经在功利的信仰与道德的信仰之间、在以宗教为根基的道德和以道德为根基的宗教之间明确地做出了区分，并且初步表述了那种颇具康德特色的动机论道德观。面对着一般人将对来世的盼望作为现世道德生活的前提的通俗观点，康德质问道：

> 难道只因为有个来世，“有德”才是善的吗？还是毋宁因为行为本身是善而有德的，它们才在将来得到报偿呢？人心岂非包含直接的道德规范，而我们为了使人在此世按照其本分而活动，必须在另一个世界发动机关吗？有一种人只要不受到未来的惩罚所威胁，便宁愿屈从于他所嗜好的罪恶；这种人可算是正直吗？可算是有德吗？我们岂非更应说：他虽然不敢作恶，但其心灵却怀着邪恶的存心；而他喜好类乎德行的行为之好处，

1　康德，《纯粹理性批判》，2004，第 606 页。

> 但却憎恶德行本身？而且事实上经验也证明：极多被教以来世且相信来世的人却耽于罪恶和卑劣，只知盘算以奸诈方式规避未来的威胁性报应的手段。但是，从来没有一个正直的人能够忍受“一切事物均随着死亡而终结”这个想法，且其高贵的存心不奋而期望于未来。因此，将对于来世的期待建立在一个善良的人的感觉上，似乎比反过来将其良好品行建立在对于另一个世界的期望上，更合乎人性和道德的纯粹性。道德的信仰也是如此；其纯真可免除一些诡辩的烦琐辨析，并且只有这种信仰适合于在所有状态中的人，因为它把人直接引到其真正目的上。[1]

上述观点，成为康德后来在《实践理性批判》和《单纯理性限度内的宗教》等著作中建立一种道德的信仰或道德神学的重要思想根据。

1 康德，《通灵者之梦》，1989，第 77 页。

第 14 章　康德三大批判中的宗教思想

康德对知识与信仰的划界

在 18 世纪 60 年代，一方面，康德受到休谟怀疑论的影响，开始从沃尔夫学派的独断主义迷梦中惊醒过来；另一方面，莱布尼茨生前未能公开发表的重要著作《人类理智新论》《莱布尼茨与克拉克论战书信集》等也相继在 1765 至 1768 年出版，从而使康德得以摆脱沃尔夫主义的中介而直接去了解莱布尼茨的思想。休谟的怀疑论帮助康德认识到，传统形而上学仅凭纯粹理性的演绎而获得关于超验对象的知识的做法只是一种狂妄而虚幻的独断论，离开了经验内容，任何知识都建立不起来；而莱布尼茨的这些新出版的重要著作则促使康德开始关注人类知识得以形成的先天条件问题，正是通过这些先天条件，特殊而杂多的经验材料才可能被联结整理成为具有普遍必然性的知识。[1] 在《通灵者之梦》中，我们可以看到，康德对

1　在后来出版的《纯粹理性批判》中，这些使得普遍必然性的人类知识成为可能的先天条件被表述为一系列的先天知识形式，包括作为先天直观形式的空间和时间，作为先天思维形式的概念（范畴）和原理，以及作为知识最高统一原则的先验的理念。

于“先天的”东西和“后天的”东西在知识形成过程中的不同作用和局限性已经有所认识。他发现，从“后天的”东西出发无法说明特殊性的经验“为什么”会形成普遍必然性的知识，从“先天的”东西出发又无法说明我们的认识活动“从何处开始”和“往何处去”。休谟与莱布尼茨的双重影响促使康德开始考虑把“先天的”与“后天的”有机地加以结合的问题，这种愿望明显地表现在1770年其所写的教授就职论文《论感性和知性世界之形式与原理》一文中。正因为如此，该论文通常被视为康德哲学思想发展变化的重大分水岭和批判哲学形成的重要标志，康德的哲学思想也因此而被划分为前批判时期和批判时期。

在《论感性和知性世界之形式与原理》中，康德深入探讨了后天的经验材料与先天的认识形式在知识形成过程中的结合方式，以及感性知识和知性知识的不同形式与原理。在感性知识方面，康德已经开始把空间和时间看作源自主体的纯粹直觉，它们本身不包含任何经验内容，是一种纯形式的东西。但是这种先天的直观形式只有与后天的或经验的材料相结合，才能构成作为感性知识对象的现象，才能形成感性知识。而在知性知识方面，康德强调，知性的作用在于运用逻辑功能来对感性所提供的现象进行组织和整理，但是除了来自感性的对象之外，知性也会产生出一些所谓的知性对象并形成相应的知性知识（即先验知识）。这种知性知识并不是关于感性事物的知识，而是我们从普遍概念中推演出来的一些“象征的知识”，例如关于灵魂和上帝的知识，这种知识就是通常所说的形而上学。

在这篇作为思想转折点的论文中，康德不仅已经把空间和时间看作先天的直观形式，而且已经把概念（范畴）看作先天的思维形式。他明确地指出：“在形上学中吾人不能觅出经验之原则，在形上学中碰到之概念并不能在感觉中得取，而实来自纯粹知性之本质之中。这些概念并非天生的概念，而是自根植于吾人心灵底法则中（透过观察其于经验上之运用）抽象获得的。属于此一类别的概念有可能性、存在、必然、实体、原因等，此外尚有与它们相反的和相关的……”[1] 康德强调，这些知性的概念或范畴只有被运用于感性提供的现象之上，才能产生确切的知识；但是倘若它们被运用到那些并非来自感性的知性对象上，例如被运用到灵魂和上帝等对象上，就会导致一些空泛的形而上学独断。因此，康德提倡对这些知性的概念或范畴进行“批判的运用”，即限制它们的运用范围，防止这些只适用于感性对象的概念被应用到超感性的对象之上，例如把“实体”概念运用到灵魂之上，或者运用“原因”概念来推论上帝的存在，等等。这种将知性概念无限制地运用到超验对象之上的做法虽然可以形成一种象征性的意见或者信仰，但是它们决不能成为真正的科学知识。

康德在《论感性和知性世界之形式与原理》中所表述的这些观点，明显地构成了《纯粹理性批判》的思想雏形。事实上，《纯粹理性批判》一书就是从 1770 年开始构思和撰写的，一直到 1781 年初次出版，历时 11 年之久；再到 1787 年修订版问世，又经历了 6 年的时间。在这段漫长的时间里，康德在《论感性和知性世界之形式与原理》中初步形成的批判哲学思想不断地发展更新，内容上逐渐充实，形式上日臻完美，但是他在这篇教授就职论文中所表述的基本思想却是一以贯之的。这些基本思想包括：对理性的来源、条件、范围和界限的批判性考察，扭转知识与对象之关系的“哥白尼式的

1 康德，《论感性和知性世界之形式与原理》，第二章，第八节，转引自：柯普斯登，《西洋哲学史（第六卷）：卢梭到康德》，1993，第 263 页。

革命”（“不是知识依照对象，而是对象依照知识”），关于现象世界与本体世界（自在之物）的严格划分，以及对于试图超越现象去认识本体的形而上学独断论的深入批判等。

1781年，康德花费了大量心血和时间写作的《纯粹理性批判》终于出版了。这部巨著的出版敲响了统治德国思想界达半个世纪之久的沃尔夫主义形而上学独断论的丧钟，同时也对启蒙运动奉若神明的理性本身进行了深刻的反思。在第一版序言中，康德对该书的宗旨阐述道：

> 我所理解的纯粹理性批判，不是对这些书或体系的批判，而是对一般理性能力的批判，是就这批判可以独立于任何经验而追求的一切知识来说的，因而是对一般形而上学的可能性或不可能性进行裁决，对它的根源、范围和界限加以规定……[1]

由此可见，批判地考察理性的根源、范围和界限，防止无限滥用理性的权能而导致的形而上学独断论[2]，简言之，理性地（即批判性地）对待理性本身，这就是《纯粹理性批判》的基本宗旨。在1787年的第二版序言中，康德又着重阐述了颠倒知识与对象之秩序的“哥白尼式的革命”的内容和意义：

> 向来人们都认为，我们的一切知识都必须依照对象；但是在这个假定下，想要通过概念先天地构成有关这些对象的东西以扩展我们的知识的一切尝试，都失败了。因此我们不妨试试，

1 康德，《纯粹理性批判》，2004，第3—4页，第一版序。

2 康德关于独断论的定义是：“独断论就是纯粹理性没有预先批判它自己的能力的独断处理方式。”参见：同上，第25页，第二版序。

> 当我们假定对象必须依照我们的知识时，我们在形而上学的任务中是否会有更好的进展……这样我马上就看到了一条更为简易的出路，因为经验本身就是知性所要求的一种认识方式，知性的规则则必须是我还在对象被给予我之前因而先天地就在我心中作为前提了，这个规则被表达在先天的概念中，所以一切经验对象都必然依照这些概念且必须与它们相一致。[1]

对象必须依照知识或知性的先天概念，因为正是后者为前者颁布了法则。知性一方面给对象颁布法则，一方面形成关于知性法则规范之下的对象的知识。但是在这里，对象只是指“一切经验对象”。这种经验对象与先天概念之间的符合一致，构成了康德在《纯粹理性批判》中称为“先天综合判断”的科学知识，这是该书的“先验感性论”以及“先验逻辑”的“先验分析论”所讨论的问题。在这些部分中（即感性与知性的领域），纯粹理性（广义的）对于形成既具有普遍必然性又具有新内容的科学知识，发挥了重要的作用，它向作为对象的自然界（现象世界）颁布普遍必然性的先天法则，通过“人给自然立法”的方式使科学知识成为可能。

但是，关于那些仅仅只是通过理性而被思维但却完全不是被经验所给予的超验对象（即灵魂、宇宙整体、上帝等），情况就完全不同了。这些缺乏经验根据的理性对象究其根本而言，只是纯粹理性为了对经验知识进行更高的综合统一而设置的主观的先验理念，它们的意义本来只是为经验认识提供可望而不可即的终极目标并对知识进行调节或范导。然而，未经批判的理性本身却具有一种僭妄的天然倾向，它不可避免地要把这些主观的调节原则当作客观的实在

1 康德，《纯粹理性批判》，2004，第15—16页，第二版序。

对象，并且试图用只能运用于经验对象之上的知性范畴和原理来对其进行认识，从而导致了深刻的内在矛盾。这种缺乏批判意识、无限制地拓展自己运用范围的思辨理性，构成了传统形而上学中各种理性心理学、理性宇宙论和理性神学的共同根源。康德在《纯粹理性批判》的“先验逻辑”之“先验辩证论”中，对这种无限扩大理性运用范围的传统形而上学进行了彻底的清算。利文斯顿在谈到康德的“哥白尼式的革命”的意义时这样写道：

> 康德的假说具有双重的含义。首先，康德确证了对于现象界的客观知识的可能性，因为心智的先验范畴的综合功能，可以作为一种普遍法则或一切可能经验的结构发挥作用，从而使得一种纯粹的自然科学成为可能。然而，复兴经验主义与确证纯自然科学的可能性，只是康德的一半目的。他还要表明，这种客观知识运用到超越空间、时间和知觉的领域时，就会遭到失败。就是说，诸如上帝存在之类的形而上的概念，不是经验的事情，如果这类概念可以认识，那也必须用某种另外的方式来认识。[1]

由此可见，纯粹理性是一把双刃剑，它的经验运用为综合统一杂多的经验对象、建立具有普遍必然性的科学知识提供了可能，但是它的先验运用或思辨运用却导致了传统形而上学在理性心理学方面违背逻辑规则的“谬误推理”、在宇宙论方面自相矛盾的“二律背反”，以及在神学方面关于上帝存在的各种虚假证明。换言之，它

1 詹姆斯·C. 利文斯顿，《现代基督教思想：从启蒙运动到第二届梵蒂冈公会议》（上卷），1999，第132—133页。

既构成了科学知识的根据，又构成了先验幻相的来源。正因为如此，对纯粹理性的批判具有一种方法论上的重要意义，它将使我们在坚持科学知识的同时，防止一切形而上学的独断。这种批判的具体内涵在于，严格限制纯粹理性的运用范围，坚持理性的经验运用而限制它的思辨运用，坚持纯粹理性对于经验知识的调节功能而限制它对于超验知识的建构功能；对于一切超出经验范围的东西保持沉默，承认我们对它们一无所知，最多也只能付诸信仰。康德在《纯粹理性批判》中总结道：

> 人类的一切知识都是从直观开始，从那里进到概念，而以理念结束。虽然人类知识在所有这三个要素方面都有先天的认识来源，这三个来源初看起来似乎都对一切经验的边界不屑一顾，然而一个完成了的批判却坚信，一切在思辨运用中的理性凭借这些要素都永远也不能超出可能经验的领域之外，而这一至上的认识能力的真正使命只是利用一切方法及其原理，以按照一切可能的统一性原则，其中最重要的是目的的原则，来追踪自然直到它的最深邃处，但决不飞越它的边界，在这边界之外对我们来说除了空的空间外一无所有。[1]

在康德看来，一切形而上学独断论的要害恰恰就在于忽略了纯粹理性的这种批判工作，不加限制地扩展纯粹理性的思辨运用，将那些超验对象也纳入知识的范围之内。然而，当理性在对这些超验对象进行纯粹思辨的推演时，由于理性本身缺乏工具，它只能借助于知性的范畴和原理。这样一来，就造成了一种错位，把只能运用

1 康德，《纯粹理性批判》，2004，第 544—545 页。

于经验对象之上的知性范畴和原理非法地运用到超验对象之上（正如同用磅秤来称精神的重量一样），从而导致了各种先验幻相的产生。纯粹思辨理性的这种独断论倾向，不仅表现在那些主张上帝存在和灵魂不朽的唯心主义有神论观点中，而且表现在那些否定上帝存在和灵魂不朽的唯物主义无神论观点中。双方尽管在具体立场上是针锋相对的，但是它们同样是仅仅凭着纯粹的逻辑思辨、依据知性的各种范畴来对超验对象进行肯定或否定的独断。因此，当纯粹理性把知性的范畴思辨地运用到灵魂、世界整体、上帝等超验对象上时，它就不可避免地要发生矛盾，陷入一种自相冲突或者背反的辩证困境中。在这种辩证的状况中，理性一分为二，相互对立，对立的双方在逻辑上似乎都具有充分的根据，都可以从纯粹思辨的角度对自己的观点进行一番雄辩的论证。然而，由于对立的双方都脱离了坚实的经验大地，因此它们之间的争论是一种纯粹形而上学的争论，双方都飘浮在天空中进行着毫无意义的激烈鏖战。康德一针见血地指出：

> 因此在纯粹理性的领域中并没有任何真正的论争。双方都是在与空气搏斗，他们和自己的影子扭打，因为他们超出了自然之外，在那里并没有任何现成的可以抓得住和保持在手的东西让他们从独断论上来把握。他们有好一场战斗：他们所劈开的影子如同瓦尔哈拉中的英雄们一样，瞬间重又长拢来，以便能够重新以不流血的战斗来自娱。[1]

1　康德，《纯粹理性批判》，2004，第 581 页。瓦尔哈拉（Walhalla）是北欧奥丁神话中阵亡将士的殿堂，其中所居住的魂灵每日以虚拟的战斗为乐。——译者注自从启蒙运动开展以来，理性一直被视为至高无上的法官或审判者，启蒙时代要求把一切事物（包括上帝）都拉到理性的法庭前来接受审判。然而在康德看来，理性必须首先对自己进行批判，然后才有资格成为一切事物的合法法官；理性只有首先理性地批判自身，弄清楚自己的来源、条件、范围和界限，然后才有可能理性地审判他物。正如一个法官如果不能在对别人进行审判之前，首先批判地认清自身存在的人性弱点并努力去限制它们，那么他在审判过程中就难免会徇私枉法。

当康德在《纯粹理性批判》中对理性本身进行批判时，他向人们展示了理性这个神圣法官的威严面目背后所掩藏着的矛盾和分裂。“纯粹理性竟然会有某种背反论，并且这个毕竟扮演着一切争执的至上法庭的纯粹理性本身会陷入自相冲突中去。”[1] 这固然是一件令人尴尬的事情，但是它却揭示了一个更加深刻的真理——理性自我分裂的背反或辩证恰恰反映了理性的本质。然而康德却是从一种消极的意义上来理解理性的这种本质的，他把背反或辩证看作理性自身的非法运用或者僭妄而导致的消极结果，从而把矛盾主观化了。黑格尔恰恰是从这里开始超越康德的（这种“超越”从现代哲学的角度看，未尝不是一种“倒退”）。在黑格尔看来，对于矛盾应该做一种积极的理解，因为理性自身的矛盾说到底不过是对客观世界本身固有的矛盾的一种反映形式，而矛盾恰恰构成了整个世界——不仅仅是理性——的普遍本质。康德从消极意义上来理解理性的背反或辩证，从而要求限制理性的能力和运用范围，把纯粹理性的理论运用限制在现象界之内，而把本体、本质或自在之物交付给实践理性和信仰，这样就导致了康德在知识与信仰、科学与宗教之间的泾渭分

1 康德，《纯粹理性批判》，2004，第 570—571 页。

明的划界。[1]黑格尔则从积极意义上来理解理性的背反或辩证，把理性的理念或绝对精神看作（主观）概念与客观性的统一，从而在一种更高水准的独断论视域中实现了知识与信仰、科学与宗教的辩证同一。

康德对本体论证明的批判

在严格确定知识的界限，防止纯粹理性脱离经验的思辨运用这一主旨思想的指导下，康德对传统形而上学的理性心理学、理性宇宙论和理性神学进行了深入细致的批判。

康德对于笛卡尔和沃尔夫主义的理性心理学的批判已经在《通灵者之梦》中有所表述。在《纯粹理性批判》中，康德把矛头集中于理性心理学的谬误推理。这些谬误推理不仅把灵魂（“我”）从一个逻辑的主词等同于一个实在的主体，把诸如“单一性”“实体性”“人格性”“观念性”等范畴和属性加到“我”之上，而且在大脑的某个器官（“松果腺”）中为这个实体性的“我”寻找到一个居所，以便使其能够与人的身体发生交感作用，甚至从灵魂的独立实在性进而推出了它的不朽性。康德指出，作为思维的逻辑前提，一个仅仅作为主词的“我”固然是必要的，但是我们决不能把这个思维的逻辑主词偷换为一个在时空中存在的主体。尽管一个逻辑的主词和一个实在的主体都用“Subjekt”一词来表述，

1 康德认为，正是那种过分膨胀的理性独断论导致了一种“阻碍道德的无信仰”状态，因此只有对这种僭妄的思辨理性加以限制，才能使一种建立在实践理性基础之上的道德的信仰成为可能。正是基于这种想法，康德表述了那段为人熟知的名言：“因此我不得不悬置知识，以便给信仰腾出位置，而形而上学的独断论、也就是没有纯粹理性批判就会在形而上学中生长的那种成见，是一切阻碍道德的无信仰的真正根源……”参见：康德，《纯粹理性批判》，2004，第 22 页，第二版序。

但是二者却具有完全不同的内涵，因此理性心理学的谬误推理实际上犯了逻辑上的“四概念”错误。至于“实体性”“单一性”等知性范畴，更是只能运用于时空中的经验对象之上，如果将这些范畴运用到一个先验的逻辑主词之上，实际上就把一个作为诸范畴之前提的先验自我，降低为一个经验性的对象，即内感官中的心理现象了。康德一针见血地指出了这些谬误推理的实质：“理性心理学中的辩证幻相基于把理性的一个理念（一个纯粹的理智）和对一般思维着的存在者的在一切方面都未经规定的概念混为一谈之上。”“我们可以把一切幻相都归因于：思维的主观条件被当作了客体的知识。”[1]

与理性心理学的谬误推理一样，理性宇宙论所陷入的二律背反的辩证困境，同样是由于理性错位地把只能运用于经验对象之上的知性范畴运用到“世界整体”这个先验的理念之上。在宇宙论的四个二律背反中，无论是正题（柏拉图主义，或莱布尼茨–沃尔夫学派的唯理论立场），还是反题（伊壁鸠鲁主义，或牛顿和法国唯物主义者的经验论立场），尽管立场相反，但是在实质上都表现了同样的独断论倾向。双方都试图离开经验的基地，仅仅依凭着理性的思辨和借助于“单一性”“因果性”“必然性”等知性范畴，对一个纯粹理性的理念（“世界整体”）进行形而上学的推断，得出了完全相反的结论。由于双方都缺乏经验的检验手段，而各自的观点在逻辑上又都能言之成理，这样就陷入了理性自身的辩证矛盾即“二律背反”之中。康德指出，“二律背反”恰恰揭示了一个真理，那就是理性如果越出了经验的范围去认识自在之物，必然会陷入自相矛盾。

1 康德，《纯粹理性批判》，2004，第 305、341 页。

在针对形而上学的理性独断论所进行的各种批判中，最能够反映康德宗教哲学思想的是他对传统理性神学的上帝存在证明的批判。这种批判与他早年的宗教哲学思想之间有着一脉相承的联系，同时也有了一些明显的改进和变化。

按照康德在《纯粹理性批判》中的划分，人类知识具有三个先天的要素，即感性的直观、知性的概念和理性的理念。其中，感性的直观（空间和时间）总是与经验质料联系在一起，知性的概念（范畴）也总是通过对经验杂多的综合统一而形成科学知识，只有理性的理念是远离经验的，它们作为经验知识所追求的无条件的最高统一体，永远都是经验的东西可望而不可即的目标。但是最远离经验的却是先验的理想，它甚至比理念更加远离客观实在性。一个理想就是一个具体的和个体化的理念，如“最高实在者”或“原始存在者”就是一个理性的理想。这个理想被理性规定为一切存在物的可能性的最高而完全的质料条件，它本身却无须任何前提和原因，也就是说，它是通过自身被确定的，即自因的。作为一个先验的理念，理想本身并没有任何客观实在性，只是一个先验的原型，而非一个实在的东西。但是这个先验的理想却被理性由主观的表象转化为客观的对象，再进一步实体化，并且把唯一性、单纯性、完全充足性、永恒性等属性加到它之上，从而就把一个作为先验理想的“最高实在者”或“原始存在者”转变成为一个先验神学的对象，即“上帝”的概念了。康德对这个转化过程论述道：

> 最实在的东西（ens realissimum）这个理想固然只是一个表象，但它首先得到实现，即变成一个对象，然后才实体化，最后，由于理性向着统一性完成的自然进程（像我们不久就要说明的那样），就变为人格化了……结果就是，最高实在性的

> 统一性以及一切东西的彻底确定性（可能性），看来是处在一个最高的知性里面的，因而是处在一种智力里面的。[1]

一方面，思辨理性使得一个纯粹的理想“最高实在者”通过对象化、实体化、人格化和智能化的途径，转变为一个全知全能的实在的上帝；另一方面，人类理性的本性又使得人们通常从最直接的经验出发，溯寻出某种无条件的、绝对必然的东西，而这个绝对必然的东西又进一步被确定为最实在的东西。从而，在绝对必然性与最高实在性之间就建立起一种先验的同一性。充分注意到这一点是非常重要的，因为我们很快就会看到，无论是安瑟尔谟和笛卡尔关于上帝存在的本体论证明，还是托马斯·阿奎那和沃尔夫学派关于上帝存在的宇宙论证明，都是通过最高实在性与绝对必然性之间的这种先验同一而实现的。

在《纯粹理性批判》的“先验辩证论”中，康德把理性神学关于上帝存在的所有证明概括为三种可能的方式：“要么是从确定的经验及由这经验所认识到的我们感官世界的特殊性状开始，并由此按照因果律一直上升到世界之外的最高原因；要么只是以不定的经验、即经验性地以任何某个存有为基础；要么最后抽掉一切经验，并完全先天地从单纯概念中推出一个最高原因的存有。第一种证明是自然神学的证明，第二种证明是宇宙论的证明，第三种证明是本体论的证明。”[2]康德认为，在这三种可能的证明中，宇宙论证明和自然神学证明就其根本理据而言，都是基于本体论证明，它们都可以从逻辑上还原为本体论证明。因此只要驳倒了本体论证明，关于上帝存

1　伊·康德，《纯粹理性批判》，韦卓民原译，曹方久、唐有伯整理，华中师范大学出版社，1991，第520页，注释（a）。

2　康德，《纯粹理性批判》，2004，第471页。

在的各种其他理性证明也就失去了理论根基。正因为如此，康德首先对本体论证明的逻辑根据进行了深入细致的分析和批驳。

以安瑟尔谟和笛卡尔为代表的本体论证明，其实质在于把上帝定义为一个“最完美的东西”和“绝对必然的存在者”，从而把存在当作一种属性或者一个（分析判断的）谓词从主词里推演出来。康德的批判正是针对这两个基本论据展开的。在康德看来，这两个论据是内在同一的，本体论证明的实质就是把一个“最高实在者”（或“最完美的东西”）等同于一个“绝对必然的存在者”，然后再从“绝对必然的存在者”推论出其存在来。因此康德首先对“绝对必然的存在者”这个概念进行了分析。

康德指出，一个“绝对必然的存在者”的概念是一个纯粹理性的概念、一个单纯的理念，它的客观实在性是不能仅凭着理性从概念中分析出来的。康德承认，如果我们事先预设了一个所谓的“绝对必然的存在物”，那么我们当然可以说它已经包含着存在；正如我们如果事先给予了一个三角形，那么它必然包含着三个角。承认一个三角形而否定三个角，固然是矛盾的，但是如果把三角形与三个角一同加以否定，却不包含任何矛盾。同样，承认一个“绝对必然的存在者”而否定他的存在，这是矛盾的；但是如果将这个概念连同其存在一起取消掉，却并没有任何矛盾。由此可见，如果根本就没有一个“绝对必然的存在者”，当然就不能从这个主词中必然地分析出存在这个谓词了。本体论证明本来是要证明一个“绝对必然的存在者”（上帝）的存在，但是它却预先设定了一个“绝对必然的存在者”，然后再从这个“绝对必然的存在者”中把存在作为一个谓词分析出来，这种做法恰恰是倒果为因，把有待证明的东西当作了证明的前提。康德明确地表述道：

> 如果我把一个判断的谓词连同主词一起取消掉，则永远不会产生一个内部的矛盾，而不论该谓词是什么。现在你不再有任何回避的余地，你只能说：有一些根本不能被取消的主词，所以这些主词必须保留下来。但这正好比是说：有一些绝对必然的主体；这个前提的正确性恰恰是我所怀疑、而你想要给我指出它的可能性的。因为对于一个和它的一切谓词一起被取消时留下某种矛盾的那个东西，我不能形成起码的概念，而没有矛盾，我单凭纯粹先天概念也就不会有不可能性的任何标志。[1]

康德接着进一步指出，实际的存在作为一个经验事实，是不能从一个概念——即使是一个“绝对必然的存在者”的概念——中分析地得出的，它不像三个角之于“三角形”那样，先天地被包含在主词之中。康德缜密地分析了“存在”一词作为“逻辑的谓词”和作为“实在的谓词”之间的根本区别。当我们说某物存在时，这到底是一个分析判断还是一个综合判断呢？如果是一个分析判断，那么作为谓词的“存在”与主词（该事物）之间的联系固然是必然的，但是它只是一个“逻辑的谓词”，即一个判断的系词“是”[2]，它并没有给主词增加任何东西，只是对主词自身的一个肯定，因此不过是一种同义反复而已。在这种情况下，说“上帝存在”（或“上帝是”），并没有使我们对“上帝”概念的理解超出这个概念本身所具有的含义，也就是说，并没有使上帝超出一个纯粹的理念而成为一个实在的东西。反之，如果该判断是一个综合判断，那么作为谓词的“存在”就与主词（该事物）之间没有什么必然的联系，它只是

1 康德，《纯粹理性批判》，2004，第471页。
2 德文为“Sein”，既表示“是”，也表示“存在”或“有”。

一个通过经验才能够被确定的“实在的谓词”，因此否定该事物的存在并不会导致逻辑上的矛盾。在这种情况下，“上帝存在”就是一个只有通过经验才能确定其真伪的判断，然而上帝不属于现象界，因此根本就无法用经验来验证他的存在与否。总之，如果“存在”是一个“逻辑的谓词”，它就不过是主词的同义反复；如果“存在”是一个“实在的谓词”，它就不能必然地从主词中分析出来。无论是哪一种情况，都不能支持本体论证明从概念到实存、从思维到存在的必然跳跃。[1]康德一针见血地指出，本体论证明的要害就在于“混淆逻辑的谓词和实在的谓词”，即把分析判断与综合判断、概念的逻辑可能性与事物的实在可能性不加区分地加以运用。他写道：“如果概念不自相矛盾，它就总是可能的。这就是可能性的逻辑标志……只是这个概念一点也不能免于是一个空洞的概念，如果这概念由以产生的综合的客观实在性没有被特别阐明出来的话；但这种阐明任何时候都是（如前所述）基于可能经验的原则之上，而不是基于分析的原理（矛盾律）上的。这是一个警告，即不要从概念的（逻辑的）可能性马上推出事物的（实在的）可能性。”[2]

在康德之前，休谟就已经指出，存在这个经验事实是不能通过先天的论证来加以证明的，任何存在物的不存在都并不蕴涵着矛盾，所谓“必然的存在”本身就是一个毫无意义的词语。[3]康德进一步发挥了休谟的这个观点，他指出，实际存在的对象并非分析地包含在概念之中，而是综合地添加到概念之上的。判断一个事物是否存在，是不能仅仅通过逻辑推理来实现的，只能通过经验来确定。一个事

1　罗素后来在他的摹状词理论中对“存在”（或“有”）一词的含义进行了更加细致的分析，参见：罗素，《数理哲学导论》，晏成书译，商务印书馆，1982，第16章。

2　康德，《纯粹理性批判》，2004，第474页，注释①。

3　参见：休谟，《自然宗教对话录》，1962，第59页。

物的存在并没有增加该事物的逻辑内涵，而只是使该事物现实化了。一百个现实的塔勒（Taler，德国钱币）并不比一百个可能的塔勒多一分一毫，然而后者只是一个单纯的概念，前者却是实在的对象，它们对于一个人的财产状况具有完全不同的意义，没有人会因为头脑中有一百个塔勒的概念就认为自己兜里真有一百个现实的塔勒。即使是一个“至上完满的存在体”，也不能把现实的存在当作一种属性包含在自身之中，我们仍然可以追问“它是否实存着”这个问题。因为存在并非一种属性，它并不能使一个概念更加完善，而只是使一个概念具体化了。康德最后总结道：

> 所以，在对一个最高存在者的存有从概念来进行的这个如此有名的（笛卡尔派的）本体论证明那里，一切力气和劳动都白费了，而一个人想要从单纯理念中丰富自己的见解，这正如一个商人为了改善他的境况而想给他的库存现金添上几个零以增加他的财产一样不可能。[1]

康德对本体论证明的批判无疑是极其深刻的，他彻底摧毁了该证明的理论根据。自从康德以后，本体论证明就很少再被人们援引来论证上帝的存在了，它的意义仅限于加深基督徒对其所信上帝的理解。然而，从思维与存在的关系的角度来看，康德的批判也走向了另一个极端。如果说安瑟尔谟和笛卡尔的本体论证明把思维与存在抽象地同一起来，从上帝的概念中直接推出了上帝的存在，那么康德对该证明的批判则把思维与存在截然地对立起来，在“概念的逻辑可能性”与“事物的实在可能性”之间划下了一条不可逾越的

1 康德，《纯粹理性批判》，2004，第 478 页。

鸿沟。康德在批驳本体论证明的逻辑形式时，把该证明所包含的思维与存在相同一——尽管是以一种形而上学的抽象方式所实现的同一——的思想内容也一起抛弃了。在康德哲学中，上帝、宇宙等本体作为绝对的存在和真理，始终处于思维的彼岸。康德所理解的存在仅仅只是现象意义上的存在，而本质意义上的存在（自在之物）则被排除在思维的视野之外。当康德认为我们要以存在为对象则必须超出概念之外时，他无疑是正确的，但是他却因此而把概念与存在完全对立起来——从概念、思维是不可能达到存在的，反之亦然，因此在思维与存在之间就根本没有任何同一性可言。这种观点使康德哲学走向了不可知论的困境。虽然思维与存在的同一性问题在康德那里第一次以自觉的形式表述出来，但是康德哲学的最后结果却是割裂了思维与存在的同一性。

康德对宇宙论证明的批判

本体论证明典型地表现了经院哲学和形而上学的特点，即仅仅从纯粹概念出发来推论某物（上帝）的存在。这种思辨的做法引起了一些哲学家的不满，他们声称要通过经验的途径而不是完全先验地推论出上帝的存在，于是他们提出了一种关于上帝存在的宇宙论证明。这种宇宙论证明仍然保留了最高实在性与绝对必然性之间的联结，但是它至少在表面上与本体论证明不同，它不是从一个“最高实在者”或“最完善的东西”中推出它的必然存在，而是从任何一个有条件的经验事物出发，推出一个无条件的绝对必然者，再从这个绝对必然者中推出它的无限制的实在性（即最高实在性）。宇宙论证明的推理过程可以分为两个步骤，第一个步骤表述为下面这个三段论式：

大前提：如果有某物实存，那么也必定有一个绝对必然的存在者实存。

小前提：现在至少我自己实存。

结论：所以一个绝对必然的存在者实存。

第二个步骤则是通过对一个“绝对必然的存在者”的概念分析，推出一个最高实在者来：

这个必然的存在者只能以唯一的一种方式、也就是在一切可能的对立谓词方面只通过其中一个谓词而得到规定，所以它必须通过自己的概念而被通盘规定。现在只有唯一的一个有关一物的概念是有可能对该物做先天的通盘规定的，这就是 entis realissimi（拉丁文，即最实在的存在物——译者注）这个概念：所以最实在的存在者的概念就是某个必然的存在者能借以被思维的唯一的概念，就是说，有一个最高存在者以必然的方式实存着。[1]

这个以绝对必然的方式实存着的最高存在者，当然就是上帝！

在上述这两个推理过程中，第一个步骤即那个三段论式推理的大前提是一条先验的规则，这条规则貌似来自经验，但是实际上却是纯粹理性将只适用于自然界的知性的因果性范畴非法地运用于经验世界之外的结果。正是由于预先设定了这样一条先验的前提，所以宇宙论证明从任何一个实存着的经验事物（小前提），都可以顺理成章地推出一个绝对必然的存在者。康德在关于这个大前提的注

1 康德，《纯粹理性批判》，2004，第 480—481 页。

释中写道:“它基于原因性的这条被以为是先验的自然律:一切偶然之物都有其原因,这个原因如果又是偶然的,同样也必须有一个原因,直到相互隶属的原因序列不得不在一个绝对必然的原因那里终结为止,没有这个绝对必然的原因,该序列就不会有任何完备性。”[1] 然而,诚如我们在前述中对宇宙论证明进行分析时所指出的,这条建立在“没有首项的级数是不可能的”这一先验信念之上的大前提,其本身就是有待于证明的。将这条有待于证明的规则作为宇宙论证明的大前提,已经内在地蕴涵着该证明的失败结局了。康德明确地表示,我们从偶然事物中溯寻原因的这条先验原理,只能适用于感性世界,决不能推广到经验世界之外,但是宇宙论证明的要害之一恰恰是把这条先验原理运用到经验世界之外。另外,从感性世界的因果序列中,我们决不可能推论出一个最初的原因来,因此我们就更没有理由在经验世界之外推出一个第一因了。宇宙论证明将整个自然因果序列终止于某个超验的第一原因的做法,实际上只是表现了理性的一种“虚假的自满自足”。

上述三段论式的小前提虽然是一个经验事实,但是宇宙论证明在这个经验事实上只是虚晃一枪,马上就跳到了纯粹思辨的真空中。所以宇宙论证明尽管在表面上穿着经验的外衣,但是其实质与本体论证明一样,仍然是从纯粹理性出发的先验证明。经验对于宇宙论证明来说只是一块垫脚石,以便使该证明能够迅速地跳到“绝对必然的存在者”这个经验的彼岸,从而开始纯粹思辨的演绎。宇宙论证明从“绝对必然的存在者”到“最高实在者”的推理过程与经验完全无关,纯粹是通过先验的概念分析来完成的。就此而言,宇宙论证明具有一种伪装性,它不过是改头换面的本体论证明而已。它

1 康德,《纯粹理性批判》,2004,第480页,注释②。

依据一条先验的大前提，从任何一个经验事实推出一个必然存在者，由于经验本身并不能告诉我们这个必然存在者具有什么属性，于是理性就彻底抛弃了经验，试图从单纯的概念分析中发现这个必然存在者所具有的属性。理性追问道，在一切可能的东西之中，哪一个在它自身里面包含着绝对必然性所必须具备的条件呢？理性最终发现，这些条件除了在一个“最高存在者”的概念之外，是无处可寻的。因此，这个“最高存在者”就是一个绝对必然的存在者。[1] 康德对于理性的这个推理过程描述道：

> 人类理性的自然进程就具有这样的性质。首先，它相信某一个必然的存在者是存有的。它从这个存在者中看出某种无条件的实存。于是它就去寻求那不依赖于一切条件者的概念，并在那个本身是一切其他事物的充分条件的东西中，亦即在那个包含着一切实在性的东西中，找到了这一概念。但这个没有限制的大全就是绝对的统一性，它具有一个唯一的存在者、也就是最高存在者的概念，于是理性就推论：最高存在者作为一切事物的原始根据，是绝对必然地存有的。[2]

康德精辟地分析了宇宙论证明是如何通过主谓词之间的逻辑换位，从“每个绝对必然的存在者都同时又是最实在的存在者”推出

1 从一个“绝对必然的存在者”推出一个“最高实在者”，这种宇宙论证明所使用的手法同样也是康德早年在《证明上帝存在唯一可能的证据》一文中所使用过的。在那篇文章中，康德正是从“必然的存在者”中引出了“最高的实在性”。参见《证明上帝存在唯一可能的证据》第一章“考察三”中的“六、必然的存在者包含着最高的实在性”一节，参见：伊曼努尔 · 康德，《康德论上帝与宗教》，2004，第 46—48 页。由此可见，康德在《纯粹理性批判》中对宇宙论证明的批判，同时也是对自己早年宗教哲学思想的一种自我批判。

2 康德，《纯粹理性批判》，2004，第 468 页。

了“每个最实在的存在者都是一个必然的存在者”这一命题。这样一来，宇宙论证明与本体论证明一样，在最高实在性与绝对必然性之间建立起一种先验的同一性。宇宙论证明曾经声称，要与本体论证明的先验模式分道扬镳，另觅一条后天的证明道路。但是它仅仅只是在经验上矫饰了一下，又悄悄地潜回到本体论证明的基础之上，仍然从一个“最高实在者”的概念中推论出它的存在。康德总结道：

> 这样，思辨理性为了证明最高存在者的存有而采取的第二条道路就不仅仅与第一条道路同样是欺骗性的，而且本身还有这样一种可指责处，即它犯了一种 ignoratio elenchi（拉丁文，即文不对题——译者注）的错误，因为它答应把我们引上一条新的路径，但在兜了一小圈之后又把我们带回到为了这条新路我们曾离弃了的那条老路上去了。[1]

在揭露了宇宙论证明的欺骗性和虚伪性之后，康德对本体论证明和宇宙论证明这两种先验证明所共同依据的“必然性”概念进行了说明。在康德看来，这两种证明的共同之处在于：第一，把必然性概念与最高实在性概念联结起来；第二，把“必然性”这种只能是理念的东西实在化和实体化。关于第一点，我们在上面已经做了分析，这两种证明都是先验地在绝对必然性与最高实在性之间建立起一种同一性。关于第二点，康德指出，正如“最实在的东西”只是一个理性的理想一样，所谓的“必然性”和“偶然性”也只是一些唯有在思想中才能被发现的原理，在任何客观的经验事物中我们

1　康德，《纯粹理性批判》，2004，第 483 页。引文中的“第一条道路”指本体论证明，“第二条道路”指宇宙论证明。

都不可能找到它们。这两条主观性原理的作用原本只是一方面为一切经验事物树立一个终极性的目标，另一方面又使这个目标成为永远难以达到的。简言之，即为现象之物树立一个可望而不可即的目标。在这一点上，我们可以看到休谟的影响，正是休谟第一次明确地把必然性解释成为一种主观性的决定作用。[1]康德像休谟一样认为："必然性这个概念只能在我们的理性中才作为思想的一种形式条件而被发现；而不能把它实体化作为存在的一种物质条件。"[2]然而，本体论证明和宇宙论证明却一方面把绝对必然性与最高实在性相联结，另一方面把这种主观的形式条件先验地偷换为客观的物质条件，由此就导致了种种辩证幻相的产生：

> 最高存在者的理想无非是理性的一个调节性的原则，即把世界上的一切联结都看作仿佛是从某种最充分的必然原因中产生出来的，以便在这上面建立起解释这些联结的某种系统的和按照普遍法则是必然的统一性的规则，而并不是主张一种自在的必然的实存。但同时不可避免的是，借助于某种先验的偷换来把这条形式的原则想象为构成性的，并把这个统一性做物化的设想……于是这个理念就被设想为一个现实的对象，而这个现实的对象又由于是至上的条件，就被设想为必然的，因而一条调节性的原则就被转变成了一条构成性的原则。[3]

1 休谟在《人类理解研究》中写道："老实说，任何动作的必然性，不论是物质的或心理的，都不是动作者方面的一种性质，只是能考察这种动作的那个有思想或有智慧的生物的一种性质；这种必然性之成立，多半只是因为他的思想中有一种决定作用、要由先前的一些物象来推断出那种动作来；同样，与必然相对立的那种自由也并不是别的，只是那种决定的不存在……"参见：休谟，《人类理解研究》，1957，第84—85页，注释①。

2 伊·康德，《纯粹理性批判》，1991，第545页。

3 康德，《纯粹理性批判》，2004，第490页。

这就是关于上帝存在的一切先验证明的奥秘所在！揭穿了这个奥秘，一切先验证明的欺骗性也就一目了然了。说到底，这些证明并不能有效地论证上帝的存在，它们充其量只是表明了理性自身的僭妄，即把纯粹理性的先验理想当作了客观实在的对象。

康德对自然神学证明的批判

如果说宇宙论证明是从一般存在的经验出发的（事实上它仍然与本体论证明一样是一种先验的证明），那么自然神学的证明则是从确定的经验出发的，即从感性世界的特殊性状和秩序出发，因此它是一种真正意义上的后天证明。

我们所在的自然世界是一个纷繁复杂而又秩序井然的世界，在这个世界中，我们可以看到结果与原因、目的与手段之间的无穷尽的连锁关系。当人类理性面对着这个充满了因果联系和目的性征象的自然世界时，必定会假定一个原始的起源。因为自然世界中的万物都是偶然的（即它们存在的原因都不在自身之内），如果我们不在这个无限的偶然事物系列之外假定某种自身必然或自因的东西作为原始的开端，那么“整个宇宙就必定会沦没在虚无的无底深渊里”。因此，自然神学从一个偶然事物系列推出某个终极的智慧创造者，以此来说明整个和谐有序的自然世界的目的和意图，这样一种尝试既符合理性的节约原则，又不与经验相违背。所以关于上帝存在的自然神学证明是最古老、最明晰，同时也是最适合于普通人类理性的证明方式，它根据人类自身活动的合目的性原则而要求我们把整个世界看成一个合目的的、有意图的有序系统，并且从中推出了一个智慧创造者的存在。相比起思辨理性的那些晦涩而烦琐的先验证明，自然神学证明具有一种振奋人心的简洁性：

理性经常为这种即使是经验性的，但却很有力量而不断增加的证据所支持，就不至于因那种微妙而抽象的思辨所引起的怀疑而感到沮丧。它只要一看自然的奇异和宇宙的庄严，就立刻从一切忧郁反思的迟疑不决中振奋起来，像大梦初醒一样，从高处上升到高处，直至最高处，从受条件限制的东西到限制它的条件，一直到那最高而不受任何条件限制的创造主。[1]

康德认为，自然神学证明虽然具有上述优越性，但是它仍然存在着一个自身无法克服的致命缺陷，这个缺陷只能通过本体论证明来加以弥补。自然神学证明是建立在类比推理之上的，它通过把自然的产物与人类的产物相类比的方式，从人类的合目的性活动中推出一个按照一定目的创造自然的上帝。在《纯粹理性批判》中，康德把自然神学证明的要点概括为如下几点：

第一，自然界的秩序性显示出一个伟大智慧的安排意图；

第二，这个外在于世界的伟大智慧是根据一定的理念有计划地安排了自然世界的秩序；

第三，这个伟大智慧并非自发地、而是自由地安排了这个世界；

第四，从世界各部分彼此相关的统一性中依据类比原理推出世界原因的统一性。

然而，类比推理除了要求类比条件的完全相似之外，还有一个致命的缺陷，那就是它只能推出上帝是世界形式的设计者，不能推

1 伊·康德，《纯粹理性批判》，1991，第 547 页。

出上帝是世界质料的创造者。自然神学证明从一个钟表匠与他所创造的钟表的关系，类比地推出上帝与他所创造的世界的关系。但是正如一个钟表匠只能利用已有的材料来创造他的产品一样，根据类比推理原理而推出的上帝也不能凭空创造出自然世界来。“所以这个证明最多能够说明一个永远被自己所加工的材料的适应性大大限制着的世界建筑师，但却不是一个所有的东西都服从其理念的世界创造者，而这对于我们所怀有的那个伟大抱负即证明一个最充分的原始存在者来说是远远不够的。”[1] 此外，自然神学证明对于最高存在者（上帝）的说明也只能停留在一些同样基于类比推理的赞美词上，如“全能”“全智”等，这些赞美词并不能为我们提供关于最高存在者的确定概念，它们充其量只是抽象地赞美了最高存在者的大能，却没有说明他的具体属性。知道了上帝具有全知、全能、全善等卓越属性，我们仍然不知道上帝究竟是什么。

正因为存在着这样一个致命的缺陷，所以自然神学证明虽然在表面上似乎令人信服地证明了一个世界建筑师的存在，但是它在证明一个世界创造者这个目标上却是失败的，而这个目标正是神学本身所追求的。因此，自然神学证明作为上帝——这个上帝既是世界形式，也是世界质料的创造者——存在的一种证明是无效的。“经由经验的路途而迈进到绝对总体是完全不可能的。然而这就是在自然神学的证明中所企图做到的。那么，为越过这种广阔深渊所采取的手段是什么呢？”[2] 康德认为，这种手段只能是退回到宇宙论证明，即从偶然性的经验事物中推出一个绝对必然的存在者，然后再从这个绝对必然的存在者推出一个最高实在性的概念。而由于宇宙论证

1　康德，《纯粹理性批判》，2004，第 495 页。
2　伊·康德，《纯粹理性批判》，1991，第 550 页。

明本身就是本体论证明的一种改头换面的伪装形式，所以自然神学证明要想弥补无法证明世界创造者的那个致命缺陷，只能最终到本体论证明中去寻找救命稻草。

在传统理性神学关于上帝存在的所有可能的三种证明中，一切最终的证据说到底都只存在于本体论证明中，因此只有本体论证明才是真正唯一可能的证明。康德总结道：

> 所以自然神学关于一个原始的或最高的存在者的存在的证明，是依据宇宙论的证明的，而宇宙论的证明又是依据本体论的证明的。既然除了这三种证明以外，再没有给思辨理性留下其他的途径，那么，如果对于这么高出于知性的一切经验使用之上的命题的证明有其可能的话，从理性的纯粹概念而推演的本体论证明，就是唯一可能的证明了。[1]

正因为如此，康德才把批判的矛头重点对准了本体论证明。既然一切其他证明都依据于或者最终归结于本体论证明，那么只要批驳了本体论证明，一切其他证明也就不攻自破了。通过对这三种可能的证明的细致考察，康德明确地指出，关于上帝存在这个命题，我们不可能从经验中获得任何有效的证据，只能从理性的纯粹概念中得到证明。但是这种情况恰恰说明，上帝只是一个纯粹理性的理想，而非客观实在的对象。本体论证明的根本奥秘，无非是把一个纯粹理性的理想偷换成一个客观实在的对象，这种先验的偷换就是一切理性神学的辩证幻相由以产生的根源。既然本体论证明这个唯一可能的证明本身就是对理性理念的一种非法运用的结果，而其他

1　伊 · 康德，《纯粹理性批判》，1991，第 551 页。

证明又都是建立在本体论证明的基础之上的，那么，思辨理性关于上帝存在的一切证明事实上都是无效的。这就是康德关于思辨理性神学的基本态度，他也正是从这里开始转向实践理性神学即道德神学的。

在这里，有一点必须加以说明，那就是康德虽然对思辨理性关于上帝存在的各种可能证明进行了有力的批驳，但是他并不想通过这种批判而得出一种无神论的结论。在这一点上，他与休谟是有相似之处的。休谟在《自然宗教对话录》中批判了传统理性神学关于上帝存在的各种证明之后，明确地表示，对上帝存在的各种理性证明的质疑不等于对上帝存在本身的质疑，相反，“做一个哲学上的怀疑主义者是做一个健全的、虔诚的基督教徒的第一步和最重要的一步”。康德也是如此，他虽然不同意理性神学关于上帝存在的各种证明，但是他同样也不会同意无神论者关于上帝不存在的各种理性证据。正是因为思辨理性既无法证实、也无法证伪上帝的存在，所以才使实践理性或者道德的信仰成为可能。柯普斯登评价道：“对自然神学之批评有一双重的功能。它一方面剖视上帝存在之理论证明之谬误，并且显示出上帝之存在是无由证明的。而另一方面，批判的根本性格也同时显示出上帝之不存在也是不可能证明的。凭借理性之能力，我们既不可以证明亦不可以否定上帝之存在。因此，对自然神学之批评为实践的或道德的信仰留了出路。”[1]

从思辨神学向道德神学的过渡

康德在《纯粹理性批判》中考察和批判了理性神学关于上帝存

1 柯普斯登，《西洋哲学史（第六卷）：卢梭到康德》，1993，第397页。

在的一切可能证明之后，对整个神学（即关于原始存在者的知识）进行了分类。他首先把神学分为理性的神学（Theologia rationalis，根据单纯理性的知识）与启示的神学（Theologia revelata，根据启示得来的知识）。对于启示神学，康德素来持一种不屑一顾的轻蔑态度，这种态度在《通灵者之梦》中可以明显看到。关于理性神学，康德又进一步划分为先验的神学和自然的神学。先验的神学包括宇宙神学（Kosmotheologie，从一般的经验推演出上帝的存在）和本体神学（Ontotheologie，从纯粹概念推演出上帝的存在）；自然的神学则包括自然神学（Physikotheologie[1]，从一切自然秩序与完善的原理推出上帝的存在）和道德神学（Moraltheologie，从一切道德秩序和完善的原理推出上帝的存在）。

既然理性神学所包含的三种神学——本体神学、宇宙神学和自然神学（物理神学）——关于上帝存在的证明都是无效的，那么，现在就只剩下道德神学这一条途径了。康德明确地表示：“我现在主张，在神学上，任何只是在思辨的方式上使用理性的企图都是毫无效果且完全无效的，它在自然研究中使用的原理绝不导致任何神学。结果就是，唯一可能的理性神学就是以道德律为根据的或者是从道德律寻找指导的理性神学。”[2]

但是，纯粹思辨的先验神学仍然具有重要的消极意义，如果我们从这种消极意义上来理解先验神学（正如从消极意义上来理解形而上学一样），那么我们不仅会对防止理性理念的非法运用保持一种警觉性，将其严格地限制在一种调节性的功能范围内，而且能够为

1 “Physikotheologie”一词在韦卓民译本中译为“物理神学”，在邓晓芒译本中译为“自然神学”，邓译本还专门加了一条说明性注释，以区别“自然的神学”（die natürliche Theologie）与“自然神学”（Physikotheologie）这两个概念。参见：康德，《纯粹理性批判》，2004，第 499 页，注释①。

2 伊·康德，《纯粹理性批判》，1991，第 555 页。

道德神学保留一个纯洁无瑕的理想（这一点恰恰就是理性的积极意义所在了）。最高实在者作为理性的一个具有必然性、无限性、统一性、超越性、永恒性和全知全能性的完美理想，固然不能被思辨理性所证实，但是同样也不能被无神论者的种种反驳所否定，它对于实践理性或人类道德始终具有极大的感召作用。关于这个最高实在者的存在问题（以及关于灵魂不朽和意志自由等问题）的思考，其意义并不在于扩大我们的知识范围，而在于加强我们的道德信念。也就是说，当我们面对意志自由、灵魂不朽和上帝存在等问题时，对于这些问题的答案——无论这答案是什么样的——并不涉及我们能够知道什么，而只是涉及我们应当做什么和可以希望什么。由于康德认为知识只涉及现象，而道德则关系到人的本性和本体，所以在他看来，尽管道德神学并不涉及知识论的问题，它仍然比一切思辨神学具有更加优越的地位，只有它才能从实践方面（而非理论方面）提供关于上帝存在的有力证据。当各种思辨神学都无法从自然世界的秩序和统一性中提供上帝存在的有效证据时，只有道德神学从我们道德世界的秩序和统一性中提供了这种证据：

> 这种道德神学在此具有胜过思辨神学的特有的优点：它不可避免地导致一个唯一的、最高完善性的、有理性的原始存在者的概念，对此思辨神学就连从客观的根据中给我们做出暗示也做不到，更谈不上能使我们确信这点了。因为不论在先验神学中还是在自然的神学中，不管理性在其中把我们引领到多么远，我们都找不到一点有价值的根据来哪怕假定一个唯一的存在者，以便我们可以有充分的理由把它置于一切自然的原因之先、同时使自然原因在一切方面都依赖于它。相反，当我们从道德统一性的观点这样一个必然的世界规律来考虑那唯一能给

这一规律提供相应的效果、因而也提供对我们有约束力的力量的原因时，那么这原因必定是一个唯一的至上意志，它把所有这一切规律都包含于自身。[1]

于是，康德就从思辨理性转向了实践理性，从对先验神学的批判转向了对道德神学的建构。

1788 年，也就是在《纯粹理性批判》第一版发表 7 年、第二版发表 1 年以后，康德发表了《实践理性批判》。而在此之前，康德的另一部小册子《道德形而上学的奠基》于 1785 年出版。这两部著作共同构成了康德关于实践理性即道德问题的重要文献（这方面的另一部著作是 1797 年发表的《道德形而上学》）。如果说在《纯粹理性批判》中康德的主要意图在于说明“我能够知道什么？”，那么在《实践理性批判》中康德的主要目的则在于说明“我应当做什么？”和“我可以希望什么？”。[2] 在《实践理性批判》所要回答的这两个问题中，前者关系到康德的道德哲学，后者则关系到康德的道德神学。[3]

与《纯粹理性批判》花费了大量篇幅来批判思辨神学的做法相比，《实践理性批判》关于道德神学的建构显得比较单薄。在这部著

1 康德，《纯粹理性批判》，2004，第 618 页。

2 康德在《纯粹理性批判》的“先验方法论”中，把“我们理性的一切兴趣（思辨的以及实践的）”概括为三个方面，即：“1. 我能够知道什么？ 2. 我应当做什么？ 3. 我可以希望什么？”（参见：康德，《纯粹理性批判》，2004，第 611—612 页。）在康德的三大批判中，《纯粹理性批判》主要解决第一个问题；《实践理性批判》主要解决第二个问题，并且为第三个问题的解决进行了重要的奠基工作；《判断力批判》则进一步论证了第三个问题。

3 《道德形而上学的奠基》从通俗的道德哲学过渡到道德形而上学，再进一步追溯到纯粹实践理性批判，但是它并没有涉及灵魂不朽和上帝存在等问题，因此它只是一部道德哲学著作。与此不同，《实践理性批判》则在探讨了道德哲学问题之后，在第二卷“纯粹实践理性的辩证论”中转向了关于灵魂不朽与上帝存在的神学问题，虽然对这些神学问题的讨论是建立在道德的基础之上的。

作中，康德把主要精力都用于探究实践理性的法则即道德律，并且通过道德律来揭示人的自由本质，只是在探讨德性与幸福的关系和实践理性的二律背反时，才引出了灵魂不朽和上帝存在这两个“纯粹实践理性的悬设”。

在《实践理性批判》的第一卷“纯粹实践理性的分析论”中，康德从对“纯粹实践理性的诸原理”的分析入手，区分了作为主观原理的行动准则与作为客观原理的实践理性法则，阐明了实践理性法则作为绝对命令所具有形式化特点。康德批判了把实践原则建立在质料基础上的功利主义伦理学（将现实欲求的对象作为意志的动机）和幸福主义伦理学（以个人的幸福和自爱作为目的），提出了一条“不是按照质料，而只是按照形式”的普遍法则作为纯粹实践理性的基本法则，即：“要这样行动，使得你的意志的准则任何时候都能同时被看作一个普遍立法的原则”[1]。并且把意志自律确立为一切道德律和与之相应的义务的唯一原则。意志自律表现了一种积极意义上的自由，康德认为，自由不仅在于摆脱感性束缚而独立（消极自由），而且更在于“自己立法，自己遵守”的意志自律（积极自由）。因此在道德律与自由之间就存在着一种内在联系，具体地说，道德律是自由的“认识理由”，自由是道德律的“存在理由”——正因为人具有自由这种独特的禀赋，他才可能使自己的行动遵循道德律；反过来说，当人对自己的实践行为所遵循的道德律进行探究时，他发现道德律的根据正是由于人具有一种自由的能力。当思辨理性在自然世界寻找某种绝对必然的和无条件的原因时，它就把目光投向了自然界之外的上帝；而当实践理性在道德世界中寻找绝对必然的和无条件的原因时，它就发现了内在于人性之

1　康德，《实践理性批判》，2003，第 39 页。

中的自由。康德强调:“那个无条件的原因性及其能力，即自由”，“唯有自由的概念允许我们可以不超出我们之外去为有条件的东西和感性的东西发现无条件的和理知的东西”。[1] 在《道德形而上学的奠基》中，康德也明确指出:“理性在自然方面的思辨应用导向世界的某个最高原因的绝对必然性；理性在自由方面的实践应用也导向绝对必然性，但却仅仅是一个理性存在者本身的行为法则的绝对必然性。”[2]

在《纯粹理性批判》中，康德已经在思辨理性的第三个二律背反中论述了“先验自由的理念”；在《实践理性批判》中，他又进一步探讨了从先验的理念落实到实践行为中、从而获得了“实在性”的自由，这样就暗示了一种用自由来沟通实践理性与思辨理性、本体界（道德世界）与现象界（自然世界）的可能性。在《实践理性批判》中，这种沟通道德与自然的可能性是通过对德性与幸福相统一的“希望”而展现出来的，这样就从“我应当做什么？”的问题过渡到“我可以希望什么？”的问题，即从道德哲学过渡到道德神学。

在《实践理性批判》的第二卷“纯粹实践理性的辩证论”中，康德首先对“至善”这个纯粹实践理性的终极客体（或目的）进行了分析。他指出，“至高”这个概念包含着一种歧义，它可以指某种“至上的东西”（supremum，拉丁文，意为最高的、极限的），也可以指某种“完满的东西”（consummatum，拉丁文，意味完成了的）。就“至高”概念的这种歧义而言，德行无疑可以称得上是一种至上的善，但是它却不能被称为完满的善。因为要成为完满的善，仅有

1　康德,《实践理性批判》，2003，第 144 页。
2　李秋零主编,《康德著作全集》（第 4 卷），中国人民大学出版社，2005，第 471 页。

德行是不够的，还需要相应的幸福，一种不能适当地配享幸福的德行总是令人遗憾的。[1]因此，德行与幸福的关系问题就成为实现纯粹实践理性的终极客体——至善的关键所在。

关于德行与幸福在至善这个统一体中的关系问题，康德认为，二者之间要么是一种分析的关系（逻辑的联结），要么是一种综合的关系（实在的结合）。前者依据同一律，从二者之一先天必然地分析出另一个；后者则依据因果律，以一种后天的方式从一个中产生出另一个。在古希腊哲学中，存在着相互对立的两派，它们都把德行与幸福的关系当作一种分析的关系，只是立场相反："伊壁鸠鲁派说：意识到自己的导致幸福的准则，这就是德行；斯多亚派说：意识到自己的德行，就是幸福。"[2]在康德看来，这两派都是错误的，因为它们都把德行与幸福看作同一的东西，企图直接从二者之一中先验地推演出另一个来。但是，德行与幸福之间的关系并非分析的，而是综合的，它们在至善中的结合不是以某种先验的演绎方式，而是通过经验的因果联系而实现的。因为很明显，德行的准则与幸福的准则是两个完全不同的准则，尽管它们二者的结合才能够使至善成为可能，但是它们彼此之间却总是处于一种"相互限制、相互拆台"的关系中，所以从一者的概念之中是不可能无矛盾地、必然地分析出另一者来的。

既然德行与幸福之间的关系是一种综合的关系，即一种基于经验的因果关系，那么二者之中究竟谁为因、谁为果呢？在这个问题上，实践理性陷入了一种二律背反，这个二律背反甚至威胁到至善

1 康德在《纯粹理性批判》的"先验方法论"中写道："幸福只有在与理性存在者的德性严格成比例、因而使理性存在者配得幸福时，才构成一个世界的至善……"参见：康德，《纯粹理性批判》，2004，第617页。

2 康德，《实践理性批判》，2003，第153页。"斯多亚派"即前述"斯多葛派"，此为不同译法。

这个纯粹实践理性的终极客体，并且使道德律本身也成为可疑的。康德写道：

> 要么对幸福的欲求必须是德行的准则的动因，要么德行准则必须是对幸福的起作用的原因。前者是绝对不可能的：因为（正如在分析论中已证明的）把意志的规定根据置于对人的幸福的追求中的那些准则根本不是道德的，也不能建立起任何德行。但后者也是不可能的，因为在现世中作为意志规定的后果，原因和结果的一切实践的联结都不是取决于意志的道德意向，而是取决于对自然规律的知识和将这种知识用于自己的意图的身体上的能力，因而不可能指望在现世通过严格遵守道德律而对幸福和德行有任何必然的和足以达到至善的联结。既然至善在其概念中包含着这一联结，而对至善的促进是我们意志的一个先天必然的客体，且是与道德律不可分地关联着的，那么前者的不可能也就必然证明了后者的谬误。所以如果至善按照实践规则是不可能的，那么甚至命令人促进至善的那条道德律也必定是置于幻想中及某种空虚杜撰的目的上的，因而本身就是虚假的。[1]

在康德看来，把对幸福的追求当作产生德行意向的根据（这是以爱尔维修和边沁为代表的18世纪功利主义的基本观点），这是“绝对错误的”；但是认为德行意向必然会产生出幸福，这种观点只是“有条件地错误的”，它只是在现世中不可能。这样，康德就为德行与幸福在来世的统一留下了余地。因为如果德福统一是绝对不可

1 康德，《实践理性批判》，2003，第156页。

能的，那么至善的理想和道德律本身就成为虚假的和无意义的，实践理性的一切努力也将付诸东流，人类社会将成为一个仅仅遵循动物本能的、无道德的堕落渊薮。这种状态是任何一个具有理性的人都无法接受的。所以，对于现世中的那些坚持德行和恪守道德律的人来说，一种关于德福统一的希望是绝对必要的。由于这种希望与现实世界中德福分裂的状态是相悖的，因此它只能指向另一个世界，即来世，并且必定会引出一个全知、全能、全在的上帝。在来世，由于这位万能的上帝的中介作用，在现世中“相互限制、相互拆台”的德行与幸福才最终能够以一种“以福配德”的方式统一起来。

道德神学的思想内涵和重要意义

在《实践理性批判》中，当康德从德福统一的希望中引出灵魂不朽（来世）和上帝存在之前，曾经表露了一种阳春白雪式的圣贤意识。他一方面认为，在现世中实现德行与幸福的统一是不可能的，但是另一方面却提出了一种可以与幸福相类比的纯粹精神性的消极愉悦状态——自我满足。在这种自我满足的愉悦状态中，一个有德行的人意识到自己一无所求，一切与情感相关的爱好和外在的幸福需要对于他来说都是多余的。这种斯多葛主义式的自我满足状态，不仅体现了一种崇高的德性，而且意味着一种幸福的实现。但是这种境界显然不是凡夫俗子们可以体验到的，它只属于像康德这样无须借助任何外在的动力、仅凭内在的自由就已经做到了意志自律的道德圣贤。从下面这段文字中，我们可以清晰地看到康德身上的这种强烈的圣贤意识：

由此可以理解：对一个纯粹实践理性的这种能力的意识如

> 何能够通过行动（德行）而产生出战胜自己的爱好的意识，同时也就产生出独立于这些爱好、因而也独立于总是伴随这些爱好的不满足的意识，这样就产生了对自己的状态的一种消极的愉悦，即满足，它在其根源上就是对自己人格的满足。自由本身以这样一种方式（亦即间接地）就可以是一种享受，这种享受不能称之为幸福，因为它不依赖于某种情感的积极参与，严格说来也不能称之为永福，因为它并不包含对爱好和需要的完全的独立性，但它毕竟和永福是近似的，因为至少它的意志规定可以免于这些爱好和需要的影响，因而至少按照其起源来说是与我们只能赋予最高存在者的那种自足相类似的。[1]

但是，毕竟这种道德主义的圣贤意识是不可能在芸芸众生中加以推广的，对于一般人来说，幸福作为一种感性的满足，是与这种精神愉悦状态的自我满足完全不同的。因此，为了保证至善即德福统一的理想能够实现，必须树立起一种关于来世生活和一位公正的仲裁者（即上帝）的信念和希望。康德就从这里引出了灵魂不朽和上帝存在的悬设，建立了一种道德的信仰或道德神学。

康德从道德主义的立场出发，认为要想实现至善这个纯粹实践理性的终极客体，必须具备两个条件：第一个条件就是至上的善，即德性，也就是意志意向与道德律的完全符合；第二个条件则是以德性为前提、并且与德性相配的幸福。第一个条件（即意志完全符合道德律）固然是以对意志自由的假定作为前提的（也就是说，我们必须假定每一个理性存在者出于自己的自由意志而遵循道德律行事），但是要使意志完全符合道德律，这却是一个无限的进程。因为

1　康德，《实践理性批判》，2003，第 162—163 页。

生活在感性世界中的任何一个有理性的存在者，在其存在的任何时刻都不可能完全达到这种道德的完善性。因此：

> 这个无限的进程只有在同一个有理性的存在者的某种无限持续下去的生存和人格（我们将它称之为灵魂不朽）的前提之下才有可能。所以至善在实践上只有以灵魂不朽为前提才有可能，因而灵魂不朽当其与道德律不可分割地结合着时，就是纯粹实践理性的一个悬设……[1]

灵魂不朽的悬设使得意志完全符合道德律成为可能，从而保证了德性的必然完整性，但是它仍然不能解决德福统一的问题，而这一点恰恰是至善的必然要求。在这种情况下，我们就必须考虑第二个条件的实现，即如何保证一个完全符合道德律的德性能够配享相应的幸福。由于幸福是属于感性方面、亦即属于自然世界的事情，它并不能由德行本身来决定，因此这种德福相配的至善理想只有在假定了“一个拥有某种符合道德意向的原因性的至上的自然原因”即上帝存在的情况下才是可能。至善作为一种“最好的世界”的理想，其实质就是自由（德行）与自然（幸福）的统一，而这种统一本身就已经预设了一位本源性的全知（对我们的行为和动机有着清晰的认识）、全能（能够为我们的德行分配相应的幸福）和全在（始终伴随着我们的道德实践和配享幸福的过程）的上帝：

> 因此，最高的派生的善（最好的世界）的可能性的悬设同时就是某个最高的本源的善的现实性的悬设，亦即上帝实存的

1　康德，《实践理性批判》，2003，第 168 页。

悬设。现在，我们的义务是促进至善，因而不仅有权、而且有与这个作为需要的义务结合着的必要，来把这个至善的可能性预设为前提，至善由于只有在上帝存有的条件下才会发生，它就把它的这个预设与义务不可分割地结合起来，即在道德上有必要假定上帝的存有。[1]

然而需要强调的是，这种关于上帝存在的悬设只是出于道德上的主观必要性，而不是由于知识上的客观必然性。它对于理论理性来说始终都只是一种假定，但是对于实践理性来说则是一种信仰，而且是一种“纯粹的理性信仰”。在这种实践理性的信仰中，上帝并没有被确立为道德的根据，他充其量只是我们的德行配享幸福的根据。换言之，上帝只是保证了以福配德这种公正的结果，但是实现德行的道路仍然要靠我们的自由意志。只有在第一个条件（即意志完全符合道德律）得到满足之后，上帝的存在才会使第二个条件（即德福相配）成为可能。这样一来，康德就不是从宗教中引出道德，而是从道德中引出宗教，通过宗教的中介把道德与幸福联系起来。如果说在《纯粹理性批判》中，康德由于颠倒了知识与对象的关系而完成了一场知识论上的“哥白尼式的革命”，那么在《实践理性批判》中，他同样由于颠倒了道德与宗教的关系而实现了一场道德学和神学上的“哥白尼式的革命”。利文斯顿评论道：“道德的基础，不是对上帝的认识。恰恰相反，在康德看来，对上帝的认识，是道德理性的一个基本要求。在传统上道德是以神学为基础的，而康德颠倒了这个顺序，而力图证明：宗教的基本信念需要我们的道

1　康德，《实践理性批判》，2003，第 172 页。

德理性的支持。”[1] 下面这段话清晰地表明了康德所建立的道德神学的本质精神：

> 基督教的道德原则本身毕竟不是神学的（因而不是他律），而是纯粹实践理性自身独立的自律，因为它使对上帝及其意志的知识不是成为道德律的根据，而是成为在遵守这些法则的条件下达到至善的根据，它甚至把遵守这些法则的真正动机不是置于遵守它们时的被指望的后果中，而是仅仅置于义务的表象中，同时，获得被指望的后果的资格也只在于对这种义务的忠实的遵循。
>
> 以这种方式，道德律就通过至善作为纯粹实践理性的客体和终极目的的概念而引向了宗教，亦即引向对一切义务作为上帝的命令的知识，这种命令不是强令，亦即不是一个陌生意志的任意的、单独来看本身是偶然的指令，而是每一个自由意志的自身独立的根本法则，但这些法则却必须被看作最高存在者的命令……[2]

简言之，道德并不需要以宗教作为自己的根据，但是它却不可避免地导致了宗教。

从康德所提倡的这种道德神学中，我们可以看到卢梭的道德宗教思想对他的深刻影响。康德与卢梭一样，都把内在的良知当作上帝，把建立在良知之上的道德意识（或者道德律）当作我们的行为应当遵循的唯一法则。只不过在卢梭那里被称为“良心”的东西，

1　詹姆斯 · C. 利文斯顿，《现代基督教思想：从启蒙运动到第二届梵蒂冈公会议》（上卷），1999，第 141 页。

2　康德，《实践理性批判》，2003，第 176—177 页。

在康德那里被叫作“纯粹实践理性”，而且在康德的这个概念中具有更多的理性色彩而不是情感成分。在康德看来，正如牛顿在一片混乱的大自然中发现了秩序一样，卢梭在人的内心中发现了隐匿极深的人性的本质和天意的法则。卢梭强调，一颗正直的心，就是上帝存在的真正殿堂；康德也同样认为，“每一个自由意志的自身独立的根本法则”，同时就是“最高存在者的命令”。虽然在具体的生活作风和行为方式上，康德与卢梭之间存在着巨大的差异，但是在思想上，二者却有着极其深刻的精神契合之处和一脉相承关系[1]，德国哲学家卡西尔（Ernst Cassirer）评论道：“康德称赞卢梭是这样一位道德哲学家，他在种种的畸变和遮蔽之下，在人类于其历史进程中自我打造和蒙罩的一切假面之下，探悉到‘本真的人’。这也就是说，康德之所以尊敬卢梭，乃是因为他省察并且高扬了人类的卓然超拔和不变鹄的。而他本人正是要沿着卢梭所开辟的这条道路向前突破，并竭力继续走向那个目标。”[2]

对于康德而言，道德本身并不能使我们直接获得幸福，它只是使我们配享幸福的根据。道德哲学只是告诉我们应当如何去行动，如何使意志自由地去遵循先天的道德律，至于对幸福的希望，那是属于宗教的事情。但是上帝的存在却使得这两件事情具有了一种内在的因果联系，正因为如此，关于上帝存在的假定就成为一种道德的信仰，或者纯粹实践理性的信仰。这种实践理性的信仰虽然不能被看作思辨理性的知识，但是它却赋予了思辨理性的理念以某种客观实在性，并且填补了思辨理性在这方面的知识空白。正是在这种

1 从一件小事上可以看出康德对卢梭思想的痴迷与热爱。1762 年夏末，康德得到了一本当时被列为禁书的卢梭的《爱弥儿》，这本书强烈地吸引了他，以至一连几天爱不释手，甚至连一向坚持的散步习惯也被打破了。此外，据说在康德简陋的书房里，唯一的一件装饰品就是卢梭的画像。参见：阿尔森 · 古留加，《康德传》，1981，第 46 页。

2 卡西尔，《卢梭 · 康德 · 歌德》，1992，第 24—25 页。

意义上，实践理性与思辨理性相比具有优先地位。

在“纯粹实践理性的辩证论”的结尾部分，康德提出了一个重要的问题：“上帝的概念是一个属于物理学的概念还是一个属于道德学的概念？”在他看来，把上帝概念当作一个物理学的概念来解释自然，不仅最终会陷入难以自圆其说的矛盾之中，而且暴露了一种理论上的无能——当人们在解释自然现象遇到难题时，往往就会乞灵于一个连自己也说不清楚的上帝（在这里不禁使人想起了黑格尔关于上帝是一条理论上的“大阴沟”的说法）。但是如果我们把上帝概念看作一个道德学的概念，那么我们就可以顺理成章地从纯粹实践理性的至善要求中了解到这个概念的全部内涵（全知、全能、全在等）。康德最后的结论是：

> 所以上帝概念是一个从起源上就不属于物理学的、亦即不是对思辨理性而言的概念，而是一个属于道德学的概念，并且我们对其他理性概念也可以有同样的说法，我们在前面已经把它们当作理性在其实践运用中的一些悬设来处理了。[1]

如果说康德在《纯粹理性批判》中否定了关于上帝存在的一切理论证明，那么在《实践理性批判》中他则确立了关于上帝存在的道德论据（尽管康德本人一再强调这种实践理性的悬设不是一种理论证明）。他摧毁了传统意义上的理性神学，却建构起具有现代意义的道德神学。康德的道德神学给予后世的最重要的启示在于：上帝的存在不是客观必然的，而是主观必要的；它不是建立在一种理论

1 康德，《实践理性批判》，2003，第 192 页。引文中所说的“其他理性概念”是指自由和灵魂等概念。

的逻辑推理之上，而是建立在一种实践的道德要求之上。质言之，上帝的存在只是人类道德实践的一种主观需要而已。这一思想在基督教思想史上具有里程碑式的重大意义，它使得那个经历了从 17 世纪英国自然神论到 18 世纪法国启蒙运动的数度劫难、在自然界中已经无处栖身的上帝，终于在人的内在道德世界中找到了一个牢固的安身立命之所。现在人们再也不用到外在的物理世界中去寻找上帝的身影了，当科学家们面对大自然时，也无须再去考虑任何与上帝相关的问题。在属于经验范围的科学知识领域中，他们完全可以是一些无神论者。但是当他们反躬自问，面对自己的道德良心时，他们会觉得一位上帝的存在是必要的，他将成为他们从现世道德迈向来世幸福的一座桥梁，成为他们道德义务的一个必然要求（而非根据）。在这种意义上，他们将成为一种道德宗教的虔诚信仰者。

简单地说，上帝不是一种自在的存在，不是与人无关地客观存在着，而是为我的存在，即与人的主观（道德）状态相关的存在。利文斯顿指出："当上帝存在的时候，我们不能认识他。只有当上帝为我地存在时，我们才能认识他。路德曾经主张类似的观点，即只有当上帝'施恩于人'，他才能被认识。路德曾经说过，信仰与上帝必然连在一起，因为'你心所眷恋所依靠者，恰是你的神明'。康德同样认为，对上帝的认识依赖于信仰，不过康德指的是一种严格的道德信仰。"[1] 这种以道德作为根基的宗教信仰，最早可以溯寻到马丁·路德的以"良心"为根基的信仰观，继而表现在英国自然神论的"道德乃是宗教的首要之义"的观点中，再后来则表现为斯宾诺莎的以善行和爱为根基的上帝观与卢梭的以崇高美德为基本特征的

1 詹姆斯·C. 利文斯顿，《现代基督教思想：从启蒙运动到第二届梵蒂冈公会议》（上卷），1999，第 144 页。

“公民宗教”，到了康德这里才最终形成了一种系统化的道德神学理论。而且从进一步的思想发展史来看，正是由于康德从人的实践理性的要求中引出了上帝的概念，后来经过黑格尔把神与精神相等同的中介，到了费尔巴哈那里才得出了上帝是人的本质（即理性）的异化形态的观点。但是在西方现代社会中，费尔巴哈的人本主义观点由于过分偏离基督教的文化传统而渐渐被人们所淡忘，康德建立在实践理性基础之上的道德神学在一般知识分子心中却仍然具有极大的精神感召力。

从自然目的论到道德目的论

在《纯粹理性批判》中，康德考察了知性是如何通过向感性对象颁布先天的知识形式，从而形成了具有普遍必然性的科学知识；在《实践理性批判》中，他又考察了理性是如何向我们的实践活动颁布先天的道德法则，并且通过意志自由、灵魂不朽和上帝存在等实践理性的悬设而实现了至善的终极理想。但是，在这两大批判中，知性与理性、自然与自由、知识与道德（以及道德的信仰）仍然处于一种相互分裂的外在关系之中。虽然在《实践理性批判》中通过上帝存在的假定来保证了道德与幸福的统一（至善），但是这种统一毕竟只是建立在对来世的希望之上，而在现实世界中却仍然找不到充分的根据。如何在这两大批判之间建立起一座过渡的桥梁，这就是康德的第三批判，即《判断力批判》所要解决的问题。在 1790 年出版的《判断力批判》中，康德通过反思性的判断力，在“合目的性”这个概念的基础上，把自然与自由联结起来，形成了一个从自然界到道德人的目的论系统，并且通过作为道德存在者的人这个自然界的终极目的，最终引出了一个道德的世界原因，即上帝。

早在《纯粹理性批判》中，康德就提出了将知性范畴运用于经验对象之上的“判断力的原理”，它的作用是用知性去统摄直观，以便形成具有普遍性的科学知识，因此它可以被称为“规定性的判断力”。与这种“规定性的判断力”不同，在《判断力批判》中，康德又提出了另一种方向相反的“反思性的判断力”，它的作用不是将普遍性的知性范畴运用于特殊材料之上以形成客观知识，而是从被给予的特殊材料中反思到主观的普遍原则，从而实现各种主观认识能力（直观、知性、理性）之间的自由协调活动。

康德把这种“反思性的判断力”进一步区分为“审美判断力”和“目的论判断力”，前者（审美判断力）通过在直观表象中反思到主观形式的合目的性原理，从而赋予自然对象以一种形式的合目的性，并且在主观上产生了一种愉快的情感。这样，审美判断力就在直观（想象力）与知性之间建立起一座桥梁。后者（目的论判断力）则把审美判断力的主观形式原则“调节性地”运用到自然界的客观质料上，从而把自然界看作一个由低向高逐渐演进的目的论系统，并且通过道德的人这个终极目的而引向世界的最后原因（上帝）。这样，目的论判断力就在知性（自然）与理性（道德）之间建立起一座桥梁。通过这两种反思性判断力的中介作用，各种主观认识能力之间就形成了一种自由协调的关系。

但是康德明确地表示，反思性的判断力只是在各种主观认识能力之间实现了一种自由协调关系，它在反思客观对象时所建立的合目的性原理，只是一种调节性原理，而不是构成性原理（不同于规定性的判断力）。无论是审美判断力所激发起来的崇高感，还是目的论判断力所确立的目的论系统，都不是对客观对象的认识，而是我们在反思自然对象时所遵循的一种主观表象方式，它们的目标都是指向自由和道德的。所以康德在《判断力批判》的序言中强调:

“就判断力而言，有用的是批判，而不是理论。”[1] 所谓“批判”，就是去研究、考察判断力的可能性和界限，而不是据此去建构知识系统（理论）。

在《判断力批判》中，与康德的宗教哲学思想相关的部分是“目的论判断力批判”，尤其是作为该书附录的“目的论判断力的方法论”。在这一部分中，康德对目的论的学科归属、自然目的论系统、自然的终极目的，以及自然神学和道德神学等问题进行了深入的探讨，进一步完善了他在《实践理性批判》中所创立的道德神学理论。

在“目的论判断力的方法论”中，康德首先从目的论作为一种与机械论相对立的理论体系的学科归属问题入手，他问道：目的论到底应该“属于自然科学呢还是属于神学”？对于这个问题，康德的态度是，目的论既不属于神学，也不属于自然科学。因为目的论既不是关于神也不是关于自然界的客观知识，而只是反思性的判断力借以作为一种主观的调节性原则对世界上的事物所做出的一种评判而已。就此而言，目的论最多只能作为一种神学的入门，即为建立一种道德神学进行主观上的准备。

与在《实践理性批判》中通过对至善（德福统一）的希望来把自然与自由联结起来的做法不同，在《判断力批判》中，康德是通过“合目的性”这个中介在自然与自由之间、在为自然立法的知性与为道德立法的理性之间建立起一座桥梁。但是康德一再强调，合目的性只是反思判断力的一条主观调节性原则，如果我们错误地把它当作了客观对象本身的构成性原则，那么就会陷入目的论与机械论的二律背反中。在这个二律背反中，机械论坚持认为自然界的一

1 康德，《判断力批判》，邓晓芒译，杨祖陶校，人民出版社，2002，第4页，序言。

切事物都是严格地遵循机械规律而发生的，目的论则认为单纯的机械规律并不足以说明一切事物，还必须承认事物本身具有某种目的性，它才是事物发生的真正根据。这种二律背反的产生，并不在于哪一方正确、哪一方错误，而在于误把主观的表象方式当作了客体本身的存在根据。所以对于这种二律背反的解决方式就是不承认反思性判断力的主观准则具有客观实在性，也就是说，要始终清醒地认识到合目的性等反思判断力的原理"并没有自在地规定这些自然物的起源，而只是说我们按照我们知性和理性的性状只能根据目的因来思考这类存在物的起源"[1]。

在自然界的合目的性问题上，康德明确地反对外在目的论而主张内在目的论[2]，反对偶因论而主张预定论。从下面的这段文字中，我们可以再一次看到莱布尼茨的前定和谐思想对于康德的深刻影响：

> 既然产生这种存在物的目的论原则被接受下来（因为不可能有别的情况），那么我们就可能或者是用偶因论、或者是用预定论来为这些存在物的内在合目的性形式的原因奠定基础。根据前者，至上的世界原因按照其理念就会乘每次两性交合的机会而给在交合中混合起来的物质直接提供有机的形态；根据后者，他就会在他自己的这种智慧的最初产品中只放进这种素

1 康德，《判断力批判》，2002，第 286 页。

2 康德对"外在合目的性"与"内在合目的性"这两个概念分别界定道："我把外在的合目的性理解为这样一种合目的性，在那里一个自然物充当了另一个自然物达到其目的的手段。""外在合目的性是一个完全不同于内在合目的性概念的概念，后者是与一个对象的可能性结合着的，而不论这个对象的现实性本身是不是目的。"（参见：康德，《判断力批判》，2002，第 280 页。）换言之，外在合目的性是建立在一物与另一物的手段–目的关系之上的，而内在合目的性则是自然物自身内在的合目的性，无须通过与另一物的关系来体现。

> 质，凭借这种素质，一个有机物就产生同类东西，而这个物种便持久地保持着自己，同样诸个体由于自己同时造成自己的破坏的本性而带来的死亡也就持续地得到了补偿。如果我们接受有机物产生的偶因论，那么在这里的一切自然连同对这样一类产物的可能性下判断的一切理性运用都将完全失去；因此我们可以假定不会有任何对哲学有兴趣的人接受这一学说。[1]

康德在这里所阐述的预定论思想，可以说是上承莱布尼茨的前定和谐理论，下接现代神学的智能设计论；而他所反对的偶因论，由于把有机物的内在合目的性外在地加以处理，让每一事物都直接体现着上帝的特殊意志（由于上帝的随时随地的干预），所以很容易导向一种神迹论和启示神学的谬误观点。

根据这种合目的性的表象方式或思维模式，我们可以在自然界中发现一个明显的目的论系统。在这个环环相扣、有机和谐的自然目的链条中，必定会有一个终极目的，它构成了一切依赖性的自然物所趋向的最后目标。这个终极目的只能是一个既在自然之中又超越于自然之上的存在物，这就是具有自由和道德律的人。但是使人成为自然的终极目的的东西，并不是人的幸福，而是人的文化，以及通过文化的教养而实现的道德。康德认为，文化的或道德的人作为自然的终极目的，其本身并不需要任何别的东西作为他的可能性条件，因为他的根据就是自由。人作为自然万物发展的最终目的，同时也是创造者（上帝）创世的最终目的。所以，我们不能再追问人是为什么而存在的，因为他的存在本身就已经包含了万物所追求的最高目的。最高目的本身不会再有目的，否则它就不是终极目的

1　康德，《判断力批判》，2002，第 277 页。

了；但是如果没有这个终极目的，整个自然界就无法得到最后的解释。这样一来，道德的人就成为整个自然世界坚定不移地追求的最终目标：

> 既然这个世界的事物作为按照其实存来说都是依赖性的存在物，需要一个根据目的来行动的至上原因，所以人对于创造来说就是终极目的；因为没有这个终极目的，相互从属的目的链条就不会完整地建立起来；而只有在人之中，但也是在这个仅仅作为道德主体的人之中，才能找到在目的上无条件的立法，因而只有这种立法才使人有能力成为终极目的，全部自然都是在目的论上从属于这个终极目的的。[1]

接着，康德对自然神学与道德神学进行了比较。在他看来，自然神学只是试图从自然目的中推论出自然的至上原因及其属性，但是由于它的视野仅仅局限于自然事物中，所以自然神学并不能向我们展示出一个终极目的。正是由于缺乏自然的终极目的这个中介环节，所以自然神学即使勉强论证了上帝的存在，也无法说明上帝的属性。[2]因此，自然神学始终都只是一种目光短浅的自然目的论，而不是一种真正意义上的神学。与此相反，道德神学则试图从自然的有理性的存在者的道德目的中推论出至上原因及其属性，它顺理成章地从自然目的论系统追溯出一个终极目的（道德的人），然后再从这个终极目的中推论出整个世界的至上原因（即上帝）。这样一来，道德神学就通过道德目的论过渡到一种真正的神学。在道德神学中，

1 康德，《判断力批判》，2002，第 291—292 页。

2 关于这一点，康德在《纯粹理性批判》中分析自然神学（自然神论）证明的弱点时，已经有过论述。请参阅本章中的第四节“康德对自然神学证明的批判”。

上帝不仅被设想为自然界的至上原因，而且被设想为道德目的王国中的立法首领。由于他既是一切道德活动的监督者，又是自然目的与道德目的的协调者，而且是至善理想的保证者，这样就使他同时既是全知的，又是全能的，也是全善的。于是，一个在其存在与属性两方面都得到论证的上帝就被确立起来了。“以这样一种方式，道德的目的论就补充了自然的目的论的不足并首次建立了一种神学，因为如果自然目的论不是暗中从道德目的论借贷，而是要贯彻到底的话，它自己单独所能建立的无非是一种不能形成任何确定的概念的鬼神学。”[1]

在合目的性这条反思判断力的主观表象原则之上，或者说在自然目的与道德目的相连接和相统一的基础上，康德提出了一种关于上帝存在的道德证明。这个证明的推理过程可简述如下：

> 第一，自然物的存在都是偶然的，从它们的原因系列中必定会推出一个至上的原因，这个至上原因要么从机械论秩序中去寻找，要么从目的论秩序中去寻找。在后一种情况下，这个至上原因可以被表述为原因的至上目的，即终极目的。
>
> 第二，如果有一个先天给予的终极目的，那么它就只能是服从道德律的人，只有他才是不依赖于自然物而具有独立的绝对价值、并且赋予自然万物以最终目的的存在。
>
> 第三，道德律为我们先天地规定了一个终极目的，并且使得对它的追求成为我们的责任，这个终极目的就是通过自由意志而实现的世界最高的善（即至善）。
>
> 第四，世界最高的善既包含德性，也包含幸福，但是单纯

1　康德，《判断力批判》，2002，第 301 页。

的自然原因是不可能将这二者结合起来的，因此，必须假定一个道德的世界原因，他的存在将保证作为终极目的的至善的实现。这就是一个上帝。[1]

康德在做了这个证明之后立即强调，这个证明并不具有任何客观的知识意义，它充其量只具有主观的道德意义。关于自然的合目的性及其目的论系列，以及关于自然的终极目的，这些概念只存在于主观的理性之中，并不具有客观实在性。设立这些概念的根据不是经验和知识论，而是道德。因此，在自然序列中设立一个道德性的终极目的，以及“一个最高道德立法的原始创造者”的存在，这只是实践理性的一种要求，它并不需要理论上的证实。从这种意义上来说，这个关于上帝存在的道德证明根本就不具有任何客观的有效性，严格地说根本就不是什么理论证明。康德在该书的第二版中加上了一条注释，他写道：“这一道德的论证不是要对上帝的存有提供任何客观上有效的证明，不是要向怀疑的信徒证明有一个上帝；而是要证明，如果他想要在道德上一贯地思考，他就不得不把这个命题的假定接受进他的实践理性的准则中来。——这也并不是想说：为了德性有必要假定一切有理性的存在者的幸福都是符合他们的道德性的，而是说：这种假定由于德性而是必要的。因而这是一个主观上对于道德的存在者来说是充分的证明。”[2]

康德认为，道德证明的重要意义并不在于证实了上帝的存在，而在于在实践理性而非思辨理性的基础上建立起一种神学，即道德神学。这种道德证明由于把理性的运用范围严格地限制在实践的诸

1 关于这个证明过程，可参见：康德，《判断力批判》，2002，第 304—308 页。

2 同上，第 308 页，注释①。

条件之内，从而就防止了由于思辨理性对上帝理念的任意理解而导致的各种神智学、鬼神学、巫术和偶像崇拜。而且它还颠倒了把道德建立在神学之上的传统，从道德目的论中引出了上帝的存在，从而确立了一种道德的神学。康德在这里明确地表示，关于上帝存在和灵魂不朽的问题，在理论上绝对不可能有任何有效的证明，在经验上也缺乏任何可靠的事实根据，它们仅仅只是一种信念，或者是实践理性的一种信仰[1]。由此可见，这种通过自然的合目的性以及终极目的而引出上帝存在的道德神学证明，正如在《实践理性批判》中通过实践理性的悬设而得出上帝存在的结论一样，并不关系到对象本身的客观实在性问题，而只是关系到我们如何去认识对象的思维方式问题。道德神学证明的用处也不在于扩展我们的自然知识，而在于强化我们的道德信念。从《判断力批判》中，我们再一次明显地看到，康德的道德神学是建立在主观必要性，而非客观必然性之上的，上帝的存在仅仅只是出于道德需要，绝非基于客观事实。理性的最后意图，始终都是指向道德的，唯有道德才是自然造化的终极目的所在。在《纯粹理性批判》的“先验方法论”中，康德就已经明确地表述了这一思想：

> 因此，在人们称之为纯粹哲学的这种探究中，理性的全部装备实际上都是针对所提到的这三个问题的（即意志自由、灵魂不朽和上帝存在——引者注）。但这三个问题本身又有其更深远的意图，即：如果意志自由、如果有上帝和来世，那么应该做什么。既然这涉及我们与最高目的相关的行为，那么，明

1　康德对信仰定义道：“信仰……是理性在把对于理论知识来说难以达到的东西认其为真时的道德思维方式。”参见：康德，《判断力批判》，2002，第 331 页。

智地为我们着想的大自然在安排我们的理性时，其最后意图本来就只是放在道德上的。[1]

可见，对于康德来说，上帝存在和灵魂不朽就仅仅是实践理性的一种信仰或者信念罢了。

1 康德，《纯粹理性批判》，2004，第 609 页。

第 15 章　康德晚年的宗教思想

对神义论的批判

1786 年，具有自由倾向和宽容精神、对科学理性和启蒙思想予以庇护的普鲁士国王弗里德里希大帝去世，他的继任者威廉二世（1786—1797 年在位）是一个思想保守、信仰正统、对科学不感兴趣的封建君主。在威廉二世的统治下，对于思想的禁锢又开始加强，严苛的书报检查制度也建立了起来，尤其是关于宗教信仰方面的言论，受到了严格的限制。1789 年法国大革命爆发，法国人民在政治上的过激行为进一步刺激了普鲁士统治者对于思想的敏感性。在威廉二世看来，法国大革命完全是由于过分放任自由思想而导致的一场悲剧，这种观念使得他变本加厉地对德国境内的自由精神和启蒙理性进行严密监控和无情压制。由于思想环境的骤变，康德的宗教思想与正统神学之间的抵牾也就日益明显，在这种情况下，他关于宗教问题的新著作的出版就开始面临着困难。

1792 年，康德撰写了《论人性中的根本恶》一文。由于他已经意识到政府对于自由讨论宗教问题所实行的限制，为了表示对国家法律的尊重，他在把这篇文章寄给《柏林月刊》杂志发表之前，先要求该刊物的负责人将文章送交柏林当局审查。这篇文章很幸运地通过了审查，并在《柏林月刊》上发表。不久以后，康德又写了第二篇相关的论文，但是这篇论文却没能通过官方的书报检查制度，原因是检查官认为该文对《圣经》中的教义多有不恭之处。于是康德就把这两篇文章，连同他新写的另外两篇文章一起组成了一部书稿，即《单纯理性限度内的宗教》，并把它寄给自由派的耶拿大学哲学院审查。耶拿大学哲学院很快就通过了对该书的审查，1793 年春，《单纯理性限度内的宗教》公开出版。在该书的序言中，康德对当局苛刻的书报审查制度以及由圣经神学家来审查纯学术性的哲理神学的做法表示了极大的不满。他认为宗教上的那些崇高的东西，一经人手的处理，就变得渺小了。作为一种公共权力，国家的书报审查制度是必要的，一个人怀着"服从当局"的信念、接受官方的书报审查也是道德的必然要求。但是如果这种审查制度侵害了科学的自由，那么它的正当性就值得怀疑了，因此必须把它的权力限制在不至于对科学领域造成破坏的范围内。在这篇序言中，康德尤其是对圣经神学家在官方书报审查制度的庇护下大肆辱没科学和垄断人类理智的做法深表愤慨，他认为那些仅仅负责灵魂得救问题的神学家们是没有资格来审查具有科学性质的哲理神学的，对于后者的裁定属于学者们的职权范围。这位一生审慎的哲学家公然以激烈的口吻宣称："假如在神学家看来，只要有可能，在宗教事物中就不与理性发生任何关系，那么，人们很容易就能预见到哪一方将会有所损失。因为一种贸然向理性宣战的宗教，是不能长久地与理性对立的。"[1]

《单纯理性限度内的宗教》的出版很快就激怒了保守而专制的

1 康德,《单纯理性限度内的宗教》，2003，1793 年第 1 版序言第 9 页。

普鲁士当局。1794 年 10 月，信奉正统神学的宗教部部长韦尔纳（J. Chr. Wollner）签发了国王威廉二世对康德的申斥令，并以私人信件的方式送交到康德手里。这封信指责康德“滥用自己的哲学”来“歪曲和贬低《圣经》和基督教的一些主要的和基本的学说”，违背了一个青年导师的义务，违背了国王的意图。信中警告说，如果康德再不迷途知返，他“必然会招致不愉快的处置”。[1]

面对着当权者的这封措辞严厉的申斥信，康德以一种礼貌而强硬的态度回了一封信。在信中，康德一方面为自己的著作做辩护，声称他从来没有发表过任何有辱青年导师职责和贬低基督教的言论，他所做的事情无非是对理性宗教进行研究；另一方面则对政府和正统神学家们滥用职权，任意干预学术自由的做法表示了强烈的不满。他强调，让学者享有思想自由，这并不会伤害政府的权威；正统的宗教教义也不是由政府制定出来的，而是通过学术研究获得的。至于那些以启示信仰来自我标榜的人（官方的宗教官员和书报审查官们），他们首先必须有责任心，并且应该具有宽容精神，不要勉强别人相信他们自己也没有充分确定的东西。在这封彬彬有礼然而却态度坚定的信中，康德就像在沃尔姆斯帝国会议上为自己的宗教观点进行辩护的马丁·路德一样慨然宣称：

> 在撰写涉及宗教的作品时，我清楚地意识到：永远不能失去良知，它是我心中的神圣法官。我不但竭尽全力避免任何可能有损灵魂的失误，而且甚至避免使用我觉得有伤风化的语词。我之所以对此特别注意，乃是因为我已经 71 岁了，在这个年龄，

1　关于这封申斥信的内容，参见：康德，《单纯理性限度内的宗教》，2003，正文第 224 页，译注。

难免不时想到：我可能很快就要到那洞察人心的世界裁判者面前去为自己辩解了。因此，当我现在认真地向最高当局呈交这份辩解时，我心中没有不安之感，这是我的坦率的、永不改变的声明。[1]

在这封信的最后，出于一个公民对自己国家的服从义务，康德承诺放弃一切有关宗教问题的学术活动，但是他却在这个承诺前面有意识地加上了“作为陛下你的忠实臣民”这一句限定语。三年以后（1797 年），威廉二世去世，新国王威廉三世继位并废除了书报审查制度，康德对威廉二世的承诺也就失效了。所以在 1798 年出版的《学科之争》中，康德公布了威廉二世的申斥信和他自己的回信，又开始继续谈论起宗教问题来。

《单纯理性限度内的宗教》是康德晚年的一部重要的宗教哲学著作，与三大批判不同，这是一部专门探讨宗教问题的著作，系统地表述了康德的道德神学思想。国内翻译和研究康德思想的专家李秋零教授认为:“此前的三大批判无一不涉及宗教。但它们毕竟不是专门地、系统地探讨宗教问题的著作。而在《单纯理性限度内的宗教》一书中，康德在不同的层次上对自己在宗教问题上的思想进行了全面的清理。因此，只是在这本书中，‘我可以希望什么’这个问题，才真正得到了解答。”[2] 可以说，在三大批判中基本形成的道德神学思想，在这本书里才系统而全面地得到了阐述。

与《实践理性批判》从实践理性的至善理想中引出宗教问题的进路不同，在《单纯理性限度内的宗教》中，康德是从罪恶这个基

1 康德,《单纯理性限度内的宗教》，2003，正文第 227 页。
2 同上，中译者导言第 2—3 页。

督教的核心问题入手来探讨宗教哲学的。罪恶虽然与德行在表面上相对立，但是它们却同样都是建立在自由意志的基础之上，因此这本书（乃至整个康德宗教哲学）的核心问题就是自由问题。在《单纯理性限度内的宗教》中，这个问题被表述为：道德上恶的人如何能够弃恶从善？借用《圣经》里的话来说，即坏树是否以及如何能够结出好果子来。[1] 由此就必然要涉及关于人的本性问题，具体地说，人就其本性而言，到底是善良的还是邪恶的？如果是邪恶的（如基督教的原罪观所认为的那样），那么它最初是怎么变坏的？它是否全然败坏了，还是仍然保留着一些善的基因，在某种契机的作用下仍然可能结出好果子？这些问题，就是该书所要探讨的。

众所周知，罪恶问题不仅是原罪论的基石，而且构成基督教神义论的中心问题。康德早年受莱布尼茨最好世界理论的影响，曾经为神义论做过辩护（参见第 13 章第一节）。在三大批判中，康德就开始对自己早年的宗教思想进行清算，但是他对神义论思想的批判则表现在 1791 年发表的《论神义论中一切哲学尝试的失败》一文中。因此，在对《单纯理性限度内的宗教》进行分析之前，我们先来看看这篇文章中的观点。

在《论神义论中一切哲学尝试的失败》这篇短文中，康德让理性作为一位公正的法官，在哲学的法庭上聆听了关于世间罪恶事实的申诉、对这些罪恶的神义论辩护，以及对这些辩护的驳斥。首先展示在法庭面前的是人们对于世界创造者的智慧与全能的抱怨，因为世间无可置疑地存在着许多显然与上帝创世的目的相悖逆的事情，它们可以分为三类：第一类是道德上与目的相悖的东西，即真正的

1 “凡好树都结好果子，唯独坏树结坏果子。好树不能结坏果子，坏树不能结好果子。”出自：《圣经 · 马太福音》，第 7 章，第 17—18 节。

恶或罪恶；第二类是自然的与目的相悖的东西，即灾祸或痛苦；第三类则是犯罪与惩罚的不相称，即道德上的罪恶没有得到相应的自然痛苦的惩罚。由于第一类恶的存在，人们不禁会怀疑上帝作为立法者的神圣性，因为一位神圣的上帝是不会允许世间存在着道德上的恶的（或者说道德上的恶作为一种与目的绝对相悖的东西，是不可能被神圣的立法者所允许的）；由于第二类恶的存在，人们就难免会怀疑上帝作为统治者的仁慈性，因为一位仁慈的上帝是不忍心让他的儿女们遭受自然的苦难的；由于第三类恶的存在，人们则会对上帝作为审判者的正义性表示怀疑，因为犯罪者不受惩罚是完全违背正义原则的。以上就是人们针对世间的罪恶事实而对上帝的神圣、仁慈和正义所做的控诉。

面对着这些控诉，神义论者作为上帝的辩护人、康德作为公诉人或反驳者双双出场了。神义论者提出了诸多理由来为上帝的神圣性、仁慈性和正义性进行辩解，反驳者则对这些辩护逐一进行了驳斥。

对于第一类抱怨和控诉，神义论的辩护理由包括：A. 上帝的智慧具有超越性，在被我们人类判定为道德上恶的东西在上帝眼里未必如此；B. 道德的恶是由于人类自身的有限性所决定的，所以不应由上帝来负责任；C. 上帝出于睿智的原因允许道德的恶的存在，但是他却并没有认可它、希望它和促成它，所以道德的恶的原因不在于上帝。针对神义论的这些辩护，康德的反驳则是：A. 用上帝智慧的超越性来说明道德的恶的相对性，这种无法验证的说法根本就不值一驳；B. 如果道德的恶是由于人类自身的有限性所致，那么它就根本不是一种道德上的恶，而是一种自然的缺陷，人类当然也就不用为此承担责任了；C. 至于上帝不创造道德的恶、但却允许它的存在这种说法，与第二种辩护一样把道德的恶的原因归结为事物的本质或人的有限性（这些辩护的共同依据就是奥古斯丁关于恶是一种缺陷或匮乏的观点），因此它同样不能把道德的恶归咎于人性（道德性）。

对于第二类抱怨和控诉，神义论的辩护理由是，人世间的痛苦与惬意相比是微不足道的，所以人都更愿意生而不愿意死，但是人的动物性的受造本性却使人把这种痛苦夸大了；况且此生的苦难或许正是上帝为了考验我们、磨炼我们的意志，以便让我们配享来世的永福的一种代价呢！针对神义论的辩护，康德反驳道：每一个活得足够长久并且反思过生命价值的人都会对痛苦有着深切的感受，如果说人的动物性的受造本性使人更加尖锐地感受到痛苦而不是惬意，那么我们不禁要问："我们存在的创造者为什么要让我们获得生命呢？"[1] 至于那种考验说，由于来世的状况是我们无法认识的，因此关于此生受苦、来世享福的说法充其量只是借助于上帝这把信仰的利刃斩断了苦难这个戈耳狄俄斯死结[2]，却未能解开它。

对于第三类抱怨和控诉，神义论的辩护理由可概括为如下几点：A. 恶人虽然未受到外在的惩罚，但却遭到了良心的鞭笞，"良知的内在谴责要比复仇女神更厉害地折磨恶人"；B. 苦难作为德性的砺石，反过来彰显和提高了德性的价值；C. 此生的德福相悖（好人受苦、恶人享福）恰恰暗示着来世的德福相配。康德对于神义论的上述理据反驳道：A. 良知只有对坚持道德法则的人才有效，对于一个有意背离道德法则的恶人来说，良知的作用是微乎其微的；B. 对于苦难会提高德性的价值的观点，如果苦难作为德性的砺石是先行于或者伴随着德性的，而"至少生命的终点将为德性加冕并惩罚罪恶"，那么在

1 伊曼努尔·康德，《康德论上帝与宗教》，2004，第 272 页。

2 戈耳狄俄斯是传说中的小亚细亚佛律癸亚的国王，他曾用一个极复杂的绳结把牛轭捆在牛车上，并且宣称：谁若能解开这个死结，他就将成为整个亚细亚的统治者。相传马其顿国王亚历山大后来东征小亚细亚时，虽未能解开这个绳结，却用短剑斩断了它。

这种情况下苦难倒是确实可以起到激励德性的作用，但是如果像经验中经常所表明的那样，苦难即使到了生命的终点仍然伴随着德性，那么神义论的辩护就难以自圆其说了；C. 用一种信仰中的德福相配来为现实中的德福相悖开脱，这是缺乏说服力的，在我们遵循自由意志的道德行为与遵循自然规律的幸福感受之间，并不存在任何现实的因果联系。这种德福脱节的情况，即便在另一个世界中仍然也是可能的。

在聆听了神义论者和康德双方的观点之后，理性最终以一位公正法官的姿态宣布了对这场诉讼的判决：

> 哲学法庭前的这场诉讼的结局是：迄今为止任何一种神义论都没有提供它所许诺的东西，即针对从这个世界的经验提供认识的东西出发对统治世界的道德智慧提出的怀疑为它做出辩解……我们关于安排这个世界方面的艺术智慧有一个概念，对于我们的思辨理性能力来说，为达到一种自然神学，这一概念并不缺少客观的现实性。同样，依据我们自己的实践理性的道德理念，我们还有一个关于可能由一个最完善的创造者置入一个世界的道德智慧的概念。——但是，关于那种艺术智慧与道德智慧在一个感性世界中和谐一致的统一性，我们却没有任何概念；也永远不能希望达到这一概念。[1]

在这篇文章的最后，康德对《圣经 · 约伯记》中约伯的故事进行了道德神学的阐释。虔信上帝的约伯遭受苦难的厄运，他的朋友们站在神义论的立场上，把约伯苦难的原因归结为正义的上帝对约

1　伊曼努尔 · 康德，《康德论上帝与宗教》，2004，第 274—275 页。

伯所犯罪过的一种惩罚。但是约伯却坚持认为自己从来没有受到过良知的责备，自己在道德方面是问心无愧的。在康德看来，约伯朋友们的神义论观点实际上是以自己的判断替代了一位更强大者（上帝）来进行裁决，他们装出一副虔诚恭顺的样子来讨上帝的欢心，实际上却对自己所断定的事情一无所知，因此这些人不过是一些伪君子、一些“宗教上的马屁精”罢了。而约伯却始终坚持自己的坦诚和信念，坚信自己的正义[1]，同时承认自己对上帝意图的无知[2]，对于道德秩序与自然秩序之间的因果关系抱着一种怀疑态度。正是由于他坚持从自己的道德良知而不是从对上帝的伪善恭顺出发，所以约伯最终得到了上帝的赞许。“他不是将自己的道德性建立在信仰之上，而是将信仰建立在道德性之上：在这种情况下，无论信仰多么脆弱，它都具有纯粹和真实的性质，即具有奠立一种宗教的性质，这种宗教不是争宠的宗教，而是良好的生活方式的宗教。”[3]质言之，这就是康德一向倡导的道德宗教或道德神学。

康德曾经在《判断力批判》中探讨过伦理与神学的关系，他指出：“一种伦理神学是完全有可能的；因为道德没有神学虽然可以凭自己的规则而存在下去，但不凭这种规则所托付的终极意图，它就不会使理性在神学方面显露出来。但一种（纯粹理性的）神学伦理学是不可能的；因为那些法则如果不是理性自身本源地给出的，而对它们的遵守也不是理性作为纯粹实践的能力而产生的结果，那么

1 约伯对他的朋友们说：“我的嘴决不说非义之言，我的舌也不说诡诈之语。我断不以你们为是，我至死必不以自己为不正。我持定我的义，必不放松。在世的日子，我心必不责备我。”出自：《圣经 · 约伯记》，第 27 章，第 4—6 节。

2 “谁用无知的言语，使你的旨意隐藏呢？我所说的，是我不明白的；这些事太奇妙，是我不知道的。”出自：《圣经 · 约伯记》，第 42 章，第 3 节。

3 伊曼努尔 · 康德，《康德论上帝与宗教》，2004，第 278 页。

它们就不可能是道德的。”[1] 从这种区分来看，约伯坚持的是一种伦理神学，而他的朋友们信奉的却是一种神学伦理学，这种神学伦理学由于把道德奠立在上帝所承诺的幸福报应之上，因此是一种虚假的道德体系。而神义论试图以上帝的正义为根据来说明善恶与福祸之间的一致性的做法，实际上是把道德建立在对未来报应的期望之上，这种做法与康德从实践理性的终极目的中引出德福相配理想的道德神学是背道而驰的。前者把对来世幸福的期望作为现世道德的根据（效果论），后者则把现世道德作为来世配享幸福的根据（动机论）；前者从上帝的公义中引出了坚持道德的必要性，后者则从实践理性（道德）的要求引出了上帝公义的必要性。因此，神义论不过是一种自欺欺人的神学伦理学，康德的宗教思想才是真正意义上的伦理神学或道德神学。

向善的禀赋与趋恶的倾向

在《论神义论中一切哲学尝试的失败》一文中，康德驳斥了神义论为世间的罪恶替上帝做辩护的种种借口，但是他却与神义论者一样，必须面对罪恶存在的事实。尤其是在涉及罪恶产生的原因时，康德不得不追溯到自由这个最终的根据。在《纯粹理性批判》中，自由是一个无法探究的形而上学概念；在《实践理性批判》中，自由成为人的本质规定性，成为道德律的存在理由和善良意志的最终根据，它无疑是一个褒义的概念。但是当康德面对着世间存在着的罪恶事实时，他不得不从另外一个方面来考虑自由的含义，即自由与罪恶之间的因果关系。因为从逻辑上来说，只有首先承认了自由

1　康德，《判断力批判》，2002，第 346 页。

是导致罪恶或人性堕落的终极根据，才能顺理成章地说明本性败坏以后的人如何能够依凭自由这个终极根据而弃恶从善，从坏树上结出好果子来。因此罪恶与自由的关系问题就成为《单纯理性限度内的宗教》探讨的主要问题。利文斯顿在谈到《单纯理性限度内的宗教》一书的出发点时这样写道：

> 在《实践理性批判》中，康德承认，自由不仅包含道德自律，而且包含绝对的自发性，其中包含拒绝道德律的能力。于是康德就面临着自由人滥用其自由的能力这一伦理问题。使得康德在《宗教》一书中对基督教信仰做哲学分析的，主要就是这个问题。康德认为，在基督教关于人的概念中占有如此核心地位的真实的罪与恶的事实，是与他的整个道德理论相左的。但是康德不能无视罪恶的事实；他认为这是经验之中的一个无可否认的成分，所以，他把罪恶的事实作为自己分析基督教的出发点。[1]

康德在《单纯理性限度内的宗教》的序言中，首先重申了他在《实践理性批判》中所表述的一个基本思想，即道德的自足性，道德并不需要宗教，但却导致了宗教。他明确地写道："道德为了自身起见，（无论是在客观上就意愿而言，还是在主观上就能够而言）绝对不需要宗教。相反，借助于纯粹的实践理性，道德是自给自足的。""但是，如果应该把最严格地遵循道德法则设想为造成至善（作为目的）的原因，那么，由于人的能力并不足以造成幸福与配享幸福的一致，因而必须假定一个全能的道德存在者来作为世界的统

1 詹姆斯 · C. 利文斯顿，《现代基督教思想：从启蒙运动到第二届梵蒂冈公会议》（上卷），1999，第 145 页。

治者，使上述状况在他的关怀下发生。这也就是说，道德必然导致宗教。”[1]

在这一基本思想的指导下，康德开始对人性进行深入细致的考察。他列举了古往今来关于人性的各种不同观点：各种宗教关于人性每况愈下的道德退化论，英雄史诗关于人性不断弃恶从善的道德进化论，以及认为人性非善非恶或者亦善亦恶的主张。面对着众说纷纭的人性论观点，康德首先对恶的实质进行了界定，他认为恶并不是指一种恶的行为，而是指一种恶的动机或者心中的恶的准则。在《单纯理性限度内的宗教》中，康德明确地把恶定义为任性的准则对意志的普遍道德法则的背离[2]，包含有意的背离和无意的背离。对于康德来说，人的任性对实践理性的普遍法则（道德律）的遵守就是善，背离就是恶，因此恶说到底乃是由于某种先天的本体（道德法则）的缺乏。由此可见，康德对于恶的定义仍然受奥古斯丁关于恶是“善的缺乏”或者“本体的缺乏”的思想之影响。

至于人的任性准则背离（或缺乏）道德法则的原因，即恶产生的最终根据，在康德看来是一个无法追问的问题。人们通常把恶的原因归结为人的本性，而本性则被理解为运用自由的主观根据。“但是，这个主观的根据自身总又必须是一个自由行为（因为若不然，人的任性在道德法则方面的运用或者滥用，就不能归因于人。人心中的善或者恶也就不能叫作道德上的）。因此，恶的根据……只能存

1 康德，《单纯理性限度内的宗教》，2003，1793 年第 1 版序言第 1 页、第 6 页注释。

2 《单纯理性限度内的宗教》的中文版译者李秋零教授说明了意志和任性、道德法则和道德准则之间的区别：“康德对意志（Wille）和任性（Willkur）有严格的区分。总的来说，意志就是实践理性自身，是客观的普遍立法者，它所产生的是道德法则；任性则是行为的自觉，是主观的个体执行者，它所产生的是道德准则。意志的立法通过任性的抉择来决定道德行为。”“康德对道德法则（Gesetz）和道德准则（Maxime）有严格的区分。前者是普遍的、客观的；后者是特殊的、主观的。”参见：康德，《单纯理性限度内的宗教》，2003，中译本导言第 9 页、正文第 3 页译注。

在于任性为了运用自己的自由而为自己制定的规则中，即存在于一个准则中。关于这个准则，必然不能再继续追问，在人心中采纳它而不是采纳相反的准则的主观根据是什么？”[1]说到底，恶的根据正如同善的根据一样，都在于人的自由本质。正因为人是一种先验自由的生灵，所以他既可以运用这种自由来遵循道德法则而为善，也可以滥用这种自由来违背道德法则而作恶。然而，关于自由本身，我们却再也不能追问它的根据，因为自由之所以是自由，正是在于它不需要也不可能有一个外在的根据。此外，也正是由于自由是人从善或作恶的最终根据，这种善恶才具有了道德上的意义，人才必须为他的自由任性所导致的善或恶担负起道德上的责任。康德如下的一段文字是极具启发意义的：

> 人在道德的意义上是什么？以及他应该成为什么？是善还是恶？这必须由他自己来造成，或者必定是他自己过去所造成的。善与恶必须是他的自由任性的结果。因为若不然，他就不能为这两者负责，从而他在道德上就既不能是善的也不能是恶的。如果这意味着，人被造就成为善的，那么，这意思无非是说，人被造就为向善的，人的原初禀赋是善的。但人本身还没有因此就已经是善的，而是在他把这种禀赋所包含的那些动机接纳或不接纳入自己的准则（这必须完全听任于他的自由选择）之后，他才使自己成为善的或者恶的。[2]

也就是说，无论人在本性上被造就为是向善的还是趋恶的，人

1 康德，《单纯理性限度内的宗教》，2003，正文第3页。
2 同上，正文第32—33页。

最终成为道德上善的或者恶的，还是要由人的自由任性来决定。康德认为，人既有向善的原初禀赋，又有趋恶的自然倾向。向善的原初禀赋包括：A. 自保、保种和过社会生活等机械性自爱，即“动物性的禀赋”；B. 通过与他人比较来判定自己的幸福、追求平等以及谋求对他人的优势等比较性自爱，即“人性的禀赋”；C. 敬重道德律、把道德法则当作任性的动机的素质，即“人格性的禀赋”。在这三种向善的原初禀赋中，前两者由于是基于自爱原则而非对道德法则的敬重，所以如果不加控制，它们往往会蜕变为饕餮无厌、荒淫放荡等“禽兽般的恶习”，或者是嫉妒成性、幸灾乐祸等“魔鬼般的恶习”。唯有第三种禀赋是绝对不可能嫁接任何恶的东西的，因为只有它才是以无条件立法的实践理性作为根源的。

与向善的原初禀赋相对，人的本性中趋恶的自然倾向也有三种（或者三个不同的层次）：其一是本性的脆弱，即心向善而志不坚；其二是人心的不纯，即行为虽善而动机不纯；其三则是人心的恶劣，即有意地颠倒道德秩序，把出自道德法则的动机置于非道德的动机之后。在这三者之中，前两者是“无意的恶”，第三者则是“蓄意的恶”。所有这些趋恶的倾向之所以是恶的，并不是由于它们从根本上废除了先天的道德法则（先天普遍的道德法则是不可能根本废除的），而只是由于它们在遵循道德法则时不坚定、不纯正或者颠倒了道德秩序。

关于康德的人性论观点，有两个问题需要加以澄清。第一个问题是关于趋恶的自然倾向与道德上的恶的关系。康德强调，说趋恶的倾向是一种自然倾向，只是就它普遍地属于人（即每个人都有这些趋恶的倾向）因而是人的族类的一种普遍特性而言的。但是这些趋恶的倾向之所以成为一种道德上的恶，则是由于自由的任性背离了道德法则所致，所以趋恶的自然倾向又是与人的自由任性不可分割地联系在一起的。也就是说，虽然从人人都具有这些趋恶倾向的角度来说，它们是自然的或者生而具有的，但是它们作为一种道德上的恶却是自由任性的结果。“如果这种倾向是包含在人的本性之中，那么，在人身上就有一种趋恶的自然倾向。而且这种倾向自身，由于归根结底必须在一种自由的任性中来寻找，从而是能够归咎于人的，所以是道德上恶的。这种恶是根本的，因为它败坏了一切准则的根据，同时它作为自然倾向也是不能借助于人力铲除的……但尽管如此，这种倾向必然是能够克服的，因为它毕竟是在作为自由行动的存在物的人身上发现的。”[1] 于是，从这里就引出了第二个问题，即向善的禀赋与趋恶的倾向之间的关系。

康德指出，禀赋与倾向的区别在于，向善的禀赋完全是与生俱来的，而趋恶的倾向虽然也有先天的根据，但是它实现为道德上的恶却完全是由人自己招致的。[2] 由于道德法则被说成是先天的，而且是不可能从根本上废除的，因此人的自然倾向在没有其他动机的影响下，通常是会遵循道德法则而行动的。但是人除了具有敬重道德法则的自然禀赋之外，还有一种自爱的自然禀赋，它表现为一种以自身的幸福和满足为原则的感性的动机。因此，如何处理道德法则与感性动机之间的关系，就成为我们在道德上为善和为恶的关键所在。如果一个人在自己的自由任性的准则中把道德法则放在首位，

1　康德，《单纯理性限度内的宗教》，2003，正文第 23—24 页。

2　康德明确地表示：“由于这种倾向自身必须被看作道德上恶的，因而不是被看作自然禀赋，而是被看作某种可以归咎于人的东西，从而也必须存在于任性的违背法则的准则之中。”（参见：同上，正文第 18 页。）由此可见，趋恶的倾向作为一种人类普遍具有的倾向（正是在这个意义上称之为“自然倾向”），并非像向善的原初禀赋那样完全是与生俱来的，而是与人的自由任性的准则相关的。在《历史理性批判文集》中，康德更是明确地表述了卢梭的那个著名思想：“大自然的历史是由善而开始的，因为它是上帝的创作；自由的历史则是由恶而开始的，因为它是人的创作。”（参见：康德，《历史理性批判文集》，1990，第 68 页。）显然在康德那里，向善的禀赋是与生俱来的，趋恶的倾向却是由于自由任性才成为道德上恶的。

那么他在道德上就是善的；反之，如果他颠倒了这个秩序，他在道德上就是恶的（在这里，我们再一次看到奥古斯丁的善恶理论对康德的明显影响）。但是在康德那里，禀赋毕竟是比倾向更加根本的人之本性，而且在原初禀赋中本身就具有对先天的道德法则的敬重这种素质，更何况这种敬重道德法则、遵循道德法则的原初禀赋的最终根据，就在于人具有自由这种不可让渡、不可剥夺的本质规定性。所以，虽然趋恶的倾向在人性中具有一种根本性（康德称之为“人性中的根本恶”），但是它仍然是可以克服的。在这里，康德已经为坏树结出好果子埋下了伏笔，因为坏树并没有从根本上坏掉（道德法则是不可能从根本上废除的），因此导致坏树变坏的那个原因——自由——同样也可以使坏树枯木逢春、再结硕果。

康德接着对恶的起源进行了探讨，他认为，恶的起源可以是指时间上的起源，也可以是指理性上的起源。但是他反对从时间上来追溯恶的起源，因为恶既然是一种自由任性的结果，那么为一个自由的行动本身寻找一个时间上的起源，即寻找一个自然的原因，这是自相矛盾的。人作为一个自由的主体，他的道德行动只能从他的自由任性中去寻找根据，而不能从任何外在的时间条件和联系中去寻找原因，“因为世界上的任何原因都不能使他不再是一个自由的存在物”。基于这种观点，康德以一种理性态度对基督教的原罪理论进行了批判。他认为，那种把罪恶说成是通过遗传作用而由一个始祖传给我们的观点是非常荒唐的。罪恶不像债务或者某些遗传性疾病，它是不可能通过世代相传的方式来延续的。罪恶与美德一样，它们的根据都是自由，所以它们同样都是不可能遗传的。在康德看来，《圣经·创世记》中关于亚当犯罪的故事讲述的只是一个一般的道理，即人是如何由于把感性的动机置于道德法则的动机之上而犯罪的。亚当的犯罪每天都在我们身上重现着：

“这故事说的就是你，只不过换了名字。”（Mutato nomine de te fabula narratur.）（贺拉斯，《讽刺诗》，Ⅰ，1，9——译者注）以上所说清楚地表明，我们每天都正是这样做的，因而“在亚当身上所有人都犯了罪”，并且还在犯罪。只不过在我们身上，已经假定了一种做出越轨行为的生而具有的倾向。而在那第一个人身上，按照时间并没有假定这样的倾向，而是假定了天真无邪的状态。[1]

所以我们不应该从时间上来寻找恶的起源，这个起源只应到理性中去寻找。但是恶在理性上的起源却是一个无法说清楚的问题，因为我们原初的禀赋是一种向善的禀赋，它无法说明道德上的恶最初是如何产生的。既然道德意义上的恶是由于我们的任性准则背离了道德法则所致，那么除了人的自由本性之外，我们不可能用任何其他的根据来说明恶最初是如何产生的。事实上，在《圣经》中也表述了同样的观点，按照《圣经》的说法，亚当、夏娃最初是由于魔鬼的诱惑才开始堕落的，因此魔鬼是恶的最初原因。但是我们却无法进一步追问魔鬼的恶又是从哪里来的。不过人毕竟可以通过这个故事来为自己以后的弃恶从善活动提供依据，因为人的恶是由于受魔鬼的引诱而产生的，然而魔鬼的恶却不能推诿到某个诱惑者身上（除非推诿到全能的上帝身上，但这样做显然是亵渎神灵的）。因

1　康德，《单纯理性限度内的宗教》，2003，正文第 30 页。“在亚当身上所有人都犯了罪”这句话，出自《圣经 · 罗马书》第 5 章第 12 节。在希伯来文《圣经》中，该节的全文是：“这就如罪是从一人入了世界，死又是从罪来的；于是死就临到众人，因为众人都犯了罪。”但是公元 5 世纪时奥古斯丁所引用的拉丁文译本却将“因为众人都犯了罪”误译为“在他（亚当）之中众人都犯了罪”。奥古斯丁在此基础上对保罗原文进行了创造性的误读，他把灵魂当作一种可以通过肉体遗传的物质，从而使始祖亚当所犯的罪通过载有灵魂的精液而传到后人身上。奥古斯丁用“peccatum originale”一词来指称亚当所犯的“原罪”，该概念在基督教神学中一直流传下来。

此与魔鬼相比，人就具有了一种可能性，即弃恶从善、改邪归正的可能性。

于是，现在的问题就在于，这种可能性如何能够成为现实？即人如何才能弃恶从善？康德认为，问题的关键仍然在于自由，既然人最初是自由地——虽然有魔鬼的诱惑，但是他决定听从魔鬼而背弃上帝仍然是出于他的自由——选择了从恶，那么他现在同样可以自由地选择弃恶从善：

> 一个在自然情况下的恶人，怎么可能自己使自己成为善人？这是超出了我们的所有理解。因为一棵坏树怎么可能结出好果子呢？然而，根据我们前面所承认的，一棵原初（就禀赋而言）好的树确曾结出了坏的果子。而从善到恶的堕落（如果考虑到这是出自自由的）也并不比那从恶重新升为善更易于理解。这样，后者的可能性也就是不容置疑的了。因为即使有那种堕落，“我们应当成为更善的人”这一命令，仍毫不减弱地回荡在我们的灵魂中，因而我们必定也能够这样做。[1]

康德强调，即使是在堕落的情况下，我们本性中的那种向善的原初禀赋也没有完全丧失殆尽，否则的话它就不可能重新建立起来。我们失去的不是道德法则，而是“道德法则作为我们所有准则的最高根据的纯粹性”。因此弃恶从善的过程也不是简单地改变我们的行为方式（康德称这种改变为“习俗的转变”），而是在意念中进行一场革命，即在人心中重建向善禀赋的纯粹性，这就是康德所说的“心灵的改变”。

1　康德，《单纯理性限度内的宗教》，2003，正文第 33 页。

在康德的道德神学中，一个最关键的问题就在于：在这种“心灵的改变”的过程中，起决定作用的到底是我们内在的自由意志和道德律，还是外在于我们的万能的神恩？简言之，自由与恩典在这个过程中各自占有什么地位？利文斯顿评论道：“从罪恶中得到救赎涉及一种二律背反，因为救赎包括恩典与自由这两种彼此相悖的实在。它涉及一种给人以能力的恩典，这恩典是我们力所不及的；它又涉及使我们配得上接受这种超自然帮助的能力，这又是我们力所能及的。这里的困难在于虽然二者被要求结合在一起，但是除非以一先一后的形式来设想，否则我们在经验上是不可能想象它们的。要么是恩典造成道德的生活，要么是人可随意使自己配得上给人以能力的恩典。”[1]康德本人也提问道：“我们应该从哪里开始，是从对上帝为我们所做的事情的信仰开始？还是从我们为了配享这些事情（无论它存在于什么地方）而应该做的事情开始？”面对着心灵转变问题上的这个二律背反，传统基督教神学的救赎理论选择了前者，而康德的回答则是：“此时，选择后者就是毫无疑问的了。”[2]

在这个问题上，康德毫不含糊地表述了他一以贯之的基本思想。他认为一个人首先必须在道德上尽其所能，然后才有资格要求神恩的协助。正所谓：“自助者，天助也！”康德把宗教划分为祈求神恩的宗教和道德的宗教，前者只知道谄媚上帝，祈求上帝给予他幸福或者使他成为一个更善的人，而他自己除了祈祷之外一无所为；后者则积极发扬向善的原初禀赋，努力使自己成为一个更善的人，只是希望神恩的协助能够补上他自己力所不能及的东西（如配享幸

1 詹姆斯·C. 利文斯顿，《现代基督教思想：从启蒙运动到第二届梵蒂冈公会议》（上卷），1999，第 147 页。

2 康德，《单纯理性限度内的宗教》，2003，正文第 117 页。

福）。康德本人明确地贬抑前者而倡导后者，对于他来说，对神恩的希望与遵从道德命令相比，永远都是微不足道的。"'知道上帝为他的永福在做或已做了什么，并不是根本的，因而也不是对每个人都必要的'；但是知道为了配得上这种援助，每个人自己必须做些什么，倒是重要的，对每个人都必要的。"[1] 由于实践理性本身就是自足的，它并不需要把神恩纳入自己的准则中。这神恩在理论上是不可知的，因为它超出了经验的范围；在实践上是不可取的，因为它使人放弃了道德上的努力。但是我们心中的道德法则，却如同头顶的星空一样有着自己独立而自足的合法性根据，它成为激发我们道德情感和道德行为的不竭源泉。在《单纯理性限度内的宗教》中，康德就像在《实践理性批判》的结论中一样充满激情地对我们心中的道德法则赞叹道：

> 在我们的灵魂中有一样东西，我们如果恰如其分地将它收入眼底，就禁不住要以极大的惊赞看待它。此时，惊赞是正当的，同时亦是振奋人心的。而这种东西就是我们里面一般的原初道德禀赋。[2]

正是灵魂深处的这种与生俱来的道德禀赋或道德法则，而不是外在的神恩，构成了我们心灵转变的最后根据。

---

1 康德，《单纯理性限度内的宗教》，2003，正文第 41—42 页。

2 同上，正文第 38 页。《实践理性批判》的结论中的那一段名言是："有两样东西，人们越是经常持久地对之凝神思索，它们就越是使内心充满常新而日增的惊奇和敬畏：我头上的星空和我心中的道德律。"（参见：康德，《实践理性批判》，2003，第 220 页。）

救赎与教会

正如同对心中道德法则的弘扬更甚于对外在神恩的依赖一样，康德对耶稣事迹的道德意义的强调也远远超过了对这些事迹的历史意义的关注。按照康德的知识论观点，我们无法对历史中的耶稣事迹形成任何可靠的知识，因为我们对此毫无经验可言；但是从基督教关于耶稣的故事中，我们倒是可以获得实践理性方面的一些启示。在康德眼里，耶稣就是一个超时空的道德楷模，或者是一个纯粹的道德理想。在我们关于耶稣的理念中，蕴涵着为上帝所喜悦的人性理想，这理想实际上已经先天地隐藏在我们心里。所以，我们对耶稣的那些传播美善、抵御诱惑、承担苦难和屈辱直到死亡的崇高德行的赞美，说到底不过是对我们心中固有的道德理念的弘扬。“因此，为了使一个在道德上让上帝喜悦的人的理念成为我们的范本，并不需要什么经验的榜样。那理念作为这样一个范本已经蕴涵在我们的理性之中了。”[1]

在这种情况下，当然就不再需要拘泥于耶稣其人的历史真实性和经验性内容，尤其是不再需要渲染耶稣事件的奇迹性。因为过分突出这种奇迹性，反倒是不利于我们的道德实践的——如果耶稣是一个具有超自然能力的神，那么在他身上所表现出来的那些崇高美德对于我们这些凡夫俗子来说，就失去了可仿效性。只有当我们把耶稣看作与我们一样的人，甚至直接把他看作我们自己的内在理念时，对于耶稣的信仰才具有实践上的道德价值。

按照基督教原罪说的观点，亚当、夏娃所犯的原罪败坏了我们的本性，作为这两个人的子孙，我们必须为他们的罪恶承担责任，

1 康德，《单纯理性限度内的宗教》，2003，正文第 51 页。

所以我们被注定了必死的命运（“罪的工价就是死”）。这种与原罪相伴随的永恒的惩罚体现了上帝的公正。但是除了公正之外，上帝还具有仁慈的美德，他不忍心看着人类永沦死亡的悲惨结局。不过，上帝的仁慈又不能妨碍他的公正，所以，上帝就把自己的独生子耶稣奉献出来，让他背负起全人类的罪恶和苦难，在十字架上做了自我牺牲或者挽回祭，从而用耶稣的受难和屈辱为代价赎回了我们的罪孽，并且向我们昭示了死而复活或永生的福音。这就是耶稣受难的神学意义。

面对着这种传统的神学观点，康德重新阐释了耶稣受难的道德意义。在他看来，从亚当犯罪到耶稣救赎的全部历史过程实质上表现了一个人从恶向善的心灵转变过程，即“脱去旧的人并穿上新的人”的道德更新过程[1]。在耶稣受难的十字架上，一个旧的主体死去了，一个新的主体则应运而生。但是这两个主体实际上是同一个主体，是同一个主体的死而复活的涅槃历程，他死于罪过只是为了生于公正。这一个发生在耶稣身上的受难事件实际上也是发生于每一个决心弃恶从善的人心中的痛苦转变历程:“从堕落了的意念走出，进入善的意念本身就已经是牺牲，是接受人生的一长串苦难。新的人是以上帝之子的意念，即纯粹是为了善起见，承担起这些苦难的。但是，这些苦难作为惩罚，本来却是应该归于另一个人，即归于旧

1 在谈及亚当、夏娃的堕落时，康德初步表述了一种后来在黑格尔那里得到充分阐发的历史辩证法思想。康德认为，亚当、夏娃由于犯罪而遭到了沦落人间世代劳作、生儿育女和必死的谴责，但是如果他们不犯原罪，那么他们就无法超越最初的动物性状态而成为具有自由本性的人。“如果不犯下这种越轨行为，动物性的、具备有这样的肢体的造物如何能够期望得到另一种规定性。”（参见：康德，《单纯理性限度内的宗教》，2003，正文第 64—65 页注释。）就此而言，堕落或许正是人之为人的开端，因为堕落的过程恰恰就是人最初显示出其自由本性的过程。（当然，对这一思想的明确表述是在黑格尔那里，但是康德已经表现了这种思想的萌芽。）

的人的（因为旧的人在道德上是另一个人）。”[1]

由此可见，苦难既是对旧人的罪恶的惩罚，也是对新人的道德的考验。在苦难的体验中，一个罪恶的过去结束了，而一个道德的新生开始了，罪与义在十字架——心灵的十字架——上完成了转换（这正是路德十字架神学的精髓所在）。从道德神学的角度来看，耶稣在十字架上的苦难历程所反映的无非是每一个在道德上自我更新的人在心灵深处所体验到的心灵转变过程；至于基督教所大力渲染的天堂与地狱的外在对立，说到底不过是人心中彼此对立的两个原则，即善与恶的原则；而作为审判者的上帝实际上不过是自我审判的实践理性罢了。

向善的禀赋是与生俱来的人性特质，同样，趋恶的倾向也是植根于人的自由本性之中的，因此人的作恶和为善说到底都是由自由决定的，正如上帝无须为人的恶负责一样，他也不能成为人向善的最终根据。面对着那个令人棘手的古老神学问题：“上帝为什么不杀死魔鬼呢？”（这样岂不是从根本上消除恶了吗？）康德像莱布尼茨一样认为，自由是一种最根本的禀赋，在某种意义上说，甚至连上帝都无法剥夺人的自由。因此一个人变成魔鬼还是天使，这完全要取决于他的自由意志，上帝只能顺应这一事实，而无法改变它。康德写道：

> 最高的智慧对理性存在物的统治和治理，却是按照他们的自由的原则对待他们的，并且无论他们会遇到什么善的或恶的东西，都应该归之于他们自己。

1　康德，《单纯理性限度内的宗教》，2003，正文第 65 页。

原则当权（无论这些原则是善的还是恶的）的国不是自然的国，而是自由的国。也就是说是这样一个国，在它里面，只有当我们统治了心灵的时候才能够支配事物。[1]

从这种意义上来看，无论是亚当的堕落还是耶稣的救赎，都只是象征性地表达了人的自由向恶或向善的过程。亚当的堕落所反映的是人自由地背离了道德法则或者颠倒道德秩序的故事，而耶稣的救赎则表现了人自由地把道德法则的纯粹性重新树立起来的心灵转变过程。所以，亚当的犯罪确实是人的（我们自己的）犯罪，而耶稣的救赎同样也是人的自我救赎。

这样一种堕落在所有的人身上都存在，并且不能借助任何东西战胜它，除非凭着完全纯洁的道德上的善的理念。

对于人们来说，除了最真挚地把真正的道德基本法则接纳入自己的信念之外，绝对不存在任何得救。[2]

这就是康德对于基督教的原罪和救赎教义的道德神学理解。

正是因为康德坚持自由在犯罪和悔改过程中的决定性作用，所以他既不同意奥古斯丁–路德的人性全然败坏的悲观主义观点，也不同意启蒙运动关于人性自然完美的乐观主义论调，而是以一种扬弃的方式综合了二者的观点，在自由意志论的基础上形成了一种更加高明的合题观点。当然，康德道德神学的基础仍然是启蒙运动，他坚持用理性的态度来重新阐释基督教的教义。在这一点上，黑格尔

1 康德，《单纯理性限度内的宗教》，2003，正文第 71、75 页。

2 同上，正文第 77 页。

是深受康德的影响的（早年的黑格尔曾经是康德道德神学的热心追随者）。黑格尔正是沿着康德开辟的这条基督教教义理性化的道路前进的，并且在此基础上创立了比康德的道德神学更加深刻的思辨神学。

在论及激发恶的原则的原因和条件时，康德表述了一个深刻的思想，那就是使人变恶的原因和条件不在于人的自然本性，而在于人的社会环境。像卢梭一样，他认为，人在自然状态中是无所谓善恶的，但是社会却使人堕落或变恶。这种观点并非18世纪法国唯物主义的那种浅薄的环境决定论（在什么样的环境中变成什么样的人），而是蕴涵着一种“他人就是地狱”的存在主义深刻含义。康德认为，当一个人处于自然状态中时，尽管在他的本性中已经有趋恶的倾向，但是这种倾向尚未被激发起来，他的各种欲望和需求处于一种“有节制的和平静的”状态。但是，“当他处在人们中间时，妒忌、统治欲、占有欲，以及与此相联系的怀有敌意的性好，马上冲击着他那本来易于知足的本性。甚至连假定这些人们已经堕入恶，假定他们为教唆的榜样也没有必要。他们在这里（他们包围着他），他们都是人，这就足以相互之间彼此败坏道德禀赋，并且彼此使对方变恶了”。[1]这样一条从卢梭经过康德再到萨特的思想脉络，超越了性本恶或性本善的传统人性论藩篱，将自由确立为人性善恶的根据，并且将之放在一种真实的社会环境中来考察，表现了极其深刻的思想内涵。

正因为恶的原则是在社会条件下被激发起来的，而人又是社会动物，不可能脱离社会而生存，所以弃恶从善的转变也必须从社会方面入手。这样，一个以实现纯粹道德性目的为宗旨的伦理共同体

1 康德，《单纯理性限度内的宗教》，2003，正文第87页。

就成为帮助人们最终摆脱恶原则的统治、接受善原则的统治的必要前提。这个伦理共同体不同于一个律法共同体或政治共同体，它不是建立在对一种外在的、强制性的法则的服从之上，而是像卢梭所倡导的道德理想国一样，以内在的道德自觉作为人们相互联合的共同基础。但是伦理共同体与政治共同体一样，都是对某种自然状态的超越——政治共同体通过缔结社会契约的方式超越了“一切人对一切人的战争”的自然状态，伦理共同体则通过把道德义务确立为上帝的诫命的方式而超越了“对德性原则的一种公共的、相互的损害”的自然状态。所不同的是，在政治共同体中，每一个社会契约的缔结者都是立法者；而在伦理共同体中，却只有一个最高的立法者，这就是把人的道德义务当作诫命来发布的上帝。在这里需要强调的是，道德义务决不是因为作为上帝的诫命才是道德义务，恰恰相反，只是因为它本身是无条件的道德义务，所以才成为上帝的诫命。[1]从这种意义上来说，真正的立法者并非外在的上帝，而是内在的实践理性本身。

然而，康德本人也承认，这样一个伦理共同体只是一个“崇高的、永不能完全实现的理念”，作为一个“不可见的教会”（invisible Church），它只存在于我们的理想之中。在现实世界中，一个“可见的教会”（visible Church）作为人们彼此联合的共同体，应该具有与这个理想相一致的特点，并且无限地向着这个理想推近。在康德看来，一个完全建立在道德法则基础之上的可见教会应该具有如下特

1　康德明确表示，如何处理道德义务与上帝诫命之间的关系，构成了启示宗教与自然宗教的分水岭：“如果在一种宗教中，为了把某种东西承认为我的义务，我必须事先知道它是上帝的诫命，那么，这种宗教就是启示的（或者是需要一种启示的）宗教。与此相反，如果在一种宗教中，我必须在能够承认某种东西是上帝的诫命之前，就知道它是义务，那么，这种宗教就是自然宗教。”（参见：康德，《单纯理性限度内的宗教》，2003，正文第159页。）众所周知，康德是明显地贬抑启示宗教而推崇自然宗教的。

征：在量上，它必须具有单一性和普遍性；在质上，它必须具有道德的纯粹性；在关系上——无论是成员的内部关系还是教会与政权的外部关系——必须以自由和宽容为根基；在样式上，必须以先天固有的基本原理（道德法则）作为不变的宪章。在这样一个教会中，人们通过履行自己的道德义务，同时也就执行了上帝的诫命，从而使自己的所作所为始终都处于对上帝的侍奉之中。柯普斯顿在谈论康德的可见教会与不可见教会的关系时指出："可见的教会对康德来说只不过是普遍的不可见教会这理想典范的一近似表现而已，所谓普遍的不可见教会，乃是，或将会是透过对上帝之道德性的侍奉而达成的全人类的精神结合。"[1] 然而，在基督教的历史发展过程中，现实存在的可见教会并没有具备上述应有的特征，相反倒是往往与道德法则大相径庭。在这里，我们可以看到纯粹理性的信仰与历史性的信仰之间的巨大差距。

康德的不可见教会是建立在纯粹理性的信仰之上的，而可见教会则是建立在历史性的信仰之上的，他把前者称为"纯粹的宗教信仰"，把后者称为"教会信仰"。教会信仰作为纯粹的宗教信仰的一种引导性手段，其原则或目的就是不断地迫近纯粹的宗教信仰，并且最终在纯粹的宗教信仰中完全扬弃自身。但是，尽管在教会信仰中就已经内在地包含了纯粹的宗教信仰的道德法则，它在历史中所呈现出来的面貌却是令人失望的，充满了专断、仇恨、逼迫、暴力等与道德法则背道而驰的劣迹。为了说明历史中的教会信仰向理想中的纯粹的宗教信仰的转化历程，康德像莱辛一样对教会历史进行了考察。

康德认为，纯粹的宗教信仰是建立在先天的道德法则基础之上

1　柯普斯登，《西洋哲学史（第六卷）：卢梭到康德》，1993，第 455 页。

的，所以它本身是超历史的、独一无二的和永不变更的；与此相反，教会信仰却是在历史中发展的、多元的和不断变化的。[1]在历史中最先出现的是犹太教信仰，但是这种信仰并不能被纳入普遍的教会历史中，它充其量只是为教会历史提供了一个自然的诱因。因为在犹太教中，上帝作为立法者所要建立的只是一个政治共同体，而不是一个伦理共同体，犹太教所期盼的弥赛亚只是一个世俗的君王；犹太教所遵行的十诫强调的是外在强制的律法规范，而不是内在自觉的道德意念；犹太教的信仰是一种关于犹太人社会解放的信仰（这种民族解放的信仰使得犹太教充满了狭隘性和对其他民族的敌视），而不是关于来世的信仰。所以，“犹太教严格来说，其实根本不是一种宗教，而只是一群人的联合。由于共属于一个特殊的氏族，这群人形成了一个服从单纯政治的法则的共同体，从而也就没有形成一个教会”。[2]

因此，普遍的教会历史只能从基督教开始。作为对犹太教的一种背离和超越，基督教包含着一种崭新的原则，即道德的原则。在基督教中，耶稣作为天国福音的导师，取消了犹太教的律法主义和侍奉神灵的各种外在仪式，宣布了唯有道德的信仰才是真正造福于人、使人圣洁的信仰。然而，尽管基督教中包含着道德的种子和原则，但历史中的教会却表现出了一些与之相反的东西，给人们留下了极坏的印象。康德愤慨地对东西方教会的种种劣迹控诉道：

---

1 道德法则是先天的，与经验的历史毫无关系，正是这种观点导致了道德神学对历史的轻视。康德明确地表示：“对此（指造就更善的人这一最终目的——引者注）毫无裨益的历史性因素，是某种自身完全无足轻重的东西。人们愿意怎样对待它，就可以怎样对待它——历史性的信仰是‘自身已死的’，即，就其自身而言，作为教义来看，它不包含也不引向任何对我们来说具有一种道德价值的东西。”参见：康德，《单纯理性限度内的宗教》，2003，正文第 109 页。

2 同上，正文第 127 页。

> 隐士生活和僧侣生活中的神秘主义狂热，和对独身阶层的圣洁性的歌功颂德，如此使一大批人对世界变得毫无用处；与此相联系的所谓的奇迹，如此用沉重的枷锁把人民压制在一种盲目的迷信之下；借助一种压迫自由的人们的教阶制，正统信仰的可怕声音如此从自封的、唯一钦定的《圣经》诠释者的口中发出；以及基督教世界如此由于信仰的意见而分裂成激烈对抗的派别。在东方，国家以一种可笑的方式插手祭司和僧侣阶层的信仰规章，而不是把它们控制在只是学者阶层的狭小圈子内……在西方，信仰获得了它自己的、不依赖于世俗权势而建立的宝座，而公民秩序连同（维护这种秩序的）各门科学，却如此被一个自封的上帝钦差破坏和弄得衰弱不堪……那个精神上的领袖（指罗马教皇——译者注）如此凭借他那威胁要实行惩罚的魔杖，像对待小孩一样统治和惩罚各个国王，煽动他们去进行灭绝另一地区人口的对外战争（十字军战争），去彼此攻杀，并激怒臣民反抗自己的政府，去凶残地仇视自己那同一个普遍的所谓基督教的不同想法的同道……只要我们把基督教的这一历史看作一幅全景图，它就会证明那一声惊呼是多么地正确：宗教竟会诱发如此多的不幸（tantum religio potuit suadere malorum）！（卢克莱修，《物性论》，V，101——译者注）[1]

康德认为，全部教会历史中最好的时代就是他所在的这个时代，在这个时代，理性终于使自己摆脱了外在信仰的束缚，道德法则而不是钦定诠释者（教皇等教会权势人士）被确立为《圣经》的最后根据。由于理性精神的崛起，“历史信仰将自行终结并转化为一

1 康德，《单纯理性限度内的宗教》，2003，正文第133—135页。

种纯粹的、对整个世界都明白易懂的宗教信仰”，以历史为场所的外在的教会信仰将向以道德为根基的内在的纯粹宗教信仰转化。正是在这种意义上，福音书中的那段名言被赋予了一种道德神学的新解释——法利赛人问：“神的国几时来到？”耶稣回答：“神的国来到，不是眼所能见的。人也不得说，‘看哪，在这里’，‘看哪，在那里’。因为神的国就在你们心里！”[1] 康德解释道：“这里所说的不是一个根据一种特殊盟约的上帝之国（不是弥赛亚的国），而是一个道德的（单凭理性便可以认识的）国。前者（regnum divinum pactitium，缔约者的神圣国度）必须从历史中获取它的证明，于是它被划分为根据旧约的弥赛亚的国和根据新约的弥赛亚的国。”[2] 而后者（道德的国）则完全是从先天内在的道德法则中去获取证明的，它不再是任何一种历史性的信仰，而是纯粹理性的信仰。

虽然康德对历史中的教会信仰充满了轻蔑，但是他却在有意无意间表露出一种历史主义的观点，即教会信仰所包含的真理性种子（先天的道德法则）通过历史过程而不断地向着纯粹的宗教信仰生长的观点。对于康德来说，历史中的教会信仰的唯一价值就在于，它作为一种引导性手段向纯粹的宗教信仰不断迫近。康德说道：“我们只能讨论这样一种教会的历史，这种教会从它的最初的开端，就包含着趋向于真正的、普遍的宗教信仰的客观统一的种子和原则，它在逐步地接近这样的宗教信仰。”[3] 但是由于康德过分注重那个道德性的结果，轻视那个历史性的过程，所以历史主义的观点在他那里只是昙花一现，他旋即又陷入了那种超历史、超经验的道德主义理想晕轮之中。

1 《圣经 · 路加福音》，第 17 章，第 20—21 节。
2 康德，《单纯理性限度内的宗教》，2003，正文第 140 页，注释。
3 同上，第 126—127 页。

虔敬与德性

在谈到康德的宗教思想时，海涅曾经表达过一个著名的观点。他认为，康德作为一个铁面无私的哲学家，用理论理性的大斧砍下了自然神论的上帝的头颅；但是考虑到老兰培（康德的仆人）这样的没有哲学素养的好人——对于这些质朴的好人来说，如果没有上帝他们就无法期望（与道德相配的）幸福——康德又在实践理性的领域里让上帝复活了。海涅诙谐地说道：

> 难道他毁灭了上帝存在的一切证明正是为了向我们指明，如果我们关于上帝的存在一无所知，这会有多么大的不便吗？他做得几乎像住在威斯特伐利亚的我的一位朋友那样聪明，这人打碎了葛廷根城格隆德街上所有的路灯，并站在黑暗里，向我们举行了一次有关路灯实际必要性的长篇演说，他说，他在理论上打碎这些路灯只是为了向我们指明，如果没有这些路灯，我们便什么也看不见。[1]

康德在理论上摧毁了关于上帝存在的种种证明，但是他却在实践领域中为上帝找到了新的立足之地。至于康德本人到底是否信仰上帝，这是一个颇有争议的问题。一般的观点认为，康德本人并不信仰一个外在的上帝，他只要有内在的道德就足够了。康德曾经多次强调，道德本身是自足的，它并不需要一个上帝来作为依据。对于康德来说，上帝不过就是道德法则的化身，真正的宗教无非就是纯粹实践理性的信仰而已。“唯一真正的宗教所包含的无非是法则，

1　亨利希 · 海涅，《论德国宗教和哲学的历史》，1974，第 112—113 页。

即这样一些实践的原则，我们能够意识到它们的无条件的必然性，我们因此而承认它们是由纯粹的理性启示的（不是经验性的）。”[1]从这种意义上说，除了恪尽我们的道德义务、遵循一种善的生活方式之外，一切其他的宗教崇拜都是对上帝的伪侍奉。但是考虑到教会生活对于一般民众的巨大现实影响，康德也不得不做出一些妥协，把对有形教会的一般否定转化为对教会中的伪侍奉的批判。就此而言，康德与伏尔泰一样，只是为了老兰培这样的善良人才需要上帝的。

在《单纯理性限度内的宗教》里，康德把那种不是出于道德本身、而是以一些外在性的仪式向上帝邀恩以满足自己愿望的做法，称之为“物神化”（Fetischmachen）。这种物神崇拜的实质就是把上帝当作一个可以贿赂的对象或手段，试图通过某种据说可以使上帝喜悦的方式——祈祷、戒律等——向上帝邀恩，以达到满足自身愿望的目的。康德认为，这样一种物神崇拜就是对上帝的伪侍奉，它在那种实行强制性信仰的教权制中普遍存在。他写道：“教权制是这样一个教会的制度，在它里面，占统治地位的是一种物神崇拜。凡在不是由道德的原则，而是由规章性的诫命、教规、戒律构成了教会的基础和本质的地方，都可以发现这种物神崇拜。”[2]

在康德看来，教会里的那些日常活动，如祈祷、礼拜、洗礼、领圣餐等，如果不是出于道德义务的内在要求，而是被当作一种邀

1 康德，《单纯理性限度内的宗教》，2003，正文第175页。在1797年出版的《道德形而上学》一书中，康德也写道：“不在这里设想一个他者及其意志（普遍立法的理性只是他的代言人），亦即神，我们就不能完全使义务的承担（道德的强制）对我们直观化。——只有这种就神（真正说来是我们给自己制作的关于这样一个存在者的理念）而言的义务才是人对自己的义务，也就是说，不是客观的、对一个他者提供某种服务的责任，而只是主观的、在我们自己的立法理性中强化道德动机的责任。”（参见：李秋零主编，《康德著作全集》（第6卷），中国人民大学出版社，2007，第497页。）

2 康德，《单纯理性限度内的宗教》，2003，正文第190页。

恩手段，都不过是一种物神化表现或者“迷信的妄想”。在祈祷活动中，重要的不是形式化的条文，而是与道德理念相联系的精神实质。如果一个人试图“凭借死缠硬磨的祈求来试探是否能使上帝（为了我们眼前的利益）偏离其智慧的计划”，这无疑是一种荒唐而大胆的妄想。同样，参加教堂礼拜、洗礼和圣餐等宗教活动也不应该成为一种向上帝邀恩的伪侍奉，它们的真正目的只是为了加强我们的德性，而不是为了向上帝表示虔诚（以便向上帝邀恩）。“作为属于上帝之国的臣民，但同样（遵照自由律）作为上帝之国的公民，信徒对上帝必须做出真正的（道德上的）侍奉。”[1] 对于康德来说，一切宗教活动的实质都在于它的道德性意义，而不是神圣性意义。柯普斯顿评论道：

> 对康德来说，真正的宗教是这样的：“对我们所有的义务而言，我们把上帝视为普遍地要被尊崇的立法者。”但是，尊崇上帝是什么意思呢？这即是说要服从道德律，只出于义务而行动的意思。换言之，康德对有如礼拜和祷告等宗教表达行为赋予很轻的价值，无论这些行为是公开的抑或是私下的。这一态度可以用他经常被征引的话去总结：“除了道德的品行之外，一切人类自以为能造来取悦上帝的，皆不过为一些宗教幻妄与对上帝的假意之崇拜而已。”[2]

在传统的启示宗教中，一切宗教活动都是出于虔敬信仰；在康德的道德宗教中，一切宗教活动——如果这些活动还能够称得上是

1 康德，《单纯理性限度内的宗教》，2003，正文第 206 页。
2 柯普斯登，《西洋哲学史（第六卷）：卢梭到康德》，1993，第 454—455 页。

“宗教活动”的话——则是出于道德义务。因此在康德那里，虔敬与德性的关系，正如同诫命与义务、神恩与本性的关系一样，成为划分启示宗教与道德宗教（或自然宗教）的重要分水岭。康德从小是在一种虔敬派信仰的文化环境中长大的，他曾经在一些场合对虔敬主义者的道德境界多有褒扬。康德承认，虔敬主义者往往具有高尚的道德情操，但是这种道德情操与宗教虔敬的关系问题却成为一个非常重要的问题。具体地说，虔诚和德性何者为目的，何者为手段？谁是谁的前提？“是在虔敬教义之前要讲德性教义，还是在德性教义之前（甚至根本不提德性教义）要讲虔敬教义呢？”[1]

对于这个问题，传统的虔敬派信徒无疑是把虔敬教义放在首位，从虔敬中引出德性。这种做法在康德看来是有问题的，因为虽然虔敬主义者的宗教虔敬常常使他们表现出一些高尚的道德情操，但是这种把宗教虔敬置于道德义务之前的做法往往也会导致一种非常可怕的暴虐后果，即当宗教虔敬与道德义务发生冲突时，以虔敬为由来肆无忌惮地践踏德性。例如，当一个宗教裁判所的审判官出于宗教虔敬而宣布处死一个所谓的“宗教异端分子”时，他的做法实际上是与普遍的道德义务相违背的。因为在任何情况下，仅仅根据一个人的宗教信仰就剥夺他的生命，这种做法肯定是不义的。但是这种不义的做法却可以由于虔敬而变得理直气壮，甚至神圣庄严，因此我们就可以看到在那个黑暗的宗教专制时代，那些宗教裁判所的刽子手们怀着极其狂热的宗教虔敬来从事各种灭绝人性的血腥暴行。当一个人心中的宗教虔敬已经炽烈到可以吞噬一切的时候，这个人既可能成为一个为崇高理想而殉道的伟大斗士，也可能变成一个对一切所谓“异端”赶尽杀绝的疯狂魔头。

1　康德，《单纯理性限度内的宗教》，2003，正文第 194 页。

对于康德来说，道德本身是自足性的，它无须一个上帝的概念来作为自身的根据；但是虔敬却总是指向一个对象即上帝，因此虔敬永远都只能是手段而非目的。当一种宗教（启示宗教）把虔敬教义置于德性教义之前时，也就是把手段置于目的之前，这样就会导致一种虚假的偶像崇拜。康德说道：

> 假如对上帝的崇敬是首要的，人们因而把德性隶属于它，那么，这个对象就是一个偶像。也就是说，它被设想为一个我们不是凭借在世上的道德善行，而是凭借祈祷和阿谀奉承就可以希望使它喜悦的存在者。但在这种情况下，宗教也就是偶像崇拜。因此，虔敬不是德性的代用品，以至可以缺少德性；相反，它是德性的实现，以便能够为最终达到我们的所有善的目的的希望加冕。[1]

康德的结论是，一个致力于虔敬而不致力于德性的人，最终会发展到厌恶和蔑视德性；而一个致力于德性的人，则会自然而然地得到虔敬所希望得到的结果——蒙受神恩和配享幸福。因此：

> 这也就证明了，从蒙恩前进到德性并不是正确的道路，正确的道路毋宁说是从德性前进到蒙恩。[2]

这就是《单纯理性限度内的宗教》一书的最后结论。

---

1 康德，《单纯理性限度内的宗教》，2003，正文第 196—197 页。

2 同上，正文第 217 页。

理性与信仰的分裂

在《单纯理性限度内的宗教》中，康德还流露出一个非常重要的思想，那就是理性（知识论意义上的理性，即知性）与信仰之间的分裂，这种分裂是建立在理论与实践的对立之上的。上帝作为某种神圣的东西，对于实践理性的运用来说，他是充足的，构成了一个道德的对象；但是对于理论理性或思辨理性来说，他却是不充足的，始终是一个无法理解的奥秘。一个把道德法则作为诫命发布的上帝是完全符合实践理性的要求的，但是这个上帝对于理论理性或知性来说却是永远无法认识的。正如康德在认识论方面把现象与自在之物相割裂一样，在关于自由的问题上，他也把理论与实践截然地分割开来。一方面，康德承认，作为一种对于每个人来说都是清楚明白而且可以传达的属性，自由本身并不是奥秘；另一方面，他又强调，自由的根据始终是我们无法认识的，因此是一个奥秘，而且当自由被运用于实践理性的终极客体即至善时，也不可避免地把我们引向了一个神圣的、奥秘的东西。康德从"天职的奥秘"、"救赎的奥秘"和"拣选的奥秘"等三个方面来说明了自由本身的这种悖论。

所谓"天职的奥秘"是指，人作为上帝的一个造物，正如同上帝的其他造物（自然万物）一样，应该无条件地服从上帝的立法；但是人却具有自由这种与生俱来的禀赋，可以自由地运用自己的力量。正是出于自由律而非自然律，人具备了一种道德目的上的天职（即成为一个上帝之国或伦理之国的公民的天职），但是这种天职的可能性对于思辨理性来说永远都是一个无法窥透的奥秘。所谓"救赎的奥秘"是指，人由于堕落而无力自拔，这时候上帝的帮助就成为必要的；但是一切弃恶从善的活动都必须出自人的自发性，没有任何别人的功德可以代替这种道德上的自发性。这种自发性对于实践理性来说是完全充足的，但是对于思辨理性来说却是一个无法理解的奥秘。所谓“拣选的奥秘”是指，由于人堕落之后不能自己产生善念，需要上帝恩典的无条件地注入；但是上帝却先验地决定了一部分人将获得永福，另一部人将遭受永罚，这样就使得上帝的公正对于思辨理性来说始终是一个无法弄清的奥秘。然而，这些奥秘之锁虽然无法用理性的钥匙来打开，它在实践方面的意义却是清楚明了的。康德总结道：

> 关于这些奥秘，就其涉及每一个人的道德生活史而言，也就是说，一般道德上的善或者恶会存在于世界上，这种事情究竟是怎么发生的？以及（如果恶存在于所有人身上，并存在于所有时间中）善是怎样从恶中产生，并在任何一个人身上确立起来的？或者说，为什么当这种情况发生在一些人身上时，另一些人却被排除在外？——对此，上帝没有也不能为我们启示任何东西，因为我们反正不会理解它们。这就好像我们想要从人的自由出发去解释和理解所发生的事情，而上帝对此虽然通过我们心中的道德法则启示了他的意志，但却使一个自由的行动在尘世发生或者不发生的原因遗留在幽暗中。凡是应该根据因果律来理解，但作为历史又是出自自由的东西，对于人们的研究来说，都必然停留在这样一种幽暗之中。不过，就我们的行为的客观规则而言，凡是我们需要的东西都（通过理性和《圣经》）充分地对我们启示出来了，而这种启示同时对于每一个人来说都是可以理解的。[1]

1　康德，《单纯理性限度内的宗教》，2003，正文第150—151页。

对于康德来说，一种纯粹理性的信仰决不等于一种纯粹理性的知识，上帝及其基督教的全部教义，就其与道德义务完全一致而言，不存在任何奥秘之处；但是关于上帝的本质、属性、能力甚至存在性本身，都是远远超出我们的知识范围的，始终处于奥秘的深渊之中。因此，康德关于那个神圣的、奥秘的东西（上帝）的基本观点是：

> 我们感兴趣的并不是知道上帝就其自身而言（就其本性而言）是什么，而是知道他对于作为道德存在物的我们而言是什么。[1]

从上述思想中，我们可以得出两点结论：第一，宗教信仰仅仅是实践理性和道德义务的一种主观要求而已，它并不要求客观的真实性或者知识论意义上的真理性。关于这一点，我们在前面已经有过较为详尽的论述，在此不再赘述。第二，宗教信仰的内容作为奥秘只是对理论理性或者知性而言的，然而对于实践理性来说，由于宗教信仰本身就是道德义务的一种主观要求，因此它并不存在任何奥秘性。实践理性不探讨客观的必然性，只关注主观的必要性。它承认自己在知识论上的匮乏，但是这种知识的匮乏并不会影响到实践理性履行道德义务的充足性；它承认自己对于上帝的无知，但却清楚地知道，为了得到这位处于奥秘状态的上帝的帮助，人自己应该首先做些什么。

理论与实践、知识与奥秘、理性（思辨理性）与信仰之间的这种二元分裂，正如同思维与存在之间的分裂一样，构成了康德哲学的最本质的特征。作为德国古典哲学的开端，康德最先以一种自觉

1 康德，《单纯理性限度内的宗教》，2003，正文第 144 页。

的形式提出了思维与存在的关系问题，但是他的批判哲学的最终结果却是造成了思维与存在的二元分裂和相互对立。思维以先天知识形式向现象界的经验对象颁布法则，从而产生了科学知识；而自由、灵魂和上帝等先验的对象则被推到了自在之物（真正意义上的存在）的领域中，成为实践的对象，从而导致了宗教信仰。由此可见，在康德那里，理性（知性）与信仰的关系和思维与存在的关系具有一种内在的同构性，它们毋宁就是同一对矛盾的两个不同表现方式罢了。正是由于思维不可能达到（真正的）存在，所以信仰对象对于理性知识来说永远都是一个奥秘。

既然理性与信仰、知识与奥秘的分裂是建立在思维与存在的对立之上的，那么二者之间的协调同样也必须建立在思维与存在相统一的基础之上。而思维与存在的统一只能通过一个现实性的中介才能实现，这个中介就是历史。只有在历史过程中，思维与存在、理论与实践、理性与信仰、知识与奥秘才能辩证地统一起来。康德由于对历史的轻视态度，最终在他的哲学体系中造成了一系列的二元分裂；而黑格尔则站在历史理性的广阔大地上，辩证地在这些二元分裂的事物之间实现了统一。

康德的道德神学始终只停留在道德的范围内，未能走向实践理性的更为广阔的领域——历史领域。他侧重于用一种静态的知性眼光来分析原罪、道成肉身、耶稣受难、死而复活、救赎等教义的道德内涵，却未能以一种动态的辩证眼光来发掘这些教义的历史内涵。此外，康德对宗教发展的历史内容也完全不感兴趣。柯普斯顿指出："在诠释宗教意识时，康德过于轻视历史上的宗教；即是说，过于轻视实在地存在过的宗教。日后，黑格尔乃试图弥补此一缺陷。"[1]

1　柯普斯登，《西洋哲学史（第六卷）：卢梭到康德》，1993，第 459 页。

对于黑格尔来说，在宗教领域中，正如同在其他一切领域（哲学、美学、法以及世界历史本身）中一样，历史也构成了绝对精神（理性）实现自我认识的必要场所。这种广阔的历史视野使得黑格尔在他的宗教哲学中考察了从东方到西方的各种“实在地存在过”的宗教，即“实证宗教”（尽管这种考察有许多牵强、武断之处），遵循历史与逻辑相一致的方法论原则展现了绝对精神在整个世界宗教尤其是在作为绝对宗教的基督教中的发展历程，从而在思维与存在、理论与实践相统一的基础上，最终实现了理性与信仰、哲学与神学的辩证统一。

从康德道德神学向黑格尔思辨神学的过渡

康德的批判哲学就其精神本质来说是与德国神秘主义传统背道而驰的，然而康德把知识与信仰绝对对立起来的做法恰恰为神秘主义的复兴打开了方便之门。“通过把宗教从科学的领地中驱除出去，同时将科学排除在宗教的领地之外，康德赋予了科学和宗教各自的独立和自由。”[1] 在康德的批判哲学中，思维终于证明了自己对于自由、上帝、真理等内容的无知。批判哲学是近代经验理性所能达到的最高阶段，同时也表现了经验理性的贫血症，它把认识局限于经验性的现象世界，而把自在之物、神圣对象和真理看作认识的绝对的彼岸，由此康德哲学最后就导致了一种现象与本体的二元论。在这种二元论中，思维不能超越经验，因此真理作为某种超验的东西就留给了精神的另一种形态，留给了直观、信仰和想象，这样就导

1 保尔森，《康德的生平与学说》，英译本，1902，第 7 页，转引自：谢舜，《神学的人学化：康德的宗教哲学及其现代影响》，广西人民出版社，1997，第 71 页。

致了一种神秘主义的思想倾向。这种神秘主义倾向认为，理性思维不能认识绝对的真理，只有当下体验的直觉、情感和信仰才能达到上帝和自由等终极真理。这种神秘直观一方面是出于对经验理性的失望，另一方面则是德国神秘主义传统（埃克哈特、路德、波墨等）的必然结果，它在康德与黑格尔之间的过渡时代里表现为浪漫主义哲学和神学。

在康德的知识与信仰相对立的二元论与浪漫主义哲学之间，有一个过渡环节，这就是费希特。费希特（Johann Gottlieb Fichte，1762—1814）早年曾表现出比康德的道德神学更加激进和更接近于无神论结论的宗教思想，他把宗教完全等同于道德，把上帝看作道德世界的秩序，强调理性对于信仰的绝对至上性和优越性。康德的怯懦的二元论被费希特发展为狂妄的主观唯心主义，先验的理性被称之为“自我”，而自在之物则被说成是由“自我”所设定的“非我”。在这里隐含着一种无神论的思想，即认为上帝作为某种“非我”或客观对象，只不过是“自我”所设定的东西，甚至是“自我”的产物。

在经历了“无神论事件”的挫折之后[1]，费希特的主观唯心主义的狂妄气焰逐渐收敛，并日益由主观的“绝对自我”转向了客观的“绝对”或上帝。在1800年出版的《人的使命》中，费希特对以往的主观唯心主义反省道：

> 一切实在都变成了一场在关于自身的梦中编织起来的梦。直观是梦；思维，这个一切存在和一切实在的根源，这个我所

1 1798年，担任《哲学杂志》编辑的费希特刊发了一篇具有宗教怀疑论思想的来稿，被一些别有用心者攻击为“无神论者”。费希特被迫于次年离开了耶拿大学，迁居柏林。

想象的根源，这个我的存在、我的力量和我的目的的根源，则只是关于这场梦的梦。[1]

以往的那个建立在梦之上的体系由于绝对的空虚性而不能提供真理，因此需要寻找一种作为万物（包括思维）的基础和根据的绝对实在，这绝对实在因其超越了绝对自我而达到了客观性，因此它就只能是上帝。“唯心主义体系把这个恰恰表示本质特征的绝对自我设定为绝对，其余一切东西都衍生于这个绝对，对这个体系来说，知识学现在的情况被认为好多了。”[2] 在这个新建立的唯心主义体系中，思维、“绝对自我”只是绝对知识，而不是“绝对”本身；它们的真实性建立在“绝对”所具有的“真实性的真实性”（die Wahrheit der Wahrheit）之上。因此，这个“绝对”或上帝就不再局限于道德和信仰之中，而必然成为一切知识的根据、起点和终结，“绝对的最纯粹的表述就是知识”。宗教超出了伦理学而与知识学相结合，哲学的本质就是天启。

晚年的费希特认为，思想只是生活的形式，信仰才是生活的内容。于是，费希特就从早年的理性高于信仰转向了信仰高于理性和知识，“绝对”取代了“绝对自我”而成为知识学体系的最终根据。费希特哲学的基础性命题“自我设定自身”被重新解释为自我在对绝对（上帝）的明晰洞见中与绝对所保持的一致，而“自我设定非我”则是指世界产生于自我的绝对知识。这样一来，以自我的绝对知识为出发点的主观唯心主义就转化为“世界出于知识，知识本于绝对”的客观唯心主义。

1　费希特，《人的使命》，梁志学、沈真译，商务印书馆，1982，第 76 页。

2　费希特，《1804 年知识学阐述》，汉堡 1975 年版，第 137 页，转引自：谢地坤，《费希特的宗教哲学》，中国社会科学出版社，1993，第 114 页。

费希特哲学的终点恰恰就是浪漫主义哲学的起点。哲学的整个大厦既然建立在自我与绝对的关系或者自我对绝对（上帝）的认识之上，那么如何说明绝对知识（即对上帝的知识）的可能性，就自然而然地成了根本问题。另一方面，由于康德哲学已经承认了理性对于绝对（上帝）的无知，那么这种绝对知识当然就只能建立在神秘直观之上了。这样就导致了浪漫主义哲学和神学的产生。

德国浪漫主义哲学和神学的代表分别是谢林和施莱尔马赫。谢林（Friedrich Wilhelm Joseph von Schelling，1775—1854）是一位颇具传奇色彩的人物，他早年对基督教神秘主义的激烈批判态度曾极大地感染了黑格尔，然而在黑格尔生前的最后一段时间和黑格尔死后的二十余年里，他又站在“一个虔诚的天主教徒”的立场上用近乎偏执的神秘主义激烈地抨击黑格尔的理性主义，并且“活像个皮匠”一样到处诉说黑格尔“剽窃了他的思想”。1804年，29岁的谢林发表了《哲学与宗教》，该书标志着谢林从先验唯心主义向天启神学的过渡。海涅诙谐地挖苦道，当谢林企图以智力直观绝对者时，他的哲学生涯就结束了。而这样一位过早地结束了哲学生涯的年轻人，在日后的50年时间里，眼巴巴地目睹曾仰慕过自己思想风采的同学黑格尔在德国哲学舞台上独领风骚，其内心的酸涩苦楚自然是旁人难以体会的。或许正是这种江郎才尽的辛酸，促使他转向了那种“哭哭啼啼、不冷不热、淡而无味的虔诚主义”。

谢林的同一哲学说到底是对康德的绝对的自在之物和费希特的绝对自我的综合。当谢林把他的哲学建立在绝对的、无差别的同一之上时，他以为自己已经在更高的基础上一劳永逸地结束了主观与客观、先验主体与超验实体相互对立的二元论。谢林声称：

> 这种更高的东西本身既不能是主体，也不能是客体，更不能同时是这两者，而只能是绝对的同一性。[1]

也就是“主体与客体的绝对无差别”。然而，正是这种被说成是绝对理性的“绝对同一”，造成了理性本身的困难，蕴含着从理性思维向神秘主义直观转化的契机。杨祖陶先生指出：“当谢林把真理了解为主观与客观的绝对的、无差别的同一时，他就已经打开了通向神秘主义和非理性主义的道路了，因为……把符合当作绝对静止的无差别的等同，也就失去了认识和理解的手段和可能性，而不得不依赖某种神秘的直接体验和静观了悟，依赖于那只有主观心知，而无外在确证的个人天才和灵感了。”[2]

在《先验唯心论体系》中，谢林就已经提出只有“理智的直观”能够克服反思与活动、理想与现实之间的二元对立而达到同一，并且更进一步认为只有在“审美的直观”即想象力的审美活动中才能最终超越主体与客体的两极性，真正实现“绝对同一”。这样就把艺术活动看作自我意识发展的最高阶段，把艺术哲学推崇为哲学的“整个大厦的拱顶石”。在《哲学与宗教》中，谢林把绝对者说成某种单纯的东西，这绝对者因其单纯性而成为超认识的直观对象，而且这直观已不再是理智的直观，甚至也不再是想象力的审美活动，而是纯粹的信仰。上帝也不再是理性神学中的逻辑理念，而是一个直接呈现于人的现实感受中的“行动着的”精神性存在。

在谢林晚年的神话哲学和启示哲学中，这种虔信主义倾向更是发展到极端。乖戾的命运、郁闷的心境和直接知识的“理性恨”，促

1 谢林，《先验唯心论体系》，梁志学、石泉译，商务印书馆，1976，第250页。
2 杨祖陶，《德国古典哲学逻辑进程》，武汉大学出版社，1993，第181页。

使谢林开始面对巴门尼德的古老问题:“为什么存在者存在而非存在(虚无)则不存在?”并且把该问题转变为:“为什么一般地存在着理性而非理性则不存在?”在理性哲学和理性神学中,存在一直被当作理性和思维的结果,本质先于存在,而本质就是思维本身。谢林试图颠倒这种关系,在他看来,思维不应先于存在,相反,存在先于思维。上帝或绝对是一切存在之源,然而上帝并非一个现成的存在者(Seiende),而是存在本身(Sein selbst)。这“存在本身”是一种先于、高于并包含和实现着存在者的无限可能性,是一种面向未来的存在源泉,在某种意义上它与虚无是相通的。它包含着“能在”(Seikönnend)、“应在”(Seinsollend)和“必在”(Seinmüssend)三种原始性能或环节(这是启示神学的上帝的真正的三位一体),是一个以“能在”为根基、在自由创造活动中实现自己的现实存在(本质)的过程。因此,“上帝不再是一个僵死的神,而是一个有生命力的神”。

谢林认为,以往理性神学总是企图寻找一个上帝来作为理性的基础,然而它们的上帝却是从理性思维中依据形式逻辑先验地推论出来的,这样就不可避免地陷入了理性的危机——作为理性前提的上帝竟是理性推论的结果!纯粹理性科学的“巨大的、最终的和真正的危机在于,上帝,这个最后的支撑,是从理念推导出来的”。上帝这个有生命力的、行动着的“存在本身”既然是一切存在(包括人的理性存在)的终极根源,它就不应被局限在理性思维的僵化而有限的范畴之中,而只能付诸超理性或非理性的神秘启示。这启示是上帝的自由意志和生命运动在人之中的展现,它本身就是与理性所表现的必然性相对立的自由。在这里,谢林不仅否定了上帝作为认识对象的可理解性,而且否定了理性本身的至上性,从而彻底与康德的纯粹理性的信仰相决裂而走向了非理性主义的神秘信仰。

浪漫主义神学在施莱尔马赫（Friedrich Daniel Ernst Schleiermacher，1768—1834）那里达到了最辉煌的顶点。如果说在现代西方宗教思想中有一个人的神学思想比康德的道德神学具有更大的影响力，那么这个人就是施莱尔马赫。在 20 世纪，施莱尔马赫已经被他的支持者和反对者们公认为是自路德、加尔文以来最重要的新教神学家。然而在黑格尔时代，施莱尔马赫的"绝对依赖感"却曾经遭到黑格尔的无情嘲笑和猛烈批判，黑格尔在其著作中曾不止一次地嘲笑施莱尔马赫的思想体系是一些"既不是鱼，也不是肉，既不是诗，也不是哲学"的虚构[1]。

在《论宗教：对有教养的蔑视宗教者的讲话》一书中，施莱尔马赫力图把宗教信仰建立在一种与传统的理性神学和康德的道德神学全然不同的基础之上，这个新基础就是心灵对无限者（上帝）的直接感受。在他看来，以往关于上帝存在和性质的各种争论仅仅只涉及宗教教义，而没有深入宗教本身。施莱尔马赫认为，人的精神生活由三个基本要素构成，即知觉、行动和感受。知觉导致理性认识，行动属于道德范畴，感受则是宗教信仰的独特根据。他反复强调，宗教的本质在于感受，知识的量并不能增加虔诚的质，信仰的意义也不在于指导人们的道德行为，"虔诚不可能是对一大堆形而上学的和伦理学的残渣碎屑的本能渴求"。宗教问题既不属于理论理性的范围，也不属于实践理性的范围，它的独特功能只是感受和直观。因此对于宗教生活来说，重要的不是去进行那些冷冰冰的逻辑证明或做出种种虚假的善功，而是在对上帝的神秘直观中实现灵魂的虔敬和升华。在灵魂的虔敬和升华过程中，一切间接性的知识活动和

1　参见：黑格尔，《精神现象学》（上卷），贺麟、王玖兴译，商务印书馆，1979，第 47 页；黑格尔，《哲学史讲演录》（第四卷），1978，第 337 页。

道德活动都被搁置在一旁，“整个灵魂都消融在对无限者与永恒者的直接感受之中”。

施莱尔马赫进一步把“虔敬之自我同一的本质”定义为人对上帝的“绝对依赖的意识”，这种意识只能产生于个人的真实感受（在强调个人的真实感受方面，他与德国虔敬主义传统是一脉相承的），而非产生于知识教条和道德规范。针对谨守教义教规、奉《圣经》文字为宗教圭臬的新教经院哲学和教条主义，施莱尔马赫像马丁·路德一样再次把个人的心情、体验和感受确立为宗教信仰的基础：

> 每一部圣书本身都是宗教上的英雄时代的光辉产物，一座会说话的纪念碑，但是，由于一种奴性十足的尊敬，它会变成一座纯粹的陵墓，一座伟大的精神曾在其中而现已消失的纪念碑……并非每一个相信圣书的人都有宗教，只有对圣书有一种活生生的直接理解，因而就其自身而言可以完全不要圣书的人，才拥有宗教。[1]

宗教是属于个人情感的事情，一个有宗教气质的人必定是一个爱好沉思的人、一个富于想象力的人、一个具有苏格拉底式的神秘倾向的人。真实的心情和体验一旦凝固为圣书和圣事的“纯粹的陵墓”，宗教就丧失了自由灵感，不再是活生生的主观感受，而成为历史中的客观而僵化的实证宗教（或权威宗教）。这实证宗教由于与国家的特殊利益相结合，因而极大地玷污了教会的灵性和使命，因为

1 施莱尔马赫，《论宗教：对有教养的蔑视宗教者的讲话》，转引自：詹姆斯·C. 利文斯顿，《现代基督教思想：从启蒙运动到第二届梵蒂冈公会议》（上卷），1999，第 202 页。

教会本应该为虔敬心灵的超功利的自由结合的场所和产物。

施莱尔马赫在现代神学思想中的重要意义在于，他实现了宗教观从形而上学和伦理学向心理学的转化。就此而论，施莱尔马赫可能比康德更有资格被称作完成神学领域中的“哥白尼式的革命”的人。在康德那里，作为宗教基础的道德仍然植根于一种普遍必然的绝对命令之上，主观的意志自由仍然是某种普遍必然性的表现和结果，是对具有内在强制性的绝对命令的自觉遵从，而不是活生生的情感体验。在施莱尔马赫那里，宗教才真正成为个人的事情，成为自由心灵的真实感受。宗教信仰被归结于心理学，一种建立在切身体验和感受之上的主观主义宗教观真正得以产生。

在这里，每一个具有虔诚信仰的人只须对自己的活生生的心情负责，而无须服从种种外在性的权威和内在性的刻板律令。绝对的依赖感和神秘的体验不仅取代了理论理性，而且取代了实践理性成为宗教信仰的唯一可靠根基，心灵成为人与上帝交往的直接场所。宗教不再关注形而上学和道德实践，上帝直接把充满爱的目光投向人们内心的希望与失望、欢欣与郁悒、安恬与恐惧。因此，自从施莱尔马赫把内在的体验确立为整个神学的出发点以后，“神学就不再感到必须在科学法庭或者在康德的实践理性法庭之上为自己辩护了。现在神学有了一种新的感觉，它可以在体验之中进行自我证明”[1]。

然而，施莱尔马赫也使宗教成为缺乏客观规定性的抽象感受，成为一种肤浅的直观或直接知识，真理也由于缺乏概念和确定性的客观内容而成为一种主观随意性，成为意识和确信本身。由于否定了神学的知识论前提，施莱尔马赫和康德一样把宗教信仰变成了一

1 詹姆斯 · C. 利文斯顿，《现代基督教思想：从启蒙运动到第二届梵蒂冈公会议》（上卷），1999，第 224 页。

种空洞的主观性，所不同的只是，在康德那里，这种主观性表现为抽象的道德要求，在施莱尔马赫那里则表现为抽象的“绝对依赖感”。二者固然有所区别，但是在否定宗教的客观内容和知识论基础、把信仰对象（上帝）仅仅局限在主观范围之内这一点上，它们却是殊途同归的。无论是实践理性，还是绝对依赖感，都否定上帝是具体概念，是客观真理，是自我实现和自我认识着的精神本身。

对于上帝的这种精神性认识，只有在黑格尔的宗教哲学或思辨神学中才能最终实现。

第六部

黑格尔的思辨神学

启蒙时代的德国思想家们始终试图在理性与信仰之间寻找某种协调方案，既避免德国传统的虔敬主义的狂热信仰，又抵制法国无神论的专断理性，在如何调和理性与信仰的关系问题上展现出不同的解决方案。由于坚持一种理智或者知性的分析方法，康德哲学最终造成了一系列二元分裂（现象与本体、理论与实践、理性与信仰等）。在黑格尔看来，这种泾渭分明的划界和外在性的协调并没有真正揭示出理性与信仰的辩证关系。黑格尔立足于西欧近代理性主义和德国传统神秘主义的双重背景，以一种历史的和思辨的视角对理性与信仰、知识与宗教的辩证关系进行了深入的考察，力图从宗教表象背后发掘出真理的内容。

黑格尔宗教哲学的主要特点就是坚持从宗教表象以及各种宗教形态的历史演进过程中去把握概念自身的辩证运动，揭示出“神即精神”这一终极真理，从而实现理性与信仰、知识与宗教、哲学与神学的统一。黑格尔一方面对种种神秘的宗教教义和表象进行了合理化的阐释，完成了对神秘主义的理性化改造；另一方面又把概念、精神提升到绝对的高度，使之成为真正意义上的上帝，从而实现了理性本身的神秘化历程。在黑格尔的思辨神学中，关于“上帝”的神话完全消失在理性之中，然而理性本身却构成了新的神话；神学由于获得了合理性而成为哲学，哲学则由于获得了神秘性而成为更加精致的神学，即思辨神学。

第 16 章　黑格尔早期的宗教思想

康德道德主义的影响

在 18 世纪末叶的德国，由于政治上的分裂状况和文化上的保守倾向，法国大革命在德国知识分子中并没有导致一种政治上的激进反应，而是引起了他们在哲学和宗教领域中的深刻反思。如果说在法国大革命爆发以前，康德还能够把纯粹的知识论问题作为自己的哲学批判的起点，那么法国大革命的警钟则迫使德国唯心主义迅速地把对精神生活的核心问题——宗教信仰——的批判确立为思想批判的出发点。因此，无论是费希特、谢林还是黑格尔，都把宗教问题当作自己哲学思考的开端。事实上，在 18 世纪末期的德国，哲学问题首先并且在本质上就是宗教问题，哲学与宗教的关系就如同人与自己的影子一样不可分割。

黑格尔（Georg Wilhelm Friedrich Hegel，1770—1831）之所以从宗教问题进入哲学的领域，并非仅仅由于他是图宾根神学院的一名学生，而是因为他从一开始就站在唯心主义立场上认为，社会问题说到底是社会精神的问题，社会批判必须以精神批判为前提。[1]在德国，精神生活首先表现为宗教信仰，精神批判首先表现为宗教批判，因此宗教问题不仅构成了黑格尔哲学的出发点，而且如同幽灵一般萦绕在黑格尔的整个学术生涯，成为绝对唯心主义或思辨哲学的一个重要组成部分。苏联哲学教授、德国古典哲学研究者古留加（Arseny Gulyga）认为："在相当长的时期内，宗教问题一直在他的精神世界中占有主要地位，他是通过宗教问题的棱镜去观察其他许多世界观方面的问题的。"[2]

当黑格尔与他的青年时代的好友谢林和荷尔德林一起在图宾根种植自由树并高唱《马赛曲》时，他那颗年轻的心灵确实曾为法国大革命的激情所感动，然而雅各宾专政的残酷现实却使他很快就陷入了对平民革命的怀疑之中。在这一点上，黑格尔与其说是一个卢梭主义者，毋宁说是一个孟德斯鸠主义者。黑格尔在年轻时远不如谢林激进，在晚年时也远不如谢林迷狂，黑格尔始终是一个冷静而富于理性的唯心主义者。在早年一直激励着他的，与其说是法国大革命的现实，不如说是两个理想——希腊城邦制的社会理想和康德《实践理性批判》的道德理想。由于受德国传统的唯心主义思维方式的影响，黑格尔认为，实现这些理想的道路只能从宗教批判开始，而在批判"实证性"的基督教时，他曾一度是康德道德神学的热心追随者。

在青年黑格尔的第一部神学著作《民众宗教和基督教》中，黑

1　这一唯心主义的基本观点在黑格尔那里是始终不渝的，他晚年在柏林大学讲授历史哲学时又一次重申了这个观点，他说："这是一个虚伪的原则，以为'公理'和'自由'所受的束缚桎梏能够不经良心解放而打破，以为不经过一番'宗教改革'就能够有一番'（政治）革命'。"参见：黑格尔，《历史哲学》，1956，第 499 页。

2　阿尔森·古留加，《黑格尔的宗教哲学》，转引自：中国社会科学院哲学研究所西方哲学史研究室编，《国外黑格尔哲学新论》，中国社会科学出版社，1982，第 378 页。

格尔把宗教区分为客观宗教与主观宗教，前者指拘泥于僵化教义的神学或形式化的宗教，后者指基于内在情感的宗教或真实的宗教。理智主要被归于客观宗教一边，而主观宗教基本上属于情感和道德的范围。也就是说，真实宗教的主要成分不是知识，而是情感和道德。黑格尔强调：

> 宗教不仅只是历史性的或者理性化的知识，而乃是一种令我们的心灵感兴趣，并深深地影响我们的情感，和决定我们意志的东西。一方面因为我们的道德义务和规律从宗教那里获得一强有力的敬畏之情，从而被我们看作神圣的义务和规律；另一方面因为上帝的崇高性和至善的观念使我们内心充满仰慕之意以及卑谦和感恩的情感。[1]

在青年黑格尔看来，宗教是完全不同于神学的东西，神学即所谓的客观宗教，这是“大众所信仰的宗教”，它把所知和所思的结果凝固为一个权威性的体系或一本书，强迫人们去信仰。客观宗教或神学是一种缺乏个人真实心情的“抽象的东西”，与此相反，主观宗教则是一种真正意义的宗教，它“只表现其自身于情感和行为中”。黑格尔把客观宗教比作“自然教师的标本室”，它把一切具有生命的东西都制成标本保存在酒精瓶中；而主观宗教则是“自然之活书”，它展示着万象的盎然生机。针对客观宗教与主观宗教、神学与宗教之间的这种区别，黑格尔明确地宣称：“宗教乃是心情（Herzen）的事情”，它专注于生动具体的内心感受和道德行为，拒斥僵硬刻板的抽象知识：

1　黑格尔，《黑格尔早期神学著作》，1988，第 3 页。

> 当我说到宗教时，我总是完全从其中把关于神的一切科学的知识，或者毋宁说形而上学的知识、人与神以及全世界与神的关系等的知识都抽掉了。这种仅仅为抽象论证的理智所从事寻求的知识，只是神学，而不复是宗教。[1]

当黑格尔把记忆和理智归于神学、把意志和情感归于宗教时，我们可以明显地看到康德关于宗教是实践理性的要求以及卢梭关于道德情感是宗教的唯一基石等思想的影响，同时亦可看到青年黑格尔对旧形而上学的思辨神学和启蒙理智（经验理性）的至上性的怀疑。

在区分了客观宗教与主观宗教之后，黑格尔又对民众宗教和基督教进行了比较。民众宗教的首要职能就是根据人的情感这"美妙的自然纤维"去编织信仰的高贵纽带，给灵魂灌输力量、热情和精神。从教义方面来说，民众宗教必须具备如下三点：第一，它的教义须建立在人的普遍理性之上，从而使人们感到有义务去遵守；第二，这些教义必须是简单明了的，无须渊博的知识和烦琐的证明；第三，这些教义必须是符合人性的，即"适合于一个民族所赖以立脚的精神文化和道德所达到的阶段"。在教仪或宗教形式方面，民众宗教应当防止僵化为拜物教，避免繁缛的仪文主义和排斥精神的机械主义，"仪式的目的必须只在于提高献身的信念和圣洁的情绪"。如此被定义的民众宗教是黑格尔心中的理想宗教，亦即前面所说的主观宗教，它的典型的表现形态是希腊宗教（多神教）。

黑格尔认为，基督教虽然在产生伊始也曾是一种民众宗教，但是在以后的发展演变过程中，它却越来越偏离了民众宗教的宗旨而

1 黑格尔，《黑格尔早期神学著作》，1988，第 7 页。

堕落为精神的外在性的桎梏，转变为客观宗教。[1]基督教把自由心灵的欢愉希望变成了负罪灵魂的痛苦期待，把充满了明朗的感性光辉和友爱之情的神明变成了十字架上绝望挣扎着的殉难者——他的血和肉以一种令人战栗恐惧的方式转化为圣餐。在希腊宗教的圣典中，希腊人头戴花冠、身披彩衣，以充满爱和友谊的愉快心情走上神明的祭坛，在狂欢中与神融为一体。在基督教的宗教仪式上，信徒们把自己全身裹在阴沉沉的黑色衣衫中，满脸悲哀和忧郁的神情，战战兢兢、心神恍惚地接过圣餐杯，以一颗负罪的谦卑之心祈求神灵的宽宥和救赎。在基督教中没有希腊宗教的那种生机勃勃的幻想，只有东方式的悲苦和阴郁。基督教的信念不是建立在自由心灵对感性的美好生活的向往之上，而是建立在蒙昧心灵对魔鬼、惩罚以及骇人听闻的地狱图景的恐惧之上。在基督教中，即便是精神的迷狂也伴随着彻心彻骨的凄楚，从来未曾达到过希腊宗教迷狂中的那种令人心旷神怡的陶醉和欢畅。

总而言之，在《民众宗教和基督教》中，年轻的黑格尔向我们展示了希腊宗教的明朗欢乐与基督教的阴郁悲凄之间的巨大反差。“在这个时期，黑格尔对基督教的看法以及与此相对的宗教理想是由于下述两个相互作用的因素的影响而形成的：他对古典希腊的研究与热爱，以及他对当代基督教的感受与轻蔑。”[2]在这里，康德道德主义的主题虽然也偶有出现，但全书的基调却是希腊宗教的情感主义。

如果说在《民众宗教和基督教》中黑格尔主要是以一个希腊情感主义者的面貌出现的，那么随后在伯尔尼时期所写的《耶稣传》

1　黑格尔在稍晚所写的神学著作（如《基督教的权威性》）中，把这种凝固为外在性的刻板规范的客观宗教称为“实证宗教”或“权威宗教”。

2　Raymond Keith Williamson, *Introduction to Hegel's Philosophy of Religion*, State University of New York Press, 1984, p.13.

（1795）中，黑格尔就成为一名典型的康德道德主义者。理性主义的基调产生了，美的情感和充满激情的诗性语言让位于善的德行和冷静琐细的《圣经》诠释（这种诠释说到底就是用康德的语言来改写福音书），对基督教的阴郁气氛的攻击转变为对作为道德楷模的基督本人的教诲和事迹的赞美。《民众宗教和基督教》中的那种对理智的贬抑态度不复出现，相反，理性作为道德律的根据受到了高度的赞扬。在《耶稣传》的开篇处，第一次出现了黑格尔思辨哲学的基本信念——上帝就是绝对理念——的胚芽，并且像康德一样把纯粹理性等同于上帝本身。黑格尔写道：

> 那打破一切限制的纯粹理性就是上帝本身。因此世界的规划一般讲来是按照理性制定的。理性的功能在于使人认识他的生活的使命和无条件的目的。[1]

这理性是上帝赋予人的“神圣的火花”，是人的尊严的内在依凭，它的直接表现形式就是永恒的道德律。基督耶稣的楷模意义和宗教感召力就在于他所提供的“纯真道德的知识”，对上帝的纯洁的崇敬并非表现在形式化的行为和仪节中，而是体现为道德的精神。

> 上帝的真诚崇敬者已经用宗教上真正的精神去崇敬那普遍的圣父。因为圣父只欢喜这样的人。理性和理性之花——道德律，只是在精神中起作用，对上帝的真诚崇敬只能建立在精神的基础上。[2]

1　黑格尔，《黑格尔早期神学著作》，1988，第 79 页。
2　同上，第 86 页。

在《耶稣传》中，黑格尔用康德式的道德主义语言对《圣经》进行了重新阐释。澳大利亚圣公会牧师、神学教师威廉森（Raymond Keith Williamson）指出："现在对于黑格尔来说，基督教的问题是耶稣已经被他的追随者们神性化了，从而他的真实面貌和他的使命的性质遭到了曲解；但是理性（Vernunft）一旦把神性的面纱扯开，呈现在1795年的黑格尔面前的耶稣就只是一个康德的理想的道德导师。"[1] 在那里，耶稣被解释为一个唯动机论的伦理导师，一个在犹太教的外在性的律法主义氛围中孤军奋战的道德圣贤，一个古代希伯来文化中的康德。基督教的"金箴"——"无论何事，你们愿意人怎样待你们，你们也要怎样待人。因为这就是律法和先知的道理。"[2]——被改造为康德的普遍立法的道德命令："凡是你愿意人人都遵守的普遍规律，你本人也应该按照那样的通则行事，——这是伦理的基本规律，这是一切立法和所有各民族的圣经中的主要内容。"[3]

黑格尔像康德一样强调，道德不在于对外在诫命的被动服从，而在于对正义、仁慈和忠诚的自觉遵守，这种道德自觉构成了理性的自由和宗教的真正本质，因为"天国乃是道德律在人类中的统治"。在上帝眼里，人的价值水准就体现在他对道德律的遵守程度上，凡听从理性的神圣法则的就是上帝所喜悦的人。黑格尔以卢梭和康德的口吻说道：

> 尊敬你们自己本身，信仰你们理性中的神圣法则，注意你们心坎中的内在审判官，注意你们的良心，良心是一个标准，

1 Raymond Keith Williamson,*Introduction to Hegel's Philosophy of Religion*, 1984, p.22.

2 《圣经·马太福音》，第7章，第12节。

3 黑格尔，《黑格尔早期神学著作》，1988，第93页。

这标准也是上帝的标准，这就是我要在你们心中唤醒的东西。[1]

在《耶稣传》中，不久前曾主宰着黑格尔的热情奔放的希腊情感主义荡然无存，一种枯燥而冷漠的理性和道德教诲充斥于全文之中。这种道德主义诚然是反对各种奇迹、迷信和外在性的权威崇拜的，然而，与《民众宗教和基督教》相比，它却明显地缺乏真实的心情，更多地具有理论和道德说教的特点。古留加评论道：在《耶稣传》这部“出自黑格尔之手的福音书”中，“一字不提报喜节、圣灵妊娠、奇迹和死者复活等。黑格尔笔下的基督是一个诉诸人的理性的道德家。从中也可以看出，这位青年神学家的观点有了变化；一年以前，他还在颂扬感情，而今感情让位于理性了”。[2]

完成《耶稣传》几个月以后，黑格尔又撰写了另一篇神学论著——《基督教的权威性》。在这篇文章中，康德《实践理性批判》的道德主义虽然仍旧是基调，但研究的对象已经由耶稣本人转向了基督教这个宗教实体。《民众宗教和基督教》中的反基督教倾向再度出现，然而此时批判的根据已不再是单纯的“心情”和情感因素，而是对基督教权威化或实证化过程的历史主义分析。在这里出现了一些新东西，如对“权威性”或“实证性”（Positivität）概念的分析、历史主义的方法、对基督教产生和发展的社会背景的探讨等。

实证宗教或权威宗教是作为一个与自然宗教（即希腊宗教）和道德宗教相对立的概念而提出来的。卢卡奇认为：“对于青年黑格尔，实证的基督教是专制与压迫的一种支柱，而非实证的古代宗教则是

1 黑格尔，《黑格尔早期神学著作》，1988，第 133 页。
2 阿尔森·古留加，《黑格尔小传》，刘半九、伯幼等译，商务印书馆，1978，第 17—18 页。

自由与人类尊严的宗教。”[1] 在黑格尔那里，所谓“实证宗教”或“权威宗教”即是指一种把历史的偶然性和暂时性的东西加以普遍化和永恒化的宗教，它以一种权威为根据，“完全不把人的价值或者至少不完全把人的价值放在道德里面”。它具有如下几个特点：第一，把偶然性的东西加以普遍化；第二，以一个外在的权威来代替内在的道德；第三，把一套客观性的原则体系强制性地变成人们的主观信仰。

《基督教的权威性》一文考察了基督教是如何发生实证化的历史过程。在基督教创立之初，耶稣所代表的道德精神由于种种具体原因不得不与一些偶然性的东西混杂在一起，例如他个人的人格、某些带有奇特色彩的事迹（这些事迹后来被神化为“奇迹”）等，此外，为了抵制犹太教的那些权威性律法，耶稣必须树立起自己的权威性。然而，这些偶然性的因素后来却演变为基督教信仰的权威性基础，基督也由“一个道德宗教的教师”转变成为“一个权威宗教的教主”。对基督个人的崇拜建立起来了，而耶稣所代表的道德精神反而丧失了。权威性既然已经成为普遍教会的基本特点，所有的基督徒就不得不把服从权威当作信仰的首要条件，从而将客观的权威教义和仪式主观化为自己的内在世界，以此来压制一切意志自由和理性精神。

在权威宗教中，道德不再从主体内被唤醒，而成为外铄于人的；道德的立法者不再是主体自身，而是权威性的教会。“基督教宣称，道德律是在我们外面并且是某种现成的东西，因此教会必须用一些别的方法来创造对于道德的尊重。”[2] 结果就造成了主体向外寻觅道德

1 卢卡奇，《青年黑格尔》，王玖兴译，商务印书馆，1963，第 49 页。在贺麟先生翻译的《黑格尔早期神学著作》中，一般都将“Positivität”译为“权威性”。

2 黑格尔，《黑格尔早期神学著作》，1988，第 250 页。

的一系列闹剧——朝觐、圣战、买卖圣物、购销赎罪券等，最不道德的行为获得了道德的名义。这种虚假的道德行为所引起的不自由状态更由于教会与国家的狼狈为奸而进一步深化，教会剥夺了人的精神自由，国家就趁机来剥夺人的政治自由。“只要教会当局一旦消灭了一切意志的自由，权威统治立刻就会盛行一时。教会教导人们轻视公民的和政治的自由，认这种自由与天上的福祉和永恒生命的享受比较起来连粪土都不如。”[1] 这种轻视现世生活的宗教态度必然导致政治上的孪生物——专制制度。

在《基督教的权威性》中，黑格尔不仅从道德主义的角度分析了基督教权威化的过程，而且从历史主义的角度把这一过程与社会制度的演变联系起来。他在该书中继分析了基督教权威化的道德必然性之后，又进一步探讨了基督教权威化的历史必然性。青年黑格尔把希腊人和罗马人的宗教统称为“自由民族的宗教”，这种宗教建立在自由心灵的幻想之上，它与民主政治、公民权利、对公共事务的责任感等因素紧密联系在一起。然而，随着经济政治条件的变迁，这种自由宗教日益丧失了自己的社会根基。到了罗马帝国时期，自由精神完全被专制所扼杀，罗马英雄主义在柔靡风气的侵蚀下逐渐蜕化为普遍的懦弱和腐败，生活的希望转变为绝望。“罗马皇帝的专制把人们的精神从地上驱逐到天上去了，剥夺了人们的自由，迫使他们的永恒的、绝对的东西逃避到神那里去求庇护。剥夺自由带来的广泛苦难迫使他们在天国里去寻求和仰望幸福。相信神的客观存在是和人的腐化与奴役以同样的步伐进行的，前者只不过是这个时代精神的一种启示、一个现象罢了。”[2] 在这种普遍的绝望之中，基督

1 黑格尔，《黑格尔早期神学著作》，1988，第 244 页。
2 同上，第 269 页。

教就以它对天国幸福的承诺赢得了人们的信仰，逐渐从一种弱小的、自由的道德宗教发展成为一种强大的、专制的权威宗教。

卢卡奇认为，青年黑格尔与康德、费希特甚至谢林的最大不同之处在于，他一开始就不仅仅把宗教问题看作认识论问题和伦理学问题，而且更把它看作社会历史问题。“客观现实在他看来诚然也是一种与道德意识不同并与它的活生生的主观性相对立的客观的和‘僵死’的外在世界。但黑格尔的对立与在康德及其追随者那里不同，它不是‘永久的’，不是哲学的，不是认识论上的对立，而是一种历史的对立。”[1] 民众宗教、自然宗教与权威宗教的对立不仅仅是道德与非道德、主观世界与客观世界的对立，而且更是社会历史的对立，即古代城邦民主制与中世纪专制制度的对立。这种对于宗教演变的社会历史内涵的关注，正是黑格尔不同于康德的地方，它使黑格尔后来得以超越康德的静态的道德主义，最终创立起一种在广阔的历史场景中自我实现的思辨哲学和思辨神学。

超越道德主义

1797 年初，27 岁的黑格尔来到德国的商业中心城市法兰克福，在那里一直住到 1801 年初。法兰克福时期是黑格尔思想发展的重要时期，在那里他开始摆脱康德道德主义的影响，并且越来越深切地体会到矛盾在思想中特别是在现实生活中的重要地位。这种认识使他改变了以往对矛盾的消极态度，开始把矛盾看作思维与存在的共同基础和动力，从而发展了辩证法的思想萌芽，提出了许多重要的范畴，如命运、和解、扬弃、对立统一等。这些范畴有的后来被放

1　卢卡奇，《青年黑格尔》，1963，第 54 页。

弃了，另一些则成为黑格尔哲学的基本范畴。这一时期的另一个重要变化是，黑格尔开始注意到"客观性"的重要性，这客观性不仅构成了对矛盾进行积极理解的前提，而且构成了思想和解的前提。这种态度与他在伯尔尼时期一味沉溺于主观性的情感和道德之中的倾向是截然不同的。在这一时期，黑格尔已经开始把矛盾从纯粹的理性思维扩展到客观世界本身，正是这种转变使得黑格尔克服了康德的应然状态的道德主义，而转向了充满矛盾的现实生活本身。

黑格尔在法兰克福时期最重要的著作就是《基督教的精神及其命运》。在这部论著里，黑格尔一改他在前几篇文章中对权威性（实证性）基督教的激烈批判态度。现在，权威性的宗教已不再是基督教，而是犹太教了。在这里，对于实际存在的基督教的现实特征很少直接论及，谈得更多的是基督教的精神本质（这种变化明显反映了黑格尔与现实生活的逐渐妥协）。我们看到的也不再是耶稣对摩西的批判或者道德主义对权威性的基督教的批判，而是掩藏在"爱""生命"等范畴的外衣下刚刚萌芽的思辨神学对康德道德神学的批判。这种批判也是青年黑格尔的自我清算，它标志着黑格尔从早期神学思想向思辨神学和思辨哲学的转化。威廉森评论道："黑格尔思想随后的发展使得三个非常相似的概念相继突出出来：爱、生命、精神。这些概念为黑格尔提供了手段，借助它们可以超越反思知性的破碎世界，克服世界的分裂和对立，消除一切异化现象。"[1] 在这里，既可以看到黑格尔早年的希腊情感主义和康德道德主义的瑰丽余晖，也可以看到《精神现象学》的辩证思想的熹微晨光。

在《基督教的精神及其命运》的开端，仍然出现了与《耶稣传》

1 Raymond Keith Williamson, *Introduction to Hegel's Philosophy of Religion*, 1984, p.39.

相同的主题：对犹太教的律法主义的批判。但是在这里，黑格尔使用了一个重要的新概念，即“命运”。命运代表着一种内在的异己力量，表现为人“受制于比他更强有力者的镣锁的形式”，它是一种异化行为的结果。在犹太民族那里，最初的异化行为就表现在他们的始祖亚伯拉罕对家人和故园的离异（estrangement）中，亚伯拉罕为了一个异己的力量（耶和华）而背井离乡，甚至准备牺牲自己唯一的儿子。[1]在离异的过程中，亚伯拉罕和犹太人的其他先祖们把命运这种内在的异己力量客观化和绝对化了，使之成为一种外在性的权威（律法），从而使思想与现实处于直接的对立之中。当亚伯拉罕赶着牛羊在无边无际的土地上漫游时，他使自己的民族与整个世界分离开来，并且在肉体上打下了分离的永久性烙印（割礼）。在这绝对的分离和对立之中，犹太人与世界之间的唯一的联系纽带就是神，然而，这神也由于缺乏爱而成为嫉妒的和排他性的。这样，在亚伯拉罕及其子孙中就产生了一种偏狭的狂妄，以为只有他们的神才是神，只有他们的民族才是唯一具有虔诚心和受神青睐的民族。这种偏狭导致了普遍的仇恨和暴虐——当犹太人处于逆境中时，他们就诅咒和憎恨其他民族；而当犹太人建立了自己的统治时，他们就陷入了灭绝人性的暴政专制。这种存在状态使犹太人把自由让渡给一个客观性的回忆和象征——摩西，并把律法（这是摩西代表他们的意志与神立约的结果）当作无限的客体与自己相对立。这些律法固定在各种禁忌和礼仪中，并物化为圣幕和庙宇。从权威性的律法中，犹太人的奴役的心灵感受到的不是真理而是命令，不是自由而是依赖。如果说希腊人的平等建立在普遍的自由和独立之上，那么犹太人的平等则建立在“所有的人都没有独立自存的能力”之上。这种普遍

1　参见:《圣经 · 创世记》，第 22 章。

的无权状态、这种对律法的依赖性的平等，就是犹太人的命运。

在《基督教的精神及其命运》的以下章节中，反对外在律法主义的主题开始转变为反对内在道德律令的主题，耶稣与摩西的分歧变成了黑格尔与康德的分歧。与《耶稣传》中将道德与律法相比较的做法不同，在这里，我们看到的是爱、人的需要与律法的对立：

> 犹太教的命令要求单纯地对主的崇拜、直接的奴役、无欢乐、无人情、无爱的服从，亦即与崇拜神的命令正相对立，耶稣提出了人的冲动、亦即人的需要。[1]

耶稣为了反对律法、反对纯粹客观的命令，提出了某种与它针锋相对的东西，即“主观性一般”。这种“主观性一般”就是普遍的道德命令，它与律法的区别在于，律法是基于异己的权力的外在规定，道德律令则是基于主观的普遍概念的内在规定。然而，尽管有这种区别，道德律令仍然是片面的和抽象的，因为它缺乏具体的和特殊性的内容。黑格尔指出，道德命令是人的普遍性的理性能力和主观理想，在它里面，外在的、异己的和权威性的律法被扬弃了；但是人摆脱了外在主子的奴役，却又成为内在主子的奴隶，成为普遍的理性能力、概念、理想、“应当”状态的奴隶。在此时的黑格尔看来，相对于特殊性的东西如冲动、嗜好、爱、感性来说，“普遍的东西必然地而且永远地是一种异己的东西、客观的东西。那里面总残留着一种不可摧毁的权威性，足以激起人们的反感，因为普遍的义务命令所获得的内容、一种特定的义务，包含着同时既是有限制

1　黑格尔，《黑格尔早期神学著作》，1988，第 304 页。

的又是普遍的这样一种矛盾，为了这种普遍性的形式，它提出片面的、极其顽固的自负的要求”[1]。

外在性的异己力量（律法）被摈除了，然而人现在又陷入了内在的分离和对立之中：一边是普遍性的理性和合理意志（Wille），另一边是具体的嗜欲或任性（Willkur）；一边是“应当”，另一边是“存在”，而道德命令就是以这种内在的分离为前提的。在康德那里，道德命令作为一种绝对的义务，要求任性把意志接纳为行动的内在根据和准则。然而，这种统一仍然是一种“应当”状态，它忽略乃至扼杀了“存在”本身。面对着这种知性的分裂，《基督教的精神及其命运》中的耶稣——这个耶稣已经不同于《耶稣传》中那个以康德的口吻说话的耶稣——提出一种“较高的和解的天才”——爱的意向。在爱的意向中，法规（包括外在的律法和内在的道德命令）失去了普遍性、嗜好则失去了特殊性，双方消除了对立而达到统一或和解，抽象的理性概念被活生生的“生命”所取代。关于爱与道德命令之间的根本性区别，黑格尔写道：

> 每一个命令只能表达一个“应当”，因为它是一个普遍的东西，从而立即表明了它的缺点，因为它没有说出存在。对于这样一种命令像“不要杀人”，耶稣提出了一种道德、人的爱的意向与它对立，这种爱的意向不仅使得那个命令就内容说来成为多余的，而且打破它作为命令的形式，因为命令的形式意味着一个命令者与一个抗拒命令者之间的对立；爱的意向排除了任何关于牺牲、毁灭、压制情欲的思想，它同时比起理性的

1　黑格尔，《黑格尔早期神学著作》，1988，第 308 页。

冷酷的命令是一个具有更丰富更有生命的充实内容。[1]

与康德实践理性的决裂是黑格尔思想发展中的一个重大转折。早在 1795 年甚至更早的时候，谢林就已经表现出对道德主义泛滥的强烈不满，他在写给黑格尔的信中多次表达了这种不满："一旦在毋宁说是上帝把他们（指康德主义者们——引者注）带到的那个地方住定了，他们就制造出某种康德体系的肤浅杂拌来，从这里他们源源不断地把浓厚的哲学菜汤喂养着神学。于是，本来已经衰萎下去的神学，很快就以更加强壮的姿态出现了。一切可能的神学教条，都被贴上实践理性公设的标签，并且没完没了地做着上帝存在的神学历史证明。图宾根式的实践理性真是左右逢源，无往不利。""如果那种道德专制主义再延续几年，还不知要造成多大损害，我们祖国的思想自由，受到道德专制主义的压迫要比政治专制主义大得多。无知、妄信、狂热都渐带上了道德面具。"[2] 谢林的这种态度不可能不对黑格尔产生影响。当然，黑格尔主要是从自己的哲学思考中得出反道德主义的结论的。在法兰克福时期，希腊情感主义的形式仍然是一个重要的批判武器，但是对康德道德主义的批判并没有单纯地退回到情感主义，而是出现了新的内容，即辩证思想的萌芽。邓晓芒教授指出："事实上，在黑格尔摆脱康德的影响而实现其思想中的'重大转折'的法兰克福时期，他的思想首先就是以批判康德的伦理学、提出人的自我分裂（自我否定）和这种分裂的重新统一问题、提出'生命"和'爱'的概念为标志的。"[3]

1 这一段具有显著的情感主义和反道德主义色彩的语言后来被黑格尔本人从《基督教的精神及其命运》中删除了，从这件事中可以看出黑格尔对"理性的冷酷的命令"的犹豫态度。

2 苗力田译编，《黑格尔通信百封》，上海人民出版社，1981，第 33—34、46 页。

3 邓晓芒，《思辨的张力——黑格尔辩证法新探》，湖南教育出版社，1992，第 60 页。

当黑格尔提出爱、生命来扬弃道德时，他已经开始自觉地把矛盾、对立统一当作生活和思维的基本原则来对待，而不是像康德那样把矛盾仅仅看作理性的谬误。在爱和生命中，法规与嗜好、普遍性与特殊性、抽象概念与具体内容之间的对立达到了统一，从而实现了命运的和解。普遍的法规、道德命令、概念本身只不过是一种客观（康德意义上的客观）的纯粹可能性或理想状态，是空洞的抽象，与这些抽象范畴相对立的是特殊的和具体的存在、嗜好等。而生命的和解作为一个辩证的结果，是对上述矛盾的扬弃，是对立面的统一。威廉森指出："早年对康德哲学中的二元论的不满，现在在黑格尔的著作中成为非常明显的——揭示康德的思想并不适合于消除分裂和异化，因为它预先假定了理性与嗜欲的分裂，将人置于一种奴役状态，成为他自己的理性的奴隶。因此，这种局限于反思水平的哲学应该被超越，以便达到'生命'的高度，而'生命'的特征则是统一、和解和合理性。"[1] 在爱的和解的思想中，不仅孕育着黑格尔思辨哲学关于对立统一的辩证法的一般原则，而且孕育着黑格尔思辨神学关于圣父的王国与圣子的王国统一于圣灵的王国的三位一体信条的基本原理。

在《基督教的精神及其命运》中，爱的和解是针对犹太人的惩罚观念提出来的，它表现在基督教的"命运"概念中。当犹太人把律法当作一种绝对的和客观的异己力量时，权威律法与现实生活之间的对立就只有通过惩罚来克服，然而惩罚并不能真正导致精神的和解，它只能导致一种出于恐惧的屈从。对外在性的异己力量的惩罚的恐惧，这就是犹太人不幸意识的心理根源。在基督教中，对命运的敬畏取代了对惩罚的恐惧。对惩罚的恐惧是对一种外在性的异

1 Raymond Keith Williamson, *Introduction to Hegel's Philosophy of Religion*, 1984, p.48.

己力量的屈服，对命运的敬畏则是生命的内在悔悟和良心发现。在命运中，对立的东西对于人来说已不再是一种外部的异己力量，而是生命自身分裂的两个方面之间的对立。这种生命自身内在的分裂、这种命运，构成了生命的重新统一与和解的可能性，因为和解并不是对于一种冷漠的异己力量的屈从，并不是迫于惩罚而达到的一致，而是“使分裂了的敌对的生命重返回到它自身”，是生命在更高阶段上的自我实现。这种生命的统一或和解就是爱，在爱中生命重新发现了自己，“在爱中命运得到了和解”。爱使生命放弃对自我异化和分裂的固执，凌越于一切对立之上。基督教的命运就是生命在自身分裂为二之后在爱中的重新统一与和解。在基督教的福音所昭示的“灵魂之美”的崇高境界中，爱的和解使生命不再表现为对异己力量的抗争，而是表现为对生命本身（以及各种权利）的自由放弃。

这种爱的和解不仅超越了外在强制性的律法，而且超越了内在强制性的道德命令。爱是比道德更高的层次，它构成了道德的基础和原则，毋宁说，它就是一种真正的道德。黑格尔写道:“如果爱不是道德的唯一原则的话，那末每一种道德就同时是一种不道德。与完全奴役于一个异己的主子的法规相反对，耶稣所提出来代替的并不是一个部分地奴役于自己的规则，并不是康德式的自我强制的道德，而乃是没有统治、没有屈从的道德，即作为爱的特殊样态的道德。”[1] 如果说（康德式的）道德曾经作为对律法的一种补充和扬弃，那么爱则是对道德的补充和扬弃。在爱中，道德的一切片面性和限制都被扬弃了。爱并非只是像道德命令或义务那样克服了敌对的一方，而是从根本上克服了敌对性本身。康德的道德命令以普遍性的思想（“应当”）与特殊性的现实（“存在”）之间的对立以及前者对

1 黑格尔,《黑格尔早期神学著作》, 1988，第 341 页。

后者的压制为前提和内容，而黑格尔的爱则表现了精神的统一性，它扬弃了思想与现实、普遍性与特殊性之间的对立，作为一种更高意义上的和解的道德呈现出来。道德与爱的差异不再像道德与律法的差异那样，仅仅只是两种不同的片面性之间的差异，而是片面性与全体之间的差异、分离与分离之和解之间的差异。在这里，黑格尔绝不仅仅是用情感主义扬弃了康德的道德主义，而且在更深刻的意义上以思辨理性（虽然仍旧采取了情感和直观的形式而尚未达到概念思维的高度）扬弃了知性的反思，以辩证的统一扬弃了形而上学的对立。而这一点才是法兰克福时期黑格尔神学著作中最有价值的东西。

早期思辨神学与辩证法的孕育地

在爱的和解中，精神超越了道德命令的片面性而达到了全体。然而从另一个角度来说，这种全体仍然是一种片面性，即主观的片面性，因为它始终局限于爱、局限于情感的范围之内。在《基督教的精神及其命运》中，黑格尔已经意识到爱的片面性并且试图超越这种片面性，然而他却由于对康德的理性（普遍性的抽象理性或知性）的拒斥而找不到一个令人信服、同时也令他自己信服的最高统一物。宋祖良先生指出："康德在理性与嗜好、普遍与特殊、无限与有限、主体与客体之间处处造成割裂。黑格尔认为，这些对立的概念被绝对地割裂开来，是单纯反思的产物，因此，他故意避免使用通用的一些概念，以求跟康德划清界限。"[1] 虽然黑格尔试图把这个最高统一物说成是宗教，并且提出了宗教是"反思和爱在思想中的统

1 宋祖良，《青年黑格尔的哲学思想》，湖南教育出版社，1989，第 65 页。

一、结合”这个公式，但是这宗教本身却由于缺乏概念的规定性而流入神秘，成为直观的对象；这种统一也由于缺乏体系而成为一种偶然性的“特殊心情”，仍然未能真正扬弃主观性。[1]因此，我们在这里看到了一种真正意义上的“苦恼意识”，即由于不能在主观性的爱与客观性的反思之间实现真正统一而产生的苦恼。

被爱所扬弃的对立不过是一种主观范围内的对立，即普遍的主观性（理性的道德命令）与特殊的主观性（嗜好）之间的对立。当爱克服了道德的局限而达到了统一时，它并没有克服主观性的局限而达到主客观的统一，因此它同样面临着被反思和客观性再度扬弃的可能性。黑格尔清醒地认识到这一点，为了克服爱的这种主观片面性，他提出了宗教作为更高的统一体。黑格尔说：

> 爱扬弃了道德范围的限制；不过爱本身仍然是不完善的本性。在幸福的爱各个瞬间里没有客观性存在的余地。但是每一个反思都扬弃了爱，又恢复了客观性，有了客观性又开始了有局限性的事物的领域。因此宗教就是爱的完成（πλήρωμα）（它是反思和爱在思想中的统一、结合）。[2]

那么，宗教这种更高的统一体在法兰克福时期的黑格尔那里到底意味着什么呢？关于这一点，黑格尔并没有做出明确的说明。事实上，由于拒绝从理性和概念本身来说明这种更高的统一，由于拒

1　黑格尔后来在《小逻辑》中指出：“哲学若没有体系，就不能成为科学。没有体系的哲学理论，只能表示个人主观的特殊心情，它的内容必定是带偶然性的。”参见：黑格尔，《小逻辑》，1980，第 56 页。

2　黑格尔，《黑格尔早期神学著作》，1988，第 350—351 页。

绝反思性的哲学而导致了拒绝哲学本身[1]，黑格尔只能把宗教看作主观情感和想象力的对象化，把神说成爱的实体化或客观化——“爱为想象力加以实体化，就是神”（这个思想倒是与费尔巴哈的宗教观颇为接近）。因此神虽然被勉强地披上了一件客观性的外套，然而它却仍然缺乏本质的或客观的规定性，它的内容仍然只是主观的情感，是有限生命对于自己所设定的自身之外的无限生命的崇拜。

与后来的绝对唯心主义体系和宗教哲学的客观性路线相反，法兰克福时期的黑格尔完全是从主观性方面来定义宗教和神的。由于神只不过是爱的实体化，宗教只不过是“情感和情感对于对象的要求”的统一，所以对于神的认识就只能在纯粹主观性的方式即直观或信仰中进行。黑格尔说:“耶稣的本质，作为儿子对父亲的关系只有从信仰着手才能得到真正的理解”，“能直观者与被直观者的对立，亦即主体与客体的对立，在直观本身中消逝了”。[2] 宗教是有限生命提高到无限生命时所达到的精神统一，这种最高形态的统一是超出思维的，因为思维是以对立为前提的，只有在直观和信仰中才能超越对立达到统一。因此，宗教就成为超哲学的，成为对思维本身的扬弃。在《1800 年体系残篇》中，黑格尔写道:

> 有生命之物的这种部分（片面性）存在在宗教中得到扬弃，有局限的生命被提高到无限……正由于这样，哲学必须停止在宗教前面，因为哲学是一种思维，因而一方面以非思维为它的对立物，一方面又有能思维者与被思维者的对立。[3]

1 “当黑格尔在法兰克福从事新的理论探讨时，流行的哲学都渗透着反思的分离作用。为了跟反思哲学划清界限，他故意不提‘哲学’这个词。”参见：宋祖良，《青年黑格尔的哲学思想》，1989，第 66 页。

2 黑格尔，《黑格尔早期神学著作》，1988，第 362、366 页。

3 同上，第 404 页。

这种观点与成熟的黑格尔体系中关于宗教必须停止在哲学面前、直观和表象必须上升为思维和概念的观点是截然相反的，与谢林把艺术直观当作“哲学的拱顶石”的思想倒是有几分相似，它表明神秘主义成分在青年黑格尔思想中的优势地位。正是由于这种直观高于思维的观点，使得狄尔泰认为法兰克福时期的黑格尔陷入了神秘的泛神论，使得卢卡奇认为青年黑格尔的“生命”概念不仅在形式上“由于没有解释说明而是模糊不清的，并且内容上也充满了神秘气息”[1]。

然而，也正是这种神秘主义的因素使黑格尔摆脱了康德的道德主义和知性反思的抽象对立原则，形成了辩证统一的思想胚芽。神秘主义固然是一种片面性，即直接知识的片面性，但是它却是克服知性片面性的最便捷的手段。在神秘主义的直观中，反思所造成的主客观对立消失在绝对的主观统一之中。如果说知性的反思造成了形而上学的分离，那么神秘的直观则孕育着辩证的统一。但是神秘主义只有当其扬弃了直观和直接知识的片面性而上升到概念、理念、思维和精神的高度才能成为思辨哲学，神秘主义的旺盛生机只有当其与逻辑的规定性相结合后才能发展为活生生的辩证法。在法兰克福时期，黑格尔尚未为“生命”和“爱”等范畴寻找到概念体系，精神、神还缺乏规定性。但是黑格尔并不像德国神秘主义者们那样陶醉于这种无规定性的精神本质中，而是孜孜不倦地试图建立体系，寻找规定性，从纯粹的主观性藩篱中摆脱出来，真正达到主客观的统一。他已经意识到客观性的重要意义，然而他却由于拒斥概念和哲学而寻找不到实现主客观统一的中介。正是这种试图走出主观的“生命”和“爱”，然而却又达不到客观理念和全体性的真理的迷惘、

1　卢卡奇，《青年黑格尔》，1963，第 88 页。

焦虑、困惑，正是这种“苦恼意识”[1]，导致了法兰克福时期的黑格尔在“精神上几乎陷于瘫痪”的思想危机[2]。

尽管法兰克福时期的黑格尔受到那种“苦恼意识”的困扰，只能把主客观的统一局限于神秘的直观，而未能提高到概念和哲学的水平，但是，他却通过精神或生命的“原始合一”、“分离”和“发展了的重新合一”的三段式运动表达了精神的自否定特点，并且已经开始意识到真理就是过程和全体、就是被“理解了的生命”。在这个时期的一些手稿中，黑格尔写道：

> 生命必须从这种未经发展的合一出发，经过曲折的圆圈式的教养，以达到一种完满的合一。

> 这个萌芽从原始的统一性分化出来，越来越走向对立，并开始发展。它的发展的每一阶段就是一种分离，其目的在于重新获得生命自身的全部财富。由此足见其发展过程是这样的：统一、分离、重新结合。[3]

在这里，对立统一已经不再是静态的和平面式的，即通过一个绝对的第三者从外面来调和矛盾，而是呈现为一个发展的过程，即精神或生命的自否定运动。对立和统一对于生命来说已不再是外在的东西，而是它自身发展的历程，是它自己的真理。在这里，黑格尔已经明确地提出了“曲折的圆圈式的”运动的思想，并且确立了

1 “苦恼的意识就是那意识到自身是二元化的、分裂的、仅仅是矛盾着的东西。”参见：黑格尔，《精神现象学》（上卷），1979，第140页。

2 黑格尔曾在1810年的一封信中谈到了自己在法兰克福时期所经历的那种“精神上几乎陷于瘫痪”的思想危机。参见：卢卡奇，《青年黑格尔》，1963，第93—96页。

3 黑格尔，《黑格尔早期神学著作》，1988，第443、446页。

精神发展的三段式模式。生命的原始合一由于反思的分离作用而获得了规定性，而精神的活动则是对规定性的一种无限的扬弃。规定和规定的扬弃表现了精神或生命的自我否定特点，而这种无限的扬弃过程同时也就是精神向自身的无限的返回。唯有通过这种自我否定，精神才能真正实现自身，因此它同样也表现了精神或生命的自我肯定特点。在这种同时既是自我否定又是自我肯定的发展过程中，精神完成了对变形、分离、对立的重新合一，达到了全体和真理。

在法兰克福时期，这个辩证的发展过程尚未以概念的形式来表达，而是以表象的形式表现在刚刚萌芽的思辨三位一体的神学思想中。圣父被看作"原始的合一"，圣子被看作圣父的"一种变形"，他"作为变形，作为一种有限制的东西，就能产生（审判者与被审判者的）对立，并能够把普遍东西与特殊东西分离开"。[1]圣灵则是对圣子的否定，唯有通过圣子之死圣灵才能活。在圣灵（Spirit，即精神）里，生与死、神与人之间的对立最终被扬弃了，一切分离物都在圣灵中实现了真正的统一，"精神（圣灵）将要引导你们进入一切真理"。在这种以圣父、圣子、圣灵的表象形式所表述的辩证法中，已经包含着黑格尔后来在《宗教哲学讲座》中关于精神发展的思辨三位一体思想——即精神在"圣父的王国"、"圣子的王国"和"圣灵的王国"的表象形式中的辩证发展——的雏形。

在法兰克福时期黑格尔的思想转折中，还必须提及他对启蒙思想的批判。启蒙思想以"自然"、"理性"（知性）和抽象的"人性"等概念作为批判基督教的武器，简单地把基督教和一切宗教说成是愚昧和欺骗的结果。针对这种肤浅的理解和批判，黑格尔在《基督教的权威性》一文的修改稿中指出，启蒙哲学关于"人性的一般概

1　黑格尔，《黑格尔早期神学著作》，1988，第 359 页。

念未免太空洞了”，根本无法说明宗教的精神本质与价值意义。黑格尔质问道：

> 在这些世纪中千百万为之而生、为之而死的人认作义务和圣洁的真理的东西，至少就其主观方面来说，并不是单纯的毫无意义和不道德。如果整个神学教条的体系按照人们喜爱的一般概念的方法把它解释成为在启蒙时代站不住脚的黑暗中世纪的残余，那末人们自然还要人道主义地问：那样一个违反人类理性的并且彻底错误的体系何以竟会建造起来呢？[1]

黑格尔一针见血地指出，启蒙思想把宗教说成是纯粹的迷信、欺骗和愚昧，这是一种脱离了“各民族、各时代的风俗习惯和性格”的非历史主义态度。在宗教中固然包含着偶然的和暂时的因素（把这些偶然因素永恒化往往会导致权威性），但是在宗教中也同样包含着必然的和永恒的东西。在这种情况下，“假如一个宗教把暂时的东西与永恒的东西相结合，如果理性只固定地看那暂时的东西，因而大叫那是迷信，那末应该责备的是理性，它认识得太肤浅，它忽视了永恒的东西”。[2]关于启蒙思想家们在自然宗教与权威宗教之间所设置的绝对对立，黑格尔认为，二者的对立只是相对的、在一定条件下可以相互转化的，一种看起来是权威性的宗教就其“符合它那个时代的自然状态”而言，同时也是“自然的”。

判别自然宗教与权威宗教的标准不应该是抽象的人性，而应该是具体的历史条件下的人的意识。任何一种宗教教义，对于不自觉

1　黑格尔，《黑格尔早期神学著作》，1988，第 160 页。

2　同上，第 165 页。

的人性意识来说，是自然的；而对于被唤醒的理性来说，则是权威的。因此问题不在于教义的内容，而在于这些内容所表现的具体形式。黑格尔明确地指出：

> 关于一个宗教是否权威的一问题，取决于它的教义和命令的内容较少，而较多取决于它证明它的教义的真理性和要求实践它的命令的形式。每一种教义、每一个命令都可以成为权威的，因为每一种教义或命令都可以压制自由的强迫方式表达出来；没有一个教义不是在一定情况下有其一定的真理性，没有一个命令不是在一定情况下可以成为义务，因为即使一般被当作最真纯的真理，为了它的普遍性，在应用于各特殊情况时，也需要有一定的限制，这就是说，不是在任何情况下都有效准的无条件的真理。[1]

在这里，我们不仅可以看到关于真理的普遍性与特殊性的辩证关系的说明，而且可以看到真理不是抽象的而是具体的这一重要思想。

通过对黑格尔早期神学思想的分析，我们可以得出如下结论：第一，黑格尔哲学是从黑格尔神学开始的，黑格尔在神学中经受了希腊情感主义、康德道德主义和德国神秘主义等种种思想的洗礼之后，才最终以自我否定和扬弃的方式走向了思辨哲学。第二，黑格尔思辨哲学的核心思想——自否定的辩证法，与神秘主义有着不解之缘，辩证法的思想萌芽最初表现在“爱”“生命”等神秘范畴中，正是借助于这些神秘范畴，黑格尔克服了知性对立的片面性而走向

1　黑格尔，《黑格尔早期神学著作》，1988，第160页。

了辩证的统一。这些范畴不仅是对康德的道德主义和知性反思的理论扬弃，同时更是黑格尔早期神学思想自我扬弃的结果——自否定的辩证法本身就是自否定的结果，而这种自否定的动力和源泉最初来自超越知性的神秘体验。只是当黑格尔的哲学体系在《精神现象学》中确立之后，这种自否定的辩证法才由直观的神秘体验发展为思辨的概念体系，主观的神秘冲动才获得了它自身的客观的和合逻辑的规定性，神秘主义的神学范畴（“爱”“生命”等）才转变为理性主义的哲学概念（“概念”“理念”“精神”等）。然而，也正因为如此，在黑格尔哲学的逻辑概念和理性范畴中一开始就积淀着神秘主义和生命体验的深层要素，这一点对于理解黑格尔成熟时期的思辨神学体系是非常重要的。

宗教哲学的一般体系

如果说伯尔尼时期的黑格尔神学思想执着于知性的对立，执着于主观性的心情和道德命令，那么法兰克福时期的黑格尔则力图达到辩证的统一，实现从主观性向客观性的过渡。然而，由于贬抑概念和缺乏体系，这种统一和过渡只能在神秘的直观中进行，因此事实上造成了统一的虚假性，从而陷入了“精神再次努力企求客观化其自身但又未能达到自身的客观化而感到的痛苦”即“苦恼意识”之中。到了耶拿时期所写的《精神现象学》（1806 年完成）中，黑格尔才在思辨中真正实现了主客观的统一：一方面扬弃了反思的客观性，另一方面扬弃了直观的主观性。在作为其整个哲学的“导言”的《精神现象学》中，黑格尔既批判了康德的“图表式的知性”和形式主义的“推理思维”，又批判了谢林的缺乏概念的“直观的和诗意的思维”，认为“科学只有通过概念自己的生命才可以成为有机的体系”[1]。这概念是肯定与否定、实体与主体、存在与思维的具体统一，是具有“自在的存在、自为的存在、自身同一性等规定”的“纯粹自身运动”[2]，它把对立双方作为发展的环节包含在自身中，通过对立面的统一和对片面性的扬弃而达到“全体的综观”，从而成为真理。

在《精神现象学》的序言——《精神现象学》通常被看作黑格尔《哲学全书》的序言，而《精神现象学》的序言则被看作“序言的序言”——中，黑格尔首先对当代文化背景进行了考察，而这个文化背景就是甚嚣尘上的德国浪漫主义思潮。在序言的第一部分“当代的科学任务”中，黑格尔把目光集中在对那种认为可以不通过概念，而单凭直观、情感就能把握绝对和达到上帝的浪漫主义的批判上。这种批判虽未点名，但是当时的学术界都明白这是针对浪漫主义在哲学上的代言人谢林的。其实，这种批判不仅仅是针对谢林的，它同时也是黑格尔本人的自我批判，即对法兰克福时期的“爱”的宗教的批判。因为，“毫无节制的热情”、“回避规定和确切”、“回避概念和必然性”、放弃反思和知性而与上帝在神秘的直观中实现合一，这种“无概念的实体性的知识佯言”不仅是谢林哲学的一般特征，而且是法兰克福时期黑格尔神学思想的一般特征。科学的任务恰恰是对这种缺乏概念的浅薄直观的超越，黑格尔在序言中明确宣称：

> 我在本书里所怀抱的目的，正就是要促使哲学接近于科学的形式，——哲学如果达到了这个目标，就能不再叫作对知识

1 黑格尔，《精神现象学》（上卷），1979，第 35 页。
2 同上，第 39 页。

的爱，而就是真实的知识。

真理的存在要素只在概念之中……[1]

《精神现象学》对于黑格尔思想发展的最重要的意义在于，它第一次形成了概念思维和思辨哲学的一般体系。在概念和体系中，黑格尔最终摆脱了伯尔尼时期的知性对立的肤浅和法兰克福时期的直观统一的“苦恼”而达到了主客观的辩证统一。概念思维和思辨哲学的一般体系既已建立，宗教作为精神的“现象形态”，作为一种特定的意识形态，其本身也成为一个完整的体系。在宗教中，精神不仅以表象的形式表现着同一的内容，而且“精神的个别环节：意识、自我意识、理性和精神必须回归到并且曾经回归到宗教作为它们的根据”[2]。因此在宗教中，我们再一次看到了意识从直接性到反思和知识的整个发展过程，这些不同的意识形态的演变过程在宗教中表现为不同的宗教形态的阶段性运动或一般宗教的发展，这种运动和发展就构成了宗教哲学的一般体系。

在《精神现象学》第七章即“宗教”一章中，黑格尔首先扼要地回顾了从意识的直接感受性到道德宗教的整个发展过程。在宗教中，精神的各环节现象化为各个特定的宗教形态。历史上各个特定的宗教形态均以一个特定的意识形态作为自己的现实精神，因此，宗教的历史就是以表象形式所表现的精神的逻辑进程，意识形态的演变同时也就是宗教形态的演变。在意识形态中，精神经历了自在的精神、自为的精神和自在自为的精神等发展阶段，经历了意识、

1　黑格尔，《精神现象学》（上卷），1979，第 3、4 页。
2　黑格尔，《精神现象学》（下卷），贺麟、王玖兴译，商务印书馆，1979，第 183 页。

自我意识和绝对的自我意识等现象形态，这些发展阶段和现象形态同样也是一般宗教和宗教形态的进程。在《精神现象学》中，宗教发展的三段式被表述为：自然宗教、艺术宗教和天启宗教。自然宗教是精神发展的自在阶段或意识形式，艺术宗教是精神发展的自为阶段或自我意识形式，天启宗教则是这种精神发展的自在自为阶段或意识与自我意识相统一的形式。关于宗教形态演化的这个三段式，黑格尔写道：

> 精神最初的实现是宗教本身的概念，亦即直接的或自然的宗教。在这里，精神认识到它自身在直接的和自然的形态下。但是精神的第二现实必然是这样的精神，作为自己的对象，它认识到它自己是在一种被扬弃了的自然性形态内，或者在自我的形态内的。这就是艺术的宗教。因为，这个形态由于意识的创造活动而提高到自我的形式，于是意识就可以在它的对象中直观到它自己的活动或者自我。最后，精神的第三现实性扬弃了前两个现实性的片面性；自我既是一个直接的东西，而直接性也同样是一个自我。如果精神的第一现实性可以说一般是在意识的形式内，第二现实性是在自我意识的形式内，那末，精神的第三现实性就是在前两者的统一形式内；精神具有自在和自为存在的形态，而且既然它被表现为像它是自在自为的那样，那末，它就是天启的宗教。[1]

自然宗教作为直接性的宗教，其自身内也包含着三个环节，即“光明之神”（波斯拜火教）、“植物和动物（崇拜）”（图腾崇拜）和

1　黑格尔，《精神现象学》（下卷），1979，第185—186页。

“工匠”（埃及宗教）。王树人先生指出：“在‘自然宗教’中，人们所崇拜的对象在层次上是清楚的。作为光明之神的太阳是无机的自然物，植物和动物是有机的或有生命的自然物；而工匠所加工的，则是人创造的具有象征意义的自然物。在黑格尔看来，崇拜对象的不同，表明了人的认识和发展水平的不同。”[1]

在工匠（的活动）中，精神既超出了直接的自在存在（“光明之神”），也超出了抽象的自为存在（植物和动物崇拜），人们崇拜的对象既不再是那简单的、无生命和无形式的本质，也不再是那杂多性的形式，而是被赋予了生命的自然物，即融入对象之中的自我。然而，精神在工匠那里尚未达到意识的自觉性，工匠的劳动虽然是自我的对象化过程或思想与自然的统一，但是工匠对这个过程或这种统一并没有达到反思。对于他来说，自我意识的客观化是“无意识的”，正如蜜蜂构筑蜂房一样。而当工匠从这种无意识的创造活动中走向反思，从而对自己的创造有了清晰的意识时，他就达到了自身与自身的对象、自我意识与作品的统一。于是工匠就成为艺术家，自然宗教也就转变为艺术宗教。

艺术宗教的最基本的特点就是精神或意识“在它的对象中直观到它自己的活动或自我”。艺术宗教的发展经历了三个环节，即“抽象的艺术品”、“有生命的艺术品”和“精神的艺术品”，每个环节又包含着一些更小的正、反、合题的圆圈，这些大大小小的圆圈共同构成了从直接性的神像到精神的自身确信的喜剧的整个（希腊）艺术发展史。“抽象的艺术品”包括直接性的神像（以静止的雕像为特征）、赞美歌（以流动的语言为特征）和崇拜（以现实的行动为特

1 王树人，《历史的哲学反思——关于〈精神现象学〉的研究》，中国社会科学出版社，1988，第 154 页。

征）这个三段式；“有生命的艺术品”是指那些在战场上凯旋的英雄和在竞技场上获胜的人，它表现了人对自己肉体力量的自豪和赞美，并且构成了“抽象的艺术品”与“精神的艺术品”之间的过渡环节；“精神的艺术品”则包括史诗、悲剧和喜剧三个环节。

精神在“艺术宗教”里从实体性的雕像开始，经过曲折的发展，终于在喜剧中达到了自身确信的主体性形式。喜剧意识克服了实体的片面性，却陷入了主体的片面性。因此，为了扬弃这种片面性，精神必须寻找到这样一种形态，这形态就是实体与主体、意识与自我意识真正统一的形态，就是那绝对的自我意识的形态。而这个完成了的意识形态作为宗教形态就是天启宗教，即绝对宗教（基督教）。

绝对宗教作为包含此前各个环节在自身之中的“简单、纯粹的概念”，是实体与主体、意识与自我意识的一个合题。黑格尔强调，在绝对宗教中，神圣的本质是被启示出来的，因为在这个宗教里，神圣本质和那个认识神圣本质的意识是同一个精神。精神作为对象给予意识的唯一启示，就是自我意识；通过这个启示，意识知道了它自身就是精神、就是自我意识。因此意识对神圣本质的认识就是神圣本质在意识中的自我认识，启示者、被启示者和启示本身乃是同一个东西，即都是那个绝对的自我意识。“精神是作为自我意识而被知道，并且是直接地启示给自我意识的，因为它就是自我意识本身。”[1] 因此，绝对宗教同时也就是天启宗教，即精神自己启示给自己的宗教。

黑格尔认为，绝对宗教的概念的发展以自否定和扬弃的方式包含着三个环节：首先是在纯粹思维中的精神或作为纯粹实体的精神，

1 黑格尔，《精神现象学》（下卷），1979，第 236 页。

然后是下降为特定存在的精神或精神的表象过程，最后是精神从表象返回到自我意识自身而成为真理。绝对精神的运动一方面可以用概念的语言表述为：在自身中的精神—外在化的精神—在自己充实状态中的精神；另一方面也可以用表象的语言表述为：圣父的王国—圣子的王国—圣灵的王国。

“在自身中的精神”或“圣父的王国”是抽象的本质，这本质尚未外化为特定存在，它表现纯粹思维中的过程，即绝对精神发展的纯逻辑阶段，相当于概念在《逻辑学》中从存在论到概念论的全部发展过程。在这里，概念已经以纯逻辑的方式预演了绝对精神的整个发展过程。简单的绝对本质或永恒本质在自在存在中是直接的自身同一，是一个自身肯定的东西，“但是简单的本质因为是一个抽象，事实上它本身就是否定的东西，当然它是思维的否定性或自在的本质中的否定性，换言之，它是自己与自己的绝对区别或自己纯粹转化为他物”。[1]因而本质就转化为自己的他物，即自为存在。因此，绝对本质在自身中的同一同时就是区别，而它在自身中的区别同时也就是同一。绝对本质在自身中的这种运动表明它就是精神，但是这精神仍然局限在自身之中，它必须经历外在化的洗礼，即把内在本质或内容下降为一个历史的表象或特定存在。

于是我们就看到了“外在化的精神”或“圣子的王国”。概念作为抽象的纯粹思维，其本身就已经包含着对这种抽象的纯粹状态的否定或扬弃，包含着概念的异在。在外在化的精神或圣子的王国里，概念的这种异在由纯逻辑形态转变为现实的历史形态，精神外在化为一个真实的他物，这个外在化的过程用表象语言来表述，就是上帝创造了一个世界。这世界作为特定存在着的精神就是一个个别的

1 黑格尔，《精神现象学》（下卷），1979，第 242 页。

自我，这就是那处于自然存在或伊甸园状态中的亚当。这个个别的自我在向自身深入的过程中产生了自我意识，并且由于有了自我意识，个别的自我就成为与普遍本质（上帝）不同的另一个存在。意识的这个深入自身的过程用表象语言来表述，就是亚当偷食知善恶之果，就是原罪和失乐园的故事。因为个别的自我意识作为自为的精神就是自身与普遍本质的分裂，而分裂、差别就是恶，因此恶就成为“意识自身深入的第一个特定存在”。上帝的第一个儿子亚当因偷食知善恶之果而“眼睛明亮了”，他开始对自己赤身裸体的自然状态有了羞耻之心，这羞耻之心正是自我意识。而且他因自己的赤身裸体而躲避上帝，因为他已经开始意识到他与上帝是有差别的。[1] 因此，当他深入自身时，他就失却了天真状态而堕落了，产生了恶（分裂、差别、不同一）之意识。

然而，这恶正是精神重返自身的必要环节，精神只有在失乐园之后才能复乐园，只有在否定天真状态之后才能走向成熟。当堕落开始时，救赎也就开始了，“那光明之神的第一个儿子当他深入自身时，便堕落了，但立刻就有另一个儿子产生出来代替他的地位”[2]。这另一个儿子就是基督耶稣，他是善的化身，象征着与堕落之路相反的救赎之路。亚当的堕落象征着神圣本质的自我放逐、异化和外在化，基督的救赎则象征着神圣本质的自我复归。如果说恶是异化，那么善就是对异化的扬弃；如果说恶是差别与分离，那么善就是同一与和解。然而，恶与善既是不同的东西，又是同一个东西，对立的双方只有作为两个被扬弃的环节、作为过程和全体才能构成真理。

但是，在外在化的精神或圣子的王国里，神圣本质的直接定在

1 参见:《圣经 · 创世记》，第 3 章，第 6—10 节。
2 黑格尔，《精神现象学》（下卷），1979，第 246 页。

的表象还只是一个特殊的自我[1]，这个特定存在的表象只有当其重新抛弃它的直接形象或感性存在而返回到本质中时，才能真正成为精神或普遍的东西。因此，作为本质的外在化形式的个别的自我意识必须再次否定自身而返回本质，圣子必须通过死亡而达到圣灵或精神（Geist）。精神的和解不能仅仅停留在个别的自我之中，它必须成为精神的普遍和解，这种普遍的和解只有在精神的现实性的直接定在，即圣子死亡之后的圣灵的社团中才能实现。因此，精神就发展到它的第三种形态，即“在自己的充实状态中的精神”或“圣灵的王国”。精神通过第一次自否定（外在化、异化）而成为现实性的直接定在，这是纯粹本质之死亡和个别的自我意识之诞生；精神通过第二次自否定（异化的扬弃）而返回自身，这是个别的自我意识之死亡和普遍的自我意识之诞生。一个个别的人（耶稣）之死就是恶之意识的最终扬弃，特殊性死了，普遍性就活了。因此，基督死而复活的宗教表象的精神含义就是：特殊性的扬弃和返回概念。而精神或神圣本质正是通过自身运动的各形态和各环节的死亡或扬弃而达到了对自身的知识，克服了实体的抽象性而成为“现实的、简单的和普遍的自我意识”，从而实现了实体与主体的辩证统一，成为真理。

在天启宗教中，精神完成了自身对立面的辩证统一，成为真理。然而，黑格尔却认为，在宗教形态中真理还只是潜在的，它虽然获得了真理的内容，但是还没有获得真理的形式。在天启宗教中，实

1 在《精神现象学》中，黑格尔尚未在特殊性和个体性之间做出明确的区分，亦即尚未像在《精神哲学》和《宗教哲学讲座》中那样用概念的普遍性、特殊性、个体性（或概念自身、判断、推理）的三段式来说明宗教的发展，在这里，特殊性和个体性都是作为与普遍性相对立的东西而不加区别地使用的。由此也可见黑格尔在《精神现象学》中还没有达到真正意义上的概念思维，或者更确切地说，还没有真正确立起概念思维的一般逻辑基础，这个一般逻辑基础要到《逻辑学》中才得以确立。

体固然已经成为绝对的自我意识，然而“这绝对的自我意识，在虔诚的意识看来，却是一个（外在的）他物”。[1] 由于把内在的本质外在地加以表象，宗教意识把和解推向了遥远的彼岸。在宗教意识中，潜在的和解与现实的分裂仍然顽固地对立着：一方面是未来才能实现的美好的彼岸或天国，另一方面是充满罪恶的现实世界，和解始终是一种永恒的期待，一种焦虑的渴望，而不是现实本身。“精神本质在此岸和彼岸世界上还沾染有不可调和（Entzweiung）的形式。内容是真理的内容，但是它的各个环节在表象的范围内表达出来，便具有没有经过概念式的理解的性格，而只是表现为完全独立的外在地相互联系的各个方面。”[2] 因此，精神需要把自己的真内容表现在真形式中，即从表象提高到概念。意识的这种“较高的教养”只有在作为绝对知识的思辨哲学中才能真正达到，因而以表象形式反映绝对本质的宗教就过渡到以概念形式反映绝对本质的哲学。

与《1800 年体系残篇》中“哲学必须停止在宗教前面”的观点相反，在《精神现象学》中，黑格尔第一次表述了宗教必须提高到哲学的思想。这种转变不仅表现了绝对精神在意识形态中发展的逻辑必然性，而且表现了黑格尔本人思想经历的历史必然性——从法兰克福时期的黑格尔神学提高到耶拿时期的黑格尔哲学。这种转变也表现了在概念体系中获得了规定性的辩证法对停留在神秘直观中的辩证观念的扬弃，说明黑格尔已经开始把辩证法建立在概念和思辨理性的基础上。精神在现象学中的意识形态运动正是黑格尔本人思想变化的历史过程的理论缩影，精神发展的每一种经验形态都是黑格尔自己亲身经历并曾一度滞留于其中的思想形态。因此，绝对

1　黑格尔，《精神现象学》（下卷），1979，第 256 页。

2　同上，第 240 页。

精神在《精神现象学》中从宗教形态向哲学形态发展的理论过程，与黑格尔思想从神学向哲学、黑格尔辩证法从神秘直观向思辨理性发展的现实过程是完全一致的。

通过对《精神现象学》中的宗教思想的梳理，我们可以看到黑格尔早期的缺乏概念和体系的神学思想在这里已经上升为一般性的宗教哲学体系，这个宗教哲学体系成为黑格尔从神学表象向哲学思维过渡的重要契机。黑格尔思想是从神学开始的，但却终结于哲学，而《精神现象学》中宗教哲学体系的形成即意味着黑格尔从神学向哲学转化的基本完成。对于黑格尔来说，宗教哲学就是对神学教义进行哲学解释，因此宗教哲学的一般体系同时也就是思辨哲学的一般体系。黑格尔宗教哲学的基本思想，比如，神就是精神，以宗教形态呈现出来的绝对精神发展的正、反、合题三段式，宗教与哲学具有同一个内容，理性与启示在神或精神的自我认识中的统一等，在《精神现象学》中已经得到了系统化的阐述。

此外，宗教形态的运动也体现了逻辑与历史相统一的思想，即精神在意识形态中的逻辑运动同时就是精神在现实形态中的历史运动——从自然宗教到天启宗教的每一个环节既代表着精神自身演进的一个逻辑阶段，也代表着现实宗教发展的一个历史阶段。但是在《精神现象学》中，由于概念运动的一般逻辑结构尚未明白表达出来（虽然黑格尔当时已经是“成竹在胸”，但是《精神现象学》毕竟只是作为整个黑格尔哲学的“第一部分”或“导言”，而不是逻辑学本身），因此绝对精神的运动还仅仅只是表现为意识形态的经验运动，而不是概念自身的逻辑运动；宗教表象固然已经找到了它的意识形态的对应物，然而却还没有体现为逻辑范畴的对应物。后一点只有当《逻辑学》制定了概念运动的一般逻辑结构之后，才最终得以完成。

第 17 章　黑格尔宗教哲学的结构与内容

知识与宗教的关系

《精神现象学》是黑格尔思辨哲学的诞生地，在那里，黑格尔的宗教哲学还只是表现为经验的意识形态运动。到了黑格尔在《哲学全书》中最终确立起自己的绝对唯心主义哲学体系之后，他的宗教哲学的基础也发生了变化。在《精神哲学》和黑格尔晚年所做的宗教哲学讲座中，“概念自身（普遍性）—判断（特殊性）—推理（个体性）”这个逻辑的三段式取代了《精神现象学》中的“意识—自我意识—绝对的自我意识”这个意识形态的三段式，逻辑学取代了精神现象学或意识形态学成为宗教哲学的理论基础。思辨哲学试图通过概念自身的辩证运动来揭示神即是精神，从而在理性与信仰、知识与宗教之间建立起同一性。

在《精神哲学》和《宗教哲学讲座》中，黑格尔对虔敬主义、理性神学、无神论以及泛神论等各种割裂理性与信仰之关系的观点进行了深刻的批判，力图克服知识与宗教“分裂为二”的现状。经过从康德到谢林、施莱尔马赫等人的发展，精神在黑格尔面前呈现为一个内在对立的矛盾体：一方面是局限于经验世界和现象世界的科学知识，另一方面是局限于情感世界和神秘直观中的宗教信仰，"精神把认识、科学局限于世俗方面，而把感受、信仰留给宗教范围"[1]。科学与宗教双方固执地对立着，一方固守着有限世界，另一方陶醉于无限世界。在这种尖锐的对立中，科学攻击宗教的空乏，宗教则指责科学的肤浅。黑格尔认为，这种知性的对立必须以一种辩证的方式而实现和解，在和解中双方各自放弃自己的片面性而融入对方，"使无限者在有限者之中，而有限者在无限者之中表现出来，并使双方之中的任何一方不再构成一个特殊的王国"[2]。这个辩证的统一体就是返回到自身之中的精神，它作为一个合题并没有丧失任何东西，在它里面知识（概念）与宗教（表象）是完全同一的。"信仰在这里不是、而且根本不是同知对立的，反之信仰宁可说就是一种知，前者只是后者的一种特殊的形式……"[3]这种知识与宗教、概念与表象的同一就是黑格尔宗教哲学的基本内涵。

从这种辩证的同一立场出发，黑格尔对各种割裂知识与宗教之关系的观点进行了深入的批判。在他看来，时下流行的各种宗教观点尽管在表面上不尽相同甚至彼此对立，但是它们在反对把宗教当作知识这一点上却是完全一致的，也就是说，"当代教养"的一个基本特征就是否定知识与宗教、理性与信仰的同一性。由于经验理性的发展，人们关于有限事物的知识迅猛膨胀，但是他们关于无限事物（神）的知识却贫乏得令人吃惊。黑格尔说道：

> 我们的时代具有知道所有一切，知道无穷数量的对象之优

1 黑格尔，《宗教哲学讲座 · 导论》，1988，第 8 页。
2 同上，第 15 页。
3 黑格尔，《精神哲学》，杨祖陶译，人民出版社，2006，第 371 页。

越性，唯独不知道神……塔西佗曾经对古代德国人有个断言，即他们乃是 securi adversus deos（无神民族）；现在就认识而言，我们再次变成了 securi adversus deum。

我们的时代再也不因为对神的无知而产生忧虑；毋宁说，普遍当作最高洞见的，却是这样一种见解，即认为对神的认识甚至是不可能的。基督教当作最高的、绝对的诫命宣告的一句话，即“你们要认识神”，被普遍看作一种蠢行。[1]

在黑格尔看来，这种对神的不可知论，乃是“人之贬抑的最后阶段”，而哲学的使命恰恰就在于帮助人摆脱这种可耻的自我贬抑状态，引导宗教深入自身之中，成为知识，从而使精神得到真正的解放。在《宗教哲学讲座》的“导论”中，黑格尔考察了“当代教养”为了阻止对宗教教义进行认识而设置的几种障碍，对这些障碍的清除则成为宗教哲学的“先决问题”。

首先要清除的障碍是实证宗教（权威宗教），“这种宗教被公认为是上帝所启示的，是建立在比人类权威更高的一种权威之上的，因而是一种至高的、超越出人类理性范围之外的宗教”[2]。实证宗教把宗教教义看作至高无上的东西，理性从根本上来说是不可能对这些教义进行认识的，它充其量只能对这些教义进行形式化论证和“合理化论辩”（这正是中世纪理性神学或经院哲学的做法）。在黑格尔看来，这种对宗教教义的形式化论证只不过是一种抽象的知性形而上学，“当它把神当作最高本质来把握时，实际上它已经使他变得空洞，虚无缥缈和贫乏”，“神被它理解为一个抽象名词，而这样的

1　黑格尔，《宗教哲学讲座 · 导论》，1988，第 31—32 页。

2　G. W. F. Hegel, *Lectures on the Philosophy of Religion*, Vol.1, edited by Peter C. Hodgson, University of California Press, 1984, p.133.

名词就是空洞的理想化，并且有限的东西同这样的名词外在地对峙着”。[1]而且，由于这种诠释性的“合理化论辩”纷纷从《圣经》中寻找论据（《圣经》被理性神学当作最高的权威），每个诠释者都可以根据自己的理解从《圣经》文字中引申出各种不同的观点，从而使神圣的经文变成了一个可以任意揉捏的“蜡鼻子”。异端和教会双方都援引《圣经》来为自己的观点辩护，其结果就陷入了无休止的烦琐论证和无聊纷争之中。

在《小逻辑》中，黑格尔把知性形而上学称为“思想对客观性的第一种态度”，而理性神学正是这种形而上学的一个组成部分。理性神学的一般特点就在于把上帝的概念表象化和抽象化，从而使上帝成为一个空洞的概念。黑格尔深刻地指出：

> 自由思维的结果与基督教的教义应该是一致的，因为基督教的教义就是理性的启示。但理性的神学却说不上达到了这种一致。因为理性神学所从事的，在于通过思维去规定上帝的表象，因此所得到的关于上帝的概念只是些肯定性和实在性的抽象概念，而排斥一切否定性的概念，于是上帝就被界说为一切存在中的最真实的存在。但是任何人也易于看出，说这个万有中的最真实的存在没有任何否定性，恰好是他应当如此，和知性以为他是如何的反面。他不仅不是最丰富最充实的存在，由于这种抽象的看法，反而成为最贫乏最空虚的东西。[2]

1 黑格尔，《宗教哲学讲座 · 导论》，1988，第 26—27 页。
2 黑格尔，《小逻辑》，1980，第 108 页。

与理性神学的这种抽象的思维方式相反，宗教哲学把上帝或真理看作一个具体的东西，一个包含着丰富内容和有限事物的规定性作为其必要环节的过程和全体。“对于思维着的理性来说，神并不是虚无缥缈者，而是精神；同时，对它来说，精神的这个规定并不仅仅保持为一个词，或者一个外表规定；恰恰相反，精神的本性会为它而发展，因为它本质上把神作为三一体来认识。于是，神被理解为他使自身成为他自己本身的对象；而且在这种情况下，对象在它的这区分中保持与神同一，神在其中热爱自身。”[1] 黑格尔强调，对于那些奥秘的宗教教义的思辨性认识，恰恰成为神学科学化的关键所在，那种排斥理性认识的宗教永远都只能是一种蒙昧的宗教、缺乏自我意识的宗教。“要想使神学成为科学，首先必需进而对于宗教达到思维的把握，这就是哲学的任务了。所以真正的神学本质上同时必是宗教哲学。”[2]

如果说实证宗教或理性神学试图表明理性不能认识最高真理，那么“当代教养”的另一种偏见则进一步认为，理性甚至不能认识一般真理。根据这种见解：

> 理性根本不能从认识上来把握真理。它断言，如果认识涉足于自在自为的精神、生命、无限，它就只能产生谬误；理性必须放弃一切以肯定方式来理解无限的任何方面的要求和尝试，因为无限一旦进入理解就会丧失自身，从而被降低为有限。关于理性的这个结论，即对理性的否定，被看作理性认识本身的一个结果。因此，我们首要任务就是事先研究认识主体，以

1 黑格尔，《宗教哲学讲座 · 导论》，1988，第 27 页。

2 黑格尔，《小逻辑》，1980，第 107 页。

便从认识论方面确定它是否具有认识上帝的能力，进而确定一种宗教哲学的可能性。[1]

毫无疑问，这种观点就是康德的批判哲学，它的一般特点就是要在认识过程发生之前首先批判认识能力本身，然而这种批判却导致了否定性的结论，即（思辨）理性是不可能认识整体世界、灵魂、上帝等自在之物的一般真理的。康德把宗教信仰完全建立在实践理性的基础之上，这种道德学和神学上的“哥白尼式的革命”引导人们仅仅关注于上帝对于改进人的道德状况的实践意义，或者说，仅仅关注于上帝的实用价值，而对上帝的本性却不予理睬。这种做法固然有利于人的道德实践，但是它同时也表现了人类（思辨）理性的怯懦，即理性自甘屈辱地承认了自己无法认识上帝或真理本身。

对于康德的批判哲学，黑格尔已经在《小逻辑》和其他著作中进行了一般性批判（参见《小逻辑》中关于“思想对客观性的第二态度”部分和《哲学史讲演录》第四卷中关于康德的部分）。在《宗教哲学讲座》中，黑格尔再次批判了康德关于宗教的不可知论态度。与康德哲学割裂认识主体与认识对象、理性与信仰的做法相反，在黑格尔的宗教哲学中，上帝和理性——这二者本来就是同一个东西——既是认识的对象，又是认识的主体，而且同时也是认识过程本身。因此对上帝的认识同时就是对理性、精神本身的认识，就是理性、精神的自我认识。“当我们对宗教进行哲学思维时，我们其实是在研究理性、理解力和认识，只是我们在这样做时并不认为我们要脱离真实的对象，事先进行这种研究；恰恰相反，理性认识就

1 G. W. F. Hegel, *Lectures on the Philosophy of Religion*, Vol.1, 1984, pp.135-136.

是对象本身，就是它所关注的东西。”[1]有限精神、有限理性与无限精神、无限理性之间的关系在宗教哲学中得到了合适的处理，理性本身首先通过反思来规定自身和区别自身，又通过对规定和差别的扬弃而超越反思，达到辩证的统一，从而使自身成为认识对象、认识主体和认识过程的统一体，成为真理本身。

由康德哲学的怯懦的（思辨）理性必然会导致“当代教养”的第三种偏见，即直接知识的观点（这也正是黑格尔在《小逻辑》中所批判的“思想对客观性的第三态度”）。在康德哲学中，“由于对上帝的认识不能从理性的理解范围内获得，于是就迎合了这样一种观点，这种观点认为关于上帝的意识毋宁只能在感觉的形式中寻求——宗教应该把感觉作为它的根源，人类精神与上帝的联系应该仅仅被限制在感觉的范围内，而不应被移植到思想或理解之中”。[2]这种观点由于把宗教仅仅局限于感觉的范围，所以它在否定对上帝进行理性认识的可能性的同时，也否定了上帝本身的客观性和实体性。上帝被剥夺了必然的和客观的规定性，而成为主观性的任意的和偶然的产物，即成为感觉的产物，成为我的弱点——痛苦、希望、恐惧、快乐、贪婪以及其他种种欲望——的产物。这种偏见就是谢林、施莱尔马赫等人所代表的神秘主义和情感神学。

这种固执于感觉的宗教观对于理性认识和思想抱着一种敌视的态度，或者说怀有一种偏执的“理性恨”。上帝、绝对本质等被当作一种超证明、超理解的东西，对于上帝的认识只能通过直接知识，而所谓直接知识不过就是神秘的信仰，是超越一切反思认识的当下直觉和感悟。这种直接知识由于否定了一切中介性的环节，因而必

1 G. W. F. Hegel, *Lectures on the Philosophy of Religion*, Vol.1, 1984, p.139.

2 同上，p.136。

定会陷入一种主观的任意性之中，从而混淆了迷信与宗教，把上帝变成了一个缺乏任何知识内容的“空泛的神”。

与坚持间接知识的知性反思（康德哲学）的谦卑态度形成鲜明对照，坚持直接知识的神秘直观表现出一种目空一切的狂妄，它坚信排斥一切中介性的直接知识就是真理。然而，任何所谓的直接知识说到底都是教育和教养的历史结果，当一种真理直接呈现于我们的意识中时，它只不过是以往教养的中介化的成果。黑格尔曾经明确指出：“就宗教和伦理而论，尽管它们是一种信仰和直接知识，但仍然完全是受中介性的制约，所谓中介性，是指发展、教育和教养的过程而言。”[1]说到底，所谓的直接知识不过是间接知识的一种长期积累的结果。在《宗教哲学讲座》中，黑格尔再一次强调真理是直接知识与间接知识的统一，二者孤立而言都是一种片面性，而真理作为二者的统一是一个“被中介了的、直接的知”。关于上帝的知识不能仅限于直接的感受，而应该提升到思想的高度。

> 神并不是最高的感受，而是最高的思想；即使他被降到表象，但这表象的内容仍属于思想的王国。我们时代最愚蠢的偏见就是认为：思想对于宗教是有害的，而且放弃的思想越多，就越可靠地坚持了宗教。这种曲解是由于根本误解了较高的精神关系。[2]

直接知识作为上帝对人的启示，不过是精神的自我启示，即精神通过自我区分和自我规定的环节而对自身的认识。所以这种启示

---

1 黑格尔，《小逻辑》，1980，第 161 页。

2 黑格尔，《宗教哲学讲座 · 导论》，1988，第 55 页。

同时就是间接的认识和思想，而对上帝的信仰同时就是（精神）对精神的认识。正是在这种意义上，宗教信仰与理性知识乃是完全同一的。

除了上述几种偏见之外，黑格尔在《宗教哲学讲座》的“导论”中还对虔信主义的目的论和历史主义的教义处置方法进行了批判。黑格尔把虔信主义的目的论斥之为一种“不确定的、肤浅的”观点，因为目的作为一种有限内容，只是偶然性的，它很快就会由于前后不一致而丧失其普遍有效性——我们既可以从自然界中寻找出许多合目的的事物，也同样可以寻找出许多不合目的的事物。对于当时盛行的历史主义的教义处置方法（即对基督教的各种教义进行历史考证的做法），黑格尔认为这是时代肤浅性的另一种表现，因为历史考证的方法仅仅专注于那些与精神需要无关的史实，却忽略了教义本身的精神含义。这种历史考证把宗教教义和学说的真理性内容置之度外，而把所有的热情都倾注到关于这些教义、学说的外在性的发生方式的争论中。换言之，它关心的只是这些教义（如三位一体等）在教会史上是从何而来的，而不管这些教义本身是否昭示着精神性的内容和真理。黑格尔鄙夷地将那些考证学家们称为“货栈里的一些管账员”，他们的职责仅仅是登记和管理他人的财产，而不是谋求自己的财产。他们向人们讲述了关于某条教义的产生过程、演变经历以及诸如此类的历史知识，然而他们对这条教义的精神内容却一无所知。与此相反，宗教哲学的任务并非去整理那些关于教义的外在性知识的流水账，而是要揭示出这些教义本身所包含着的真理性内容，使精神在一种内在关系中达到对自身的认识。

至此，“当代教养”在知识与宗教之间所设置的种种障碍已经被扫清，宗教哲学的“先决问题”已经得以解决，宗教哲学可以展开自己的内容了。宗教哲学的开端就是那客观的上帝和精神，即在自身的单纯性中的概念。为了更好地理解宗教哲学的这个开端，我们首先必须分析一下黑格尔宗教哲学的逻辑结构。

宗教哲学的理性基础与逻辑结构

在宗教哲学中，神（上帝）就是精神、理念或绝对。黑格尔在其著作中多次强调："上帝就是那普遍的、绝对的、本质的精神。"[1] 在以往的时代里，神与精神是相互分裂的，神被看作客观的绝对本质，精神则被狭隘地理解为主观的自我意识。这种分裂也造成了近代宗教与哲学的对立——宗教成为对绝对本质进行整体把握的神秘直观，哲学则被贬抑为对有限知识进行区分的知性反思。只有在思辨哲学中，直观与反思之间的这种抽象对立才被扬弃，"思辨的工作"恰恰就在于在差别、对立中抓住统一。黑格尔明确地指出，宗教与哲学具有同一个内容或对象，所不同的只是它们表现这个内容的形式相异——宗教通过表象的方式、哲学通过概念的方式来反映同一个真理，这个真理就是自己规定自己、自己认识自己的理念、精神或神。所谓"表象"（Vorstellung）是某种介乎于感觉和思想之间的东西，正如宗教是介乎于艺术和哲学之间的东西一样。表象是有形的思想，或用图像所表现的思想，它的形式具有感觉意象的特性，它的内容却是普遍性的概念。例如，关于上帝创世的表象，不过是对概念外化为自然界的逻辑进程的一种图像化解释；关于三位一体的表象，则是对绝对精神的自我分裂和自我和解的发展历程的图像化说明。关于宗教与哲学的同一性与差别性，黑格尔解释道：

1　黑格尔，《哲学史讲演录》（第一卷），1959，第 72 页。

> 宗教的对象与哲学的对象一样，都是永恒的真理、神，而且除了神和对神的说明之外别无他物。哲学当其说明宗教时仅仅是在说明自身，而当其说明自身时就是在说明宗教。由于渗透于这本质和真理中的就是思想着的精神，正是思想享有真理和净化主观意识，所以宗教与哲学是同一的。事实上，哲学本身正如宗教一样是神的仆役。但是宗教和哲学各以自己的方式为神服务，它们的区别仅在于它们关注神的独特方式。[1]

因此，宗教是用表象形式所表现的概念（思想），哲学则是用概念形式所表现的概念。说明宗教与哲学之间的这种内在同一性，正是宗教哲学的使命。宗教哲学就是要在关于神的表象形式中揭示出精神的概念内容，在信仰背后揭示出知识内容，或者说，在神或精神的“显示形式”与“思想形式”之间建立同一性。一言以蔽之，宗教哲学就是对宗教表象的哲学反思，这反思使思维从表象深入概念，从而产生关于神或精神的知识。

宗教既然与哲学具有同一个内容即概念、思想或精神本身，因此宗教就与哲学一样成为精神自己规定自己和认识自己的场所，而不同的宗教形态则成为精神的这种自我规定和自我认识的不同环节或发展阶段。由于精神是自我认识的，所以这种认识同时就是启示，即自在自为的精神在人身上的自我启示。黑格尔在《精神哲学》中指出：“上帝只有就其知自己本身而言才是上帝；进而上帝的自知就是上帝在人里面的自我意识和人对于上帝的知，而人对于上帝的知则进展到人在上帝中的自知。”[2] 就此而言，人类关于上帝的知识与上

1 G. W. F. Hegel, *Lectures on the Philosophy of Religion*, Vol.1, 1984, pp.152-153.

2 黑格尔，《精神哲学》，2006，第 379 页。

帝关于自身的知识是同一种知识，其实质都不过是绝对精神的自我认识罢了。

人对神或精神的认识，更确切地说，精神的自我认识，是一个历史的过程，上帝是在历史中逐渐展现自身的。在黑格尔看来，以往的神学之所以排斥理性是因为时代的发展尚未达到对上帝进行认识的水平，对上帝的认识经历了一个从神秘的启示到理性的理解的历史过程，这个历史过程既是认识从表象向思想、从宗教向哲学发展的过程，同时也是世界历史的演进过程，但是它归根结底是精神自身发展的历史过程。世界历史、宗教的历史说到底就是精神的自我实现、自我认识的历史，在这里我们可以看到黑格尔以绝对唯心主义形式所表现出来的巨大历史感。

在黑格尔看来，精神、神作为绝对知识或真理，其基本特点就是自我认识。而这种自我认识之所以是可能的，只是因为精神或神的本质就是理性。理性既是神的本质，也是人的本质，它是神、人、世界的共同本性。“理性是世界的灵魂，理性居住在世界中，理性构成世界的内在的、固有的、深邃的本性，或者说，理性是世界的共性。”[1] 正是由于理性构成了世界的共性，所以神对人的启示或人对神的认识才是可能的和必然的，而理性正是神向人启示自身的精神场所。

这样，黑格尔就在理性的基础上把知识与宗教、哲学与神学统一起来，从而建立起他的宗教哲学体系。他既反对虔敬主义者把宗教看作一个只有在神秘的直观中才能达到的领域，也反对启蒙思想家把宗教简单地归之于主观的虚构和欺骗，而认为宗教本身就是一种理性的知识。正是由于宗教与哲学一样基于普遍性的理性，所以

1　黑格尔，《小逻辑》，1980，第 80 页。

宗教对于人来说并非一种“外在的感受”，并非由外部强加的，而是人的精神本性。黑格尔说：

> 宗教被假定为每一个人中的根据。不应该把实体作为新的东西引进人；如果那样做，就像一个人让一条狗咀嚼刊印的作品，以便把精神引进它一样荒唐。如果一个人的心胸没有超脱这有限世界的奔波，没有在对永恒者的渴望，或者预感，或者感觉之中，完成自己本身的提高，并且没有察觉到灵魂纯粹的以太（精气）；那末，他就没有占有在这里应该加以领悟的素材。[1]

宗教对于一切民族和个人来说，都应该是其获得最终满足与解脱的内在的灵魂安息所，是一个“永恒真理、永恒宁静、永恒和平之领域”。然而，在以往的各民族和各个人那里，宗教仅仅停留在表象水平上，人们关注的仅仅只是神的理念的“显现形式”，尚未能够从这“显现形式”背后去发现神的理念的“思想形式”，即以概念形式表现的精神。换言之，在那里，宗教尚未达到反思的高度，因此理性在那些宗教中往往是受到排斥的。只有在（黑格尔的）宗教哲学中，内在性的宗教才开始以同样内在性的方式来加以理解，从而使神的理念不仅有其显示和定在，而且有其概念和思想；不仅有神的表象，而且有对这些表象的反思、理解，即深入神的理念本身。从这种意义上来说，只有宗教哲学才是真正的宗教。

黑格尔一再强调，宗教哲学的对象就是在宗教表象背后运动发展着的精神和概念，这精神和概念作为自在自为的实体与主体之统一，经历了一个从纯粹的思想状态或概念自身向实存转化并扬弃有

1　黑格尔，《宗教哲学讲座 · 导论》，1988，第 4 页。

限的实存形式而达到绝对精神的过程。这个过程在《哲学全书》中以哲学的形式表现为“概念自身（即逻辑学）—自然界（即自然哲学）—人类社会历史（即精神哲学）”发展的三段式，在《宗教哲学讲座》中则以宗教的形式表现为“宗教的普遍概念—特定宗教—绝对宗教”发展的三段式。在这里，形式虽然是不同的，但是作为出发点的概念或精神，以及所用的方法却是同一的，黑格尔明确地表示：“在一切科学和知识中只能有一个方法。方法只不过是自我阐释的概念，并非其他的东西，而概念只有一个。”[1]

宗教哲学的逻辑结构在《精神哲学》中就已经明确地表述出来，这本书涉及宗教的篇幅虽然很少，但却已经概括性地阐明了绝对精神在宗教形式中发展的基本模式和逻辑程序，它表现为如下这个三段式：

> α. 作为在其显示里始终在自身中存在的、永恒的内容；
>
> β. 作为永恒本质与其显示的区分，这显示由于这种区别而成为内容进入其中的现象世界；
>
> γ. 作为无限的回归和外化世界与永恒本质的调解，即永恒本质从现象返回到其丰富多彩内容的统一性里。[2]

绝对精神发展的这个三段式简单地说就是：普遍性（概念自身）、特殊性（判断）和个体性（推理）。

普遍性阶段是纯粹思想和概念的抽象形态。在这个阶段，上帝作为纯粹思想和概念本身并不是僵硬、冷漠的东西，而是一个充满

1 G. W. F. Hegel, *Lectures on the Philosophy of Religion*, Vol.1, 1984, p.174.
2 黑格尔，《精神哲学》，2006，第 379—380 页。

生气的精神，他已经在思想中预演了精神的外化、扬弃和返回自身的全过程。宗教哲学的普遍性阶段相当于《哲学全书》中的《逻辑学》，在这个阶段，精神或上帝虽然已经潜在地和内在地包含了一切，但是它毕竟仍然处于一种纯粹的抽象状态中。因此精神（上帝）必须外化自身，超出自己的纯粹抽象形态而异化为实存的现象世界或自然世界，这样就过渡到了特殊性阶段。在特殊性阶段，上帝通过他的活动创造了现象世界，并转化为实际存在的和具体化的圣子，从而从自身中分裂出自己的对立面——自然世界。在这个阶段，精神通过它的内在否定性的环节而获得了自我意识，成为有限精神，这有限精神作为特殊的东西在现实中与普遍性的无限精神相对立。普遍性与特殊性的对立在绝对精神发展的第三个阶段即个体性阶段最终被克服了，在这里，普遍性的实体已经扬弃了它的抽象性而在每一个个别的自我意识中得以实现。耶稣最初还只是作为一个特殊的人出现在时间的世界即历史之中，但是这个特殊的感性存在很快就在审判中展现了自己与上帝相同一的本质，通过否定性的痛苦（即殉难）而扬弃了他的感性特点或特殊性，成为普遍性和特殊性相统一的圣灵，成为每一个个别的人的信仰中的精神。

上述三个阶段或环节构成了绝对精神自我和解的全部历程，这个历程在宗教哲学中呈现为“一般宗教的概念—特定的宗教—绝对宗教”的三段式。在《宗教哲学讲座》中，概念从普遍性到个体性的辩证运动进一步表现为宗教形态自身的演化历程，概念演进的逻辑过程与宗教表象的历史过程是完全同一的。关于宗教哲学的这个三段式，黑格尔说道：

> 第一阶段是一般宗教自身的概念；第二阶段是必然的或特定的宗教，即在其限定性中的宗教；第三阶段是在其无限性中

的宗教，作为实存的绝对宗教。从实存的观点来看，宗教概念还不是宗教，而特定的宗教因其是限定的，故而还未能与概念相一致。宗教在自身中包含着无限的绝对内容，特定的宗教未能与这个内容相一致，因为它是有限的。第一次与概念达到了一致的是无限的宗教；它就是完善的宗教，即基督教。[1]

概念成为整个宗教哲学的开端，因为概念就是事物的本质。纯粹概念不仅是一般思维的基本规定，而且是一般存在的基本规定。黑格尔在《逻辑学》中曾说道：纯粹概念“是对象的核心与命脉，正像它是主观思维本身的核心与命脉那样”[2]。概念与实存事物之间的关系正如同树种与树的关系一样，在树种中已经潜在地包含着树的全部特性，如树的树液类型、枝芽样式等。因此，在一般宗教的概念中已经内在地包含着它自身的否定，即特定的宗教。这种限定不是从外面加到概念上的，而是概念自己对自身的限定，即概念将自己推进了限定之中。概念的进一步发展将是扬弃它的特定的或有限的形态而重返自身，在绝对宗教（基督教）中实现与自身的最终和解。

这个三段式的演化过程首先是在概念自身中完成的，然后才外化为实存。只有当概念首先在自身中即在纯粹思想中预演了整个发展的三段式之后，它才会外化为以实存形式体现的三段式。纯粹的概念或思想还不是真理，同样地，在其抽象的普遍概念中的宗教也不是真正的宗教，只有当它实现自身之后，它才成为绝对精神和真理。精神如果仅仅只是直接的、单纯的和抽象的概念自身，那么它就不是精神，因为“精神的本质（特点）就在于它是完全能动的。

1 G. W. F. Hegel, *Lectures on the Philosophy of Religion*, Vol.1, 1984, p.141.

2 黑格尔，《逻辑学》（上卷），杨一之译，商务印书馆，1974，第 14 页。

更确切地说，它是自我展示的能动性。不展示或显露自身的精神只是某种死东西”[1]。而展示自身就是把自身限定为某物，即限定为自身的他物，因此就是进入（与自身的）差别、对立。精神通过展示自身和限定自身而进入实存，赋予自身以有限的和特定的存在。然而，与普遍概念相对立的有限的和特定的实存（即特定的宗教）同样也不是真理，因为它们不能达到与概念的一致。所以精神必须再次通过对自身限定的否定而重返自身，使自身的显示与其概念相一致，从而现实地成为其潜在地所是的东西。这就是在绝对宗教（基督教）中自我实现的绝对精神。

在黑格尔的宗教哲学中，概念运动的普遍性、特殊性、个体性的三段式不仅构成了宗教哲学的一般逻辑结构，而且构成了宗教的普遍概念自身和一切特定宗教以及绝对宗教（基督教）自身发展的逻辑结构。也就是说，这个三段式不仅成为整个宗教哲学的基本框架和一般纲领，而且成为宗教概念和各个实存宗教发展的基本程序——宗教概念和每一种实存宗教都在逻辑上经历了一个从宗教的普遍概念（普遍性）到具体的表象（特殊性），再到崇拜（个体性）的发展过程。正是这些大大小小的三段式圆圈，构成了宗教哲学的丰富内容。就此而言，黑格尔的宗教哲学不过是他的思辨哲学的一个缩影和具体表现。众所周知，黑格尔的整个思辨哲学体系就是由一系列大大小小的“圆圈”构成的。这种在自否定的过程中所进行的“圆圈式的教养”，就是精神自身运动的基本旋律和永恒生命。

在《宗教哲学讲座》中，黑格尔具体考察了概念在宗教形态中发展的三个环节，即普遍性（一般宗教概念）、特殊性（特定宗教）和个体性（绝对宗教）之间的辩证关系，这种辩证关系构成了整个

---

1 G. W. F. Hegel, *Lectures on the Philosophy of Religion*, Vol.1, 1984, p.176.

宗教哲学的逻辑结构。由于概念是按照思辨理性的逻辑必然地展开的，所以宗教神秘主义被消解了；然而，由于概念自身是脱离人的头脑的自在自为的精神实体和主体，它的自否定和扬弃的运动本身就具有一种更为玄奥幽冥的神秘色彩，因此概念（或理念）神秘主义又在宗教神秘主义的废墟上被建立起来。正是在这种意义上，马克思把黑格尔的整个哲学体系称为“逻辑泛神论”。

宗教的普遍概念与特定的宗教

宗教哲学的第一个环节是一般宗教的概念，即宗教的普遍性阶段。黑格尔认为，宗教就其概念而言就是主体或主观意识与作为精神的上帝之间的联系。如果我们把概念叫作“精神”，那么这个概念的实现就是意识。宗教的一般概念作为概念或精神发展的普遍性阶段，其基本特点就在于精神与意识的内在同一性。黑格尔说道：

> 宗教因而就是在意识中实现自身的精神。然而，在任何一次实现中都须考虑两方面的联系：一方面是人向上帝的提高，即对上帝和精神的意识；另一方面是在意识中实现自身的精神。这两个方面是相互联系着的……所以理念的第一个要素就是实质性的统一，即自在自为的普遍的东西，它是纯粹精神性的、没有进一步限定的。普遍性是基础，只有在特定的宗教中我们才会有限定的内容。[1]

精神与意识、实体与主体的这种潜在的、原始的统一构成了理

1 G. W. F. Hegel, *Lectures on the Philosophy of Religion*, Vol.1, 1984, p.178.

念的普遍性，而对这种未加限定的普遍性的规定或限定就是宗教的普遍概念的第二个要素，即特殊性或差别的要素。[1]在这个要素中，思想中的原始统一被扬弃了，而代之以两者（精神与意识、实体与主体）在思想中的差别。在这里，人与上帝、意识与精神彼此作为不同性质的东西被联系在一起，这种联系是一种“理论的联系”，即人知道了上帝，有了关于上帝的知识，而宗教最初就产生于这种联系。在这种理论的联系中，主观性的自我意识产生了，但是这个自我意识首先是作为对自身与上帝的差别的意识、作为与普遍的东西相对立的特殊的东西而出现的。它把精神置于各种特殊的限定中来加以考察，这些限定方式首先是感觉，然后是表象，最后是思想。也就是说，自我意识与精神的联系经历了从感觉形式、表象形式到思想形式的发展过程，这个过程也正是作为主体与实体相统一的绝对精神自身发展的逻辑线索。

自我意识与上帝或精神、主体与实体之间的差别在第三个要素中被扬弃，这个要素就是个体性。所谓个体性就是特殊性向普遍性的复归，是对所出现的离异的复原。在宗教中，这种复归表现为人与上帝的和解，这和解是在崇拜中进行的。黑格尔说道：

> 第一阶段（即普遍概念或一般宗教概念的阶段——引者注）的第三个要素是对主体与上帝之间的这种对立的扬弃，对主体与上帝的分离、疏远的扬弃。其结果是，人作为人在他自己的主观性中内在地感受到和认识到上帝，作为主体他把自身提高到上帝，并因为在心中拥有上帝和与上帝相同一而使自己获得

1 需要说明的是，在这里，特殊性要素只是普遍概念之中的特殊性，即纯粹思想中的特殊性，而不是表现为特定宗教的实存的特殊性阶段。特殊性和差别在此仅仅停留在逻辑或主观意识中，尚未外化为时间中（即历史中）的实存形式（特定宗教）。

确信、满足和愉悦，诚如神学术语所表述的那样“承受上帝的恩典”。这就是崇拜。[1]

崇拜就是对主体与实体、意识与精神分裂为二的状态的扬弃。在崇拜中，自我意识开始把自己的有限性作为虚无而加以否定，并使自己与那绝对的东西相和解、融合，以求达到更高的统一。崇拜不仅是外在的行为即一般的崇拜仪式，它更是心灵的内在活动，是主体使自己与绝对本质相同一的永恒过程。在崇拜中，一方面，绝对实体或精神放弃了自己的抽象性而进入意识；另一方面，自我意识放弃了自己的有限性而提高到绝对精神或上帝。在宗教发展的每一个具体形态（即每一种特定宗教）中，都把崇拜作为人与神相融通的最高方式。崇拜不再是人与上帝的“理论的联系”或者人对上帝的单方面的认识，而是精神的活动，是人与上帝的“实践的联系”。通过这种联系，人从与对象的对立状态走向了统一。崇拜是这样一种实践活动和意志活动，在这活动中人会产生一种与上帝相互渗透、合而为一的感觉——人在对上帝的信仰中与上帝同在，而上帝的精神同时活跃在人之中，由此而产生了人与上帝相融合和相和解的满足意识，“这种感觉是崇拜的最内在的特征”[2]。

在崇拜所达到的主体与实体、意识与精神的和解中，宗教的普遍概念阶段结束了，概念已经在自身之内发展到了终点，成为绝对的宗教概念。这个终点也正是概念在《逻辑学》中所达到的终点，即绝对理念。概念在自身中的发展结束了，现在概念必须外化为实存形式，外化为历史中的各种特定宗教。因此，宗教哲

1 G. W. F. Hegel, *Lectures on the Philosophy of Religion*, Vol.1, 1984, p.180.

2 同上，p.445。

学的第二个阶段，即特定宗教的阶段就在宗教的普遍概念终结的地方开始了。

黑格尔指出："上帝、概念的判断或区分，就是上帝的限定。只有在这种限定的范畴中，我们才有实存着的宗教——宗教同时就是特定存在的宗教。"[1]精神不仅是自在的，而且是自为的；不仅是实体，而且是主体。精神从根本上来说乃是自己产生自己和自己中介自己的运动，精神只有通过自身的分裂为二、通过差别、通过成为为他的存在，才能最终实现自身，成为自在自为的绝对精神。因此，精神在其外化、异化和实存化的道路上所走过的每一点，都是它向着目标亦即向着自身逼近的必要环节。就此意义而言，各种特定宗教都不过是精神为了自我实现和自我认识而设置的一些必要的"跳板"或"着脚点"，是"精神的教育之道路"。仅仅停留在纯粹概念或普遍性中的精神还不是真理，精神必须经历漫长的发展路途才能成为真理，因此作为真理的精神就是过程；而特定的宗教作为精神的有限形态包含着真理的片段，这些片段在精神的完成形态即绝对宗教中以合题的形式最终成为绝对真理，因此作为真理的精神就是全体。

特定的宗教作为"精神之特定意识"的实存形态就是历史的宗教，而这些特定的宗教按照精神发展的逻辑必然性依次展开的序列，就是宗教的历史。当实存的特定宗教在历史中一个接一个地发生时，它们绝非偶然地和任意地出现的，而是有其深刻的概念规定性和逻辑必然性。具体地说，人类各区域、各民族和各时代的宗教形态尽管千差百异，但是在这种表面的杂乱性背后却潜藏着深刻的逻辑统一性。宗教形态的发展演变说到底是由概念自身来规定的，即使在

1 G. W. F. Hegel, *Lectures on the Philosophy of Religion*, Vol.1, 1984, p.181.

那些看起来毫无关系的宗教之间，仍然具有某种逻辑上的内在联系。实存的历史是由概念的逻辑来规定的，这是黑格尔思辨哲学的基本思想之一。英国哲学家司退斯（Walter Terence Stace）评论道："不论各种宗教在空间和时间上可能分开多远，把自己展现在这些宗教里的正是唯一的理性这个概念本身，即同一个概念。"[1]

在《宗教哲学讲座》中，黑格尔把整个实存宗教的发展划分为三大阶段，即自然宗教、精神个性的宗教和绝对宗教。[2]这种划分是根据精神或概念自身运动的规定而进行的，即遵循自在的精神、自为的精神、自在自为的精神或者实体、主体、实体与主体的统一这个三段式而发展。

在黑格尔以概念的方式所描述的各种特定宗教的相互关系中，我们一方面可以在总体上看到历史与逻辑相一致的深刻思想，另一方面也可以在细节上发现许多牵强附会之处，即为了逻辑的需要不惜任意地解释历史。在《宗教哲学讲座》中，黑格尔就像在《历史哲学》和《美学》中一样，要求精神的发展必须遵循从抽象到具体（逻辑）、从古代到现代（历史）和从东方到西方（地理）的发展模式。他往往为了逻辑的需要而任意地改变真实的历史顺序，或者有意地忽略某些历史现象，并且常常把共时性发生的文化现象解释为历时性嬗变的精神演化过程。比如，就特定宗教的演化过程而言，黑格尔为了保证逻辑（从抽象到具体）与历史（从古代到现代）以及地理（从东方到西方）的三统一，把中国宗教当作继直接宗教（巫术）之后的第一个特定宗教，然后依次演化出印度教、佛教、波

1 W. T. 司退斯，《黑格尔哲学》，廖惠和、宋祖良译，中国社会科学出版社，1989，第438页。

2 在这三种宗教中，前两者属于特定的宗教，即概念发展的特殊性阶段；而绝对宗教（基督教）则属于超越了特殊性阶段的最高的宗教形态，即向普遍性复归的个体性阶段的宗教。

斯宗教、叙利亚宗教、埃及宗教等“自然宗教”和犹太教、希腊宗教、罗马宗教等“精神个性的宗教”。这种顺序安排显然是十分荒诞的。再如，黑格尔在《宗教哲学讲座》的“特定的宗教”这一部分中，对于最后出现的一种世界性宗教——伊斯兰教采取避而不谈的态度，而以罗马宗教作为绝对宗教产生的历史前夜，司退斯认为“这是黑格尔所做出的非常难以理解的省略”。实际上，这种省略只是为了避免历史顺序与逻辑顺序的直接矛盾。此外，在黑格尔对各种特定宗教的具体解释中，存在着许多牵强附会之处，例如，他对于中国宗教、佛教等东方宗教的了解非常有限，往往掺杂着一些误解和偏见。尽管如此，我们却不能不承认，黑格尔试图在历史与逻辑之间寻求同一性的思想在总体上是非常深刻和具有创见的。

自然宗教是宗教概念现象化的最初历史形态，是特定的宗教的第一个环节，它的基本特点是“精神的东西与自然的东西的统一，在这里，上帝还是被理解为自然的统一性”[1]。神在自然宗教中还没有被当作自为的主体和精神，而只是仅仅被看作自在的实体和力量。

自然宗教包含着三种显现方式。在第一种显现方式中，自然宗教表现为“直接宗教”，即巫术。巫术的特点是精神与自然、普遍性与特殊性的混同。在巫术中，处于直接性中的自我与作为自然对象的精神相联系，这种联系从表面上来看似乎是精神性的，但是实际上仍然属于自然方面。

自然宗教的第二种显现方式即“实体宗教”，包括中国宗教、印度教和佛教。在实体宗教中，人开始把共相、普遍性的东西当作绝对真实的本质存在和实体，而把特殊性的存在、自我当作虚无。在

1 《黑格尔著作》理论版第 16 卷，第 254 页，转引自：张世英，《论黑格尔的精神哲学》，上海人民出版社，1986，第 239 页。

以“天”作为崇拜对象的中国宗教中，皇帝作为天的代表就是那绝对的实体和力量，而一切其他的个人则成为没有独立性的、依赖性的东西。在印度教中，实体被说成是某种无定形的东西，即具有三位一体的形式（却无三位一体的实质性内容）的梵天、毗湿奴、湿婆，在这个三位一体的神面前，一切个体的存在都成为否定的东西。在佛教中，精神、实体、绝对就是寂灭，一切特殊的存在、规定性和区别都消失了，存在就是虚无。因此佛教徒的崇拜对象就是那作为虚无的存在，即超脱一切尘世烦恼的灵魂与肉体之寂灭，这就是涅槃[1]。

自然宗教的第三种显现方式就是从自然宗教向精神个性的宗教转化的“过渡性的宗教”，包括波斯宗教、叙利亚宗教和埃及宗教。在这些过渡性的宗教中，精神、主体性的东西“企图在其统一性和普遍性中恢复其自身”，虽然它仍然没有能够摆脱自然因素的影响。精神与自然的对立在波斯宗教即袄教中表现为善与恶的二元论，但是由于恶（阿利曼、黑暗）从一开始就与善处于一种绝对的、永恒的对立之中，所以善与恶（它们分别代表精神和自然）的对立只是一种外在性的对立。到了叙利亚的宗教中，这种外在性的对立转变为实体或精神内部的对立，这种内在的对立表现为主神阿多尼斯的死而复活历程（在叙利亚宗教中，阿多尼斯的死而复活象征着植物的生生不息的繁衍），这样就使得否定的因素成为一种精神的力量突出出来。复活的观念在过渡性宗教的第三个环节——埃及宗教中得到了强调，这不仅表现在埃及主神

1　由于黑格尔对佛教的情况不甚了解，他认为，在佛教中，实体具体地体现在特殊的经验意识中，即体现在佛和达赖喇嘛身上，从而使后者成为佛教的崇拜对象。司退斯批评道：“在显然是创立人的纯原始的教义的小乘佛教里，并不崇拜如来佛，也没有达赖或什么别的喇嘛的地位。”参见：W. T. 司退斯，《黑格尔哲学》，1989，第 445 页，注释③。

欧萨利斯本身曾经历了死而复活的过程，而且表现在埃及人对死后生活的重视上，其结果就是对金字塔和木乃伊的崇尚。黑格尔把埃及宗教叫作“谜的宗教”，它是一种类似泛神论的信仰，极力要在种种有生命的东西（如猿、猴子、猫等）中寻找精神的内容。这种从自然物中发现精神，或者精神从自然物中渴望解放的最典型的例子，就是斯芬克斯（狮身人面的怪物）。这半兽半人、半是自然物半是精神的怪物正是埃及宗教的象征，“它象征着精神开始从自然的东西中得到提高，从而能够比较自由地昂首环顾，但又没有完全从自然的束缚中解放出来”[1]。

在过渡性的宗教中，精神已经试图超越自然，然而它却并未能最终摆脱自然的束缚，所以诸神仍然表现为某种自然物，而不是作为独立的精神而存在。但是到了“精神个性的宗教”中，精神对自然的超越得以实现，精神终于挣脱了自然的桎梏，走出了抽象的实体形态，成为自由和自为的主体，成为人身上帝。

精神个性的宗教包含着三个发展环节。首先是犹太教，即“崇高的宗教”。在犹太教中，上帝已经超出了感觉形式而成为精神、思想（在犹太教的圣律“摩西十诫”中，明确反对敬拜偶像）。上帝是自由的精神，他作为共相而产生出一切特殊的事物（即上帝创世）。但是在犹太教中，上帝始终作为一种可畏的力量站在有限存在的对立面上。因此，上帝在犹太教中仍然是一个抽象的精神（虽然具有人格的形式），而不是在自身中区分出特殊的东西的具体的精神。上帝是崇高的、神圣的和威严无比的，而具体的个人却是不自由的、微不足道的和惶恐不安的，他在上帝面前只是一个诚惶诚恐地恪守法律的奴仆，尚未成为自由的主体性。由于这种敬畏感，整个犹太

1　张世英，《论黑格尔的精神哲学》，1986，第 248 页。

民族都充满了浓重的不幸意识。

精神个性的宗教的第二个环节是希腊宗教或“美的宗教”，它与犹太教形成了鲜明的对比。在犹太教中，有限的东西被当作精神所否定的东西；在希腊宗教中，有限的东西却成为精神的表现形态。与犹太教所崇拜的唯一的抽象的无限精神相反，希腊宗教崇拜的是诸多的理想化了的有限精神。在希腊宗教中，神以感觉的形式、优美的艺术品形式出现，他们的基本特点就是美之个性。在希腊宗教中，人对神的崇拜不是在敬畏和服务中进行，而是在友善的气氛和娱乐活动（歌咏、游戏、艺术创作）中进行的。神就生活在人身边，神与人通过英雄（神与人结合的产物）这个中介而联系在一起，因此，希腊宗教就是人性的宗教。然而，在与人同形同性的、欢快活泼的诸多有限神明背后，却潜藏着一种绝对的和必然的力量、一种“根本的统一体”，众神不过是被这统一体所操纵的傀儡。这个必然的、普遍性的力量就是命运。命运是希腊宗教中真正具有精神性的东西，但是在这里它还没有达到自觉的程度，只是作为一种盲目的、未可知的力量在起作用。由此可见，希腊宗教尚不能自觉地理解精神和主体性，神还没有被当作唯一的精神。

犹太教的绝对的唯一与希腊宗教的有限的诸多在罗马世界中达到了合题，这合题就是“合目的性的宗教”，这是精神个性的宗教的第三个环节。在罗马宗教中，一方面，罗马主神朱庇特取代了犹太教的无限精神（上帝）而成为普遍目的；另一方面，罗马公民取代了有限的希腊众神成为特殊目的，这两种目的在一个共相——国家——中达到了统一。罗马人崇拜的对象就是国家、法律、功利（这些现实的东西的宗教表象就是大神朱庇特），罗马宗教的主要标志就是实用性。因此，罗马宗教完全是实践性的，罗马的诸神都是“实践的诸神（Praktische Goetter）而非理论的，是散文式的

（Prosaische）而非诗意的”[1]。“罗马宗教的主要特征乃是一种肯定的意志目的的巩固……罗马宗教乃是一种完全不含诗意的，充满了狭隘、权宜和利用的宗教。”[2] 在现实的罗马社会中，个人与国家达到了一种抽象的统一，这种统一是以“个人在其伦理生活中为国家牺牲”为代价的，是以活生生的生命的窒息和个人被精神所抛弃的痛苦为代价的。与此相应，在罗马的万神殿中，诸多神灵与主神朱庇特达到了一种抽象的统一，从而开始了从多神教向一神教转化的过程。[3]

至此，精神走完了特定宗教的历程，由此进入绝对宗教的新纪元。

---

1 《黑格尔著作》理论版第 17 卷，第 163 页，转引自：张世英，《论黑格尔的精神哲学》，1986，第 251 页。

2 黑格尔，《历史哲学》，1956，第 336—337 页。

3 需要说明的是，在《历史哲学》中，黑格尔是把一神教的犹太教放在罗马宗教后面来论述的，但是在《宗教哲学讲座》中，他却把犹太教放在了希腊宗教和罗马宗教之前，这样做显然是为了适应特定宗教从东方到西方的发展顺序，以便直接从罗马宗教中引出作为绝对宗教的基督教。

第18章　黑格尔对基督教的思辨性理解

绝对宗教的开端——关于上帝存在的本体论证明

在依照概念的逻辑演进程序论述了特定的宗教或宗教发展的历史表象之后，黑格尔把眼光转向了绝对宗教即基督教，关于基督教的讨论构成了黑格尔《宗教哲学讲座》第三卷的全部内容。在这一部分讲座中，黑格尔通过对基督教的精神内容的哲学论述，集中地表达了其宗教哲学的基本思想。在黑格尔的宗教哲学中，基督教被当作宗教发展的最高形态和完成形态，它以合题的方式包含着此前一切特定宗教所具有的真理片段，因此基督教以最典型的方式反映了概念运动的普遍性、特殊性和个体性的辩证关系。更重要的是，在黑格尔关于基督教教义的解释中，我们可以最清晰地看到他对宗教神秘主义的理性化改造，可以说，黑格尔宗教哲学的真正精髓就体现在他关于基督教的思想中。

作为一种实存的宗教形态，基督教既是继自然宗教和精神个性的宗教之后特定宗教发展的第三个阶段，同时也是对特定宗教本身的扬弃——作为全部宗教发展的合题，它表现了特殊性的宗教向其普遍概念的复归。黑格尔指出：

> 在这里，自在自为的精神不再像它在以前的发展阶段中那样具有种种独特的形式或对自身的限定，不再把自己看作有限精神、看作在某种限定性或局限性中的精神。相反，它已经克服了这些局限性，现实地成为它潜在地所是的东西。[1]

因此，基督教作为对一切特定宗教所包含的真理片段的综合，就是精神实现自身、把绝对真理作为自己的内容的最后场所（虽然在基督教中，精神还没有找到对绝对真理的最合适的反映形式，这形式要在哲学中才能最终达到）。

作为一切特定宗教发展的最后阶段和完成了的宗教形态，基督教就是“绝对宗教”（Die absolute Religion）。在这个宗教中，精神成为自为的，或者说，宗教或宗教概念成为自身客观的（即自己对自己客观地显示出来），因此它同时也就是“启示宗教”（Die offenbare Religion）。黑格尔在1827年的宗教哲学讲座中说道：

> 我们现在正在探讨的是自为的宗教概念，即启示的宗教。当宗教概念成为自为的时候，也就是说，当宗教或其概念成为自身客观的——不是在限制的、有限的客观性中，而是成为与其概念相一致的自身客观的——时候，宗教就第一次成为启示的东西、被显示出来的东西。[2]

1 G. W. F. Hegel, *Lectures on the Philosophy of Religion,* Vol.1, 1984, p.183.

2 G. W. F. Hegel, *Lectures on the Philosophy of Religion,* Vol.3, edited by Peter C. Hodgson, University of California Press, 1985, p.250.

在这个宗教中所展现的东西正是上帝的自我显示，即上帝在自身中产生区别和自我复归的过程。同时，由于在绝对宗教中精神成为自为的或为精神的，它的对象就是它自身（即自身客观的），精神就是与自身的统一，或者说是主观与客观、主体与对象的统一，因此，“这个宗教就是真理的宗教和自由的宗教。因为‘真理’意味着在对象性的东西中我们并不是与某种异己的东西相联系，‘自由’则是以一种否定的逻辑规定表达了真理所是的东西”[1]。所以，对于基督教来说，“绝对宗教”、“启示宗教”、“真理的宗教”以及“自由的宗教”都是同一个意思。

宗教就其一般概念而言，乃是人对上帝或绝对本质的意识。这意识曾在自身中区分为两个方面，一方面是意识自身或有限意识，另一方面是上帝、绝对本质或精神，双方在一种有限的形式中对立着。因此，在一切特定的宗教中，人作为主体、自我意识始终与作为客观本质的上帝处于对立的状态中。但是在基督教中，当宗教把握了自身（即成为自身客观的）从而成为自由的宗教时，一切分离和对立的方面都重新获得了统一。因此，基督教作为绝对宗教不仅是人对上帝的意识，而且是上帝的自我意识，即以自己为对象的精神的自我意识。简言之，在绝对宗教中，以往分裂为二的精神重新实现了统一，成为真理。

绝对宗教的开端处就是特定宗教的终结处。在绝对宗教中，一个新的圆圈运动开始了。与宗教哲学以及整个思辨哲学一样，绝对宗教的开端也同样就是那个客观的上帝和精神，即在自身的单纯性

1 G. W. F. Hegel, *Lectures on the Philosophy of Religion*, Vol.3, 1985, p.171. 需要说明的是，从 1821—1831 年，黑格尔曾先后四次在柏林大学讲授“宗教哲学”课程，每次讲授的内容在细节上都有所不同。在这里，我的目的只是一般性地分析黑格尔关于基督教的基本思想，而不是对那些细微差别做出比较，因此本章中所引文字一般以 1824 年和 1827 年两次讲座中的内容为主，并参考其他各次讲座中的相关思想。

中的概念。在绝对宗教中，这个单纯性的概念就是上帝的形而上学概念，或者作为思维与存在的同一性的上帝概念，从而也就是对这客观存在的上帝之证明。绝对宗教必须“首先证明存在着一个上帝——不仅仅是对于上帝的种种感觉，而是一个客观的上帝，这个上帝存在着，他是一个客观的东西。对上帝的证明进而成为对宗教哲学的呼唤；因此我们的研究也应该从这里开始”。[1]

黑格尔曾在《小逻辑》中提出了思辨哲学的一个重要思想，即“理念……是概念和客观性的绝对统一”[2]。在关于绝对宗教的论述中，他再一次重申了这个思想。上帝作为理念、精神，其本质特点就是概念与客观性、思维与存在的同一。这种同一并非形而上学的抽象同一，更非知性的反思所能理解的，而是辩证的同一，即在精神的自身运动中、在差别和对立中实现的具体同一。在宗教哲学中，黑格尔关于上帝（理念、精神）是概念与客观性、思维与存在的同一性的思想，是在对上帝的形而上学概念的考察中、亦即对上帝存在的本体论证明的考察中阐述的。

黑格尔认为，精神把自身区分为两个方面，即概念与现实、思维与存在，这两个方面孤立地看都是一种片面性，只有当它们统一起来才是理念。纯粹的抽象概念由于缺乏具体内容，因此还不是真理；真理只有在概念的具体化即概念实现自身的过程中才能达到。但是，在关于上帝的形而上学概念中就已经潜在地包含着实现自身的可能性，因为概念的基本规定就是存在（在《逻辑学》中，纯粹概念的第一个环节就是“存在本身”），概念的现实性就在于走出自身，成为存在。因此，“形而上学的概念就是上帝的概念以及这个概

1　G. W. F. Hegel, *Lectures on the Philosophy of Religion*, Vol.1, 1984, p.137.

2　黑格尔，《小逻辑》，1980，第 397 页。

念与现实的统一”[1]。而所谓本体论证明无非就是要说明，上帝的存在是包含在其概念中的，即实现从概念向存在的转化。

在本体论证明中，存在是直接从上帝的概念中引出来的，即直接从思维过渡到存在。但是我们立即就可以看到，在这里，“存在”这个范畴是一个极其贫乏的概念，“它是自身同一的联系，与自身的抽象同一，极端的抽象性”[2]，从这个没有任何规定性的“存在”概念中我们得不到丝毫具体的内容。如果说上帝仅仅是“存在”，那么我们对上帝就一无所知。因此概念必须走出这种抽象的存在，通过限定自身和具体化自身而成为现实的存在，并通过复归自身或否定之否定的扬弃过程而达到与现实存在的具体同一。

在黑格尔看来，安瑟尔谟的证明是从这样一个假设出发的：上帝是最完善的东西；如果上帝仅仅只是一个表象或思想，那么他就不是最完善的，因此上帝必定是思想与存在的统一，他必然包含着存在。但是如前所述，这个缺乏任何规定性的存在只能是一个最空虚的抽象概念。在这里，上帝的概念并没有被理解为自为的精神，没有被理解为一个自我实现的过程，他只是他自身，只是一个抽象的概念（“最完善的东西”作为一个抽象的概念，只是一个不能进行任何限定或规定的空洞概念，因此它本身就是一种片面性或不完善性）。本体论证明已经看到了概念与存在之间的差别，而且试图说明二者的同一性，这是值得肯定的。但是它并不是从差别中、从对立面的否定中达到同一的，而是一上来就把同一作为前提加以设定。换言之，本体论证明只是静态地从概念中分析出存在，而不是从概念的自我区别和自我复归的运动中最终达到同一。在这里，结论已

1 G. W. F. Hegel, *Lectures on the Philosophy of Religion,* Vol.3, 1985, p.174.

2 同上，p.176。

经预先包含在前提中，因此这种证明不过是同语反复罢了。

本体论证明把思维与存在在概念的主观性中的抽象同一当作前提（同时也当作结论），然而在黑格尔看来，需要说明的恰恰是概念如何扬弃自己的主观性而走向客观性或现实，也就是说，思维与存在是如何实现具体的同一的。概念与现实、思维与存在的同一不仅仅是一个逻辑证明的前提，更应该是一个现实活动的过程。从根本上来说，概念就是一种决定自身去存在的运动，它是“自决去存在”的过程，它实现自身，自为地使自身客观化。黑格尔深刻地指出，本体论证明的错误根源就在于忽略了概念自身的客观运动：

> 概念就是运动，通过运动它决定自身存在；它自我规定为存在、规定为自己的对立面的辩证运动——这个符合逻辑的方面是（概念的）进一步发展，而这一点我们在本体论证明中却找不到，这正是本体论证明的缺陷所在。[1]

黑格尔认为，安瑟尔谟本体论证明的实质在于说明思维与存在的同一性，就此而论，本体论证明在内容上是无可指责的，它的错误只在于论证形式，即形而上学地从思维中直接推论出存在。“这种真正的内容，存在与思维的统一，才是安瑟尔谟心目中的真实的内容，不过他是用理智的形式来表达的。”因此，“他的论证的内容是正确的，形式却有缺点”。[2]

如果说安瑟尔谟的论证在内容上是正确的，只是形式上有缺点，那么康德对本体论证明的批判在黑格尔看来则代表了另一种片面

1 G. W. F. Hegel, *Lectures on the Philosophy of Religion*, Vol.3, 1985, p.181.
2 黑格尔，《哲学史讲演录》（第三卷），1959，第 294、292 页。

性——它驳斥了本体论证明在形式方面的抽象性，但却把概念的内容（即思维与存在的统一）也否定了。当康德认为我们欲以存在为对象则必须超出概念之外时，他无疑是正确的。但是他却把存在与概念截然对立起来，把存在仅仅归于经验范围，从而在思辨理性的领域中把上帝的存在当作不可证明的禁区。

在黑格尔看来，康德的这个批判的最主要特点就是坚持概念与存在的对立，从而把二元论当作了最后的东西。在康德哲学中，“一方面我们有上帝的概念——但是我们却不能从这个概念中‘挖掘出’存在来，因为存在是某种不同于概念的东西。二者被区分并相互对立着；因此概念并不能包含存在；‘存在’与概念相对立”。[1] 黑格尔认为，康德哲学的要害就在于，仅仅把概念当作主观的东西，而把存在和客观性当作完全外在于概念的东西。然而，（思辨）哲学的任务恰恰就是要证明，主观的或有限的概念并不是真正的概念；存在固然是外在于概念的，但是它只不过是概念自身的外在化。如果我们老是停留在主观的概念中，那么我们必定会坚持存在与概念的分离和对立；思维的本性正在于否定和超出自己的主观性而走向实存。黑格尔在《哲学史讲演录》中对康德批判本体论证明时所用过的那个一百元钱的比喻精彩地反驳道：

> 一个单纯的表象，亦即一个单纯的想象的东西是不真的；一百元想象的钱是而且永远是想象中的钱。但是老停留在想象中的钱上也不是健康常识……如果一个人有了足够的勇气要获得一百元钱，他志在获得一百元钱，那么他必定要动手去工作，以便获得这一百元钱。这就是说，我们必须超出想象，不可老

1 G. W. F. Hegel, *Lectures on the Philosophy of Religion,* Vol.3, 1985, p.178.

停留在想象里。这种主观性并不是最后的、绝对的；真理不是一个仅仅主观的东西。[1]

黑格尔指出，实践、行动就是扬弃概念与存在之间的分离和对立的最有效的手段，而实践、行动正是思维和概念的本性。因此，“思维、概念必然地不会停留在主观性里，而是要扬弃它的主观性并表示自身为客观的东西”[2]。

黑格尔在1824年的宗教哲学讲座中还专门将安瑟尔谟的观点与“我们自己时代的观点”进行了比较。所谓“我们自己时代的观点”主要是针对以施莱尔马赫为代表的直觉主义观点而言的（在此之前，施莱尔马赫的代表作《基督教信仰》已经分为两部于1821年和1822年发表，在思想界造成了一定的影响），这种观点坚持从主观性的东西（感觉）出发，而安瑟尔谟的或形而上学的观点则反对把主观性的感觉当作某种独立的和坚实的东西来加以确立，坚持从主观与客观的统一（虽然是抽象的统一）出发。黑格尔对二者比较道：“现代的观点基于具体的东西，而形而上学的、安瑟尔谟的观点却基于绝对思想、绝对理念，即概念与现实的统一。就其不是把具体的东西看作经验的人和经验的现实而是把它看作思想而言，旧的观点要更胜一筹。”[3]黑格尔之所以偏袒安瑟尔谟，只是由于安瑟尔谟坚持思维与存在相同一的观点，坚持从概念到存在的路线，而这也正是黑格尔思辨哲学所采取的基本观点和路线[4]，虽然二者所采取的具体步骤

1　黑格尔，《哲学史讲演录》（第四卷），1978，第284页。

2　同上，第285页。

3　G. W. F. Hegel, *Lectures on the Philosophy of Religion*, Vol.3, 1985, p.184.

4　黑格尔虽然始终认为对立的出现是必然的、合理的，但是在态度方面他似乎更偏重于同一，因此黑格尔在许多地方都流露出这样一种思想倾向，即认为康德及其以后的观点（思维与存在的分离、对立）是对安瑟尔谟观点（思维与存在的抽象同一）的一种“堕落”和退步。

是完全不同的。

思想发展的历史进程同时也就是思想发展的逻辑进程，哲学史是由概念自身的运动来规定的。在安瑟尔谟的本体论证明中，我们看到了思维与存在在概念自身中的抽象同一，这是概念发展的普遍性阶段，即在其主观性或纯粹思想中的概念。在这里，思维与存在是潜在地同一的。在康德和“直接知识”论者那里，我们则看到了思维与存在之间的抽象对立，这是概念发展的特殊性阶段。在这里，思维与存在是现实地对立的。概念的进一步发展必然要进入它的第三个阶段，即合题阶段或绝对个体性阶段（黑格尔认为自己的思辨哲学代表了概念运动的这个最高阶段）。在这个阶段，思维与存在之间的对立被最终扬弃了，二者达到了具体的同一或现实的同一。概念与存在的这种具体同一必须是一种否定的（或自我否定的）同一，在这种同一中，概念和存在各自扬弃了自身的片面性——概念扬弃自己的主观性而进入实存，存在扬弃自己的特殊性而进入共相、思想。双方互以对方为自己的前提：一方面，概念是存在的前提，因为在概念中已经内在地包含着存在；另一方面，存在是概念的前提，因为存在是概念的最初的、最简单的规定，而且概念只有通过实存、通过成为自己的他物，才能最终成为理念。

> 概念与存在（特定的存在、世界、有限的东西）双方都是片面的规定，只有在理念中它们的真理才会被发现，这是为它们双方而设定的真理。它们之中并没有哪一方可以被单独地确定为开端或起源；它们毋宁必须被描述为向对方的转化……在这种转化中每一方都把自己当作某种暂时性的东西，而非真正的本原性的东西。对方是从它里面产生出来的。从而一方是运

动、是从有限向无限的过渡，而另一方同样如此。[1]

通过这种双重扬弃的运动，思维与存在的潜在的抽象同一转变为现实的具体同一，转变为真理。

思维与存在的这种从抽象的同一到分裂、对立，再到具体的同一的发展过程，在基督教的表象形式中就表现为由普遍性的圣父到特殊性的圣子，再到绝对个体性的圣灵的演变过程。

圣父的王国——内在的三位一体

对神秘的基督教教义的理性化阐释是黑格尔宗教哲学的重要内容，在黑格尔看来，宗教教义不过是哲学概念的譬喻和表象。黑格尔根据概念从抽象到具体的发展过程来建构基督教教义的内在逻辑关系，并在此基础上再次论证了思维与存在之间的辩证统一。精神、理念从普遍性到特殊性再到个体性的运动就是基督教的一系列教义的理性内容。在宗教哲学中，“三位一体”“创世”“堕落”“原罪”“道成肉身”“蒙难”“复活”“升天”“救赎”等基督教教义都得到了合理化的重新解释，对这些合理化了的教义的信仰就是对真理的主观拥有。和解的思想再次被强调，这和解是人与上帝（从而也就是人与自身、上帝与自身）在圣灵中或在宗教社团的信仰中的和解，同时也是精神在绝对的个体性或主观性中的自我和解，它的最终实现场所就是基督教（以表象形式）和思辨哲学（以概念形式）。在宗教哲学中，理性与信仰、启蒙运动与教会之间的对立被扬弃了，对上帝、精神的认识（或上帝、精神的自我认识）就是宗教和哲学

1 G. W. F. Hegel, *Lectures on the Philosophy of Religion*, Vol.3, 1985, p.175.

共同的终极目标。神秘的信仰由于得到了合理化的阐释而成为知识，宗教神学由于获得了理性内涵而成为哲学。

黑格尔认为，与一般宗教的逻辑结构一样，在基督教中，概念运动也经历了普遍性、特殊性、个体性的发展环节。在一切特定的宗教中，这个基本的三段式表现为神的抽象概念、神的具体表象和崇拜活动；在基督教中，这个三段式则表现为自在自为的上帝概念（创世之前的内在的三位一体）、概念的分裂或区别（上帝的创世、道成肉身、耶稣的降临）、重返自身的绝对精神（基督复活、救赎、宗教社团中的和解），简言之，即圣父的王国、圣子的王国、圣灵的王国。这个以宗教表象形式所表现的三段式与黑格尔哲学的整个大圆圈的三段式运动——逻辑理念、自然、精神——是完全一致的。

在基督教中，普遍性、特殊性和个体性构成了主体与上帝相联系的三种方式，或者是上帝对于主观精神所呈现的三种定在形式。关于这三种定在形式的宗教表象，黑格尔说道：

> 首先是自在自为的状态，在其永恒性中的上帝，在创世之前和在世界之外的上帝。
>
> 其次，上帝创造了世界并且设定了分离。他创造了自然和有限精神。这种被创造的东西首先是一个被设定在上帝之外的他物。但是上帝在本质上就是从自身中分离的东西、异在的东西、特殊的东西与自身的和解，他必须使异在的东西、在理念的自我分裂和自我背离中已经背离了的东西重返自由和真理。这就是和解的道路和过程。
>
> 再次，通过这个和解过程，在其最初的区分活动中与自身相区别的精神已经达到了与自身的和解，从而它就是圣灵、（出现）在它的社团中的精神。

这些并不是外在的划分……毋宁说，它们是绝对精神自身的能动性和发展的生命力。发展以及这种发展的返回自身，就是精神本身的永恒生命。[1]

黑格尔正是根据概念或精神自身的这种三段式运动来对基督教的神秘教义进行理性化改造的。

让我们先来看看普遍性的阶段即圣父的王国，在这里讨论的主要问题是“三位一体”教义所包含的真理内容。在其永恒理念中的上帝虽然处于抽象的思想阶段，但是作为共相或普遍性的东西，他在自身中已经包含着特殊的东西和个体的东西，即包含着自身的他物以及对这个他物的扬弃。共相不仅是共相，而且是特殊和个体；它对自身的包含就是对自身的他物的包含，它对他物的包含也就是对自身的包含。这个在自身的纯粹思想中就已经内在地包含着自身的对立面及其扬弃的永恒理念就是三位一体的上帝。黑格尔用思辨哲学的语言对基督教的三位一体教义解释道：

上帝是观念、概念。这个概念是三重的；所以，上帝在本质上也是三重的。作为共相，他是圣父上帝。共相从它自身中产生出特殊，即圣父上帝生圣子上帝。返回到共相中的特殊便是个体，即圣灵上帝……尽管概念包含三个要素，但它仍然是一个未分开的概念，因为每一要素都是整个概念。这在基督教中表现为三位一体的教义。上帝是完整的独一无二的，然而上帝又有三位。圣子、圣灵和圣父并没有什么不同。因各自都不是上帝的一部分，而是整个上帝。因此，在上帝是精神的断言

1　G. W. F. Hegel, *Lectures on the Philosophy of Religion,* Vol.3, 1985, pp.273-274.

中必然包括上帝是三位一体之神。[1]

在《宗教哲学讲座》中，黑格尔运用思辨的范畴对三位一体的上帝下了一个概括性的定义："处于其永恒的普遍性中的上帝是一个区分自身、限定自身、设定一个他物于自身，并且扬弃差别从而继续呈现于自身的东西。"[2] 这种包含在差别中的同一或包含在同一中的差别可以用"爱"这个概念来表述，"上帝就是爱"，因为"爱是两个人的一种区别，然而他们又是绝对不能彼此相区别的。对两者的同一性的意识和感觉——在我自己之外和在对方之中——这就是爱。我不是在我自身之中而是在对方之中据有我的自我意识。我只有在这个对方之中才感到满足和与我自己和解……而这个对方由于同样存在于自身之外，所以也只有在我之中才据有其自我意识，对方和我都不过是对'存在于我们自身之外'的意识和对我们的同一性的意识而已"。[3] 简言之，爱既是差别，同时又是对差别的扬弃。而处于永恒理念中的三位一体的上帝也是同样如此。

在黑格尔看来，揭示三位一体的表象中所包含着的关于差别与同一的辩证思想，这是哲学的重要使命。对于三位一体，知性仅限于数一、二、三，并且说三不等于一。于是"理性主义者"就宣称三位一体是与理性相违背的，感觉主义者（直觉主义者）则断言三位一体是超理性的神秘信仰和感受。针对上述看法，黑格尔指出，三位一体的真理绝非用一般的数量范畴所能把握的，因此对于感性和知性来说，三位一体永远是神秘的和不可理解的东西。然而，"在纯粹思辨的、逻辑的范畴中，三位一体的真理作为同一、分化和复

1　W. T. 司退斯，《黑格尔哲学》，1989，第 455 页。

2　G. W. F. Hegel, *Lectures on the Philosophy of Religion,* Vol.3, 1985, pp.284-285.

3　同上，p.276。

归的辩证法最恰当地得到了理解。这是一个神秘的概念，然而却是合理的神秘——理性和思想本身的神秘”。[1]

黑格尔指出，知性习惯于说上帝是这个、是那个，习惯于用宾词来限定上帝，被宾词所限定的上帝成为一些特殊的性质，如公正、仁慈、全能等。然而，作为一些特殊的性质，宾词并不能表达上帝的本质，“宾词并不构成上帝与其自身的联系，而只是构成了上帝与一个他物、与世界的联系。因此它们是有限制的，并且导致了彼此之间的矛盾”。[2] 不同宾词之间所出现的这些矛盾是不可克服的，只有在理念中，矛盾才能得到解决，因为在理念中上帝自决地区别自身并且同时永恒地扬弃差别。“理念本身就是对其所设定的矛盾的解决。它的固有内容、它的规定，就是去设定这种差别，然后再绝对地扬弃差别；这就是理念自身的生命力。”[3] 而当知性用各种宾词来对上帝进行限制时，它恰恰窒息了这种生命力。那种思辨的理念，即认为差别一经做出立即就被扬弃了、认为他物同时就是自身，在感性和知性看来是全然神秘的东西。对于感性和知性来说，一个事物只能是它自身，不能是其他的东西；两个有差别的东西是相互反对的，它们不能成为同一个东西；肯定不能是否定，原因不能是结果，如此等等。概言之，感性和知性坚持每一个事物的绝对独立性和每一个差别的绝对外在性，在这里，差别与同一是截然对立着的。相反，“在绝对理念中，在思想的因素中，上帝是完全具体的普遍的东西，他把自身设定为他物，但是在这里，这个他物直接就被规定为自身，区别只是观念性的，它立即就被扬弃了，并没有采取外在性

1 G. W. F. Hegel, *Lectures on the Philosophy of Religion,* Vol.3, 1985, Editorial Introduction, p.16.

2 同上，p.277。

3 同上，p.278。

的形式”。[1]

精神、理念以及生命本身就是矛盾和矛盾的扬弃，就是差别中的同一。正因为这种思辨的观点是知性完全不能理解的，所以知性就在三位一体的教义面前、在差别与同一的辩证关系面前大叫“神秘”。然而，对于理性（思辨理性）来说，这种被知性叫作“神秘”的东西恰恰就是它自身——理性在概念中的辩证发展对于知性而言就是“神秘”。当知性把“神秘”当作一种与理性（经验理性或知性）相悖逆的东西加以贬抑时，当直观把“神秘”当作一种比理性更高的东西加以褒扬时，它们都把“神秘”看作与理性格格不入的东西。

在黑格尔那里，“神秘”与理性是同一的，理性正是因其“神秘”才成为思辨理性。真正意义上的理性（思辨理性）是理性（知性意义上的）与“神秘”的统一或合题，没有“神秘”，理性只不过是僵化的知性；没有理性，“神秘”只不过是肤浅的直观。黑格尔的理性的辩证法不仅在宗教神秘主义中有其根源，而且通过概念自身的运动把“神秘”变成了理性本身的本质特征。黑格尔在《小逻辑》中明确写道：

> 思辨真理，这里还可略加提示，其意义颇与宗教意识和宗教学说里所谓神秘主义相近……关于此点，我们首先要指出，只有对于那以抽象的同一性为原则的知性，神秘的真理才是神奇奥妙的；而那与思辨真理同义的神秘真理，乃是那样一些规

1 G. W. F. Hegel, *Lectures on the Philosophy of Religion*, Vol.3, 1985, p.279. 在这里，黑格尔所谈的只是“内在的三位一体”，即在创世之前和世界之外的普遍性阶段（圣父的王国）中的差别与同一，在这个纯粹思想的阶段中，三位一体的上帝恰恰说明了差别即是同一，同一即是差别。但是，在这里，差别尚未超出概念自身而获得实存形式，这个外化过程要到特殊性阶段即圣子的王国中才出现。

> 定的具体统一，这些规定只有在它们分离和对立的情况下，对知性来说才是真实的……理性的思辨真理即在于把对立的双方包含在自身之内，作为两个观念性的环节。因此一切理性的真理均可以同时称为神秘的，但这只是说，这种真理是超出知性范围的，但这决不是说，理性真理完全非思维所能接近和掌握。[1]

黑格尔指出，雅各布·波墨第一次把三位一体当作普遍性的东西来加以理解，但是他所采取的形式和方法却是粗野的和怪诞的。波墨认识到了三位一体的理性内容，然而却用一种非理性的方式来表达这个内容。因此在波墨那里，理性的东西仍然是神秘的。对于思辨理性来说，三位一体再也不是什么不可理解的神秘教义，而是理性和精神自身的一般规定。三位一体的真正含义就在于，一不能始终是一、是自身，它毋宁是对自身的否定，是一般性的运动和区别，是这些区别的普遍联系和同一，是对差别的扬弃和对自身的无限返回，从而也就是对自身的积极的（真实的）肯定。它肯定自身只是在其否定自身的意义上而言的，反之亦然。因此，一既是一又是三。上帝采取了不同的位格，然而这不同的位格仍然是他自身，而且每一种位格都并非他的部分，而是他的全体；他成为自己的他物，成为区别，然而这他物却在他自身之中，所以他同时也是同一。在这里我们可以看到，黑格尔的思辨哲学与传统基督教的三位一体教义的根本差异就在于，黑格尔把历史理性引入了基督教中，把三位一体理解为同一个上帝概念在其逻辑发展和历史演化过程——这两个过程是完全一致的——中所展现出来的不同环节，以及这些环节的自我扬弃。三位一体教义被历史地而非形而上学地理解了，上

1 黑格尔，《小逻辑》，1980，第 184 页。

帝本身成为一个在过程中自我发展和自我认识的精神。质言之，黑格尔把传统基督教三位一体的上帝由一个一成不变的神秘矛盾体变成了一个在运动发展的过程中不断揭示出自身的理性内涵的绝对精神。

在普遍性阶段或圣父的王国中，上帝自身的这种区别和同一虽然还只是在纯粹逻辑或思想中进行的，但是这种内在的三位一体却构成了以实存形式出现的三位一体的前提和基础——只有当精神首先在纯粹思想中预演了内在的区别与同一之后，它才会外化为现实世界中的区别与同一，正如舞台上的剧情发展总是以剧本中的情节安排作为依据的一样。因此，"从真理的观点来看，三位一体是一切事物的普遍根据"[1]。这一思想，用宗教的表象语言来说，就是在世界之前和世界之外即已存在的三位一体的上帝构成了整个创世计划和救赎计划的普遍根据；而用哲学的概念语言来说，就是在逻辑学中预演了自我区分和同一的绝对理念构成了自然世界和精神世界的普遍根据。

圣子的王国——分离与和解

黑格尔强调："认识事实上就是对于在其规定性之中的东西的认识，这个东西的性质就是规定性本身的性质，而后者就是在理念中已经被阐明了的东西。"[2] 现在，当理念已经在自身中呈现为内在的三位一体时，它必然要使自身外化为实存形式的三位一体，从而真正地实现自身和认识自身，因为真正的自我认识就是对自身规定性的认识，而走出自身和重返自身正是理念的本质规定性。

1 G. W. F. Hegel, *Lectures on the Philosophy of Religion*, Vol.3, 1985, p.289.

2 同上，p.290。

理念作为内容首先是在其普遍性之中，也就是说，上帝是无处不在的。但是在自身之中的理念或无处不在的上帝必须进一步出现在具体的规定性之中，即必须现象自身。因为，在抽象的普遍状态中的精神还不是知识，它只是知识的前提和可能性；精神要成为知识必须首先成为具体的精神或限定的精神，成为一个结果。一方面，进入现象之中的理念作为一个结果，本质上就是在自身之中的东西，就是开端或前提。“理念的内容正是如此，以至最后的东西就是最初的东西，最初的东西就是最后的东西，因此作为一个结果而出现的东西同时就是前提，就是在自身之中的东西，就是基础。”[1] 另一方面，开端只有在结果中，理念只有在其表象或具体的规定性中，才能最终返回自身，完成自身发展的圆圈运动。

于是，精神就超出了它的普遍性和无限性而进入有限的规定之中，这就是精神发展的第二个阶段，即特殊性阶段，理念的表象或现象，圣子的王国。

在这个阶段，理念、上帝将自身区别为一个他物，这个他物就是“圣子”，而这个自身区别的过程在宗教表象中就是上帝创造世界的活动。世界一经创造，就成为一个独立于上帝的自为存在，它外在于上帝或者与上帝相分离。但是世界与上帝之间的同一性、它向着那个自在自为的完善状态的永恒复归，却是在理念自身的抽象同一性中早已被决定了的。世界的真理仅仅在于它与上帝的同一性，“它的本质是存在，然而这只是在一种理想的意义上而言的；它并非某种自在的永恒的东西，而是某种被创造的东西，它的存在仅仅是

1 G. W. F. Hegel, *Lectures on the Philosophy of Religion,* Vol.3, 1985, p.289. 在《精神现象学》的序言中，黑格尔也曾说过：“结果之所以就是开端，只因为开端就是目的；或者换句话说，现实之所以就是关于此现实的概念，只因为直接性的东西，作为目的其本身就包含着‘自身’（das Selbst）或纯粹的现实。”参见：黑格尔，《精神现象学》（上卷），1979，第 13 页。

被设定的。对于世界来说，存在就意味着仅仅拥有瞬间的存在，或者说，意味着扬弃它对上帝的分离和异化。它意味着复归它的起源，进入与精神和爱的联系……通过这个过程，它从堕落和分离过渡到和解”。[1]

说到自然世界，我们首先面临的就是自然人性的问题。在这个问题上素来有两种针锋相对的观点，即人性本善和人性本恶。黑格尔认为，对于这个问题必须辩证地加以考察。由于启蒙思想的影响，人性本善的观点在黑格尔时代是比较盛行的，但是黑格尔却认为这种观点由于把人当作一种自身融洽的东西，因此取消了和解的必要性。根据人性本善的观点，人是按照上帝的形象被创造的，上帝是善，因此人作为上帝的精神和上帝的摹本，也就是潜在地善的。但是这个命题的关键之处恰恰在于“潜在地”这个规定上。

> 人是“潜在地”善的：这意味着人是善的仅仅只是在内在的意义上，或者只是按照概念而言的，而不是根据人们的现实性而言的。然而就其是精神而言，他们必须在现实性中、即必须现实地是他们在真理中所是的东西……“性本善”意味着“直接善”，而精神恰恰不是自然的和直接的东西。相反，人类作为精神就是对自然生活的超越，并过渡到其概念与其直接存在的分离状态中。[2]

在黑格尔看来，“人性本善”这个命题本身并不错，但它只说出了问题的一个方面，因为人作为精神恰恰就在于对自然本性的超越。

1 G. W. F. Hegel, *Lectures on the Philosophy of Religion,* Vol.3, 1985, p.293.

2 同上，p.297。

超出潜在性和直接性，这就是分裂，“分裂就是对自然生活和直接性的超越”，而这种分裂和超越正是恶。由于人是精神，所以在其潜在状态中人已经内在地包含着超越这潜在状态和直接性的因素，因此毋宁说人的本性就是（对既定状态的）超越和恶，就是自由。

于是我们就转向了第二个命题，即“人性本恶”。人类之所以在本性上是恶的，只是因为它是一种受自私的意欲或自我意识所驱策的东西。没有自我意识的自然状态乃是一种天真的状态、动物的状态，“天真意味着没有意志的存在——从而也没有恶，然而同时也没有善。自然的东西和动物都是善的，但是这种善并不适宜于人类”。[1]自然状态本身既非善亦非恶。人是凭借着自由意志——这是他作为一个主体而存在的基本标志——使自己摆脱自然状态而进入自为存在的。人作为一个自然的主体就是这一个个别的主体，因而自由意志就是个别的意志，而个别的意志就是与普遍的意志和理性法则相对立、相分离的意志，因此就是恶。就人是潜在的或概念上的统一而言，他是善的；但是就人作为精神必须超出这抽象的统一而进入分裂而言，他又是恶的。然而这恶恰恰是重返善的必要条件，因为只有产生了分裂才会出现和解的要求，因此他同时也是善的。善与恶是互为条件的，抽象地谈论人性的善恶是无意义的。

> 追问人类在本性上究竟是善是恶，这是不正确的，它是一种错误的提问方式。同样地，断言人类同等地具有善恶两种本性也是肤浅的。按照其概念，人类潜在地是善，但是这种潜在性只是一个方面；另一方面则是这个事实，即现实的主体、“这一个”，只是一个自然意志。从而善与恶这两者都被设定了，它

1 G. W. F. Hegel, *Lectures on the Philosophy of Religion,* Vol.3, 1985，pp.298-299.

们在本质上处于矛盾之中，然而双方又互以对方为自己的前提。[1]

这就是思辨哲学对于人性概念的基本规定。但是这种规定不能仅仅停留在概念中，它还必须以一种表象的形式出现，以便对于大众来说这种辩证的规定成为可直观的和可感受的，成为某个曾经发生过的事件。于是就有了基督教关于“堕落”（失乐园）的故事。按照传统基督教信仰的解释，这个悲惨的故事意味着人类对上帝的背叛，人类由此走上了一条罪孽和苦难的道路。然而黑格尔却认为，这个故事的真正含义在于，人类的罪过就在于他们已经像上帝一样有了关于善恶的知识或意识[2]，这种知识或意识本身就是恶，因为它使人在知善恶的同时产生了自我意识。这种自我意识一方面使人与自然状态和上帝相分离，另一方面则成为人之所以为人的内在根据——人类正是在与自然状态相分离的恶之意识中、在失乐园的“堕落”过程中，获得了自己的本质。在《历史哲学》中，黑格尔从精神发展史的角度阐释了“堕落”的真正含义：

> 罪恶生于自觉，这是一个深刻的真理：因为禽兽是无所谓善或者恶的；单纯的自然人也是无所谓善或者恶的。自觉却使那任性任意、具有无限自由的“自我”，离开了“意志”的、离开了“善”的纯粹内容——“知识”就是取消了“自然”的统一、就是“堕落”；这种“堕落”并不是偶然的、而是永恒的“精神”历史。因为那种天真的状态、乐园的生活状态，乃

1 G. W. F. Hegel, *Lectures on the Philosophy of Religion,* Vol.3, 1985, p.300.

2 蛇在引诱亚当、夏娃时说，如果吃了善恶知识之果，“你们便如上帝能知道善恶”。这一点后来也被上帝所证实，上帝说：“那人已经与我们相似，能知道善恶。”（参见：《圣经·创世记》，第 3 章）

是禽兽的生活状态,"天堂"是禽兽、不是人类能勾留的园囿……所以这种"堕落"乃是永恒的"人类神话"——事实上，人类就靠这种过渡而成为人类。[1]

在这个故事中，亚当被表象为"第一个人"（上帝的第一个儿子），但是亚当的真正含义却是"人类本身"，所谓"第一个"只是就其抽象意义而言的，即在概念自身中的人类或者人类的概念。因此亚当的堕落并非某个"第一人"的堕落，而是人类从其"第一个状态"即抽象的概念或自然状态中的"堕落"，从其普遍性中的分离、异化。这种"堕落"或分离既然是属于作为整体的人类而非属于某一个人的，所以"罪"就成为"原罪"，即植根于人类本性之中的"罪"，因为那关于善恶的知识、那分裂的意识本来就是整个人类的自我意识，缺乏这种意识就不是人类，而是禽兽。按照基督教神学的原罪理论，"原罪"是由于亚当的"堕落"而植根于人类本性中的永恒的犯罪倾向，亚当的一次自由意志的滥用造成了人类万劫不复的罪的宿命。然而在黑格尔看来，"原罪"的真正含义却在于，自我意识作为一种本质规定性而成为整个人类的基本属性。就此而言，"原罪"恰恰成为人之所以为人的基本规定，因为正是自我意识、恶之意识或（与原始统一状态的）分离意识才使人告别了禽兽生活的自然状态，踏上了那条充满艰辛然而却是向着神性复归的必由之路。因此，传统神学对于"原罪"的痛悔和启蒙思想家对于自然状态的赞美都是一种浅薄的认识。

黑格尔强调，恶就是分裂、异化、对立，就是对分裂和对立的意识，而这种意识正是自我意识。精神在本性上就包含着恶的方面，

1　黑格尔，《历史哲学》，1956，第 366 页。

这恶的方面表现为精神与自身的分离，从自在存在向自为存在的转变。然而，正是由于有了分裂，才产生了和解的要求。因为恶、分裂和自我意识必然导致苦恼和不幸，苦恼产生于对无限与有限、善的上帝与恶的人之间的不可逾越的鸿沟的意识，不幸则产生于对人类不能在有限的和世俗的世界尽头发现真正幸福的失望。因此当异化状态或恶的意识已经加剧到极端的程度时，“当时候已经真正来临时”，自我意识与上帝、精神相和解的要求就会应运而生。知识和意识既造成了“分离的创伤”，又治愈了它。恶是人的精神化或神性化过程中的一个必要环节，精神必须经历这个环节才能重返自身：

> 精神生活在其素朴的本能的阶段，表现为无邪的天真和淳朴的信赖。但精神的本质在于扬弃这种自然素朴的状态，因为精神生活之所以异于自然生活，特别是异于禽兽的生活，即在其不停留在它的自在存在的阶段，而力求达到自为存在。但这种分裂境地，同样也须加以扬弃，而精神总是要通过自力以返回它原来的统一。这样赢得的统一乃是精神的统一。而导致返回到这种统一的根本动力，即在于思维本身。[1]

分裂、对立并不是真理，正如同停留在原始的统一状态不是真理一样，真理是通过对分裂、对立的否定而重新达到的统一。和解的要求建立在对异化的克服之上；而和解之所以是可能的，只是因为神性与人性之间的对立在上帝的理念中就已经内在地被扬弃了。“对立内在地被扬弃了这一事实，构成了主体也应该现实地扬弃这种

---

1 黑格尔，《小逻辑》，1980，第 89 页。

对立的条件、前提和可能性。”[1] 对立从根本上来说是一种不协调，正是这种不协调成为和解的要求得以产生的起点。但是对立的双方不仅仅是不协调的，它们同时也是同一的、协调的。

> 他物存在、有限性、人性的缺陷和弱点并不会损害构成和解的本质的神圣统一。这一点在神的理念中就已经被看到了。因为圣子是不同于圣父的，这个他物就是差别——否则它将不再是精神。但是这个他物（也）就是上帝，它在自身中充满了神性。他物的性质并不妨碍如下事实，即这个他物就是上帝之子，从而就是上帝。这个他物就是不断地设定自身并且不断地扬弃自身的东西；他物的自我设定和扬弃就是爱或精神。[2]

在“原罪”所导致的分离中，主体意识到了不协调，从而产生了和解的要求。但是和解既然是神性（原初的善）与人性（现实的恶）的和解，它就必须体现为一种“神–人”的确定性形式。这个形式在宗教表象中就是圣子，即基督耶稣，正是他使和解的思想可能性转变为一个确定的历史事实。黑格尔说道：

> 为了使它（这种神–人统一）对于人类来说成为一个确定的事实，上帝必须以肉身的形式出现在世界中。上帝以肉身形式呈现于世这种必然性是一个基本的特点——这种必然性是从我们前面已经论述过的东西（即神人统一的可能性——引者注）中演绎而来的，并被它所证实——因为只有在这种方式中它对

1 G. W. F. Hegel, *Lectures on the Philosophy of Religion,* Vol.3, 1985, p.310.

2 同上，pp.311-312。

于人类来说才会成为一个确定的事实；只有在这种方式中它才是在确定性中的真理。[1]

而且上帝的“道成肉身”并非表现为一般的个体性，而是表现为一个具体的、可感受的单一的个人，这个单一的个人就是基督耶稣。在教会中，基督被称为“神-人”（God-man），这个奇特的复合词对于知性来说是难以理解的，但是它的真正含义则是指神性与人性的统一，确切地说，就是指无限与有限、善与恶、自身与他物，以及种种对立面的统一。在这里，我们似乎又看到了传统基督教神学所主张的基督神-人二性论，这种神秘的基督神-人二性论——关于它的正统教义就是《卡尔西顿信经》中的“四道围墙”——的关键就在于，基督既具有充分的人性，又具有充分的神性；他既是与上帝相分离的他物，又是上帝本身。然而这个令人费解的神学奥秘，在黑格尔的思辨哲学中却得到了完全理性化的解释——基督神-人二性论的理性内涵无非就是精神自身的对立统一而已。

黑格尔接着讨论了和解或神人统一的现实性问题，即“这个人是谁？”。在这个问题上存在着非宗教的观点与宗教的（精神的）观点的分歧。非宗教的观点把耶稣看作一个苏格拉底式的导师和道德圣贤、一个真理的殉道者。这样就必然陷入一种琐细的考证之中，即考证历史上的耶稣究竟是一个什么样的人，从而忽略了基督的精神意义。黑格尔强调，神人和解的现实证据并非历史的证据，而是精神的证据。耶稣并非一个普通的导师，而是一个精神的先知；他的最重要的意义并不在于他的历史真实性，而在于他的精神象征性。“他只是为了真理、为了宣告真理而生活；他的活动只在于完成人类

1 G. W. F. Hegel, *Lectures on the Philosophy of Religion*, Vol.3, 1985, p.313.

的更高的意识。”[1]他就是他所教导的内容本身，他的本质就在于他的教诲之中。正如在亚当身上所体现出来的精神内涵就是分离、恶和“原罪”一样，在基督身上所体现出来的精神内涵则是和解、善和“救赎”。基督只是一个直接表述上帝的意旨的象征物，通过他，上帝本身在说话和在证实。基督带来了一种新宗教，这种新宗教就是一种新意识——对人类与上帝的和解的意识，从而把上帝的国度呈现于人类面前。这个上帝的国度，这种新宗教，潜在地包含着与现实世界相决裂的要求，它要求人类摆脱有限的事物，把自身提高到无限的境界。这就是“救赎”的全部精神实质。

对现实世界的潜在的否定或决裂是通过基督蒙难和复活而转变为现实的。上帝必须显现为肉身，显现为感性的人形，但是这肉身和感性的人形并非精神的永恒形式，它只是精神重返自身的中介。肉身是精神的否定形式，精神必须通过再次否定（或者更确切地说，通过对否定的扬弃）才能回到自身，“精神只有作为否定之否定才是精神”[2]。这个否定之否定用表象的语言来说，就是基督之死。在基督教中，精神不仅仅是一次性地显现为一个唯一的人形，而且精神最终还必须超出这个人形，返回自身。黑格尔在《历史哲学》中说道：

> 精神所寄托的那种感官的生存，只是一种过渡的阶段。基督死了；只有死了，他才高升到天堂，安坐在上帝的右边；只有这样，他才是“精神”。他自己说：“一旦我离开了你们，‘精神’将引导你们去取得一切真理。”[3]

1　G. W. F. Hegel, *Lectures on the Philosophy of Religion*, Vol.3, 1985, p.317.

2　同上，p.312。

3　黑格尔，《历史哲学》，1956，第370页。

精神必须向死而生。从精神方面来理解，基督之死构成了“拯救的手段、和解的焦点”。在路德宗——黑格尔的宗教信仰就属于该宗——关于“上帝本身死了”的观点中表现了一种精神的解释，它意味着人的一切脆弱性、有限性和否定性都只是神性的一个瞬间，它们是在上帝自身之中的；而基督之死则意味着对人的这些有限性因素的“剥夺”，意味着向天国的荣耀和精神自身的复归。

当基督的生与死的故事获得了一种精神性的解释时，“基督复活和向着上帝之侧上升的历史”就开始了。当历史被超历史地（即思辨地）加以说明时，真正的历史（精神的历史或圣灵的历史）才开始。感性历史的终点正是精神历史的起点，圣子死了，圣灵就活了。如果说圣父的场所是在纯粹思想中，圣子的场所是在世俗世界中，那么圣灵的场所则是在宗教社团的信仰中，因此基督复活的历史就是宗教社团的历史。社团建立在对神人统一和神圣和解的意识和确信之上，它构成了神与人、天国与现世相联系的唯一枢纽。在社团中开始了从单纯的人向“神–人”的转化，在那里基督由历史中的人转变为信仰中的精神或圣灵。基督的生与死不再是某个具体的个人的历史，而是精神的自我分裂和重新统一的“永恒的运动”。“对于社团来说，这就是上帝显现的历史。这个历史是一个神圣的历史，社团由此而达到了对真理的确信。”[1] 在基督的死而复活中，精神扬弃了他物和分离而最终返回自身。这就是关于神人和解的现实性的精神证明。

1 G. W. F. Hegel, *Lectures on the Philosophy of Religion,* Vol.3, 1985, p.327.

圣灵的王国——宗教社团

如果说在关于圣父和圣子的部分中，黑格尔完成了对基督教各主要教义——三位一体、创世、原罪、道成肉身、基督神-人性、受难和复活、救赎等——的理性化阐释，那么在关于圣灵或宗教社团这一部分中，黑格尔则对信仰本身以及圣事进行了理性化说明。

基督的死而复活构成了精神发展的第二阶段（圣子的王国）的终结。黑格尔站在理性主义的立场上对基督复活和升天的奇迹予以精神性和合理性的解释，拒绝一切感性证明和超自然的证明。在黑格尔看来，复活和升天毋宁就是“死亡之死”，是“人类向神的理念的欢乐上升”。复活和升天的真正含义并非指基督一人上升到上帝之侧，而是指整个圣灵的社团都复归到精神之中——只有当许多个别的人都被带入圣灵（精神）的统一体或社团的信仰中时，或者说，只有当特殊的东西同时就是普遍的东西时，神的理念才趋于完善。

因此，精神发展的第三个阶段就是作为普遍性与特殊性的合题的个体性阶段，即圣灵的王国或宗教社团。在精神发展的第一个阶段，在理念中的上帝是内在的三位一体的思想，他在自身中进行区别并扬弃差别，在差别中实现同一。然而这一切都是在抽象的纯粹思想中进行的。在精神发展的第二个阶段，理念从纯粹思想进入了实存，上帝在世界中显现，以确定性的感性形象呈现在主体面前。但是这个感性现象（耶稣）是唯一的、排他性的，他对于其他的主体来说是客观的东西。其他的主体把这个唯一的、特殊的人（耶稣）当作一个崇拜对象，他们并没有意识到这个人就是他们自己的精神或他们自身。而现在，在精神发展的第三个阶段，主体开始把那个“神-人”的历史当作在自身中的精神的历程加以体验。他通过忏悔和赎罪而扬弃了恶和分离意志，产生了与上帝相统一、相和解的信念，使自己与上帝或精神融为一体。“这意味着主体本身成为精神，从而成为上帝国度中的公民。”[1]这就是精神发展的个体性阶段。

在这里，三位一体的抽象思想与表象的确定性、普遍的东西与特殊的东西在每一个主体中得到了统一。现在不仅是那一个唯一的人、而且是每一个个别的主体都通过自身之内的和解而使自己充满了神圣的精神（圣灵），这种自身之内的和解就是信仰。信仰是对真理的内在的、主观性的拥有，它建立在这种确信之上：和解已经以一种确定的和自在自为的方式完成了。信仰虽然最初只是一种个人的行为，一种主观范围内的事情，但是由于在社团中上帝已经进入人的主观性之中，或者更确切地说，作为圣灵（精神）的上帝本身就是绝对的主观性，真理本身就是信仰，因此社团中的主观性是一种升华了的、理想化的和集体性的主观性——这种绝对的主观性用现代的术语来说，实质上是一种普遍的主观间性（intersubjectivity），即已经转化为或者包含着客观性的主观性。

黑格尔认为，宗教社团的发展也经历了一个内在的三段式，即起源、持存和消亡（1821年手稿中的“社团的消亡”一目在1824年和1827年的讲座中被改为“信仰的实现”或“社团精神性的实现”）。社团以信仰作为根基，而信仰则是建立在如下两个前提之上：一是上帝曾经作为一个感性的人而显现，二是对这种显现的精神性理解。上帝的现象或表象还不是真理，真理在于对这个现象或表象的精神性理解。换言之，圣子本身还不是真理，真理在于圣灵之中。“圣灵”（Geist）这个词指那种升发于无限痛苦之中的神圣统一和精神之爱，这爱曾经客观地表现在基督所背负的十字架上，现在它却成为一种内在的和主观的东西，成为人的主观意识，而它的现

1 G. W. F. Hegel, *Lectures on the Philosophy of Religion*, Vol.3, 1985, p.329.

实形态就是作为新人的结合体的宗教社团。当精神、上帝从感性的现象转变为精神性的东西即信仰时，社团的历史就开始了。在信仰中，耶稣已经由时间中或外在历史中的人变成了上帝之子，变成了超历史的精神。黑格尔认为，虽然“可感觉的历史构成了精神的出发点”，宗教社团的信仰开始于个别的创教者，但是这个个别的人在宗教社团中已经由感性的人转变为精神性的圣灵，他与有限的和短暂的历史的牵连被抛弃了，他以可感觉的方式所调解的内容被转换为精神的普遍的真理。“精神已将这个出发点置于身后”，它提出了一种与感性证明全然不同的证明，这就是精神的（或圣灵的）证明。这种证明所要揭示的事实是：基督的教诲、生活、死亡以及复活的历史都是“完全符合理念”的，它并非关于某一个历史人物的奇迹故事，而是精神自身发展的历史表象。

> 这个单纯的内容只能被哲学所证实，而不能被历史所证实。精神所处理的并非历史。精神仅仅只关心自在自为的东西，并非以往的东西，而是现在的东西。[1]

在黑格尔看来，对于基督神圣使命的感性证明是建立在奇迹之上的，而这种证明本身就有待于证明。但是圣灵的证明却是一种思辨的理解，即对基督生与死的历史所包含的精神意义的理解。在这种理解中，精神进入主体的意识，成为绝对的主观性的精神。这种理解、这种“从圣灵中奔涌而出”的坚定信念或信仰，就是社团的起源。

---

1 G. W. F. Hegel, *Lectures on the Philosophy of Religion,* Vol.3, 1985, pp.232-233.

“社团是一个永恒的形成过程。”[1]社团首先是作为一个信仰和教诲的团体而持存的。信仰作为对真理的内在的拥有，不仅仅是一种主观的感受，而且具有客观的内容。真理的这种客观内容必须通过客观的形式来传授，而传授真理的客观形式就是各种教义。在教义中，存在于个人主观意识中的信仰成为一种客观的和自在自为的真理，并呈现于每个人面前。因此，教义被教会当作普遍有效的和权威性的东西而设置和确立，并通过教会的教育（各种训练和修习）而传授于人，从而使信仰的内容从个人的直接体验（内在的圣灵奔涌）变为普遍性的真理。

> 教义通过教会的权威而进入个人。我们一切知识的开端都是而且必须是权威性的……我们所熟悉的那些表象形式都是权威性的，从它们中我们开始我们的哲学化改造。它们作为真理性的东西被给予我们；它们并不是我们自己的见识。我们自己的见识只是后来通过对这些东西的重温、吸收、借鉴和回顾才产生的。[2]

社团的中心活动就是崇拜，崇拜体现在一系列教仪之中，它的

1 G. W. F. Hegel, *Lectures on the Philosophy of Religion*, Vol.3, 1985, p.233.

2 同上，pp. 233-234。在这里，黑格尔对“权威性”的态度已经与其早期神学思想迥然不同了，“权威性”已经成为教义和信仰的一个必要条件，成为“客观性”或“普遍性”的同义词。这是黑格尔反对施莱尔马赫等人把信仰仅仅归结于个人的神秘感受的观点的必然结果。黑格尔在1831年的最后一次宗教哲学讲座中明确指出：“社团就在于，这种信仰作为一个前提对于每一个人来说都是有效的——这就是说，精神是普遍存在的。与此相反的观点则认为，我们都拥有只属于我们自己的教义；这仅仅是一个偶然性的问题，在宗教中，信仰的这种隐秘性被消除了。”（参见：G. W. F. Hegel, *Lectures on the Philosophy of Religion*, Vol.3, 1985, p.373.）当然，黑格尔对中世纪天主教的僵化的权威性教义仍然持批判态度，他所说的“权威性”的真实含义在于：真正的信仰必须通过一种权威性的教育而成为普遍有效的客观真理，从而使得信仰不仅是个人的内在体验，而且是整个社团的共同信仰。

核心是圣事，特别是洗礼和圣餐。在圣事中，教会成员通过对基督生活、蒙难、复活等事迹的重复和“分享”而达得精神上的理解，从而在自身之中实现神人和解。通过洗礼，个人进入社团精神性的生活；通过圣餐，个人在自己的主观意识中“分享”了神人统一。关于圣事的意义，不同教派之间有着极大的分歧。黑格尔在圣事问题上明显地倾向于路德派的观点，即强调发掘圣事活动背后的精神含义。他明确地指出：“圣事活动的内容也就是精神的发展……内容是从基于可感觉的东西之上的表象开始的；但是在崇拜中，对这种感性因素的扬弃才是关于圣灵恩典的确定知识。”[1]

社团虽然最初只是一个神秘崇拜的小团体，但是它很快就发展成为一个普世性的宗教组织——教会。黑格尔把教会称为“基督‘精神’里的一种真实的现世的生命”，他说道：

> 基督——作为人类来说——他一身里表现了上帝和人类的统一，他的死亡和他的全部历史里表现了“精神”的永恒的历史——这一部历史是每个人必须在他自身内完成，然后才能存在为“精神”，才能成为上帝的儿女、上帝王国中的公民。基督的信徒，他们在这个意义下联合起来，并且以这种精神生活为目的，而有“教会”的组织，这个教会便是上帝的王国。[2]

黑格尔认为，教会不仅是信仰的场所，而且产生出公民和政治生活的种种原则，其中最重要的两个原则就是平等观念和自由精神。

当和解已经在心灵中实现时，世俗世界仍然作为一种外在的

1 G. W. F. Hegel, *Lectures on the Philosophy of Religion*, Vol.3, 1985, p.236.

2 黑格尔，《历史哲学》，1956，第 373 页。

现实与心灵相对立。因此，真正的和解不应该仅仅停留在个人心中和教会中，它也必须在世俗世界中以同样合理的形式实现。所以继社团的起源和持存之后，“第三（方面）就是社团精神性在普遍现实中的实现。它同时也包含着社团的改革”。[1] 在 1824 年以后的讲座中，黑格尔认为社团不仅是教士的社团，而且应该成为一个普世性的社团，狭义的社团的消亡同时就意味着广义的社团的实现，即社团精神在世俗世界中的实现。社团精神的普遍实现是由精神的本性、从而也是人的最本质的属性——自由——所决定的。“主体的这种自由就是它的合理性……这自由具有实现自身的冲动和确定性。奴役状态与基督教相冲突，因为它是与理性相对立的。因此，必然会产生这种要求，即和解也应该在世俗世界中被完成。”[2]

黑格尔指出，社团精神与世俗生活的和解也可以分为三种形式或三个阶段，它们不仅是逻辑的阶段，也是历史的阶段：第一，直接性和抛弃世界的阶段。在这种形式中，社团只是在自身中达到和解，而完全放弃了世俗世界，“将自己置于与世界从而与自身的否定关系中”。世俗世界受着自然情欲的支配，而僧侣则彻底退出世界，其结果使精神仅仅局限于世界之外的心灵中、局限于自身中，成为一种不发展的东西。这是与精神的本性——发展自身、区别自身——相违背的。这个阶段从逻辑上来说，就是精神在自身中的抽象同一；从历史上来说，就是在堕落的罗马社会中洁身自好的原始基督教社团。第二，宗教虔诚与世俗世界彼此保持外在性的阶段。在这种外在性的联系中，一方压倒另一方，从而根本就谈不上什么

1 G. W. F. Hegel, *Lectures on the Philosophy of Religion,* Vol.3, 1985, p.339.

2 同上，p.340。

和解。教会作为已和解的一方，凌越于未和解的世俗世界之上，但是同时它却把世俗世界的种种邪恶的情欲吸收到自身之中，从而在教会中产生了缺乏精神的世俗性。于是我们看到一种普遍的不自由，在人的一切生活领域中都出现了分裂，人类陷入一种普遍的奴役状态。这个阶段从逻辑上来说，就是精神自身的分裂为二和相互对立；从历史上来说，就是与世俗王权尖锐对立的中世纪天主教会。第三，这种矛盾在伦理世界中被解决，或者自由原则渗透进世俗世界的阶段。在这里，世俗世界已经达到了与概念、理性和永恒真理的一致，自由已经成为具体的和合理的意志。伦理生活的制度就是神圣的制度。在伦理世界中，神圣的东西不再是中世纪天主教所推崇的独身、贫穷、服从等虚伪美德，而是道德美满的婚姻和家庭、合法而合理的积极的自我致富、自由的服从或对伦理生活的服从。“因此在伦理世界中，宗教与世俗生活和现实的和解产生了并且被完成。”[1] 这个阶段从逻辑上来说，就是精神在现实性中的具体同一或自我复归；从历史上来说，就是为新教伦理原则所渗透的资产阶级市民社会。

上面所谈的只是和解的一个方面或者第一个步骤，即生活中的和解，它还必须进一步上升到思想中的和解。最终的和解是精神与自身的和解，这种和解只能在思想中完成。思想、概念既是起点，也是终点，精神在经历了与它自身的他物的现实的和解之后，必然要重新返回思想中，因此最终的和解仍然必须在思想中、在绝对的主观性中实现。黑格尔认为，这种主观性的和解在当今时代也经历了一个艰难的发展过程，它首先采取了一种抽象的思想或知性的形式，这就是启蒙思想（尤其是康德的批判哲学），它的特点是强调

1 G. W. F. Hegel, *Lectures on the Philosophy of Religion*, Vol.3, 1985, p.342.

"我们不能认识上帝"，从而把关于上帝的真理从知识论中清除出来。与此相反的另一个极端是虔信主义，这是一种狂妄而空虚的主观性，它执着于缺乏任何规定性的内在感觉或所谓的"感受性"，不仅否定宗教教义的客观内容，而且否定一切客观真理。"这种与主观性和感觉的自负联系在一起的虔信，激烈地反对试图进行认识活动的哲学。这种主观性的结果是一切东西都消失在主体之中，没有客观性，没有可靠的确定性，上帝本身也没有任何发展可言，从而也就根本不再具有任何内容。"[1] 黑格尔在《小逻辑》中指出，虔信主义不过是"精神在自身中的一种内在的迂回"，虔信主义者只知道"枯燥地崇奉我主基督的名字，只凭成见去轻蔑并讥嘲学理的发挥，殊不知学理才是基督教会信仰的基础"。[2] 这种拒斥知识的虔信主义表面上与启蒙思想是格格不入的，实际上这相互对立的两端都具有一些共同的基本特点："其一是精神在绝对自由领域中的不自由和奴役状态，其二是抽象的主观性或缺乏内容的主观性。"[3] 因此，二者不过是殊途同归罢了。

继这两种偏见之后出现的主观性的第三阶段或最高阶段，就是从自身中必然地进展到客观内容的主观性，即超出自身而与客观内容相一致的主观性，这就是绝对的主观性。

它认识和承认内容是必然的，这个必然的内容是客观的、

1 G. W. F. Hegel, *Lectures on the Philosophy of Religion*, Vol.3, 1985, p.344. 反对虔信主义是黑格尔 1827 年宗教哲学讲座的一个显著基调，这是因为虔信主义指责黑格尔的宗教哲学是一种泛神论或无神论。黑格尔在 1827 年的讲座中之所以要特别强调绝对宗教的内容不仅是启示的而且是被启示的、强调宗教教义的权威性，正是针对虔信主义的"空虚的主观性"而言的。在 1827 年的讲座中，他用对虔信主义的批判代替了 1824 年讲座中在同一地方对伊斯兰教的评论。

2 黑格尔，《小逻辑》，1980，第 26 页。

3 G. W. F. Hegel, *Lectures on the Philosophy of Religion*, Vol.3, 1985, p.344.

自在自为的。这就是哲学的观点，根据这个观点，内容在概念中找到了庇护所，通过思想而获得了自己的合理性。[1]

在基督教或绝对宗教中，（宗教的）内容是与必然性和理性相一致的东西，这内容作为自己认识自己的上帝，就是思维着的精神；形式则是内容自身的发展、自身的规定性，或者说是内容的证据。内容作为思维着的精神，它只能被精神的证据所证实，而精神的证据正是思想本身。因此，内容与形式乃是同一个东西。这种认识唯有在哲学中才能达到，“借助于哲学的支持，宗教从思维着的意识中获得了自己的合理性”。[2] 由此，宗教也就过渡或上升为哲学。

在（思辨）哲学中，宗教与理性、信仰与知识最终达到了真正的和解。“就此而言，哲学就是神学。”[3] 和解说到底是上帝、精神与自身的和解。这和解的最终实现一方面是因为自然、他物和有限精神都是潜在的神性，它们在自身中就渴望着和解，它们的必然性或本质就是重返无限的精神；另一方面，这和解只有在世界历史中、只有通过一个漫长的过程才能达到，因此世界历史就是精神与自身和解或实现自身的场所。而和解的最终形式就是对和解的自觉或认识，就是自在自为的精神和思想，就是绝对的主观性，具体地说，就是思辨哲学。思辨哲学通过揭示宗教内容与理性的一致而驱散了宗教内容的神秘性，证实了宗教的合理性，从而最终实现了理性与信仰的和解。“这种和解是上帝的和睦，它并非‘超越一切理性的’，

1 G. W. F. Hegel, *Lectures on the Philosophy of Religion*, Vol.3, 1985, p.345.

2 同上，p.346。

3 同上，p.347。需要指出的是，在 1831 年黑格尔所做的最后一次宗教哲学讲座的结尾处，他甚至不再像以往那样强调哲学是比宗教更高的东西，而是认为哲学只是比信仰的表象形式更高的东西。他说道：“信仰包含着真理的内容，然而却是在表象的形式中；现在需要将思想的形式赋予这内容。哲学做到了这一点，因此哲学并非将自己置于宗教之上，而只是将自己置于作为表象的信仰形式之上。”（参见：同上，p.374。）

而是作为真理通过理性而被认识和思维的。”[1] 启蒙思想偏执于抽象的理性（知性），虔信主义偏执于空洞的信仰，它们都是与（思辨）哲学相对立的。因为在（思辨）哲学中，理性与信仰原本就是同一个东西，二者之间的差别并不能取消它们在本质上的同一性。而二者的对立统一、二者在差别中达到同一的运动，正是思辨理性自身的内容。这样，黑格尔就在思辨理性的基础上完成了对宗教神秘主义的合理化改造。

黑格尔对宗教神秘主义的合理化改造不同于一般的理性神学（如自然神论）和历史主义的做法，后者往往只是把宗教神秘主义当作一种“错误的感觉”或有意的欺骗，当作历史过程中以讹传讹的结果，因此它们对宗教神秘主义的合理化改造就是要从神秘的宗教表象（奇迹）背后去发掘符合自然理性（或经验理性）的事实“真相”。这些事实“真相”与神秘的宗教表象是截然对立的，因此神秘主义完全是对自然理性的一种有意或无意的歪曲。黑格尔的做法则相反，他不是把宗教神秘主义与理性截然地对立起来，而是力图在二者的对立之中去说明它们的同一性。他不是把神秘主义完全摈除在理性之外，而是把它消融于理性之中，使之成为理性本身的基本特点，从而把超理性和超思维的神秘性变成了理性和思维自身的辩证法。

对于黑格尔来说，神秘性就是理性本身的思辨性。当基督教的教义和信仰用表象的语言来加以表述时，它们是神秘主义的；但是一旦这些教义和信仰被纳入思辨哲学的体系中，通过概念的语言来加以表述时，它们立即就变成了理性自身的辩证法。在黑格尔那里，只有一个概念，整个世界和“超世界”都不过是这个概念自我实现和自我认识的环节，在这概念之外便没有任何东西。或者更恰当地

1 G. W. F. Hegel, *Lectures on the Philosophy of Religion,* Vol.3, 1985, p.347.

说，对于概念而言，根本就不存在“之外”。因此神秘性的东西就从概念之外转向了概念之中，成为概念自身运动的根本动力和内在源泉。由于把概念之外的神秘性变成了概念自身的神秘性（或思辨性），因此，黑格尔对于宗教神秘主义的理性化改造过程同时也就是理性本身的神秘化历程。

第 19 章　黑格尔宗教哲学的精神实质与历史命运

神秘主义的理性化与理性的神秘化

理性与信仰、知识与宗教的关系问题自中世纪以来始终是哲学和神学共同关注的焦点之一，而且迄至黑格尔时代，二者基本上是处于一种水火不容的对立状态中。扬弃二者的抽象对立，使它们在思辨理性的基础上达到辩证统一，这就是黑格尔宗教哲学面临的主要任务。黑格尔宗教哲学的基本任务和核心思想就是要通过概念自身的辩证运动来论证理性与信仰、知识与宗教的同一性，把上帝等同于精神或理念本身，把真理说成是人对上帝的认识或上帝在人身上的自我认识，从而将神学提升到哲学的高度。在黑格尔那里，理性超出了经验理性或知性而成为思辨理性，这思辨理性同时也是对浅薄的直观神秘主义的否定，但是其本身却具有深刻的神秘特点。黑格尔在对基督教的神秘教义进行合理化解释的同时，使理性本身也成为充满了“奥秘”色彩的思辨理性，从而在对神秘主义进行理性化改造的同时，完成了理性的神秘化历程。

具体地说，黑格尔的宗教哲学具有两个层次：表面层次是对神秘的宗教教义进行理性化或合理化阐释，从而使得宗教内容不仅仅是信仰的对象，而且成为知识；深层层次则是实现理性的神秘化历程，使得理性成为具有神秘特点的思辨理性。这两个层次是不可截然分开的，它们毋宁说是对同一个过程进行分析时的两个着眼点。确切地说，黑格尔宗教哲学的基本特点恰恰就在于，他在对神秘的东西进行理性化阐释的同时，也把理性变成了神秘的东西。这种在理性与信仰之间寻求同一性的宗教哲学后来遭到来自两个方面的批判——青年黑格尔派认为它具有太多的神秘化色彩，是一种诡秘玄奥的思辨神学；教会方面则认为它具有太多的理性成分，是一种否定信仰的思辨哲学。然而在黑格尔那里，神秘性与理性、神学与哲学原本就是同一个东西，是同一个概念、精神在自我实现和自我认识的过程中所展现出来的不同形态而已。马克思在评价马丁·路德的历史作用时曾说："他把僧侣变成了俗人，但又把俗人变成了僧侣。"[1] 同样地，黑格尔把神秘主义变成了理性，是因为他同时也把理性变成了神秘主义。就此而言，黑格尔的宗教哲学就是路德神学的思辨表现，正如同路德第一次打破了人与神之间的藩篱而实现了二者的内在统一一样，黑格尔第一次打破了理性与神秘性的绝对对立而实现了二者的辩证同一。

关于理性与神秘性之间的这种同一性，黑格尔在许多著作中都有过明确的论述：

> 一切理性的真理均可以同时称为神秘的。[2]

1 中共中央马克思恩格斯列宁斯大林著作编译局编，《马克思恩格斯选集》（第一卷），1995，第 9 页。

2 黑格尔，《小逻辑》，1980，第 184 页。

> 神秘的东西作为一个整体就是思辨的东西，或者说，是对于知性隐而不见的东西。[1]

> 神秘作为思辨的内容，就它的性质说来，只是对于理智是不可知的秘密，而不是对于理性；从思辨的意义看来，神秘的正是那合理性的。[2]

当然，当黑格尔这样强调的时候，他是有所限定的，即针对“以抽象的同一性为原则”的知性来说，思辨理性的真理就是神秘的东西。因为知性坚持认为，理性（知性）的东西一定不能是神秘的；另一方面，神秘主义则站在相反的立场上说，神秘的真理一定是超理性的，是理性（知性）所达不到的。然而在黑格尔看来，理性作为一种具有内在的自否定冲动的东西，（对于知性来说）本身就是神秘的；而神秘的东西作为一种具有内在规定性和必然发展环节的东西，同时就是合逻辑的和合理性的。

传统的神秘主义（尤其是德国神秘主义）对于黑格尔思辨哲学的最大贡献就在于它抓住了主体与实体的同一。但是在黑格尔看来，它也具有两个根本性的缺陷：其一是过分执着于抽象的同一，完全抛弃了差别和对立；其二是坚持在神秘直观的状态下把握同一，全然排斥理性和知识。然而，黑格尔的思辨哲学却始终把同一看作有差别的同一，从同一到差别、对立再到同一的过程是在理性和知识（自我认识）的过程中实现的。因为精神既是主体，也是实体，它在自我发展与自我认识的过程中不断地分裂为二和复归为一，这个充

1 G. W. F. Hegel, *Lectures on the Philosophy of Religion*, Vol.1, 1984, p.445.
2 黑格尔，《哲学史讲演录》（第一卷），1959，第 79 页。

满了自否定特点的过程本身就是精神自身的理性教养和知识实现的历程。

与神秘主义相反，知性的反思（特别是康德哲学）过分强调差别和对立，而完全忽视了同一；过分强调理性（知性）知识，而把神秘的东西当作认识的绝对彼岸。对于这种反思的知性来说，主体与实体、思维与存在不仅是有差别的东西，而且更是截然对立的东西，它们之间的鸿沟是不可跨越的。因此主体、思维就自甘屈辱地把理性限制在狭小的现象范围内，而把作为自在之物的实体留给了信仰。于是，主体与实体、思维与存在之间的鸿沟就表现为理性与信仰、知识与宗教之间的对立，这就是康德哲学的最终结果。与这种抽象的对立不同，黑格尔的思辨哲学坚持认为对立的东西既是对立，同时也是对对立的扬弃，因而就是同一。精神的本性就在于不断地设置对立并扬弃对立，而知性的反思与神秘的直观一样，仅仅只抓住了精神发展的一个片段，并且把这个片段当作了全体。正是因为黑格尔的思辨哲学在对立统一的辩证过程中超越了主体与实体、思维与存在之间的鸿沟，所以他同样也就实现了理性与信仰、知识与宗教之间的同一。

黑格尔深刻地指出，正是由于康德把概念、范畴仅仅当作主观的（虽然也是普遍的）东西，所以康德哲学最后陷入了不可自拔的二元论。与此相反，黑格尔始终强调概念、范畴的客观内涵。他说道：

> 这些范畴，如统一性、因果等等，虽说是思维本身的功能，但也决不能因此便说，只是我们的主观的东西，而不又是客观对象本身的规定。但照康德的看法，范畴却只是属于我们的，

而不是对象的规定，所以，他的哲学就是主观唯心论。[1]

然而，概念、范畴在黑格尔那里则是主客观相统一的东西，主体（思维、自我）与客体（存在、自在之物）都不过是概念自身运动过程中的不同环节，从这种意义上来说，黑格尔的哲学就是绝对唯心论。这种绝对唯心论的最大特点就在于，把主观的概念同时也当作客观的、绝对的和唯一的实体（"只有一个概念"），从而扬弃和超越了主客观之间的抽象对立。黑格尔既不同于贝克莱把精神当作纯粹主观的主体，也不同于宗教唯心主义者把上帝（精神的异化和外化形式）当作纯粹客观的实体，在他那里，精神或者上帝是主体与实体、主观与客观的统一。因此，黑格尔素来反对执着于主观与客观的抽象对立，他说道：

> 我们最好抛开主观性和客观性的区别，而着重对象内容的真实性，内容作为内容，既是主观的，又是客观的。[2]

而从"内容的真实性"方面来看，精神或神作为主体与实体相统一的东西，就是"绝对精神"。因此"绝对唯心主义"才是对黑格尔哲学的最准确的表述，黑格尔本人也正是这样称谓自己的哲学的。

正是绝对唯心主义的上述特点，造成了黑格尔思辨哲学的神秘性。在思辨哲学中，概念不仅是主观的，而且是客观的和绝对的，由它之中发展出整个自然界和人类社会——这样一种思辨神秘主义是比宗教神秘主义更为玄奥的神秘主义。当黑格尔用概念发展的辩

1 黑格尔，《小逻辑》，1980，第 123 页。
2 同上，第 124 页。

证法来诠释基督教的教义时，他固然使神秘的宗教表象合理化和合逻辑化了；然而，当黑格尔把直观性的上帝说成是一个自在自为的绝对精神时，他关于基督教义的这种合理化解释反而把人们带入了一种更加神秘的意境中。王树人先生指出："父与子的关系，诚然是一种血缘的自然关系，但它毕竟是世间普遍存在的。基督教以此类比和晓喻，虽然也是虚伪之说，但却易于为人们所理解。相反，黑格尔的绝对'概念'或'精神'，能够外化出自然，乃至人类社会，则使人连类比的迹象都无处可寻，所以也更加神秘而不可捉摸。"[1] 当黑格尔用概念来说明以表象形式所表现的宗教教义时，他把神学变成了哲学。然而这哲学却由于内容的神秘性（绝对精神的自在自为的运动），因此"哲学不过是用思想表达出来的并且得到合理的论述的宗教"[2]，黑格尔哲学同时也就成为"逻辑泛神论"或者思辨神学。

德国思想自埃克哈特以来一直具有一种神秘主义的倾向，这种倾向更由于"第一个德国哲学家"雅各布·波墨的既粗鄙又玄奥的神智学的影响而染上了一股妄自尊大的狂傲气和故弄玄虚的晦涩味。德国是近代神秘主义的真正故乡，与英、法的纤巧柔腻的神秘主义不同，德国式的神秘主义具有一种气度恢宏、空灵幽邃和桀骜狂妄的特点。英、法神秘主义充其量只是把客观的自然现象加以神秘化，而德国神秘主义则直接把主观精神神秘化和对象化，使主、客观之间的差别和对立消失在一种"物我合一"的晕眩中（这正是波墨的"电光一闪"的接神术之所以能够让英国使者丧失理智的奥秘所在）。这种狂妄而空灵的德意志神秘主义对黑格尔哲学产生了极其重要的影响，在黑格尔的早期神学思想——这正是他的整个思辨哲学的发

1 王树人，《历史的哲学反思——关于〈精神现象学〉的研究》，1988，第 214—215 页。
2 马克思，《1844 年经济学—哲学手稿》，刘丕坤译，人民出版社，1979，第 111 页。

祥地——中，我们已经明显地看到了这种影响的痕迹；而在成熟了的黑格尔哲学中，这种神秘主义则隐蔽在思辨理性的耀眼光环之后。罗素对黑格尔的哲学评论道："在青年时代，他非常热衷于神秘主义，他后日的见解多少可以看成是最初他以为是神秘洞察的东西的理智化。"[1] 专研黑格尔哲学的英国学者摩尔（G. R. G. Mure）也认为，黑格尔的所有哲学努力旨在"把埃克哈特和波墨等人所主张的神秘主义的天人统一理性化并公诸于世，以显出它是以整个世界为其证明的通过差别的统一"[2]。从这种意义上来说，黑格尔的宗教哲学乃至整个思辨哲学就是要把神秘主义者在直观中所达到的同一境界改造成为合乎逻辑的概念运动。

在德国神秘主义传统与黑格尔的绝对唯心主义哲学之间有一条一脉相承的思想线索，这就是一种狂妄的主观精神。绝对唯心主义与德国神秘主义一样，敢于直接把主体等同于实体、把精神等同于神，从而把主观性的精神放大为世界的本体和实体。由于采取了理性和逻辑的形态，所以绝对唯心主义与传统神秘主义相比，具有一种更加狂放不羁和气势磅礴的特点，它表现为一种绝对的主观性，即把客观性作为一个环节包含在自身之中的主观性。这种妄自尊大的绝对主观性最初滥觞于德国神秘主义传统，而在黑格尔哲学（以及稍后的叔本华、尼采哲学）中达到了登峰造极的高度。

然而，由于黑格尔哲学的本质特征就是用主观性的东西去包摄、涵容、异化和扬弃客观性本身，因此被黑格尔说成是现实地存在的东西，实际上不过是在思想中存在的东西，客观世界不过是关于客观世界的知识而已。恰如马克思所指出的，对于黑格尔来说，"我的

1 罗素，《西方哲学史》（下卷），1976，第 276 页。

2 参见：施泰因克劳斯编，《黑格尔哲学新研究》，王树人等译，商务印书馆，1990，第 237 页。

真正的属人的存在是我在哲学中的存在。因此，宗教、国家、自然界、艺术的真正存在，就是宗教哲学、自然哲学、国家哲学、艺术哲学。”[1]从自我意识或纯粹概念中外化而出的自然界和人类社会，仅仅只是关于自然界和人类社会的抽象思想和意识，仅仅只是“精神的环节即思想物”。因此，黑格尔始终停留在自我意识与意识、思维本身（主观思想）与关于对象的思想（客观思想）的对立统一中，质言之，停留在抽象的思想自身同一中，而不是真正意义上的思维与存在的同一中。如果说，把主观思维与客观存在彼此外在地对立起来是康德哲学的“最后的观点”，那么把客观存在仅仅等同于关于客观存在的思想或意识，并把这思想或意识最终归结于主观思维，这就是黑格尔哲学的“最后的观点”。马克思精辟地指出，在黑格尔那里：

> 意识，也就是作为知识的知识、作为思维的思维，直接地把自己冒充为有别于自身的他者，冒充为感性、现实、生命，——在思维中超越自身的思维。

> 主词和宾词之间的关系是绝对地颠倒的：这就是神秘的主体—客体，或包摄客体的主体性；就是作为过程、作为把自己外化出去并且从这种外化返回自身、同时又使外化回到自身的主体的绝对主体……这就是在自身内部的纯粹的、不停息的旋转。[2]

1 马克思，《1844年经济学—哲学手稿》，1979，第126页。

2 同上，第124、129页。

如果说黑格尔哲学的基本特点就是在主观性中包摄客观性、在思维中包摄存在，那么，黑格尔宗教哲学的基本特点就是在理性中包摄神秘性。然而，正如同在思维中对存在的包摄只是一种虚假的包摄一样，在理性中对神秘性的包摄也只是一种主观的自欺。黑格尔一向反对超越理性和排斥知识的神秘性，他通过自己的哲学把神秘性完全消融在知识论中。他的哲学终结于所谓的绝对知识，即关于绝对（精神）的知识，而绝对知识之所以是绝对的，正在于它是无所不包的。因此，绝对唯心主义哲学作为一种绝对知识，已经把一切东西都囊括在内了。绝对唯心主义就如同牛顿的绝对空间一样，对于它来说不存在任何“之外”的东西，因而也就根本不存在任何超知识（或超理性）的神秘性。可见，黑格尔不是简单地用理性来否定神秘性（像启蒙思想家所做的那样），而是用理性来包摄、涵容神秘性，把神秘性变成（思辨）理性自身的本质特征，变成理性的辩证法。因此，在黑格尔的宗教哲学中，神秘性由“不可知”的东西变成了“可知”的东西，由超理性的直观对象变成了理性自身的辩证运动。

问题因此就真正地被解决了吗？黑格尔哲学真的就一劳永逸地消除了超理性的神秘性吗？

事实上，当黑格尔踌躇满志地宣称在（思辨）理性之外更无神秘性时，他只是采取了一种掩耳盗铃的做法，因为黑格尔从来就没有真正地走出过思维、自我意识和主观性自身。因此，当黑格尔宣布他消除了神秘性时，他仅仅只是在思维中消除了神秘性，或者说，仅仅只是消除了关于神秘性的思想。正如同当贝克莱宣称他消除了客观性时，他仅仅只是在感觉中消除了客观性，或者说，消除了关于客观性的感觉。

然而，神秘性之所以为神秘性，恰恰就在于它是超理性的，或者说，是在思维所能达到的尽头之外的。正如贝克莱仅凭着感觉是不可能消除感觉之外的客观性一样，黑格尔仅凭着理性思维也不可能消除思维之外的神秘性。神秘性这种至高无上的奥秘，就像中国哲学中所说的“天人合一”境界一样，对于理性永远都是一个可望而不可即的东西。张世英先生说道：“即使是那些不承认有不可知、不可说的领域的西方传统形而上学哲学家，他们和任何人一样，也都有自己的天人合一的境界，他们把他们的最高者说得淋漓尽致，一干二净，而实际上（即在实际的人生中）都保留了一个未说出的神秘境界，因为这种境界本是不可说的，但他们所说的一切（包括认识论以至对最高者所说的本体论）都‘反映’、烘托出他们未说出的神秘境界。”[1] 因此，黑格尔有时也不得不说：“哲学家是突然被推进到与最内在的神圣东西在一起的神秘之中的人。”[2]

现在，当我们全面考察了黑格尔的宗教哲学之后，可以得出如下结论：第一，黑格尔的辩证法起源于他早年神学思想中的神秘主义，黑格尔哲学是从黑格尔神学中发展出来的，正是这种背景决定了黑格尔哲学中的浓重的神秘色彩。第二，当黑格尔哲学的一般体系建立之后，他开始在宗教哲学中对神秘主义进行改造，这种改造的基本特点就是把概念、理性之外和之上的神秘性转变为概念、理性自身的神秘性。因此这个改造过程一方面是神秘主义的理性化，另一方面则是理性的神秘化。第三，由于黑格尔哲学从未真正地走出主观性和思维本身，所以当黑格尔把神秘性转变为理性自身的神秘性时，他仅仅只是消除了关于神秘性的思想，却并没有、也不可能真正地消除神秘性本身。真正的神秘性永远都是在理性触角伸展

1 张世英，《说不可说——再论哲学何为》，《北京大学学报》（哲学社会科学版），1995年第1期，第48页。

2 《黑格尔著作》理论版第19卷，第489页，转引自：同上，第44页。

的尽头处开始展现自己的领域的，因此，试图通过把理性之外的神秘性变成理性自身的神秘性的做法来消除神秘性，就如同一个人在白日梦中幻想用牙齿来咬住自己的鼻子一样，只不过是一种狂妄的自欺欺人罢了。

从基督教神学思想发展的角度来看，康德的批判哲学由于在理性与信仰、知识与宗教之间划了一条泾渭分明的界线，所以他在保证科学知识的独立性的同时，也为宗教信仰保留了一块纯粹的净土，从而使道德神学成为可能。虽然现代基督教神学界对于康德的道德神学褒贬不一，但是人们至少还承认，道德神学（就如同施莱尔马赫的情感神学一样）是一种现代意义上的神学。然而黑格尔的宗教哲学由于以一种独断论的方式在理性与信仰、知识与宗教之间实现了同一，神学已经与哲学融为一体了，因此尽管黑格尔哲学被更加激进的青年黑格尔派指责为“思辨神学”，但是对于现代基督教神学界而言，黑格尔的那一套思辨的东西压根儿就不是什么神学，完全是狂妄理性的一派谵言妄语。从这种意义上来说，康德的道德神学对于现代基督教思想所产生的影响，远远超过了黑格尔的思辨神学（尽管后者对于现实社会批判所产生的影响远远超过了前者）。

施特劳斯与鲍威尔

澳大利亚哲学学者伯契尔在谈到黑格尔宗教哲学的历史影响时说道:“在黑格尔的早期‘神学’阶段和后来的哲学著作中，宗教批判以不同的形式作为一个中心问题而出现。但是黑格尔的宗教批判决不像休谟在其《自然宗教对话录》中所做的宗教批判那样容易被人们吸收和理解。对于一些评论者来说，黑格尔的宗教批判在否定基督教和捍卫基督教这两种立场之间表现出一种不可克服的矛盾心理。”[1] 正是这种模棱两可的“矛盾心理”，导致了黑格尔右派与左派之间旷日持久的分歧和争论。

黑格尔不同于施莱尔马赫，他并非一个神学家，而是一个宗教哲学家，因此他对神学界的影响主要不是在神学内容上（黑格尔素来对教义的神学内容、对福音书故事的历史真实性不感兴趣），而是在思想方法上。在黑格尔看来，宗教教义所表述的东西不过是精神、理念自身发展的表象形式，这些表象本身并不是内容，它们的内容是那个唯一的概念。因此，追问这些表象本身的历史真实性是没有意义的。黑格尔关心的不是关于基督神迹的历史证据和神学意义，而是在这些神迹背后所隐含着的精神内容和哲学意义。正因为如此，黑格尔的宗教哲学思想对于正统的神学界没有产生什么显著的影响。但是他的方法，即通过正题、反题、合题的形式来论述宗教表象的思辨内容的辩证法，却被一部分神学家所继承。著名的教会史专家沃尔克指出：“尽管黑格尔是宗教哲学家，不是神学家，但他的方法对神学的影响甚深。他的见解虽然不久便受到激烈的挑战，但在整个 19 世纪下半叶继续吸引了许多诠释家，尤以在英国和美国为甚。”[2]

黑格尔的宗教哲学既然具有把神秘主义的教义理性化和把理性本身神秘化的双重特点，所以他的宗教哲学体系就遭到了来自两个方面的批判：一方面，黑格尔的“思辨神学”受到了基督教正统派的抵制，原因是它把信仰的实证性内容完全消解在概念发展的逻辑中；另一方面，黑格尔的宗教哲学又成为费尔巴哈和马克思对整个黑格尔主义和德国现实社会进行批判的出发点，原因是它给精神和

1 B. C. Birchall, “Hegel’s Critique of Religion”, in Robert Stern, ed., *G. W. F. Hegel: Critical Assessments*, Vol.4 , Routledge, 1993, p.494.

2 威利斯顿·沃尔克，《基督教会史》，1991，第 615 页。

理性从而也就给国家和新教加上了太多的神秘色彩。与此相应，双方又都从黑格尔宗教哲学中吸取于己有利的东西，寻找自己的理论根据，从而使得黑格尔宗教哲学的实质成为一个扑朔迷离的问题。“在后黑格尔哲学中，在关于黑格尔哲学的本质特征问题上存在着极大的分歧：它究竟是为基督教提供了一种合理的论证和辩护呢，还是从人本主义无神论的立场上摧毁了基督教？”[1]德国哲学家卡尔·罗维特（Karl Löwith）在谈到黑格尔宗教哲学的两面性特点时指出：

> 将宗教与感受和想象的形式予以区别，并从而将宗教提高到概念的形式，这些手段，黑格尔既用来完成他为基督教所做的积极的论证，同时又用来进行他对基督教的批判。这种区别的两面性，就构成了黑格尔时代以后所有的宗教批判的背景。它甚至造成了黑格尔学派的垮台，并分裂为左翼与右翼……教会正统宣称，黑格尔的“翻译”是非基督教的，因为它破坏了信仰的实定内容；另一方面，黑格尔保留了教条的基督教，虽则是以他的概念的形式保留的，这又使得青年黑格尔派很不舒服。[2]

但是从根本上来说，“黑格尔的宗教哲学是属于无神论史的。它必然代替启蒙运动者的幼稚的无神论，那些启蒙运动者是把宗教仅

1 Rob Devos, “The Significance of Manifest Religion in the Phenomenology”, in André Wylleman, ed., *Hegel on the Ethical Life, Religion, and Philosophy(1793-1870)*, Leuven University Press and Kluwer Academic Publishers, 1989, p.195.

2 卡尔·罗维特，《从黑格尔到尼采》，转引自：詹姆斯·C. 利文斯顿，《现代基督教思想：从启蒙运动到第二届梵蒂冈公会议》（上卷），1999，第 314 页。

仅看作欺诈和招摇撞骗的”。[1] 正如同对于把神与人、神的本质与人的本质相对立的启蒙运动的批判必然会导致黑格尔的宗教哲学一样，对于把神与人、神的本质与人的本质相同一的黑格尔宗教哲学的批判必然会引出费尔巴哈和马克思的无神论。恩格斯指出，19 世纪三四十年代在德国思想界具有实践意义的东西首先是宗教和政治，但由于“政治在当时是一个荆棘丛生的领域，所以主要的斗争就转为反宗教的斗争”[2]。

青年黑格尔派对德国现实社会的批判正是从对基督教神学理论的批判开始的，他们“对于运用黑格尔的观念来做保护基督教的堡垒并无兴趣。正相反，这个团体中比较激进的成员反而从黑格尔哲学中看出了取消或克服基督教传统的可能性”[3]。施特劳斯首先运用黑格尔宗教哲学所反对的历史主义观点对基督教的起源和福音书所载神迹的历史可靠性进行了深入细致的剖析，把关于基督的一切超自然的神迹都归结为早期基督教团体成员的神话思维的产物。布鲁诺·鲍威尔从罗马时代的“苦恼意识”中分析基督教产生的思想背景，把宗教看作人的“自我意识”的分裂和异化。费尔巴哈进一步提出了宗教是人性的异化形态的观点，把黑格尔关于“人是上帝的自我异化”的思想转变为“上帝是人的自我异化”的思想，从而创立了人本主义宗教学。马克思则把费尔巴哈的抽象的人转变为历史的人和社会的人，从对宗教产生的人性根源的考察转向了对宗教产生的社会经济根源的考察，并把唯物主义的实践观引入哲学，从而

1 阿尔森·古留加，《黑格尔的宗教哲学》，转引自：中国社会科学院哲学研究所西方哲学史研究室编，《国外黑格尔哲学新论》，1982，第 403—404 页。

2 中共中央马克思恩格斯列宁斯大林著作编译局编，《马克思恩格斯选集》（第四卷），人民出版社，1972，第 217 页。

3 詹姆斯·C. 利文斯顿，《现代基督教思想：从启蒙运动到第二届梵蒂冈公会议》（上卷），1999，第 315 页。

不仅说明了异化的社会原因，而且为异化状态的最终消除提供了思想武器。

施特劳斯（David Friedrich Strauss，1808—1874）把黑格尔有意回避的问题，即基督教的历史根源问题，当作自己研究的对象。黑格尔宗教哲学关注的只是基督教的逻辑根源，只侧重于从实证性的教义背后去发掘思辨的概念意义，对于这些实证性教义本身的历史真实性问题却不置可否。然而施特劳斯却恰恰要追问：那些被教会当作实证性教义的基础并记载在福音书中的神迹到底是否具有或者在多大程度上具有历史的真实性？它们的历史原型究竟是什么？

在施特劳斯之前，对于神迹有两种截然对立的说法：一种是理性主义（或神学唯理论）的解释，即把基督的神迹说成目击者们的误解，并且试图为福音书中所记载的超自然的神迹寻找一种合乎自然的说明，这种解释在近代最初源于自然神论和斯宾诺莎神学。例如，德国理性主义神学家保罗斯（Heinrich Paulus）在其《耶稣传》中认为，耶稣在海上行走的神迹实际上是由于迷雾的笼罩使众门徒误把在岸边行走的耶稣看成是在水面上行走；耶稣使5000人吃饱的神迹实际上是由于耶稣奉献出自己仅有的一点食物，从而引起了在场群众的普遍慷慨奉献；耶稣死而复活的事实真相则是，耶稣被葬入坟墓中时并没有死，正巧发生了地震，坟墓被震裂了，耶稣在坟墓中被震醒，重新回到众门徒中；如此等等。另一种是超自然主义的解释，这是正统教会和神秘主义者们所坚持的观点，即把福音书中所载的神迹归因于基督本人的超自然的神性禀赋。然而，不论是理性主义的解释还是超自然主义的解释，都坚持把福音书的一部分或全部当作真实的历史来看待。

在理性主义和超自然主义这两种对立的解释之间采取折中立场的施莱尔马赫认为，在自然性的范围之内，超自然的力量完全可以通过自然的手段来达到其目的；而在自然性的范围之外，则是纯粹的神迹在发挥作用。但是不论在哪种范围内，福音书（尤其是第四福音即《约翰福音》）的记载都不可能是“诗歌式的虚构”，施莱尔马赫明确地表示：“在《新约》里没有神话——神话是史前时代的产物。”[1] 与施莱尔马赫的态度不同，施特劳斯坚信福音书中充满了神话，要想超越理性主义和超自然主义释经学的“过时的体系”，真正打开耶稣故事的奥秘之锁，唯有启用神话方法这把钥匙才能做到。施特劳斯的两部《耶稣传》（分别出版于1835年和1864年）的共同纲领就是要用神话方法来检验《新约》福音书中关于耶稣事迹的历史可靠性，他明确地表示：

> 笔者把神话概念运用于耶稣生平的全部历史之中，在每一部分里面去辨识神话或神话性的润饰之处，不仅把耶稣幼年时期，而且把他的社会生活之中的奇异事件，不仅把施于耶稣的，而且把他所造成的奇迹都归于神话的范畴之下。[2]

施特劳斯的研究结论是：福音书中关于耶稣生平和事迹的记载，只不过是犹太人关于弥赛亚（即复国救主）的神话传说在《新约》中的再现，是史前时代前科学性的神话思维的投影，早期基督教团体的成员以及福音书的作者们有意或无意地接受了这些神话。因此，除了把已经形成的弥赛亚神话移植到耶稣身上之外，《新约》福音书中并没有什么新鲜的东西。

黑格尔把宗教教义看作绝对精神的表象形式，把福音书中的故

1 转引自：施特劳斯，《耶稣传》（第一卷），吴永泉译，商务印书馆，1981，第42页。
2 转引自：詹姆斯·C. 利文斯顿，《现代基督教思想：从启蒙运动到第二届梵蒂冈公会议》（上卷），1999，第349页。

事看作概念运动的譬喻和象征，施特劳斯认为这是一种错误的理解。施特劳斯既反对正统教会对基督神迹的神秘化渲染，也反对黑格尔对基督神迹的概念化解释，而坚持对这些神迹的历史主义的说明。在施特劳斯看来，“基督并不像黑格尔认为的那样是一种象征，是绝对观念发展中的一个环节，他是——不管他过去实际是什么人——当时最懂得下层人民要求的天才个人”。[1]施特劳斯力求在历史中的耶稣和信仰中的基督之间、在“真正的历史”和“用救世主精神整理过的历史”之间做出区分——耶稣是人，而不是神，他是一个具有高尚道德的教人从善的导师。而附加到耶稣身上的种种超自然的神迹不过是犹太民族和早期基督教团体的集体思想的产物，是群众无意识的神话思维的结果。宗教团体的这种无意识的神话思维结果在历史中客观化为一种“实体性”的精神即神，因此神的性质无非是人类精神的客观化和实体化。“在施特劳斯看来，《圣经》里有关耶稣的记载绝非历史的真实，而是神话，是以历史的形式和譬喻式的语言叙述出来的思辨真理，即人类就是人本身的救世主。”[2]

宗教在黑格尔那里是自在自为的绝对精神的一种表象形式，在施特劳斯那里却是无意识的群众精神的一种客观化形式。然而，施特劳斯却深受黑格尔关于精神在世界历史中漫游这一思想的影响，从而把宗教的历史看作精神客观化和实体化（神话化）的历史。

> 人类灵魂在历史中不断被客观化。这个灵魂体现在人民的精神中，或者，如果是指早期基督教的话，体现在基督教团体的神话中。因而宗教并不像黑格尔认为的那样是无个性的绝对

1　参见：В. А. 马利宁、В. И. 申卡鲁克，《黑格尔左派批判分析》，曾盛林译，社会科学文献出版社，1987，第 64—65 页。

2　杨祖陶，《德国古典哲学逻辑进程》，1993，第 304 页。

精神的一种形式，而是人民精神的一种特殊流射。这个精神在早期历史阶段就获得多神教或基督教的神话形式。[1]

而在近代德国，这种精神正在发轫于16世纪宗教改革活动中逐渐觉醒和获得自由。德国人民是“进行宗教改革的人民”，对于这样一种把宗教改革事业当作自己的根本使命的人民来说，要想获得政治上的自由，首先必须获得宗教上的自由；要想把奴役从现实中驱除掉，首先必须把神迹从信仰中驱除掉。施特劳斯强调：

因为由于德国人民的特殊性格而产生的宗教改革已经在他们身上留下了永远的烙印，任何一种和宗教改革没有联系——不是实质上由人民的理智和道德修养中产生的人民事业，决不会有成功的希望。我们德国人在政治上的自由，只能随着我们在精神上、道德上和宗教上的自我解放而增长。[2]

施特劳斯针对施莱尔马赫在理性主义和超自然主义之间走钢丝的折中态度说道：“以任何这一类的处理方式把信仰和今日的科学调和起来都是不可能的。”[3] 这个论断同样也是针对黑格尔的，因为黑格尔宗教哲学的基本特征就是要把宗教信仰与科学知识在概念的基础上调和起来。自施特劳斯之后，反对这种调和就成为青年黑格尔派的一个重要特点。

如果说施特劳斯还仅仅只是把批判限于对基督教起源和福音故

1　B. A. 马利宁、B. И. 申卡鲁克，《黑格尔左派批判分析》，1987，第66页。
2　施特劳斯，《耶稣传》（第一卷），1981，序言，第14页。
3　同上，第43页。

事的历史考证范围内，避免使之发展为对基督教信仰本身的批判[1]，那么在布鲁诺·鲍威尔（Bruno Bauer，1809—1882）那里，对耶稣生平的历史批判则发展为对基督教信仰的宗教批判。施特劳斯把基督教看作犹太民族的集体无意识的神话思维的实体化，鲍威尔则把基督教看作罗马时代哲学家和僧侣们的有意识的欺骗和创作活动的结果，是福音书作者本人的"自我意识"的产物。他认为，福音书（尤其是《马可福音》）的作者是最先编织基督神话的人，他们不仅是福音故事的记录者（像施特劳斯所认为的那样），更是福音故事的创造者。鲍威尔和施特劳斯虽然在确认福音故事并非历史事实这一基本观点上是一致的，但是关于基督神迹到底是犹太民众的"弥赛亚"观念的无意识积淀，还是福音书作者的"自我意识"的有意创作，在这一点上二者之间却存在着明显的分歧。

黑格尔关于实体与主体相同一的思想在施特劳斯和鲍威尔那里被分割为两个相互对立的方面：施特劳斯单方面地发展了实体的方面，鲍威尔则单方面地发展了主体的方面。施特劳斯把黑格尔的自在自为的绝对精神改造为集体性和客观性的"群众精神"，鲍威尔则把绝对精神改造为个体性和主观性的"自我意识"。恩格斯对施特劳斯和鲍威尔的分歧总结道："两人之间的争论是在'自我意识'对'实体'的斗争这一哲学幌子下进行的。神奇的福音故事是如何发生的，是在宗教团体内部通过不自觉的、传统的神话发生的途径形成的呢，还是福音书作者自己虚构的，——这个问题竟扩展为这样一

1　施特劳斯在1835年的《耶稣传》中强调："笔者意识到：基督教信仰的本质，是完全不依他的批判为转移的。基督的超自然的诞生、他的奇迹、他的复活与升天，都依然是永恒的真理，不论关于这些东西作为历史事实的实在性，可能会有怎样的怀疑……耶稣的生平在教义上的意义，仍然是完整无损的。"（转引自：詹姆斯·C. 利文斯顿，《现代基督教思想：从启蒙运动到第二届梵蒂冈公会议》（上卷），1999，第347页。）这种模棱两可的态度使施特劳斯停留在斯宾诺莎泛神论的水平，而没有走向彻底的无神论。

个问题：在世界历史中起决定作用的力量是‘实体’呢，还是‘自我意识’。”[1] 如果说黑格尔的绝对唯心主义在施特劳斯那里被片面地表述为客观唯心主义，那么在鲍威尔那里则被片面地表述为主观唯心主义。

1842 年出版的《同观福音书作者批判》一书使布鲁诺 · 鲍威尔成为德国“神学界的罗伯斯庇尔”。在这本书中，鲍威尔提出了“无限的自我意识”与施特劳斯的“宗教奇迹剧式的实体性”相抗衡，主张用单一性的“自我意识”代替普遍性的神话思维以说明基督教的起源。鲍威尔直截了当地把福音故事说成是福音书作者的主观虚构，甚至连耶稣本人也是虚构的产物。福音书作者由于深受罗马时代的“苦恼意识”的困扰，所以他们使福音书中充满了蒙难的气氛和神秘的色彩。[2] 鲍威尔对基督教的批判并非仅仅局限于方法，而且深入内容本身，也就是说，他不满足于仅仅指责宗教观念的缺陷，而是进一步揭示了宗教的本质——宗教是“自我意识”的异化现象。在鲍威尔看来，黑格尔体系不仅是泛神论，甚至也是无神论的，它的实质是要用“无限的自我意识”来最终摧毁宗教观念，而不是维护这些观念。“真正的黑格尔”对于青年黑格尔派的启示就是“无神论、革命和共和主义”。鲍威尔对“真正的黑格尔”的立场阐发道：

> 宗教的关系只是自我意识的内在的自我关系，所有那些看来是独立于自我意识的力量，无论是实体还是绝对观念，都不

1 中共中央马克思恩格斯列宁斯大林著作编译局编，《马克思恩格斯选集》（第四卷），1972，第 217 页。

2 从这里可以看出鲍威尔深受黑格尔《精神现象学》关于自我意识发展阶段中的“苦恼意识”思想的影响。马克思认为，鲍威尔在说明基督教起源方面所做的工作，实际上不过是对黑格尔的“苦恼意识”思想的诠释。

过是被宗教幻想所对象化了的自我意识的不同阶段。[1]

因此通过对“自我意识”的历史批判，就能够最终消除宗教。

在对待基督教的态度上，鲍威尔曾一度代表着青年黑格尔派中最革命的倾向（虽然在1839年以前他曾经站在正统神学家一边指责施特劳斯，而在1844以后他又开始走向保守），他用“纯思想领域的恐怖主义”把施特劳斯温和的泛神论推向了激进的无神论。鲍威尔在宗教批判方面最大的贡献就在于，他首先提出了“自我异化”（Selbstent-fremdung）的思想。吕大吉先生评论道：“鲍威尔论证说，宗教本质上是意识的一种分裂。自我意识把自己变成一个对象、一个想象的独立存在，一个与意识相对立的独立力量，甚至觉得自己在那个独立力量面前微不足道而对之崇拜，这就是宗教意识……上帝是人创造出来的。然而是一个非人性的神。走到这一步，就达到了青年黑格尔派宗教批判运动的根本结论：宗教是人性的自我异化，神是人的创造。”[2]

鲍威尔承认基督教作为“自我意识”发展过程中的一种异化现象有其历史的合理性，但他并不像黑格尔那样把基督教的历史合理性永恒化和绝对化，而是认为基督教已经与现时代的“自我意识”处于不可调和的对立之中，基督教信仰是与当代世界的自由概念和人性原则相悖逆的。“鲍威尔认为，他的著作就是把基督教与自我意识的当前阶段相对照而揭露其不合理性。因为基督教在开始的时候不论如何革命，但是现在已经过时了而且成为进步

1 布鲁诺·鲍威尔，《对无神论者和反基督者黑格尔的最后审判》，转引自：戴维·麦克莱伦，《青年黑格尔派与马克思》，夏威仪等译，商务印书馆，1982，第62页。

2 吕大吉，《西方宗教学说史》，中国社会科学出版社，1994，第493页。

的障碍了。”[1]就此而论，鲍威尔似乎又回到了莱辛和18世纪启蒙思想家的立场，差别只在于他的根据不是普遍理性而是自我意识，因此毋宁说他更接近于费希特。

费尔巴哈的人本学

鲍威尔把宗教看成自我意识的异化，费尔巴哈（Ludwig Andreas Feuerbach，1804—1872）则把宗教看成人的本质的异化。而人首先就是以身体为基础的思维与存在、精神与肉体的统一体，人的本质无非就是人的自然本性。这样一来，费尔巴哈就把宗教批判的基础从精神性的“实体”和“自我意识”转向了“自然的人”，从唯心主义转向了唯物主义，并且把神学归结为人本学。马克思将施特劳斯、鲍威尔和费尔巴哈的宗教批判理论加以对比道：

> 施特劳斯和鲍威尔两人十分彻底地把黑格尔的体系应用于神学。前者以斯宾诺莎主义为出发点，后者则以费希特主义为出发点。他们两人都就上述两个因素之中的每一个因素在黑格尔那里由于另一个因素的渗入而被歪曲这一点批判了黑格尔，可是他们使每一个因素都获得了片面的、因而是彻底的发展。因此，他们两人在自己的批判中都超出了黑格尔哲学的范围，但同时他们两人都继续停留在黑格尔思辨的范围内，而他们之中无论哪一个都只是代表了黑格尔体系的一个方面。只有费尔巴哈才是从黑格尔的观点出发而结束和批判了黑格尔的哲学。费尔巴哈把形而上学的绝对精神归结为“以自然为基础的现实

1　戴维·麦克莱伦，《青年黑格尔派与马克思》，1982，第65页。

的人”，从而完成了对宗教的批判。[1]

鲍威尔认为“真正的黑格尔主义”的实质是无神论，费尔巴哈则认为“黑格尔哲学是神学最后的避难所和最后的理性支柱”，是企图采用现代方法来重建已经被打败了的基督教的“最后一次雄心勃勃的尝试”。费尔巴哈明确地说道：“谁不扬弃黑格尔哲学，谁就不扬弃神学。黑格尔关于自然、实在为理念所建立的学说，只是用理性的说法来表达自然为上帝所创造、物质实体为非物质的、亦即抽象的实体所创造的神学学说。”“黑格尔的辩证法的秘密，最后归结到一点，就是：他用哲学否定了神学，然后又用神学否定了哲学。开始与终点都是神学；哲学站在中间，是作为第一个肯定的否定，而神学则是否定的否定。”因此，黑格尔的以三段式形式所表述的整个思辨哲学“乃是转化为一种逻辑过程的神学史”。[2]黑格尔的思辨哲学同时就是思辨神学，而这种思辨神学的特点就在于对主词与宾词关系的颠倒。在黑格尔那里，思维就是存在，思维是主词，存在则成为宾词，这种表述方式与基督教以及一切宗教的表述方式是完全一致的。这种从思维中引出存在的做法，与中世纪神学关于上帝存在的本体论证明同出一辙，只不过采取了一种思辨（或辩证）的形式而已。正是由于这种颠倒，所以对于黑格尔来说，人是自我异化的上帝（精神）。然而对于费尔巴哈来说，这种被颠倒了的主宾关系必须重新颠倒过来，因此黑格尔的那个命题就转换为它的逆反命题，即上帝

1　马克思、恩格斯，《马克思恩格斯全集》（第二卷），中共中央马克思恩格斯列宁斯大林著作编译局编译，人民出版社，1957，第 177 页。

2　费尔巴哈，《费尔巴哈哲学著作选集》（上卷），荣震华等译，商务印书馆，1984，第 115、114、149、164 页。

（精神）是自我异化的人。这种主宾关系的再颠倒，就构成了费尔巴哈对黑格尔哲学的“改造性批判”的主要内容。费尔巴哈明确地说道：

> 只要在每一个地方都用述语取代主语，就是说，把思辨神学颠倒过来就够了，这样，我们就可以达到处于不加掩饰的、纯粹的、明白的形式中的真理。黑格尔是这样来表述他的上帝论的：人是已经揭示的上帝：在人里面，神的本质第一次实现了自身，展示出自身。在创造自然时，上帝走出了自身，他同那并非他自己的东西有着联系，但在人里面，他又返回了自身——人认识上帝，因为在人里面，上帝找到了自己，认识了自己，感到自己就是上帝。

思辨神学的这种真理只须颠倒过来，就成为人本主义的真理：

> 如果只是在人的感受和需要里，神的“虚无”才变成了某种东西，获得了种种性质，那么，便只有人的存在才是真实的上帝的存在——人才是真正的上帝。如果只是在人对上帝的意识中，上帝的自我意识才第一次出现，那么，人的意识本身就是神的意识……人对上帝的认识就是人对自己的认识，对自身性质的认识……在有对上帝的意识的地方，也就有上帝的存在——因此在人里边有上帝的存在。在上帝的存在里，只有你自己的存在对于你才是客体，将自身呈现在你的意识面前的东西，不过就是藏在你意识后边的东西。如果神的性质是人的性

质，那么人的性质也就是神的性质。[1]

费尔巴哈认为，上帝的本质无非就是人的本质，就是人的异化了的自我。人的所谓上帝，就是他自己的精神、灵魂、心，就是人的“公开的内心”和“坦白的自我”，因而，“属神的本质之一切规定，都是属人的本质之规定”。基督教和一切宗教所敬拜的神就是人的本质之异化：人把自己的本质当作与人相对立的另一个本质、当作神来加以崇拜，“人使他自己的本质对象化，然后，又使自己成为这个对象化了的、转化成为主体、人格的本质的对象。这就是宗教的秘密”。[2]因此，不是上帝按照他的形象创造了人（像《圣经》上所说的），而是人按照自己的形象创造了上帝。人是怎样思维和行动，上帝就是怎样思维和行动；人有多大价值，上帝就有多大价值。认识上帝就是认识人，认识人也就是认识上帝。人对他的本质意识到什么程度，他的上帝就具有什么样的形态——在“自然宗教”中，人把非人的本质（自然界）当作人的本质、当作人化的神来加以崇拜；在“精神宗教”（基督教）中，人则把人的本质（社会力量）当作非人的本质、当作非人化的神来加以崇拜。

总之，作为主观本质的客观本质，作为有别于自然的实体、作为属人的实体的自然本质，作为有别于人的实体、作为非属人的实体的人的本质，——这便是属神的实体，便是宗教的本

1 两段文字转引自：詹姆斯 · C. 利文斯顿，《现代基督教思想》（上卷）：从启蒙运动到第二届梵蒂冈公会议》，1992，第 361—362 页。这是对费尔巴哈《小哲学文集》和《基督教的本质》中的观点的综合。引文的部分内容可参见：费尔巴哈，《基督教的本质》，荣震华译，商务印书馆，1984，第 299、302 页。

2 费尔巴哈，《费尔巴哈哲学著作选集》（下卷），荣震华等译，商务印书馆，1984，第 38、39、56 页。

质，便是神秘与思辨之秘密……便是人之所以陷于最深的惊异与沉迷之中的缘故。[1]

因此宗教批判的方法就是“借助人，把一切超自然的东西归结为自然，又借助自然，把一切超人的东西归结为人”[2]。就此而言，“神学就是人本学和自然学”[3]。正是在这种意义上，费尔巴哈用他的人本主义终结了黑格尔的思辨神学。

马克思（Karl Heinrich Marx，1818—1883）正是从费尔巴哈批判的终结处开始自己的批判的。费尔巴哈完成了自欧洲启蒙运动——以英国自然神论为思想开端——以来的宗教批判，在这种情况下，马克思就把批判的对象从宗教转向了政治。关于天国的神话既然已经被揭穿，那么关于人间的神话也就失去了理论依据，因此批判就从理论形态转向了实践形态，从对抽象人性的批判转向了对现实的社会生活条件的批判。马克思把费尔巴哈称为“我们时代的炼狱”，正是通过费尔巴哈宗教批判理论的中介，马克思才最终扬弃了黑格尔哲学，并且从自然观上的唯物主义（它在近代肇始于17世纪英国经验论和18世纪法国百科全书派）走向了历史观上的唯物主义（这是马克思本人的伟大建树）。

马克思把费尔巴哈的自然的人转变为社会的人，把人的本质从抽象意义上的自然本性转变为一切社会关系的总和，把人的情感活动转变为人的实践活动（首先是经济生活实践）。费尔巴哈只是从直观方面来理解人，没有把人当作人的世界、当作实践的主体来认识。马克思则认为：

1 费尔巴哈，《费尔巴哈哲学著作选集》（下卷），1984，第826页。
2 费尔巴哈，《费尔巴哈哲学著作选集》（上卷），1984，第249页。
3 费尔巴哈，《费尔巴哈哲学著作选集》（下卷），1984，第523页。

> 人就是人的世界，就是国家，社会。国家、社会产生了宗教即颠倒了的世界观，因为它们本身就是颠倒了的世界……宗教把人的本质变成了幻想的现实性，因为人的本质没有真实的现实性。因此，反宗教的斗争间接地也就是反对以宗教为精神慰藉的那个世界的斗争。[1]

如果说黑格尔揭示了神的实质就是精神，费尔巴哈揭示了精神的实质就是人，那么马克思则进一步表明，人的实质就是他的实践活动得以发生的那个现实世界，就是他的一切社会关系的总和。

因此对于马克思来说，对宗教的理论批判必然导致对需要宗教作为精神慰藉的那个苦难世界的现实批判，这就是马克思从费尔巴哈那里迈出的关键一步，这一步成为实践的唯物主义的逻辑起点。在马克思看来，只有通过对现实国家和社会的批判，才能真正有效地进行宗教批判；只有首先揭示出人在实践领域中的异化，才能彻底揭示出人在理论形态中的异化；只有根本改变人在经济生活中的非人状态，才能最终改变人在精神生活中的非人状态。哲学这个精神武器只有与无产阶级这个物质武器相结合，才能真正实现德国人乃至人类本身的解放。德国古典哲学终结于理论的批判，马克思则第一次把批判引向了现实的社会生活，引向了无产阶级的"革命的""实践批判的"活动，从而实现了从宗教批判向政治批判、从理论形态向实践形态的转化：

> 因此，彼岸世界的真理消逝以后，历史的任务就是确立此

1　中共中央马克思恩格斯列宁斯大林著作编译局编，《马克思恩格斯选集》（第一卷），1972，第 1 页。

岸世界的真理。人的自我异化的神圣形象被揭穿以后，揭露非神圣形象中的自我异化，就成了为历史服务的哲学的迫切任务。于是对天国的批判就变成对尘世的批判，对宗教的批判就变成对法的批判，对神学的批判就变成对政治的批判。[1]

如果说费尔巴哈完成了启蒙运动以来理论形态对宗教神学的批判，那么马克思则开创了实践领域中的现实社会批判。正是在从天国批判到现世批判、从解释世界到改造世界的这个转向过程中，马克思把18世纪法国唯物主义首倡的无神论思想推进到共产主义理想，从而把对天国的理论批判演化为人间的社会革命。

1 中共中央马克思恩格斯列宁斯大林著作编译局编，《马克思恩格斯选集》（第一卷），1972，第2页。